1 MONTH OF
FREE
READING

at

www.ForgottenBooks.com

By purchasing this book you are eligible for one month membership to ForgottenBooks.com, giving you unlimited access to our entire collection of over 1,000,000 titles via our web site and mobile apps.

To claim your free month visit:
www.forgottenbooks.com/free617139

ISBN 978-0-656-88434-6
PIBN 10617139

This book is a reproduction of an important historical work. Forgotten Books uses state-of-the-art technology to digitally reconstruct the work, preserving the original format whilst repairing imperfections present in the aged copy. In rare cases, an imperfection in the original, such as a blemish or missing page, may be replicated in our edition. We do, however, repair the vast majority of imperfections successfully; any imperfections that remain are intentionally left to preserve the state of such historical works.

Geschichte

des

antiken Kommunismus

und

Sozialismus.

Geschichte

des

antiken Kommunismus

und

Sozialismus

von

Dr. Robert Pöhlmann,

o. Professor der alten Geschichte an der Universität Erlangen.

Erster Band.

München 1893
C. H. Beck'sche Verlagsbuchhandlung
Oskar Beck.

C H Beck'sche Buchdruckerei in Nördlingen.

Vorwort.

Eine Geschichte des antiken Kommunismus und Sozialismus ist noch nicht geschrieben.[1] Die junge Wissenschaft der Sozial- und Wirtschaftsgeschichte hat sich aus naheliegenden Gründen ganz überwiegend dem Mittelalter und der Neuzeit zugewendet, während die Altertumskunde trotz mancher trefflicher Einzelarbeiten den Fortschritten der modernen Staats- und Sozialwissenschaft noch lange nicht genügend gefolgt ist. Obwohl wir in Deutschland nach dem epochemachenden Vorgang von Stein und Gneist längst gelernt haben, die ganze Rechts- und Verfassungsgeschichte auf der Geschichte der Gesellschaft aufzubauen, hält die Altertumskunde noch immer an der mechanischen Scheidung von Staats-, Rechts- und Privataltertümern fest und erschwert sich so selbst den Weg, auf dem sie allein zu einer umfassenden sozialwissenschaftlichen Analyse der zahlreichen Probleme gelangen könnte, in denen all diese Gebiete unauflöslich ineinandergreifen.[2]

---

[1] Das Buch von Cognetti de Martiis: Socialismo antico (Turin 1889) behandelt nur einzelne Teile der Aufgabe und läßt es andererseits zu sehr an einer eindringenden Analyse und systematischen Verarbeitung des Stoffes fehlen.

[2] Wenn man freilich, wie es soeben wieder in der Ankündigung der

Allerdings sind die Schwierigkeiten derartiger Arbeiten außerordentlich groß! Einerseits wird schon die rein philo= logisch=historische Behandlung durch die Beschaffenheit der antiken Überlieferung in hohem Grade erschwert, andererseits sieht sich hier der Forscher ununterbrochen genötigt, in Ge= biete überzugreifen, auf denen er unmöglich allen Fachmann sein kann. Eine allseitige Würdigung sozialgeschichtlicher Er= scheinungen ist nicht möglich ohne eine systematische Verwer= tung der Ergebnisse der verschiedenartigsten Wissenszweige: der Psychologie, der Ethik und Rechtsphilosophie, der Rechts= und Staatswissenschaften, der Volkswirtschaftslehre und Sozial= wissenschaft, der allgemeinen Kultur= und Wirtschaftsgeschichte u. s. w. Dazu kommt, daß diese Ergebnisse vielfach höchst schwankend, unsicher und widerspruchsvoll sind, daß häufig nicht einmal über die wissenschaftliche Terminologie eine ge= wisse Einigung erzielt ist. Gerade die Sozialwissenschaft stellt auf dogmengeschichtlichem Gebiete ein Chaos dar![1]

dritten Auflage von Pauly's Realencyklopädie geschieht, Staat und Recht als „Antiquitäten" betrachtet und demgemäß behandelt, so kann von einer lebendigen Auffassung im Sinne moderner staats= und sozialwissenschaftlicher Auffassung nicht die Rede sein.

[1] Die Verwirrung, die auf diesem Gebiete z. B. über den Begriff „Sozialismus" herrscht, wird von einem hervorragenden Systematiker mit Recht als eine „klägliche" bezeichnet. S. Dietzel: Beiträge zur Gesch. des Sozialismus und Kommunismus. Ztschr. f. Lit. u. Gesch. der Staatsw. I, 1. Dazu die Einleitung in das schöne Buch desselben Vf. über Rodbertus. — Aber auch der äußerst scharfsinnige und anregende Versuch Dietzels, eine neue Terminologie zu begründen, ist nicht ohne Widerspruch geblieben, und es dürfte in der That nicht möglich sein, eine so scharfe Grenzlinie zwischen Sozialismus und Kommunismus zu ziehen, wie es hier geschieht.

Dieser unfertige Zustand auf dogmengeschichtlichem Gebiete mag es entschuldigen, wenn auch die in der vorliegenden Schrift zu Grunde gelegte Auffassung des Sozialismus als des Inbegriffes der auf möglichste Soziali=

Allein so groß das Wagnis ist, welches der Altertums=
forscher auf sich nimmt, wenn er unter solchen Verhältnissen
an eine der schwierigsten Aufgaben der Sozialgeschichte heran=
tritt, umgehen läßt sich dieselbe auf die Dauer von der
Altertumswissenschaft nicht. Soll es wahr bleiben, was
Lassalle im Hinblick auf eine Rede August Böckhs gesagt hat,
daß in Deutschland gegen das Manchestertum glücklicherweise
die antike Bildung ein Gegengewicht bildet, — soll dieselbe
wirklich, wie er noch hoffte,[1] die „unverlierbare Grundlage
des deutschen Geistes" bleiben und sich gegen den einbrechenden
Materialismus behaupten, dann muß auch eine Darstellung
des antiken Lebens erreicht werden, die, — um mit dem
unvergeßlichen Nitzsch zu reden, — die alte Welt von den=
selben Lebensfragen bis zum Grunde bewegt zeigt, welche
noch heute zum Teil ungelöst jeden ehrlichen Mann beschäf=
tigen.[2]

Wer solche Fragen mehr oder minder ignorieren zu
können glaubt, weil dabei, wie ein Philologe von des Ver=
fassers Buch über die antiken Großstädte gemeint hat, das
philologische Interesse zurücktrete, der setzt selbst den Wert
herab, welchen die Antike gerade für die Gegenwart ge=
winnen könnte.[3] Jedenfalls wird derjenige, der es nie

---

fierung von Volkswirtschaft und Gesellschaft gerichteten Bestrebungen nicht
völlig befriedigen kann.

[1] Es berührt uns heutzutage mit einer gewissen Wehmut, wenn wir
einer Zeit gedenken, in der selbst ein radikaler Weltverbesserer, wie Lassalle,
sich mit solcher Wärme zu den Grundlagen unserer höheren Bildung be=
kennen konnte, der Bildung einer Geschichtsepoche, die er als solche doch „im
Ablaufen begriffen" wähnte!

[2] In der Vorrede zu den „Gracchen".

[3] Vgl. meine Abh. über „das klassische Altertum in seiner Bedeu=

ernstlich versucht hat, sich Rechenschaft zu geben von den
letzten Gründen sozialen Lebens, nimmermehr dazu gelangen,
die antike Welt sich und Anderen wirklich lebendig zu machen.
Das Ideal aller humanistischen Bildung, auf einem Gebiete
heimisch zu sein, von dem aus man die wesentlichsten Inter=
essen der Menschheit zu verstehen vermag, es ist für ihn
nicht vorhanden.

Auch handelt es sich hier ja um Studien, welche für
die Erkenntnis des antiken Lebens überaus ergebnisreich
werden können. Wie Curt Wachsmuth in seiner Leipziger
Antrittsrede mit Recht bemerkt hat, sind auf dem Gebiete
der antiken Sozial= und Wirtschaftsgeschichte ganz elementare
Fragen noch gar nicht gestellt, geschweige befriedigend beant=
wortet. Wo hätten wir z. B. eine wirklich genügende kri=
tische Analyse und sozialpolitische Würdigung der platonisch=
aristotelischen Staats= und Gesellschaftstheorie?

Wer hier von den richtigen Gesichtspunkten aus und
mit der richtigen Fragestellung an die Quellen herantritt,
wird selbst da, wo kaum eine Nachlese möglich schien, über=
raschende Resultate gewinnen, wahre Entdeckerfreude erleben
können. Auch der vorliegenden Arbeit hat dieselbe nicht
gefehlt; und wenn Vf. irgend auf Anerkennung rechnen darf,
so wird man ihm wenigstens die vielleicht nicht versagen,
daß die hier durchgeführte Methode und Betrachtungsweise
wohl geeignet ist, auf wichtige Seiten des antiken Kultur=
und Geisteslebens ein neues Licht zu werfen, unser Wissen
von der Antike zu erweitern und zu vertiefen.

---

tung für die politische Erziehung des modernen Staatsbürgers" (Beilage
z. allgem. Ztg. 1891 No. 26 u. 27.)

Leider war es nicht möglich, in dem vorliegenden Bande das erste Buch zum Abschluß zu bringen. Die Geschichte des Staatsromans und der sozialen Demokratie in Hellas muß dem zweiten (Schluß-) Bande vorbehalten bleiben, der außerdem noch Rom und die religiösen Erscheinungsformen des antiken Sozialismus (im Juden- und Christentum und im Mazdakismus) zur Darstellung bringen soll.

Erlangen im Oktober 1893.

Robert Pöhlmann.

Inhalt.

Erstes Buch.

Hellas.

———

Erstes Kapitel.

Der Kommunismus älterer Gesellschaftsstufen. Wahrheit und Dichtung.

Erster Abschnitt.

Der Kommunismus der Urzeit.

Über der Vorzeit der Hellenen liegt ein Dunkel, welches die Anfänge ihres nationalen Daseins unseren Blicken fast völlig entzieht. Schmerzlich vermissen wir in diesem Dunkel — um mit Jacob Grimm zu reden — ein Morgenrot, wie es Dank eines Römers unsterblicher Schrift die deutsche Urgeschichte erhellt. Nach Jahrhunderten zählende Entwicklungsperioden, auf welche dort das volle Licht der Geschichte fällt, gehören hier der vorgeschichtlichen Epoche an. In den ältesten Schriftzeugnissen, die uns einen tieferen Einblick in das Leben der Nation gewähren, in den Epen, haben wir schon eine in gewissem Sinne fertige Welt vor uns; insbesondere läßt das wirtschaftliche und soziale Leben der epischen Welt ein — im Vergleich mit den ältesten bezeugten Zuständen der Germanen — weit fortgeschrittenes Stadium der Entwicklung erkennen.

Wenn nun selbst bei den Germanen trotz der unschätzbaren Berichte eines Cäsar und Tacitus über das Haupt- und Grundproblem der ältesten Agrarverfassung, über die Frage nach der Entstehung und Ausbildung des Privateigentums am Grund und Boden ein sicheres Ergebnis aus den Quellen nicht zu gewinnen ist, und vielfach Schlüsse nach der Analogie primitiver Gesellschaftszustände überhaupt die streng historische Beweisführung ersetzen müssen, wie viel mehr ist die äußerste Vorsicht da geboten, wo die geschichtliche Überlieferung eine so ungleich jüngere ist! —

1*

Immerhin wird man selbst über die erften Anfänge des
nationalen Wirtschaftslebens einige Vermutungen wagen dürfen.
Vieles von dem, was wir aus Sprachvergleichung und geschicht=
licher Kunde über die Zustände der indogermanischen Völker bei
ihrem Eintritt in die Geschichte erfahren, drängt uns nämlich zu
der Annahme, daß die Hellenen in ihre späteren Wohnsitze zuerst
nomadisierend gekommen sind [1]) und daß sie daher — trotz ihrer
Bekanntschaft mit einem primitiven Feldbau — ihre erften Ein=
richtungen in der neuen Heimat so getroffen haben werden, wie es
den Bedürfnissen eines Wandervolkes entsprach. Schon Thukydides
ist der Ansicht, daß die ältesten Griechen ein Volk von Viehzüchtern
gewesen seien, die sich nur zu einem notdürftigen Ackerbau bequemt
und stets mit Leichtigkeit ihre Wohnsitze gewechselt hätten.[2]) Auch
er nimmt an, daß die Hellenen längere Zeit gebrauchten, bis sie
die bei allen Wandervölkern tief eingewurzelte Abneigung gegen das
mühselige Geschäft der Bodenbestellung, die Luft am Raub= und
Wanderleben soweit überwunden hatten, daß sie sich zu dauernder
Siedlung entschlossen.

Ist diese Auffassung richtig, dann würde sich uns in der
That ein bedeutsamer Einblick in das Leben der Vorzeit eröffnen.
Denn mit dem Wirtschaftssystem dürfen wir auch gewisse Grund=
formen der Eigentums= und Gesellschaftsordnung als gegeben ansehen.
Die angedeutete nomadisierende Wirtschaft hat bestimmte von der
Natur gegebene Bedingungen, die mit zwingender Gewalt das mensch=
liche Dasein bestimmen.[3])

Da der Boden nur eine bestimmte Zahl Vieh in Sommer
und Winter ernähren kann und allzu große Herden nicht gemein=

---

[1]) Vgl. bef. Schrader: Sprachvergleichung und Urgeschichte [2] S. 407 ff.
[2]) I, 2.
[3]) Vgl· die allgemeine Charakteristik dieses Wirtschaftssystems bei
Middendorff: Einblicke in das Ferghana=Thal. Memoiren der Petersburger
Akademie 1881 S. 457 ff. und Meitzen: Das Nomadentum der Germanen und
ihrer Nachbarn in Westeuropa. Abh. des 2. deutschen Geographentages zu
Halle 1882 S. 75 ff. — Die Individualwirtschaft der Germanen u. s. w.
Jahrbücher für Nationalökonomie und Statistik 1883 S. 11 f.

schaftlich zusammengehen können, müssen Weidereviere gebildet werden, deren Grenzen nicht überschritten werden dürfen. Demnach
zerfallen auch die Besitzer der Herden in Gruppen, und diese Grup-
pirung vollzieht sich bei dem geschlossenen Familienleben der Hirtenvölker naturgemäß nach Familien und Sippen. Der Geschlechtsverband betrachtet das besetzte Gebiet als sein gemeinsames Eigentum, solange nicht etwa — wie es anfänglich öfters geschieht —
die verschiedenen Weidereviere innerhalb des ganzen Stammes in
wechselnde Benutzung genommen werden und demgemäß der Stamm
als Träger des Eigentums am gesamten Stammesgebiet erscheint.
Jedenfalls ist auf dieser Stufe der Grund und Boden immer un-
geteiltes Gemeingut und die Bestellung einzelner Stücke kann
höchstens einen vorübergehenden Besitz für die Dauer des Getreide-
baus begründen. Die natürlichen Bedingungen dieses Wirtschaftssystems verbieten es, daß der Einzelne einen Teil des Bodens als
dauerndes und ausschließliches Eigen in Anspruch nehme. Schon
wegen des unvermeidlichen Wechsels der Sommer- und Winterweide,
welche die Gesamtheit nötigt, die verschiedenen Strecken des Gebietes in fester, der Jahreszeit angepaßter Ordnung zu beziehen,[1]
und wegen der ganzen Art und Weise der Bodenbestellung, wie sie
eine wilde, die gesamte anbaufähige Fläche im Wechsel von Saat
und Weide durchziehende Feldgraswirtschaft mit sich brachte, konnte
man dieses System nicht durch das Belieben der Individualwirtschaft und das willkürliche Umsichgreifen des Privateigentums durchbrechen lassen. Dazu kommen die äußeren Schwierigkeiten, mit
denen das Volk auf dieser Kulturstufe zu kämpfen hatte. Gegenüber
den Gefahren, die hier von der Natur für die kostbarste Habe, den
Viehstand, und von feindlicher Gewalt für Existenz und Freiheit
droht, können Hirtenvölker die Sicherheit ihres Daseins nur in der
Vereinigung der Einzelnen zu einer streng organisierten Gemeinschaft
finden, die sich bei der Geschlossenheit des Familienlebens und dem

---

[1] Vgl. über die in Hellas zu allen Zeiten üblich gebliebenen, durch
die verschiedenen Vegetationsregionen bestimmten Wanderungen der Herden
Neumann-Partsch: Physikalische Geographie von Griechenland S. 404.

patriarchalischen Zuschnitt des ganzen Daseins überhaupt in der Regel mit einer mehr oder minder kommunistischen Wirtschaft verbindet. Gemeinsame Verteidigung, gemeinsame Befahrung der Sommer- und Winterweiden, meist auch kommunistischer Erwerb für die Genossenschaft, kommunistische Leitung durch das Geschlechtsoberhaupt oder den Stammeshäuptling sind die charakteristischen Züge der Entwicklungsstufe, auf der wir uns mit hoher Wahrscheinlichkeit auch die ältesten Hellenen zu denken haben. Eine gewisse communistische Organisation, wenigstens das Prinzip des Gesamteigentums am Grund und Boden würde daher auch für Hellas als der Ausgangspunkt der sozialen Entwicklung anzunehmen sein; wenn auch bei dem Anreiz, mit dem hier Boden und Klima zum dauernden Anbau lockte und bei den Schwierigkeiten, welche dem Raumbedürfnis einer nomadisierenden Wirtschaft die orographische Zerstückung des Landes und die geringe Ausdehnung seiner Ebenen entgegenstellte, dieser primitive Zustand rascher überwunden wurde, als anderswo.

Freilich müssen wir uns bei alledem stets bewußt bleiben, daß es sich hier eben nur um Wahrscheinlichkeitsergebnisse handeln kann, daß die Voraussetzung, auf der die entwickelte Ansicht beruht, eine mehr oder minder hypothetische ist. Allerdings ergibt eine Vergleichung des Griechischen mit den übrigen indogermanischen Sprachen, daß sich unter den urzeitlichen Ausdrücken, welche Eigentum, Habe, Reichtum u. s. w. bezeichnen, keiner befindet, welcher sich auf Grund und Boden bezöge.[1] Allein was für die indogermanische Urzeit gilt, braucht ja nicht notwendig auch auf die hellenischen Einwanderer in die Balkanhalbinseln zuzutreffen und die Möglichkeit, daß die bisherige Sprachforschung und Urgeschichte eine allzulange Fortdauer nomadischer oder halbnomadischer Zustände bei den einzelnen indogermanischen Völkern angenommen hat, ist wenigstens nicht ohne weiteres abzulehnen.[2]

---

[1] Schrader a. a. O. S. 420.
[2] Vgl. die Untersuchungen von Much: Waren die Germanen Wander-

I. 1. Der Kommunismus der Urzeit.

Doch sei dem, wie ihm wolle, mag die angedeutete Form der Gemeinwirtschaft einem älteren Stadium der Entwicklung angehören oder in spätere Zeit herabreichen, darüber kann nach den Ergebnissen der vergleichenden Wirtschafts= und Rechtsgeschichte kein Zweifel bestehen, daß das genossenschaftliche Prinzip, welches in jener Gemeinwirtschaft wirksam war, dieselbe lange überdauert hat. Auch bei den Hellenen ist der Übergang zur vollen Seßhaftigkeit in genossenschaftlicher Weise erfolgt, ist die endgültige Besiedlung des Bodens nicht Sache des Einzelnen gewesen, sondern der als Gemeinschaften für alle Lebenszwecke bestehenden Verbände der Familien und Sippen.[1] Dieser ursprüngliche Zusammenhang zwischen Geschlechtsverband und bäuerlicher Ansiedlungsgemeinde ist bei den verschiedensten indogermanischen Völkern noch deutlich erkennbar,[2] und was insbesondere die älteste griechische Dorfgemeinde betrifft,

---

hirten (Ztschr. f. deutsches Altertum 1892 S. 97 ff.) und von Hirt: Die Urheimat der Indogermanen. Indogermanische Forschungen 1892 S. 485.

[1] Diese die Gemeinde bildenden Verbände können entweder einzelne Geschlechter (was offenbar die Regel) oder Zweige eines großen Geschlechtes oder Vereine mehrerer Geschlechter sein.

[2] Bei den Iraniern ist vis nicht nur das Dorf, sondern zugleich das Geschlecht. Vgl. Geiger: Ostiranische Kultur im Altertum S. 421. Im vedischen Volk wohnt die Verwandtschaft (jánman) zusammen in einem Dorfe (gráma). Zimmer: Altindisches Leben S. 159 f. Ebenso erfolgte bei den Germanen der Anbau geschlechterweise (cognationes hominum, qui una coierunt Cäsar b. g. VI, 22). Und wenn sich das auch noch auf einen halbnomadischen Zustand bezieht, so beweist doch die später für das Dorf (vicus) vorkommende Bezeichnung genealogia (z. B. L. Alam. 87) die Häufigkeit patronimischer Ortsnamen u. dgl. m. den Zusammenhang zwischen germanischer Dorf= und Sippengemeinschaft. Vgl. Gierke: Rechtsgeschichte der deutschen Genossenschaft I, 60 f. Schröder D. R. G. I, 12. Brunner D. R. G. I, 84. Was die Slaven betrifft, so gelten die Angehörigen des Mir (der russischen Dorfgemeinschaft) wenigstens als Abkömmlinge desselben Stammvaters. Über das Geschlechtsdorf der Südslaven insb. vgl. Krauß: Sitte und Brauch der Südslaven S. 23 ff. Bei den Römern sind affines die Grenznachbarn, aber eben deshalb ursprünglich regelmäßig auch Verwandte. Festus p. 11 affines in agris vicini sive consanguinitate conjuncti. Vgl. Leist: Gräco-italische R. G. S. 103. Schrader a. a. O. S. 787 f.

so hat schon Aristoteles eine ursprüngliche Verwandtschaft der Ge=
meinbegenossen angenommen, indem er sich u. a. mit Recht auf die
mehrfach vorkommende Bezeichnung derselben als ὁμογάλαχτες
(Milchvettern) beruft.[1]

Sehr treffend hat ferner Aristoteles im Hinblick auf diese
ursprüngliche Identität von Gemeinde und Geschlechtsgenossenschaft
den Satz aufgestellt, daß die Verfassung der Gemeinde sich anfäng=
lich mit derjenigen der Geschlechtsgenossenschaft gedeckt haben müsse,
daß die ganze Gemeindeorganisation ursprünglich eine rein patriar=
chalische war. Hatten sich doch auch die Rechtsformen des helleni=
schen Staates von Anfang an so enge an die der Familie ange=
lehnt, daß der Sippenverband, wenn auch später in der Gestalt
eines künstlichen Systems fingierter Geschlechtsvetterschaft, sich bis
tief in die geschichtliche Zeit hinein als ein wesentlicher Faktor der
politischen Ordnung behauptete. — Wenn noch in einer sehr späten
Epoche, wo die auf der Geschlechterverfassung beruhende Organi=
sation und Einteilung des Volkes längst durch das territoriale
Prinzip durchbrochen war, die Erinnerung an das ursprüngliche
Gemeindeprinzip so zähe fortlebte, daß die Voraussetzung der Ver=
wandtschaft unter den Dorfgenossen als einer natürlichen mehrfach
noch festgehalten werden konnte, so muß dieses Prinzip in der That
lange Zeit die beherrschende Norm des gesamten Volkslebens und
daher auch die Grundlage aller agrarischen Ordnung gewesen sein.

Wenn aber die Geschlechtsgenossenschaft als bäuerlicher An=
siedlungsverband (χώμη, δῆμος) die ursprüngliche Trägerin der
wirtschaftlichen und sozialen Organisation des seßhaft gewordenen
Volkes war, so ist sie es gewesen, deren Beschluß die Art der An=

---

[1] Politik I, 2, 7. 1252b. Auch die gentilicische Bezeichnung attischer
Gemeinden (Philaidai, Paionidai, Butadai u. a.) wird sich zum Teil aus dem
Zusammenhang von Geschlechtsgenossenschaft und Ansiedlungsgemeinde erklären.
Ebenso gehört hierher die uralte Volksteilung nach Phratrien (φρήτρη bei
Homer), die ursprünglich gewiß identisch sind mit den südslavischen bratstva
(territorialen Vereinigungen blutsverwandter Familien). S. Kraus a. a. O.
S. 2. Töpfer: „Attische Genealogie“ geht auf die Frage nicht ein.

fiedlung und die Verteilung von Grund und Boden bestimmte. Sie hat nach festen Normen den Losanteil ($\varkappa\lambda\tilde{\eta}\varrho o\varsigma$) der Genossen am Wohnareal und Ackerland, die Nutzung von Weide und Wald geregelt und gewiß auch die Art und Weise des Wirtschaftsbetriebes ihrem Einfluß unterworfen, soweit es die ökonomische Interessengemeinschaft der Genossen und die dadurch bedingte Gemeinsamkeit des Handelns irgend erforderte.

Erhebliche Zweifel ergeben sich nun aber freilich sofort, wenn wir weiter fragen, wie und in welchem Grade die Gebundenheit des Einzelnen durch diese einheitliche von dem Gefühle innigster Lebensgemeinschaft durchdrungene Genossenschaft in der Eigentumsordnung zum Ausdruck gekommen ist. Hat die Agrargemeinde an den gemeinwirtschaftlichen Lebensformen der älteren Wirtschaftsstufe so strenge festgehalten, daß sie die als Gesamteigentum occupierte Flur auch ferner noch als solche behandelte? hat sie nicht nur an Weide, Wald und Ödland dies genossenschaftliche Gesamteigentum behauptet, sondern auch am Kulturboden und daher dem Einzelnen nur ein vorübergehendes — periodisch neu geregeltes — Nutzungsrecht gewährt, aus dem sich erst allmählich mit den steigenden Anforderungen an die Intensität des Anbaues und dem zunehmenden Streben nach individueller Erwerbsselbständigkeit das Sondereigentum herausgebildet hat?[1]

Wir können diese Frage doch nicht ohne weiteres mit der Zuversicht bejahen, wie man es nach einer weitverbreiteten Ansicht über die geschichtliche Entwicklung der Wirtschaftsformen thun müßte. So zahlreich die kommunistischen Züge sein mögen, die man in dem Agrarrecht der verschiedensten Völker nachgewiesen hat, so genügen sie doch noch nicht, um auch für Zeiten völliger Seßhaftigkeit die Behauptung zu rechtfertigen, daß „der Kollektivbesitz

---

[1] Wir sehen hier ab von dem gewiß nur als Ausnahme eintretenden Fall, daß in Folge besonderer Terrainverhältnisse oder Stammesneigungen die Ansiedlung in Einzelhöfen erfolgte, wo die genossenschaftliche Agrargemeinschaft sich von Anfang an auf Viehweide und Waldnutzung beschränkt haben wird.

von Grund und Boden als eine urgeschichtliche Erscheinung von
allgemeiner Geltung angesehen werden könne,"[1]) oder — wie
ein anderer Vertreter derselben Richtung sich ausdrückt[2]) —, daß
wir darin eine „notwendige Entwicklungsphase der Gesellschaft
und eine Art von Universalgesetz erblicken müssen, welches in der
Bewegung · der Grundeigentumsformen waltet". Dieses „Gesetz"
kann als erwiesen nur insoferne anerkannt werden, als man dabei
die ersten Anfänge wirtschaftlicher Entwicklung überhaupt — ohne
Rücksicht auf die erreichte Stetigkeit des Wohnens — oder nur
einen Teil des Grund und Bodens im Auge hat. Wenn man
demselben jedoch eine allgemeine Gütigkeit auch für die Zeiten
voller Seßhaftigkeit zuschreibt und zugleich für dieses fortgeschrittenere
Stadium ohne weiteres die Fortdauer des Kollektiveigentums auch
am Pflugland annimmt, so beruht das wohl auf einer zu frühen
Verallgemeinerung, wie sie sich ja bei der einseitigen Anwendung
des vergleichenden Verfahrens leicht einstellt.[3])

Wir verkennen den unschätzbaren Wert der vergleichenden
Methode keineswegs. Das Verfahren, welches auf streng induk-
tivem Wege die unbekannten Zustände eines Volkes durch Rückschlüsse aus den bekannten Verhältnissen von Ländern mit ver-
wandter Bevölkerung zu erhellen sucht, steht von vorneherein weit
über der in der Altertumswissenschaft ja noch immer verbreiteten
Art der Deduktion aus vagen allgemeinen Vorstellungen, bei denen
man die reale Anschauung mehr oder minder vermißt, sowie auch
über jener äußerlichen Verwertung der geschriebenen Quellen, deren
letztes Ergebnis auf den Satz hinauskommt: quod non est in

---

[1]) Maine: Lectures on the early history of Institutions S. 1.

[2]) Laveleye: De la propriété et des ses formes primitives[4] 1891
S. 2.

[3]) Wie unsicher der Boden noch ist, auf dem wir uns hier bewegen,
beweist die Theorie, die Dargun in der Abh.: Ursprung und Entwicklungsgeschichte des Eigentums (Zeitschr. f. vergl. Rechtsw. V) aufgestellt hat, daß
nämlich zwar unser heutiges individuelles Eigentum aus dem Gemeineigentum
entstanden, daß aber diesem in den allerrohesten Anfängen individuelles Eigentum vorangegangen sei!

fontibus, non est in mundo.[1]) Wir sind auch durchaus nicht
der Ansicht, daß etwa die Ursprünglichkeit des privaten Grund=
eigentums bei den antiken Völkern irgendwie erweisbar[2]) und daher
jeder Versuch, die Ansicht von der sekundären Entstehung desselben
aus der allgemeinen wirtschaftlichen Kulturgeschichte zu begründen,
überflüssig sei. Allein wenn wir uns die Verschiedenartigkeit der
Erscheinungen vergegenwärtigen, die für einen solchen Versuch zu
Gebote stehen: Die germanische Feldgemeinschaft, die Agrarver=
fassung der indischen Dorfgemeinde, den Gemeindekommunismus der
Ostslaven (den russischen Mir), den Familienkommunismus der süd=
slavischen Hausgemeinschaft und den Stammkommunismus der
keltisch=irischen Klanverfassung — so wird man sich wohl kaum der
Hoffnung hingeben, aus der Fülle dieser eigenartigen sozialen Ge=
bilde eine bei allen indogermanischen Völkern nach ihrer Seßhaft=
werdung gleichmäßig auftretenden Urform der Eigentumsordnung
erschließen zu können. Diese Mannigfaltigkeit der Entwicklung ge=
stattet für Völker, bei denen die Spuren der ursprünglichen Agrar=
verfassung so sehr verwischt sind, wie bei den Hellenen, doch gar zu
verschiedene Annahmen! Die Vergleichung läßt uns hier einer=
seits im Dunkeln darüber, mit welcher Form der kollektiven Boden=
nutzung diese Völker etwa begonnen haben mögen, mit dem Gesamt=

---

[1]) In dieser Hinsicht steht vorliegende Arbeit in principiellem Gegen=
satz zu der Methode, welche Büchsenschütz in dem sonst so verdienstlichen Buch
über Besitz und Erwerb im griechischen Altertum befolgt hat.

[2]) Wenn Fustel de Coulanges (La cité antique[12] p. 62 ff.) diesen
Beweis aus Religion und Cultus erbracht zu haben glaubt, so übersieht er, daß
die Ideen und Institutionen, mit denen er dabei operiert, meist schon das Er=
gebnis eines entwickelten seßhaften Lebens sind, also für die Anfänge desselben
nichts beweisen. Wenn er insbesondere den Satz aufstellt: „Il est resulté
de ces vieilles règles religieuses que la vie en communauté n'a jamais
pu s' établir chez les anciens," so fällt diese Behauptung einfach durch den
Hinweis auf das thatsächliche Vorkommen der Feldgemeinschaft bei den Grie=
chen auf Lipara (s. u.).

[3]) So einfach liegt die Sache doch nicht, wie z. B. Schrader (a. O.
S. 571) und Kraus (a. O. S. 24) annehmen, indem sie ohne weiteres die süd=
slavische Hausgemeinschaft als „indogermanische" Institution hinstellen.

eigentum des Familien= oder des Sippenverbandes; andererseits
schließt sie die Möglichkeit keineswegs aus, daß auch hier schon von
dem Moment an, wo die persönlichen Geschlechtsverbände zu ding=
lichen Ortsgemeinden wurden, die einzelnen Familienhäupter ein
dauerndes und erbliches Besitzrecht an einzelnen Stücken des
Ackerbodens zugewiesen bekamen. Was z. B. die Germanen betrifft,
bei denen wir den Proceß der Seßhaftwerdung noch einigermaßen
verfolgen können, so begegnen wir zwar auch hier dem agrarischen
Kollektiveigentum, in den bekannten Schilderungen Cäsars, aber
diese Schilderungen beziehen sich auf Zustände, die von einer festen
Besiedlung des Landes noch weit entfernt waren. Wenige Genera=
tionen später, als das Volk zu größerer Seßhaftigkeit gekommen,
in der Zeit des Tacitus, treten uns Verhältnisse entgegen, die ganz
unverkennbar auf das Vorhandensein bestimmter und dauernder Be=
sitzrechte der einzelnen Familien hinweisen.[1] Während sich bei dem
slavischen Gemeindekommunismus der Landanteil aller Gemeinde=
glieder durch periodische Neuaufteilung immer wider der wechseln=
den Kopfzahl entsprechend verändert, um das Prinzip der gleichen
wirtschaftlichen Daseinsberechtigung Aller aufrechtzuerhalten, wäh=
rend hier demgemäß der Anteil des verstorbenen Genossen an die
Gemeinde zurückfällt, jeder zur Gemeinde neugeborene Knabe aber
den Teiler mehrt und gleichen Anteil am vorhandenen Liegenschafts=
vermögen fordert, findet sich bei der germanischen Feldgemeinschaft
von alledem keine Spur, weder von einer periodischen Änderung
der Zahl und Größe der Hufen, noch auch von einem auf alle
Nachgebornenen in gleichem Maße vererblichen Anrecht am gesam=
ten Ackerland, wie es dem Prinzip des Kommunismus allein ent=
sprochen hätte.[2] Von einem Kommunismus im Sinne der slavi=
schen Agrarverfassung ist also hier keine Rede.

---

[1] Vgl. Germ. c. 20.

[2] Daß bei der germanischen Feldgemeinschaft die zu einer Hufe ge=
hörigen Äcker alljährlich oder periodisch eine andere vom Los bestimmte Lage
bekommen können, ist ebenfalls mit dem Institut des Privateigentums voll=
kommen vereinbar.

Sollen wir uns nun das älteste Zeitalter der nationalen Wirtschaftsentwicklung der Hellenen mehr nach germanischem oder slavischem Muster vorstellen?

Eine gewisse Wahrscheinlichkeit hat ja wohl das Erstere für sich. Denn von den Hellenen gilt in ganz besonderem Maße, was ein tiefer volkswirtschaftlicher Denker der Gegenwart von den Griechen, Italikern und Germanen im allgemeinen bemerkt hat: „In ihnen lebt ein wunderbarer Trieb, dessen Wesen es ist, daß ihnen niemals und auf keinem Gebiete ihres Lebens das genügt hat, was sie hatten. Stark sind sie in der Verteidigung dessen, was sie besitzen; aber rastlos streben sie weiter, Unbekanntem entgegen. So lange sie eine Geschichte haben, ist es, als ob die Erde sie nicht ruhen ließe, bis sie sie ganz besitzen und genießen. Auch andere Völker haben große Weltzüge und Eroberungen aufzuweisen. Aber jenen war Eines gemein. Bei ihnen genügte es nicht, daß der ganze Volksstamm ein Land gewann. Sie wollten von dem Gewonnenen für jeden Einzelnen einen festen ihm gehörigen Anteil. Der Einzelne mit seiner Kraft und seinem Besitze war das Ziel des Ganzen. Das hat kein Volk des Ostens je verstanden."[1] Und wo hätte dieses Streben nach individueller Erwerbsselbständigkeit von Anfang an kräftigere Impulse erhalten, mannigfalteren Spielraum für seine Bethätigung gefunden, als in der unendlich reichen Verschiedenartigkeit hellenischer Landesnatur!

Allein so wahrscheinlich es ist, daß schon die älteste hellenische Agrargemeinde, da, wo die Voraussetzungen dafür gegeben waren, den einzelnen Genossen oder Familienhäuptern ein gewisses Maß individueller Selbständigkeit einräumte, so bleibt doch auch hier wieder die offene Frage, ob eben jene Bedingungen überall von Anfang an vorhanden waren. Es ist sehr wohl möglich, daß da, wo noch keine ältere Bevölkerung das Werk der Landeskultur in Angriff genommen, wo der hellenische Ansiedler den ungebro-

---

[1] L. v. Stein: Die drei Fragen des Grundbesitzes und seiner Zukunft. S. 41.

chenen Kräften einer wilden Natur entgegentrat, jener Trieb des
Volkscharakters durch das Bedürfnis des gemeinsamen Kampfes
gegen die feindlichen Mächte der Unkultur paralysiert wurde und
daher auch das gemeinwirtschaftliche Prinzip sich strenger geltend
zu machen vermochte, als anderwärts. Hier, wo die Kraft des
Einzelnen weit weniger bedeutete, mag anfänglich nicht nur das Geschäft des Rodens und der Entsumpfung, der künstlichen Entwässe-
rung und Bewässerung, sondern vielleicht auch des Säens und
Erntens gemeinsame Sache der Agrargenossenschaft gewesen sein,
mag der Einzelne keinerlei festen Bodenbesitz außer der Wohnstätte
gehabt haben. —

Da es sich demnach hier immer nur um Wahrscheinlichkeitsergebnisse und um Lösungen von relativer Gültigkeit handeln kann,
so erscheint es von vornherein überaus bedenklich, wenn Mommsen
aus der bloßen Identität von Geschlechtsgenossenschaft und Gemeinde
mit Sicherheit schließen zu dürfen glaubt, daß die hellenische, wie
die italische Dorfmark überall in ältester Zeit „gleichsam als
Hausmark" d. h. nach einem System strengster Feldgemeinschaft
bewirtschaftet wurde, als deren wesentlichen Züge er Gemeinsamkeit des Besitzes, gemeinsame Bestellung des Ackerlandes
und Verteilung des gemeinsam erzeugten Ertrages unter
die einzelnen dem Geschlechte angehörigen Häuser annimmt.[1] Bevor wir einen so völligen Kommunismus im Grundbesitz und
Arbeitsertrag und zugleich die Allgemeinheit dieser Einrichtung als
Thatsache hinnehmen könnten, müßten uns doch noch ganz andere
Anhaltspunkte zu Gebote stehen, wie sie ja Mommsen selbst wenigstens für die altrömische Dorfgemeinde aus der römischen Rechtsgeschichte zu gewinnen versucht hat.

Nun kennt allerdings das ältere griechische Recht eine gewisse
Gebundenheit des privaten Grundeigentums, welche der Verfügungs-
freiheit des Einzelnen, besonders über die Erb- und Stammgüter
zu Gunsten der Familie mehr oder minder weitgehende Schranken

---

[1] R. G. I⁹ 36, 182.

auferlegte; und man hat denn auch nicht gezögert, diese Erscheinung als Überrest eines ursprünglichen agrarischen Gemeinkommunis=mus, eines genossenschaftlichen Gesamteigentums des Geschlechts=verbandes zu erklären. Allein es findet sich doch nirgends ein An=halt dafür, daß die Quelle dieser Gebundenheit in einem solchen Gesamteigentum der Sippe zu suchen sei. Soweit wir die ver=mögensrechtlichen Wirkungen der Verwandtschaft im griechischen Recht festzustellen vermögen, sehen wir sie aus den Rechtsverhält=nissen des Hauses, nicht aus der Verfassung des Geschlechtsver=bandes hervorgehen. Um das griechische Erbrecht mit der nötigen Sicherheit aus einem Gesamtbesitz des Geschlechtes ableiten zu können, müßten sich doch wenigstens Spuren eines ehemaligen Erbrechtes des ganzen Geschlechtes finden,[1] obgleich selbst das für sich allein die Frage noch nicht entscheiden würde. Denn wie das Privat=eigentum mit einer Familien= oder Geschlechtsanwartschaft sehr wohl vereinbar ist, so braucht auch diese letztere selbst keineswegs not=wendig aus einem gentilizischen Gemeineigentum hervorzugehen, kann sogar unter Umständen Folge einer ziemlich späten Rechts=entwicklung sein.[2]

Ähnliches gilt auch für das Zustimmungs= und Näherrecht der Gemeindegenossen bei Veräußerungen, von welchem man im grie=chischen Recht Spuren gefunden haben will und welches man eben=falls mit Unrecht als Beweis für die frühere Existenz der Feld=

---

[1] Man könnte eine solche Spur vielleicht in dem Stadtrecht von Gortyn finden wollen, wo bekanntlich den Genossen des Stammesverbands (der Phyle) nach den Verwandten ein gewisses Recht auf die Hand von Erbtöchtern ein=geräumt wird (VIII § 8 ff.). Allein der Einwand wird dadurch hinfällig, daß dieses Heiratsrecht nach der ursprünglichen Idee der Institution keines=wegs als ein selbstnütziges vermögensrechtliches Recht erscheint, sondern diesen Charakter erst auf einer späten Stufe der Rechtsentwicklung angenommen hat. Vgl. Zitelmann: „Juristische Erläuterungen" zum Stadtrecht v. Gortyn. Rhein. Mus. 1885 Ergänzgsh. S. 150 f. und Simon: Zur zweiten Hälfte der Inschrift v. Gortyn. Wiener Studien 1887 S. 8.

[2] Das gilt selbst für die Familienanwartschaft, wie Beseler in der „Lehre von den Erbverträgen" nachgewiesen hat. (S. 48 ff.)

gemeinschaft und des Kollektivbesitzes am Grund und Boden geltend gemacht hat.[1]) Denn wenn das Recht den Gemeindegenossen die Befugnis einräumte, die Auslieferung einer Hufe an einen ihnen unwillkommenen Fremden zu verhindern, so würde sich das bei dem ganzen Charakter des Gemeindeverbandes zur Genüge aus Gesichtspunkten erklären, die von dem Agrarrecht gänzlich unabhängig sind.[2]) Übrigens ist uns nicht einmal von diesem Institut des Nachbarrechts selbst etwas Sicheres bekannt. Wir wissen nur, daß es in Hellas vielfach Sitte war, bei der Veräußerung von Grundstücken die Nachbarn als Zeugen oder Bürgen teilnehmen zu lassen, und daß dieselben bei dieser Gelegenheit da und dort, wie z. B. in Thurii, eine kleine Münze erhielten, „μνήμης ἕνεκα καί μαρτυρίας,“ wie Theophrast hinzufügt.[3]) Von einem Nachbarrecht ist dabei nirgends die Rede, und es ist völlig ungerechtfertigt, wenn Laveleye diese Sitte mit einem angeblichen Einspruchsrecht der Gemeindegenossen in Verbindung bringt und die Vermutung aufstellt, daß die Münze als der Preis für ihre Einwilligung oder als Anerkennung eines gewissen Miteigentumsrechts zu betrachten sei. Die Beteiligung der Nachbarn hat hier offenbar von vornherein keine andere Bedeutung gehabt, als die, die wünschenswerte Öffentlichkeit des Übertragungsaktes im Interesse seiner Rechtsgültigkeit und zu Gunsten Beteiligter und Einspruchsberechtigter zu wahren. — Wer wollte überhaupt in Institutionen, die sich selbst in einer Kolonial-

---

[1]) So bes. Viollet: Le charactère collectif des premières propriétés immobilières in der Bibliothèque de l'école des Chartes 1872 (XXXIII) S. 465 ff. und nach ihm Laveleye a. a. O. S. 381.

[2]) Vgl. die treffende Bemerkung, die Heusler mit Bezug auf die deutsche Markgenossenschaft gegen Sohm (Die d. Genossenschaft) gemacht hat. „Wohl haben die Genossen, wenn einer die Hufe an einen Ausmärker verkaufen will, ein Zugrecht resp. Widerspruchsrecht (L. Sal. tit. IV 5). Aber dasselbe entspringt keiner Vermögensgemeinschaft, sondern dem Band der persönlichen Zusammengehörigkeit, wie es auch innerhalb der Sippe ohne Vermögensgemeinschaft zur Erblosung geführt hat.“ Göttinger Gel. Anz. 1889 S. 322.

[3]) Περὶ συμβολαίων bei Stob. Serm. XLIV, 22.

gemeinde des perikleischen Athens finden, einen Anhaltspunkt für die Beurteilung der primitiven Agrarverfassung der Urzeit suchen!

Zweiter Abschnitt.

Die Hauskommunion und die Frage der Feldgemeinschaft bei Homer.

Mit ungleich größerem Rechte könnte man in dem zuletzt ge= nannten Sinne verwerten die Schilderungen patriarchalischen Familien= lebens, denen wir im homerischen Epos begegnen. Welcher Leser der Ilias erinnert sich nicht mit Vergnügen der Erzählung von dem patriarchalischen Haushalt am Hofe des greisen Troerfürsten, der fast die ganze Nachkommenschaft desselben in Einer gemein= schaftlichen Wirtschaft vereinigt? [1]

— im Innern (des schönen Palastes)
Waren von glänzendem Stein fünfmal zehn Zimmer erbauet,
Eins ganz dicht an dem andern, und Priamos Söhne, des Herrschers,
Ruhten darinnen mit ihren vermähleten Frau'n auf dem Lager.
Dann auch waren im Innern des Hofs an der anderen Seite
Zwölf umdachte Gemächer von glänzendem Stein für die Töchter;
Eines dem anderen nah und es ruhten drinnen des Königs
Priamos Schwiegersöhne vereint mit den würdigen Frauen. [2]

Es kann wohl kaum einem Zweifel unterliegen, daß dem Dichter bei dieser Schilderung wirkliche Thatsachen alten Familien= rechtes und alter Familiensitte vorgeschwebt hatten. Stimmen doch die wichtigsten Züge der Darstellung mit einer Institution überein, die wir bei den verschiedensten Völkern nachweisen können, und die bei den Südslaven vielfach bis in die Neuzeit ein wesentliches Element der Agrarverfassung gebildet hat. Der Hof des Priamus ist unverkennbar ein Abbild der sogen. Hausgemeinschaften d. h. Vereinigungen von Abkömmlingen desselben Stammvaters, Bluts=

---

[1] IV, 243 ff.
[2] Vgl. auch die Schilderung des Hauses Nestors in der Odyssee bes. III 413.

verwandten zweiten bis dritten Grades, welche in demselben Gehöfte wohnen, Grund und Boden gemeinschaftlich besitzen und von dem Ertrag gemeinsamer Arbeit gemeinsam leben.[1]

Aber der vereinzelte Lichtstrahl, der mit dieser Erkenntnis auf gesellschaftlichen Zustände von Althellas fällt, vermag leider das allgemeine Dunkel nur wenig zu erhellen. Wir wissen nicht einmal, ob das homerische Bild der Hausgemeinschaft der Niederschlag von Erinnerungen an eine kommunistische Familienordnung der Vorzeit ist oder ob es im Hinblick auf den Volksbrauch der eigenen Zeit der Sänger entstand. Die Hausgemeinschaft muß also hier gar nicht einmal mit Notwendigkeit als ein primitives Institut angesehen werden. Sie kann wohl dadurch entstanden sein, daß gleich bei der ursprünglichen Aufteilung des Landes die Ackerlose nicht unter die Einzelnen, sondern unter die in Hausgemeinschaft zusammenlebenden Familien verteilt wurden. Allein daneben bleibt doch immer die Möglichkeit eines sekundären Ursprunges bestehen, d. h. die Hausgemeinschaft kann auch dadurch entstanden sein, daß bei der Aufteilung jedem anteilberechtigten Genossen eine wirtschaftliche Einheit, eine Hufe als Anteil an der gemeinen Feldflur überwiesen wurde, daß diese Einheiten aber von Anfang an als unteilbar galten, und daher bei wachsender Bevölkerung zuletzt mehrere Familien zusammen eine Hufe bewirtschafteten.

So war es z. B. in Sparta in Folge der Unveräußerlichkeit und Unteilbarkeit des κλῆρος eine nicht ungewöhnliche Erscheinung, daß mehrere Brüder im gemeinschaftlichen Besitz des Familiengutes zusammenhausten.[2] In der That finden wir die Hausgemeinschaft vielfach gerade in Ländern mit älterer Kultur,[3] weil hier eben in

---

[1] Vgl. z. B. die Schilderung der südslavischen Zadruga, Zadrina u. s. w. bei Kraus: Sitte und Brauch der Südslaven, S. 64 ff., über die communautés de familles im mittelalterlichen Frankreich, die joint family in Indien Laveleye 487 ff., S. 365 ff., über die Hausgemeinschaften der Kelten Seebohm: Die englische Dorfgemeinde u. s. w. S. 126 ff. (D. Ü. v. Bunsen).

[2] Polybius XII, 6.

[3] Z. B. in Rom cf. Plutarch Aemilius Paullus c. 5, Crassus c. 1.

Folge der Verdichtung der Bevölkerung der Zwang zum Zusammen=
wohnen mehrerer Familien auf einer Hufe sich mit ganz besonderer
Stärke geltend machen mußte, solange man sich nicht zur Natural=
teilung entschließen konnte.[1])

Aber selbst wenn es völlig sicher wäre, daß schon die älteste
hellenische Gemeinde nicht einen Verband von Einzelfamilien, son=
dern von kommunistischen Hausgemeinschaften darstellte, so würde
damit für die Erkenntnis der Gemeindeverfassung, der agrarischen
Gemeindeordnung wenig gewonnen sein. Es würde daraus noch
lange nicht folgen, daß der für die Hausgemeinschaft charakteristische
Familienkommunismus im Besitz und Arbeitsertrag ursprünglich
auch das beherrschende Prinzip der Agrargemeinde war, d. h. daß
die gesamte Feldmark anfänglich als Gemeingut bewirtschaftet wurde,
dessen gemeinsam erarbeiteter Ertrag nach Familiengruppen zur
Verteilung kam. Im Gegenteil würde gerade die Existenz der
Hausgemeinschaft innerhalb der Dorfgemeinschaft eher dafür sprechen,
daß die Gemeinde von Anfang an der Sonderwirtschaft kleinerer
wirtschaftlicher Einheiten innerhalb des allgemeinen genossenschaft=

Auch in Attika scheint sie noch im 4. Jahrh. trotz der freien Teilbarkeit des
Grundbesitzes nicht ganz selten gewesen zu sein. Vgl. Jevons: Kin and
Custom (Journal of philology XVI 102 ff.), dessen Vorstellungen über die
Verbreitung der Hausgemeinschaft im spätern Hellas allerdings stark über=
trieben sind. Er nimmt vielfach fälschlich Hausgemeinschaft an, wo nur
Vermögensgemeinschaft bezeugt ist. S. z. B. Demosthenes Leochar. p. 1083
§ 10 und § 18. Ebenso verkehrt ist es, wenn englische Forscher Hausgemein=
schaften da sehen, wo es sich unzweifelhaft nur um die engere Familie handelt.
So hat z. B. Ridgeway a. a. O.: The Homeric landsystem (Journal of
hellenic studies VI 319) daraus, daß Charondas die Familiengenossen als
ὁμοσίπυοι, Epimenides als ὁμόκαποι bezeichnet (Aristot. Pol. I, 1, 6. 1252b)
den Schluß gezogen, die beiden hätten das Institut der Hausgemeinschaft im
Auge gehabt. Als ob nicht schon die einfache Familie aus „Speise=" und
„Hufe=" (oder Herd=?) Genossen bestände!

[1]) Vgl. die treffende Bemerkung Nasses (Göttinger gel. Anz. 1881 S.
275) über die Verbreitung der Hausgemeinschaft im Mittelalter, wo dieselbe
z. B. in dem länger kultivierten und dichter bevölkerten Frankreich viel
häufiger war, als in Deutschland mit seinem Überfluß an unbebautem und
unbesiedeltem Land.

2*

lichen Verbandes einen gewissen Spielraum ließ; eine Sonderwirt=
schaft, die ja selbst mit einem Gesamteigentum der Gemeinde ver=
einbar war, wenn man nur die unter den Hausgemeinschaften ver=
teilte Feldflur periodisch neu verloste.

Nur unter Einer Voraussetzung ließen sich für die Annahme,
daß die kommunistische Agrargemeinde eine notwendige Durch=
gangsphase der sozialen Entwicklung der Hellenen gebildet habe,
genügende Wahrscheinlichkeitsmomente gewinnen, wenn nämlich die
auch von neueren Gelehrten [1]) vielfach geteilte Ansicht des Aristoteles
berechtigt wäre, daß die hellenische Dorfgemeinde (κώμη) sich überall
erst aus dem Hause entwickelt habe, gewissermassen als Kolonie
des Hauses entstanden sei. [2])

An sich wäre eine solche Entstehung des Dorfes ja keines=
wegs undenkbar. Der Geschichtschreiber der Slaven z. B. hat uns
einen derartigen Proceß sehr anschaulich geschildert. [3]) Nach ihm
baute der alte Böhme sein Haus inmitten der ihm eigentümlich
gehörenden Grundstücke (dědiny). „Seine Nachkommen bewirt=
schafteten das väterliche Erbe oft mehrere Generationen hindurch
gemeinschaftlich und ungeteilt. Faßte das Haus ihre vermehrte
Zahl nicht länger, so wurden in dessen Nähe andere Häuser an=
gebaut und so entstanden die ältesten Slavendörfer des Landes." —
Hätte die hellenische Dorfgemeinde dieselbe Entstehungsgeschichte ge=
habt, so würden wir allerdings mit höchster Wahrscheinlichkeit sagen
können, daß man, so lange das patriarchalische Gemeingefühl sich
stark erhielt, auch für das zum Dorf erweiterte Haus an den
Lebensnormen der Hausgemeinschaft festgehalten haben wird. An=
gesichts der großen Beharrlichkeit der agrarischen Zustände in Zeiten
reiner Naturwirtschaft würde man wohl kaum irre gehen, wenn
man annähme, daß das auf ursprünglichem Familiengut entstan=
dene Geschlechtsdorf noch lange nicht nur Trägerin des Grund=

---

[1]) Z. B. von Jevons a. a. S. 94.
[2]) Pol. I, 1, 7. 1252 b. μάλιστα δ' ἔοικε κατὰ φύσιν ἡ κώμη ἀποικία
οἰκίας εἶναι.
[3]) Palacky: Geschichte von Böhmen I S. 168.

eigentums, sondern zugleich eine geschlossene wirtschaftliche Einheit blieb, die gemeinsame Dorfflur gemeinsam bewirtschaftete. Sehen wir doch z. B. bei den Südslaven selbst in neuerer Zeit, wo die Tendenz zur völligen Auflösung des Verbandes der Hausgemeinschaft sehr stark hervortritt, die Theilung noch häufig in der Form sich vollziehen, daß zwar das gemeinsame Zusammenwohnen aufhört und die einzelnen Familien in eigenen Gehöften jede für sich wirtschaften, daß jedoch die Grundstücke auch weiterhin gemeinschaftlich bebaut werden.[1] —

Der Versuch, auf diesem Wege von der Thatsache der Hausgemeinschaft aus zu der vermuteten kommunistischen Struktur der Dorfgemeinschaft zu gelangen, muß nun aber leider als ein aussichtsloser bezeichnet werden. Die Annahme, von der er ausgeht, daß die Hellenen ihr Land in Einzelhöfen und nicht nach dem Dorfsystem besiedelt hätten, steht im Widerspruch mit den Ergebnissen zahlreicher Untersuchungen über die Geschichte der beiden Systeme, die zur Genüge gezeigt haben, daß bei den indogermanischen Völkern die weitaus überwiegende primitive Art der Ansiedlung das Dorfsystem gewesen ist und die Niederlassung nach Einzelhöfen als primitive Siedlungsform in der Regel nur da auftrat, wo die natürlichen Produktionsbedingungen die gesellschaftliche Niederlassung erschwerten oder wo besondere Stammesneigungen derselben entgegenstanden.[2] Daher wird man auch vom Standpunkt moderner wirtschaftsgeschichtlicher Erkenntnis an der Anschauung des Thukybides festhalten müssen, daß das Dorf von Anfang an die vorherrschende Form des Wohnens und Wirtschaftens in Hellas gewesen ist (κατὰ κώμας — τῷ παλαιῷ τῆς Ἑλλάδος τρόπῳ I, 10). In der That ist gerade für die ländlichen Gebirgskantone

---

[1] Kraus a. a. O. S. 114.

[2] Vgl. meine Ausführungen gegen die der aristotelischen Ansicht entsprechende Mommsen'sche Auffassung von der Entstehung des italischen Geschlechtsdorfes; Anfänge Roms S. 52 ff. Dazu die treffliche Erörterung Geigers über die Niederlassungen des Awestavolkes: Ostiranische Kultur im Altertum S. 407 ff., Kraus über die Südslaven a. a. S. 23.

des Nordwestens, in deren Zuständen sich nach dem Urteil des Thukydides das Bild der hellenischen Vorzeit am getreuesten wider= spiegelte, für Lokris, Ätolien, Akarnanien das Dorfsystem als regel= mäßige Siedlungsform ausdrücklich bezeugt.[1]) —

Nun hat man allerdings gemeint, daß neben dem Institut der Hausgemeinschaft im homerischen Epos noch eine Reihe anderer Thatsachen vorliegen, die mehr oder minder auf eine Zeit streng gemeinwirtschaftlicher Organisation der Gemeinde hinweisen sollen.[2])

Man hat in dieser Hinsicht zunächst die bekannte Stelle der Ilias (XII 421 ff.) geltend gemacht, wo das Ringen der um die Brustwehr des Schiffslagers kämpfenden Hellenen und Troer mit dem hartnäckigen Streit zweier Bauern verglichen wird, die um die Grenze ihrer Äcker hadern:

> — wie zwei Männer im Streit sind wegen der Grenzung
> Und mit dem Maß in der Hand auf gemeinsamer Scheide des Feldes
> Mit einander stets hadern auf wenigem Raum um die Gleichung,
> Also schied auch jene die Brustwehr.[3])

Das volle Verständnis dieser Schilderung soll — wie man gemeint hat — nur dann möglich sein, wenn man der hier vor= ausgesetzten Agrarverfassung mindestens das zuschreibt, was im System der mittelalterlichen Feldgemeinschaft als das „gemeine“

---

[1]) Thuk. I, 4, 3 und III, 94, 3. Vgl. auch über die Allgemein= heit des Dorfsystems im heutigen Griechenland Philippson: Über Besiedlung und Verkehr in Morea. Verhandlungen der Gesellschaft für Erd= kunde zu Berlin 1888 S. 450.

[2]) So besonders Ridgeway in dem genannten Aufsatz über die home= rische Agrarverfassung und Esmein: La propriété foncière dans les poëmes homeriques. N. revue historique de droit français et étranger. 1890. S. 821 ff. Die älteste griechische Agrargemeinde repräsentiert ihm „denselben Typus" (le même type d'institutions) wie die kommunistische Dorfgemeinde des russischen Mir.

[3]) Ἀλλ' ὥστ' ἀμφ' οὔροισι δύ' ἀνέρε δηριάασθον
μετ' ἐν χερσὶν ἔχοντες, ἐπιξύνῳ ἐν ἀρούρῃ
ὥτ' ὀλίγῳ ἐνὶ χώρῳ ἐρίζητον περὶ ἴσης,
ὡς ἄρα τοὺς διέεργον ἐπάλξιες.

oder „offene" Feld (Common Field, Open Field) bezeichnet wird.[1]) Nach diesem System waren ursprünglich nur die Wohnstätten d. h. Haus und Hof mit dem Gartenland dauernd eingefriedigt und der Privatrechtssphäre ausschließlich vorbehalten, nicht aber die in Gemenglage über die Dorfflur zerstreuten Anteile der Hufe am Ackerlande, das in gewissem Sinne immer das blieb, was Homer an unserer Stelle nennt, eine ἐπίξυνος d. h. ἐπίχοινος ἄρουρα, „gemeines Feld". Denn Acker und Wiesen unterlagen nicht nur der gemeinsamen, durch den Flurzwang geregelten Dorfwirtschaft, sondern auch einer gewissen gemeinsamen Nutzung der Dorfgenossen. Die Sondernutzung des Einzelnen dauerte nur solange, als die Zeit der Bestellung und Bebauung währte. Nach der Ernte fielen die Einfriedigungen der Felder und trat das Recht Aller zum gemeinschaftlichen Viehauftrieb, zur Stoppel- und Brachweide in Kraft. — Also eine Agrargemeinschaft, die allerdings an sich das Privateigentum am Ackerland nicht mehr ausschließt, dasselbe jedoch noch wesentlichen Einschränkungen zu Gunsten der Gesamtheit unterwirft und daher vielfach als Überrest einer ursprünglich noch strengeren Gemeinschaft aufgefaßt worden ist.

Man hat nun die Bemerkung gemacht, daß der Vergleich zwischen dem von den Kriegern umstrittenen Wall und der strittigen Feldgrenze ein besonders treffender wäre, wenn wir unter dem Ausdruck ἀμφ' οὔροισι Grenzraine verstehen würden, wie sie die einzelnen Teilstücke einer unter dem Flurzwang stehenden Feldmark von einander zu scheiden pflegen.[2]) Wir könnten unsererseits hinzufügen, daß unter dieser Voraussetzung der Vergleich auch dem Gesichtskreis des Volkes besonders naheliegend erscheinen würde. Denn bei einer solchen Feldgemeinschaft kann es nur zu leicht,

---

[1]) Das ist die Ansicht von Ridgeway (a. a. O. S. 319 ff.) der die ἐπίξυνος (d. h. ἐπίχοινος) ἄρουρα in diesem Sinne auffaßt. Auch Passow s. v. betrachtet dieselbe als Gemeindefeld.

[2]) Ridgeway S. 323 a. a. O. Vgl. die übereinstimmende Bemerkung Esmeins a. a. O. S. 833: Ne voilá-t-il pas l'emage exacte de la propriété collective?

wenn der alte Gemeingeist im Schwinden begriffen ist, zu unauf=
hörlichen Grenzstreitigkeiten und dauernden Störungen des öffent=
lichen Friedens kommen, da die durch die Gemenglage der Acker=
streifen herbeigeführte Zerstückelung des ländlichen Besitzes sehr viele
Grenzraine nötig macht und so dem Bestreben rücksichtsloser und
anmaßender Nachbarn, durch fortwährendes Abpflügen von den
Rainen ihre Felder zu vergrößern, reichliche Nahrung gewährt.[1]
Auch der Ausdruck „ἐρίζητον περὶ ἴσης" würde auf diese Weise
eine besonders prägnante Bedeutung erhalten. Denn bei der ge=
nannten Flurteilung kommt das Prinzip der Gleichberechtigung sehr
entschieden zum Ausdruck. Um jeder Hufe auch annähernd gleich=
wertige Anteile am Kulturboden zu verschaffen und in Beziehung
auf Lage der Feldstücke zum Wirtschaftshofe, Beschaffenheit des
Bodens und äußere Bedingungen seiner natürlichen Fruchtbarkeit
alle Anteilberechtigten gleichzustellen, ist hier die gesamte Feldflur
in größere Abteilungen (Gewanne oder Breiten) geteilt, die ihrer=
seits wieder, um jede Hufe an verschiedenen Gewannen zu beteiligen,
durch die genannten Raine in Ackerstreifen von gleicher Größe
zerlegt sind. Hier drehen sich also in der That die Flurstreitig=
keiten von Grenznachbarn um das gleiche Recht am Ackerland der
Gemeinschaft, ἐπιξύνῳ ἐν ἀρούρῃ — περὶ ἴσης.

Allein so schön sich bei dieser Auffassung alles zusammen=
fügen würde, so zwingend ist sie doch nicht, daß wir auf ihr irgend=
wie weiterbauen könnten. Weist doch eine Stelle der Ilias selbst
auf die Möglichkeit einer ganz anderen Deutung hin! XXI 403 ff.,
wo es von der mit Ares kämpfenden Athene heißt:

„Da trat jene zurück und den zackigen, dunkelen Feldstein
Hob sie mit nervigter Rechten empor, der dort im Gefild lag,
Einst als Grenze der Fluren gesetzt von den Männern der Vorzeit."[2]

Als Flurgrenze (οὖρος ἀρούρης) erscheint hier nicht das
Merkmal der alten Feldgemeinschaft, der Rain, sondern schon ge=
nau so, wie in den späteren Zeiten der griechisch=römischen Welt

---

[1] Vgl. z. B. Seebohm=Bunsen a. a. O. S. 12.
[2] τόν ῥ' ἄνδρε πρότεροι θέσαν ἔμμεναι οὖρον ἀρούρης.

der Grenzstein (terminus); und es ist doch wohl kaum gestattet, ohne einen zwingenden Grund die frühere Stelle des Gedichtes auf eine andere Form der Grenzbezeichnung zu denken. Selbst wenn sich nachweisen ließe, daß diese Stelle einem älteren Bestandteil der Dichtung angehört, als die des 21. Buches, und wenn man damit einen Zeitraum gewonnen hätte, in dem sich etwa der Übergang von der Flurgemeinschaft zum vollen arrondierten Eigentum voll= zogen haben könnte, selbst dann würde man Bedenken tragen müssen, ohne sonstige Anhaltspunkte der ersten Stelle eine andere Erklärung zu geben, als die, welche durch die zweite nahegelegt wird. Auch erscheint ja die Schilderung des Grenzstreites bei dieser Deutung keineswegs unzutreffend, zumal, wenn man die Worte ὀλίγῳ ἐνὶ χώρῳ ἐρίζητον in Betracht zieht. Man müßte sich dann die Szene so denken, daß der Dichter die Teilung eines gemeinsamen Privatbesitzes im Auge hatte, bei der die von entgegengesetzten Sei= ten des abzuteilenden Grundstückes ausgehenden Parteien mit den Meßstangen — ὀλίγῳ ἐνὶ χώρῳ — aufeinander stoßen und sich nun über die Stelle des Grenzsteines nicht einigen können, wobei es sich naturgemäß eben nur um einen kleinen Raum handeln kann.

Wenn wir demnach darauf verzichten, aus der Form der Flurteilung bei Homer Schlüsse auf die alte Agrarverfassung zu ziehen, so werden wir uns nach anderen agrarischen Erscheinungen umsehen müssen, um ein Beweismoment für die Fortdauer der Flurgemeinschaft in den Zeiten des epischen Gesanges zu gewinnen.

Ein solches Zeugnis für die Flurgemeinschaft hat man in der schönen Schilderung finden wollen, welche der Dichter in der Be= schreibung des Schildes Achills von dem ländlichen Leben der Zeit entwirft. Da heißt es Jl. XVIII 541 ff. von dem Bildner des Schildes:

Weiter schuf er darauf ein Brachfeld, locker und fruchtbar,
Breit, zum Dritten gepflügt; und darauf viel ackernde Männer,
Welche die Joch' in dem Kreis stets hierhin trieben und dorthin.
Immer, so oft sie, gewendet, des Fruchtlands Grenzen erreichten,
Nahte ein Mann, den Pokal mit dem lieblichen Wein in den Händen,

Gab ihn den Pflügern, und diese, zurück zu den Furchen gewendet,
Strebten von neuem die Grenze der üppigen Flur zu erreichen.

Man hat gemeint,[1] dies weite Brachfeld (νειὸς εὐρεῖα) und
die Masse der Pflüger (πολλοὶ ἀροτῆρες ἐν αὐτῇ) erinnere augen=
fällig an jene großen Flurabteilungen (Gewanne) einer in Feld=
gemeinschaft bestellten Dorfmark, auf denen bekanntlich alle Arbeiten
des Dorfes zu gleicher Zeit verrichtet werden mußten.

In der That, wenn man die homerische Schilderung mit
ähnlichen Darstellungen aus den Zeiten der mittelalterlichen Feld=
gemeinschaft vergleicht, so ergibt sich eine merkwürdige Überein=
stimmung. Ich erinnere an ein bekanntes englisches Gedicht, die
Vision of Piers the plowman.[2] In diesem Gedichte des „Ackers=
mannes Piers" wird ganz wie bei Homer ein „schönes Feld voll
von Leuten" erwähnt, wo der Dichter „allerhand Männer" arbeiten
sieht. Einige wandeln hinter dem Pfluge, andere bewegen sich hin
und her beim Säen und Setzen u. s. w. Es ist ein Bild der
Flurgemeinschaft, welches sämtliche Teilhaber eines Gewannes des
Common Field zwang, mit dem Pflügen ihrer Ackerparzellen zu
gleicher Zeit zu beginnen.

Allein wenn nun auch die homerische Schilderung auf die
Feldgemeinschaft eben so gut passen würde, wie dieses mittelalter=
liche Gedicht, welches dieselbe thatsächlich im Auge hat, folgt daraus,
daß der antike Dichter sich die Sache notwendig so vorgestellt haben
muß? Kann er nicht ebensogut an die über zahlreiche Arbeits=
kräfte verfügende Wirtschaft der großen Herrengüter gedacht haben,
deren Ackerland nach den Schilderungen des Epos teilweise sehr
ausgedehnt und wohl arrondiert erscheint?[3] Man vergleiche nur
die unmittelbar sich anreihende Beschreibung einer Erntescene!

---

[1] Ridgeway a. a. O. S. 330. Auch Esmein S. 834 findet in der
Darstellung des Schildes „wenn auch nicht die juristischen, so doch die ökono=
mischen Merkmale des Kollektiveigentums". Nous trouvons, meint er
S. 833, ce régime terrien pittoresquement représenté sur le bouclier
d' Achille.

[2] Vgl. Seebohm=Bunsen a. a. O. S. 13.

[3] Vgl. z. B. das Jl. IX 578 f. erwähnte τέμενος περικαλλὲς πεντη-

Zwar fehlen auch hier keineswegs die Züge des Bildes, welches der Erntetag auf einem mittelalterlichen Gewanne gewährt. Wie auf dem vom Ackersmann Piers geschilderten Felde arbeitende Landleute, Bäcker, Brauer, Fleischer erscheinen, Köche „heiße Pasteten", Wirte Wein und Braten ausbieten, ist auf dem homerischen Erntefeld eine Reihe von Schnittern, Garbenbindern, ährenlesenden Knaben thätig, daneben wird unter einer Eiche ein geschlachteter großer Stier für die Arbeitenden zum Mahle bereitet und Weiber sind mit der Herstellung von Mehlspeisen beschäftigt;[1] auch der Weinausschank würde vom Dichter gewiß erwähnt worden sein, wenn er dies Motiv nicht soeben bei der Bestellungsszene verwertet hätte. — Würden diejenigen, welche die Dorfgemeinschaft bei Homer gefunden zu haben glauben, einen Moment zaudern, in der Ernteszene das anschaulichste Bild gemeinschaftlicher Dorfwirtschaft zu sehen, wenn der Dichter nicht zufällig oder vielmehr aus einem bestimmten poetischen Motiv,[2] mitten unter die Arbeitenden den Grundherrn gestellt und damit als Schauplatz dieser Szene eine große Gutswirtschaft bezeichnet hätte?[3] Oder sollte der Dichter gerade hier den Herrn noch aus einem andern als einem rein poetischen Grunde genannt haben; etwa, wie man gemeint hat,[4] um ausdrücklich dem Herrenland der Ernteszene den anderen ländlichen Schauplatz als Bauernland gegenüberzustellen?

Man legt besonderes Gewicht darauf, daß das Ernteland der

κοντόγυον, τὸ μὲν ἥμισυ οἰνοπέδοιο, ἥμισυ δὲ ψιλὴν ἄροσιν πεδίοιο ταμέσθαι. — Dazu das sehr charakteristische Gleichnis XI 67:

Οἱ δ’, ὥστ’ ἀμητῆρες ἐνάντιοι ἀλλήλοισι
ὄγμον ἐλαύνωσιν ἀνδρὸς μάκαρος κατ’ ἄρουραν
πυρῶν ἢ κριθέων· τὰ δὲ δράγματα ταρφέα πίπτει
ὣς Τρῶες καὶ Ἀχαιοὶ ἐπ’ ἀλλήλοισι θορόντες
δῇουν κτλ.

[1] Jl. XVIII, 550 ff.

[2] Siehe unten.

[3] — βασιλεὺς δ’ ἐν τοῖσι σιωπῇ σκῆπτρον ἔχων ἑστήκει ἐπ’ ὄγμου γηθόσυνος κῆρ.

[4] Ridgeway a. a. O. S. 336.

erſten Szene als ein τέμενος[1] und der Gutsherr als βασιλεύς
bezeichnet wird. Es könne ſich alſo hier nur um den König und
das regelmäßige Attribut des homeriſchen Königtums, die Kron=
domäne handeln, für welche eben der Name τέμενος ſchlechtweg
gebraucht wird. Nun ſei es ferner die Abſicht des Dichters, auf
dem Schild die verſchiedenen Seiten des bürgerlichen Daſeins in
einer Reihe von Einzelgemälden in der Weiſe zu veranſchaulichen,
daß die einzelnen Stände und Klaſſen des Volkes in gewiſſen
charakteriſtiſchen Situationen· dargeſtellt werden: der Fürſt auf
ſeinem τέμενος, die zum Gericht verſammelten „Volksälteſten"
(γέροντες) v. 503 ff. und die ebenfalls im Thing vereinigten Ge=
meinfreien (λαοὶ δ'εἰν ἀγορῇ-ἀϑρόοι) v. 497 f. Da eben das,
was den König vor den Geronten ſpezifiſch auszeichne, der Beſitz
des τέμενος ſei, ſo habe der Dichter für ſeine Charakteriſtik des
Königs als paſſendſten Zug eine Szene aus der königlichen Domäne
gewählt, als Gegenſtück zugleich zu der in einer anderen Schild=
abteilung dargeſtellten Dorfwirtſchaft der Gemeinen.

Ich muß geſtehen, daß der Dichter, wenn er wirklich die
Abſicht gehabt hätte, die Stellung des Königtums gegenüber den
Edlen und Gemeinen zu charakteriſieren, mit der Hervorhebung
eines ausſchließlich wirtſchaftlichen Momentes, der materiellen Aus=
ſtattung des Königtums, nach meinem Gefühl einen recht unglück=
lichen Griff gethan hätte; — ganz abgeſehen davon, daß das
τέμενος zwar ein notwendiges, aber keineswegs ausſchließliches
Attribut des Königtums war.[2] Allein der Dichter hat offenbar
die ihm zugeſchriebene Abſicht gar nicht gehabt. Es ſind keines=
wegs die ſozialen Klaſſen des Volkes, welche den leitenden Gedanken
für die Kompoſition des Schildes und das eigentliche Teilungs=
prinzip für die Gliederung abgeben, ſondern vielmehr eine Reihe
von Erſcheinungen des geſellſchaftlichen und wirtſchaftlichen Lebens,

---

[1] Ἐν δ'ἐτίϑει τέμενος βαϑυλήϊον κτλ.
[2] Vgl. Jl. IX, 578, XX, 184 über die Verleihung eines τέμενος
für hervorragende Verdienſte.

die mit der Klassenscheidung an und für sich gar nichts zu thun
haben.[1]) So stellt der zweite Kreis des Schildes in zwei Abtei=
lungen eine Stadt im Frieden und eine andere im Kriege dar; wo=
bei die letztere Abteilung sich wieder in drei Szenen gliedert: 1) die
Mauer mit den Verteidigern, 2) Überfall der Herden, 3) Kampf
der beiden Heere. Wo fände sich aber nur die geringste Spur
davon, daß die so überaus verschiedene Rolle, welche bei Homer
gerade im Kampfe die Fürsten und Edlen gegenüber den Gemeinen
spielen, von dem Dichter besonders hervorgehoben wäre, wie es
doch dem Charakter des ritterlichen Epos vor allem entsprochen
hätte? Und ganz das Gleiche gilt für die Szenen aus der fried=
lichen Stadt! Es werden uns hier in verschiedenen Bildern Epi=
soden des Hochzeitsfestes und eine Gerichtsszene auf dem Markte
vorgeführt, also Vorkommnisse aus dem Leben des Gesamtvolkes,
an denen alle Klassen ohne Unterschied beteiligt sein können, wes=
halb es auch selbstverständlich ist, daß z. B. bei der Beschreibung
der Gerichtsversammlung eben die verschiedenen Beteiligten: die
streitenden Parteien, die richtenden Geronten, die Herolde, der Um=
stand der Freien der Reihe nach aufgeführt werden. Die einzelnen
Gruppen selbst werden nur soweit charakterisiert, als es für das
Verständnis und die lebendige Veranschaulichung des Vorganges
unbedingt nötig ist.

Daß das Grundmotiv des Dichters nicht die Schilderung
sozialer Typen ist, zeigt gerade die Darstellung des ländlichen
Leben im dritten Kreis des Schildes recht deutlich. Dieselbe glie=
dert sich nicht nach den sozialen Verhältnissen der Landwirtschaft,
sondern nach den Gesichtspunkten des Wirtschaftsbetriebes, nach der
Verschiedenheit der Jahreszeiten und der verschiedenen Art der
Bodennutzung (Ackerbestellung, Ernte, Weinlese, Weidetrift). Das
Feld der ersten Szene wird nicht als Dorfflur einer fürstlichen
Domäne, einem τέμενος βασιλήιον gegenübergestellt, wie man auf

---

[1]) Vgl. Brunn: Rhein. Muf. N. F. V, 240 ff. und Abh. der bayr.
Af. philof. philol. Kl. XI, 3, S. 10 ff. (1888),

Grund einer offenbar falſchen Lesart in den Text hinein erklärt
hat, ſondern als Brachfeld (νειός) einem τέμενος βαϑυλήϊον, dem
Acker, auf dem die Saat hoch aufgeſproßt iſt.

Dieſes Beiwort iſt übrigens zugleich ein Beweis dafür, daß
hier τέμενος gar nicht in dem ausſchließlichen Sinne von Krongut
gemeint ſein kann, ſondern ganz allgemein eine Feldflur überhaupt
bezeichnet. Daß aber gerade bei der Beſchreibung des Erntefelds
auch der Gutsherr genannt wird, der angeſichts der verſchiedenen
Bedeutung des Wortes βασιλεύς nicht notwendig der König zu
ſein braucht, das erklärt ſich aus einem rein poetiſchen Motiv. Die
Erſcheinung des glücklichen Gutsherrn, dem die helle Freude am
Ernteſegen aus dem Antlitz ſtrahlt, gehört dichteriſch ſo notwendig
in das Erntebild, daß es kaum begreiflich iſt, wie man hier dem
Dichter ſtatt eines ſo überaus naheliegenden Motives einen nüch=
ternen ſtaatsrechtlichen Geſichtspunkt unterſchieben kann. Oder hätte
der Dichter den Herrn ſchon bei den Beſtellungsarbeiten des Früh=
lings auftreten laſſen ſollen, auf die Gefahr hin, ihn in der un=
poetiſchen Rolle des Aufſehers zu zeigen? Er konnte ja das Walten
des ſorgſamen Herrn ungleich feinſinniger auch hier veranſchaulichen,
ohne ihn zu nennen. Und daß er dies in der That gethan, dafür
ſcheint mir die Perſon des Schenken zu ſprechen, der jedem der
Pflüger, wenn er am Ende der Furche angelangt iſt, einen Becher
Weines reicht und ſie dadurch zu lebhaftem Wetteifer anſpornt.
Die Art und Weiſe, wie der Dichter dieſe pſychologiſche Wirkung
des Weinausſchankes hervorhebt, läßt deutlich erkennen, daß die=
ſelbe der Zweck des letzteren iſt, alſo von jemand ausgehen muß,
der ein Intereſſe an der raſchen Ausführung der Feldarbeit hat.
Und das kann doch eben nur der Gutsherr ſein, der mit dienenden
Arbeitskräften wirtſchaftet! Der Schenk auf dem Brachfeld handelt
daher gewiß ebenſo im Herrendienſt, wie die dienenden Herolde
und Weiber auf dem Erntefeld. Es iſt unverkennbar als Seiten=
ſtück zu dieſen gedacht, wie ſich ja ähnliche Parallelismen in der
Kompoſition der Schildbeſchreibung auch ſonſt finden.

Man könnte nach alledem höchſtens noch an die Möglichkeit

denken, daß der Dichter etwa an eine feldgemeinschaftlich organi=
sierte hörige Bauernschaft gedacht hat. Allein auch das könnte
für unsere Frage nichts beweisen. Denn in diesem Falle könnte,
wie im Mittelalter so oft, der herrschaftliche Verband die Quelle
des feldgemeinschaftlichen Verhältnisses sein, was einen zwingenden
Schluß auf die primitive Grundeigentumsform der Vorzeit von
vornherein ausschließt.

Nun enthält aber zu allem Überfluß die Schilderung des
Brachfeldes noch ein Moment, welches in seiner Bedeutung aller=
dings bisher nicht erkannt ist, das aber meines Erachtens für die
ganze Frage entscheidend sein dürfte. Das Brachfeld wird nämlich
als locker (μαλακή) und „dreimal gepflügt" (τρίπολος) bezeichnet.
Es war also einerseits tief umgebrochen, hatte eine tiefe Krume;[1]
andererseits war das Umbrechen des Feldes ein mehrmaliges; das
hier beschriebene Pflügen könnte möglicherweise sogar als die vierte
Furche betrachtet werden.[2] Diese energische Bearbeitung des Brach=
feldes zeigt uns, daß die homerische Landwirtschaft bereits zu dem
System der vollen oder, wie sie gewöhnlich genannt wird, der
reinen, der schwarzen Brache übergegangen war, ein System, bei
dem von einer Benützung des Brachfeldes als Viehweide wenig
mehr die Rede sein konnte. Wo bleibt da das „offene" Feld der
alten Feldgemeinschaft und der gemeine Weidegang der Dorf=
genossen?

In der That erscheint Acker und Weidewirtschaft bei Homer
schon scharf getrennt. Die letztere beginnt für ihn da, wo die
Ackerung aufhört, ἀγροῦ ἐπ᾽ ἐσχατιῆς.[3] Es ist bereits dieselbe
fortgeschrittene Form der Wirtschaft, wie wir sie in einer viel späte=
ren Zeit, z. B. in den Idyllen Theokrits wiederfinden, dessen Schil=

---

[1] Thaer: Der Schild des Achill in seinen Beziehungen zur Landwirt=
schaft. Philologus 1870 S. 590 ff.

[2] Vgl. auch die sehr gründliche Brache bei Hesiod: Werke und Tage
v. 460 ff.

[3] Vgl. Thaer a. a. O S. 606.

berungen in wesentlichen Punkten mit den homerischen überein=
stimmen.[1])

Aber selbst wenn sich in den Zeiten des epischen Gesanges
— was ja sehr wohl möglich, ja wahrscheinlich ist[2]) — neben dem
hier geschilderten jüngeren Wirtschaftssystem in einzelnen Landschaf=
ten eine alte Feldgemeinschaft mit Flurzwang und gemeinem Weide=
gang erhalten hätte und für uns noch nachweisbar wäre, was
würde damit für die wesentlich soziale Frage nach dem Charakter
der agrarischen Eigentumsordnung viel gewonnen sein? Wir
würden damit nur eine Form der Feldgemeinschaft festgestellt haben,
die mit dem Sondereigentum am Ackerland sehr wohl vereinbar
ist,[3]) sogar unter der Voraussetzung, daß bei dieser Feldgemein=
schaft der „χλῆρος“ des Einzelnen, wie man gemeint hat, nur einen
wechselnden Losanteil an der Dorfmark bedeutete. Zahlreiche Bei=
spiele der neueren Wirtschaftsgeschichte haben gezeigt, daß keinerlei
Art von Wechselland Privateigentum hindert, daß trotz völlig freiem
Eigentum die Äcker von Jahr zu Jahr oder periodisch eine andere
vom Los bestimmte Lage im Gewann bekommen können.[4]) Die
wahre und eigentliche — auf dem Prinzip des Gesamteigentums
beruhende — Feldgemeinschaft bedürfte also immer noch eines be=
sonderen Nachweises.

Nun hat man freilich Spuren auch dieses Systems in den
homerischen Gedichten finden wollen, Spuren einer Rechtsordnung,
die von dem Prinzip der strengsten Feldgemeinschaft beherrscht war

---

[1]) Vgl. bes. für die Trennung von Acker= und Weidewirtschaft 21,
6—17, bes. v. 14 πάντεσσιν νομοὶ ὧδε τεθηλότες αἰὲν ἔασι, für das
Brachfeld v. 25: τριπόλοις ... ἐν νειοῖσιν ... χαὶ τετραπόλοισιν.

[2]) Ebenso wie in Altitalien! Vgl. Weber: Die römische Agrarge=
schichte in ihrer Bedeutung für das Staats= und Privatrecht. 106 ff.

[3]) Mit Recht bemerkt Heusler (a. a. O. 322) gegen die abweichende
Ansicht Sohms, daß mit der Gemeinsamkeit im Bewirtschaftungsmodus keines=
wegs auch schon eine materiell gemeinschaftliche Ökonomie, eine Bebauung
„auf gemeinsamen Gedeih und Verderb“ gegeben sei.

[4]) Vgl. die treffende Bemerkung von Meitzen: Die Individualwirt=
schaft der Germanen a. a. O. S. 9.

und ein privates Grundeigentum noch nicht kannte. Allein alle die Stellen, welche man für diese Annahme geltend macht, haben mit den eben besprochenen das gemein, daß sie eine sehr verschiedene Deutung zulassen und schon deshalb nicht beweisen können, was sie beweisen sollen.

Es genügt daher, hier die wichtigsten dieser angeblichen Zeugnisse zu besprechen und im übrigen auf die eingehende Untersuchung zu verweisen, welche die ganze Frage der Feldgemeinschaft bei Homer bereits an anderer Stelle gefunden hat.[1]

In der Ilias XV, 495 ermahnt Hektor die Seinen zu todesmutigem Ausharren, indem er sie darauf hinweist, daß sie ja Weib und Kind, Haus und Gut (κλῆρος) ungeschädigt hinterlassen würden, falls die Achäer abzögen. Man hat diese Worte als ein Versprechen aufgefaßt, dahingehend, daß den Hinterbliebenen der gefallenen Krieger der Losanteil an der gemeinen Mark in demselben Umfang verbleiben solle, wie ihn bisher die Väter besessen. Κλῆρος soll hier ein von dem Vorhandensein arbeitsfähiger Familienglieder abhängiger und daher durch den Tod des Familienhauptes unter Umständen verloren gehender Nutzungsanteil am gemeinen Felde sein, wie dies z. B. Ridgeway annimmt.[2] Es bedarf kaum der Bemerkung, daß eine solche Interpretation höchstens dann einige Berechtigung hätte, wenn eine wahre Feldgemeinschaft für die Zeiten der Ilias bereits anderweit nachgewiesen wäre.

Damit erledigt sich auch der Hinweis auf die Klage der Andromache[3] über das kummervolle Geschick ihres verwaisten Knaben, dem „andere die Felder wegnehmen" würden. Es ist reine

---

[1] Vgl. meinen Aufsatz über die Feldgemeinschaft bei Homer. Ztschr. für Sozial= und Wirtschaftsgeschichte I S. 1 ff. Hier findet sich auch eine erschöpfende wirtschaftsgeschichtliche Erörterung der volkswirtschaftlichen Momente, welche gegen die genannte Ansicht sprechen.

[2] S. 331.

[3] Jl. XXII, 489:
αἰεί τοι τούτῳ γε πόνος καὶ κήδε' ὀπίσσω,
ἔσσοντ' ἄλλοι γάρ οἱ ἀπουρήσουσιν ἀρούρας.

Willkür, wenn man in dieser Wegnahme der Felder nicht — was doch das Nächstliegende wäre — einen Akt der Vergewaltigung sieht, sondern „die Anwendung der primitiven Sitte",[1] der gemäß der Grundbesitz des Verstorbenen, der nur Unmündige hinterließ, an die Gemeinschaft zurückgefallen sein soll.

Dieselbe gewaltsame Interpretationskunst hat sich an jener schönen Stelle der Odyssee versucht, wo der ländliche Hof des greisen Laërtes geschildert wird, den er „fern von der Stadt (νόσφι πόλητος) persönlich bewirtschaftet. Dieser Hof soll jenseits der Flurgrenzen der Feldmarkgenossenschaft durch Okkupation im Ödland der Allmende entstanden und daher ein Beweisstück dafür sein, daß damals noch — ähnlich wie im deutschen Mittelalter vor dem Ausbau des Landes — ganz allgemein weite Strecken unbebauten Kulturbodens im Gemeinbesitz waren, an denen jeder Markgenosse durch Rodung und Kultivierung ein individuelles Anrecht erwerben konnte: Die einzige Möglichkeit der Entstehung von Privateigentum an Grund und Boden, welche Esmein — neben den gleich zu erwähnenden Schenkungen aus Gemeingut — für die Zeit des Epos gelten lassen will.[2] Bei dem Hofe des Laërtes sei der „Rechtstitel des Erwerbes" einzig und allein die persönliche Arbeit, wie er es auch in den Zeiten strengster Feldgemeinschaft für das Haus ist, welches sich der Einzelne mit eigener Hand erbaut.

Und woraus soll alles dies folgen? Einzig aus der Äußerung des Dichters, daß der Hof „entfernt" lag, und daß der greise Besitzer „ihn selber erworben nach Überstehung vieler Mühsal!" Warum kann aber die Mühsal, deren hier der Dichter mit einer bei ihm ganz stereotypen Wendung gedenkt, nicht etwa auch „des Kriegs mühselige Arbeit" sein, wie der alte unbefangene Voß ganz aus dem Geiste des Liedes heraus übersetzt hat? Und was die entfernte Lage des Hofes betrifft, ist sie nicht durch die ganze Situation hinlänglich motiviert, ja geradezu gefordert?[3]

---

[1] So Esmein S. 829.
[2] A. a. O. S. 844.
[3] Dasselbe gilt für das „ἀπόπροθι πίονας ἀγρούς" (Il. XXIII

Ebensowenig wie das Gehöfte des Laërtes kann die „fern an Grenze der Flur" (ἀγροῖ ἐπ' ἐσχατιῆς) gelegene Baumpflanzung, auf der nach Odyssee XVIII 358 einer der Freier dem als Bettler verkleideten Odysseus mit höhnischen Worten Beschäftigung anbietet, für die Frage der Feldgemeinschaft beweisend sein. Man denkt dabei ebenfalls an eine Neuanlage in der Allmende und sieht darin ein Symptom für das Bestreben, mit Hilfe von abhängigen Arbeits= kräften durch Rodung und Kultivierung von Gemeingründen neben den nur zu periodischer Nutznießung überlassenen Anteilen an der bedauten Feldmark Grundstücke zu vollem Eigentum zu erwerben.[1]

Wir geben ohne weiteres zu, daß auf diesem Wege im frühen hellenischen Mittelalter ebenso, wie im germanischen, zahlreiches Privateigentum aus Gemeingründen entstanden sein wird,[2] allein was beweist das Recht der freien Rodung im Ödland für die Eigen= tumsordnung der kultivierten Feldmark? Dieses Recht ist in Deutschland unter der Herrschaft der von Anfang an auf dem Prinzip des Individualeigentums beruhenden Hufenverfassung bis tief ins Mittelalter hinein geübt worden. Ja es ist von diesem Recht in größerer Allgemeinheit und mit umfassenderem wirtschaftlichen Erfolg eigentlich erst dann Gebrauch gemacht worden, als sich eben unter dem Einfluß des Privateigentums die Zahl der Grundbesitzer vermehrt hatte, welche durch wirtschaftliche Überlegenheit die Menge der Gemeinfreien überragten und den Ausbau des Landes mit

---

833). Übrigens kehrt diese Wendung in ganz stereotyper Weise wieder. Vgl. Od. IV, 757.

[1] Esmein S. 844.

[2] In dem waldreichen Cypern ist dies sogar noch in verhältnismäßig später Zeit geschehen, wie Strabo XIV, 5, § 5 nach Eratosthenes berichtet: φησὶ δ' Ἐρατοσθένης τὸ παλαιὸν ὑλομανούντων τῶν πεδίων, ὥστε κατέχεσθαι δρυμοῖς καὶ μὴ γεωργεῖσθαι, μικρὰ μὲν ἐπωφελεῖν πρὸς τοῦτο τὰ μέταλλα, δενδροτομούντων πρὸς τὴν καῦσιν τοῦ χαλκοῦ καὶ τοῦ ἀργύρου, προσγενέσθαι δέ καὶ τὴν ναυπηγίαν τῶν στόλων, ἤδη πλεομένης ἀδεῶς τῆς θαλάσσης καὶ μετὰ δυνάμεως· ὡς δ' οὐκ ἐξενίκων, ἐπιτρέψαι τοῖς βουλομένοις καὶ δυναμένοις ἐκκόπτειν καὶ ἔχειν ἰδιόκτητον καὶ ἀτελῆ τὴν διακαθαρθεῖσαν γῆν.

3*

größerer Energie, weil mit besseren und zahlreicheren Arbeitsmitteln in Angriff nehmen konnten.[1]

Daß es auch in der Welt des Epos bereits größeren privaten Grundbesitz gegeben haben muß, vermag selbst die größte Voreingenommenheit kaum zu leugnen. In der Ilias z. B. VI, 194 überweisen die Lykier dem Bellerophon auserlesene Grundstücke Ackerlandes und Baumpflanzung — offenbar zu vollem Eigen. XX, 184 fragt Achill den Äneas, ob ihm etwa die Troer ein solches Stück Landes in Aussicht gestellt, wenn er ihn töte. IX, 575 versprachen die Ältesten und Priester der Ätoler dem Meleager für seinen Beistand in der fettesten Flur ein stattliches Gut, fünfzig Morgen, zur Hälfte Rebengefilde, zur Hälfte Ackerland.

Freilich sind es gerade diese Stellen, welchen man ein neues Argument für das Vorherrschen der Feldgemeinschaft entnimmt. Es ist Gemeingut, welches hier durch Schenkung in den Besitz Einzelner übergeht, und das geschenkte Grundstück wird wenigstens an den beiden erstgenannten Stellen als ἔξοχον ἄλλων bezeichnet, was eben die Aussonderung desselben aus dem der Feldgemeinschaft unterworfenen Land bedeuten soll.[2]

Aber auch hier zeigt sich bei näherem Zusehen sofort das Illusorische der ganzen Auffassungsweise. Es ist nämlich nicht die Agrargemeinde, sondern stets die ganze Völkerschaft, die staatliche Gemeinschaft, welche diese Eigentumsübertragungen vollzieht. Wie können dieselben also für die Frage der Feldgemeinschaft beweisend sein? Und was das ἔξοχον ἄλλων betrifft, warum soll es etwas anderes bedeuten, als ein τέμενος περικαλλές, wie zu allem Überfluß das geschenkte Grundstück an der letztgenannten Stelle ausdrücklich bezeichnet wird?

Das ist das Material, auf Grund dessen man behauptet, daß es in der Welt des Epos unter der Herrschaft der weitaus überwiegenden Feldgemeinschaft nur zwei Möglichkeiten zum Erwerb

---

[1] Vgl. Inama-Sternegg: Die Ausbildung der großen Grundherrschaften in Deutschland 45 ff.

[2] Esmein S. 838.

von Privateigentum an Grund und Boden gegeben habe: Rodung und Neubruch einerseits und Übertragung auf Grund besonderer Verdienste um die Gesamtheit andererseits.

Nicht besser steht es mit der inneren Wahrscheinlichkeit dieser Ansicht: Gegen sie spricht schon der ganze soziale Aufbau der homerischen Welt, die Existenz eines zahlreichen ritterlichen Adels, welche ohne die Ausbildung des Privateigentums an Grund und Boden und ohne eine lange Rückwirkung desselben auf die soziale Klassenschichtung nicht zu erklären ist. War doch diese Wirkung eine so intensive, daß wenigstens in der Odyssee die Bezeichnung für Reich und Arm (πολύκληρος — ἄκληρος) dem Grundbesitz entnommen wird! Auch erscheint hier die individualistische Ausgestaltung des Eigentumsrechtes bereits bis zur freien Teilbarkeit des Grund und Bodens,[1]) ja selbst bis zu einem Erbrecht der Frau an demselben[2]) fortgeschritten! Alles Thatsachen, die gewiß einen sehr langen Prozeß der Eigentumsentwicklung voraussetzen. —

Nun hat allerdings Mommsen gemeint, der hellenische Ackerbau müsse schon deshalb anfänglich nach dem System der Feldgemeinschaft betrieben worden sein, weil in Hellas, wie in Italien nicht Grund-, sondern Viehbesitz der Ausgangs- und Mittelpunkt alles Privatvermögens war.[3]) Und Laveleye hat im Hinblick auf die große Bedeutung, welche das Vieh in der homerischen Volkswirtschaft als Tauschmittel gehabt habe, den Satz aufgestellt, daß noch in den Zeiten des Epos der Grund und Boden wenigstens zum größeren Teile Gesamtbesitz gewesen sein müsse. Denn das Vieh hätte nicht als Tauschmittel dienen können, wenn nicht der größere Teil des Landes Gemeinweide gewesen wäre, auf welcher jeder das Recht hatte, sein Vieh zu treiben.[4])

---

[1]) Od. XIV, 208.

[2]) Od. XIV, 211 ff. ἠγαγόμην δὲ γυναῖκα πολυκλήρων ἀνθρώπων κτλ. bezeichnet die Frau des Erzählers zwar nicht mit direkten Worten als Erbin des väterlichen Grundeigentums, aber unmittelbar geht dies doch aus dem ganzen Zusammenhang deutlich hervor.

[3]) R. G. I⁸, 20.

[4]) Laveleye a. a. O. S. 369 f.

Allein diese Schlußfolgerungen, die wohlberechtigt sind, soweit sie nur die Anfänge des nationalen Wirtschaftslebens im Auge haben,[1] leiden an dem Fehler, daß die hier zu Grunde liegenden Vorstellungen von dem Übergewicht der Viehzucht in der Volkswirtschaft des homerischen Zeitalters ohne Zweifel stark übertrieben sind. Laveleye übersieht, daß bei Homer einerseits das Vieh vielfach schon nicht mehr als Tauschmittel, sondern häufig nur noch als Wertmesser zur Preisbestimmung fungiert und daß andererseits neben dem Vieh der Gebrauch der Metalle, — des Goldes, Erzes, Eisens, — als Tauschmittel vollkommen eingebürgert erscheint. Ein Gebrauch, der im kleinasiatischen Kolonialland um so älter und allgemeiner gewesen sein wird, als ja gerade in Vorderasien die Metalle schon seit uralter Zeit für das Bedürfnis des Verkehrs in handliche Formen gebracht waren, und der letzte entscheidende Fortschritt, durch welchen das gewogene Metall zum Geld wurde, die Münzprägung, eine Erfindung des kolonialen Hellas oder seines lydischen Hinterlandes gewesen ist.[2] An den ältesten Stätten des epischen Gesanges hat sie, wenn nicht schon im achten, so doch sicherlich im Anfang des siebenten Jahrhunderts Eingang gefunden,[3] nachdem ohne Zweifel Jahrhunderte vorbereitender Entwicklung vorangegangen waren. Selbst im 9. oder 10. Jahrhundert kann also das blühende Jonien Kleinasiens und der Inseln nicht mehr auf der primitiven Stufe des Verkehrs gestanden haben, wie sie Laveleye voraussetzt.

Man darf übrigens bei geschichtlichen Schlußfolgerungen aus den Lebensformen, in denen sich die Helden des Epos bewegen,

---

[1] Daß in der Periode der hellenischen Volkswirtschaft, in welcher die „Viehwährung" in allgemeiner Geltung war, in der That ein großer Teil des Grund und Bodens Gemeinweide gewesen sein muß, ist ja klar. Denn der Gebrauch dieses „Geldes" erklärt sich nur durch die leichte kostenfreie Konservierung bei „freier Weide". Allein wie weit mag diese Periode in dem Entstehungsgebiet des Epos zurückliegen!

[2] Hultsch: Griech. und röm. Metrologie (2. A.) 165 f.

[3] Brandis: Münz-, Maß- und Gewichtswesen in Vorderasien u. s. w. 202.

niemals außer Acht lassen, wie oft der epische Stil altertümliche
Züge des Lebens und der Sitte konventionell festgehalten hat, die
in der Zeit der Sänger wenig oder keine Realität mehr besaßen.
Nur weil man das konventionelle Moment in der epischen Darstellung nicht immer genügend würdigt, hat man sich die wirtschaftlichen Zustände dieser Zeit häufig unentwickelter vorgestellt, als sie in
Wirklichkeit waren.[1]) Bewußt oder unbewußt schiebt sich das Bild
eines primitiven, überwiegend auf Viehzucht basierten Wirtschaftslebens dem Erklärer unter und trübt den Blick in einer Weise, daß
man in diesem Sinne sogar noch mehr in die Dichtung hineinliest,
als dieselbe für die genannte Anschauung ohnehin schon bietet.

Um z. B. zu beweisen, daß im Epos bei der Aufzählung
des Reichtums angesehener Leute die Herden fast immer den wichtigsten Teil desselben bilden, wird Ilias XIV, 124 angeführt, wo
„unter dem Besitz des Tydeus die Schafherden obenanstehen“ sollen.[2])
Die Stelle lautet:

> Er wohnte
> Reich an Gut in dem Haus, und der weizengesegneten Fluren
> Hat er genug und mit Bäumen bepflanzt rings Gärten in Menge,
> Viel auch Schafe besaß er u. s. w.

Man sieht: „obenan“ steht die kostbare bewegliche Habe im
Hause, dann folgt das Kulturland und zuletzt das Vieh, woraus
wir nun freilich unsererseits keinen Schluß auf die geringere Wertschätzung des letzteren ziehen möchten, da die Reihenfolge bei solchen
Aufzählungen ja sehr leicht zugleich durch rein formelle, insbesondere metrische Gründe bestimmt sein kann. Nicht minder unzulässig ist die Berufung auf Odyssee II, 75, wo der Dichter „selbst
Schafherden und Kleinodien unmittelbar neben einander gestellt“

---

[1]) Man übersieht zu häufig die relative Jugend unseres Homer gegenüber seinem Stoffe; und doch darf am wenigsten der Wirtschaftshistoriker
vergessen, daß — um mit Wilamowitz zu reden — das älteste Denkmal der
europäischen Litteratur verhältnismäßig so gar unursprünglich ist! (Homerische Untersuchungen S. 292.)

[2]) So Büchsenschütz a. a. O. S. 208.

haben soll.[1]) Bekanntlich erklärt dort Telemach vor dem Volke, daß es für ihn vorteilhafter wäre, wenn dieses und nicht die Freier seinen Besitz an liegenden Gütern und Herden (κειμήλιά τε πρόβασίν τε) aufzehren würde, weil er dann wenigstens Hoffnung auf Ersatz haben könnte. „Mein liegendes Gut und was weidet" übersetzt treffend der alte Voß, den keine vorgefaßte Meinung an der getreuen Wiedergabe des Sinnes gehindert hat. Gänzlich unzutreffend ist endlich das Argument, welches man aus Od. XIV, 100 f. entnimmt,[2]) weil hier Eumäus, um eine Anschauung von dem Reichtum des Odysseus zu geben, ausschließlich die Herden aufzählt. Als ob dies vom Standpunkt des Hirten nicht das Nächstliegende wäre! Daß sein Herr anders dachte, zeigt die Klage Telemachs über den Verlust der fruchtbaren Ackerfluren durch die Freier zur Genüge (ἐσθίεταί μοι οἶκος ὄλωλε δὲ πίονα ἔργα) IV, 318.

Wer wollte überhaupt aus solchen individuell bedingten Äußerungen ohne weiteres den Gesamtcharakter des Wirtschaftslebens einer mehrere Jahrhunderte und sehr verschiedenartige Wirtschaftsgebiete umspannenden Epoche erschließen! Oder war etwa auf dem gebirgigen Felseneiland Ithaka das Verhältnis zwischen Ackerbau und Viehzucht dasselbe, wie auf dem üppigen Fruchtboden der weiten Thalgelände Äoliens und Joniens? Wie wenig wird doch die übliche Auffassungsweise einer Dichtung gerecht, welche ein so feines Gefühl für die Verschiedenheit der Naturbedingungen zeigt, durch die der Standort der Wirtschaftszweige bestimmt wird. Das Epos, das überhaupt eine Fülle wirtschaftsgeographischer Charakteristik bietet, schildert eben das Wirtschaftsleben auf Ithaka im wesentlichen so, wie es der vorausgesetzten Landesnatur entsprach.

---

[1]) Nach der Ansicht von Büchsenschütz ebd. Als ob das fürstliche Domanium von Ithaka eine einzige große Schafweide Sütherland'scher Art gewesen wäre und die Gestalten des biederen Eumäos und Philoitios, des tückischen Melanthios nie existiert hätten!

[2]) Büchsenschütz a. a. O.

Nach dem Urteil eines so hervorragenden Geographen, wie Partsch,[1] ist der Naturcharakter der Insel allenthalben so treffend, mit so feiner Abwägung der Vorzüge und Schattenseiten wiedergegeben, daß in dieser frischen, echten Lokalfärbung ein wesentlicher Reiz des Heldengedichtes liegt.[2] Auch über die kultur- und wirtschafts- geographische Schilderung wird man in der Hauptsache wenigstens nicht anders urteilen können. Ich erinnere nur an den höchst an- schaulichen Vergleich zwischen der relativ beschränkten, auf kargbe- messene Naturgaben angewiesenen Inselwirtschaft und der reichen Landeskultur in der gesegneten Fruchtebene Lakedämon![3] Wenn also die Viehzucht in der Odyssee, soweit Ithaka ihr Schauplatz ist, besonders in den Vordergrund tritt, so handelt es sich hier um eine örtlich bedingte[4] Erscheinung, welche auf die Zustände der hellenischen Welt im allgemeinen kein Licht wirft.

Übrigens läßt gerade das homerische Ithaka deutlich erkennen, wie wenig „primitiv" wir uns den volkswirtschaftlichen Hinter- grund der Odyssee zu denken haben. Die — allerdings etwas emphatische — Schilderung des Wein- und Getreideertrages der Insel[5] und die Charakteristik von Telemachs Erbe[6] zeigt uns

---

[1] Kephallenia und Ithaka. Ergänzungsheft 98 zu Petermanns Mit- teilungen S. 61.

[2] Daß das Ithaka Homers keineswegs das schattenhafte willkürliche Phantasiegebilde eines nur mit Kleinasiens Usern vertrauten Dichters ist, hat gegen den bekannten Radikalismus Herchers (Homer und das Ithaka der Wirklichkeit: Hermes I, 263 ff.) die Untersuchung von Partsch zur Genüge festgestellt.

[3] Ob. IV, 602 ff.

[4] Die Erörterung von Partsch über die Topographie Ithakas, ins- besondere über die Hochfläche Marathia hat es völlig klargelegt, daß, wie die Hauptschauplätze der Dichtung überhaupt, so auch gerade das Weiderevier des Eumäus mit großer Treue der Wirklichkeit entnommen sind.

[5] Daß Ob. XIII, 242 ἐν μὲν γάρ οἱ σῖτος ἀθέσφατος eine poetische Übertreibung enthält, wird man Hercher ohne weiteres zugeben. Daß er aber aus dieser poetischen Lizenz übereilte Schlüsse gezogen hat, ist nach den Mitteilungen von Partsch über die Ergiebigkeit der anbaufähigen Teile Ithakas (S. 96) ebenso unzweifelhaft.

[6] IV, 318. Einen Bestandteil des Erbes bilden die πίονα ἔργα.

bereits damals die Bevölkerung des Eilands auch um Ackerbau und
Rebenkultur eifrig bemüht.[1]) Schon in den Zeiten des epiſchen
Geſanges haben alſo in dem Landſchaftsbild Ithakas die emſig ge=
pflegten Weinterraſſen und die ſorgfältig beſtellten Fluren der Thal=
gründe nicht gefehlt, welche dort heute das Auge des Beſchauers
erfreuen. Ja man kann ſagen, auch die Weidewirtſchaft, wie ſie
die Dichtung ſchildert, enthält unverkennbare Spuren einer fortge=
geſchrittenen Stufe wirtſchaftlicher Entwicklung. Wohl zeugt ſie
noch von einer ausgedehnten Bewaldung der Höhen, die den
Schweinen reichliche Eichelmaſt ſicherte, ſchon ſind jedoch auch um=
faſſende Strecken dem Weidegang der Ziege verfallen. Die Inſel
wird geradezu als ein Land der Ziegenweide bezeichnet,[2]) was da=
rauf ſchließen läßt, daß einerſeits an den Berglehnen bereits die
Entholzung begonnen, andererſeits in den Niederungen der garten=
artige Anbau entſchiedene Fortſchritte gemacht hatte. Denn die
Ziege, die nicht, wie das Rind, fetter Wieſen, überhaupt weiter
Räume bedarf,[3]) ſondern ſich mit dem wilden Strauchwerk der
heißen Felsabhänge begnügt, iſt in den Gebirgslandſchaften des
Südens recht eigentlich das Haustier des gartenmäßigen Anbaues.[4])
Erſt mit dieſer Kulturart findet ſie ihre eigentliche Stelle und nütz=
liche Verwendung. Und Ähnliches gilt von dem Maultier, deſſen
Einführung — eben wegen ſeiner größeren Genügſamkeit — gleich=
falls mit dem Umſichgreifen der Baumzucht enge verknüpft war.
Seine Verwendung als Arbeitstier — bei der Feldbeſtellung ſo=
wohl, wie bei der Beförderung von Laſten — erſcheint ſchon in
der Welt der Ilias allgemein verbreitet und iſt in der Odyſſee (IV,
637) gerade für Ithaka bezeugt. —

---

[1]) Eine Bemühung, die,. wie der Dichter treffend bemerkt, trotz des
beſchränkten Terrains infolge der Gunſt des Klimas mit reichem Erfolg ge=
krönt war, v. 244 f.

[2]) IV, 605, XIII, 246 αἰγίβοτος ἀγαθή.

[3]) Dies wird als Urſache der ausgedehnten Ziegenzucht Ithakas von
Homer ausdrücklich angeführt.

[4]) Vgl. Hehn: Kulturpflanzen und Haustiere u. ſ. w. (4) S. 110.

Die Ansicht, nach welcher noch in der Entstehungszeit des Epos ganz allgemein in Hellas Viehwirtschaft und Allmendenbesitz das Übergewicht besaß, steht nun aber ferner auch im Widerspruch mit der Thatsache, daß die hellenische Staatenwelt in der Gestalt, wie sie die homerischen Gedichte voraussetzen, bei weitem nicht in dem Grade auf kulturlosem Boden entstanden war, wie etwa die altgermanische.[1] Daß das hellenische Mutterland schon in sehr alter Zeit stark bevölkert und dementsprechend kultiviert war, bezeugen zur Genüge die zahllosen Überreste dieser Kultur, sowie die Auswanderermassen, die das ägäische Meer und die Gestade Kleinasiens dem hellenischen Volkstum gewonnen haben. Dies koloniale Hellas vollends, die Wiege des epischen Gesanges, ist recht eigentlich auf uraltem Kulturboden erwachsen. Vielfach also fanden die Stämme, auf denen die Staatenbildung des historischen Hellas beruht, das Werk der Landeskultur bereits mehr oder minder fortgeschritten. Andererseits muß dies Werk von ihnen mit großer Energie weitergeführt worden sein. Die Zersplitterung in eine Fülle kleiner Volksgemeinden, denen die Beschränktheit ihrer Gebiete die Notwendigkeit einer möglichsten Nutzbarmachung derselben besonders nahe legte, war dem raschen Ausbau im Lande ungemein günstig. Die kolonisatorische Kraft, welche die Verteilung des nationalen Bodens unter so viele kleine Kulturzentren entfesselte, zeigte sich in der That so überaus wirksam, daß es der mächtig anwachsenden Bevölkerung schon sehr bald in der Heimat zu enge geworden ist. Welch eine gewaltige Fülle überschüssiger Volkskraft vermochte die hellenische Welt seit dem achten Jahrhundert aus ihrem Schoß zu entsenden, um die Gestade des Mittelmeers mit hellenischen Siedlungen zu bedecken!

---

[1] Übrigens ist selbst hier die Entwicklung eine raschere gewesen, als man gewöhnlich annimmt. Lamprecht (Deutsche Wirtschaftsgeschichte I, 12) bemerkt mit Recht, daß trotz der großen Betonung des Viehstandes in den Volksrechten die Viehzucht damals doch nicht mehr im Brennpunkt des Wirtschaftslebens stand, daß sie sich schon in wesentlichen Punkten abhängig zeigt von der Kultur des Landes, vom Anbau der Felder und der Ausnützung von Wiese, Weide und Feld.

Es ist in dieser Hinsicht äußerst bezeichnend, daß in den Kyprien, einer Dichtung des siebenten Jahrhunderts, welche den jüngeren Bestandteilen der Odyssee noch gleichzeitig ist, die in der Ilias erwähnte βουλή des Zeus auf ein bevölkerungspolitisches Motiv zurückgeführt wird, auf die Weise Absicht des Gottes, die Erde vom Drucke der Übervölkerung zu befreien! (σύνϑετο κουφίσσαι ἀνδρῶν παμβώτορα γαῖαν.)

In der That ist nach allgemeiner Volksanschauung die Landeskultur in Hellas eine so uralte gewesen, daß die schwierigsten Kulturarbeiten auf mythische Heroen zurückgeführt werden konnten, daß in vielen Landschaften die Idee von der Ursprünglichkeit des Getreidebaues zu Hause war und sich aufs innigste mit den ältesten mythischen Traditionen verflocht.[1] Schon für die Ilias ist die Erde die vielernährende (χϑὼν πουλυβότειρα, γαῖα πολύφορβος), und dem entspricht die Itensität des Anbaues, von der die Schilderungen der Epen überall Zeugnis ablegen. Nicht nur daß im Ackerbau der Erhaltung und Vermehrung der Bodenfruchtbarkeit durch sorgfältige Düngung und Brachpflügung Rechnung getragen wird,[2] sondern man ist auch in der Ausnützung des Bodens bereits bei einer entwickelten Gartenkultur angelangt. Die edle Baumzucht, an sich schon ein Kriterium uralter Kultur, sehen wir bereits in der Ilias vom Obst- und Weinbau bis zur Ölkultur[3] fortgeschritten. Acker und Pflanzung erscheinen so sehr als koordinierte Kulturzweige, daß z. B. unter den Kennzeichen des barbarischen Urzustandes der Cyklopen die Unbekanntschaft mit der Baumzucht ebenso betont wird, wie die mit dem Ackerbau.[4] Äußerst bezeich

---

[1] Preller: Demeter und Persephone S. 283.
[2] Ilias XXIII, 174.
[3] Vgl. die von Neumann-Partsch Phys. Geogr. v. Griechenland S. 413 aufgeführten Stellen der Ilias, die in Verbindung mit den in den prähistorischen Ansiedlungen von Santorin entdeckten Ölmühlen das hohe Alter der Ölgewinnung und wohl auch der Veredlung des Ölbaums gegen die bekannte Ansicht Hehns zur Genüge beweisen.
[4] Od. IX, 108 Οὔτε φυτεύουσιν χερσὶν φυτόν, οὔτ' ἀρόωσιν.

nend für das Gefühl auch der wirtschaftlichen Überlegenheit, welches
den in diese Naturwildnis verschlagenen Kulturmenschen erfüllt, ist
das Bedauern des Odysseus über die Nichtbestellung des für Pflug
und Pflanzung so sehr geeigneten Bodens und der zuversichtliche
Ausspruch, daß das Cyklopenland, wenn es durch den Schiffsver=
kehr mit den Städten der Menschen in Verbindung gebracht wer=
den könnte, bald in eine wohlbebaute Kulturlandschaft umgewandelt
sein würde.[1] Das kann nur aus den Empfindungen einer Zeit
heraus gedacht sein, in welcher der innere Ausbau des Landes im
wesentlichen vollendet war und für welche die landschaftliche Physio=
gnomie bereits durch das — Unland und Wald weit zurück=
drängende — Kulturland wohlgepflegter Fruchtgärten und Acker=
fluren entscheidend bestimmt wurde.[2]

Aus alledem geht zur Genüge hervor, in welch weitem Um=
fang schon in der Entstehungszeit des Epos der bleibende persön=
liche Besitz aus dem gemeinsam benützten Lande ausgeschieden sein
muß. Die allgemeine Verbreitung der edlen, von Beschaffenheit
und Güte der persönlichen Arbeit in hohem Grade abhängigen
Kulturen, des Weinbaues und der Baumzucht ist ein untrügliches
Symptom der uralten Entwicklung des Privateigentums am Grund
und Boden, ohne welches diese „individuellen" Kulturen nicht ge=
deihen können. Aber auch der Ackerbau war sicherlich im großen
und ganzen den feldgemeinschaftlichen Formen entwachsen. Die
Ansprüche einer wachsenden Bevölkerung an die Intensität des An=
baues, an die Produktivität der Arbeitsleistung waren offenbar schon

---

[1] Od. IX, 125 (οὐδ' ἄνδρες . . . ἔνι)

οἵ κέ σφιν καὶ νῆσον ἐϋκτιμένην ἐκάμοντο.
οὐ μὲν γάρ τι κακή γε, φέροι δέ κεν ὥρια πάντα·
ἐν μὲν γὰρ λειμῶνες ἁλὸς πολιοῖο παρ' ὄχθας
ὑδηλοί, μαλακοί· μάλα κ' ἄφθιτοι ἄμπελοι εἶεν.
ἐν δ' ἄροσις λείη· μάλα κεν βαθὺ λήϊον αἰεὶ
εἰς ὥρας ἀμῷεν· ἐπεὶ μάλα πῖαρ ὑπ' οὖδας.

[2] Vgl. zur Charakteristik der homerischen Kulturlandschaft Od. IX,
131 ff., XVII, 297 ff. und — ganz analog — auch schon Ilias V, 87 ff.,
XXI, 257 ff.

zu hohe, der Trieb nach individuellem Erwerb und selbständiger Bewegung zu sehr entwickelt, als daß — in den fortgeschritteneren Landschaften wenigstens — eine gemeinwirtschaftliche Organisation des Ackerbaues dem Bedürfnis der Zeit noch zu genügen vermocht hätte. In der That gehört nach der Anschauung der Odyssee wenigstens zu den ersten Akten menschlicher Ansiedlung die Austeilung der Fluren und zwar unverkennbar zu individuellem Eigentum.[1])

Wenn wir nun aber nach alledem nicht im stande sind, neben der Hauskommunion noch eine andere Form des agrarischen Kommunismus aus dem Epos zu erweisen, so müssen wir weiter fragen, ob sich nicht etwa anderwärts Spuren eines solchen Kommunismus erhalten haben.

Dritter Abschnitt.
Der Kommunistenstaat auf Lipara.

Eine der wichtigsten Thatsachen, die man für eine verhältnismäßig lange Fortdauer der Feldgemeinschaft in der hellenischen Welt geltend gemacht hat,[2]) ist unstreitig die berühmte Gesellschaftsverfassung der von den Hellenen kolonisierten liparischen Inseln. Wie der Sizilianer Diodor erzählt, waren um das Jahr 580 v. Chr. Auswanderer aus Knidos und Rhodos nach Sizilien gekommen und hatten sich zuletzt auf den liparischen Inseln angesiedelt. Um den Angriffen der Etrusker gewachsen zu sein, bauten sie eine Flotte und organisierten ihr ganzes Gemeinwesen auf kriegerischem Fuß und zugleich nach streng kommunistischen Grundsätzen. Der Grund und Boden der Inseln blieb im Gesamteigentum, und während immer ein Teil der Bevölkerung der Bekämpfung der feindlichen Piraten oblag, bebaute der andere das Land, dessen

---

[1]) Od. VI, 10.
[2]) So z. B. Viollet a. a. O. 467 ff., Laveleye 371 ff.

Ertrag bei öffentlichen Mahlzeiten gemeinsam verzehrt wurde.[1]
Dieses System eines vollkommenen agrarischen Kommunismus
wurde, wie Diodor berichtet, längere Zeit beibehalten. Dann wurde
der Boden der Hauptinsel Lipara zur Sondernutzung aufgeteilt,
während die anderen Eilande – offenbar überwiegend als Weide[2] —
auch ferner noch gemeinsam bewirtschaftet wurden. Zuletzt teilte
man das ganze Inselgebiet, jedoch nicht zu vollem Eigentum, sondern so, daß alle zwanzig Jahre eine Neuverlosung vorgenommen
wurde.[3]

Wir haben keinen Grund an der Richtigkeit dieser Erzählung
zu zweifeln, sie etwa auf Ein Niveau mit jener Schilderung des
Kommunistenstaates der Fabelinsel Panchaia zu stellen, welche Diodor
in demselben Buch (V, 45) der ἱερὰ ἀναγραφή des Euchemeros
nacherzählt hat. Der Bericht Diodors über Lipara ist gewiß —
wenn auch nur indirekt durch Vermittlung des Timäns[4] — aus
der Darstellung geflossen, welche Antiochus von Syrakus in seinem
großen Geschichtswerk über Sizilien den Insulanern von Lipara
gewidmet hat. Sie entspricht dem lebhaften Interesse dieses Ge-
schichtsschreibers für Verfassungs- und Kulturgeschichte und verdient

---

[1] Diodor V, 9: Ὕστερον δὲ τῶν Τυρρηνῶν λῃστευόντων τὰ κατὰ
θάλατταν πολεμούμενοι, κατεσκευάσαντο ναυτικόν, καὶ διελόμενοι σφᾶς
αὐτούς, οἱ μὲν ἐγεώργουν τὰς νήσους κοινὰς ποιήσαντες, οἱ δὲ πρὸς τοὺς
λῃστὰς ἀντετάττοντο· καὶ τὰς οὐσίας κοινὰς ποιησάμενοι καὶ ζῶντες κατὰ
συσσίτια διετέλεσαν ἐπί τινας χρόνους κοινωνικῶς βιοῦντες.

[2] Vgl. Strabo VI, p. 276 über die Bodenverhältnisse dieser kleinen
Inseln.

[3] Ὕστερον δὲ τὴν μὲν Λιπάραν καθ᾽ ἣν καὶ ἡ πόλις ἦν, διενεί-
μαντο, τὰς δὲ ἄλλας ἐγεώργουν κοινῇ. Τὸ δὲ τελευταῖον πάσας τὰς νήσους
εἰς εἴκοσιν ἔτη διελόμενοι, πάλιν κληρουχοῦσιν, ὅταν ὁ χρόνος οὗτος
διέλθῃ.

[4] Die Vergleichung Diodors V, 9 mit Pausanias X, 11, 3 und Thuk.
III, 88 spricht wohl gegen die direkte Benützung, wie sie Müller Hist. graec.
fragm. I, XLV annimmt. Vgl. Wölfflin: Antiochus v. Syrakus und Coelius
Antipater S. 21 cf. 13. Volquardsen: Untersuchungen über die Quellen der
griech. und sizil. Geschichten bei Diodor S. 80. Müllenhoff, Deutsche Altertumskunde I,² 447 ff.

fchon darum allen Glaußen, weil Antiochos ernftlich bemüht war,
möglichft Zuverläffiges (ἐκ τῶν ἀρχαίων λόγων τὰ πιστότατα
καὶ σαφέστατα [1])) zu überliefern, und weil er andererfeits die
gefchilderte Gefellfchaftsverfaffung wenigftens in ihren fpäteren Ent=
wicflungsphafen fehr wohl aus eigener Anfchauung oder perfönlicher
Erfundigung fennen fonnte. Auch liegt fein Grund zu der An=
nahme vor, daß die Diodorifche Erzählung den urfprünglichen Be=
richt und das echte Bild diefer Verfaffung in wefentlichen That=
fachen entftellt haben follte. Sie zeigt unverfennbar die echten Züge
einer primitiven Agrarverfaffung und enthält fein Moment, welches
fich nicht aus der Gefchichte der Feldgemeinfchaft vielfach belegen
ließe. [2])

Allein wenn wir auch die Feldgemeinfchaft auf Lipara als
gefchichtliche Thatfache anerfennen, fo müffen wir doch andererfeits
die Schlußfolgerungen, die man aus diefer Thatfache gezogen hat,
vielfach als zu weitgehend bezeichnen. Es ift durch nichts gerecht=
fertigt, wenn man die Vermutung ausgefprochen hat, daß der
Kommunismus der Liparer fchon in den Zuftänden ihrer urfprüng=
lichen Heimat wurzle, vielleicht gar ein Nachflang aus der Wander=
zeit der dorifchen Stämme fei. [3]) Dagegen fpricht fchon der Um=

---

[1]) Vgl· Dionyfius v. Halifarnaß I, 12.

[2]) Vgl. z. B· Diodor V, 34 über die Feldgemeinfchaft bei den Vaccäern
in Spanien (Jährliche Verteilung von Acferland und Ertrag), Strabo VII,
p. 315 über die der Dalmatiner (Alle acht Jahre Neuverteilung des Landes).
Vgl. auch die Schilderung der fozialen Organifation der Sueven bei Cäfar
B. G. IV, 1, die in wefentlichen Zügen ein Seitenftücf zu der der Liparer
bietet. „Die, welche im Lande bleiben, fagt Cäfar, bauen den Acfer für fich
und die Abwefenden und ftatt der leßteren find fie hinwiederum das folgende
Jahr unter den Waffen, während jene zu Haufe bleiben. Es gibt feinerlei
Acferland im Befiß der Einzelnen und gefondert."

[3]) So Viollet a. a. O. S. 468: Peut-être aussi ces tribus voyageu-
ses qui des Cyclades s'étaient transportées dans la Carie, qui, peu
après (!?), quittaient Cnide et s'unissaient à quelques Rhodiens pour faire
voile vers la Sicile, peut-être ces tribus s'étant fixées plus tardivement
que les autres, avaient-elles gardé plus longtemps aussi les moeurs et
les usages qui conviennent aux nomades.

stand, daß Lipara eine der jüngsten Kolonien Siziliens war. Als ihre Gründer aus Knidos und Rhodus auszogen, hatten diese Gemeinden bereits eine Geschichte von mehreren Jahrhunderten hinter sich. Die durch die Kolonisation und die Erschließung Ägyptens im siebenten Jahrhundert mächtig geförderte gewerbliche und merkantile Blüte der kleinasiatischen Städte, der wirtschaftliche Aufschwung der auf altem semitischen Kulturboden begründeten Gemeinden von Rhodus, welches nach dem aus dem siebenten Jahrhundert stammenden homerischen Schiffskatalog (Il. II, 670) „von Zeus die unendliche Fülle des Reichtums empfangen", die aristokratische Verfassung, mit der diese Gemeinden in die Geschichte eintreten, all das läßt auf eine viel zu weit fortgeschrittene Entwicklung der Eigentumsordnung schließen, als daß man hier noch für das sechste Jahrhundert die Fortdauer der Feldgemeinschaft voraussetzen könnte.

In der That bedürfen die Zustände auf den Liparen keiner Anknüpfung an die des Mutterlandes. Sie erklären sich vollkommen aus der besonderen Situation, in der sich die Insulaner befanden. Mitten im friedlosen, von den Erbfeinden der Hellenen, von Etruskern und punischen Semiten, beherrschten Meere, auf einem der gefährdetsten Außenposten der hellenischen Welt,[1]) fortwährend von Katastrophen bedroht, wie sie z. B. im Mittelalter selbst das weitentlegene Island von afrikanischen Piraten erlitt, hatte die Bevölkerung von Lipara ihre ganze Existenz auf den Kampf gestellt. Ja es spricht alles dafür, daß die Hellenen sich dieser Inseln, die als Warten auf hoher See das weiteste Gesichtsfeld beherrschten, von vorneherein in der Absicht bemächtigten, um von hier aus gegen Etrusker und Karthager Kaperei zu treiben,[2]) die ja damals auf

---

[1]) Vgl. Strabo von Lipara — πρὸς τὰς τῶν Τυρρηνῶν ἐπιδρομὰς πολὺν χρόνον ἀντέσχεν. VI p. 275.

[2]) Wie es z. B. jener Kapitän aus Phokäa ebenfalls in den sizilischen Gewässern that, von dem es bei Herodot heißt: λῃστὴς κατεστήκεε Ἑλλήνων μὲν οὐδενὸς Καρχηδονίων δὲ καὶ Τυρσηνῶν. VI, 17. In der That ist wiederholt von den reichen Zehnten die Rede, welche die Liparer aus dem

beiden Seiten als ein ehrliches Gewerbe galt und für welche die
Liparen so vorzüglich geeignet waren. Haben wir hier aber eine Art
Korsarenburg[1]) vor uns, so tritt die liparische Verfassung aus dem
Rahmen der allgemeinen Volksentwicklung vollkommen heraus. Sie
erscheint als ein ebenso singuläres Phänomen, wie z. B. jener west=
indische Flibustierstaat, in welchem sich ja auch auf Grundlage der
Piraterie eine streng militärische Organisation mit kommunistischen
Einrichtungen verband.

Eben diese analoge Erscheinung weist recht deutlich darauf
hin, daß der liparische Kommunismus in den besonderen Verhält=
nissen wurzelt, in denen wir die Hellenen hier finden. Wie leicht
konnte der kriegerische Korpsgeist einer Bevölkerung, in der sich alle
als Genossen eines militärischen Verbandes fühlten, zu solchen In=
stitutionen führen! Wo es stets für die ganze eine Hälfte der
Volksgenossen keine andere wirtschaftliche Thätigkeit gab, als Bente=
auszug und kriegerischen Gewinn, wo man gewohnt war, Beute=
stücke mit den Genossen als Erwerbsstücke kameradschaftlich zu
teilen, was lag da näher, als daß man auch den gemeinsam ge=
wonnenen Boden der neuen Heimat ebenso behandelte, wie den
Kriegserwerb? Es entsprach durchaus der Natur der Dinge, daß
auch der Grund und Boden als Eigentum der ganzen kriegerischen

---

Beuteertrag ihrer vielen Kämpfe mit den Etruskern dem delphischen Gotte
weihten. Diodor V, 9, Strabo VI, p. 275, Pausanias XII, 3.

[1]) So bezeichnet Nissen treffend Lipara. Italische Landeskunde I, S.
122. Von dieser Stellung Liparas haben sich in der Geschichte auch noch
direkte Spuren erhalten. Vgl. z. B. den Bericht des Livius V, 28 und
Diodor XIV, 93. über die Aufhebung einer römischen Gesandtschaft an den
delphischen Apoll durch Piraten von Lipara. Mos erat civitatis, bemerkt
Livius dazu, velut publico latrocinio partam praedam dividere. Also
die von Einzelnen gemachte Beute wird nach streng kommunistischem Prinzip
unter alle Bewohner Liparas verteilt!

Wenn in der Darstellung desselben Ereignisses bei Plutarch (Camil=
lus c. 8) der Versuch gemacht wird, dasselbe in einem anderen Licht er=
scheinen zu lassen, so ist das spätere tendenziöse Umdeutung, wie schon Reinach
mit Recht bemerkt hat: Le collectivisme des Grecs de Lipari. Revue des
études grecques 1890 S. 93.

Korporation erschien, auf dessen Nutzung jeder an seiner Verteidigung beteiligte Kamerad ein wohlerworbenes Anrecht hatte. Dazu kamen die Vorteile, welche eine solche Gesellschaftsordnung gerade für die Verhältnisse Liparas haben mußte. Indem sie die Entwicklung ausschließlichen Eigentums möglichst verhinderte, wirkte sie zugleich im Interesse der stetigen Kriegsbereitschaft, welche den Insulanern ihre Lage auferlegte. Sie erstickte im Keime, was den kriegerischen Sinn hätte schwächen können, die Neigung zu friedlichem Schaffen und Erwerben, sowie die Gewöhnung an reichlicheren und bequemeren Lebensgenuß und die — bei dem Institut des Privateigentums un= vermeidliche — wirtschaftliche und soziale Ungleichheit, die größte Gefahr für den Geist der kriegerischen Bruderschaft.[1]

Bei dieser Auffassung von den Entstehungsmotiven der lipa= rischen Gesellschaftsordnung wird man es auch nicht für wahrschein= lich halten, daß dieselbe eine erheblich längere Dauer gehabt haben sollte, als die Verhältnisse, denen sie ihren Ursprung verdankte. Allerdings bedient sich Diodor bei der Darstellung ihres letzten Ent= wicklungsstadiums (Sonderbesitz mit periodischer Neuverlosung) des Präsens, so daß man den Eindruck gewinnt, als ob die Liparer noch in Diodors Zeit, unter Kaiser Augustus, das Privateigentum nicht vollständig durchgeführt hätten, als ob sie damals noch „vor den Thoren Roms die von Cäsar in Germanien beobachteten perio= dischen Teilungen übten".[2] Allein dieser Schluß wird durch die naheliegende Erwägung hinfällig, daß jenes Präsens ein Präsens= historikum sein kann oder, wenn nicht, daß es von Diodor mög= licherweise gedankenlos seiner Quelle nachgeschrieben wurde, was

---

[1] Was Cäsar von der Agrarverfassung der kriegerischen Sueben sagt, l. c. IV, 22, das gilt genau so für die Hellenen auf Lipara: Ejus rei multas adferunt causas: ne assidua consuetudine capti studium belli gerundi agricultura commutent, ne . . . potentiores humiliores possessionibus expellant, ne . . . quo oriatur pecuniae aviditas, qua ex re factiones dissensionesque nascuntur, ut animi aequitate plebem contineat, quum suas quisque opes cum potentissimis aequari videat.

[2] So Laveleye 372, Viollet a. a. O. 468.

4*

bei einem so „elenden Skribenten" [1]) nichts Auffallendes wäre. Auch sonst fehlt es ja bei Diodor nicht an Beispielen dafür, daß er Sätze älterer Autoren unverändert herübernimmt, ohne Rücksicht darauf, daß sie auf seine Zeit gar nicht mehr passen. [2]) Für die Frage nach der geschichtlichen Stellung und Bedeutung der Feld= gemeinschaft von Lipara ist demnach der genannte Umstand ohne jede Beweiskraft.

Das Präsens in dem Berichte Diodors über Lipara könnte höchstens soviel beweisen, daß sein Gewährsmann Timäus, dem er es nachgeschrieben, von der Feldgemeinschaft der Liparer wie von einer noch bestehenden Einrichtung gesprochen hat. Und es ist ja sehr wohl möglich, daß Timäus dieselbe in ihrer letzten Entwick= lungsphase noch erlebt hat. Er beendete sein Werk noch vor der Eroberung Liparas durch die Römer, vor der Mitte des dritten Jahrhunderts. [3]) Wer wollte jedoch annehmen, daß die von ihm geschilderten Zustände noch nach dieser Zeit fortdauerten oder gar noch dann, als Lipara eine römische Kolonie geworden war? [4]) — Wie gründlich sich bis zur Zeit Diodors die Verhältnisse auf Lipara geändert hatten, beweisen die Angaben Ciceros in der dritten An= klagerede gegen Verres, dessen Mißwirtschaft auch diese Insulaner schwer zu empfinden hatten. Die Liparer erscheinen hier als ein durchaus friedliches Völkchen, welches so wenig von den alten Traditionen der Insel bewahrt hat, daß es sich den ungestörten Besitz seiner Äcker von den Piraten durch regelmäßige Zahlungen erkauft! [5])

---

[1]) Diese Mommsensche Charakteristik Diodors (R. Chronol. S. 125) bleibt gewiß noch immer zu Recht bestehen, trotz der neuesten Diodor gewid= meten Rettungsversuche, wenn dieselben auch in Beziehung auf den Umfang seiner Quellenbenützung eine gewisse Berechtigung haben.

[2]) Vgl. die treffenden Beobachtungen Müllenhoffs (Deutsche Altertums= kunde II, 180) über eine derartige kritiklos aus Posidonius abgeschriebene Stelle desselben Buches (V, 32).

[3]) Die Einnahme Liparas erfolgte 251. Vgl. Polybius I, 39.

[4]) Plinius N. H. III, 9. (Eine Thatsache, die Viollet und Lavelehe völlig ignorieren.

[5]) Cicero in Verrem III, 37: tot annis agellos suos redimere a piratis solebant.

Vierter Abschnitt.

Angebliche Spuren des Kommunismus in Großgriechenland.

Noch weit problematischer, als die Rückschlüsse, die man von dem immerhin geschichtlichen Kommunistenstaat der Liparer auf die allgemeine Entwicklung von Hellas gemacht hat, erscheinen die neuerdings hervorgetretenen Ansichten über gewisse Spuren des Kommunismus im benachbarten Großgriechenland.

Man hat sich nicht gescheut, aus dem Wuste der neupythagoreischen und neuplatonischen Litteratur jene fabelhafte Geschichte herauszugreifen, wonach auf das Wort des Pythagoras mehr als 2000 (nach anderen 600) Menschen die Gütergemeinschaft angenommen und auf Grund derselben ein eigenes Gemeinwesen gestiftet hätten.[1] Die Phantasie französischer Forscher hat sich — offenbar unter dem Einfluß der vorgefaßten Meinung von der Allgemeinheit des Instituts der Flurgemeinschaft — zu der Behauptung hinreißen lassen, daß dieser Angabe vermutlich eine alte mißverstandene Überlieferung über die Entstehung einzelner süditalischer Gemeinden zu Grunde liege, die in die späteren halb sagenhaften Erzählungen über das Leben des Pythagoras „übergegangen" sei.[2]

Als ob es sich hier überhaupt um „Sage" handle und als ob nicht alles, was wir über die „pythagoreische" Gütergemeinschaft erfahren, unverkennbar den Stempel jüngerer Erfindung an sich trüge![3] Es sollte doch kaum mehr eines Hinweises darauf bedürfen, daß die Geschichtserzählung für die Neupythagoräer und Neuplatoniker lediglich eine Form ist, deren sie sich mit souveräner Willkür bedienen, um jeden beliebigen Inhalt hineinzulegen und durch die Autorität der Vorzeit zu empfehlen.[4] Es sind die eigenen

---

[1] S. die Erzählung des Nikomachus bei Porphyrius Pyth. vita in der Didotschen Ausgabe des Diogenes Laert. S. 91.

[2] Viollet a. a. O. 468, Laveleye a. a. O. 372.

[3] Vgl. Zeller, Philosophie der Griechen I⁴, 290 ff.

[4] Zeller: Pythagoras und die Pythagorassage. Abhandlungen. 1. Sammlung 2. Aufl. S. 33.

Ideale, die ſie ohne Scheu in den angeblichen Lehren und Schö=
pfungen des Pythagoras darſtellen. Dieſe Ideale aber ſind wie
auf ſpekulativem, ſo auch auf ſozial=politiſchem Gebiete weſentlich
bedingt durch den Platonismus, ja der Neuplatonismus hat ſogar
ein Projekt zur Verwirklichung des platoniſchen Staates in Italien
aufzuweiſen.[1]) Es unterliegt übrigens um ſo weniger einem Zweifel,
daß die kommuniſtiſchen Elemente der Pythagorasmythe (neben dem
Mißverſtändnis des pythagoreiſchen Lebensprinzips: κοινὰ τὰ τῶν
φίλων[2])) der ſpäteren Platoniſierung der pythagoreiſchen Lehre
ihren Urſprung verdanken, als die älteren und glaubwürdigeren
Nachrichten über Pythagoras von der Gütergemeinſchaft noch nichts
zu melden wiſſen.[3])

Oder glaubt man, daß Plato, nachdem er der pythagoreiſchen
Lehre und den Pythagoräern in Italien ſelbſt perſönlich ſo überaus
nahegetreten, ſich in der Weiſe über die Undurchführbarkeit des
Kommunismus hätte äußern können, wie er es in den „Geſetzen“
thut, wenn er ein wirklich kommuniſtiſches Experiment des Ordens,
ein „Phalanſtère“ des Pythagoras vor Augen gehabt hätte? Und
ſelbſt wenn man an ein ſolches Experiment glaubt, was iſt damit
für die total verſchiedene Frage nach der Fortdauer einer primi=
tiven Feldgemeinſchaft gewonnen? Die Möglichkeit, daß die Pytha=
goraslegende in dieſer Hinſicht an eine geſchichtliche Thatſache an=
knüpfte, wäre höchſtens dann anzunehmen, wenn ſich irgendwo in
dem helleniſchen Unteritalien Spuren einer alten Feldgemeinſchaft
erhalten hätten. Allein das iſt nirgends der Fall! Denn das Bei=
ſpiel Tarents, wo man im Hinblick auf eine Stelle des Ariſtoteles
noch im vierten Jahrhundert Nachklänge einer gemeinwirtſchaftlichen
Eigentumsordnung zu finden glaubt, beweiſt nicht, was ſie beweiſen

---

[1]) Porphyrius v. Plotin. c. 12.

[2]) Wie weit dies Mißverſtändnis ging, zeigt die Notiz des Photius
s. v. κοινά τὰ τῶν φίλων· Τίμαιός φησιν ἐν τῷ θʹταύτην λεχθῆναι κατὰ
τὴν μεγάλην Ἑλλάδα, καθʼ οὓς χρόνους Πυθαγόρας ἀνέπειθε τοὺς ταύτην
κατοικοῦντας ἀδιανέμητα κεκτῆσθαι.

[3]) Vgl. Zeller a. a. O.

soll. Aristoteles sagt von Tarent weiter nichts, als daß dort die besitzenden Bürger ihre Güter mit den Armen „gemein machten", indem sie die letzteren an der Nutznießung teilnehmen ließen.[1] So allgemein diese Bemerkung gehalten ist, so ist doch soviel klar, daß die hier geschilderte Sitte in keiner Weise als Überrest alter gemein= wirtschaftlicher Verhältnisse aufgefaßt zu werden braucht. Es ist völlig willkürlich, wenn man dieselbe den Institutionen von Lipara an die Seite gestellt hat.[2]

Die Sitte erweist weiter nichts, als die Wirksamkeit eines ausgebildeten sozialen Sinnes, der sich bewußt ist, daß das Privat= eigentum nicht ausschließlich dem Individuum, sondern auch dem Interesse der Gesellschaft zu dienen hat. Und in der umfassenden Bethätigung dieses sozialen Gemeingefühls, welche das Privat= eigentum durch den Nießbrauch gewissermassen zum Gemeingut machte, stand nach Aristoteles die Demokratie von Tarent keines= wegs allein. Er findet ähnliches auch in anderen Staaten, die sich nach seiner Ansicht gesunder bürgerlicher Zustände erfreuten, mehr oder minder verwirklicht;[3] wie er denn ausdrücklich auf das Bei= spiel Spartas verweist, dessen Bürger sich gegenseitig an gewissen Gebrauchsgegenständen (Pferden, Hunden, Feldfrüchten, Sklaven) in bestimmten Fällen ein Mitbenützungsrecht einräumten. Aristoteles hält es daher auch für möglich, auf Grundlage der bestehenden Eigentumsordnung durch die politische Erziehung des Bürgers das genannte Prinzip überall ins Leben einzuführen. Ist es doch für

---

[1] Politik (ed. Susemihl) VII, 5, 5, 1320b: καλῶς δ'ἔχει μιμεῖσθαι καὶ τὴν Ταραντίνων ἀρχήν· ἐκεῖνοι γὰρ κοινὰ ποιοῦντες τὰ κτήματα τοῖς ἀπόροις ἐπὶ τὴν χρῆσιν εὔνουν παρασκευάζουσι τὸ πλῆθος.

[2] Viollet und Labeleye a. a. O.

[3] Ebd. II, 2, 5, 1263a: ἔστι δὲ καὶ νῦν τὸν τρόπον τοῦτον ἐν ἐνίαις πόλεσιν οὕτως ὑπογεγραμμένον ὡς οὐκ ὂν ἀδύνατον, καὶ μάλιστα ἐν ταῖς καλῶς οἰκουμέναις τὰ μὲν ἔστι, τὰ δὲ γένοιτ' ἄν· ἰδίαν γὰρ ἕκαστος τὴν κτῆσιν ἔχων τὰ μὲν χρήσιμα ποιεῖ τοῖς φίλοις, τοῖς δὲ χρῆται ὡς κοι- νοῖς, οἷον καὶ ἐν Λακεδαίμονι τοῖς τε δούλοις χρῶνται τοῖς ἀλλήλων ὡς εἰπεῖν ἰδίοις, ἔτι δ'ἵπποις καὶ κυσίν, κἂν δεηθῶσιν ἐφοδίων ⟨τοῖς⟩ ἐν τοῖς ἀγροῖς κατὰ τὴν χώραν (oder θήραν?). cf. Xenophon De rep. Lac. 6, 3.

ihn schon ein einfaches Gebot der Klugheit, daß die besitzende und
herrschende Klasse auch entsprechend große Leistungen für die Gesamtheit auf sich nehme, gleichsam als „hohen Preis der Herrschaft".[1]

Was Aristoteles von Tarent berichtet, entsprach den sozialpolitischen Idealen des Hellenentums überhaupt. Ganz ähnlich
erzählt z. B. Isokrates in seiner emphatischen Schilderung der
„guten alten Zeit" Athens, in der sich eben diese Ideale wider-
spiegeln, die Reichen hätten damals den Armen stets bereitwillig
gegeben, sie durch Verpachtung von Ländereien gegen geringen Zins[2]
oder durch Zuwendung von einträglichen Arbeiten unterstützt; und
so hätten die Reichen ihren Besitz gleichsam zu einem gemeinsamen Eigentum der Bürgerschaft gemacht![3] Man sieht,
es handelt sich hier um eine ganz stereotype Wendung, der wir
daher auch anderwärts wieder begegnen, z. B. in der plutarchischen
Schilderung der Liberalität Cimons,[4] wo es geradezu heißt: Cimon
habe gewissermaßen die Gemeinschaft (d. h. Gütergemeinschaft) des
goldenen Zeitalters wieder ins Leben zurückgeführt! (τρόπον τινὰ
τὴν ἐπὶ Κρόνου μυθολογουμένην κοινωνίαν εἰς τὸν βίον αὖθις
κατῆγεν.)

Man darf bei der Beurteilung dieser Frage nicht übersehen,
welch einen starken Anreiz, welch mächtige innere Nötigung zu einem
derartigen gemeinnützigen Gebrauch des Privateigentums die Zu-

---

[1] VII, 4, 6, 1321a — ἵν' ἑκὼν ὁ δῆμος μὴ μετέχῃ (τῶν ἀρχῶν τῶν
κυριωτάτων) καὶ συγγνώμην ἔχῃ τοῖς ἄρχουσιν ὡς μισθὸν πολὺν διδοῦσι
τῆς ἀρχῆς.

[2] Darum wird es sich auch in Tarent vielfach gehandelt haben; und
Schäffle nennt daher mit Recht diese „Mitnutzung von Vermögensteilen der
Reichen durch die Armen" in Tarent unter den Übergangs- und Mischformen
zwischen dem von ihm sogenannten herrschaftlichen und genossenschaftlichen
Kapitalismus, zu denen er z. B. auch die industrielle Partnerschaft und die
Taglöhnergenossenschaft auf Großgütern rechnet. — Kapitalismus und Sozia-
lismus S. 271.

[3] Areopag. 32, 35, cf. 12.

[4] Leben Cimons c. 10.

stände der hellenischen Welt enthielten. In dem verhältnismäßig
engen Kreise, in welchem sich der Bürger des hellenischen Stadtstaates bewegte, traten auch die Privatverhältnisse, insbesondere der
Reichtum des Einzelnen, ungleich klarer und offenkundiger zu Tage,
als dies in der modernen Welt der Fall ist. Auch ließ sich der
Besitz von vornherein schwerer verbergen, weil ihm nicht die mannigfaltigen Formen der Anlage zu Gebote standen, wie sie die Entwicklung der neueren Kreditwirtschaft geschaffen hat. Der Reichtum
stand also ungleich mehr unter der Kontrolle der Öffentlichkeit; ein
Verhältnis, welches naturgemäß einen starken Antrieb zu einem
liberalen Gebrauch des Eigentums enthielt. Und diese Tendenz
wurde noch dadurch verstärkt, daß die Sitte [1]) und eine Reihe anderer
Momente in derselben Richtung wirksam waren: die Beschränktheit
der Bürgerzahl, die stetige gegenseitige Berührung zwischen den
Bürgern, wie sie die Konzentrierung des politischen Lebens in dem
städtischen Mittelpunkte des kleinen Gebietes zur Folge hatte, das
durch die Kleinheit des Staates stets lebendig erhaltene Gefühl der
Abhängigkeit der Wohlfahrt und Existenz des Einzelnen von dem
Schicksal des Staates und der Gesamtheit, überhaupt der innige
Kontakt des Einzelnen mit der Öffentlichkeit, der von selbst einen
mächtigen Anreiz enthielt, um die Gunst und Anerkennung der Allgemeinheit zu werden u. dgl. m. [2])

---

[1]) Vgl. z. B. Xenophon Οἰκονομικός c. 11.

[2]) Dies Verhältnis zwischen Individuum und Gesamtheit im hellenischen Staat hat u. a. hervorgehoben Felix: Der Einfluß der Sitten und Gebräuche auf die Entwicklung des Eigentums S. 71. Vgl. die besonders in
den Gerichtsreden des 4. Jahrh. vorkommenden Hinweise auf die Bethätigung
der sozialen und politischen Pflichten des Besitzes, wie sie Schmidt: Ethik der
alten Griechen II, 388 zusammengestellt hat. Dazu bei Xenophon Cyropäd.
VIII, 4, 32 f. die charakteristische Betonung des Grundsatzes, sich weder reicher
noch ärmer zu stellen, als man ist, und diese Offenkundigkeit des Besitzstands
zur Grundlage des sozialen Verhaltens zu machen.

Unrichtig ist es allerdings, wenn Felix a. a. O. als Ursache des liberalen Eigentumsgebrauches auch den Mangel einer umfassenden staatlichen
Armenpflege bezeichnet, welcher die Fürsorge für die Armut und Not wesent-

All dem entsprach es auch, daß von der volkswirtschaftlichen Theorie der Griechen in der Frage des Vermögensgebrauches und der Güterverwendung das ethische und soziale Moment mit besonderer Entschiedenheit betont wird, wie sie denn von vorneherein der Frage der Verteilung und des Gebrauches des Nationalreichtums ein weit größeres Interesse entgegengebracht hat, als der der Gütererzeugung. In diesem lebhaften Gefühl für die aus dem Besitz erwachsenden Pflichten hat sich das Griechentum bereits zu Anschauungen erhoben, welche man sonst nur als christliche zu betrachten gewöhnt ist. Schon Euripides hat den schönen — mit dem neutestamentlichen Gleichnis vom anvertrauten Pfund auf das Innigste sich berührenden — Gedanken ausgesprochen, daß das Vermögen des Einzelnen nicht sein absolutes Eigentum, sondern ein ihm von der Gottheit zur Verwaltung übergebenes Gut sei.[1])

So führt uns die aristotelische Bemerkung über Tarent wohl auf Erscheinungen, die für die soziale Auffassung des Eigentums bei den Griechen überaus bezeichnend sind, die aber für die Geschichte des Sozialrechtes einen Aufschluß nicht gewähren.

Fünfter Abschnitt.

Die staatlich organisierte Bürgerspeisung Spartas und Kretas und der Sozialismus des kriegerischen Gesellschaftstypus.

Zu einem ähnlichen Ergebnis gelangen wir, wenn wir uns jener vielbesprochenen und so vielfach falsch beurteilten Institution

---

lich zu einer Sache der Privatthätigkeit gemacht habe. Vgl. z. B. die neuaufgefundene Ἀθην. πολ. c. 50 über die staatliche Armenpflege in Athen, die jedem, der weniger als drei Minen besaß und arbeitsunfähig war, eine tägliche Pension von zwei Obolen aussetzte.

[1]) Φοίνισσαι v. 555 f.:

Οὔτοι τὰ χρήματ' ἴδια κέκτηνται βροτοί,
τὰ τῶν θεῶν δ' ἔχοντες ἐπιμελούμεθα.

zuwenden, welche Tarents Mutterstadt und die verwandten dorischen
Gemeinden Kretas am längsten bewahrt haben: der öffentlichen,
d. h. staatlich organisierten Speisung der Bürger.

Auch sie hat man als Überrest einer primitiven agrarischen
Gemeinschaft in Anspruch genommen. Wenn man die Früchte des
Landes gemeinschaftlich verzehrte, so habe das seinen letzten Grund
darin gehabt, daß man ursprünglich das Land nicht als Domäne
der Einzelnen, sondern als gemeinsame Ernährerin aller betrachtete.[1]
Ein klares Licht auf dieses Entstehungsmotiv falle durch die Be=
merkung Diodors über die Liparer: „Sie machten ihre Güter ge=
meinsam und speisten bei öffentlichen Mahlen.“ Letztere hätten sich
eben geschichtlich unmittelbar an die Feldgemeinschaft angeknüpft
und verhielten sich zu derselben, wie die Wirkung zur Ursache.[2]
Ja das Institut gestatte uns, noch weiter zurückzugreifen über die
erste Begründung seßhafter Gemeinden hinaus auf das Wander=
leben der patriarchalen Familien. Aus den Zeiten der Nomaden=
wirtschaft und einer primitiven Feldgemeinschaft sei es durch Reli=
gion und Sitte fortgepflanzt und erhalten worden.

Man vergegenwärtige sich die außerordentliche Tragweite dieser
Auffassung! Ist sie richtig, sind die Syssitien nur der letzte Über=
rest einer alten Agrarverfassung, welche nicht nur das Land, sondern
auch den Ertrag als Gemeingut behandelte, d. h. nicht einmal eine
Verteilung der Ackerfrucht an die Einzelnen, sondern nur einen
streng gemeinsamen Verbrauch von seiten aller zuließ, so ist die

---

Vgl. die analoge Äußerung des Bion (Stob. flor. 105, 56) τὰ χρήματα τοῖς
πλουσίοις ἡ τύχη οὐ δεδώρηκεν ἀλλά δεδάνεικεν.

[1] So Violett a. a. O. und ihm folgend Laveleye S. 375. Vgl. auch
Trieber: Forschungen zur spartanischen Verfassungsgeschichte S. 26, wo die
Syssitien ebenfalls auf einen „ursprünglich kommunistischen Besitz“ zurückge=
führt werden.

[2] Trieber — und zwar, wie es scheint, in Übereinstimmung mit einer
mündlichen Äußerung Neumanns — hat in der Stelle Diodors „den schla=
gendsten Beweis“ dafür gesehen, daß der Ursprung der Syssitien sich nur
durch ehemalige Gemeinsamkeit alles Besitzes erklären lasse.

helleniſche Volkswirtſchaft in der That durch eine Entwicklungsphaſe
hindurchgegangen, welche ſich als die denkbar ſtrengſte Form eines
agrariſchen Kommunismus darſtellt. [1])   Das älteſte Hellas hätte
Individualeigentum weder am Grund und Boden, noch am Frucht=
ertrag gekannt; eine Verbindung von Gemeinbeſitz und Gemeingenuß,
die dann ihrerſeits wieder eine ſtreng gemeinſchaftliche, von Organen
der Geſamtheit geleitete oder beaufſichtigte Bewirtſchaftung des Bodens
zur notwendigen Vorausſetzung gehabt hätte!

Welch’ tiefer Einblick in das ſozial=wirtſchaftliche Leben der
Vorzeit würde ſich da vor unſeren Augen eröffnen!   Die Kenntnis,
die wir auf dieſem Wege von der Wirtſchafts= und Geſellſchafts=
ordnung der älteſten Hellenen gewännen, würde an innerer Bedeut=
ſamkeit nicht hinter dem zurückſtehen, was wir z. B. von den ent=
ſprechenden altgermaniſchen Verhältniſſen durch unmittelbare Zeug=
niſſe wiſſen; ja ſie würde die aus dieſen Zeugniſſen gewonnenen
Vorſtellungen an Klarheit und Beſtimmtheit weit übertreffen.

Man wird nun allerdings die Möglichkeit einer derartigen
ſtreng gemeinwirtſchaftlichen Durchgangsphaſe der helleniſchen Volks=
entwicklung nicht von vorneherein in Abrede ſtellen können.   Allein
mit bloßen Möglichkeiten iſt es hier nicht gedient.   Vielmehr muß der
Nachweis erbracht werden, daß das Syſſitieninſtitut keinen anderen
Urſprung gehabt haben kann, nur ſo in ſeiner Entſtehung verſtänd=
lich wird.   Iſt nun dieſer Rückſchluß auf die Feldgemeinſchaft
wirklich ein ſo zwingender?

Wie die homeriſchen Gedichte bezeugen, war es alte Gewohn=
heit der Fürſten und der Edlen des Volkes, ſich gemeinſam des
Mahles zu freuen, und zwar finden wir bereits hier das öffent=
liche Mahl, das Mahl als politiſches Inſtitut.   Es werden Mahle
erwähnt, deren öffentlicher Charakter einerſeits aus ihrer Bedeutung
als Ratsverſammlung, andererſeits daraus hervorgeht, daß ſie —

---

[1]) Vgl. die Aufzählung der verſchiedenen Formen agrariſcher Gemein=
ſchaft bei Ariſtoteles: Politik II, 2, 1, 1263 a: καὶ τὰ γήπεδα καὶ οἱ καρποὶ
κοινοί!

wenigstens nach dem Zeugnis der Ilias — „von den Achäern zu=
gerüstet", d. h. auf öffentliche Kosten abgehalten wurden.[1]

Wer wollte diese homerischen Staatsmahle aus anderen, als
politischen und gesellschaftlichen Motiven ableiten?

Ist dem aber so, erscheint hier das öffentliche Mahl als
integrierendes Element der staatlichen Ordnung, ohne daß auch nur
die geringste Spur eines ursächlichen Zusammenhanges mit der
Agrarverfassung ersichtlich wäre, so drängt sich von selbst die Frage
auf, ob das Institut nicht doch auch vielleicht in der Form, in
der es uns in den Syssitien des dorischen Kriegsadels entgegen=
tritt, wesentlich in den staatlichen Verhältnissen wurzelt oder wenig=
stens zur Genüge aus ihnen erklärt werden kann.

In der That, wenn wir die Stellung der Syssitien im Or=
ganismus des spartanisch=kretischen Staates näher ins Auge fassen,
so leuchtet sofort ein, das die Zurückführung derselben auf ein rein
wirtschaftliches Motiv jedenfalls eine willkürliche ist. Die Vertreter
dieser Theorie heben an dem Syssition allzu einseitig den Charakter
der Speisegenossenschaft hervor, eine Auffassung, die dem eigentlichen
Wesen und Zweck desselben nicht entfernt gerecht wird.

Es bleibt dabei völlig unberücksichtigt, daß die Syssitien in
Sparta, wie auf Kreta, zugleich einen organischen Bestandteil der
Wehrverfassung, der militärischen Volkserziehung und der bürger=
lichen Zucht (ἀγωγή) bildeten, ein Glied in jenem System stetiger
Kriegsbereitschaft, welche dem Herrenstand dieser Dorergemeinden
durch die Lage inmitten einer an Zahl weit überlegenen Unterthanen=
schaft und grundhörigen Bauernschaft aufgenötigt wurde. Die Kriegs=
bereitschaft war hier bekanntlich mit einer Konsequenz durchgebildet,
daß das Gemeinwesen als ein förmlicher Lagerstaat erschien (vgl.

---

[1] Il. IV, 344 ὁπότε δαῖτα γέρουσιν ἐφοπλίζωμεν Ἀχαιοί. cf. ib.
XVII, 250, wo Menelaos die Führer des Heeres zu tapferem Kampf aufruft,
die „bei den Atriden auf Kosten des Volkes trinken" (δήμια πίνουσιν).
Dazu Fanta (Der Staat in der Ilias und Odyssee S. 71 ff.), der allerdings
in der Betonung des politischen Momentes vielfach zu weit geht und dadurch
zu willkürlichen Konstruktionen kommt.

Plato von den Kretern: στρατοπέδου πολιτείαν ἔχετε leg. II, 10
666e),[1] deſſen Bevölkerung ſich als eine alle Zeit unter den
Waffen ſtehendes und zum Ausmarſch bereites Heer darſtellt.

Man muß ſich eben, um die Inſtitutionen Spartas und
Kretas geſchichtlich zu verſtehen, in weit höherem Grade, als es
gewöhnlich geſchieht, die Lebensbedingungen und Konſequenzen des
„kriegeriſchen Geſellſchaftstypus“ vergegenwärtigen, wie ſie neuer=
dings in ſo vortrefflicher Weiſe von Herbert Spencer analyſiert
worden ſind.[2]

Ein ſo ausſchließlich für den Krieg und den Kampf um die
Exiſtenz organiſiertes Gemeinweſen, wie es der ſpartaniſch=kretiſche
Lagerſtaat war, ſah ſich von Anfang an auf eine in ideeller und
techniſcher Hinſicht möglichſt vollkommene Verwirklichung des Ge=
meinſchaftsprinzips hingewieſen. Hier mußten — zum Zwecke des
Angriffes, wie der Abwehr — alle Bürger an ſtetiges Zuſammen=
wirken in gemeinſamer Thätigkeit gewöhnt, mußten alle Kräfte und
Thätigkeiten der Individuen in möglichſt wirkſamer Weiſe kombiniert
und auf ein Ziel konzentriert werden. Der „chroniſche Militaris=
mus“, in welchem die Entwicklung des kriegeriſchen Geſellſchafts=
typus ihren Ausdruck fand, forderte die innigſte Verknüpfung aller
Teile des Volksganzen, eine Verſchmelzung, welche den ganzen
ſozialen Aufbau dieſer Staaten zu einem Ebenbild der feſtgefügten
Phalanx ihres Heeresorganismus machte. Das Bedürfnis, über
die ganze Kraft jedes Einzelnen jeden Augenblick verfügen zu können,
führte hier mit innerer Notwendigkeit zu dem Ergebnis, daß die
ſtrenge militäriſche Ordnung, das „Syſtem der Regimentation“ ſich
weit über das Heerweſen hinaus verbreitete und alle Seiten des
bürgerlichen Lebens dem ſtaatlichen Zwang und der ſtaatlichen Auf=
ſicht unterwarf.[3] Wie ſich die taktiſche Virtuoſität des ſpartaniſchen
Heereskörpers nach dem Urteile des Thukydides daraus erklärt, daß

---

[1] Dazu Iſokrates Archid. 81 von den Spartanern: τὴν πολιτείαν
ὁμοίαν κατεστησάμεθα στρατοπέδῳ καλῶς διοικουμένῳ κτλ.

[2] Prinzipien der Soziologie D. A. III, 669 ff.

[3] Vgl. die oben angeführte Stelle des Iſokrates.

die einzelnen Glieder desſelben zu einander in zahlreichen Abſtufungen
der Unterordnung ſtanden, daß er „faſt ganz aus Vorgeſetzten über
andere Vorgeſetzte beſtand und daher die Sorge um das, was ge=
ſchehen ſollte, ſehr vielen am Herzen lag“,[1] — ebenſo ſtellte die
bürgerliche Geſellſchaft Spartas ein Syſtem von ſucceſſiven Ab=
ſtufungen der Unterordnung dar, in welchem jeder ältere Mann zum
jüngeren im Verhältnis des Höheren zum Niederen ſtand.

Dieſe überall auf das einheitliche Zuſammenwirken in der
Maſſe gerichtete Thätigkeit des Staates ließ wenig Spielraum für
die freie Entfaltung des Einzelnen. Das Individuum erſcheint recht
eigentlich dazu beſtimmt, in der Maſſe aufzugehen, ſeine individuellen
Neigungen und Wünſche dem Ganzen zu opfern, dem ſein Leben
gehört. Schon beim Eintritt in das Leben entſcheidet die Rückſicht
auf den Staatszweck über Sein oder Nichtſein des Individuums.
Wenn die Entſcheidung zu Gunſten desſelben ausfällt, geſchieht es
nur, um dies junge Leben ſobald als möglich in die Zucht und
Schule des Staates zu nehmen, von welcher erſt der Tod befreit.[2]
Alles individuelle Leben wird in die Richtung hineingezwungen,
welche der Staatszweck fordert, kein anderer Bildungsgang, kein
anderer Beruf dem Bürger geſtattet, als der des Kriegers. Der
Staat teilt jedem ſeine Thätigkeit zu, ſtellt ihn ſozuſagen Tag und
Nacht unter die Zenſur der Öffentlichkeit. Er ſchreibt ihm vor,
wann er zur Ehe zu ſchreiten hat, um dem Staate Bürger zu geben,
und ſucht ihn andererſeits wieder dem häuslichen Leben möglichſt
zu entziehen. Er verſichert ſich ſeiner Perſon für alle Zeiten, in=
dem er die Auswanderung des Bürgers mit dem Tode bedroht
und auch ſonſt die Freizügigkeit in hohem Grade beſchränkt. Wie
der leibeigene Helote an die Scholle gebunden iſt, ſo darf auch ſein
Herr — in ſeiner Eigenſchaft als Soldat — ſich nicht ohne Er=

---

[1] v. 66: σχεδόν γάρ τι πᾶν πλὴν ὀλίγου τὸ στρατόπεδον τῶν
Λακεδαιμονίων ἄρχοντες ἀρχόντων εἰσί, καὶ τὸ ἐπιμελὲς τοῦ δρωμένου
πολλοῖς προσήκει.

[2] Plutarch Lykurg 15: πρῶτον μὲν γὰρ οὐχ ἰδίους ἡγεῖτο τῶν
πατέρων τοὺς παῖδας, ἀλλὰ κοινοὺς τῆς πόλεως ὁ Λυκοῦργος.

laubnis von seinem Wohnort entfernen. Auch er ist ein unbedingt abhängiges Werkzeug, auch er in gewissem Sinne ein Eigentum des Staates.[1)]

Nicht minder erklärt sich aus den Lebensbedingungen des kriegerischen Gesellschaftstypus die Zentralisation der Verwaltung, wie sie uns im Ephorat entgegentritt, und die staatliche Regulierung der gesamten Volkswirtschaft. Wie jede Gesellschaft von solch kriegerischem Typus durch die Unsicherheit ihrer Verkehrsbeziehungen zu dem Ausland genötigt ist, eine sich selbst genügende und sich selbst erhaltende Organisation zu schaffen, in ihrem eigenen Bereich für die Erzeugnisse aller notwendigen Lebensbedürfnisse zu sorgen und sich dadurch vom Ausland unabhängig zu machen, so sehen wir in Sparta auch diese Tendenz in radikalster Weise verwirklicht, das Prinzip der wirtschaftlichen Autonomie bis zum Verzicht auf ein allgemein gültiges Tauschmittel gesteigert. Eine Abschließung, der dann auf der anderen Seite als notwendiges Korrelat innerhalb der Bürgerschaft selbst eine um so engere ökonomische Gemeinschaft entsprach, die — wie schon früher erwähnt[2)] — den Einzelnen sogar dazu berechtigte, sich unter Umständen des Eigentums anderer Bürger für seinen Gebrauch zu bedienen.

Wenn man sich diese gauze Organisation von Staat und Gesellschaft vergegenwärtigt, welche durch eine das ganze menschliche Leben umspannende staatliche Leitung, ja durch eine Art von gemeinschaftlichem Haushalt die Gesamtheit der Bürger zu einem kunstvoll gegliederten Ganzen, zu einem „Kosmos" vereinigte, so wird man dieselbe als eine ausgeprägt sozialistische bezeichnen dürfen. Der Staatssozialismus ist das naturnotwendige Korrelat des kriegerischen Gesellschaftstypus; und dieser Sozialismus ist hier mit einer Konsequenz durchgebildet, daß uns aus ihm alle Thatsachen der spar-

---

[1)] Plutarch Lykurg: οὐδεὶς γὰρ ἦν ἀφειμένος ὡς ἐβούλετο ζῆν, ἀλλ' οἷον ἐν στρατοπέδῳ τῇ πόλει καὶ δίαιταν ἔχοντες ὡρισμένην καὶ διατριβὴν περὶ τὰ κοινὰ καὶ ὅλως νομίζοντες οὐχ αὑτῶν, ἀλλὰ τῆς πατρίδος εἶναι διετέλουν κτλ.

[2)] Vgl. oben S. 55.

tanisch-kretischen Geschichte, welche die oben erwähnte Doktrin auf den Agrarkommunismus der Urzeit zurückführen zu müssen glaubt, vollkommen verständlich werden.[1]

Die Form, in der sich diese sozialistische Ausgestaltung der Gesellschaft vollzog, war — wie schon angedeutet — einfach dadurch gegeben, daß man auch im Frieden möglichst die Ordnungen des Feldlagers festhielt. Und der sprechendste Beweis dafür ist eben das Syssitieninstitut, die gemeinsame Speisung der ganzen Bürgerschaft, als deren Zweck die Tradition daher mit Recht die Erhöhung der Marschbereitschaft und Schlagfertigkeit bezeichnet.[2] Die Waffenbruderschaften, die im Felde zusammenlagerten und in der Schlacht zusammenstanden, bestehen als Tischgenossenschaften auch im Frieden fort,[3] wobei der militärische Charakter der Verbindung so strenge festgehalten wird, daß als Aufsichtsbehörde über sie die Polemarchen fungieren und die Genossen zum gemeinsamen Mahle sich bewaffnet versammeln.

Angesichts dieser Thatsachen erscheint die Ableitung des spartanisch-kretischen Syssitienwesens aus politisch-militärischen Motiven als die ungezwungenste und natürlichste Erklärungsweise.[4] Wenigstens sind wir, um das Institut geschichtlich zu verstehen, in keiner

---

[1]) Ein moderner Nationalökonom (Elster Hdwb. d. Staatsw. s. v. Plato) spricht geradezu von einem „politischen Kommunismus" in Sparta.

[2]) Plutarch Apophthegm. Lac p. 226 c: ὅπως ἐξ ἑτοίμου τὰ παραγγελλόμενα δέχωνται.

[3]) Bei Dionysius v. Hal. II, 23 heißt es von der „ἀγωγὴ περὶ τὰ φιδίτια", daß sie Lykurg eingeführt habe ἐν πολέμῳ δ᾽εἰς αἰδῶ καὶ πρόνοιαν καταστήσας ἕκαστον τοῖ μὴ καταλιπεῖν τὸν παραστάτην, ᾧ καὶ συνέσπεισε καὶ συνέθυσε καὶ κοινῶν ἱερῶν μετέσχεν.

[4]) Auch die Alten haben die Sache nicht anders aufgefaßt, bei Plato Leg. I, 633a heißt es mit Beziehung auf Sparta: τὰ ξυσσίτιά φαμεν καὶ τὰ γυμνάσια πρὸς τὸν πόλεμον ἐξευρῆσθαι τῷ νομοθέτῃ und ib. I, 625e mit Beziehung auf Kreta: ἐπεὶ καὶ τὰ ξυσσίτια κινδυνεύει ξυναγαγεῖν ὁρῶν, ὡς πάντες, ὁπόταν στρατεύωνται, τόθ᾽ ὑπ᾽ αὐτοῦ τοῦ πράγματος ἀναγκάζονται φυλακῆς αὐτῶν ἕνεκα ξυσσιτεῖν τοῦτον τὸν χρόνον. Vgl. auch Herodot I, 65: τὰ ἐς πόλεμον ἔχοντα· ἐνωμοτίας καὶ τριηκάδας καὶ συσσίτια.

Weiſe genötigt, noch irgendwelche andere Entſtehungsgründe heran=
zuziehen, ſo daß für eine Anknüpfung an wirtſchaftliche Verhält=
niſſe jeder Anhaltspunkt fehlt. Neben den Tiſchgenoſſenſchaften
kann auch einmal die Feldgemeinſchaft beſtanden haben, wie das
Beiſpiel des doriſchen Lipara beweiſt, allein dieſelben brauchen keines=
wegs immer und überall in einem urſächlichen Zuſammenhang
mit der Feldgemeinſchaft zu ſtehen. Iſt es doch angeſichts der
ganzen Stellung, welche die gemeinſame Bürgerſpeiſung im Organis=
mus des doriſchen Kriegerſtaates einnimmt, ſelbſt für Lipara keines=
wegs wahrſcheinlich, daß die dortigen Syſſitien ausſchließlich eine
Wirkung der Feldgemeinſchaft waren. Sie können auch hier ſehr
wohl, wie die lipariſche Feldgemeinſchaft ſelbſt, zugleich als Ausfluß
der kriegeriſchen Organiſation der Gemeinde betrachtet werden. —

Ja wenn die Syſſitien in der Geſtalt, in der ſie uns auf
Lipara und Kreta, ſowie in Sparta entgegentreten, eine allgemein
doriſche oder gar althelleniſche Einrichtung überhaupt geweſen wären,
— wie man ſeit Otfried Müller vielfach angenommen hat — dann
würde man allerdings berechtigt, ja genötigt ſein, zumal für die
Landſchaften, die ſich nicht in der Zwangslage der genannten Ge=
meinden befanden, ein Entſtehungsmotiv allgemeinerer Art zur Er=
klärung heranzuziehen, wie es eben die wirtſchaftlichen Verhältniſſe
darbieten würden. Allein iſt für jene Annahme auch nur der
Schatten eines Beweiſes erbracht?

Die Sitte des geſelligen Zuſammenſpeiſens hat allerdings zu
allen Zeiten eine große Rolle im ſtaatlichen und geſellſchaftlichen
Leben der Hellenen geſpielt, ſie iſt in der Verfallszeit ſogar in förm=
lichen Speiſeklubs über alles Maß hinaus gepflegt worden. Allein
wo auch immer ſonſt von „Syſſitien" die Rede iſt, nirgends läßt
ſich erkennen, daß es ſich dabei um die regelmäßige und allgemeine
Speiſung ganzer Bürgerſchaften handelte, wie in Sparta oder Kreta.
Und nur dieſe kann doch hier überhaupt in Betracht kommen, nicht
gewöhnliche Opfer= und Feſtſchmäuſe oder gemeinſame Mahle ein=
zelner Korporationen, ſei es privaten oder öffentlichen Charakters.
Oder ſollen wir mit denen, die um jeden Preis Spuren einer

kommunistischen Durchgangsphase der sozialen Entwicklung von Hellas finden möchten, auch diesen „Syssitien" eine Beweiskraft für unsere Frage einräumen?

Die Alten selbst haben allerdings die verschiedenen Formen von Syssitien keineswegs strenge auseinandergehalten. Aristoteles z. B. vergleicht ohne weiteres mit dem spartanischen Institut die Mahle der „Hetärien" Karthagos,[1] bei denen wir doch selbstverständlich auch dann, wenn sie öffentliche Korporationen waren, nicht entfernt an eine tägliche und allgemeine Bürgerspeisung denken dürfen. Auch Dionysius von Halikarnaß sieht sich durch die Fest- und Opfermahle der römischen Kurien, die doch vielmehr in den Opferschmäusen der attischen Phratrien ein Seitenstück haben, an die spartanischen Syssitien erinnert; und wieder ein anderer, ein Interpolator des Aristoteles (zu Politik IV, 9, 2. 1329b) sucht den Ursprung des spartanisch-kretischen Syssitienwesens in Süditalien, ohne im geringsten anzudeuten, ob die den altitalischen Bauern zugeschriebene Sitte gemeinsamer Mahlzeiten wirklich mit der spartanischen Ähnlichkeit hätte. Wir belächeln dergleichen Kombinationen, allein ist es viel weniger willkürlich, wenn nun auch moderne Forscher die sämtlichen, innerlich so durchaus verschiedenen Formen von öffentlichen oder gemeinsamen Mahlen als gleichwertig behandeln und dieselben nur als spätere Modifikationen eines und desselben ursprünglich zu Grunde liegenden Institutes der Vorzeit gelten lassen wollen, als letztes Überbleibsel einer kommunistischen Wirtschaft patriarchaler Familiengruppen?[2]

Bücher glaubt als ein „besonders wichtiges" Beweismoment für die Herkunft der Opfermahle der attischen Phratrien aus der Feldgemeinschaft eben den „patriarchalen" Charakter dieser Verbände hervorheben zu müssen.[3] Allein ist die Beweiskraft dieses Momentes wirklich so zwingend? Daß der „patriarchale" Zusammenhalt örtlich oder verwandtschaftlich verbundener Familien ursprüng-

---

[1] Politik II, 8, 2. 1272b.
[2] So Viollet a. a. O. und Laveleye-Bücher: Das Ureigentum S. 326 ff.
[3] A. a. O. Anmerk. 3.

lich stets auch einen förmlichen agrarischen Kommunismus in sich
geschlossen habe, ist eine Annahme, die in dieser Allgemeinheit noch
nicht genügend erwiesen ist. Um so sicherer ist es dagegen, daß
in Hellas jede derartige patriarchale Gemeinschaft zugleich eine
Kultusgemeinschaft darstellte, mit der dann auch jene gemeinsamen
Mahle von selbst gegeben waren. Mit den Opferfesten, in denen
der sakrale Zusammenhang der Genossenschaft zum Ausdruck kommt,
verbindet sich eben naturgemäß und notwendig das gemeinsame
Opfermahl. Bedarf es da zur Erklärung der Sitte noch des
Kommunismus? [1]

Übrigens wird von der genannten Theorie der weitere wichtige Umstand übersehen, daß gerade bei derjenigen Form des
öffentlichen Mahles, welche einer primitiven Agrargemeinschaft am
meisten entsprechen würde, bei dem spartanischen und allem Anscheine nach auch bei dem kretischen Bürgermahl von einem Zusammenhang mit patriarchalischen Institutionen überhaupt keine
Rede sein kann. Die spartanische Tischgenossenschaft bildete sich
bekanntlich durch die freie Wahl ihrer Mitglieder, sie nahm so
wenig Rücksicht auf Familien- und Geschlechtsverband, daß nicht
einmal Vater und Sohn Mitglieder eines Syssition zu sein brauch-
ten. Ebenso spricht alles dafür, daß auch die kretischen Syssitien
solche freigebildete Genossenschaften waren. [2]

Gerade hier tritt also das Institut aus jedem Zusammenhang
mit der Agrarverfassung heraus. Das Prinzip der Unteilbarkeit

---

[1] Wenig scheint mir auch gedient mit Büchers Hinweis auf die gemeinsamen Speisungen verdienter Männer im Stadthaus oder Prytaneum,
sowie auf die öffentlichen Speisungen, durch welche der Staat Fremden, besonders Gesandten seine Gastfreundschaft erwies, worin Bücher einen wichtigen
„nomadischen" Zug erblickt.

[2] Schon Alfried Müller (Dorer II, 203) hat dies zur Erklärung des
Berichtes über die kretischen Syssitien bei Athenäus IV, 143 geltend gemacht.
— Die Ansicht von Leist: Gräko-italische Rechtsgeschichte S. 139, daß die
Syssitien Spartas (also wohl auch Kretas) „anfangs nach den Oben und
Geschlechtern eingerichtet waren, so daß also ursprünglich die Verwandtschaften
zusammenspeisten", — entbehrt jeder Begründung.

und Unveräußerlichkeit der alten Stammgüter mochte ſehr häufig
mehrere Familien zu gemeinſamer Wirtſchaft vereinigen, für die
Zuſammenſetzung der Tiſchgenoſſenſchaften ſind dieſe Hausgemein=
ſchaften ebenſowenig maßgebend geweſen, wie irgend ein anderes
agrarwirtſchaftliches Verhältnis. Es iſt daher auch von dieſem
Geſichtspunkt aus völlig willkürlich, die Syſſitien als Überreſt einer
engeren patriarchaliſchen Vermögensgemeinſchaft aufzufaſſen. Über=
all, wo wir ſonſt einen Zuſammenhang zwiſchen der Sitte gemein=
ſamer Mahlzeiten und der Feldgemeinſchaft zu erkennen vermögen,
wie z. B. bei gewiſſen oſtafrikaniſchen Stämmen, bei den Indianern
und Südſeeinſulanern ſind es patriarchaliſche Gruppen, von denen
ſie abgehalten werden, die Geſchlechtsgenoſſenſchaften oder die auf
letzteren beruhenden Dorfgemeinſchaften.[1]
    Nun zeigt ja allerdings das Syſſitieninſtitut in der Form,
wie es uns auf Kreta entgegentritt, ein ausgeſprochen gemein=
wirtſchaftliches Gepräge. Die ganze Bürgerſchaft wird hier auf
Koſten der Geſamtheit ernährt. Alle Einkünfte, welche der Staat
von den Allmendegütern,[2] aus den Kopfſteuern der unfreien Be=
völkerung[3] oder aus anderen öffentlichen Einnahmequellen bezog,[4]
insbeſondere die Grundſteuern, welche außer den Unterthanen[5] die
Bürger aus ihrem Anteil am Fruchtertrag ihrer Hörigen zu leiſten
hatten (in Lyktos ein Zehntel der Ernte[6]) wurden hier — ſoweit
ſie nicht für den Kultus und ſonſtige Staatszwecke zur Verwendung
kamen — für die Syſſitien in Anſpruch genommen. Während in
Sparta das Inſtitut zwar ebenfalls eine Anſtalt der Gemeinſchaft
war, aber im übrigen d. h. in ſeiner Verwaltung und ſeiner Thä=
tigkeit für die Gemeinſchaft ſich weſentlich mit dem privatwirtſchaft=

---

[1] Vgl. die Angaben bei Laveleye=Bücher S. 276.
[2] Ariſtoteles Politik II, 7, 4[b]. 1272a.
[3] So wenigſtens ſpäter in Lyktos nach Doſiadas bei Athen. IV, 143a.
[5] Vgl· die auf die Gemeinde der Drerer ſich beziehende Inſchrift bei
Cauer: Del. inſcript. graec.[2] 121 C 38 ff.
[5] Ariſtoteles a. a. O.
[6] Doſiadas a. a. O.

lichen Prinzip von Leistung und Gegenleistung begnügte und so
individualistisch organisiert war, daß — bei gleicher Beitragspflicht
für alle — jeder für seinen Bedarf selbst aufzukommen hatte, ja
im Unvermögensfalle den Anteil am Staatstisch sowie das Voll=
bürgergerrecht verlor,[1]) ist auf Kreta das privatwirtschaftliche Mo=
ment, der Grundsatz von Leistung und Gegenleistung, nur soweit
beibehalten, als es um der Gerechtigkeit und Zweckmäßigkeit willen
erforderlich schien. Hier diente das Institut prinzipiell den Be=
dürfnissen der Gesamtheit als Gesamtheit und die Gemeinschaft trat
daher selbst mit ihren Mitteln für die wirtschaftlich minder Lei=
stungsfähigen ein, so daß auch die Ernährung der Ärmeren voll=
kommen gesichert war.[2]) Mochte die Beisteuer der letzteren hinter
den Kosten ihres Unterhaltes zurückbleiben, sie wurden deswegen
nicht ausgeschlossen, sondern der Ausfall durch die entsprechende
Höherbelastung der Vermögenderen und den Staatsbeitrag aus=
geglichen. Da sich die Beisteuer des Einzelnen nicht, wie in Sparta,
nach seinem für alle gleichen Anspruch an den Staatstisch, sondern
nach der Größe des Einkommens richtete, so kamen die Früchte
des ganzen vaterländischen Grund und Bodens — mochte er Ge=
mein= oder Privatbesitz sein — bis zu einem gewissen Grade wenig=
stens allen zu gute.

Ja wenn uns die Darstellung dieser merkwürdigen Gesell=
schaftsverfassung in der aristotelischen Politik unverfälscht überliefert

---

[1]) Dikäarch bei Athenäus IV, 141 c. Plutarch: Lykurg 12. Vgl.
Hultsch: Metr² 534. Gegen die Annahme Laveleyes a. a. O., daß die spar=
tanischen Syssitien zugleich auf den Ertrag großer Domänen basiert gewesen
seien, vgl. Fustel de Coulanges: Étude sur la propriété à Sparte. Comptes
rendus de l'Acad. des sciences morales et politiques 1880, p. 623.

[2]) Aristoteles a. a. O.: ἀπὸ πάντων γὰρ τῶν γινομένων καρπῶν
τε καὶ βοσκημάτων ἐκ τῶν δημοσίων καὶ . . . φόρων οὓς φέρουσιν οἱ
περίοικοι, τέτακται μέρος τὸ μὲν πρὸς τοὺς θεοὺς καὶ τὰς κοινὰς λειτουρ=
γίας τὸ δὲ τοῖς συσσιτίοις, ὥστ' ἐκ κοινοῦ τρέφεσθαι πάντας καὶ
γυναῖκας καὶ παῖδας καὶ ἄνδρας. — Cf. Ephorus bei Strabo X, 4, 16.
480 — ὅπως τῶν ἴσων μετάσχοιεν τοῖς εὐπόροις οἱ πενέστεροι δημοσίᾳ
τρεφόμενοι.

ist,[1]) so wäre man auf Kreta in der Durchführung des gemein=
wirtschaftlichen Prinzips soweit gegangen, auch die Ernährung der
nicht am Männermahl beteiligten Familienmitglieder, der Frauen
und jüngeren Kinder,[2]) auf Kosten der Gesamtheit zu bestreiten:
eine Annahme, die allerdings insoferne großen Bedenken unterliegt,
als eine so vollständige Durchführung des Rechtes auf Existenz ohne
Zweifel einen sehr bedeutenden Teil des Einkommens der vermögen=
den Klassen in Anspruch genommen hätte und zugleich eine An=
häufung großen Besitzes in wenigen Händen sehr erschwert haben
müßte, während sich auf Kreta in Wirklichkeit eine entschiedene
Tendenz zu großer Ungleichheit der Vermögensverteilung bemerk=
lich macht.[3])

Doch sei dem, wie ihm wolle, angesichts der geschilderten
gemeinwirtschaftlichen Organisation des kretischen Syssitienwesens ist
jedenfalls soviel gewiß, daß dasselbe sich mit einem Grundgedanken
der strengen Agrargemeinschaft wenigstens berührt. Es erkennt,
wie diese, jedem Gemeindegenossen ein angeborenes Recht auf Mit=
benützung der äußeren Natur, auf den Mitgenuß der materiellen
Existenzbedingungen zu, wenn es dieses Recht auch in weit beschränk=
terem Sinne und in den durch das Sondereigentum bedingten
Formen wirtschaftlich zur Geltung bringt, d. h. nicht ein Recht am
Grund und Boden selbst, sondern nur an einem Teil der jeweilig
produzierten Genußmittel einräumt.

---

[1]) D. h. wenn die Worte καὶ γυναῖκας καὶ παῖδας κτλ. in der eben=
genannten Stelle der Politik wirklich von Aristoteles herrühren und nicht
späterer Zusatz sind.

[2]) D. h. derjenigen, die vom Vater noch nicht ins ἀνδρεῖον mitge=
nommen oder in die ἀγέλαι der Jünglinge aufgenommen werden konnten,
welch letztere nach Ephorus ib. p. 483 ebenfalls auf Staatskosten erhalten
wurden.

[3]) Außer dieser allgemeinen Erwägung fehlt uns allerdings jeder
nähere Anhaltspunkt für die Beurteilung der Frage, da die Quellen völlig
darüber schweigen. Was Oncken: Die Staatslehre des Aristoteles II, 386
für die Annahme einer Interpolation der Stelle beibringt, ist leider ohne
jede Beweiskraft.

Ergibt ſich nun aber aus dieſer Thatſache irgend ein zwingen=
des Beweismoment für die Annahme, daß wir hier eine durch die
Entwiđlung des Privateigentums am Grund und Boden hervor=
gerufene Umgeſtaltung und Abſchwächung eines urſprünglichen agra=
riſchen Gemeindekommunismus mit völlig ungetrennter Gemeinſchaft
des Landbeſitzes vor uns haben? Nachdem ſich uns die Sitte der
gemeinen Bürgerſpeiſung ſelbſt aus dem kriegeriſchen Lebensprinzip
des Lagerſtaates vollkommen erklärt hat, ſollte da die Thatſache der
gemeinwirtſchaftlichen Organiſation des Inſtituts für ſich allein
genügen, ſo weitgehende Schlüſſe zu ziehen?

Ich fürchte doch ſehr, daß hier die herrſchende Anſchauungs=
weiſe an einer gewiſſen Verwirrung der Begriffe leidet, wenn ſie
das Syſſitieninſtitut ohne weiteres als eine „rein kommuniſtiſche Ein=
richtung auffaßt,[1]) welche „auf das Prinzip der Gütergemeinſchaft
zurückgehe“,[2]) nur „aus einem urſprünglich kommuniſtiſchen Beſitz“
zu erklären ſei.[3]) Dieſe Auffaſſung beruht auf der populären aber
gänzlich unklaren Vorſtellung über den Kommunismus, bei welcher
der Gedanke an eine abſolute Gemeinſchaft aller Güter, ſelbſt des
beweglichen Eigentums und beſonders aller Konſumtionsgegenſtände
vorſchwebt;[4]) wie man denn in der That ausdrücklich den Satz
aufgeſtellt hat, daß ſich der Urſprung der Syſſitien nur durch die
ehemalige Gemeinſamkeit alles Beſitzes erklären laſſe.[5]) Von

---

[1]) Tout à fait communiste. Laveleye S. 378.

[2]) Büchſenſchütz a. a. O. S. 29.

[3]) Trieber a. a. O. S. 25. Auch nach Holm, Griech. Geſch. I, 230,
herrſchte in Kreta ein weit getriebener Kommunismus.

[4]) Wie Kleinwächter: Die Grundlagen und Ziele des ſogen. wiſſen=
ſchaftlichen Kommunismus S. 137 f. mit Recht bemerkt, iſt dieſer „volle“
Kommunismus, eine konſequent durchgeführte Ausſchließung des Privateigen=
tums, eine Utopie. Der Menſch kann nicht exiſtieren, wenn er nicht die aus=
ſchließliche Dispoſition wenigſtens über die notwendigen Nahrungsmittel und
Gebrauchsgegenſtände hat, d. h. wenn er nicht das Recht hat, dieſelben aus=
ſchließlich für ſeine Perſon zu verwenden und jedem anderen die Mitbenützung
zu verwehren.

[5]) Trieber ebd. vgl. S. 10, wo die ſpartaniſchen Phiditien als Über=
reſt einer grauen Vorzeit hingeſtellt werden, in der noch Gemeinſamkeit des

diesem absoluten Kommunismus haben nun aber die indogermanischen Völker selbst auf der ältesten für uns erkennbaren Stufe
ihrer Entwicklung nichts gewußt. Schon die indogermanische Urzeit
kennt gemeinsame Wurzeln für die Bezeichnung des Stehlens und
des Diebes, und auch für die Begriffe: Tauschen, Kaufen, Kauf-
preis und verwandte finden sich in den indogermanischen Sprachen
übereinstimmende Ausdrücke schon in alter Zeit entwickelt vor.[1] Wenn
demnach der Begriff des Eigentums schon der Urzeit aufgegangen
ist, wo bleibt da die „ehemalige Gemeinsamkeit alles Besitzes"?

Überhaupt ist es irreführend, von einer „kretischen Gütergemeinschaft" in der Allgemeinheit zu reden, wie es selbst Roscher
gethan hat.[2] Wer sich die ökonomische Struktur des kretischen
Syssitienwesens im Einzelnen veranschaulicht, wird es als „kommunistisch" höchstens insoferne bezeichnen können, als das Institut eben
Gemeinwirtschaft, insbesondere Zwangsgemeinwirtschaft war. Diesen
gemeinwirtschaftlichen Charakter teilt es aber, wie mit der Institution des Staates selbst, der ja die höchste Form der Zwangsgemeinwirtschaft darstellt, so mit jeder staatlichen Einrichtung, welche mit
den Mitteln Aller (d. h. auf der finanziellen Grundlage von Steuern
und öffentlichem Vermögen) für die Zwecke aller d. h. für allge-

---

Bodens und alles Besitzes bestand. Trieber sieht sogar eine Erinnerung
an diesen ursprünglichen Kommunismus in der Förderung des Stehlens bei
der spartanischen Jugenderziehung, „wie denn gewisse Völker, die in primitiven Zuständen nur Gemeineigentum kannten, noch heutzutage das Stehlen
für etwas höchst Unschuldiges halten." Vgl. dagegen die Ansicht Schraders
(Linguistisch = historische Forschungen zur Handelsgeschichte und Warenkunde
S. 61), daß der Dieb auf niedrigen Kulturstufen eine viel strengere Beurteilung als auf höheren zu erfahren pflege! Man sieht, wie wenig mit solch
allgemeinen Argumentationen gedient ist, denen bei der unendlichen Mannigfaltigkeit der Erscheinungen des Völkerlebens stets positive Zeugnisse auch für
diametral entgegengesetzte Ansichten zu Gebote stehen.

[1] Schrader a. a. O.
[2] System der Volkswirtschaft I § 83 Anmerk. 6. Vgl. auch den
Aufsatz Roschers über Sozialismus und Kommunismus in der Zeitschr. f.
Geschichtswissenschaft III, 451, wo von einer „sehr konsequenten Gütergemeinschaft in Kreta" die Rede ist.

meine Staatszwecke arbeitet. Wo gäbe es überhaupt eine Rechts=
ordnung, die nicht in diesem Sinne eine Menge „kommunistischer"
Elemente in sich schlösse! (Beschränkungen des Gebrauches und
Mißbrauches des Eigentums, Gesamteigentum und Gemeinwirtschaft
in Staat und Gemeinde u. s. w.)[1])

Auch greift das kretische Syssitieninstitut, obgleich es gerade=
zu eine Lebensbedingung des Staates bildete, in das Privateigen=
tum prinzipiell durchaus nicht tiefer ein, als etwa das Sozial=
recht des modernen Staates. — Wie bei der kretischen Bürger=
speisung der Ausfall, welcher durch die ungenügenden Beiträge der
Ärmeren entstand, durch Staatszuschüsse und die höheren Beisteuern
der Reicheren gedeckt wurde, genau so ergänzt die Sozialgesetzgebung
des modernen Staates bei den öffentlichen Leistungen an Kranken=
geld, Unfall=, Invaliden= und Altersrente das unzureichende Ein=
kommen der besitzlosen Klassen aus Leistungen der Besitzenden und
teilweise auch aus Mitteln des Staates (Reichszuschuß bei der
Altersversicherung). Wie auf Kreta das Einkommen der Wohl=
habenden durch den — mit dem Besitz steigenden — Beitrag zum
Staatstisch den Ärmeren mit zu gute kam, so übertragen auch wir
durch gesetzlichen Zwang an die Arbeiter Einkommensteile, die sonst
den Arbeitgebern, also den Besitzenden, zugefallen wären. Und wie
auf Kreta die Staatsgewalt auch dem Minderbemittelten die Bei=
tragspflicht auferlegte, so zwingen auch wir jeden an der Arbeiter=
versicherung Beteiligten mit einem Teile seines Einkommens für
die Kosten des Institutes mit aufzukommen. Hier wie dort haben
wir demnach eine Gesetzgebung vor uns, welche in die natürliche
Verteilung des Volkseinkommens beständig eingreift und derselben

---

[1]) Vgl. die schöne Ausführung von Jhering: Der Zweck im Recht I,
521: „Du hast nichts für Dich allein, überall steht Dir die Gesellschaft oder
als Vertreter ihrer Interessen das Gesetz zur Seite, überall ist die Gesellschaft
Deine Partnerin, die an Allem, was Du hast, ihren Anteil begehrt: an Dir
selbst, Deiner Arbeitskraft, Deinem Leib, an Deinen Kindern, Deinem Ver=
mögen, — das Recht ist die verwirklichte Partnerschaft des Individuums
und der Gesellschaft."

mit der Zwangsgewalt des Staates eine der Volkswohlfart ent=
sprechendere Richtung gibt. Zugleich bedeutet hier wie dort diese
Modifikation der Einkommensverteilung eine Verschiebung derselben
zu Gunsten der wirtschaftlich Schwachen auf Kosten der Besitzenden.
Wenn daher die kretische Syssitienverfassung „rein kommunistisch"
sein soll, so sind es auch die Institutionen des modernen Sozial=
rechts, so groß die Unterschiede im übrigen auch sein mögen.

Allerdings ist auf Kreta der Staatszuschuß gegenüber der
Leistung der Beitragspflichtigen weit mehr ins Gewicht gefallen, als
es in dem Sozialrecht eines Staates der Fall sein kann, dem nicht
wie in dem dorischen Heerstaat die Hilfsmittel einer außerhalb der
Bürgerschaft stehenden unterthänigen Bevölkerung zu Gebote stehen;
ferner erscheint in der kretischen Bürgerspeisung das gemeinwirt=
schaftliche Prinzip auch auf die Konsumtion in einem Umfang aus=
gedehnt, der das bei ähnlichen Veranstaltungen des modernen
Staates (bei der Gemeinwirtschaft des stehenden Heeres) übliche
Maß weit überschritt, endlich war im kretischen Staate das Recht
auf Existenz in vollkommenerer Weise verwirklicht, als in unserer
modernen Armenversorgung und Versicherungsgesetzgebung. Allein
es handelt sich eben bei alledem nur um ein Mehr oder Weniger.
Denn die spezifischen Eigentümlichkeiten einer „rein kommunistischen"
Rechtsordnung, die prinzipielle Negation des Privateigentums, der
Individualwirtschaft und des Individualhaushaltes sind auch dem
kretischen Staate fremd. Er kennt wohl ausgedehnten Domänen=
besitz, aber kein gemeinsames Eigentum am gesamten Grund und
Boden, ausgedehnte Allmendenwirtschaft, aber keine gemeinwirt=
schaftliche Organisation der gesamten Güterproduktion, und eben=
sowenig sind seine Männermahle eine Verwirklichung des rein kom=
munistischen Ideals der gemeinwirtschaftlichen Komsumtion d. h.
des vollkommen gemeinsamen Haushaltes aller.[1]

---

[1] Über das Fortbestehen der individuellen Hauswirtschaft neben
den ἀνδρεῖα vgl. Plato Leges VI, 780 e. ὑμῖν γάρ . . . . . . τὰ μὲν περὶ
τοὺς ἄνδρας ξυσσίτια καλῶς ἅμα καὶ ὅπερ εἶπον θαυμαστικῶς καθέσ-
τηκεν. — τὸ δὲ περὶ τὰς γυναῖκας οὐδαμῶς ὀρθῶς ἀνομοθέτητον

Nicht wenig hat zur Entstehung der unklaren Ansicht von dem kommunistischen Charakter der Syssitien ohne Zweifel der Umstand beigetragen, daß sich dieselben in ihren sozialen Wirkungen teilweise mit dem berühren, was auch als praktisches Ziel des Kommunismus erscheint. Im kommunistischen Staat soll die Befriedigung der Lebensbedürfnisse für alle die gleiche sein, und das Syssitienwesen hat wenigstens in einem Punkte eine solche Gleichstellung der Bürger im Genuß zur Folge gehabt. Allein über dieser äußeren Ähnlichkeit darf man den fundamentalen Unterschied nicht übersehen! Dort steht die Gleichheit der Lebensführung in der That in einem organischen Zusammenhang mit der wirtschaftlichen Rechtsordnung: sie ist der natürliche Ausdruck des kommunistischen Prinzips der völlig gleichen Verteilung des Volkseinkommens und der durch sie bedingten Gleichheit der ökonomischen Lebenslage. Dagegen beruht die durch die Syssitien geschaffene Gleichheit überhaupt nicht auf einem volkswirtschaftlichen, sondern einem politischen Motiv: der durch den Staatszweck geforderten systematischen Disziplinierung der Bürger. Sie ist demgemäß auch nicht Selbstzweck, wie die Gleichheit des vulgären Kommunismus, sondern eben nur ein Mittel zur Sicherung der Lebensbedingungen des Staates.[1]

Es erscheint daher von vornherein durchaus willkürlich, irgend eine bestimmte Eigentumsordnung als die notwendige Voraussetzung des Institutes hinzustellen. Die durch die Speisegenossenschaften erzielte Gleichheit der Lebensführung war von der Lebens-

---

μεθεῖται καὶ οὐκ εἰς τὸ φῶς ἦκται τὸ τῆς ξυσσιτίας αὐτῶν ἐπιτήδευμα κτλ. Dazu Ephorus bei Strabo X, 4, § 19, p. 482. Diese Thatsache ignoriert Salvioni: Il Comunismo nella Grecia antica S. 19, wenn er von den kretischen Syssitien sagt: „come essi avessero realmente l'aspetto di un regime comunistico." Vgl. auch die Bemerkung des Aristoteles zur Platonischen Politik (Polit. II, 7 Anf.): οὐδεὶς γὰρ οὔτε τὴν περὶ τὰ τέκνα κοινότητα καὶ τὰς γυναῖκας ἄλλος κεκαινοτόμηκεν, οὔτε περὶ τὰ συσσίτια τῶν γυναικῶν.

[1] Plato: Leg. I, 626 a: καὶ σχεδὸν ἀνευρήσεις οὕτω σκοπῶν τὸν Κρητῶν νομοθέτην, ὡς εἰς τὸν πόλεμον ἅπαντα δημοσίᾳ καὶ ἰδίᾳ ἡμῖν ἀποβλέπων συνετάξατο.

lage der Bürger vollkommen unabhängig.[1]) Gerade auf Kreta müssen — wenigstens im vierten Jahrhundert — gleichzeitig mit der streng gemeinwirtschaftlichen Organisation der Syssitien die schroffsten wirtschaftlichen und sozialen Gegensätze innerhalb der Bürgerschaft bestanden haben. Ephorus spricht von Armen und Reichen,[2]) Aristoteles von mächtigen Familien, deren Zügellosigkeit und Gewaltsamkeit sich über alle Schranken des Rechtes und der Verfassung hinwegsetzen konnten.[3]) Er bezeichnet die damalige Verfassung der kretischen Städte geradezu als ein Dynastenregiment, die schlimmste Form der Oligarchie. Die Masse der Bürgerschaft fügte sich willig den „Mächtigen" ($\delta v v \alpha \tau o i$), die ihr offenbar durch ausgedehnten Besitz an Land und Grundholden weit überlegen waren.[4])

Wenn sich die „kommunistische" Organisation des Syssitienwesens mit solchen gesellschaftlichen Zuständen vereinigen ließ, so ist es begreiflich, daß Aristoteles es für durchaus möglich hält, sie in allen Staaten im Einklang mit dem bestehenden, auf dem Prinzip des Privateigentums beruhenden Wirtschaftsrechte durchzuführen.[5]) Ja er ist so weit entfernt, das Institut aus der Gütergemeinschaft abzuleiten, daß er es im Gegenteil in seiner Polemik gegen die kommunistischen Theorien als Argument dafür verwertet, daß auch auf der Grundlage und unter der Herrschaft des Privateigentums der Besitz seine sozialen Funktionen in befriedigendster Weise zu bethätigen vermöge. Er sieht hier nichts Kommunistisches, als jenes „Gemeinmachen des Eigentums durch den Gebrauch",[6]) von dem bereits oben ausführlich die Rede war.

---

[1]) Vgl. Thukydides über die Spartaner (I, 6) $\pi \rho \grave{o} \varsigma$ $\tau o \grave{v} \varsigma$ $\pi o \lambda \lambda o \grave{v} \varsigma$ $o i$ $\tau \grave{\alpha}$ $\mu \varepsilon \acute{i} \zeta \omega$ $\varkappa \varepsilon \varkappa \tau \eta \mu \acute{\varepsilon} \nu o \iota$ $i \sigma o \delta \acute{i} \alpha \iota \tau o \iota$ $\mu \acute{\alpha} \lambda \iota \sigma \tau \alpha$ $\varkappa \alpha \tau \acute{\varepsilon} \sigma \tau \eta \sigma \alpha \nu$.

[2]) A. a. O.

[3]) Politik II, 7, 6. 1272b.

[4]) Vgl. auch Polyb. VI, 45: $\Pi \alpha \rho \grave{\alpha}$ $\delta \grave{\varepsilon}$ $K \rho \eta \tau \alpha \iota \varepsilon \tilde{v} \sigma \iota$ $\pi \acute{\alpha} \nu \tau \alpha$ $\tau o \acute{v} \tau o \iota \varsigma$ $\dot{v} \pi \acute{\alpha} \rho \chi \varepsilon \iota$ $\tau \dot{\alpha} \nu \alpha \nu \tau \acute{\iota} \alpha \cdot$ $\tau \acute{\eta} \nu$ $\tau \varepsilon$ $\gamma \grave{\alpha} \rho$ $\chi \acute{\omega} \rho \alpha \nu$ $\varkappa \alpha \tau \grave{\alpha}$ $\delta \acute{v} \nu \alpha \mu \iota \nu$ $\alpha \dot{v} \tau o \tilde{\iota} \varsigma$ $\dot{\varepsilon} \varphi \iota \tilde{\alpha} \sigma \iota \nu$ $o i$ $\nu \acute{o} \mu o \iota$, $\tau \grave{o}$ $\delta \grave{\eta}$ $\lambda \varepsilon \gamma \acute{o} \mu \varepsilon \nu o \nu$, $\varepsilon i \varsigma$ $\ddot{\alpha} \pi \varepsilon \iota \rho o \nu$ $\varkappa \tau \tilde{\alpha} \sigma \vartheta \alpha \iota$.

[5]) A. a. O. II, 2, 10. 1264a; cf. II, 2, 5. 1263a.

[6]) A. a. O. § 5 $\varphi \alpha \nu \varepsilon \rho \grave{o} \nu$ $\tau o \acute{\iota} \nu \upsilon \nu$ $\ddot{o} \tau \iota$ $\beta \acute{\varepsilon} \lambda \tau \iota o \nu$ $\varepsilon \tilde{i} \nu \alpha \iota$ $\mu \grave{\varepsilon} \nu$ $i \delta \acute{\iota} \alpha \varsigma$ $\tau \grave{\alpha} \varsigma$

Man wende gegen diese Auffassung nicht ein, daß es sich bei jenem gemeinnützigen Eigentumsgebrauch um eine Zwangsthätig= keit handelte. Denn aus dem Umstand, daß hier die Staatsgewalt von der Gesellschaft oder vielmehr von einem Teil derselben zu Gunsten des anderen solche Opfer erzwang, daß sie — im Syssi= tieninstitut — die privatwirtschaftlichen Kräfte zur Leistung dieser Opfer obligatorisch zusammenfaßte, — aus diesem Moment des Zwanges allein kann eine kommunistische Tendenz nicht abgeleitet werden, da dadurch die Rechtsform des Privateigentums als Grund= lage des Wirtschaftslebens in keiner Weise berührt wurde und der staatliche Zwang weiter nichts beabsichtigte, als eine vorbeugende Korrektur gewisser für die Lebensbedingungen des Staates bedenk= lichen Konsequenzen der bestehenden Wirtschaftsordnung. Jedenfalls genügt der staatssozialistische Charakter des kriegerischen Gesellschafts= typus vollkommen, um auch dieses kretische System des Syssitien= wesens geschichtlich zu erklären.

Sechster Abschnitt.

Die spartanisch=kretische Agrarverfassung.

Zu Rückschlüssen auf das Agrarwesen der Vorzeit bleibt uns nach alledem nur noch das übrig, was wir von der Agrarverfassung selbst in historischer Zeit noch zu erkennen vermögen. — Da sehen wir denn in Sparta, wie auf Kreta die Masse des ländlichen Grund und Bodens, soweit er im Eigentum der herrschenden Klasse stand, in Meierhöfe zerteilt, die von schollenpflichtigen Bauern bestellt wur= den. Diese Hofstellen (κλῆροι) bildeten geschlossene und unteilbare wirtschaftliche Einheiten. Für Kreta ist uns durch das Stadtrecht von Gortyn, also für das fünfte Jahrhundert wenigstens soviel hinlänglich bezeugt, daß der Besitz der „Häusler" (ϝοικέες), deren

---

κτήσεις, τῇ δὲ χρήσει ποιεῖν κοινάς und § 10 .... ὥσπερ τὰ περὶ τὰς κτήσεις ἐν Λακεδαίμονι καὶ Κρήτῃ τοῖς συσσιτίοις ὁ νομοθέτης ἐκοίνωσεν.

Stellung der der ſpartaniſchen Heloten entſprach, nicht wie der übrige Nachlaß ihrer Herren der Teilung unter die Erben unter= worfen werden konnte.[1]) Noch deutlicher iſt dieſe Geſchloſſenheit der Hufen in Sparta erkennbar. Hier war der Ertrag, den die Helotenwirtſchaften nach dem von Staatswegen feſtgeſetzten Maßſtab den Herren lieferten, für alle derſelbe (82 Medimnen Gerſte und ein entſprechendes Maß von Öl, Obſt und Wein)[2]), woraus ſich mit Notwendigkeit ergibt, daß die $\varkappa\lambda\tilde{\eta}\varrho\iota$ nicht nur von annähernd gleicher, ſondern auch von unveränderlicher Größe geweſen ſein müſſen. Nur ſo erklärt es ſich auch, daß die innerhalb des ſpar= taniſchen Herrenſtandes ſchon ſehr früh hervortretende Tendenz zur Konzentrierung des Grundeigentums die alte auf der Selbſtändig= keit zahlreicher kleiner Betriebe beruhende Agrarverfaſſung offenbar wenig berührt hat. Das Eigentumsrecht an zahlreichen Heloten= hufen mochte ſich allmählich in Einer Hand vereinigen, aber es ent= ſtanden dadurch, da das Verhältnis zwiſchen Herr und Bauer nicht einſeitig von dem einzelnen geändert werden durfte, keine zuſammen= hängend bewirtſchafteten Gutskomplexe. Die $\varkappa\lambda\tilde{\eta}\varrho\iota$ beſtanden viel= mehr als ſelbſtändige Betriebe fort, die nicht zu einer organiſchen Wirtſchaftseinheit verbunden werden konnten. — Eine hübſche

---

[1]) Allerdings nimmt das Geſetz von der Teilung der Erbmaſſe direkt nur das Vieh aus, welches einem Häusler gehört, und die Stadthäuſer, denen ein Häusler einhauſt, der auf der Stelle hauſt (IV, 31). Allein es handelt ſich an der betreffenden Stelle des Geſetzes überhaupt nur um eine Beſtim= mung über Vieh und Stadthäuſer, von denen es heißt, daß ſie an die Söhne als Präzipuum fallen ſollen (gegenüber den Töchtern), ſoweit ſie nicht einem auf eigner Stelle ſelbſtändigen Häusler gehören. Den Acker des Häuslers zu nennen, war gar keine Veranlaſſung, da er hier überhaupt nicht in Frage kam. Dagegen führt eben die Thatſache, daß Hofſtelle und lebendes Inventar des Häuslers nicht zur teilbaren Erbmaſſe gehörten, notwendig zu dem Schluß, daß der Grund und Boden, den er bewirtſchaftete, derſelben Behandlung unterlag, wie ſchon Zitelmann mit Recht angenommen hat (Juriſtiſche Er= läuterungen zum Stadtrecht v. Grotyn. N. Rh. Muſ. Bd. 40 Ergänzungsh. S. 137 ff.).

[2]) Plutarch. Lyk. 8. Inst. Lac. 41 Myron v. Priene bei Athenäus XIV, 657d (Müller F. H. G. IV, 461).

Anekdote erzählt von Lykurg, wie er einmal nach der Durchführung seines Ackergesetzes von einer Reise zurückkehrend durch die frisch abgeernteten Felder gekommen sei und beim Anblick der in regelmäßigen Reihen aufgeschichteten Getreideschober geäußert habe, Lakonien sehe aus wie das Eigentum von lauter Brüdern, die sich eben in ihr Erbe geteilt hätten.[1]) Das ist eine Legende, wie die Geschichte von der Lykurgischen Landaufteilung selbst. Allein sie enthält doch unverkennbar einen echten Kern. Es spiegelt sich in dieser angeblichen Äußerung des Gesetzgebers ohne Zweifel der Eindruck wieder, der sich in der That dem Beobachter der Flurteilung und der durch letztere bedingten Formen der Ackerwirtschaft in der Gemarkung Spartas aufdrängen mußte.

Es liegt auf der Hand und ist auch von dem Urheber der genannten Erzählung ganz richtig herausgefühlt, daß diese Flurteilung nichts Naturwüchsiges war, sondern künstlich gemacht sein mußte. Es leuchtet ferner ein, daß, wenn dieselbe geraume Zeit nach der Einnahme des Landes und nach einer längeren Epoche der Entwicklung und Ausbildung des Privateigentums am Grund und Boden hergestellt wurde, dies nur möglich war durch eine allgemeine Gütereinziehung und systematische Neuaufteilung des gesamten Agrarbesitzes: Die denkbar radikalste sozialrevolutionäre Umwälzung, die von vornherein so sehr aller inneren Wahrscheinlichkeit entbehrt, daß wir ihre Geschichtlichkeit nur auf Grund einer ausgezeichnet beglaubigten Tradition annehmen könnten. Wo hätten wir aber eine solche Tradition? Was die Lykurglegende von einer derartigen Umgestaltung der spartanischen Eigentumsordnung durch einen großen Gesetzgeber zu erzählen weiß, beruht überhaupt nicht auf Überlieferung, sondern verdankt seinen Ursprung ganz unverkennbar den sozialpolitischen Restaurationsbestrebungen und der diesen Bestrebungen dienenden Tendenzlitteratur des vierten und dritten

---

[1]) Plutarch a. a. O. Λέγεται δ᾽αὐτὸν ὕστερόν ποτε χρόνῳ τὴν χώραν διεξερχόμενον ἐξ ἀποδημίας ἄρτι τεθερισμένην ὁρῶντα τοὺς σωροὺς παραλλήλους καὶ ὁμαλεῖς μειδιάσαι καὶ εἰπεῖν πρὸς τοὺς παρόντας, ὡς ἡ Λακωνικὴ φαίνεται πᾶσα πολλῶν ἀδελφῶν εἶναι νεωστὶ νενεμημένων.

Jahrhunderts, die aus der Opposition gegen die gesellschaftlichen und staatlichen Mißstände des damaligen Sparta erwachsen ist. Wenn schon die Person des Gesetzgebers selbst angesichts der mythischen und hieratischen Elemente der Lykurgsage als eine geschichtliche kaum mehr anzuerkennen ist, so kann noch weniger ein Zweifel darüber bestehen, daß das ihm zugeschriebene soziale Erlösungswerk nichts ist als ein Phantasiegebilde, welches nur eine vorbildliche Bedeutung hat, d. h. den Zeitgenossen im Spiegel der idealisierten Vergangenheit vorhält, was sie im Interesse einer Wiedergeburt von Staat und Gesellschaft zu thun hätten.[1]

So bleibt denn nach diesem negativen Ergebnis nur die andere Möglichkeit, daß nämlich die in geschichtlicher Zeit in der Gemarkung Spartas bestehende Flurteilung schon vollendet war, bevor der Grund und Boden in das Sondereigentum der einzelnen Familien des Herrenstandes überging. — Damit fällt ein bedeutsames Licht auf die Entstehungsgeschichte der spartanischen Agrarverfassung. Wir sehen, wie das von den Spartiaten okkupierte Land, soweit es nicht im freien Eigentum der unterthänig gewordenen Landesbevölkerung (der Perioken) oder für andere Zwecke vorbehalten blieb, von Staatswegen in ein System von Meierwirtschaften (κλῆροι) zerlegt

---

[1] Neben den zahlreichen älteren Untersuchungen über die Frage, deren Ergebnisse hier natürlich nicht wiederholt werden können, vgl. jetzt bes. E. Meyer: Lykurgos von Sparta, Forschungen zur alten Geschichte I, S. 211 ff. Hervorgehoben sei hier nur die Thatsache, daß Plato und Jsokrates das Vorkommen eines γῆς ἀναδασμός in Sparta geradezu in Abrede stellen. Vgl. Plato Gesetze 736 c: . . . γῆς καὶ χρεῶν ἀποκοπῆς καὶ νομῆς πέρι δεινὴν καὶ ἐπικίνδυνον ἔριν ἐξέφυγεν und in Übereinstimmung damit sagt Jsokrates Panath. 259: ἐν δὲ τῇ Σπαρτιατῶν (sc. πόλει) οὐδεὶς ἂν ἐπιδείξειεν — πολιτείας μεταβολὴν οὐδὲ χρεῶν ἀποκοπὰς οὐδὲ γῆς ἀναδασμόν. Mit Unrecht spricht Meyer a. a. O. der letzteren Stelle die Beweiskraft ab, weil hier nur von der historischen Zeit, nicht von der Urzeit die Rede sei. Diese Unterscheidung hat Jsokrates so wenig, wie Plato gemacht. Vgl. Gesetze 684 de. Natürlich enthält die Bemerkung des Jsokrates noch keinen unmittelbaren Beweis gegen die Geschichtlichkeit der Lykurgischen Landteilung an sich, sondern nur dafür, daß Jsokrates ebenso, wie Plato, nichts von ihr gewußt hat.

wurde, wie die Größe derſelben mit Rückſicht auf das Intereſſe der
Landeskultur und den Bedarf für den Unterhalt der Gutshörigen
und ihrer künftigen Herren genau reguliert ward, und wie dann
die Höfe nebſt ihrem lebenden Inventar unter die Mitglieder der
Herrengemeinde zur Aufteilung kamen.

Freilich ſind wir mit der Feſtſtellung dieſer Thatſache auch
ſchon an der Grenze unſeres Wiſſens angelangt. Wir vermögen
nicht zu erkennen, nach welchem Prinzip die urſprüngliche Verteilung der Landloſe erfolgte, insbeſondere ob dieſelbe von Anfang an
eine definitive war und ſofort zur Entſtehung von privatem Grundeigentum führte oder ob das Land noch eine Zeit lang im Geſamt-
eigentum der eingewanderten Dorer geblieben iſt.

Zunächſt iſt ja wohl ſoviel klar, daß wir eine wirklich geſchichtliche Überlieferung über dieſe Anfänge des Wirtſchaftslebens nicht beſitzen. Die Verhältniſſe, die hier in Frage kommen, ſind weit über
ein halbes Jahrtauſend älter als die erſten „Zeugen“, die man
für ſie anzuführen vermag, als Plato, der in den „Geſetzen“ (III,
684 u. V, 736) von den Gründern der Dorerſtaaten Argos,
Meſſenien und Lakonien zu erzählen weiß, daß ſie die Aufteilung
des okkupierten Landes an ihr Kriegsvolk auf dem Fuße einer gewiſſen Gleichheit (ἰσότης τις τῆς οὐσίας) vorgenommen hätten.
Allerdings wird Plato eine derartige Tradition ſchon vorgefunden
haben, allein dieſelbe beruhte gewiß nicht auf hiſtoriſchen Erinnerungen, ſondern auf bloßer Spekulation, die ja wahrſcheinlich das
Richtige getroffen hat, aber für die Entſcheidung der Frage nicht
mehr ins Gewicht fällt, wie etwa moderne Reflexionen über dieſe
Dinge.[1]

Duncker hat dieſe Lücke durch Heranziehung von Analogien
auszufüllen zu können geglaubt, indem er auf die Vorgänge bei zahlreichen anderen Koloniſationen hinwies: auf die germaniſchen An-

---

[1] Daher ſind auch von vornherein die Schlüſſe hinfällig, welche z. B.
Hildebrand aus dieſem „Zeugnis“ auf die urſprüngliche Agrarverfaſſung der
Doriſchen Staaten gezogen hat. (Die ſoziale Frage der Verteilung des
Grundeigentums im klaſſ. Altertum: Jahrb. f. Nationalök. u. Stat. XII, S. 8.)

sieblungen im römischen Reiche, die Niederlassung der Normannen in England, deren Teilungskataster bekanntlich noch erhalten ist, auf die deutsche Kolonisation im Osten der Elbe, deren Teilungs= maß für die okkupierten Gemarkungen (große oder kleine Hufe) auf unseren Flurkarten ebenfalls noch erkennbar ist, auf das Ver= fahren der Konquistadoren, auf die Parzellen der Kolonisationen Friedrichs II. und die Landverkäufe der vereinigten Staaten Nord= amerikas.[1] Duncker ist umsomehr der Ansicht, daß die dorischen Staatengründungen nach dieser Analogie beurteilt werden müßten, weil wir in der That nachweisen können, daß in geschichtlicher Zeit bei den Hellenen die Behandlung eroberter Gebiete eine ganz ähn= liche war, Ansiedlung und Landaufteilung mit einander Hand in Hand gingen. Schon das verhältnismäßig alte Lied von den Phäaken in der Odyssee weiß ja zu erzählen, wie bei der Be= gründung einer Niederlassung neben Mauer= und Hausbau die Auf= teilung der Äcker die erste Handlung der Ansiedler war (VI, 16).[2] Die Argiver verjagen einen König, weil er ein den Arkadern ab= genommenes Gebiet nicht aufgeteilt habe, und als sie (463) Mykenä zerstört, teilen sie dessen Landgebiet auf.[3] Um zu bezeichnen, daß Arkadien seine Bevölkerung nicht gewechselt habe, d. h. es nicht er= obert worden sei, sagt Strabo: „Die Arkader sind dem Lose nicht verfallen" (οὐκ ἐμπεπτώκασιν εἰς τὸν κλῆρον).[4] Von derselben Praxis der Aufteilung neubesiedelter Gebiete durchs Los (κατα= κληρουχεῖν) zeugen die Bemerkungen Diodors (V, 15, 81, 83, 84) über die Kolonisierung der Cykladen, von Tenedos, Lesbos, Sar= dinien, die Kleruchien Athens u. s. w. Was Sparta selbst betrifft, so kann man auf die bekannte dem König Polydor in den Mund gelegte Äußerung hinweisen, der auf die Frage, warum er gegen

---

[1] Die Hufen der Spartiaten. Abh. z. griech. Gesch.

[2] Vgl. den Spruch der Pythia über die Kolonisation Cyrenes (Herodot IV, 159):

"Ὃς δέ κεν ἐς Λιβύαν πολυήρατον ὕστερον ἔλθῃ
Γᾶς ἀναδαιομένας, μετά οἵ ποκά φαμι μελήσειν.

[3] Strabo VIII, 8, 19, p. 377.

[4] ib. VIII, 1, 2, p. 333.

die Brüder (die Meffener) zu Felde ziehe, geantwortet haben foll:
„ἐπὶ τὴν ἀκλήρωτον τῆς χώρας βαδίζω." [1] Auch der Orakel=
fpruch gehört hierher, den die Pythia den Spartanern in Beziehung
auf die beabfichtigte Eroberung Arkadiens gegeben haben foll und
in dem es heißt: [2]

Δώσω σοι Τεγέην ποσσίκροτον ὀρχήσασθαι
Καλὸν πεδίον σχοίνῳ διαμετρήσασθαι.

Duncker hat vollkommen recht, wenn er meint, daß diefer
Spruch, wie jenes Königswort nur aus der Vorftellung heraus er=
funden fein konnte, daß die Spartaner erobertes Land „nach der
Schnur zu vermeffen" und aufzuteilen pflegten.

Allein liegt in alledem ein wirklich zwingender Beweis dafür,
daß fchon bei der erften Anfiedlung des dorifchen Kriegsvolkes im
Eurotasthal mit dem Grund und Boden in jeder Hinficht ebenfo
verfahren worden ift, wie bei den fpäteren Gebietserweiterungen
Spartas? Wer die foziale Entwicklung Spartas nur aus einem
urfprünglichen Agrarkommunismus begreifen zu können glaubt, wird
mit Recht einwenden können, daß die angeführten Kolonifationen
und Eroberungen folchen Zeiten angehören, in denen das Inftitut
des Privateigentums am Grund und Boden bereits vollkommen
entwickelt und daher der Übergang neugewonnenen Landes in das
Sondereigentum felbftverftändlich war. Soweit fich auch diefe Praxis
der Landaufteilung zurückführen läßt, die Zeiten der erften dorifchen
Staatengründungen liegen doch noch um Jahrhunderte weiter zu=
rück, [3] in deren Verlauf fich die wirtfchaftlichen Anfchauungen und
Bedürfniffe wefentlich verändert haben können. Wenn Duncker
meint, daß Anfiedlungen auf Grund von Eroberungen ohne Land=
teilung für die Eroberer undenkbar find, fo ift das infoferne richtig,

[1] Plutarch: Apophtegm. Lac. 285.
[2] Herodot I, 60.
[3] Die obigen Bemerkungen Diodors über gleich alte Koloniengrün=
dungen kommen hier natürlich nicht in Betracht, da fie nicht ein Zeugnis
für die Praxis der Vorzeit, fondern nur für die der gefchichtlichen Zeit ent=
halten.

als es sich um eine Auseinandersetzung, eine Abteilung mit der
alten Landesbevölkerung handelte; auch eine neue Flurteilung zur
Regelung des landwirtschaftlichen Betriebes auf der der letzteren
abgenommenen Gemarkung muß, wie wir sehen, in Sparta als
Folge der Okkupation angenommen werden. Was aber die Zu=
teilung der Landlose an die einzelnen Familien des Herrenstandes
betrifft, so bleibt die Art und Weise derselben für uns doch noch
eine offene Frage. Wenn durch das *κατακληρουχεῖν* der späteren
Landaufteilungen der Grund und Boden in den bleibenden Besitz
der Einzelnen überging, so braucht das keineswegs von Anfang an
so gewesen zu sein. Es ist vielmehr wohl denkbar, daß eine so
eng verbundene kriegerische Genossenschaft, wie die spartanische
Herrengemeinde, welche die Notwendigkeit steter Kriegsbereitschaft
ohnehin zu gewissen gemeinschaftlichen Institutionen zwang, auch
dem gemeinsam errungenen Landbesitz gegenüber an dem genossen=
schaftlichen Prinzip möglichst lange festgehalten hat. Wenn in diesen
dorischen Herrenstaaten einerseits das Hauptmotiv des Eigentums=
bedürfnisses, die persönliche Arbeit und der daraus entspringende
Anspruch auf ausschließlichen Genuß ihres Ertrages von vornherein
wegfiel und andererseits durch die unvermeidlichen Folgen des
Privateigentums, durch Entfesselung des Erwerbstriebes und wirt=
schaftliche Ungleichheit die Lebensbedingungen des Staates besonders
gefährdet werden mußten, so erscheint es immerhin möglich, daß in
Sparta der Prozeß der Eigentumsbildung ähnlich wie bei den
Dorern Liparas durch eine längere Periode der genossenschaftlichen
Organisation des Agrarwesens hindurchgegangen ist, d. h. daß der
ganze Komplex von Helotenhufen ursprünglich als Gesamteigentum
der Gemeinde behandelt und demgemäß den Einzelnen nur ein zeit=
weiliges Nutzungsrecht an den *κλῆροι* eingeräumt wurde. Auch
dafür ließen sich, wie schon das Beispiel des dorischen Lipara be=
zeugt, leicht Analogien finden. Wenn Duncker für seine Annahme
auf die privatwirtschaftlichen Formen hinweist, in denen sich in der
Neuzeit die Besiedlung des amerikanischen Westens vollzieht, so
könnte man mit demselben Recht für jene entgegengesetzte Auffassung

die älteſte Koloniſation Neuenglands anführen, die bekanntlich viel=
fach mit einem agrariſchen Kommunismus verbunden war. Doch
was iſt mit ſolchen problematiſchen Analogien gedient, ſolange
andere Anhaltspunkte fehlen?

Nun glaubt man ja allerdings eine Reihe von ſolchen An=
haltspunkten zu beſitzen, welche jeden Zweifel daran ausſchließen
ſollen, daß Spartas Agrarverfaſſung bis tief in die hiſtoriſche Zeit
hinein auf dem Prinzip des Geſamteigentums beruhte, daß hier —
wie man meint — der Staat allezeit ein Eigentumsrecht an den
aufgeteilten Ackerloſen behauptet und die letzteren gewiſſermaßen als
„Staatslehen" betrachtet habe, die er jeden Augenblick behufs einer
Neuverteilung wieder einziehen könne.[1])

Für dieſe Anſicht beruft man ſich vor allem darauf, daß als
Geſamtname für den in den unmittelbaren Beſitz der ſpartaniſchen
Herrengemeinde übergegangenen Teil Lacedämons die Bezeichnung
„πολιτικὴ χώρα" gebraucht wird,[2]) wodurch derſelbe deutlich als
ager publicus charakteriſiert werde. Allein iſt eine ſolche Er=
klärung notwendig oder auch nur wahrſcheinlich? Es liegt abſolut
kein Grund zu der Annahme vor, daß man in Sparta das Ge=
meindeland nicht ebenſo genannt haben ſollte, wie überall ſonſt
nämlich τὸ κοινόν, τὸ δημόσιον. Und warum ſoll πολιτικὴ
χώρα etwas anderes bedeuten, als das „Bürgerland" d. h. das
unter die Bürger aufgeteilte und dem für die Vollbürger geltenden
Rechte unterworfene Land im Gegenſatz zu dem Unterthanenboden
der Periökenbezirke?[3]) Was man im Hinblick auf die Verſchieden=

---

[1]) Vgl. z. B. Schömann Gr. A. I³, 225: „Das Eigentum verblieb
dem Staat, von dem die Beſitzer damit nur gleichſam belehnt waren." 226:
„Die Beſitzer (der Kleren) waren in der That eigentlich nur Nutznießer der
Güter. Der Staat konnte das Recht nicht aufgeben, die durch Sorgloſig=
keit (?) oder ſonſtige Verhältniſſe eingeriſſene Ungleichheit, ſobald ſie dem
Staatswohl Gefahr drohe, wieder aufzuheben."

[2]) Polybius VI, 45 — πάντας τοὺς πολίτας ἴσον ἔχειν δεῖ τῆς
πολιτικῆς χώρας.

[3]) Dieſe Auffaſſung entſpricht in der That vollkommen dem Sprach=

heit des Personen= und Güterrechts von dem römischen Italien ge=
sagt hat, daß es gegenüber dem Provinzialboden als das eigent=
liche Bürgerheim und Bürgerland gegolten habe,[1] das trifft un=
gleich mehr für die πολιτική χώρα Lacedämons zu. Sie bildete
mit ihrer von Staatswegen gesicherten Bestellung durch eine unfreie
Arbeiterschaft die Voraussetzung der ganzen bürgerlichen Existenz
des Spartiatentums; sie war gewiß auch grundsätzlich der herrschen=
den Bürgerschaft vorbehalten, so daß kein Unterthan ohne Eintritt
ins Bürgerrecht in der Gemarkung, wo die „aiten Landlose" (αἱ
ἀρχαῖαι μοῖραι,[2] αἱ ἀρχῆϑεν διατεταγμέναι μοῖραι)[3] lagen,
Grundeigentum erwerben konnte. Andererseits haben die gewohn=
heitsrechtlichen Normen, welche Erwerb und Veräußerung dieser
Landlose regelten, beziehungsweise beschränkten, naturgemäß auf die
Grundeigentumsverhältnisse des Periökenlandes keine Anwendung
gefunden.

Hat uns aber so der Begriff der πολιτική χώρα nicht auf
den der Allmende, sondern auf den Begriff eines spezifisch bürger=
lichen, dem strengen bürgerlichen Recht unterworfenen Bodeneigen=
tums im Unterschied von einem außerhalb dieses strengen Rechtes
stehenden geführt, so drängt sich alsbald die weitere Frage auf,
enthielt nicht eben die agrarische Gebundenheit dieses bürgerlichen
Rechtes Momente genug, welche die Annahme eines wahren Eigen=
tums an den Hufen des „Bürgerlandes" dennoch ausschließen?

Nun ist es ja allerdings richtig, daß auf einen Besitz, der

---

gebraucht. Vgl. Staat der Lac. 11, 4, wo die πολιτικαὶ μόραι des sparta=
nischen Heeres offenbar den Periökenabteilungen gegenübergestellt werden.

[1] Madvig: Verfassung u. Verwaltung des röm. Staates II, 100.

[2] Heraclid. Pol. II, 7.

[3] Plutarch inst. lac. 22. Die Bezeichnung erinnert an die der
Stammgüter der südslavischen Hausgemeinschaften: djedovina oder starina
(das aus alter Zeit Stammende). Kraus a. a. O. 104.

[4] Arist. Polit. II, 6, 10. 1270a: ὠνεῖσϑαι γὰρ ἢ πωλεῖν τὴν
ὑπάρχουσαν (χώραν) ἐποίησεν οὐ καλόν. Heracl. Pol. II, 7 πωλεῖν δὲ
γῆν Λακεδαιμονίοις αἰσχρὸν νενόμισται· τῆς (δὲ) ἀρχαίας μοίρας οὐδέ
ἔξεστιν.

weder veräußerlich noch teilbar war und einer streng obligatorischen
Erbfolge unterlag,[1]) der uns geläufig gewordene Begriff des Privateigentums nicht anwendbar ist. Sollten wir aber deswegen mit
der traditionellen Altertumskunde die genannte Frage bejahen?
Gewiß nicht! Denn nur derjenige kann dem spartanischen Agrar-
besitz der historischen Zeit den Charakter des Eigentums absprechen,
der bewußt oder unbewußt von der naturrechtlichen Doktrin ausgeht, daß das Wesen des Eigentums in der Unbeschränktheit der
Herrschaft des Eigentümers besteht, und daß daher jede Beschränkung desselben im Grunde einen Eingriff enthält, der der Idee des
Instituts widerspricht.[2]) Ist aber diese abstrakt-individualistische
Auffassung des Eigentumsrechtes als einer absoluten Verfügungs-
gewalt nicht so ungeschichtlich wie möglich, eine aprioristische Fiktion,
deren Verwirklichung von vornherein undenkbar ist? Wenn es die
Aufgabe des Rechtes ist, „die Lebensbedingungen der Gesellschaft in
der Form des Zwanges zu sichern"[3]) so kann es auch kein Eigen-

---

[1]) Dieses Erbfolgerecht beschränkte ursprünglich ohne Zweifel auch das
nach Aristoteles a. a. O. in Sparta schon früh anerkannte Recht, über die
Landlose durch Schenkung und Testament zu verfügen. Auch die, sei es nun
echte oder falsche, Tradition über das angebliche Gesetz des Ephors Epitadeus
datiert die völlige Freigebung dieses Rechtes, welches offenbar ein verhängnisvolles Werkzeug geworden ist, die Unveräußerlichkeit des Grundbesitzes
durch eine legale Fiktion zu umgehen, erst vom Anfang des vierten Jahrhunderts. (Plutarch Agis 5.)

[2]) Am schärfsten hat diese individualistische Auffassung Schömann a. O.
S. 225 formuliert: „Auch Eigentümer ihrer Güter waren die Spartiaten nicht,
da ihnen durchaus kein freies Dispositionsrecht darüber zustand. Das Eigentum verblieb dem Staat." Zu welchen Konsequenzen diese Auffassung führen
kann, zeigt recht deutlich das Buch von Hall (The effects of civilisation on
the people in European states 1859 s. 37), welches auf den älteren englischen Sozialismus und dadurch indirekt auf die heutige sozialistische Bewegung großen Einfluß geübt hat. Er vergleicht das spartanische Agrar-
system mit dem Kommunismus des Jesuitenstaates in Paraguay. —
Übrigens findet selbst ein Gelehrter, wie Schrader (a. O. S. 420), in der
spartanischen Agrarverfassung eine Verwandtschaft mit der der slavischen
Dorfgemeinde!

[3]) Jhering: Der Zweck im Recht I, 495.

tumsrecht geben, welches nicht durch die stete Rücksicht auf die Gesamtheit beeinflußt und gebunden wäre; und diese Rücksicht kann
unter Umständen zu sehr weitgehenden Beschränkungen des Einzelnen
führen, ohne daß derselbe aufhört, Eigentümer zu sein.[1]

Auch die Eigentumsbeschränkungen des spartanischen Agrar-
rechtes haben keinen anderen Sinn als eben den, die Lebensbedingungen der bestehenden Staats- und Gesellschaftsordnung zu sichern.
In diesem aristokratischen Ständestaat beruhte die Machtstellung der
herrschenden Klasse ja durchaus auf dem Grundbesitz. Die Grundrente war für alle Angehörigen derselben die unentbehrliche Voraussetzung für die Behauptung eines standesgemäßen, von jeder Erwerbsarbeit befreiten Lebens, sowie für die Erfüllung ihrer staatlichen
Pflichten. Die herrschende Klasse hatte daher das lebhafteste Interesse daran, den zu ihr gehörigen Familien ihren Besitz an liegenden
Gütern möglichst zu sichern, was eben nur dadurch erreichbar war,
daß man dem Einzelnen in der freien Verfügung über das Grundeigentum weitgehende Schranken auferlegte und dasselbe als ein
familienweise geschlossenes zu erhalten suchte. Deshalb finden sich
in Hellas unter der Herrschaft der alten aristokratischen Verfassungen

---

[1] „Die Geschichte des Eigentums", sagt Treitsche mit Recht, „zeigt
einen unablässigen Wechsel. Denn das Eigentum tritt in Kraft nur durch
die Anerkennung von seiten des Staates; und da der Staat durch diese Anerkennung Macht verleiht, so legt er den Eigentümern auch Pflichten auf,
setzt ihrem Willen Grenzen, welche nach den Lebensbedürfnissen der Gesamtheit sich beständig verändern. Kein Volk hat jemals das Eigentum als ein
so unumschränktes Recht angesehen, wie es in den Theorien des Privatrechts
losgetrennt vom Staatsrecht erscheint." (Der Socialismus und seine Gönner.
Preuß. Jbb. 1882.) Vgl. dazu die schöne Ausführung von Gerber, Zur
Lehre vom deutschen Familienfideikommiß (Jahrbb. v. Jhering I, 60): „Das
Grundeigentum in Deutschland hat niemals als ein Recht von schrankenloser
Freiheit gegolten; es ist von jeher durch einen Zusatz sittlicher oder politischer Pflichten gebunden gewesen; es hatte nicht bloß den Charakter eines
ausschließlichen Rechts, sondern noch mehr den eines Amtes. Es ist das eine
der wirksamsten Grundideen des deutschen Rechtes, die sich durch den ganzen
Verlauf seiner Entwicklung rechtfertigen läßt und bei der Konstruktion des
heutigen Rechts nicht übersehen werden darf."

ganz allgemein genau dieselben agrarischen Eigentumsbeschränkungen,
wie in Sparta.[1] Ja wir haben hier eine Erscheinung vor uns,
welche sich bei den meisten Völkern in gewissen Stadien ihrer Ent=
wicklung zu wiederholen pflegt. Wo die gesellschaftliche Ordnung
noch überwiegend auf der Naturalwirtschaft beruht oder der Grund=
besitz vorzugsweise den Mittelpunkt des Lebens ausmacht, da stellt
sich überall von selbst ein starkes Bedürfnis ein, der Familie dies
Lebensgut zu erhalten, auf das sich allein eine selbständige Existenz
gründen ließ, dessen Verlust unter den Verhältnissen eines unent=
wickelten wirtschaftlichen und staatlichen Lebens notwenig zur Ab=
hängigkeit und zu einer Minderung der sozialen Schätzung sowohl
wie des persönlichen und politischen Rechtes führen mußte. Motive,
die übrigens in Hellas noch durch ein sehr zwingendes religiöses
Interesse verstärkt wurden, weil hier das Familiengut zugleich Sitz
des Familienkultus und der Erbbegräbnisse war, deren Pflege zu
den heiligsten Pflichten der Nachkommen gehörte.[2]

Dieses Zusammenwirken ständischer, wirtschaftlicher, religiöser
Motive muß in den älteren Zeiten der hellenischen Welt ganz all=
gemein eine ähnliche Stabilität der Grundbesitzverhältnisse zur Folge
gehabt haben, wie wir sie in dem Mittelalter anderer Völker wieder=
finden.[3] Auch dem Bewußtsein des althellenischen Bauernstandes,
zumal da, wo er seine ursprüngliche Kraft und Haltung zu be=
haupten vermochte, wird es kaum weniger als dem Edelmann

---

[1] Vgl. unten. Mit Bezug auf Leukas wird die hier ursprünglich
ebenfalls bestehende Unveräußerlichkeit der Kleren von Aristoteles ausdrücklich
als Hauptstütze der aristokratischen Verfassung, ihre Aufhebung als Ursache
der Demokratisierung bezeichnet (II, 4, 4. 1266 b).

[2] Äschines I, 96 wirft dem Timarch vor, daß er sich nicht entblödet
habe, die Besitztümer seiner Vorfahren zu verkaufen; und in der Rede des
Isäus über die Erbschaft des Apollodor (31) wird ebenfalls eine solche Ver=
äußerung aufs schärfste verurteilt. Vgl. Schmidt: Ethik der Griechen II, 392.

[3] Vgl. z. B. Stobbe: Hdb. des deutschen Privatrechts V S. 53: „Die
von den Vorfahren ererbten Grundstücke galten nach altem Recht in dem Sinn
als Familiengüter, daß sie von dem Eigentümer nicht ohne Genehmigung der
nächsten Erben, besonders der Söhne, veräußert werden sollten.

ſchimpflich (οὐ καλόν!) erſchienen ſein, den ererbten Hof ohne drin=
gende Urſache zu veräußern. In der That geht durch das ganze
ältere griechiſche Recht ein Zug hindurch, in welchem ſich die an=
gedeuteten Tendenzen ſehr beſtimmt ausprägen, wenn wir auch nicht
immer klar zu erkennen vermögen, inwieweit wir es mit geſetzlich
fixierten Verboten oder mit dem in alter Zeit ja nicht minder
ſtarken Zwang der Sitte zu thun haben. So hat ſich ſelbſt in
dem Induſtrie= und Handelsſtaat Athen die Erinnerung an eine
Zeit lebendig erhalten, wo letztwillige Verfügungen über das Ver=
mögen noch nicht geſtattet waren, weil — um mit Plutarch zu
reden[1]) — Haus und Gut des Verſtorbenen ſeiner Familie ver=
beißen ſollte. Eine Auffaſſung, mit der es völlig übereinſtimmt,
wenn Polybius dem von den zeitgenöſſiſchen Böotiern mit der
Teſtierfreiheit getriebenen Mißbrauch die Vererbung „κατὰ γένος"
gegenüberſtellt, wie ſie früher auch in Böotien üblich geweſen.[2])

Was ferner die ſpartaniſche Unveräußerlichkeit des ererbten
Grundbeſitzes, der „alten Stammgüter", betrifft, ſo iſt dieſelbe nach
dem Zeugnis des Ariſtoteles „vor Alters" in vielen helleniſchen
Staaten geltendes Recht geweſen.[3]) Und noch lange, nachdem das
Prinzip ſelbſt aufgegeben war, haben ſich mehr oder minder weit=
gehende Beſchränkungen des Veräußerungsrechtes erhalten. So war
z. B. in Lokri noch im vierten Jahrhundert der Verkauf von Liegen=
ſchaften zwar zugelaſſen, aber nur im Falle offenkundiger Not.[4])
Im alten Rechte von Elis war dem Einzelnen die hypothekariſche

---

[1]) Solon c. 21 εὐδοκίμησε δὲ κἂν τῷ περὶ διαθηκῶν νόμῳ· πρότερον γὰρ οὐκ ἐξῆν ἀλλ᾽ ἐν τῷ γένει τοῦ τεθνηκότος ἔδει τὰ χρήματα
καὶ τὸν οἶκον καταμένειν.

[2]) XX, 6, 5 οἱ μὲν γὰρ ἄτεκνοι τὰς οὐσίας οὐ τοῖς κατὰ γένος
ἐπιγενομένοις τελευτῶντες ἀπέλειπον, ὅπερ ἦν ἔθος παρ᾽ αὐτοῖς πρότερον
κτλ. Bei Ariſtoteles wird es beſonders als ein Bedürfnis oligarchiſcher
Staaten bezeichnet: „τὰς κληρονομίας μὴ κατὰ δόσιν εἶναι, ἀλλὰ κατὰ
γένος" κτλ. A. a. O. VIII, 7, 12. 1309a.

[3]) Ebd. VII, 2, 5. 1319a ἦν δὲ τὸ ἀρχαῖον ἐν πολλαῖς πόλεσι νενομοθετημένον μηδὲ πωλεῖν ἐξεῖναι τοὺς πρώτους κλήρους.

[4]) Ebd. II, 4, 4. 1266b.

Belastung seines Grundbesitzes nur bis zu einer gewissen Quote des=
selben gestattet, um wenigstens einen Teil vor der durch die Ver=
schuldung drohenden Gefahr des Verlustes sicher zu stellen.[1] Für
andere Staaten sind wenigstens im allgemeinen gesetzgeberische Maß=
regeln zur Konservierung der bestehenden Agrarverhältnisse, zur
„Erhaltung der alten Stammgüter" (τοὺς παλαιοὺς κλήρους δια-
σῴζειν)[2] bezeugt, wobei man entweder an Beschränkungen der
Teilbarkeit und Veräußerlichkeit, oder an ein staatlich geregeltes
Adoptionswesen denken kann in dem Sinne, wie es die sogenannten
νόμοι θετικοί in Theben einführten.[3]

Wo findet sich nun aber bei alledem eine Spur davon, daß
man mit diesen Beschränkungen des Liegenschaftsverkehrs das Institut
des agrarischen Privateigentums selbst negieren wollte? Sie zeigen
uns wohl ein zu Gunsten der Familie und im Interesse der bestehen=
den Gesellschaftsordnung gebundenes Grundeigentum, schließen aber
den Begriff des Eigentumes selbst keineswegs aus. Wenn daher das
Bodenrecht in Sparta keine anderen Beschränkungen des Indivi=
duums kennt, als solche, denen wir auch sonst in dem älteren grie=
chischen Agrarrecht begegnen, so fehlt uns jeder Anhaltspunkt für
die Annahme, daß das Recht des Individuums oder der Familie
am Grund und Boden in Sparta prinzipiell anders aufgefaßt
wurde, als sonst in Althellas.

Möglich ist es ja immerhin, daß der Sozialismus des
kriegerischen Gesellschaftstypus das Gemeinschaftsprinzip in Sparta
auch auf dem Gebiete des Bodenbesitzrechtes noch in ungleich
strengerer Form zur Geltung brachte, als anderwärts. Die Art
und Weise, wie das thatsächlich bei der beweglichen Habe geschah,
macht es sogar in hohem Grade wahrscheinlich. Es ist sehr wohl

---

[1] Ebd. VII, 2, 5. 1319 a.
[2] Ebd. II, 4, 4. 1266 b.
[3] Ebd. II, 9, 7. 1274 b. νομοθέτης δ' αὐτοῖς ἐγένετο Φιλόλαος περὶ
τ' ἄλλων τινῶν καὶ περὶ τῆς παιδοποιίας, οὓς καλοῦσιν ἐκεῖνοι νόμους
θετικούς· καὶ τοῦτ' ἐστιν ἰδίως ὑπ' ἐκείνου νενομοθετημένον, ὅπως ὁ
ἀριθμὸς σῴζεται τῶν κλήρων.

denkbar, daß ein Staat, der so wie der spartanische, die Person des Bürgers gewissermaßen als sein Eigentum behandelte, auch den Besitz desselben grundsätzlich nicht anders auffaßte, sich als den Eigentümer alles Grund und Bodens, den Bürger nur als Inhaber eines abgeleiteten Nutzungsrechtes betrachtete.

Wenn auf die Frage: Wessen ist das Haus? — Stauffer dem Landvogt erwidert: Dieses Haus ist meines Herrn und Kaisers und Eures und mein Lehen", so mochte der alte Spartaner, dem sich der Staat nicht einer Person verkörperte, der vielmehr für die Abstraktion des Staates, der πόλις, volles Verständnis hatte, sehr wohl auf die gleiche Frage antworten: „Mein Haus und Gut ist des Staates." Und es mag sich der Begriff der Oberlehensherrlichkeit, des Obereigentums des Staates am Landgebiet ursprünglich im Agrarrecht Spartas scharf ausgeprägt haben.

Allein indem wir solche Möglichkeiten erwägen, müssen wir uns andererseits stets bewußt bleiben, daß wir es dabei eben nur mit Möglichkeiten zu thun haben. Es ist eine, durch die uns zu Gebote stehenden thatsächlichen Anhaltspunkte nicht gerechtfertigte, vorschnelle Behauptung, daß die spartanischen Kleren sich nach den rechtlichen Bestimmungen, welche für sie gelten, als Staatslehen erweisen".[1]

Nun glaubt man freilich für diese Eigenschaft der Spartiatenhufen als Staatslehen ein besonderes Moment zu besitzen in den Befugnissen, welche dem spartanischen Königtum in gewissen familienrechtlichen, auch für die Besitzverhältnisse wichtigen Fragen zukamen. Man hat nämlich aus der bekannten Angabe Herodots (VI, 57), nach welcher die Adoptionen in Sparta vor den Königen stattfanden,[2] den Schluß gezogen, daß hier der Staat sich in der Person des Königs als des Vertreters seiner Ansprüche an die einzelnen Kleren mit den Klereninhabern bei fehlender erbberechtigter Nachkommenschaft über eine anderweitige Erbfolge verständigt habe;

---

[1] Wie Gilbert: Gr. Staatsaltert. I² 15 behauptet.
[2] ἤν τις θετὸν παῖδα ποιέεσθαι ἐθέλῃ, βασιλέων ἐναντίον ποιέεσθαι.

was eben in der Weise geschehen sei, daß der Inhaber des Kleros
„für eine bestimmte Adoption die richterliche Entscheidung des
Königs provozierte".[1]) Durch diese königliche Gerichtbarkeit soll
sich der Staat als der Eigentümer des Landes zugleich die recht=
liche Möglichkeit gewahrt haben, auf die Verteilung des Grund
und Bodens fortwährend einen bestimmenden Einfluß
auszuüben. Der König habe es z. B. in der Hand gehabt,
Adoptionen zu verhindern, welche die dem Staatsinteresse zuwider=
laufende Vereinigung mehrerer Kleren zu Einem Besitztum herbei=
geführt hätte, dagegen solche Adoptionen zu erzwingen, welche un=
versorgten Söhnen kinderreicher Häuser zu einem Kleros verhalfen.[2])
Ganz analog hat man ferner den Umstand gedeutet, daß die richter=
liche Entscheidung über die Hand von Erbtöchtern, welche nicht
schon von seiten des Vaters verlobt waren, ebenfalls den Königen
zustand.[3]) Auch dies habe keinen anderen Grund gehabt, als den,
das Eigentumsrecht des Staates an dem κλῆρος· zu wahren und
dem Staate zugleich die Möglichkeit zu gewähren, zu Gunsten solcher
Bürger, die kein eigenes Gut hatten, über die Hand und den Besitz
der Erbtöchter zu verfügen.[4])

Gegenüber dieser Auffassung ist zunächst zu bemerken, daß,
selbst wenn in Sparta das Adoptions= und Erbtöchterrecht in solcher
Weise einer systematischen sozialpolitischen Thätigkeit des Staates
dienstbar gewesen wäre, daraus allein doch noch nicht folgen würde,
daß der Staat hier gleichzeitig als Eigentümer des Grund und
Bodens gehandelt habe. Ein Staat, der mit seiner Zwangsgewalt
so, wie der spartanische, auf allen Lebensgebieten die Willens= und
Rechtssphäre des Individuums einschränkte, konnte sich sehr wohl

---

1) Gilbert: Studien z. altspart. Gesch. 169.
2) Schömann a. O. I, 225.
3) Herodot a. O.
4) Schömann a. O. Auch O. Müller: Dorer II, 199 betrachtet es als
höchst wahrscheinlich, daß man zu Männern der Erbtöchter stets solche nahm,
welche für sich keinen κλῆρος hatten, also nachgeborene Söhne zunächst inner=
halb des οἶκος, dann des Geschlechtes u. s. w.

zu einem derartigen Verfahren ohne weiteres berechtigt halten, auch
wenn der Grund und Boden Gegenstand des Privateigentums war.
Der Begriff des Privateigentums konnte eben in einem solchen
Staate von vornherein und prinzipiell die Zulässigkeit derartiger
Beschränkungen enthalten, die übrigens, wie die „νόμοι ϑετικοί"
Thebens beweisen, nicht einmal spezifisch spartanisch gewesen wären,
sondern auch anderwärts dem Privateigentum auferlegt wurden.

Eine weitere Frage ist nun aber die: Findet die genannte
Anschauung über die Stellung des spartanischen Königtums zum
Güterrecht irgend eine Stütze in den Quellen? So, wie der einzige
Bericht über die fragliche Thätigkeit der Könige lautet, gewiß nicht!
Herodot sagt von den spartanischen Adoptionen weiter nichts, als
daß sie in Gegenwart des Königs vollzogen werden mußten. Ob
und inwieweit letzterer ein Bestätigungsrecht hatte, ob und in welcher Richtung er überhaupt den Adoptionsakt beeinflussen konnte,
ist uns völlig unbekannt. Noch ungünstiger liegt die Sache bei
der Frage des Erbtöchterrechts. Herodot a. O. bezeichnet die betreffende Thätigkeit des Königs als ein „Rechtsprechen" [1] (δικάζειν) [2];
jedenfalls ist es völlig willkürlich, das Wort δικάζειν hier in der
allgemeinen Bedeutung von entscheiden überhaupt zu verstehen.
Wenn es sich aber bei der Verfügung über Hand und Besitz von
Erbtöchtern um eine richterliche Entscheidung der in Betracht kommenden Rechtsfragen [3] handelte, so war damit die Berücksichtigung
nichtjuristischer, also auch sozialpolitischer Erwägungen von vorn=

---

[1] Dies hat mit Recht außer Valkenaer schon Grote betont. Hist. of
Greece (ed. 1884) II 415 gegen die Ansicht Thirlwalls, daß der König hier
als Hort der Armut gehandelt habe („that he could interpose in opposition
to the wishes of individuals to relieve poverty").

[2] δικάζειν δὲ μούνους τοὺς βασιλέας τοσάδε μοῦνα· πατρούχου τε
παρθένου πέρι, ἐς τὸν ἱκνέεται ἔχειν, ἢν μήπερ ὁ πατὴρ αὐτὴν ἐγγυήσῃ,
καὶ ὁδῶν δημοσιέων πέρι.

[3] Vgl. über diese z. B. das verwandte dorische Stadtrecht von Gortyn
nebst den Bemerkungen von Zitelmann: Rhein. M. Bd. 40 Ergänzungsheft
S. 149 ff. und Simon: Zur zweiten Hälfte der Inschrift von Gortyn, Wiener
Studien 1887 S. 4 ff.

herein ausgeschloffen. Auch wäre es ja sehr schwer verständlich,
warum ein Staat, der kraft seines Obereigentums in letzter Instanz
über alle Erbgüter verfügen konnte, diese seine Macht nur in so
beschränktem Umfange ausgeübt haben follte. Müßte man nicht
vielmehr erwarten, daß die Zustimmung des Königs zu der Ehe
einer jeden Erbtochter gefordert wurde, wie es z. B. im fränkisch=
normannischen Lehensrecht ganz folgerichtig geschehen ist? Wie konnte
ein „Oberlehensherr", der es zugleich als seine Aufgabe betrachtete,
dafür zu sorgen, daß „kein Landlos erledigt blieb, und daß die
nichtansäffigen Mitglieder der Kriegergemeinde möglichst durch Ver=
heiratung mit Erbtöchtern zu Grundbesitz gelangten",[1] wie konnte
der ein absolutes Entscheidungsrecht des Vaters anerkennen, das
gewiß häufig genug eher zu Gunsten eines vermögenden, als eines
armen Bewerbers ausfiel?[2] Die Beschränkung des staatlichen Ein=
mischungsrechts auf Erbtöchter, für welche eine väterliche Willens=
meinung nicht vorlag, mußte ja der Durchführung jenes Gedankens
von vorneherein eine empfindliche Grenze setzen.[3] In der That hat
sich denn auch von der angeblichen sozialpolitischen Wirksamkeit des
spartanischen Königtumes so wenig in den thatsächlichen Verhält=
nissen eine Spur erhalten, daß schon ein paar Generationen nach
der von Herodot geschilderten Zeit zwei Fünftel des gesamten Grund
und Bodens Spartas in die Hände von Frauen übergegangen war,

---

[1] Curtius: Gr. Gesch. I⁵ 178.

[2] Diese Entscheidung des Vaters konnte — wenigstens im 4. Jahr=
hundert — sogar durch letztwillige Verfügung erfolgen. Aristoteles a. O.
II, 6, 11. 1270a.

[3] Auch Schömann, der dies ignoriert, wundert sich über „die Un=
vollkommenheit der auf die Erhaltung der Gleichheit abzweckenden Maßregeln"
z. B. darüber, daß „nicht der Anfall mehrerer Güter an Einen Besitzer z. B.
des Gutes eines kinderlos verstorbenen Bruders an einen schon selbst mit
einem Gut versehenen Bruder verboten gewesen sei; ein Fall, der in Kriegs=
zeiten häufig vorkommen mußte." (S. 226.) Auffallen kann dergleichen aber
nur dem, der eben willkürlich ein agrarpolitisches System in Sparta voraus=
setzt, welches der Zeit, von der der älteste Zeuge für die genannten Maß=
regeln, Herodot, spricht, gewiß fremd war.

während ein großer Teil der Bürger eines genügenden selbständigen Grundbesitzes entbehrte. [1])

Wir haben nach alledem keinen Anlaß, die von Herodot ge= schilderte Kompetenz der spartanischen Könige prinzipiell anders auf= zufassen, als diejenige, welche z. B. der erste athenische Archont oder die römischen Pontifices auf demselben Gebiete des Familien= rechtes besaßen. Die Beteiligung der Magistratur erklärt sich aber in Hellas sehr einfach aus den engen Beziehungen zwischen Sakral= recht und Familienrecht, aus den von der Person des zu Adop= tierenden geforderten Qualifikationen,[2]) aus der öffentlich=rechtlichen Bedeutung des Adoptionsaktes. Denn die Familie, welche der Adoptierte fortsetzt, hat eben auch eine öffentlich=rechtliche Bedeutung und die politische Gewalt hat daher hier naturgemäß ein entschei= dendes Wort mitzureden, eine Thatsache, die ihren prägnanten Aus= druck darin findet, daß z. B. in Rom der in den Kuriatkomitien unter dem Vorsitz des Pontifex maximus versammelte populus Romanus, in Athen der Demos, in Gortyn die Volksversammlung an dem Akte teilnimmt. Dazu kam, was das Erbtöchterrecht be= trifft, der allgemeine Rechtsgrundsatz, Mangels anerkannter Leibes= erben oder bei Lebzeiten Adoptierter Erbschaften nur infolge eines amtlichen Verfahrens antreten zu lassen, welches allen Berechtigten die Geltendmachung ihrer Ansprüche erlaubte („ἀνεπίδικον μὴ ἐξεῖναι ἔχειν μήτε κλῆρον μήτε ἐπίκληρον").[3])

Warum sollten wir die amtliche Thätigkeit der spartanischen

---

[1]) Aristoteles a. O. 11.

[2]) Cicero de domo 13, 34 quae causa cuique sit adoptionis, quae ratio generum ac dignitatis, quae sacrorum, quaeri a pontificum collegio solet. Vgl. Isocrates (XIX, 13) über das äginetische Recht, welches τοὺς ὁμοίους κελεύει παῖδας εἰστοιεῖσθαι und Demosthenes über das attische Recht, welches befahl ἐκ τῶν κατὰ γένος ἐγγυτάτω εἰσποιεῖν υἱὸν τῷ τετε= λευτηκότι. (adv. Leochar. p. 1093.) In Beziehung auf Gortyn f. Zittel= mann a. O. S. 162. Simon S. 18. Auch das indische Recht fordert die Adoption des nächststehenden Verwandten und die Benachrichtigung des Kö= nigs. Vgl. Leist: Altarisches jus gentium S. 33 cf. 103.

[3]) Demosthenes XLVI 1135.

Könige auf demſelben Gebiete nach anderen Geſichtspunkten be=
urteilen? Wir ſind dazu umſoweniger berechtigt, als gerade hier
ihr Eingreifen durch ihre ganze öffentliche Stellung ſehr wohl
motiviert erſcheint. Als Vertreter der Geſamtheit gegenüber den
Landesgöttern im Beſitz der höchſten prieſterlichen Würde waren ſie
ja zugleich die geborenen Hüter der mit dem Familienrecht zu=
ſammenhängenden religiöſen Intereſſen und daher ſchon aus dieſem
Grunde zur Mitwirkung bei jenen wichtigen familienrechtlichen
Akten berufen, ganz ebenſo wie die römiſchen Pontifices.

Dagegen ergeben ſich ſofort unlösbare Schwierigkeiten, wenn
man den Königen die Befugnis zu einer ſozialiſtiſchen Regulierung
der Eigentumsverhältniſſe zuſchreibt, wenn man ſie als die großen
Segenſpender für die Enterbten der Geſellſchaft hinſtellt. So wie
ſich bis auf die Zeit Herodots die Verteilung der ſtaatlichen Macht=
verhältniſſe in Sparta geſtaltet hatte, wäre nicht das Königtum be=
rufen geweſen, ein Eigentumsrecht der Geſamtheit und ihr Inter=
eſſe am vaterländiſchen Boden zu vertreten, die „Gleichheit des
Beſitzes und der Rechte zu überwachen",[1] ſondern diejenige Be=
hörde, welche damals bereits die oberſte Magiſtratur in Sparta
war, nämlich das Ephorat. Hätte die Gemeinde in der genannten
Weiſe Anſprüche auf die einzelnen Landloſe geltend machen wollen,
ſo hätte ſie dies damals gewiß durch eben die Organe gethan, in
welchen ſich recht eigentlich die ſouveräne Gewalt des Volkes (d. h.
des herrſchenden Standes) und ſein Wille verkörperte. Bei dem
eiferſüchtigen Mißtrauen, mit dem die Herrenklaſſe ſeit Jahrhunder=
ten bemüht war, zu verhüten, daß aus dem Königtum eine „Tyran=
nis" werde, wäre es geradezu unbegreiflich geweſen, wenn ſie dem
Königtum eine derartige diskretionäre Gewalt auf einem der wich=
tigſten Lebensgebiete gelaſſen hätte, während ſie ſich doch im Gegen=
ſatz zum Königtum in dem Ephorat längſt ein Organ geſchaffen
hatte, welches als Aufſichtsbehörde über den geſamten ſtaatlichen
„Kosmos", als oberſter „Wächter" über die Wohlfahrt und die

---

[1] Curtius III[5] 120.

Interessen des Staates alle Voraussetzungen für die Ausübung einer solchen Gewalt in sich vereinigte.[1]) In der That erscheint denn auch die Entscheidung der für die Gestaltung der Besitzverhältnisse, für die Entwicklung sozialer Ungleichheit überaus wichtigen Frage, welche um die Wende des fünften und vierten Jahrhunderts an Sparta herantrat, der Frage nach der gesetzlichen Zulassung des Gold= und Silbergeldes, ganz wesentlich mit als Sache des Ephorats.[2]) Was vollends das Verfügungsrecht über Gemeindeeigentum betrifft, so ist in den uns bekannten Fällen, d. h. bei der Freilassung von Heloten und der Vergebung von Gemeindeland überhaupt kein einzelnes Regierungsorgan kompetent gewesen, sondern die souveräne Gemeinde selbst.[3])

Angesichts dieser Thatsachen können wir in der modernen Auffassung des spartanischen Königtums als eines obersten Regulators des Wirtschaftslebens nichts weiter erblicken, als eine Fort=setzung der gleich zu besprechenden antiken Legendenbildung über den sozialen Musterstaat Sparta. Auch das hat jene Auffassung mit der antiken Legende gemein, daß sie dieselben Züge, welche das von der sozialen Theorie geschaffene Bild eines idealen Staates zeigt, in das Leben Altspartas hineinträgt. Denn bewußt oder unbewußt hat hier ganz unverkennbar der platonische Gesetzesstaat vorgeschwebt, ein Staat, der in der That auf dem Prinzipe beruht, daß jeder seiner Bürger, der am vaterländischen Boden einen Anteil erhalten, „denselben als etwas der Gesamtheit Gehöriges zu betrachten habe".[4]) Ebenda finden wir auch zur Verwirklichung dieses Gedankens eine mächtige Zentralgewalt (ἀρχὴ μεγίστη καὶ

---

[1]) Man vergegenwärtige sich nur, wie sehr infolge der fortwährenden, die Leitung der Regierung durch die Krone geradezu unmöglich machenden Feindschaft zwischen den beiden Dynastien, durch häufige Verurteilung von Königen und durch vormundschaftliche Regierungen schon im fünften Jahr=hundert die Autorität des Königtums geschwächt war!

[2]) Plutarch: Lysander 17.

[3]) Vgl. Niese: Zur Verfassungsgeschichte Lacedämons. Hist. Ztschr. 1889 S. 65.

[4]) S. die Darstellung des Gesetzesstaates.

τιμιωτάτη), welche „für alle darauf zu sinnen" hat, daß der Boden=
anteil des Einzelnen, die Scholle, „die seine Heimat ist und die er
mehr in Ehren zu halten hat, als Kinder ihre Mutter", nicht ver=
ringert werde, und daß womöglich jedem Bürger ein solcher Anteil
zufalle. Ebenso wird unter den Maßnahmen (μηχανήματα) dieses
Sozialismus ausdrücklich die Einweisung nachgeborener Söhne in
solche Hufen ausgesprochen, deren Inhaber keine männliche Nach=
kommenschaft haben. — Zugegeben, daß die Institutionen Spartas
bedeutsame Analogen zu denen des Gesetzesstaates bieten, — wie sie
denn Plato ohne Zweifel mit als Vorbild gedient haben, — um
so sorgsamer werden wir uns davor hüten müssen, die Unter=
schiede zu verwischen, die doch auch hier zwischen Ideal und Wirk=
lichkeit bestehen.[1] Für uns kann es jedenfalls keinem Zweifel
unterliegen, daß auch auf dem agrarpolitischen Gebiete die Entwick=
lung des geschichtlichen Sparta eine vielfach andere war als die
des Sozialstaates der Legende. Es ist ja allerdings in höchstem
Grade wahrscheinlich, daß die erste Landaufteilung des dorischen
Kriegsvolkes im Sinne weitgehendster Gleichheit erfolgt war. Es
entsprach das nur dem gegenseitigen kameradschaftlichen Verhältnis,
wie es zwischen den Genossen eines erobernden kriegerischen Ver=
bandes von vornherein besteht. Jeder Kamerad hatte hier ein
wohlerworbenes Recht auf die Nutzung des gemeinsam eroberten
Landes und dieses Nutzungsrecht war naturgemäß ein ebenso gleich=
artiges, wie die Stellung der Durchschnittsfreien im Heeresverband;
höchstens daß, wie den Heerkönigen, so den militärischen Befehls=
habern überhaupt ein der höheren Leistung und Ehre entsprechender

---

[1] Nicht ohne Einfluß auf die angedeutete moderne Anschauungsweise
scheint auch die sozialistische Theorie des Phaleas gewesen zu sein, der eine
„Ausgleichung" des Besitzes am leichtesten dadurch ermöglichen zu können
glaubte, daß „die Reichen Mitgift gäben, aber nicht nähmen, und die Armen
umgekehrt nähmen, aber nicht gäben." Aristot. Pol. II, 4, 2. 1266b. Wie
könnte man sonst ohne weiteres die Angabe als geschichtlich verbürgt hin=
nehmen, daß es in Sparta überhaupt keine Mitgiften gab? S. Plutarch
Apophth. Lac. p. 149. Älian V. H. VI, 6. Justin III, 3.

größerer Anteil an der Landbeute eingeräumt ward: Ein Vorzug,
der das Prinzip selbst in keiner Weise durchbrach. Ob dann aber
gleichzeitig eine Agrarverfassung ins Leben trat, welche auf eine
dauernde Erhaltung dieser ursprünglichen Gleichheit berechnet war
und ein Privateigentum an den aufgeteilten Landhufen nicht an=
erkannte? Wir wissen es nicht! Soviel ist jedoch gewiß, daß,
wenn in Sparta je eine solche Verfassung bestand, sie verhältnis=
mäßig frühe außer Übung gekommen ist. Das älteste Zeugnis der
spartanischen Agrargeschichte, die dem siebenten Jahrhundert ange=
hörende politische Dichtung des Tyrtäus läßt uns bereits einen
Blick in Verhältnisse thun, in denen das Individualeigentum am
Grund und Boden längst bestanden haben muß, von einer prin=
zipiellen Gütergleichheit, wie sie Ephorus und Polybius selbst
noch für eine viel spätere Zeit annehmen, keine Rede mehr sein
konnte.

Es handelt sich um den aus Tyrtäus geschöpften Bericht des
Aristoteles über die schwere innere Krisis ($\sigma\tau\dot{\alpha}\sigma\iota\varsigma$), welche der
spartanische Staat in der harten Zeit des zweiten messenischen
Krieges durchzumachen hatte. Zum ersten Male in der griechischen
Geschichte tritt uns hier die Forderung einer Neuaufteilung des
Grund und Bodens entgegen, welche damals aus der Mitte der
durch den Krieg herabgekommenen Bürger (vielleicht der in Messe=
nien mit Kleren Begüterten und nun brotlos Gewordenen?) erhoben
wurde. Diese Forderung muß nach dem „von Empörungen in
Aristokratien" handelnden Bericht schon für jene Zeit als eine ebenso
revolutionäre gegolten haben, wie später, weshalb sie denn auch
von Tyrtäus unter Berufung auf das Prinzip der „Wohlgesetzlich=
keit", der $\varepsilon\dot{v}\nu o\mu\dot{\iota}\alpha$ [1]) bekämpft wurde. Sie mag vielleicht auf der

---

[1]) Politik VIII, 5, 12. 1307 a. $\dot{\varepsilon}\nu$ $\delta\dot{\varepsilon}$ $\tau\alpha\tilde{\iota}\varsigma$ $\dot{\alpha}\varrho\iota\sigma\tauo\varkappa\varrho\alpha\tau\dot{\iota}\alpha\iota\varsigma$ $\gamma\dot{\iota}\nu o\nu\tau\alpha\iota$
$\alpha\dot{\iota}$ $\sigma\tau\dot{\alpha}\sigma\varepsilon\iota\varsigma$, ... $\ddot{o}\tau\alpha\nu$ $o\dot{\iota}$ $\mu\dot{\varepsilon}\nu$ $\dot{\alpha}\pi o\varrho\tilde{\omega}\sigma\iota$ $\lambda\dot{\iota}\alpha\nu$ $o\dot{\iota}$ δ' $\varepsilon\dot{v}\pi o\varrho\tilde{\omega}\sigma\iota\nu$. $\varkappa\alpha\dot{\iota}$
$\mu\dot{\alpha}\lambda\iota\sigma\tau\alpha$ $\dot{\varepsilon}\nu$ $\tauo\tilde{\iota}\varsigma$ $\pi o\lambda\dot{\varepsilon}\mu o\iota\varsigma$ $\tauo\tilde{v}\tauo$ $\gamma\dot{\iota}\nu\varepsilon\tau\alpha\iota\cdot$ $\sigma\upsilon\nu\dot{\varepsilon}\beta\eta$ $\delta\dot{\varepsilon}$ $\varkappa\alpha\dot{\iota}$ $\tauo\tilde{v}\tauo$ $\dot{\varepsilon}\nu$ $\Lambda\alpha\varkappa\varepsilon$-
$\delta\alpha\dot{\iota}\mu o\nu\iota$ $\dot{v}\pi\dot{o}$ $\tau\dot{o}\nu$ $M\varepsilon\sigma\sigma\eta\nu\iota\alpha\varkappa\dot{o}\nu$ $\pi\dot{o}\lambda\varepsilon\mu o\nu\cdot$ $\delta\tilde{\eta}\lambda o\nu$ $\delta\dot{\varepsilon}$ $\varkappa\alpha\dot{\iota}$ $\tauo\tilde{v}\tauo$ $\dot{\varepsilon}\varkappa$ $\tau\tilde{\eta}\varsigma$
$T\upsilon\varrho\tau\alpha\dot{\iota}o\upsilon$ $\pi o\iota\dot{\eta}\sigma\varepsilon\omega\varsigma$ $\tau\tilde{\eta}\varsigma$ $\varkappa\alpha\lambda o\upsilon\mu\dot{\varepsilon}\nu\eta\varsigma$ $E\dot{v}\nu o\mu\dot{\iota}\alpha\varsigma\cdot$ $\vartheta\lambda\iota\beta\dot{o}\mu\varepsilon\nu o\iota$ $\gamma\dot{\alpha}\varrho$ $\tau\iota\nu\varepsilon\varsigma$ $\delta\iota\dot{\alpha}$
$\tau\dot{o}\nu$ $\pi\dot{o}\lambda\varepsilon\mu o\nu$ $\dot{\eta}\xi\dot{\iota}o\upsilon\nu$ $\dot{\alpha}\nu\dot{\alpha}\delta\alpha\sigma\tauo\nu$ $\pi o\iota\varepsilon\tilde{\iota}\nu$ $\tau\dot{\eta}\nu$ $\chi\dot{\omega}\varrho\alpha\nu$ $\varkappa\tau\lambda.$

anderen Seite mit dem Hinweis darauf begründet worden sein, daß
der Einzelne ja sein Ackerland ursprünglich von der Gesamtheit besitze, und daß daher die Gesamtheit allezeit berechtigt sei, eine Neu-
regelung der Besitzverhältnisse vorzunehmen. Allein wenn man
damals die Verwirklichung dieses Gedankens eben nur noch von
der Gewalt erwarten durfte, so beweist das zur Genüge, daß ein
so weit gehender Eingriff der Staatsgewalt in die bestehende Grundbesitzverteilung der Rechtsordnung und dem vorherrschenden Rechtsbewußtsein jener Zeit nicht mehr entsprach.

Wie tief muß hier das Institut des privaten Grundeigentums eingewurzelt gewesen sein, wenn der wenig jüngere Alcäus
einem Spartaner den Ausspruch in den Mund legen konnte, daß
„die Habe den Mann macht" und „kein Armer edel sein" könne![1]
Eine Äußerung, die zugleich ein unverkennbares Symptom dafür
ist, daß schon im siebenten Jahrhundert die natürliche Konsequenz
des Privateigentums, die wirtschaftliche Ungleichheit auch in Sparta
sich mehr oder minder fühlbar gemacht hat. Wie hätte man auch
damals von einer Änderung der bestehenden Grundbesitzverteilung
eine Versorgung der offenbar zahlreichen besitzlosen Elemente erwarten können, wenn nicht ein beträchtlicher Teil der Spartaner
schon weit mehr als das unentbehrliche Normalmaß an Grund
und Boden besessen hätte?

Diese Ungleichheit reflektiert sich auch in einer bedeutsamen
wirtschaftlichen Thatsache. In der Odyssee, die uns ja bereits die
Zustände des dorischen Sparta schildert,[2] wird Lacedämon wegen
seiner Vorzüge für die Rossezucht gepriesen:

---

[1] Alcäus fr. 41:
Ὡς γὰρ δήποτ' Ἀριστόδαμόν φαισ' οὐκ ἀπάλαμνον ἐν Σπάρτᾳ λόγον
εἰπῆν· χρήματ' ἀνήρ· πένιχρος δ' οὐδεὶς πέλετ' ἔσθλος οὐδὲ τίμιος.
χρήματα ist hier, um die Wende des 7. u. 6. Jahrh. noch nicht Geldkapital.
Ob übrigens Alcäus recht hat oder Pindar Isthm. 2, 15, der den Ausspruch
einem Argiver zuschreibt, ist gleichgültig. Entscheidend ist, daß man dergleichen
überhaupt von einem Spartaner glauben konnte.
[2] Vgl. Niese: Die Entwicklung der homerischen Poesie S. 213 f.

Das „weite Blachfeld" des Eurotas,
> „wo in Masse der Lotos gedeiht, wo nährender Galgant
> Wo auch Weizen und Spelt und weißaufbuschende Gerste." [1]

Hier muß also die Rossezucht seit alter Zeit von Einzelnen wenigstens mit Eifer betrieben worden sein, und wenn es auch eine stark übertriebene Behauptung ist, daß es seit den Persernkriegen die Spartaner darin allen übrigen Hellenen zuvorgethan hätten, [2] so sind uns doch jedenfalls mehrere Spartaner als Sieger in den olympischen Wettrennen bereits für das fünfte Jahrhundert bezeugt. [3] Eine Thatsache, die einen sicheren Schluß auf die Gestaltung der Besitzverhältnisse zuläßt, da im Altertum von jeher die ἱπποτροφία als ein Zeichen hervorragenden Reichtums und fortgeschrittener wirtschaftlicher Ungleichheit gegolten hat. [4]

Übrigens treten uns in Sparta in diesem Jahrhundert auch sonst die Besitzesgegensätze, der Unterschied von „οἱ πολλοί" und „οἱ τὰ μείζω κεκτημένοι" sehr deutlich entgegen; [5] eine Differenzierung der Gesellschaft, die dann im vierten Jahrhundert mit rapider Schnelligkeit zu dem Gegensatz von Mammonismus und Pauperismus entartet ist. [6]

---

[1] IV, 600 ff. Wenn Menelaos ebd. v. 99 von der „rossenährenden Argos", Ἄργος ἱππόβοτος, spricht, so versteht er unter diesem vieldeutigen Begriff kein eigenes Land Lacedämon mit, wie auch v. 174 ff. beweist.

[2] Nach Pausanias VI, 2, 1. τιέθησαν πάντων φιλοτιμότατα Ελλήνων πρὸς ἵππων τροφάς.

[3] Vgl. ebd.

[4] Über den großen Reichtum des Spartaners Lichas, der 420 in Olympia mit dem Wagen siegte, vgl. Thuk. V. 20, dazu Xen. Mem. I, 2, 61. Plutarch Cimon 10.

[5] Thuk. I, 6. IV, 108. V, 15.

[6] Aristoteles a. O. II, 6, 11. 1270a.

Siebenter Abschnitt.
Der Sozialstaat der Legende und das sozialistische Naturrecht.

Die Annahme eines agrarischen Kommunismus als Aus=
gangspunktes der ganzen sozialen Entwicklung Spartas würde eine
wertvolle Stütze gewinnen, wenn wirklich, wie man gemeint hat,
in Sparta eine „alte" Tradition bestand, daß die Grundeigentums=
ordnung hier prinzipiell auf Gütergleichheit angelegt gewesen sei,
daß von Rechtswegen jeder Spartiate einen Anspruch auf gleichen
Anteil an Grund und Boden der Gesamtheit, am „Bürgerland"
besessen habe. „*Τῆς* μὲν *Λακεδαιμονίων πολιτείας* — sagt
Polybius an einer vielbesprochenen Stelle (VI, 45) — *ἴδιον εἶναί
φασι πρῶτον μὲν τὰ περὶ τὰς ἐγγαίους κτήσεις, ὧν οὐδενὶ
μέτεστι πλεῖον, ἀλλὰ πάντας τοὺς πολίτας ἴσον ἔχειν δεῖ
τῆς πολιτικῆς χώρας.*

Läge hier eine wirkliche und unverfälschte historische Erinne=
rung vor, so wäre in der That die Annahme einer strengen agra=
rischen Gemeinschaft für die älteren Zeiten Spartas unabweisbar.
Um das Prinzip der Gleichheit des Grundeigentums zu verwirk=
lichen, genügte ja nicht bloß eine einmalige gleiche Verteilung der
Hufen, wie sie Plato bei der Gründung des Staates — wahr=
scheinlich mit Recht — annimmt, sondern es hätte diese Teilung
periodisch wiederholt werden müssen, um die durch die Veränder=
lichkeit der Bürgerzahl, die Zufälligkeiten der Vererbung und andere
Momente entstandenen Ungleichheiten immer wieder zu beseitigen,
den Anspruch eines jeden auf gleichen Anteil zur Wahrheit zu
machen: ein Verfahren, bei dem von einem Sondereigentum am
Grund und Boden nicht die Rede sein kann.

Freilich tritt auch hier wieder die Unsicherheit unserer Er=
kenntnis, die Schwierigkeit, zu einem entscheidenden positiven Er=
gebnis zu kommen, klar zu Tage. In der Erörterung des Polybius
über die spartanisch=kretische Verfassung, in der sich der obige Satz
findet, werden nur solche Quellen genannt, die im Verhältnis zu
den hier in Frage kommenden Zeiten sehr jungen Ursprunges sind,

Plato, Xenophon, Ephorus und Kallisthenes; und was insbesondere die Bemerkung über die prinzipielle Gütergleichheit Spartas betrifft, so wird gerade sie überaus problematisch dadurch, daß als ihr Gewährsmann ohne Zweifel Ephorus zu betrachten ist,[1] dessen Unzuverlässigkeit und Unklarheit über die ältere spartanische Geschichte, dessen falscher Pragmatismus und künstliche Zurechtmachung des geschichtlichen Stoffes von vornherein Mißtrauen gegen seine Angaben erwecken.

Dazu kommt, daß es sich hier um eine Frage von durchaus aktuellem Interesse handelte, welche sowohl die Theorie, wie die praktische Politik der Zeit auf das lebhafteste beschäftigte. Ein Moment, welches von jeher Veranlassung gegeben hat, die Geschichte in den Dienst von Zeitanschauungen zu stellen. — Die Litteratur, mit der wir es zu thun haben, ist entstanden unter den Einwirkungen einer Epoche, in der sich der spartanische Staat in einer tiefgehenden Bewegung und Umwandlung befand. Die um die Wende des fünften und vierten Jahrhunderts errungene Großmachtstellung hatte die Traditionen des altspartanischen Staats- und Gesellschaftslebens auf das stärkste erschüttert. Der demoralisierende Einfluß, den der in Sparta zusammenströmende Reichtum auf die Gesinnung der Bürgerschaft ausübte, äußerte sich in überhandnehmender Üppigkeit und Habsucht, und in derselben Richtung wirkte die ohnehin längst fühlbare, aber durch die Verminderung der Bürgerzahl in der langen Kriegszeit noch gesteigerte Tendenz zunehmender Vermögensungleichheit. Während das Sparta des vierten Jahrhunderts als die reichste Stadt von Hellas gepriesen wird,[2] erscheint andererseits die Proletarisierung breiter Volksschichten soweit fortgeschritten, daß für sie die Erfüllung der staat-

---

[1] Vgl. Wachsmuth Gött. gel. Anz. (1870) S. 1811, dessen Ausführung von Oncken (Staatslehre des Aristoteles II, 357) vergeblich angefochten worden ist. Das entscheidende Beweismoment für die Abhängigkeit von Ephorus hebt treffend E. Mayer hervor: Lykurgos von Sparta. — Forschungen z. alten Gesch. I, 219 f.

[2] Plato Alkibiades I p. 122 e: καὶ χρυσῷ καὶ ἀργύρῳ οἱ ἐκεῖ πλουσιώτατοί εἰσι τῶν Ἑλλήνων. cf. Hippias major p. 283 d.

lichen Leistungen zur Unmöglichkeit geworden war und innerhalb
der Bürgerschaft selbst eine recht= und landlose Masse der kleinen
Zahl derer gegenüberstand, in deren Händen sich der Grund und
Boden mehr und mehr konzentrierte.[1]) Dazu kam der Geist ge=
wissenloser Gewaltsamkeit und kühner, vor dem Umsturz der Ver=
fassung selbst nicht zurückscheuender Neuerungssucht, wie wir sie be=
sonders in Lysanders Person verkörpert sehen, Erscheinungen, deren
zersetzender Einfluß um so gefährlicher war, als gleichzeitig die
fortdauernde Gährung in der Hörigen= und Unterthanenbevölkerung,
wie in den unteren Schichten der Bürgerschaft selbst unausgesetzt
an der Unterwühlung des Staatsgebäudes arbeitete. Gegenüber
diesen Verhältnissen war eine Reaktion unausbleiblich. Sie mußten
nicht bloß bei denen, die unmittelbar unter ihnen litten, sondern
bei allen patriotisch Denkenden das Verlangen nach Reformen wach=
rufen und dieses Reformbedürfnis suchte denn — so wie die Dinge
hier lagen — naturgemäß seine Befriedigung in dem Hinweis auf
die Ordnungen und Lebensnormen der guten alten Zeit, auf denen
die innere Stärke Spartas beruht hatte.[2]) Es ist gewiß nicht zu=
fällig, daß ein spartanischer König eben dieser Zeit, Pausanias,
dessen Stellung sich schon durch seine Gegnerschaft gegen Lysander
und das oligarchische Ephorat kennzeichnet, eine Schrift über Lykurg
geschrieben hat, die nach E. Meyers scharfsinniger Vermutung nur
eine Verherrlichung der „lykurgischen" Institutionen enthalten haben
kann,[3]) und die für uns noch dadurch ein besonderes Interesse er=
hält, daß sie von Ephorus als Autorität für spartanische Dinge
benützt worden ist. In dieser Schrift tauchen auch zuerst jene an=
geblich von Delphi ausgegangenen Orakel auf,[4]) durch welche man

---

[1]) Aristoteles Pol. II, 6, 10. 1270a.

[2]) Es entspricht genau dieser Zeitstimmung, wenn es bei Ephorus=
Diodor XIV, 7 heißt: Ὅτι οἱ Λακεδαιμόνιοι τοῖς τοῦ Λυκούργου χρησάμενοι
νόμοις ἐκ ταπεινῶν δυνατώτατοι ἐγένοντο τῶν Ἑλλήνων κτλ. Μετὰ δὲ ταῦτα
ἐκ τοῦ κατ᾽ ὀλίγον καταλύοντες ἕκαστον τῶν νομίμων …, ἀπέβαλον τὴν
ἡγεμονίαν. cf. Plutarch Lykurg 29. 30.

[3]) A. a. O. S. 233 ff.

[4]) nach Strabo VIII, 5, 5. Vgl. dazu E. Meyer ebd.

die grundlegenden Normen des altspartanischen Staatslebens in idealem Gewande ratifizierte und als göttliche Offenbarung (νόμοι πυϑόχρηστοι) hinzustellen versuchte,[1]) um ihnen eine für alle Zukunft verbindliche Autorität zu vindizieren. Konnte es ausbleiben, daß diese Restaurationstendenzen auf die Vorstellungen über das Wesen der ursprünglichen Staats- und Gesellschaftsordnung Spartas umgestaltend einwirkten, zu einer mehr oder minder weit gehenden Idealisierung der Vergangenheit führten?

Bewußt oder unbewußt mußten sich die Ideale und Wünsche der Gegenwart mit den traditionellen Anschauungen über die Vergangenheit verschmelzen, in der diese Wünsche ihre Rechtfertigung suchten, wie zu allen Zeiten, in denen die Gegner des Bestehenden sich bemühen, die Gewalt der geschichtlichen Wirklichkeit durch die Macht der Legende zu brechen.

Und was war andererseits natürlicher, als daß die Legendenbildung sich mit besonderer Intensität derjenigen Erscheinungen des Volkslebens bemächtigte, welche im Vordergrunde des öffentlichen Interesses standen? Das war aber eben die soziale Frage, die schon im Anfang des vierten Jahrhunderts durch die Verschwörung des Kinadon in ihrer ganzen Bedeutung zu Tage trat. In der That können wir gerade auf diesem Gebiete das Eindringen tendenziöser Erfindungen deutlich verfolgen. Das angeblich schon dem Lykurg erteilte Orakel,[2]) welches sich gegen das Geldkapital wendet (ά φιλοχρηματία Σπάρταν έλοι, άλλο δε ουδέν), ist gewiß das Produkt einer recht späten Zeit und vielleicht nicht älter als die geschilderte Reaktion gegen die Ausschreitungen des Kapitalismus und die Überflutung Spartas mit Edelmetallen seit dem Ende des 5. Jahrhunderts.[3]) Ebenso ist es eine Entstellung der geschichtlichen Wahr-

---

1) Vgl. E. Meyer ebd. S. 236 ff.

2) Nach Diodor VII, 14, 5 (gewiß ebenfalls nach Ephorus).

3) Vgl. übrigens auch die höchst lehrreiche Art und Weise, wie die spartanischen Sozialrevolutionäre des 3. Jahrhunderts ihre Ideen mit Orakelsprüchen legitimierten. Plut. Agis 9: Ἔφασαν οὖν καὶ τὰ παρὰ ταύτης

heit, wenn ſich damals mit den Anſchauungen über die gute alte
Zeit die Anſicht verband, daß die bewegliche Habe früher bei den
Spartanern gar keine Rolle geſpielt habe,[1]) oder wenn wir in der
Litteratur über die Revolutionszeit des dritten Jahrhunderts[2]) leſen,
daß die angeblich von Lykurg geſchaffene Gleichheit des Grund=
beſitzes, ja die Zahl der von ihm mit einem Gut ausgeſtatteten
Familien ſich bis auf das bekannte Geſetz des Ephors Epitadeus
unverändert erhalten habe. Vorſtellungen, deren volkswirtſchaftliche
Abſurdität von ſelbſt einleuchtet, auch wenn ſich die Gegenſätze von
arm und reich in Sparta nicht ſoweit zurück verfolgen ließen, wie
es thatſächlich der Fall iſt. Liegt da nicht von vorneherein der
Verdacht nahe, daß auch die Angabe über die prinzipielle Gleichheit
des Grundeigentums, die mit jenen nachweislich ungeſchichtlichen
Vorſtellungen in engem Zuſammenhang ſteht,[3]) der ſozial=politiſchen
Romantik einer ſpäteren Zeit ihren Urſprung verdankt und ebenſo
Tendenzerfindung iſt, wie die Orakel der Göttin Paſiphae, welche
den Zeitgenoſſen des Königs Agis die Wiederherſtellung jener ge=
prieſenen Gleichheit befahlen?[4])

In einer von den Gegenſätzen des Mammonismus und
Pauperismus zerrütteten Geſellſchaft iſt das Auftauchen kommuni=
ſtiſcher Tendenzen eine ſo ſelbſtverſtändliche Erſcheinung, daß man
ſich wundern müßte, wenn dieſes Schiboleth ſozialer Unzufriedenheit
in dem damaligen Sparta gefehlt hätte.

Übrigens iſt es keineswegs bloß Sparta ſelbſt, wo wir die
Entſtehung und Ausbildung der Legende zu ſuchen haben. Wir
ſehen vielmehr die Litteratur des vierten Jahrhunderts überhaupt

---

(sc. Πασιφάας) μαντεῖα προστάττειν τοῖς Σπαρτιάταις ἴσους γενέσθαι πάντας καθ' ὃν ὁ Λυκοῦργος ἐξ ἀρχῆς ἔταξε νόμον.

[1]) Polyb. VI, 45 (offenbar nach Ephorus) cf das ebenfalls auf Epho=
rus zurückgehende Exzerpt bei Diodor VII, 14. 7.

[2]) Plutarch: Agis c. 5, der hier gewiß die Anſchauung keiner Quellen
wiedergibt.

[3]) Vgl. die gen. Stelle des Polybius VI, 45.

[4]) Vgl. oben S. 107 Anm. 3.

von der Tendenz beherrscht, die kommunistischen und sozialistischen Ideale der Zeit an das „lykurgische" Sparta anzuknüpfen, das Bild desselben nach diesen Idealen zu gestalten.

Es ist daher für eine allseitige und abschließende Beurteilung der Frage unerläßlich, daß wir uns die sozial-geschichtlichen Konstruktionen dieser Litteratur im allgemeinen, wie in ihrer besonderen Anwendung auf Sparta vergegenwärtigen. Auch sind ja diese Konstruktionen, so unergiebig sie für die Geschichte des praktischen Kommunismus sind, um so bedeutsamer für die Geschichte der kommunistischen und sozialistischen Ideen.

Die Schilderung idealer Volkszustände tritt uns als eine überaus bezeichnende Eigentümlichkeit der hellenischen Geschichtschreibung schon frühzeitig entgegen. Man denke nur — von Herodot ganz abgesehen — an die in den Geschichtswerken des Theopomp und des Hekatäus von Abdera enthaltenen Schilderungen völlig frei geschaffener Staats- und Gesellschaftszustände, förmliche „Staatsromane",[1] die auf die ganze geistige Atmosphäre der Zeit, in der die Legende von dem Sozialstaat Sparta erwuchs, ein überaus bedeutsames Licht werfen.

Wie muß die Luft mit Fabeleien dieser Art erfüllt gewesen sein, wenn selbst die Geschichtschreibung dem Reize nicht widerstehen konnte, in ernsten historischen Werken das große Problem der Zeit in rein dichterischem Gewand zu behandeln![2] Ist es zu verwundern, daß eine solche Geschichtschreibung auch in der Darstellung des wirklichen Lebens sich mehr oder minder frei gehen ließ, wo sich ihr ein Anknüpfungspunkt für ihre Spekulationen darbot. Auf die Frage, ob die bestehende Gesellschaftsordnung die allein mögliche oder berechtigte sei, vermochte man ja eine noch ungleich wirksamere Antwort zu geben, wenn man an der Hand der Geschichte selbst die Durchführbarkeit und Vernünftigkeit der Gleichheitsideale darlegen konnte. Die Thatsachen der Ge-

---

[1] Vgl. das Kapitel über den „Staatsroman" im zweiten Band.

[2] Über die ganz ins Märchenhafte ausschweifenden Fabeleien Theopomps vgl. Rohde: Der griechische Roman und seine Vorläufer S. 205.

schichte und des Völkerlebens allein konnten die Gegenprobe zu den
allgemeinen Folgerungen der sozialen Theorie und damit den Be=
weis liefern, daß dieselben auch eine bestimmte Gestaltung ver=
trugen und wirklich lebensfähig seien. Eine Probe, die um so
überzeugender wirken mußte, je schärfer und klarer der Allgemein=
heit der Theorie hier die lebendige Einzelthatsache gegenübertrat,
d. h. je mehr die Geschichte zur Dichtung wurde. Allerdings ist
der erste bedeutsame Schritt in dieser Richtung nicht von der
Geschichtsschreibung selbst gemacht worden, sondern von der sozia=
len Theorie, allein sie ist derselben doch alsbald auf dem Fuße
gefolgt.

In erster Linie kommt hier in Betracht die Lehre vom
Naturzustand, wie wir sie zuerst bei Plato ausführlich formuliert
finden. Diese Lehre wurzelt in der von der Sozialtheorie der Zeit
vielfach erhobenen Forderung einer Rückkehr zu möglichst einfachen,
„naturgemäßen" Formen der Volkswirtschaft, zu einem Zustand,
der sich mit der Produktion des „Notwendigen" begnügt und durch
möglichste Annäherung an die Naturalwirtschaft dem wirtschaftlichen
Egoismus und Spekulationsgeist die engsten Grenzen ziehen soll.[1]
Während kühne soziale Idealbilder unendlich weit über alles ge=
schichtlich Gewordene in eine bessere Zukunft hinausweisen, schweift
hier andererseits der Blick zurück in die Vergangenheit, die, je mehr
sie sich von dem „künstlichen" Bau der gegenwärtigen Gesellschaft
entfernt, je primitiver, je „naturgemäßer" sie ist, umsomehr die
Vermutung für sich zu haben scheint, daß bereits hier das Ideal
Wirklichkeit gewesen. Die Zustände der Vergangenheit werden zum
Gegenstande sozialphilosophischer Konstruktion, romantischer Ver=
klärung und Vergeistigung. Man sucht das ersehnte Neue in dem
Alten und trägt so die Ideale des eigenen Herzens in die Ver=
gangenheit hinein, um gegen die verdorbene und verkehrte Gegen=
wart die ganze Autorität der Tradition heraufbeschwören zu können.
So wird in den Gesetzen Platos jene selige Urzeit geschildert, in

---

[1] Vgl. über diese Anschauung das nächste Kapitel.

welcher die gefährlichen Konsequenzen des Privateigentums noch
nicht hervorgetreten sein sollen, weil bei der geringen Dichtigkeit
der Bevölkerung alle notwendigen Bedürfnisse mit Leichtigkeit ihre
Bedürfnisse gefunden, alle Menschen die gleiche Möglichkeit gehabt
hätten, sich in den Besitz der unentbehrlichen Güter zu setzen. In
diesen glücklichen Anfängen der heutigen Menschheit, in denen der
Besitz der einen noch nicht die Ausschließung der anderen von den
Gütern der Erde bedeutete, gab es auch, wie Plato meint, noch
keine Rivalität, keinen wirtschaftlichen Daseinskampf unter den
Menschen. In ihrer einfachen Hirtenexistenz ahnten sie noch nichts
von den sittlichen Verheerungen der Erwerbsgier und des Kon-
kurrenzkampfes, wie sie mit der Entwicklung städtischer Kultur Hand
in Hand gehen.[1] Daher empfanden sie nur Liebe und Wohlwollen für
einander. Sie kannten eben weder den Mangel der Armut, welcher
die Menschen notgedrungen in einen feindlichen Gegensatz zu einander
bringt, noch auch den Reichtum.[2] „Eine Gemeinschaft aber, der
Reichtum sowohl wie Dürftigkeit ferne ist, möchte sich wohl der
größten Sittenreinheit erfreuen; denn hier erzeugt sich kein Frevel
und kein Unrecht, keine Scheelsucht und kein Neid."[3] Es ist ein
Zustand seliger Unschuld, der wohl hinter der Zivilisation späterer
Zeiten zurückstand, aber dieselben in Beziehung auf die grundlegenden sozialen Tugenden, sittliche Selbstbeschränkung und Ge-

---

[1] Leg. 677b: καὶ δὴ τοὺς τοιούτους γε ἀνάγκη που τῶν ἄλλων
ἀπείρους εἶναι τεχνῶν καὶ τῶν ἐν τοῖς ἄστεσι πρὸς ἀλλήλους μηχανῶν
εἴς τε πλεονεξίας καὶ φιλονεικίας, καὶ ὁπός' ἄλλα κακουργήματα πρὸς
ἀλλήλους ἐπινοοῦσιν.

[2] Leg. 679 ab: Πρῶτον μὲν ἠγάπων καὶ ἐφιλοφρονοῦντο ἀλλήλους
δι' ἐρημίαν, ἔπειτα οὐ περιμάχητος ἦν αὐτοῖς ἡ τροφή. νομῆς γὰρ
οὐκ ἦν σπάνις κτλ. — πένητες μὲν δὴ διὰ τὸ τοιοῦτον σφόδρα οὐκ ἦσαν
οὐδ' ὑπὸ πενίας ἀναγκαζόμενοι διάφοροι ἑαυτοῖς ἐγίγνοντο· πλούσιοι δ'
οὐκ ἄν ποτε ἐγένοντο ἄχρυσοί τε καὶ ἀνάργυροι ὄντες ὃ τότε ἐν ἐκείνοις
παρῆν.

[3] ib. ᾗ δ' ἄν ποτε ξυνοικίᾳ μήτε πλοῦτος ξυνοικῇ μήτε πενία,
σχεδὸν ἐν ταύτῃ γενναιότατα ἤθη γίγνοιτ' ἄν· οὔτε γὰρ ὕβρις οὔτ' ἀδικία,
ζῆλοί τε αὖ καὶ φθόνοι οὐκ ἐγγίγνονται.

rechtigkeitsſinn, weit übertraf,[1]) und dem andererſeits die Schatten-
ſeiten, Krieg, innerer Zwiſt, Rechtshändel und alle die Kunſtgriffe
(μηχαναί), die der Menſch zum Schaden der Mitmenſchen erſann,
vollkommen fremd waren.

Es leuchtet ein, daß auch für diejenige Vorſtellungsweiſe, aus
welcher die ſentimentale Jdylle dieſes unſchuldigen Naturzuſtandes
entſprang, ganz weſentlich das Jnſtitut des Privateigentums als
Quelle menſchlichen Elends erſcheinen mußte. Wenn nur die völlige
Bedeutungsloſigkeit des Privateigentums das höchſte Glück der
Menſchheit verbürgt, ſo hatte dieſes Glück eben von dem Momente
an ein Ende, wo infolge der Zunahme der Bevölkerung und der
Bedürfniſſe der gemeinſame Naturfond den Charakter der Uner-
ſchöpflichkeit verlor und die Aneignung der Güter durch den Einzelnen immer mehr als Ausſchließung und Verkürzung Anderer
empfunden wurde. Wenn der auf dieſe Weiſe entſtehende Wettbewerb um die wirtſchaftlichen Güter zugleich das Grab der Sittlichkeit und des ſozialen Friedens ſein ſoll, ſo iſt eben die weſent-
lichſte Entſtehungsurſache aller Demoraliſation das Privateigentum,
welches dieſen Wettbewerb entfeſſelt. Es iſt daher ebenſo für dieſe
Lehre vom Naturzuſtand, wie für die früheren Ausführungen über
die beglückenden Wirkungen des Kommunismus zutreffend, wenn
Ariſtoteles die Grundanſchauung Platos dahin kennzeichnet, daß nach
ihr der Urſprung aller Übel eben im Privateigentum liege.[2]) Jedenfalls iſt die Lehre vom Naturzuſtand in ihrer weiteren Ausbildung
damals ebenſo, wie ſpäter im achtzehnten Jahrhundert bei der

---

[1]) Die Menſchen des Naturzuſtandes heißen „σωφρονέστεροι καὶ ξύμπαντα δικαιότεροι. ib. 679 e.

[2]) Pol. II, 2, 8. 1263 b: εὐπρόσωπος μὲν οὖν ἡ τοιαύτη νομοθεσία
καὶ φιλάνθρωπος ἄν εἶναι δόξειεν· ἐ γὰρ ἀκροώμενος ἄσμενος ἀποδέχεται,
νομίζων ἔσεσθαι φιλίαν τινὰ θαυμαστὴν πᾶσι πρὸς ἄπαντας, ἄλλως τε καὶ
ὅταν κατηγορῇ τις τῶν νῦν ὑπαρχόντων ἐν ταῖς πολιτείαις κακῶν ὡς
γινομένων διὰ τὸ μὴ κοινὴν εἶναι τὴν οὐσίαν, λέγω δὲ δίκας τε
πρὸς ἀλλήλους περὶ συμβολαίων καὶ ψευδομαρτυριῶν κρίσεις καὶ πλουσίων
κολακείας, ὧν οὐδὲν γίνεται διὰ τὴν ἀκοινωνησίαν ἀλλὰ διὰ τὴν μοχθηρίαν κτλ.

prinzipiellen Negation des Privateigentums, bei der Proklamierung der Gütergemeinschaft als des allein wahren und naturgemäßen Zustandes angelangt.

Eine bedeutsame Stellung nimmt in dieser Frage der bekannte Schüler des Aristoteles ein, Dikäarch von Messana, der in seiner griechischen Kulturgeschichte (βίος Ἑλλάδος) bei der Darstellung der stufenweisen Entwicklung der Zivilisation nicht nur die Lehre vom Naturzustande im allgemeinen verwertete,[1]) sondern auch insbesondere die Entwicklung des Privateigentums als einen Abfall von diesem glücklichen Zustand, von dem „Gesetze der Natur" zu erweisen suchte.

Das Leben der Menschen im Naturzustand ist für diesen Vorläufer Rousseaus [2]) ebenso wie für Plato, eitel Friede und Eintracht und er motiviert dies damit, daß bei der Bedürfnislosigkeit einer Gesellschaft, die hauptsächlich von Früchten lebte und noch nicht einmal die Zähmung der Tiere kannte, noch kein Besitz vorhanden war, der als nennenswerter Gegenstand des Begehres und des Kampfes hätte in Betracht kommen können (οὐδὲ στάσεις πρὸς ἀλλήλους· ἆθλον γὰρ οὐδὲν ἀξιόλογον ἐν τῷ μέσῳ προκείμενον ὑπῆρχεν, ὑπὲρ ὅτου τις ἂν διαφορὰν τοσαύτην ἐνε-

---

[1]) Daß Dikäarch mit seiner Lehre vom Naturzustand eine bereits ziemlich verbreitete Theorie wiedergibt, zeigt seine ausdrückliche Bemerkung: καὶ ταῦτα ... οὐχ ἡμεῖς, ἀλλ' οἱ τὰ παλαιὰ ἱστορίᾳ διεξελθόντες εἰρήκασιν. F. H. G. II p. 233. Graf: Ad aureae aetatis fabulam symbola (Leipziger Studien VIII 45) schließt aus diesen Worten, daß Dikäarch auf eine eigene Meinung in der Frage verzichte; — meines Erachtens kaum mit Recht.

[2]) Es ist wohl von Interesse, hier darauf hinzuweisen, daß Dikäarch die Gesellschaftstheorie Rousseaus direkt beeinflußt hat. Vgl. die ausdrückliche Erwähnung Dikäarchs in dem bekannten Discours sur l'origine et les fondements de l'inégalité parmi les hommes (Petits cdefs- d'oeuvre de Rousseau 1864 S. 111). Allerdings zitiert hier Rousseau nicht das ausführliche Dikäarchfragment des Porphyrius, sondern nur das kurze Fragment bei Hieron. adv. Jovin IX 230 (F. H. G. 234[2]), wo nur die Ernährungsnicht die Eigentumsfrage berührt wird; aber es wäre doch zu verwundern, wenn er nicht auch jenes gekannt hätte, mit dessen Inhalt seine eigenen Ausführungen sich so nahe berühren.

στήσατο).[1] Eine Auffassung, welche der Urzeit allerdings den
Begriff des Privateigentums nicht direkt abspricht, aber doch einen
Zustand voraussetzt, in welchem dasselbe ohne alle Bedeutung ist. —
Erst das Streben nach „überflüssigen Gütern" und der damit ver=
bundene Übergang zu Viehzucht und Ackerbau entfesselte den Kampf
unter den Menschen infolge des widerstreitenden Interesses der=
jenigen, welche den Besitz an diesen Gütern zu erwerben, und
derer, welche den schon gewonnenen Besitz zu behaupten suchen.[2]
Und mit diesem Wettbewerb menschlicher Habgier, des gegenseitigen
Mehrhabenwollens (εἰς ἀλλήλους πλεονεξία) geht dann Hand in
Hand Unrecht und Gewalt, Verfeindung und Fehde.

Ganz besonders scharf gefaßt erscheint endlich diese Anschau=
ung von den verhängnisvollen Folgen der Entwicklung des Privat=
eigentums in einer allerdings späten, an Posidonius sich an=
lehnenden Formulierung Senekas, die aber gewiß von Posidonius
im wesentlichen schon der älteren Litteratur entnommen ist.[3] „Die
Habsucht," heißt es hier, „hat die brüderlichen Bande zerrissen,
welche die Menschen ursprünglich vereinigte, so lange sie unver=
dorben dem Gesetze der Natur folgten. Aber dieser Abfall hat

---

[1] Porphyr. De abstin. IV, 1, 2 (F. H. G. II 233). Dieselbe Auf=
fassung vertritt Dikäarchs Landsmann Theokrit XII, 15:

     Ἀλλήλους δ' ἐφίλησαν ἴσῳ ζύγῳ ἦ ῥα τότ' ἦσαν
     Χρύσειοι πάλιν ἄνδρες, ὅτ' ἀντεφίλησ' ὁ φιληθείς.

[2] ἤδη (ἐπειδή?) γὰρ ἀξιόλογα κτήματα ἦν ὑπάρχοντα οἱ μὲν ἐπὶ
τὸ παρελέσθαι φιλοτιμίαν ἐποιοῦντο, ἀθροιζόμενοί τε καὶ παρακαλοῦντες
ἀλλήλους, οἱ δὲ ἐπὶ τὸ διαφυλάξαι. Schade, daß uns nicht Dikäarch selbst,
sondern nur das Exzerpt des Porphyrius erhalten ist, dessen Unvollständigkeit
und tendenziöse Einseitigkeit die Dikäarchische Auffassung nur unvollkommen
erkennen läßt. Insbesondere tritt bei Porphyrius seinem Zweck gemäß die
angeblich verhängnisvolle Bedeutung des Übergangs zur Fleischnahrung in
einer Weise gegenüber der Eigentumsfrage hervor, wie dies bei Dikäarch wohl
kaum der Fall war. In diesem Punkte hat Graf a. a. O. gewiß richtig ge=
sehen. Vgl. über die Exzerpiermethode des Porphyrius auch Bernays: Theo=
phrasts Schrift über die Frömmigkeit. passim.

[3] Vielleicht Dikäarch selbst? Vgl. Dümmler: Zu den historischen
Arbeiten der ältesten Peripathetiker. Rh. Mus. 1887 S. 195.

ihnen keinen Gewinn gebracht. Denn sie (die Erwerbsgier) ist
selbst für die, welche sie am meisten bereicherte, nur eine Quelle
der Armut geworden. Man hörte auf, alles zu besitzen, als man
ein Eigentum begehrte."

Wir sind um so mehr berechtigt, diese Formulierung des
Problems für unsere Frage heranzuziehen, als es sich hier um
Vorstellungen handelt, deren Spuren sich in der stoischen Schule
bis zum Stifter der Lehre, dem Zeitgenossen Dikäarchs, zurück=
führen lassen. Schon die Ethik des Cynismus, an welche sich die
älteste Stoa so enge anschloß, predigte die Rückkehr zur Selbst=
genügsamkeit der ersten Menschen, die sie zugleich als einen Zu=
stand wahrer Freiheit pries.[2] Auch der in dieser Hinsicht im
Geiste des Cynismus gedachte Idealstaat Zenos[3] ist offenbar von
der Idee des Naturzustandes eingegeben. Dieser Staat, in dem es
keine Tempel, keine Gerichtshöfe, keine Gymnasien, kein Geld geben
sollte,[4] der die völlige Weibergemeinschaft[5] und möglichste Gleich=
stellung der Geschlechter verwirklichen und die allgemeine Nivellierung
der Menschen bis zu einer Lebensgemeinschaft steigern sollte, die
ausdrücklich mit dem Gemeinschaftsleben einer Herde[7] verglichen

---

[1] Seneca ep. XIV, 2, 3: inter homines consortium [esse docuit
philosophia], quod aliquamdiu inviolatum mansit, antequam societatem
avaritia distraxit et paupertatis causa etiam iis, quos fecit locupletissi-
mos, fuit.

[2] Vgl. zu der Äußerung des Diogenes über die „ἐλευθερία ἡ ἐπὶ
Κρόνου" Weber: De Dione Chrysostomo Cynicorum sectatore. Leipziger
Studien X S. 18.

[3] Über diesen f. Wellmann: Die Philosophie des Stoikers Zenon,
Jahrbb. f. kl. Phil. 1873 S. 437 ff.

[4] Diog. Laert. VII 32 f. Vgl. die Erklärung des Diogenes gegen
den Gebrauch des Metallgeldes bei Athen. IV, 59 c. (Knöchelgeld! f. Gom=
perz: Eine verschollene Schrift des Stoikers Kleanthes. Ztschr. f. östr. Gymn.
1878 S. 254.)

[5] Diog. ebd. Vgl. 131 über Chrysippus, der ebenfalls diese Gemein=
schaft gefordert hat.

[6] ebd. 33.

[7] Hier wird vollster Ernst gemacht mit dem platonischen Bilde von

8*

wird,[1]) dieſer Staat der Liebe, der Freiheit und Eintracht[2]) ſollte
gewiß auch den allgemeinen Verzicht auf das Privateigentum ver=
wirklichen, als die vollendete Verkörperung jener Selbſtgenügſamkeit,
jener αὐτάρκεια, wie ſie eben dem cyniſch=ſtoiſchen Ideal eines
wahrhaft freien und naturgemäßen Lebens (τοῦ ἀκολούϑως
τῇ φύσει ζῆν) entſprach.[3])

Wie hätte dieſe Lehre die „Freiheit" des Naturzuſtandes mit
dem Inſtitut des Privateigentums vereinbar halten können?[4]) Die
Gütergemeinſchaft iſt ja nur der vollendetſte Ausdruck jenes all=
mächtigen Triebes nach Gemeinſchaft (οἰκείωσις!), welcher nach der
Lehre der Stoa alle Vernunftsweſen verbindet und vermöge deſſen
„man nicht für ſich leben kann ohne für andere zu leben."[5]) Wenn
dies Geſetz der Natur, das zugleich das der Vernunft iſt, ein der=
artiges Aufgehen des einzelnen Individuums in der Lebensgemein=
ſchaft des Ganzen und im Dienſte für das Ganze fordert,[6]) wie
hätte die Stoa — im Anſchluß an die Volksſage vom goldenen

---

den „Menſchenherden, die in den (beſten) Staaten nach den Anordnungen der
Geſetzgeber weiden" (ἀνϑρώπων ἀγέλαις, ὁπόσαι κατὰ πόλιν ἐν ἑκάσταις
νομεύονται κατὰ τοὺς τῶν γραψάντων νόμους. Πολ. 295 e).

[1]) Plutarch: De Alex. fort. I, 6: εἷς δὲ βίος ᾖ καὶ κόσμος ὥσπερ
ἀγέλης συννόμου νόμῳ κοινῷ συντρεφομένης.

[2]) Athenäus XIII 561 c: ἐν τῇ πολιτείᾳ ἔφη (Ζήνων)· τὸν Ἔρωτα
ϑεὸν εἶναι συνεργὸν ὑπάρχοντα πρὸς τὴν τῆς πόλεως σωτηρίαν. Vgl.
ebd. die Auffaſſung des Eros als „φιλίας καὶ ἐλευϑερίας ἔτι τε καὶ ὁμονοίας παρασκευαστικός".

[3]) Vgl. Chryſippus περὶ φύσεως bei Plutarch De stoicorum rep. 20:
τὸν σοφόν, εἰ τὴν μεγίστην οὐσίαν ἀποβάλοι, δραχμὴν μίαν ἐκβεβληκέναι
δόξειν und περὶ πολιτείας ib. 21 οὐδὲν ἡδονῆς ἕνεκα πράξειν, οὐδὲ παρα-
σκευάσεσϑαι τοὺς πολίτας.

[4]) Inwieweit freilich dieſe Richtung an die Realiſierbarkeit ihrer
geſellſchaftlichen Ideale glaubte, iſt mit Sicherheit nicht zu entſcheiden. In
Beziehung auf die älteſte unmittelbar an den Cynismus ſich anſchließende
Stoa nimmt allerdings Hirzel einen ſolchen Glauben an (die Entwicklung der
ſtoiſchen Philoſophie. Unterſ. zu Ciceros philoſ. Schriften II, 271).

[5]) Seneca ep. 47, 3.

[6]) ib. 95, 52. Der Weiſe iſt niemals bloß Privatmann. Cic. Tusc.
IV, 23, 51.

Zeitalter — die absolute Herrschaft des Naturrechtes in der glücklichen Urzeit des Menschengeschlechtes lehren können, ohne damit
zugleich dem ökonomischen Individualismus des nach ihrer Ansicht
aus dem Verderbnis der Welt entsprungenen positiven Rechtes das
Ideal eines wirtschaftlichen Gemeinschaftslebens entgegenzustellen? [1] —

In demselben Ideengang wie diese Lehre vom Naturzustand
wurzelt die Idealisierung der sogenannten Naturvölker, die wir
in den ethnographischen Schilderungen der Litteratur der Griechen
und zwar ganz besonders bei Ephorus finden.

Eine Anschauungsweise, für welche die Erlösung von den
sozialen Krankheitserscheinungen einer hochentwickelten Kultur gleichbedeutend war mit der Rückkehr zur „Natur", mußte ja das Interesse und die Einbildungskraft vor allem auf jene Völker an den
Grenzen der Kulturwelt lenken, deren ganzes Dasein als getreues
Abbild des Naturzustandes und der geträumten besseren Vergangenheit des eigenen Volkes erschien. Hier hatte man eine Wirtschaftsstufe vor sich, mit deren Armut und Bedürfnislosigkeit sich von
selbst ein hohes Maß sozialer Gleichheit zwischen den freien Volksgenossen verband. Hier sah man demgemäß auch in in den sozialen
Gemeinschaften, welche den Charakter dieses primitiven Völkerlebens
beherrschten, in Familien, Sippen, Stämmen noch ein außerordentlich

---

[1] Vgl. oben Posidonius-Seneka und die von Cic. Fin. III, 21 f. erwähnte stoische Forderung, daß sowohl die ὠφελήματα und βλάμματα (sittliche Güter und Übel), als die εὐχρηστήματα und δυσχρηστήματα (sonstige
Vorteile und Nachteile) allen Menschen gemein sein sollen.

Anders als Posidonius u. a. dachte allerdings Chrysippus, von dem
wir sogar — dank Cicero (De fin. III 20) — einen Versuch zur Rechtfertigung des Privateigentums besitzen, der freilich nichtssagend genug ist,
aber doch dem Leser nicht vorenthalten sei: Cetera nata esse hominum causa
et deorum. — Sed quemadmodum tbeatrum cum commune sit, recte
tamen dici potest ejus esse eum locum, quem quisque occuparit, sic in
urbe mundove communi non adversatur jus, quominus suum quidque
cujusque sit. Ist das etwa in Gegensatz zu Zeno gesagt, dessen Ansichten
Chrysipp so vielfachen Widerspruch entgegengesetzt hat?

ſtarkes Gemeinſchaftsgefühl[1]) lebendig, welches naturgemäß inner=
halb dieſer Kreiſe zu ſehr weitgehenden Forderungen wirtſchaftlicher
Gerechtigkeit,[2]) zu einer Organiſation der Beſitzverhältniſſe führte,
die ſich wenigſtens bei den nomadiſierenden Skythenſtämmen als
mehr oder minder ausgeprägter Kommunismus darſtellte.[3]) Was
hat nun aber die idealiſtiſche Sozialphiloſophie der Griechen aus
dieſen Thatſachen gemacht?

Sie reden von den „νόμιμα βαρβαρικά“, deren Sammlung
Hiſtoriker und Philoſophen wetteifernd betrieben, in einem Ton,
als ob hier die höchſten politiſchen und geſellſchaftlichen Ideale des
Hellenentums Fleiſch und Blut gewonnen hätten! In einer wahr=
ſcheinlich auf Poſidonius, vielleicht auch ſchon auf Ephorus zurück=
zuführenden Schilderung der Skythen heißt es, daß ihnen die
Natur gegeben, was die Griechen trotz aller Lehren ihrer Philo=
ſophen nicht zu erreichen vermochten.[5]) Der rohe Maßſtab wirt=

---

[1]) Ein Vorbild, auf das in den politiſchen und ſozial=reformeriſchen
Tendenzſchriften „περὶ ὁμονοίας“ offenbar häufig hingewieſen wurde. — Mit
Recht vermutet z. B. Dümmler (Prolegomena zu Platons Staat S. 46),
daß Antiphon in ſeiner Schrift περὶ ὁμονοίας (nach Harpokration s. vv.)
die μακροκέφαλοι, die σκιάποδες und die ὑπὸ γῆν οἰκοῦντες nur zu dem
Zwecke erwähnte, um an ihnen die Durchführbarkeit ſeiner politiſchen Ideale
zu erweiſen.

[2]) Vgl. Schmoller: Die Gerechtigkeit in der Volkswirtſchaft. Jahrb.
f. Geſetzgeb., Verw. u. Volkswirtſch. 1881. S. 39.

[3]) Auf ſie bezieht ſich wohl zum Teil Ariſtoteles Pol. II, 2, 1. 1263 a.

[4]) Eine intereſſante Anſpielung auf die Rolle, welche die Naturvölker
in der damaligen Theorie ſpielten, enthalten die Chorgeſänge in den „Vögeln“
des Ariſtophanes, der hier bei der Muſterung von allerhand Fabelvölkern
unter den Skiapodes plötzlich auf Sokrates und Chairephon ſtößt. v. 1470 ff.
1552 ff. Vgl. Dümmler a. a. O.

[5]) Juſtin II, 2:
— prorsus ut admirabile videatur, hoc illis naturam dare, quod
Graeci longa sapientium doctrina praeceptisque philosophorum consequi
nequeunt, cultosque mores incultae barbariae collatione superari. tanto
plus in illis proficit vitiorum ignoratio quam in his cognitio virtutis.
Hat es doch ſelbſt ein Plato nicht verſchmäht, ſich im Intereſſe der von ihm
geforderten Gleichſtellung von Mann und Weib auf das Beiſpiel der berittenen

ſchaftlicher Gerechtigkeit, welchen das Gleichheitsgefühl einer niedrigen
Kulturſtufe und das Gemeinſchaftsleben im engſten ſozialen Kreiſe
dem Naturmenſchen aufdrängt, wird ohne weiteres mit der hohen
Idee der jedem das Seine gebenden Gerechtigkeit identifiziert, zu
welcher ſich eine viele Jahrhunderte alte moraliſche Kulturarbeit
durchgerungen hat.   Die *δικαιοσύνη* erſcheint als Grundtrieb des
ſkythiſchen Volkscharakters, als leitendes Motiv des ganzen Lebens
dieſer „gerechteſten" aller Menſchen",[1]) genau ebenſo, wie ſie von
Plato als das Grundprinzip des Idealſtaates oder von einem be=
kannten Schüler der Stoa, von Arat, als das Lebenselement jener
ſeligen Urzeit hingeſtellt ward, in der Dike noch leibhaftig auf
Erden waltete.[2]) Und an dieſem Muſtervolk der ſozialen Gerech=
tigkeit muß ſich dann natürlich all das reichlich erfüllt haben, was
der Idealismus der damaligen Sozialtheorie als notwendiges Er=
gebnis einer wahrhaft gerechten Lebensordnung anſah.   Wenn
Plato von den kommuniſtiſchen Einrichtungen ſeiner „*εὔνομος
πόλις*" erwartet, daß dieſelben allen Haß und Streit beſeitigen
würden, der ſich an den Kampf um den Beſitz zu knüpfen pflegt,[3])
ſo erſcheint einem Geſchichtsſchreiber, wie Ephorus, dieſes Ideal
durch die eben als *εὐνομία* geprieſene[4]) Geſellſchaftsordnung ge=
wiſſer ſkythiſcher Stämme thatſächlich verwirklicht.   Ihre gemein=
wirtſchaftlichen Inſtitutionen ſchließen nach ſeiner Anſicht alle Er=
werbsgier aus.   Sie ſind *οὐ χρηματισταί* und als ſolche frei
von allen ſozialen Übeln, welche Plato als Folgezuſtand des *χρη-*

---

und wehrhaften Frauen der Sauromaten am ſchwarzen Meere zu berufen!
(Leg. 804 e.)

    [1]) Vgl. Ephorus bei Strabo VII p. 463. F. H. Gr. I, 256 fr. 76.

    [2]) Phaenom. 100 f. Zu der Anſicht von der Verdrängung Dikes vgl.
auch Heſiod Werke u. Tage v. 223.

    [3]) Staat V 464 d: δίκαι τε καὶ ἐγκλήματα πρὸς ἀλλήλους οὐκ
οἰχήσεται ἐξ αὐτῶν, ὡς ἔπος εἰπεῖν διὰ τὸ μηδὲν ἴδιον ἐκτῆσθαι πλὴν
τὸ σῶμα τὰ δ' ἄλλα κοινά· ὅθεν δὴ ὑπάρχει τούτοις ἀστασιάστοις εἶναι,
ὅσα γε διὰ χρημάτων ἢ παίδων καὶ ξυγγενῶν κτῆσιν ἄνθρωποι στασιάζουσιν; κτλ.

    [4]) A. a. O.

ματισμός beklagt.[1]) Haß, Neid und ſklaviſche Furcht ſind ihnen
fremd.[2])

Ja Ephorus geht noch weiter. Nachdem die Spekulation
über das „Gerechte" und den Naturzuſtand als weſentlichen Zug
desſelben auch die Schonung der Tiere und Enthaltung von Fleiſch=
nahrung hingeſtellt[3]) und die ältere Geſchichtsſchreibung dieſen Zug
bereits für die idealiſierende Schilderung nördlicher Fabelvölker
adoptiert hatte,[4]) trägt Epphorus ebenfalls kein Bedenken anzuneh=
men, daß die „frommen" Volksgenoſſen des weiſen Anacharſis das=
ſelbe Lebensideal verwirklicht hätten.[5]) Die alte Bezeichnung dieſer
Nomaden als „Galaktophagen" genügt ihm, ohne weiteres der Ge=
ſchichte dieſe Legende einzuverleiben, für die er ſonſt abſolut keinen
Anhaltspunkt hatte.[6])

---

[1]) Staat V p. 465 c.

[2]) Vgl. Nic. Damasc. (fr. 123 bei Müller F. H. Gr. III) nach Ephorus:
Παρὰ τούτοις οὐδὲ εἷς οὔτε φθονῶν, ὥς φασιν, οὔτε μισῶν οὔτε φοβούμενος ἱστορήθη διὰ τὴν τοῦ βίου κοινότητα καὶ δικαιοσύνην.

[3]) Vgl. Empedokles Fragm. ed. Sturz 305.

[4]) Vgl. Hellanikus v. Mitylene über die Hyperboräer F. H. Gr. I
p. 58 fr. 96 διδάσκεσθαι δὲ αὐτοὺς — sc. ἱστορεῖ — δικαιοσύνην μὴ
κρεωφαγοῦντας ἀλλ' ἀκροδρύοις χρωμένους.

[5]) Dieſe Anſicht des Ephorus hat ein ſpäterer geogr. Dichter unter
ausdrücklichem Hinweis auf dieſen mit den Worten wiedergegeben:

Νομαδικὰ δ' ἐπικαλούμεν', εὐσεβῆ πάνυ,
ὧν οὐδὲ εἷς ἔμψυχον ἀδικῆσαι ποτ' ἄν,
οἰκοφόρα δ', ὡς εἴρηκε, καὶ σιτούμενα
γάλακτι ταῖς Σκυθικαῖσί θ' ἱππομολγίαις.

Ephorus fr. 78 bei M. F. H. G. I, 257.

[6]) Galaktophagen waren die nomadiſchen Skythen natürlich nicht in=
ſoferne, weil ſie ſich anderer, insbeſ. Fleiſchnahrung, enthalten hätten, ſondern
weil Milch und Milchprodukte in ihrer Ernährung die Hauptrolle ſpielten.
Eine Thatſache, die ſich aus dem einfachen wirtſchaftlichen Motiv erklärt, daß
dieſe Skythen, wie die heutigen Kalmüken, mit dem Schlachten ihres Viehes
höchſt ſparſam waren, daß ſie dieſes ihr einziges Kapital nur ungerne an=
griffen. — Dies hat Neumann (Die Hellenen im Skythenland S. 314) richtig
hervorgehoben, meint aber freilich irrtümlicherweiſe, daß auch Ephorus die
Sache nicht anders aufgefaßt habe. Die idealiſierende Tendenz der Schilderung des Ephorus iſt damit völlig verkannt.

Noch tiefgreifender sind die Folgerungen aus den populären Mißverständnissen, zu denen das bei einzelnen Völkern des Nordens beobachtete, aber in seinem Wesen nicht erkannte Institut der Polyandrie unter Familiengenossen, sowie die eigentümliche Stellung der Frauen im skythischen Ehe= und Erbrecht [1]) Veranlassung gab. Wenn nach skythischem, wie nach mongolischem Recht das Weib als Familieneigentum galt, auf welches die Kinder, wie auf jedes andere Familiengut ein Erbrecht besaßen, so wird daraus in der Vorstellung der Griechen jene weitgetriebene Weiber= und Kindergemeinschaft, wie sie z. B. die platonische und noch mehr die cynische Gesellschaftstheorie im Auge hatte. [2]) Eine Vorstellung, mit der sich dann natürlich von vorneherein in derselben Weise, wie bei Plato, die Idee einer ungetrübten Harmonie der Gesellschaft, eines uugestörten sozialen Friedens verband. Wie schon Herodot von einem Nachbarvolk der Skythen berichtet hatte, daß es völlige Frauengemeinschaft hatte, „damit alle unter sich Brüder und Verwandte seien, die weder Neid noch Feindschaft gegen einander hegen", [3]) so weiß auch Ephorus von seinen Galaktophagen zu erzählen, daß bei ihnen infolge derselben Gemeinschaft jeder ältere Mann Vater, jeder Jüngere Sohn, jeder Gleichalterige Bruder genannt worden sei, [4]) genau entsprechend der Sitte im platonischen Idealstaat. [5]) Kein Wunder, daß Ephorus bei seinem Mustervolk

---

[1]) Vgl. über diese Institutionen Neumann a. a. O. S. 296.

[2]) Ephorus fr. 76 M. — πρός τε ἀλλήλους εὐνομοῦνται κοινὰ πάντα ἔχοντες τά τε ἄλλα καὶ γυναῖκας καὶ τέκνα καὶ τὴν ὅλην συγγένειαν· fr. 78: ζῶσιν δὲ τήν τε κτῆσιν ἀναδεδειχότες κοινὴν ἁπάντων τήν τε σύνολον οὐσίαν.

[3]) IV, 104: Ἀγάθυρσοι . . . ἐπίκοινον τὴν γυναικῶν τὴν μῖξιν ποιεῦνται, ἵνα κασίγνητοί τε ἀλλήλων ἔωσι καὶ οἰκήϊοι ἐόντες πάντες μήτε φθόνῳ μητ' ἔχθεϊ χρέωνται ἐς ἀλλήλους.

[4]) Bei Nikolaus Damascenus a. a. O. Vgl. Ephorus fr. 76 M. s. oben Anmerk. 2.

[5]) Vgl. Rep. V, 461d. Daher bezeichnet Strabo VII, 3, 7 (p. 300) die Skythen im Sinne dieser Auffassung als „τὰς γυναῖκας πλατωνικῶς ἔχοντας κοινὰς καὶ τέχνα. Diesen Zusammenhang zwischen Plato und

auch auf wirtschaftlichem Gebiete ein Ideal sozialer Gerechtigkeit ver=
wirklicht sieht, welches hinter den kühnsten Träumen der sozialökono=
mischen Metaphysik seines Jahrhunderts nicht zurückbleibt. Wir be=
gegnen in der Schilderung des skythischen Volkslebens bei Ephorus
der unklaren Idee des reinen Kommunismus, der Vorstellung von
einem Gesellschaftszustand, in dem alles und jedes Privateigentum
— am Grund und Boden sowohl, wie an Gebrauchs= und Nutz=
vermögen — fehlt und die wirtschaftliche Lebenslage und die Be=
dürfnisbefriedigung für alle Individuen oder Familien die absolut
gleiche ist. Selbst Plato, dessen kommunistisches Ideal hier offen=
bar mit Vorbild war, hat an die Möglichkeit einer vollkommenen
Verwirklichung dieses Kommunismus nicht zu glauben gewagt.
Er beschränkt ihn — als allgemein gültige Lebensnorm — nicht
bloß auf eine besondere Klasse der Bevölkerung seines Idealstaates,
sondern gibt auch bei dieser die Möglichkeit zu, daß Abweichungen
von dem rein kommunistischen Prinzip unvermeidlich werden könn=
ten.[1] Ephorus kennt solche Bedenken nicht. Ihm macht es keine
Schwierigkeit, ohne weiteres ein ganzes Volk in einem solchen Zu=
stand zu denken. Aus der einfachen und klaren Thatsache noma=
discher Gemeinwirtschaft wird unter der Hand dieser Geschicht=
schreibung ein rein phantastischer Kommunismus, der nichts ist, als
das Gedankengespinnst einer ungeschulten und verworrenen Speku=
lation über wirtschaftliche Dinge. —

Von einer Geschichtschreibung, die sich selbst über Erschei=
nungen des gleichzeitigen Völkerlebens derartigen Selbsttäuschungen

---

Ephorus hat weiter verfolgt Riese (Die Idealisierung der Naturvölker des
Nordens in der griech. und röm. Litteratur. Frankfurt. Progr. 1875) ohne
freilich in Beziehung auf den Grad der Idealisierung bei Ephorus und keine
thatsächlichen Anhaltspunkte die im Texte hervorgehobenen Momente zu berück=
sichtigen. Übrigens dürften auf Ephorus auch die Ideen des Cynismus ein=
gewirkt haben, wie dies bei seinem Mitschüler Theopomp thatsächlich der Fall
war. Vgl. Schröder: Theokrit v. Chios. Jahrb. f. Phil. 1890.

[1] Rep. II, 416 d: Ὅρα δή, εἶπον ἐγώ, εἰ τοιόνδε τινὰ τρόπον δεῖ
αὐτοὺς ζῆν τε καὶ οἰκεῖν, εἰ μέλλουσι τοιοῦτοι ἔσεσθαι· πρῶτον μὲν οὐσίαν
κεκτημένον μηδεμίαν μηδένα ἰδίαν, ἂν μὴ πᾶσα ἀνάγκη· κτλ.

hingab, wird man nicht erwarten, daß sie sich ernstlich bemühte, der wirklichen Geschichte ins Auge zu schauen,[1]) zumal wo es sich um Zeiten handelte, deren Überlieferung ohnehin von der Legende völlig überwuchert wurde. Was die historische Phantasie auf einem Gebiete zu leisten vermochte, das für sie gewissermaßen ein unbeschriebenes Blatt war, dafür ist nun gerade die im vierten und dritten Jahrhundert so massenhaft anschwellende Litteratur über das „lykurgische" Sparta ein überaus charakteristisches Beispiel. Es sei nur auf die bekannte Thatsache hingewiesen, daß man z. B. nach Plutarchs ausdrücklichem Zugeständnis[2]) über Lykurgs Leben und Gesetzgebung absolut nichts Unbestrittenes wußte, und daß Plutarch trotzdem aus jener Litteratur die anschaulichste und in alle Einzelheiten eingehende Erzählung über den Gesetzgeber und sein Werk entnehmen konnte. Das sprechendste Zeugnis dafür, daß die Quellen dieser und anderer Erzählungen über die ideale Urzeit Spartas mehr oder minder ein romantisches Gepräge gehabt haben müssen, soweit sie nicht etwa selbst Staatsromane gewesen sind. Und wie hätte auch in einer Epoche, in der das republikanische Hellenentum aus einem rein politischen Interesse (in dem xenophontischen Staatsroman der Cyropädie) selbst das Idealgemälde eines Königs schuf, der im Geiste der Nation lebendige bildnerische Trieb nicht aufs mächtigste angeregt werden sollen durch eine Staats- und Gesellschaftsordnung, welche mit den allerdringendsten Lebensfragen und Lebensinteressen mit all den genannten sozialpolitischen und wirtschaftsphilosophischen Ideen des Zeitalters die innigsten Berührungspunkte darbot?

Hier hatte man eine sozialpolitische Schöpfung vor sich, in welcher die sozialistische Grundanschauung der damaligen Staatslehre wesentlich ihre Forderungen längst verwirklicht sah, in welcher die Suprematie des Staates über die Gesellschaft in früherer Zeit

---

[1]) Von der ganzen hier in Betracht kommenden Litteratur gilt, was Strabo (III p. 147) von Posidonius sagt (cf. fr. 48 Müller II): οὐκ ἀπέχεται τῆς συνήθους ῥητορείας, ἀλλὰ συνενθουσιᾷ ταῖς ὑπερβολαῖς.

[2]) Lykurg I.

wenigſtens mit beiſpielloſer Energie gewahrt erſchien. Durch die
Gleichheit und Strenge ſeines öffentlichen Erziehungsſyſtems hatte
dieſer Staat die Entwicklung der heranwachſenden Generationen von
den Einflüſſen des Beſitzes und ſeiner Verteilung möglichſt unab=
hängig zu machen gewußt. Auch im Leben der erwachſenen
Bürger hatte hier dasſelbe Gemeinſchafts= und Gleichheitsprinzip,
welches dem Einzelnen und ſeinem Beſitze weitgehende ſoziale
Pflichten auferlegte, hatte das Prinzip der Unterordnung unter die
Zwecke der Geſamtheit, welches dem Expanſionstrieb des indivi=
duellen Egoismus überall hemmend entgegentrat, mit ſo intenſiver
Kraft ſich bethätigt, daß ſelbſt inmitten der Reize und Genüſſe
einer weit fortgeſchrittenen Kulturwelt die ſoldatiſche Bedürfnisloſig=
keit und Einfachheit der alten Sitte verhältnismäßig ſehr lange
bewahrt blieb.   Mit welch gewaltiger Hand endlich hatte dieſer
„männerbändigende" [1]) Staat in das Güterleben ſelbſt hineinge=
griffen und dasſelbe durch zähes Feſthalten an einem primitiven,
die Kapitalbildung aufs äußerſte erſchwerenden Münzſyſtem, durch
eine ſtrenge Gebundenheit des Agrarbeſitzes und die Ausſchließung
aller Erwerbsarbeit mit den Lebensbedingungen und Zwecken des
Staates in Übereinſtimmung zu erhalten geſucht!

Es leuchtet ein, daß eine Geſellſchaftstheorie, für welche die
Entfeſſelung der individuellen Kräfte, insbeſondere des Erwerbs=
triebes, und die Entwicklung des Reichtums gleichbedeutend war
mit der Zerſtörung des ſozialen Glückes und der nationalen Sitt=
lichkeit, nächſt den Naturvölkern kein geeigneteres Objekt für die
geſchichtliche Exemplifizierung ihrer Ideale finden konnte, als eben
Sparta. An ſeinem Beiſpiele ließ ſich die Möglichkeit einer Ge=
ſellſchaftsordnung erweiſen, in welcher das Privateigentum nicht bloß
den Privatzwecken des Individuums dienſtbar war, ſondern vor
allem der ſoziale Charakter desſelben gewahrt erſchien. Hier ließ
ſich zeigen, daß auch die Eigentumsordnung der fortgeſchrittenſten
und freiheitlichſten Gemeinweſen der helleniſchen Welt noch nicht

---

[1]) δαμασίμβροτος nach Simonides cf. Plutarch Ageſil cap. 1.

die letzte und vollkommenste sei, sondern daß das Privateigentum im Interesse einer harmonischen Entwicklung des Ganzen gewisse Einschränkungen oder Modifikationen erfahren müsse. Die spartanischen Institutionen boten ferner ganz ähnliche Anknüpfungspunkte für idealistische Fiktionen dar, wie das Leben jener Naturvölker. Wenn man sich eine Epoche vorstellte, wo die geschilderten, im zeitgenössischen Sparta allerdings stark abgeschwächten oder in ihr Gegenteil verkehrten Tendenzen einer zentralistischen oder staats= sozialistischen Politik[1] in ursprünglicher Kraft und Reinheit wirksam waren, und wenn man sich bei der Ausgestaltung dieser Vorstellung im einzelnen nur einigermaßen von den Ideen beein= flussen ließ, die man sich von dem sozialen Musterstaat gebildet hatte, so war es für ein Zeitalter sozialer Utopien ein Leichtes, Altsparta als Träger einer Eigentums= und Gesellschaftsordnung zu denken, welche selbst hinter platonischen und cynisch=stoischen Idealen nicht allzuweit zurückblieb und das Prinzip wirtschaftlicher Gleichheit und Gerechtigkeit in radikaler Weise verwirklichte.

Sehr bezeichnend für diesen Prozeß der Idealisierung sind die Vorstellungen über den ethischen und sozialpolitischen Wert der altspartanischen Institutionen, wie sie in der griechischen Litteratur — besonders seit dem vierten Jahrhundert — zum Ausdruck kom= men. Nach der Schrift vom Staate der Lacedämonier war hier jenes sittlich=schöne Leben, wie es die griechische Staatslehre als höchsten Zweck des Staates aufgestellt hat, in vollendetster Weise verwirklicht. Dank einer einzig dastehenden Pflege der sittlichen Interessen ist Sparta nach dieser Anschauung eine Verkörperung der *ἀρετή* geworden, wie sonst kein Staat in der Welt. Seinen In= stitutionen wohnt eine geradezu unwiderstehliche Kraft inne, alle und jede Bürgertugend zur Entfaltung zu bringen,[2] während die ge=

---

[1] Vgl. die schöne Formulierung dieses Staatsgedankens bei Thukyd. II, 2 in der Rede des spartanischen Königs Archidamos: κάλλιστον γὰρ τόδε καὶ ἀσφαλέστατον πολλοὺς ὄντας ἑνὶ κόσμῳ χρωμένους φαίνεσθαι.

[2] c. 10 (Λυκοῦργος) ἐν τῇ Σπάρτῃ ἠνάγκασε δημοσίᾳ πάντας πάσας ἀσκεῖν τὰς ἀρετάς. Ὥσπερ οὖν ἰδιῶται ἰδιωτῶν διαφέρουσιν ἀρετῇ

fährlichsten sozialen Verirrungen, Erwerbsgier und Bereicherungs=
sucht hier von vornherein undenkbar sind. [1]) Natürlich muß ein
solches Gemeinwesen auch verschont geblieben sein von dem Elend
des Interessenkampfes und Klassenhasses, das die übrige Welt zer=
rüttete, und es ist doch keine bloße Trivialität, sondern in der
tiefen Sehnsucht nach sozialem Frieden begründet, wenn besonders
dieser Friede, die „bürgerliche Eintracht" unter den idealen Zügen
des spartanischen Staats= und Volkslebens hervorgehoben wird.

Isokrates ist es, der für uns als einer der ersten diesen Ton
angeschlagen hat.   Die Art von Gleichheit und Freiheit, wie sie
in Sparta verwirklicht worden sei, gewährte nach seiner Ansicht
eine unbedingte Bürgschaft für die Aufrechthaltung inneren Frie=
dens.[2]) Und sein Schüler Ephorus hat dann denselben Gedanken
wieder aufgenommen, indem er zugleich das Moment der wirt=
schaftlichen Gleichheit besonders hervorhob.[3]) In der Erörterung
des Polybius über den spartanischen Staat (VI, 45), der ohne
Zweifel die Meinung des Ephorus getreu wiedergibt,[4]) heißt es

οἱ ἀσκοῦντες τῶν ἀμελούντων, οὕτω καὶ ἡ Σπάρτη εἰκότως πασῶν τῶν
πόλεων ἀρετῇ διαφέρει, μόνη δημοσίᾳ ἐπιτηδεύουσα τὴν καλοκαγαθίαν.

[1]) c. 7.   Καὶ γὰρ δὴ τί πλοῦτος ἐκεῖ γε σπουδαστέος, ἔνθα
ἴσα μὲν φέρειν εἰς τὰ ἐπιτήδεια, ὁμοίως δὲ διαιτᾶσθαι τάξας, ἐποίησε μὴ
ἡδυπαθείας ἕνεκα χρημάτων ὀρέγεσθαι; κτλ.

ib.   Χρυσίον γὲ μὴν καὶ ἀργύριον ἐρευνᾶται, καὶ ἄν τί που φανῇ,
ὁ ἔχων ζημιοῦται.   Τί οὖν ἂν ἐκεῖ χρηματισμὸς σπουδάζοιτο ἔνθα
ἡ κτῆσις πλείους λύπας ἢ ἡ χρῆσις εὐφροσύνης παρέχει.

[2]) Panathen. 178.   (τοὺς Σπαρτιάτας) παρὰ σφίσι μὲν αὐτοῖς ἰσο-
νομίαν καταστῆσαι καὶ δημοκρατίαν τοιαύτην, οἵαν περ χρὴ τοὺς μέλλοντας
ἅπαντα τὸν χρόνον ὁμονοήσειν.   Höchst bezeichnend für den historischen
Sinn dieser Litteratur ist die Ansicht des Isokrates (ebb. 153), daß das
lykurgische Sparta eine Nachahmung des ältesten — Athen sei!

[3]) Vielleicht ist er übrigens auch hier abhängiger von Isokrates, als
man gewöhnlich glaubt. Vgl. z. B. die Wendung des Isokrates a. a. O. 179:
ταῦτα δὲ πράξαντες (sc. οἱ Σπαρτιάται, τὸν δῆμον περιοίκους ποιήσαντες)
τῆς χώρας ἧς προσῆκεν ἴσον ἔχειν ἕκαστον, αὐτοὺς μὲν λαβεῖν . . .
τὴν ἀρίστην . . . τῷ δὲ πλήθει τηλικοῦτον ἀπονεῖμαι μέρος τῆς χειρίστης,
ὥστ᾽ ἐπινόμως ἐργαζομένους μόλις ἔχειν τὸ καθ᾽ ἡμέραν.

[4]) Das beweist nicht nur der Umstand, daß Polybius als Hauptver=

von dem mythischen Gesetzgeber und sozialen Heiland Spartas, daß er auf Erden der einzige gewesen sei, der das, worauf es im Staate hauptsächlich ankomme, richtig erwogen habe, nämlich die Wehrhaftigkeit und die bürgerliche Eintracht. In feinem Staate sei das Bestreben mehr zu haben und mehr zu sein, als andere, die πλεονεξία oder — wie es an einer anderen Stelle heißt — ἡ περὶ τὸ πλεῖον καὶ τοὔλαττον φιλοτιμία, mit der Wurzel ausgerottet, so daß die Spartaner von innerem Zwist dauernd verschont geblieben und bürgerlicher Zustände teilhaftig geworden seien, deren glückliche Harmonie in ganz Hellas nicht ihres Gleichen habe.[1]

Eine ähnliche Idealisierung würde uns ohne Zweifel auch in den verlorenen politischen Schriften der Stoa entgegentreten, die den spartanischen Staat gewiß nicht bloß deshalb zum Gegenstand litterarischer Verherrlichung gemacht hat, weil er ihrer Lehre von der besten Verteilung der politischen Gewalten entsprach, sondern mindestens ebensosehr wegen der Berührung mit den sozialökonomischen Idealen der Stoa.[2] In dem sechsten Buche des Polybius, dessen politische Erörterungen ganz von stoischem Geiste durchdrungen und teilweise unmittelbar aus der Litteratur der Stoa geschöpft

treter der im Text erwähnten Ansicht neben den gesinnungsverwandten Schriftstellern Plato, Kallisthenes und Xenophon den Ephorus noch einmal ganz besonders nennt, sondern auch der Vergleich der Polybiusstelle mit Diodor VII, 14, 3. S. E. Meyer a. a. O.

[1] (Ἔφορος, Ξενοφῶν etc.) πολὺν δή τινα λόγον ἐν ἐπιμέτρῳ διατίθενται, φάσκοντες τὸν Λυκοῦργον μόνον τῶν γεγονότων τὰ συνέχοντα τεθεωρηκέναι· δυοῖν γὰρ ὄντων, δι' ὧν σῴζεται πολίτευμα πᾶν, τῆς πρὸς τοὺς πολεμίους ἀνδρείας, καὶ τῆς πρὸς σφᾶς αὐτοὺς ὁμονοίας· ἀνῃρηκότα τὴν πλεονεξίαν, ἅμα ταύτῃ συνανῃρηκέναι πᾶσαν ἐμφύλιον διαφορὰν καὶ στάσιν· ᾗ καὶ Λακεδαιμονίους ἐκτὸς ὄντας τῶν κακῶν τούτων κάλλιστα τῶν Ἑλλήνων τὰ πρὸς σφᾶς αὐτοὺς πολιτεύεσθαι καὶ συμφρονεῖν ταὐτά.

[2] S. oben S. 115. — Das beweist übrigens schon die Schrift des Stoikers Sphärus Περὶ Λακωνικῆς πολιτείας, deren Hauptzweck der war, dem Könige Kleomenes III. durch ein Idealgemälde Altspartas die historische Grundlage für seine Sozialreform zu schaffen.

ſind,[1]) heißt es von dem ſpartaniſchen Staate unter anderem, daß
hier die Vorzüge und Eigentümlichkeiten der beſten Verfaſſungs=
arten ſo glücklich mit einander verbunden waren, daß niemals durch
das Überwuchern eines Teiles das für die Geſundheit des Staates
unentbehrliche Gleichgewicht aller politiſchen Faktoren geſtört werden
konnte;[2]) — und weiter: „Zur Bewahrung der Eintracht unter
den Bürgern, zur Erhaltung des Gebiets und Sicherung der Frei=
heit hat Lykurg in Geſetzgebung und Vorausſicht der Zukunft ſo
meiſterhaft gehandelt, daß man verſucht iſt, eher an göttliche, als
menſchliche Weisheit zu denken. Denn die Gleichheit der Güter,
die Gemeinſamkeit desſelben einfachen Lebenswandels mußte die
Bürger zur Selbſtverleugnung erziehen und dem Staate unerſchüt=
terlichen Frieden ſichern.“[3]) Hier, meint Polybius, war die Selbſt=
genügſamkeit Lebensprinzip,[4]) jene αὐτάρκεια, die wir bereits als
ſtoiſches Lebensideal kennen gelernt haben.[5])

Dieſelben Anſchauungen gibt endlich die analoge Darſtellung
in Plutarchs Lykurgbiographie wieder, in der höchſtens die Form
Eigentum des Verfaſſers, aber gewiß kein einziger neuer Zug zu
dem überlieferten Idealbild hinzugefügt iſt. Es wird hier den
lykurgiſchen Inſtitutionen nachgerühmt, daß durch ſie Überhebung
und Neid, Luxus und die noch älteren und ſchlimmeren
Krankheitserſcheinungen der Geſellſchaft: Armut und Reich=
tum aus dem Staate verbannt worden ſeien.[6]) Die Tendenz dieſer
Inſtitutionen gehe dahin, daß alle Bürger gleichen Loſes und gleicher

---

[1]) Vgl. v. Scala: Die Studien des Polybius I, 201 ff.

[2]) VI, 10.

[3]) VI, 48. Ἡ μὲν γὰρ περὶ τὰς κτήσεις ἰσότης καὶ περὶ τὴν δίαιταν
ἀφέλεια καὶ κοινότης σώφρονας μὲν ἔμελλε τοὺς κατ' ἰδίαν βίους παρα-
σκευάσειν, ἀστασίαστον δὲ τὴν κοινὴν παρέξεσθαι πολιτείαν.

[4]) ib. περὶ τοὺς κατ' ἰδίαν βίους αὐτάρκεις αὐτοὺς παρεσκεύασε
καὶ λιτούς.

[5]) cf. c. 31. (Λυκοῦργος) πρὸς τοῦτο συνέταξε καὶ συνήρμοσεν,
ὅπως ἐλευθέριοι καὶ αὐτάρκεις γενόμενοι καὶ σωφρονοῦντες ἐπὶ πλεῖστον
χρόνον διατελῶσιν.

[6]) Lykurg c. 8.

Stellung mit einander leben sollen, daß sie nur einen Unterschied anerkennen sollen, den der Tugend.[1] — Besonders das Institut des Eisengeldes hat nach dieser Auffassung Wunder gewirkt. Mit dem Gold- und Silbergeld soll eine Unsumme von Immoralität von vornherein in Wegfall gekommen sein. Diebstahl und Bestechung, Betrug und Raub seien völlig gegenstandslos geworden, weil es keine Werte gab, welche die Habsucht reizen konnten![2] In ebenso naiv übertreibendem Ton wird — im Anschluß an eine Äußerung Theophrasts, also wieder eines Schriftstellers des vierten Jahrhunderts — von den Syssitien gerühmt, daß durch sie der Reichtum allen Reiz verloren habe und selber zur Armut geworden sei, daß Sparta — wie das Sprichwort sage — das einzige Land sei, wo der Reichtum keine Augen habe und daliege gleich einem Bilde ohne Seele und Leben.[3] In der That ein Staatswesen, dessen Schöpfer wohl dieselbe Freude über sein Werk empfinden konnte, wie Gott, als er den Kosmos schuf![4] Und die Pythia hatte vollkommen recht, wenn sie in den — schon von Ephorus in sein Geschichtswerk aufgenommenen — Versen die den Spartanern gewährte εὐνομία als eine Gabe rühmt, wie sie keinem anderen irdischen Gemeinwesen zu teil werden würde.[5]

---

[1] ib. (Λυκοῦργος) — συνέπεισε — ζῆν μετ᾽ ἀλλήλων ἅπαντας ὁμαλεῖς καὶ ἰσοκλήρους τοῖς βίοις γενομένους, τὸ δὲ πρωτεῖον ἀρετῇ μετιόντας· ἃς ἄλλης ἑτέρῳ πρὸς ἕτερον οὐκ οὔσης διαφορᾶς οὐδὲ ἀνισότητος, πλὴν ὅσην αἰσχρῶν ψόγος ὁρίζει καὶ καλῶν ἔπαινος.

[2] ib. c. 9. Vgl. dieselbe Behauptung im „Staat der Lac." c. 7: Τό γε μὴν ἐξ ἀδίκων χρηματίζεσθαι καὶ ἐν τοῖς τοιούτοις διεκώλυσεν (Λυκοῦργος).

[3] ib. c. 10. μεῖζον δὲ (ἦν) τὸ τὸν πλοῦτον ἄζηλον, ἃς φησὶ Θεόφραστος, καὶ ἄπλουτον ἀπεργάσασθαι τῇ κοινότητι τῶν δείπνων καὶ τῇ περὶ τὴν δίαιταν εὐτελείᾳ. Χρῆσις γὰρ οὐκ ἦν οὐδὲ ἀπόλαυσις οὐδὲ ὄψις ὅλως ἢ ἐπίδειξις τῆς πολλῆς παρασκευῆς ἐπὶ τὸ αὐτὸ δεῖπνον τῷ πένητι τοῦ πλουσίου βαδίζοντος· ὥστε τοῦτο δὴ τὸ θρυλούμενον ἐν μόνῃ τῶν ὑπὸ τὸν ἥλιον πόλεων τῇ Σπάρτῃ σώζεσθαι, τυφλὸν ὄντα τὸν πλοῦτον καὶ κείμενον, ὥσπερ γραφὴν ἄψυχον καὶ ἀκίνητον.

[4] ib. c. 29.

[5] Diodor VII, 11.

Man sieht, das traditionelle Bild Altspartas zeigt wesent=
liche Züge des Staatsromanes; und wenn man diese Dichtungs=
gattung im Sinne Schillers treffend als „sentimentale Jdylle"
bezeichnet hat, was ist der Musterstaat Sparta anderes, als eine
solche Jdylle, als „die Ausführung eines poetischen Bildes, in
welchem der Kampf, die Spannung, die Not der mangelhaften
Wirklichkeit völlig abgeworfen wird und das reine Jdeal des
Denkers in reiner und stolzer Gestalt sich als das echte Wirkliche
darstellt?"¹) Es ist vollkommen zutreffend, wenn Montesquieu —
allerdings ohne sich der Tragweite seiner Worte bewußt zu sein —
von der Lykurgbiographie sagt, er habe angesichts der hier geschil=
derten Einrichtungen bei der Lektüre stets den Eindruck gehabt, als
lese er die „Geschichte der Sevarambier", den bekannten Sozial=
roman von Vairasse.²)

In richtiger Erkenntnis der Berührungspunkte zwischen Theorie
und Tradition, wenn auch ohne Ahnung von dem legendenhaften
Charakter der letzteren, der eben diese Berührungspunkte erklärt, —
macht Plutarch die Bemerkung, daß das Ziel, welches einem Plato,
Diogenes, Zeno u. A. bei ihren Theorien vorschwebte, durch den
Gesetzgeber Spartas zur Wahrheit gemacht worden sei, indem er
einen über alle Nachahmung erhabenen Staat ins Dasein gerufen
und denen, welchen das Jdeal des Weisen selbst für den Einzelnen
unerreichbar erschienen, eine ganze Stadt von Weisen vor Augen
gestellt habe.³)

---

¹) Definition des Staatsromans bei Rhode S. 197.

²) Esprit des lois IV, 6. Eine Beobachtung, die ihn — dank seiner
Quellengläubigkeit — nicht hindert, Sparta, als die „vollkommenste wirkliche
Republik", der „erhabensten idealen Republik", der platonischen, sowie dem
kommunistischen Jesuitenstaat in Paraguai an die Seite zu stellen.

³) Ebd. c. 31. Ὁ δὲ οἱ γράμματα καὶ λόγους, ἀλλ' ἔργῳ πολιτείαν ἀμίμητον εἰς φῶς προενεγκάμενος καὶ τοῖς ἀνύπαρκτον εἶναι
τὴν λεγομένην περὶ τὸν σοφὸν διάθεσιν ὑπολαμβάνουσιν ἐπιδείξας
ὅλην τὴν πόλιν φιλοσοφοῦσαν. Vgl. übrigens schon Plato Prota=
goras 342 d.

Ja nach Plutarch (c. 30) macht Alt=Sparta gar nicht einmal mehr

Eine Stadt von Weisen! Was könnte bezeichnender sein für die Ideenverbindungen, aus denen der Idealstaat Sparta erwuchs! Wir sehen an dieser Wendung, wie das idealisierte Sparta zugleich als das politische Seitenstück, als Ergänzung zu dem indivi= duellen Idealbild der Sittlichkeit diente, welches die griechische Moralphilosophie seit den Cynikern, insbesondere die Stoa, in dem Begriff des „Weisen" geschaffen hat.[1]) Wie die stoische Ethik in diesem Begriff eine $\varphi\alpha\nu\tau\alpha\sigma\acute{\iota}\alpha\ \varkappa\alpha\tau\alpha\lambda\eta\pi\tau\iota\varkappa\acute{\eta}$, ein mit unmittelbarer Überzeugungskraft wirkendes Bild, ein „Kriterium" besaß, dem sie die Norm für das individuelle Handeln entnahm, so ist das Ideal= bild des altspartanischen Staates für sie ebenfalls eine solche $\varphi\alpha\nu\tau\alpha\sigma\acute{\iota}\alpha\ \varkappa\alpha\tau\alpha\lambda\eta\pi\tau\iota\varkappa\acute{\eta}$, welche das $\varkappa\varrho\iota\tau\acute{\eta}\varrho\iota\sigma\nu\ \tau\tilde{\eta}\varsigma\ \dot{\alpha}\lambda\eta\vartheta\epsilon\acute{\iota}\alpha\varsigma$ für die beste Gestaltung des staatlichen Gemeinschaftslebens ent= hielt.[2])

Wenn aber der altspartanische Staat in diesem Maße den Forderungen des Vernunftrechtes entsprach, so lag darin zugleich für die Anschauung aller derer, die, wie die Stoa, in dem „Gesetze der Vernunft" das der Natur selbst erblickten, eine prinzipielle Über= einstimmung mit den Forderungen eines idealen Naturrechts. In der That berührt sich die Lehre vom Naturzustand mit den geschilderten Anschauungen über Altsparta so nahe wie möglich. Finden wir nicht die Hauptzüge desselben: die Bedeutungslosigkeit der wirtschaftlichen Güter, die Freiheit von jeder Pleonexie und allen Störungen des sozialen Friedens, die Genügsamkeit, Gleich=

---

den Eindruck eines Staates, sondern den eines Hauses eines einzigen weisen Mannes: $\mathring{\omega}\nu\ \dot{\epsilon}\pi\iota\varkappa\varrho\alpha\tauo\acute{\upsilon}\nu\tau\omega\nu$ (sc. $\nu\acute{o}\mu\omega\nu$) $\pi\varrho\acute{o}\tau\epsilon\varrho\sigma\nu\ o\mathring{\upsilon}\ \pi\acute{o}\lambda\epsilon\omega\varsigma\ \mathring{\eta}\ \Sigma\pi\acute{\alpha}\varrho\tau\eta$ $\pi\sigma\lambda\iota\tau\epsilon\acute{\iota}\alpha\nu\ \dot{\alpha}\lambda\lambda'\ \dot{\alpha}\nu\delta\varrho\grave{o}\varsigma\ \dot{\alpha}\sigma\varkappa\eta\tauo\tilde{\upsilon}\ \varkappa\alpha\grave{\iota}\ \sigma\sigma\varphio\tilde{\upsilon}\ \beta\acute{\iota}\sigma\nu\ \mathring{\epsilon}\chi\sigma\upsilon\sigma\alpha\ \varkappa\tau\lambda$.

[1]) Für die hier verfolgten Ideenzusammenhänge ist auch bezeichnend die Vorstellung des Posidonius über die Herrschaft der Weisen in der seligen Urzeit. Vgl. Seneka: Epist. XIV. 2. 5: Illo ergo seculo, quod aureum perhibent, penes sapientes fuisse regnum Posidonius judicat.

[2]) Übrigens hat schon Plato diesen Ton angeschlagen, indem er Sparta wenigstens in Beziehung auf die Grundlagen seiner Verfassung als einen geschichtlich gegebenen Musterstaat ($\pi\alpha\varrho\acute{\alpha}\delta\epsilon\iota\gamma\mu\alpha\ \gamma\epsilon\gamma\sigma\nu\acute{o}\varsigma$) anerkennt. Leg. 692 c.

heit und Brüderlichkeit, kurz die Harmonie des inneren und äußeren Lebens — in genauer wörtlicher Übereinstimmung in dem Bilde dieses idealen Musterstaates wieder? Daß hier ein Zusammenhang der Ideen besteht, erscheint mir unzweifelhaft. Ist es doch, wie wir sehen werden, schon von Plato direkt ausgesprochen worden, daß der beste unter den bestehenden Staaten derjenige sei, der in seinen Institutionen möglichst die Lebensformen des Naturzustandes nachahme,[1] daß es die höchste Aufgabe der Staatskunst sei, eben jenen Idealen sich zu nähern, welche sich mit der Vorstellung eines glücklichen Urzustandes der Menschheit verbänden.[2] Welcher Staat hätte sich rühmen können, dieses Ziel ernstlicher verfolgt zu haben, als Sparta?

Für den angedeuteten Einfluß der Lehre vom Naturzustand ist besonders charakteristisch die Art und Weise, wie die Vorstellungen über Sparta unmittelbar an das Leben der Naturvölker, ja sogar gewisser geselliger Tiere anknüpfen. Für eine Anschauungsweise, welche in dem „Naturgemäßen" die absolute Norm und Richtschnur aller menschlichen Ordnungen sah, lag es ja überaus nahe, sich auf jene merkwürdigen Formen des Gemeinschaftslebens zu berufen, welche wir bei den „von Natur gesellschaftlichen"[3] Tieren, wie z. B. bei den Bienen finden. Der Bienenstaat mit seiner strengen Unterordnung der Individuen unter die Zwecke der Gesamtheit, mit seinen sozialen Einrichtungen von mehr oder minder sozialistischem und kommunistischem Gepräge[4] erschien auf diesem

---

[1] Leg. IV, 731 a: Τῶν γὰρ δὴ πόλεων, ὧν ἔμπροσθε τὰς ξυνοικήσεις διήλθομεν, ἔτι προτέρα τούτων πάμπολυ λέγεταί τις ἀρχή τε καὶ οἴκησις γεγονέναι ἐπὶ Κρόνου μάλ' εὐδαίμων, ἧς μίμημα ἔχουσά ἐστιν ἥτις τῶν νῦν ἄριστα οἰκεῖται.

[2] Ebd.

[3] Cic. de off. I, 2.

[4] Daß dieselben von den Alten genau beobachtet waren, zeigt Virgils Georg. IV, 153:

    Solae communes gnatos, consortia tecta
    Urbis habent magnisque agitant sub legibus aevum.

Standpunkt — als eine gottgewollte Naturordnung [1]) — zugleich als Vorbild für den Menschen selbst. Wenn der Mensch das, was hier der Instinkt des Tieres unter dem unmittelbaren Antrieb der „göttlichen Natur" schuf, in seinem vernunftgemäßen Handeln nach= bildete und zur Vollendung brachte, folgte er da nicht dem Gebote der großen Lehrmeisterin selbst? Je besser daher Staat und Gesell= schaft geordnet sind, um so mehr werden sie nach dieser Anschauung in ihren Einrichtungen jenen Gebilden einer unverfälschten Natur gleichen, [2]) die den Romantiker wie ein leibhaftiger Überrest aus der glücklichen Urzeit selbst anmuteten. Eine Auffassung, mit der wohl auch die Ansicht zusammenhängen wird, daß die Bienen und der Bienenstaat ihre Entstehung dem Zeitalter des Kronos zu ver= danken hätten. [3])

So dürfen wir uns nicht wundern, daß man selbst die strengste und einseitigste, eben an den Tierstaat erinnernde Form, welche das Gemeinschaftsprinzip im stoischen Gesellschaftsideal annahm, ein herdenartiges Gemeinschaftsleben, in Sparta verwirklicht fand. Nach Plutarchs Lykurgbiographie waren die Spartaner mit ihrem Gemeinwesen verwachsen, wie die Bienen mit ihrem Stock ($ \ddot{\omega}\sigma\pi\epsilon\varrho$ $\mu\dot{\epsilon}\lambda\iota\tau\tau\alpha\iota$ $\tau\tilde{\omega}$ $\varkappa o\iota\nu\tilde{\omega}$ $\sigma\upsilon\mu\varphi\upsilon\epsilon\tilde{\iota}\varsigma$). [4]) Sie werden geradezu als ein „vernunftbegabter Bienenschwarm von Bürgern" ($\lambda o\gamma\iota\varkappa\grave{o}\nu$ $\varkappa\alpha\grave{\iota}$ $\pi o\lambda\iota\tau\iota\varkappa\grave{o}\nu$ $\sigma\mu\tilde{\eta}\nu o\varsigma$) bezeichnet. [5])

---

[1]) Zeus selbst soll den Bienen ihre Natur gegeben haben. Virgil (ebd. 149), der auch hier selbstverständlich nur ältere Vorstellungen wiedergibt.

[2]) Wir finden noch einen Niederschlag dieser Anschauungsweise aller= dings in etwas anderer Fassung in der späteren Litteratur z. B. bei Didymus: Geop. XIV, 3: $\varkappa\alpha\grave{\iota}$ $\dot{\eta}$ $\pi o\lambda\iota\tau\epsilon\acute{\iota}\alpha$ $\tau o\acute{\upsilon}\tau o\upsilon$ $\tau o\tilde{\upsilon}$ $\zeta\acute{\omega}o\upsilon$ $\pi\varrho o\sigma\acute{\epsilon}o\iota\varkappa\epsilon$ $\tau\alpha\tilde{\iota}\varsigma$ $\mu\acute{\alpha}\lambda\iota\sigma\tau\alpha$ $\epsilon\dot{\upsilon}\nu o\mu o\upsilon\mu\acute{\epsilon}\nu\alpha\iota\varsigma$ $\tau\tilde{\omega}\nu$ $\pi\acute{o}\lambda\epsilon\omega\nu$.

[3]) „Saturni temporibus" wie es in Columellas (R. r. IX, 2) Zitat aus Nikander, einem griechischen Autor des 2. Jahrh. v. Chr., heißt.

[4]) c. 25. Vgl. dazu die oben S. 116 erwähnte Forderung Zenos: $\epsilon\dot{\iota}\varsigma$ $\delta\grave{\epsilon}$ $\beta\acute{\iota}o\varsigma$ $\tilde{\eta}$ $\varkappa\alpha\grave{\iota}$ $\varkappa\acute{o}\sigma\mu o\varsigma$ $\ddot{\omega}\sigma\pi\epsilon\varrho$ $\dot{\alpha}\gamma\acute{\epsilon}\lambda\eta\varsigma$ $\sigma\upsilon\nu\nu\acute{o}\mu o\upsilon$ $\nu\acute{o}\mu\omega$ $\varkappa o\iota\nu\tilde{\omega}$ $\sigma\upsilon\nu$= $\tau\varrho\epsilon\varphi o\mu\acute{\epsilon}\nu\eta\varsigma$.

[5]) Plutarch a. a. O. Im Sinne dieser Auffassung sagt übrigens schon Plato (leg. II 666) von den Spartanern: $o\tilde{\iota}o\nu$ $\dot{\alpha}\vartheta\varrho\acute{o}o\upsilon\varsigma$ $\pi\acute{\omega}\lambda o\upsilon\varsigma$ $\dot{\epsilon}\nu$ $\dot{\alpha}\gamma\acute{\epsilon}\lambda\eta$

Nicht minder nahe lag es bei der angedeuteten Ideenver=
bindung Sparta und die Naturvölker unter einem Geſichtspunkt zu
betrachten. Wird doch ſchon bei Äſchylus das Land der Skythen,
der typiſchen Repräſentanten des Naturzuſtandes, und gemeinſam
mit ihm Sparta als „Wohnſitz der Gerechtigkeit" geprieſen![1]
Und es liegt gewiß nur an der Lückenhaftigkeit unſerer Über=
lieferung, daß wir dieſe Parallele nicht weiter verfolgen können.

Ja ſchien nicht in dieſem „Wohnſitz der Gerechtigkeit" die
ſelige Urzeit eines unverfälſchten Naturdaſeins ſelbſt wiederaufzu=
leben? In der That, wie den Schilderungen eines goldenen Zeit=
alters in der attiſchen Komödie und den platoniſchen Staatsidealen
eine Reihe von Zügen des ſpartaniſchen Staats= und Volkslebens
als Vorbild gedient hat,[2] ſo hat ganz unverkennbar die geſchichts=
philoſophiſche Spekulation umgekehrt die theoretiſchen Anſchauungen
über den Naturzuſtand und eine naturgemäße Geſellſchaftsordnung
ohne weiteres auf Sparta übertragen. In der Lykurgbiographie
Plutarchs werden z. B. die eigentümlichen Ehegebräuche Spartas
ausdrücklich als „naturgemäße" (πραττόμενα φυσικῶς) hingeſtellt.[3]
Ganz im Sinne des unſchuldigen Naturzuſtandes, in dem es kein
Blutvergießen und kein Töten der Tiere gab und der Menſch ſich
mit einfacher vegetabiliſcher Nahrung begnügte, wird hier ferner

νεμομένους φορβάδας τοὺς νέους κέκτησθε. Vgl. die Parallelen mit dem
Bienenſtaat Rep. VII, 520b und 564c

[1] Eumeniden 703 ff. heißt es vom Areopag:

τοιόνδε τοι ταρβοῦντες ἐνδίκως σέβας
ἔρυμά τε χώρας καὶ πόλεως σωτήριον
ἔχοιτ' ἄν οἷον οὔτις ἀνθρώπων ἔχει
οὔτ' ἐν Σκύθαισιν οὔτε Πέλοπος ἐν τόποις.

[2] Vgl. Bergk: Comment. de reliquiis comoediae Atticae antiquae
p. 197 ff. mit Bezug auf die Komödie des Kratinus vom „Reichtum".

[3] Zugleich aber auch als wahrhaft „politiſche" πραττόμενα πολιτικᾶς
c. 15. Natürlich wird dabei die Bedeutung dieſer Gebräuche weit überſchätzt.
wenn es im Hinblick auf ſie von dem Geſetzgeber heißt: οὐκ ἐκ τῶν τυχόν-
των, ἀλλ' ἐκ τῶν ἀρίστων ἐβούλετο γεγονότας εἶναι τοὺς πολίτας, — wie
im Staate Platos!

der Lebensordnung des lykurgischen Staates die Absicht einer mög=
lichsten Beschränkung, wenn nicht völligen Beseitigung der Fleisch=
nahrung zugeschrieben. Es kommt in dieser Auffassung die an sich
ja sehr berechtigte Ansicht zum Ausdruck, daß die soziale Not der
Zeit und die Verschärfung der sozialen Gegensätze zum Teil wenig=
stens in einer falschen Lebensweise und deren Folgen: der Genuß=
sucht, der fortwährenden Steigerung des Bedürfnisse und der enge
damit zusammenhängenden allgemeinen Unzufriedenheit wurzle, daß
die Rückkehr zu einfacheren, natürlicheren und gesunderen Lebens=
verhältnissen eine Hauptbedingung aller sozialen Reform sei. Und
wie man von dieser richtigen Einsicht aus alsbald zur einseitigen
Verherrlichung einer rein vegetarischen Lebensweise fortschritt,[1]) so
sah man auch dieses Ideal in dem Staate, der ja thatsächlich auf
eine natürliche und gesunde Lebensweise seiner Bürger am folge=
richtigsten hingearbeitet hatte, mehr oder minder verwirklicht.

Bei der Berechnung der Abgabe von Getreide und Früchten,
welche die Spartaner von den Helotenhufen bezogen, soll nämlich
der Gesetzgeber von der Ansicht ausgegangen sein, daß sie außer
diesen Erzeugnissen des Bodens für die Erhaltung des Wohlbefindens
und der Gesundheit keiner Nahrung weiter bedürften.[2]) Mit gutem
Grunde hat daher auch das Evangelium des Vegetarianismus, die
Schrift des Porphyrius von der Enthaltsamkeit mit der aus Dikäarch
entnommenen Schilderung des Naturzustandes eine Verherrlichung
Spartas als desjenigen Staatswesens verbunden, in welchem sich
die idealen Urzustände von Hellas verhältnismäßig am reinsten

---

[1]) Vgl. schon Plato Rep. II, 372b ff. Auch hier berührt sich übri=
gens Altertum und Neuzeit in ihren Ideen unmittelbar. Vgl. z. B. die
Schrift des Vegetariraners Heller: Elend und Zufriedenheit. Über die Ur=
sachen und die Abhilfe der wirtschaftlichen Not.

[2]) Lyk. c. 8. Ἀρκέσειν γὰρ ᾤετο τοσοῦτον αὐτοῖς τῆς τροφῆς
πρὸς εὐεξίαν καὶ ὑγίειαν ἱκανῆς ἄλλου δὲ μηδενὸς δεησομένους.
Nach c. 12 enthalten sich wenigstens die Älteren der Fleischnahrung voll=
ständig: Τῶν δὲ ὄψων εὐδοκίμει μάλιστα παρ' αὐτοῖς ὁ μέλας ζωμός,
ὥστε μηδὲ κρεαδίου δεῖσθαι τοὺς πρεσβυτέρους, ἀλλὰ παραχωρεῖν
τοῖς νεανίσκοις, αὐτοὺς δὲ τοῦ ζωμοῦ καταχεομένους ἑστιᾶσθαι.

erhalten hätten.[1]) Eine Beobachtung, die der Neuplatoniker natür=
lich nicht als der Erste gemacht, sondern wohl schon bei seinem
Gewährsmann Dikäarch gefunden hat, dessen — in Sparta begeistert
aufgenommene — Lobschrift auf den spartanischen Staat gewiß
von demselben Gedanken beherrscht war. Ja ich zweifle nicht, daß
Dikäarch seinerseits damit nur einer Anschauung Ausdruck gab,
die ihm in der vorhandenen Litteratur über die älteste griechische
Geschichte ebenso fertig entgegentrat, wie die Lehre von der Ent=
wicklung der hellenischen Menschheit aus dem Naturzustand selbst.

Übrigens waren in Sparta ja auch die realen Voraussetzungen
für eine Verwirklichung dieses Gesellschaftsideales in ganz hervor=
ragender Weise gegeben. Dieselbe Freiheit von der Mühsal und
Sorge der Arbeit, welche nach der Lehre vom Naturzustand die
älteste Menschheit ihrer Bedürfnislosigkeit und ihrer Beschränkung
auf die freiwillig dargebotenen Gaben der Natur verdankte, gewährte
den Spartiaten die Organisation der Gesellschaft, welche dem Voll=
bürger alle Erwerbsarbeit abnahm und dieselbe auf die Schultern
einer abhängigen außerhalb der Gemeinschaft stehenden Bevölkerung
abwälzte.[2]) Ein großer Teil der wirtschaftlichen Schwierigkeiten,
die sich der Realisierung gesellschaftlicher Idealgebilde entgegen=
zustellen pflegen, kam hier von vorneherein in Wegfall.[3]) Kein

---

[1]) IV, 3 u. 5.

[2]) Vgl. Staat der Laced. c. 7. Ἐναντία γὲ μὴν καὶ τάδε τοῖς
ἄλλοις Ἕλλησι κατέστησεν ὁ Λυκοῦργος ἐν τῇ Σπάρτῃ νόμιμα. Ἐν μὲν
γὰρ δήπου ταῖς ἄλλαις πόλεσι πάντες χρηματίζονται ὅσον δύνανται. ὁ
μὲν γὰρ γεωργεῖ ὁ δὲ ναυκληρεῖ ὁ δὲ ἐμπορεύεται, οἱ δὲ καὶ ἀπὸ τεχνῶν τρέφονται, ἐν δὲ τῇ Σπάρτῃ ὁ Λυκοῦργος τοῖς μὲν ἐλευθέροις τῶν
ἀμφὶ χρηματισμὸν ἀπεῖπε μηδενὸς ἅπτεσθαι, ὅσα δ' ἐλευθερίαν ταῖς
πόλεσι παρασκευάζει, ταῦτα ἔταξε μόνα ἔργα αὑτῶν νομίζειν.

[3]) Schon Aristoteles hebt in seiner Kritik des platonischen Kommunis=
mus mit Recht hervor, daß demselben viel weniger Schwierigkeiten da im
Wege stehen, wo die Besitzer nicht zugleich Bebauer des Bodens sind. Pol.
II, 1, 2. 1263a: ἑτέρων μὲν οὖν ὄντων τῶν γεωργούντων ἄλλος ἂν εἴη
τρόπος καὶ ῥᾴων sc. κοινὴν ποιεῖν τὴν χώραν, αὐτῶν δ' ἑαυτοῖς διαπονούντων τὰ περὶ τὰς κτήσεις πλείους ἂν παρέχοι δυσκολίας· κτλ.

Wunder, daß die historische Spekulation das Ideal, welches sich auf diesem günstigen Boden in der Phantasie aufbauen ließ, auch fast bis in die letzten wirtschaftlichen Konsequenzen ausgebildet hat.

Eine völlig getreue Reproduktion des Naturzustandes konnte man ja allerdings selbst in der Eigentumsordnung dieses Mustervolkes nichi erblicken. Während dort der Boden und seine Früchte allen gemein gewesen, wie Luft und Sonnenlicht, war hier auf Grundlage eines fest geregelten Agrarsystems der Boden unter die Einzelnen verteilt und selbst dem von der Gemeinschaft ausgeschlossenen Bebauer des Ackers durch die glebae adscriptio ein individuelles Anrecht auf denselben eingeräumt. Aber soweit einem ungeschulten volkswirtschaftlichen Denken und einer ungezügelten Phantasie innerhalb dieser Schranken eine Annäherung an den Kommunismus der Urzeit erreichbar schien, so weit ist die im Zauberring der Romantik gefangene Historie des spätern Griechentums in ihrer Idealisierung der spartanischen Agrarverfassung thatsächlich gegangen. Für ihre Anschauungsweise war ja eine freie Entfaltung der sittlichen Ideen im Volks und Staatsleben nur verbürgt bei möglichster Gleichheit der Lebenslage aller Bürger. Wie hätte sie sich also eine Gesellschaftsordnung, in der sie den höchsten Triumph der Sittlichkeit über die materiellen Interessen erblickte, ohne die weitgehendste Gleichheit der wirtschaftlichen Güter denken können! Und wo hätte der Doktrinarismus dieser Zeit sich bedacht, die logischen Folgerungen, die er aus dem Wesen einer solchen Gesellschaftsordnung in Beziehung auf ihre notwendigen Lebensäußerungen zog, sofort in angeblich geschichtliche Thatsachen umzusetzen?[1]) So erscheint denn für diese Auffassung die Teilung

---

[1]) Wie außerordentlich leicht sich die Legendenbildung auf diesem Gebiete vollzog, dafür bietet ein drastisches Beispiel auch die bei Justin (III, 2) erhaltene Angabe, daß das lykurgische Sparta von der Geldwirtschaft zum reinen Naturaltausch zurückgekehrt sei. (Lycurgus) emi singula non pecunia sed compensatione mercium jussit. Auri argentique usum velut omnium scelerum materiam sustulit. Der Urheber dieser Ansicht ging offenbar von dem Gedanken aus, daß ein Staat, in welchem der Erwerbs

des spartanischen Grund und Bodens ganz selbstverständlich wie eine „Teilung unter Brüdern"; und wenn in der Urzeit, — um mit Justin (d. h. wahrscheinlich mit Ephorus) zu reden — eine Gemeinschaft des Besitzes bestanden hatte, als ob „Alle insgesamt nur Ein Erbe hätten",[1] so konnten die Bürger des spartanischen Musterstaates wenigstens soviel von sich rühmen, daß es auch unter ihnen keine Enterbten gab, daß jeder von ihnen den gleichen Anteil am „Bürgerland" als sein angeborenes Recht beanspruchen durfte.

Wie diese prinzipielle Gleichheit des Grundbesitzes im einzelnen durchgeführt war, ob es überhaupt möglich war, dieselbe bei der wechselnden Bürgerzahl aufrechtzuerhalten, ohne gleichzeitig die Zahl und Größe der Landhufen immer wieder von neuem zu ändern, darüber hat man sich natürlich wenig Gedanken gemacht. Man stellte sich die Sache sehr leicht und einfach vor. Wie im Staate der alten Peruaner jeder Familienvater bei der Geburt eines Kindes ein neues Stück Land zugewiesen erhielt,[2] ebenso soll in Sparta jedem neugebornen Knaben, dessen Aufziehung bei der Vorstellung in der Gemeindehalle (Lesche) von den Stammesältesten gebilligt war, eine Landhufe zuerkannt worden sein.[3] Wodurch die Ältesten

---

trieb mit all seinen unsittlichen Konsequenzen radikal ausgerottet sein sollte, ein der Ansammlung fähiges Tauschmittel, irgend ein „Geld" überhaupt nicht zugelassen haben kann. Diese logisch korrekte Schlußfolgerung genügte, daraus eine geschichtliche Thatsache zu formulieren und sie als solche weiter zu überliefern. — In dieselbe Kategorie gehört die Notiz bei Justin III, 8 (Lycurgus) virgines sine dote nubere jussit; ganz so wie Plato in seinem Gesetzesstaat! S. unten Kap. III. Auch diese Ansicht hat sich Plutarch angeeignet. Apophthegm. Lac. p. 149 Lyc. 15.

[1] XLIII, 1: veluti unum cunctis patrimonium esset! cf. Plutarch: Lykurg 8: ἡ Λακωνικὴ φαίνεται πᾶσα πολλῶν ἀδελφῶν εἶναι νεωστὶ νενεμημένων.

[2] Vgl. Steffen: Die Landwirtschaft bei den altamerikanischen Kulturvölkern. S. 76 f.

[3] Lykurg c. 16: Τὸ δὲ γεννηθὲν οὐκ ἦν κύριος ὁ γεννήσας τρέφειν, ἀλλ' ἔφερε λαβὼν εἰς τόπον τινὰ λέσχην καλούμενον ἐν ᾧ καθήμενοι τῶν φυλετῶν οἱ πρεσβύτατοι καταμαθόντες τὸ παιδάριον, εἰ μὲν εὐπαγὲς εἴη

in die Lage versetzt wurden, jedem Anspruch dieser Art zu genügen, wird uns nicht gesagt; wohl aber wissen wir, daß die Angabe in schroffem Widerspruche steht mit allem, was sonst über das spartanische Güterrecht überliefert ist. Denn es leuchtet ein, daß, wenn der Staat jeden neugeborenen Bürger mit einem κλῆρος ausstatten wollte, der ganze Grund und Boden jederzeit der Gesamtheit zur Verfügung stehen mußte, ein dauerndes Besitzrecht des Einzelnen insbesondere jedes Erbfolgerecht von vorneherein ausgeschlossen war,[1]) während doch derselbe Plutarch, der die genannte Legende unbedenklich wiedergibt, an anderer Stelle zugestehen muß, daß in Sparta seit uralter Zeit die Landlose regelmäßig auf dem Wege der Vererbung vom Vater auf den Sohn übergingen.[2]) Ebenso hätte es für eine nüchterne und unbefangene Betrachtung der Vergangenheit klar sein müssen, daß die Legende unvereinbar ist mit der thatsächlichen Entwicklung der sozialen Verhältnisse Spartas, mit der hier bis ins siebente Jahrhundert zurückzuverfolgenden wirtschaftlichen Ungleichheit unter den Bürgern.

Zu solch kritischen Erwägungen war aber freilich die Geschichtschreibung, auf die wir in diesen Fragen angewiesen sind, nicht im Stande, am wenigsten diejenige, bei welcher uns die Legende von der prinzipiellen Gleichheit des spartanischen Grundbesitzes mit am frühesten entgegentritt, das Geschichtswerk des Ephorus. Die all-

---

καὶ ῥωμαλέον, τρέφειν ἐκέλευον, κλῆρον αὐτῷ τῶν ἐνακισχιλίων προσνείμαντες.

[1]) Daher begegnen wir im Inkareich neben der genannten Sitte gleichzeitig der strengsten Feldgemeinschaft. Die Felder gehörten hier dem ganzen Dorf und fielen stets wieder an die Gemeinde zurück, sie konnten weder veräußert noch vererbt werden. Alljährlich wurden sie von neuem verteilt, wobei der Einzelne bald mehr, bald weniger erhielt, je nachdem die Kopfzahl seiner Familie ab- oder zugenommen hatte. Vgl. Steffen a. a. O. S. 77.

[2]) Agis c. 5. Die Versuche, die Angabe Plutarchs so umzudeuten, daß der Widerspruch mit den Thatsachen wegfällt, z. B. die Erklärung Schömanns Griech. Alt. I³ 271 (cf. Hermann Ant. Lac. p. 188 ff. 194), thun nicht nur dem klaren Wortlaut Gewalt an, sondern verkennen auch den Zusammenhang der Vorstellungen, aus dem sie allein verstanden werden kann.

gemeine Auffassung des spartanischen Staates bei Ephorus, sowie seine Schilderung des skythischen Naturvolkes ist Beweises genug dafür, was die Rhetorik der isokrateischen Schule in der Idealisierung geschichtlicher Zustände zu leisten vermochte. Der Schüler erscheint hier von denselben phantasievollen Glückseligkeitsvorstellungen, von denselben Illusionen über eine verlorene bessere Vergangenheit erfüllt, wie sie in den Schriften seines Lehrers zum Ausdruck kommen.

Man vergegenwärtige sich nur die Art und Weise, wie Isokrates die „gute alte Zeit" der athenischen Demokratie schildert!

Dieses Altathen des Isokrates hat den Weg zum sozialen Frieden gewirklich gefunden. Der Wettstreit der Parteien, der nicht fehlte, war hier nicht ein Kampf um die Macht oder die Ausbeutung der Herrschaft, sondern ein edler Wetteifer, sich gegenseitig mit Dienstleistungen für das gemeine Beste zuvorzukommen. Wo der Trieb zu genossenschaftlichem Zusammenschluß die Bildung von kleineren Verbänden und Vereinigungen veranlaßte, galt es noch nicht der einseitigen Förderung von Sonderinteressen, vielmehr fühlte sich jeder Einzelverband nur als Organ im Dienste des Volksinteresses.[1] Ein Geist wechselseitigen Wohlwollens verband alle Klassen der Bevölkerung.[2] Der Arme kannte noch keinen Neid gegen den Besitzenden und Reichen. Im Gegenteil! Die unteren Klassen sahen in dem Wohlstand der höheren eine Bürgschaft für ihr eigenes Gedeihen und waren daher ebenso eifrig bemüht, die Interessen derselben zu fördern, wie die eigenen.[3] Die Besitzenden hinwiederum waren soweit entfernt, auf die Armen herabzusehen, daß sie in der Armut vielmehr einen öffentlichen Mißstand er-

---

[1] Paneg. 79: οὕτω δὲ πολιτικῶς εἶχον, ὥστε καὶ τὰς στάσεις ἐποιοῦντο πρὸς ἀλλήλους οὐχ ὁπότεροι τοὺς ἑτέρους ἀπολέσαντες τῶν λοιπῶν ἄρξουσιν, ἀλλ' ὁπότεροι φθήσονται τὴν πόλιν ἀγαθόν τι ποιήσαντες· καὶ τὰς ἑταιρείας συνῆγον οὐχ ὑπὲρ τῶν ἰδίᾳ συμφερόντων, ἀλλ' ἐπὶ τῇ τοῦ πλήθους ὠφελείᾳ.

[2] Areop. 31: οὐ γὰρ μόνον περὶ τῶν κοινῶν ὡμονόουν, ἀλλὰ καὶ περὶ τὸν ἴδιον βίον τοσαύτην ἐποιοῦντο πρόνοιαν ἀλλήλων, ὅσην περ χρὴ τοὺς εὖ φρονοῦντας καὶ πατρίδος κοινωνοῦντας.

[3] ib. 32.

blickten, der den Besitzenden selbst zum Vorwurf gereiche.[1]) Sie waren daher allezeit bereit, zur Bekämpfung der Not die Hand zu bieten, sei es, daß sie Grundstücke gegen billige Pacht an Dürftige überließen oder denselben durch Geldvorschüsse die Mittel zum Betriebe eines Gewerbes gewährten. Sie hatten ja auch nicht zu fürchten, daß ihnen die ausgeliehenen Kapitalien verloren gehen würden. Denn damals war das ausgeliehene Geld ebenso sicher, wie daheim im Schranke. — Hier lag in Wirklichkeit die Sache so, daß die Fürsorge für andere sich zugleich dem eigenen Wohle förderlich erwies.[2]) Es verband sich mit der Sicherheit des Eigentums ein Gebrauch desselben, der dasselbe gewissermaßen zum Gemeingut aller Bürger machte, die einer Unterstützung bedurften,[3]) so daß es damals niemand gab, der so arm gewesen wäre, um den Staat durch Betteln beschämen zu müssen.[4]) In der richtigen Einsicht, daß die Not auch die Ursache der sittlichen Mißstände ist, hoffte man durch die Beseitigung dieser „Wurzel der Übel" auch der letzteren Herr zu werden.[5])

In der That ein Zustand, dem zur Verwirklichung des „besten Staates" kaum mehr viel fehlt,[6]) und der selbst die Hoffnungen

---

[1]) ib. ... ὑπολαμβάνοντες αἰσχύνην αὑτοῖς εἶναι τὴν τῶν πολιτῶν ἀπορίαν ἐπήμυνον ταῖς ἐνδείαις.

[2]) ib. 35: ἅμα γὰρ τούς τε πολίτας ὠφέλουν καὶ τὰ σφέτερ' αὑτῶν ἐνεργὰ καθέστασαν.

[3]) ib. κεφάλαιον δὲ τοῦ καλῶς ἀλλήλοις ὁμιλεῖν. αἱ μὲν γὰρ κτήσεις ἀσφαλεῖς ἦσαν, οἷσπερ κατὰ τὸ δίκαιον ὑπῆρχον, αἱ δὲ χρήσεις κοιναὶ πᾶσι τοῖς δεομένοις τῶν πολιτῶν.

[4]) ib. 83: τὸ δὲ μέγιστον· τότε μὲν οὐδεὶς ἦν τῶν πολιτῶν ἐνδεὴς τῶν ἀναγκαίων, οὐδὲ προσαιτῶν τοὺς ἐντυγχάνοντας τὴν πόλιν κατῄσχυνε, νῦν δὲ πλείους εἰσὶν οἱ σπανίζοντες τῶν ἐχόντων.

[5]) ib. 44: τοὺς μὲν γὰρ ὑποδεέστερον πράττοντας ἐπὶ τὰς γεωργίας καὶ ἐμπορίας ἕτερον, εἰδότες τὰς ἀπορίας μὲν διὰ τὰς ἀργίας γιγνομένας, τὰς δὲ κακουργίας διὰ τὰς ἀπορίας· ἀναιροῦντες οὖν τὴν ἀρχὴν τῶν κακῶν ἀπαλλάξειν ᾤοντο καὶ τῶν ἄλλων ἁμαρτημάτων τῶν μετ' ἐκείνην γιγνομένων.

[6]) Für Isokrates ist hier der „beste Staat" bereits verwirklicht. Er

derjenigen rechtfertigen könne, die an die Möglichkeit einer radi=
kalen sittlichen Umwandlung des Menschengeschlechtes glauben und
davon eine völlige Neugestaltung der Gesellschaft erwarten. Denn
wenn die Möglichkeit erwiesen ist, die besitzenden Klassen so weit
zu bringen, daß sie die Armut des Nächsten als persönlichen Makel
betrachten, warum sollte da nicht noch eine weitere Stufe der Ent=
wicklung denkbar sein, wo man es schon als eine Ungerechtigkeit
empfinden wird, überhaupt reich zu sein, während andere barben,
wo jedermann freiwillig auf seinen Überfluß verzichten und alles
an andere abtreten wird, was in deren Händen mehr nützen kann,
als in seinen eigenen?

Jedenfalls besteht eine unmittelbare Kontinuität zwischen dem
Ideenkreise, aus dem dieses Idealbild Altathens bei Isokrates er=
wuchs, und den idealisierenden Anschauungen über den sozialen
Musterstaat Sparta, wie sie in dem Geschichtswerk seines Schülers
Ephorus zum Ausdruck kamen. Die Grundlage bilden hier wie
dort dieselben sozialpolitischen Konstruktionen, nicht die ächte Über=
lieferung.

Wie sehr diese ganze Geschichtschreibung unter dem Einfluß
der Theorie stand, zeigt recht deutlich die Art und Weise, wie sie
die Lehre vom Naturzustand in die Geschichte einführte. Wie un=
endlich leicht hat sie es sich doch gemacht, den Kernpunkt dieser
Lehre, die Vorstellung von dem idyllischen Frieden primitiver Volks=
zustände als geschichtlich zu erweisen! Nach dem Zeugnis Dikäarchs
hat sich die Lehre vom Naturzustande äußerlich in der Weise ent=
wickelt, daß man von den Mythen über das goldene Zeitalter das
„allzu Fabelhafte" abstreifte und mit Hilfe derjenigen Elemente der
mythischen Erzählung, welche sich vernünftiger Weise als geschicht=
lich möglich denken ließen, eine neue Urgeschichte der Menschheit
konstruierte.[1] Wer wollte andererseits bezweifeln, daß unter den

<hr />

fragt allen Ernstes: καίτοι πῶς ἂν γένοιτο ταύτης πλείονος ἀξία πολιτεία,
τῆς οὕτω καλῶς ἁπάντων τῶν πραγμάτων ἐπιμεληθείσης;

[8] A. a. O. Ἃ δὴ καὶ ἐξηγούμενος ὁ Δικαίαρχος τὸν ἐπὶ Κρόνου
βίον τοιοῦτον εἶναί φησιν εἰ δεῖ λαμβάνειν μὲν αὐτὸν ὡς γεγονότα καὶ μὴ

Autoren, auf welche sich Dikäarch bei dieser Gelegenheit beruft, in erster Linie eben Ephorus stand, dessen geschichtliche Methode sich ja durch dieselbe flache Rationalisierung des Mythischen, durch dieselbe Verquickung von Fabel und Geschichte auszeichnet („σνγχεῖν τὸν τε τῆς ἱστορίας καὶ τὸν τοῦ μύϑου τύπον!")[1]

Doch wozu bedarf es noch eines Hinweises auf die Schwächen dieser Geschichtschreibung? Wer die ganze Frage vom universalhistorischen Standtpunkt aus betrachtet, der weiß, daß wir es hier mit einer jener Erscheinungen des menschlichen Geisteslebens zu thun haben, die sich — unabhängig von der erreichten Höhe der geschichtlichen Kritik — als das logische Ergebnis gewisser begriffsbildender Seelenvorgänge von selbst einzustellen pflegen. In allen bewegteren Zeiten, in denen die bestehenden sozialen und politischen Ordnungen berechtigten Bedürfnissen und Wünschen nicht mehr entsprechen und zu zerbröckeln beginnen, begegnet uns auch dieses Hinausstreben aus dem Zersetzungsprozeß des gegenwärtigen Lebens in die Welt der Ideale. In solchen Übergangsepochen ist es selbst für die strenge Forschung überaus schwierig, sich durch persönliche Wünsche und Hoffnungen nicht den Blick für jene schmale Linie trüben zu lassen, welche die wirkliche Welt von der begehrten scheidet, sich das reale Bild des wirtschaftlichen Lebens und seiner Kausalzusammenhänge nicht durch Idealbilder durchkreuzen zu lassen. Daher ist — von dem römischen Altertum ganz zu schweigen[2] — auch die historische Spekulation des neunzehnten Jahrhunderts aus ähnlichen Motiven zu völlig analogen Anschauungen über die Vergangenheit gelangt, wie die des vierten v. Chr. Wir begegnen in

μάτην ἐπιπεφημισμένον τὸ δὲ λίαν μυϑικὸν ἀφέντας — εἰς τὸ διὰ τοῦ λόγου φυσικὸν ἀνάγειν.

[1] Strabo IX, 3, 12. p. 423. cf. X, 4, 8. p. 476.

[2] Es bedarf ja kaum eines Hinweises auf die römische „Bastardhistorie" des 4. Jahrhunderts d. St., die im wesentlichen auch nur ein „quasihistorischer Abklatsch" der agrarpolitischen und sozialrevolutionären Bewegungen der gracchisch-sullanischen Zeit ist. Mommsen: Sp. Cassius, M. Manlius, Sp. Mälius, die drei Demagogen der älteren republikanischen Zeit. Röm. Forsch. II 153 ff. bes. S. 198 f.

unferem von fozialreformatorischem Geist durchbrungenen Zeitalter
auf fozialpolitischem Gebiete geschichtlichen Konftruktionen, deren
quellenmäßige Unterlage kaum weniger problematisch ist, als die
Anficht der Alten über die prinzipielle Gütergleichheit Spartas. Ich
erinnere nur an die Rolle, welche die oftslavische Dorfgemeinschaft
(der ruffische Mir) in der modernen Agrargeschichte gespielt hat.
Diefer flavische Gemeindekommunismus verwirklicht die genannte
Gütergleichheit durch einen periodischen γῆς ἀναδασμός nach der
Kopfzahl in radikalfter Weise, während die altgermanische Feld=
gemeinschaft — in den Zeiten der Seßhaftigkeit wenigstens — keine
Spur von einem solchen Syftem erkennen läßt.[1] Trotzdem hat
man vielfach, wie z. B. Laveleye, die germanische Dorfverfassung
als das vollkommene Abbild der oftslavischen, die germanische Ge=
meinde als ein vollkommen „kommunistisch organisiertes“ Gemein=
wesen[2] hinstellen können! Die modernen Verkündiger des fozia=
liftischen Evangeliums der „Bodenverstaatlichung“ („nationalisation
of land“), der „Rückgabe des Landes an das Volk“ reden in der=
selben Weise von der „Rückkehr zum alten Recht des Gemein=
besitzes am Boden“, wie die Sozialrevolutionäre der Zeiten des
Agis und der Kleomenes von der Rückkehr zu der wirtschaftlichen
ἰσότης καὶ κοινωνία des lykurgischen Sparta.[3] Und felbst ein
Lorenz v. Stein wagt die Behauptung, daß bei den drei großen
Kulturvölkern Europas, Hellenen, Italikern, Germanen, die Gemein=
schaft alles Grundbesitzes die Grundlage des gesamten Rechtslebens
gewesen sei. Infolge einer ähnlichen Ideenverbindung, wie wir
sie bei Ephorus, Polybius, Plutarch fanden, erscheint ihm die prin=
zipielle „Gleichheit des Anteils an dem gemeinsamen Gut“ als die

---

[1] Vgl. oben S. 12.

[2] So auch Kleinwächter: Zur Frage der ständischen Gliederung der
Gesellschaft. Zeitschr. f. d. Staatswissensch. 1888. S. 318.

[3] Vgl. z. B. die Monatsschrift zur Förderung einer friedlichen Sozial=
reform. „Deutsch=Land“ Bd. II, no. 1 S. 20. Engels: Die Entwicklung des
Sozialismus von der Utopie zur Wissenschaft S. 51 in dem Anhang über
„die Mark“.

notwendige wirtschaftliche Verkörperung der „Gleichheit und Frei=
heit", welche nach ihm die „Anfänge der Geschichte Europas"
charakterisiert. „Das Lebensprinzip der drei Völker ist die Freiheit
des waffenfähigen Mannes, die zur Gleichheit des Besitzes der Ein=
zelnen und zur Gemeinschaft in Besitz und Leistungen aller
wird, weil sie nur in der Gemeinsamkeit ihres Besitzes verwirk=
licht werden konnte. Erst die letztere war es, welche jedem Ein=
zelnen die Kraft und das stolze Bewußtsein des Ganzen gab."[1]
Man sieht: die Idee einer glücklichen, leider zerstörten Gesellschafts=
verfassung der Vorzeit, die Idealvorstellung einer Art prästabilier=
ten Harmonie der Kräfte, um es kurz zu sagen, eines „goldenen
Zeitalters"[2] tritt hier mit demselben Anspruch auf, geschichtliche
Thatsachen zu reproduzieren, wie die analogen sozialgeschichtlichen
Konstruktionen der Alten.[3]

Das Ungeschichtliche und Übertriebene in dem angedeuteten
Idealgemälde ist in Beziehung auf das germanische Altertum neuer=
dings zur Genüge klargelegt worden.[4] Was die hellenische Welt
betrifft, so wird nach dem Gesagten eines weiteren Beweises nur
noch derjenige bedürfen, der mit Viollet,[5] Laveleye,[6] v. Stein[7]

---

[1] Die drei Fragen des Grundbesitzes und seine Zukunft S. 29 u. 37 f.

[2] Der Ausdruck wird direkt gebraucht um die Zustände des altgerma=
nischen Staates zu charakterisieren, bei Lamprecht: Rheinische Studien 103 ff.

[3] Wie weit die Analogie zwischen antiken und modernen Einseitig=
keiten auf diesem Gebiete geht, dafür ist auch der Vorwurf bezeichnend, den
C. Delbrück (Die indogermanischen Verwandtschaftsnamen S. 215) Lamprechts
Studien zur Sozialgeschichte der deutschen Urzeit macht, daß „diejenigen
Schablonen, welche innerhalb des Rahmens der Naturvölker erarbeitet sind
oder zu sein scheinen, allzu bereitwillig auf andere Völker übertragen werden,
als ob wir noch in den Zeiten lebten, da die großen Epopöen der spekula=
tiven Philosophie die Gemüter gefangen hielten."

[4] Von Meitzen in dem gen. Aufsatz „über die Individualwirtschaft
der Germanen" a. a. O. S. 71 f.

[5] A. a. O. S. 465 f.

[6] A. a. O. S. 370.

[7] Stein: Die Entwicklung der Staatswissenschaft bei den Griechen.
Sitzgb. der Wien. Akad. (phil. hist. Kl.) 1879 S. 255.

u. a. der Ansicht ist, daß „die antiken Dichter im goldenen Zeit=
alter einen alten Gesittungszustand schildern, dessen Andenken sich
erhalten hatte!" Wer soweit geht und schließlich mit Laveleye
selbst den bekannten Idealstaat des Euhemerus [1] als eine der wirk=
lichen Geschichte angehörige Erscheinung anerkennt, weil seine In=
stitutionen „die echten Züge der primitiven Agrarverfassung an sich
trügen", für den sind diese Ausführungen nicht geschrieben.

Wie sehr der Sozialstaat der Legende ein Geschöpf des Zeit=
geistes ist und nur als solches vollkommen verständlich wird, könnte
durch nichts klarer veranschaulicht werden, als wenn wir uns die
allgemeinen Zustände der hellenischen Welt, welche sich in der be=
sprochenen Litteratur reflektieren, sowie die gewaltige Reaktion ver=
gegenwärtigen, welche jene Zustände in dem ganzen politischen und
sozialökonomischen Denken der edelsten Geister der Nation hervor=
gerufen haben.

Zweites Kapitel.

Die individualistische Zersetzung der Gesellschaft und die Reaktion der philosophischen Staats= und Gesellschaftstheorie.

Erster Abschnitt.

Individualistische Tendenzen.

Die sozialen Mißstände, unter denen das Sparta des vierten
und dritten Jahrhunderts zu leiden hatte, sind typisch für die Ge=
schichte dieser Epoche überhaupt. Fast überall in Hellas dieselbe
Tendenz zur Verschärfung der wirtschaftlichen Gegensätze, infolge
der zunehmenden Konzentrierung des Kapitals und des Grundbesitzes
ein unaufhaltsames Zusammenschwinden des Mittelstandes, neben

---

[1] S. das Kapitel über den Staatsroman im zweiten Band.
[2] Laveleye a. a. O.

dem Wachstum der Geldmacht die furchtbare Kehrseite: der Pau=
perismus, in allen Schichten des Volkes eine die besseren Triebe
mehr und mehr überwuchernde Begier nach Gewinn und Genuß,
rücksichtslose Ausbeutung und ausschweifendste Spekulation, Ver=
bitterung und gegenseitige Entfremdung der verschiedenen Gesell=
schaftsschichten durch Klassenneid und Klassenhaß.

Dazu kam, daß diese Elemente der sozialen Zersetzung und
Auflösung den freiesten Spielraum für ihre Bethätigung hatten.
So wie die Dinge in der republikanischen Staatenwelt von Hellas
lagen, fehlte hier eine Organisation der Staatsgewalt, welche stark
genug gewesen wäre, gegenüber den in der Gesellschaft vertretenen
Sonderinteressen die Idee des Staates als des Vertreters des Ge=
meininteresses und der ausgleichenden Gerechtigkeit in genügender
Weise zur Geltung zu bringen, den Egoismus der Gesellschaft den
gemeinsamen Zwecken des Staatslebens zu unterwerfen. In dem
auf dem Prinzip der Volkssouveränität beruhenden Staat, wo in
Wirklichkeit die Souveränität der Gesellschaft oder vielmehr der je=
weilig herrschenden Gesellschaftsklasse die eigentliche Grundlage der
Staatsordnung bildet, sind ja die sozialen Mächte von vorneherein
das ausschlaggebende Moment auch im öffentlichen Leben. Die
Basis der Gesellschaftsordnung, der Besitz und seine Verteilung sind
stets zugleich maßgebend für die staatliche Ordnung. Die ganze
Entwicklung des politischen Lebens der hellenischen Republiken hing
daher im letzten Grunde von der Entscheidung der Frage ab, welche
von den verschiedenen sozialen Klassen, — die kapitalistische Minder=
heit, der Mittelstand, die nichts oder wenig Besitzenden, — den
vorwaltenden Einfluß auf die Staatsgewalt zu erlangen vermochte.

Solch eine sich selbst überlassene, durch eine kraftvolle Reprä=
sentation des Staatsgedankens nicht eingeschränkte Gesellschaft ist
aber stets geneigt, sich in ihrem staatlichen Verhalten durch gesell=
schaftliche Sonderinteressen bestimmen zu lassen, den Besitz der
Staatsgewalt den eigenen Zwecken dienstbar zu machen. Der Kampf
der egoistischen Triebe, der in der Gesellschaft als wirtschaftlicher
Konkurrenzkampf geführt wird, verpflanzt sich aus der sozialökono=

mischen Sphäre auf das staatliche Gebiet; und so sehen wir denn auch hier alle Gegensätze, welche die Gesellschaft erfüllten, stets auch im politischen Leben zum Ausdruck kommen.

Der Anspruch der politischen Parteien auf Beherrschung der Staatsgewalt war in der Regel nichts anderes als der Anspruch auf Durchsetzung sozialer Interessen, das mehr oder minder offen anerkannte Ziel des Parteikampfes kein anderes als die Ausnützung der Staatsgewalt im Sonderinteresse der einen Gesellschaftsklasse auf Kosten der anderen. Die Interessen des Güterlebens beherrschten vielfach fast mit derselben elementaren Gewalt, wie die Gesellschaft, so auch den Staat; auch er wurde zum Tummelplatz roher sozialer Begierden.

Wo der Staat in solchem Maße den Naturtrieben der Gesellschaft preisgegeben war, mußte der öffentliche Geist in der That wie von selbst in den Wahn hineingeraten, das politische Recht sei vor allem ein individuelles Recht ohne Verpflichtung gegen das Ganze, die politische Herrschaft keine Pflichterfüllung für die Gesamtheit, sondern ein Mittel zur Befriedigung sozialer Gelüste.[1] Denn es ist nun einmal tief in den Neigungen der menschlichen Natur begründet, soweit die einzelnen entscheiden, zuerst für diese und erst in zweiter Linie für andere und für das ganze Volk zu sorgen. Eine Erfahrung, die sich überall wiederholen wird, mag nun die kapitalistische Minderheit oder die Masse der Nichtbesitzenden durch die politische Macht die Möglichkeit erhalten, diesen Neigungen ungehindert zu folgen.

Man nahm es zuletzt wie etwas Selbstverständliches hin, politische Machtverhältnisse als soziale Herrschafts- und Ausbeutungsverhältnisse aufgefaßt und ausgeübt zu sehen. Die bekannte Schrift über die athenische Demokratie erklärt die Klassenherrschaft des Demos von dessen Standpunkt aus als völlig naturgemäß, da

---

[1] Vgl. die bezeichnende Äußerung des Aristoteles: νῦν δὲ διὰ τὰς ὠφελείας τὰς ἀπὸ τῶν κοινῶν καὶ τὰς ἐκ τῆς ἀρχῆς βούλονται συνεχῶς ἄρχειν, οἷον εἰ συνέβαινεν ὑγιαίνειν ἀεὶ τοῖς ἄρχουσι νοσακεροῖς οὖσιν. καὶ γὰρ ἂν οὕτως ἴσως ἐδίωκον τὰς ἀρχάς. Pol. III, 4, 6. 1279a.

man es ja niemand übel nehmen könne, wenn er vor allem für
fich felbft forge;[1] und mit der offenherzigften Unbefangenheit wird
zugeftanden, daß im umgekehrten Falle die Reichen ihre Herrfchaft
in demfelben Geifte ausnützen würden.[2] Eine Auffaffung, der es
vollkommen entfpricht, wenn Ariftoteles die beiden Grundformen
des damaligen Verfaffungslebens, Oligarchie und Demokratie als
Regierungsfyfteme definiert, von denen das eine zum Vorteile der
Reichen, das andere zum Vorteile der Armen geübt wird.[3] Denn,
wie Ariftoteles weiter bemerkt, der Kampf zwifchen Arm und Reich,
zwifchen Befitzenden und Nichtbefitzenden, der das hellenifche Volks-
und Staatsleben zerrüttete und vergiftete, konnte kein anderes Ergebnis haben, als daß die jeweilig fiegreiche Partei viel mehr auf
die Begründung einer Klaffenherrfchaft bedacht war, als einer die
gemeinfamen Intereffen aller fchützenden, die Sonderintereffen ausgleichenden ftaatlichen Ordnung (πολιτεία κοινή καὶ ἴση).[4] Infoferne ift es wohl berechtigt, wenn Plato die auf folcher Grundlage
erwachfenen Verfaffungen geradezu als eine Negation der Staatsidee,
als Werkzeuge der Zerfprengung, nicht der Erhaltung der bürgerlichen Gemeinfchaft bezeichnet.[5]

---

[1] II, 20: δημοκρατίαν δ'ἐγὼ αἰτῷ μὲν τῷ δήμῳ συγγιγνώσκω·
αὐτὸν γὰρ εὖ ποιεῖν παντὶ συγγνώμη ἐστίν.

[2] I, 16; εἰ μὲν γὰρ οἱ χρηστοὶ ἔλεγον καὶ ἐβούλευον, τοῖς ὁμοίοις
σφίσιν αὐτοῖς ἦν ἀγαθά, τοῖς δὲ δημοτικοῖς οὐκ ἀγαθά.

[3] Pol. III, 5, 4. 1279b: ἡ δ'ὀλιγαρχία πρὸς τὸ (συμφέρον τὸ)
τῶν εὐπόρων, ἡ δὲ δημοκρατία πρὸς τὸ συμφέρον τὸ τῶν ἀπόρων· πρὸς
δὲ τὸ τῷ κοινῷ λυσιτελοῦν οὐδεμία αὐτῶν.

[4] ib. VI, 9, 11. 1296a: διὰ τὸ στάσεις γίγνεσθαι καὶ μάχας πρὸς
ἀλλήλους τῷ δήμῳ καὶ τοῖς εὐπόροις ὁποτέροις ἂν μᾶλλον συμβῇ κρατῆσαι
τῶν ἐναντίων, οὐ καθιστᾶσι κοινὴν πολιτείαν οὐδ' ἴσην, ἀλλὰ τῆς νίκης
ἆθλον τὴν ὑπεροχὴν τῆς πολιτείας λαμβάνουσιν, καὶ οἱ μὲν δημοκρατίαν, οἱ δ'ὀλιγαρχίαν ποιοῦσιν.

[5] Leg. 715b ταύτας δήπου φαμὲν ἡμεῖς νῦν οὔτ' εἶναι πολιτείας,
οὔτ' ὀρθοὺς νόμους, ὅσοι μὴ ξυμπάσης τῆς πόλεως ἕνεκα τοῦ κοινοῦ
ἐτέθησαν· οἳ δ' ἕνεκα τινῶν, στασιωτείας, ἀλλ' οὐ πολιτείας τούτους
φαμέν, καὶ τὰ τούτων δίκαια ἅ φασιν εἶναι, μάτην εἰρῆσθαι. cf. 832 c.:
τούτων γὰρ δὴ πολιτεία μὲν οὐδεμία, στασιωτεῖαι δὲ πᾶσαι λέγοιντ' ἂν

Das ist es offenbar, was Mommsen im Auge hat, wenn er von jenem griechischen Wesen spricht, das dem Einzelnen das Ganze, dem Bürger die Gemeinde aufopferte und zu einer inneren Auf= lösung der Gemeindegewalt selbst führte. Das letzte Ergebnis ist in der That ein extremer Individualismus, der bis zu einer förm= lichen Verneinung von Staat und Recht fortschritt und das Inter= esse des Individuums als das einzig wahre Interesse proklamierte. Für die Theorie des Egoismus, wie sie Hand in Hand mit der geschilderten Gestaltung des öffentlichen Lebens Eingang fand, er= schien das Individuum nicht nur als souveräne Ursache aller Ord= nungen und Einrichtungen des Zusammenlebens, sondern sie be= trachtete die Lebenszwecke des isolierten Individuums auch als einzige Zwecke alles menschlichen Thuns.[1]

Eine Auffassung, die mit innerer Notwendigkeit zugleich zum ethischen Materialismus führen mußte! Denn da die Lebenszwecke des isolierten oder isoliert gedachten Individuums eben unbedingt egoistische sind und da sie sich vorzugsweise auf das physische Dasein beziehen, was kann aus der ausschließlichen Berücksichtigung dieser Zwecke anderes entstehen, als der Materialismus, der sittliche Nihilismus?[2]

Der Rechts= und Staatsidee wird ein angebliches Naturrecht

ὀρθότατα· ἑκόντων γὰρ ἑκοῦσα οὐδεμία, ἀλλ' ἀκόντων ἑκοῦσα ἄρχει σὺν ἀεί τινι βίᾳ, φοβούμενος δὲ ἄρχων ἀρχόμενον οὔτε ἰσχυρὸν οὔτ' ἀνδρεῖον οὔτε τὸ παράπαν πολεμικὸν ἑκὼν ἐάσει γίγνεσθαί ποτε.

[1] Das ist in sozialpolitischer Hinsicht der Sinn der dem Satze πάν= των χρημάτων μέτρον ἄνθρωπος von einer sophistischen Moralphilosophie gegebenen Deutung, daß der Mensch in seiner Vereinzlung, das beliebige Individuum das Maß aller Dinge sei.

[2] Vgl. die Formulierung dieses Standpunktes bei Plato, Gorgias 491 c: — τοῦτ' ἔστιν τὸ κατὰ φύσιν καλὸν καὶ δίκαιον, ... ὅτι δεῖ τὸν ὀρθῶς βιωσόμενον τὰς μὲν ἐπιθυμίας τὰς ἑαυτοῦ ἐᾶν ὡς μεγίστας εἶναι καὶ μὴ κολάζειν, ... καὶ ἀποπιμπλάναι ὧν ἂν ἀεὶ ἡ ἐπιθυμία γίγνηται. cf. 492 d. Es ist der Lieblingssatz des ethischen Materialismus der Gegen= wart, daß der Mensch um so glücklicher sei, je mehr Bedürfnisse er habe. vorausgesetzt, daß die Mittel zu ihrer Befriedigung vorhanden sind.

entgegengestellt, welches dem Einzelnen in der Befriedigung seiner selbstsüchtigen Triebe keine andere Grenze steckt, als das Maß der eigenen Kraft. Wie im Kampfe ums Dasein, in der Tierwelt, immer der Stärkere es ist, der die Oberhand über den Schwachen gewinnt, so ist nach dieser Dogmatik des Egoismus das Recht stets auf dessen Seite, der die Macht hat; es ist identisch mit dem Interesse des Stärkeren.[1] Die Regierungen machen mit vollem Rechte das zum Gesetz, was ihnen nützt; das sogenannte Gerechte ist nichts anderes, als der Vorteil der Machthaber.[2] Nur Thoren und Schwächlinge werden sich daher durch das positive Gesetz verhindern lassen, stets ihren eigenen Nutzen zu verfolgen.

Die Mehrheit weiß recht wohl, daß sie schwach ist, und daß die einzige Bürgschaft für ihr Wohlsein in der Einschränkung der

---

[1] Diese Anschauungsweise wird in Platos Gorgias einem praktischen Politiker, im „Staat", mit etwas verschiedener Motivierung, einem Sophisten in den Mund gelegt. Gorgias 483 d: ἡ δέ γε, οἶμαι, φύσις αὐτὴ ἀποφαίνει αὖ, ὅτι δίκαιόν ἐστι τὸν ἀμείνω τοῦ χείρονος πλέον ἔχειν καὶ τὸν δυνατώτερον τοῦ ἀδυνατωτέρου. δηλοῖ δὲ ταῦτα πολλαχοῖ ὅτι οὕτως ἔχει, καὶ ἐν τοῖς ἄλλοις ζῴοις καὶ τῶν ἀνθρώπων ἐν ὅλαις ταῖς πόλεσι καὶ τοῖς γένεσιν, ὅτι οὕτω τὸ δίκαιον κέκριται, τὸν κρείττω τοῦ ἥττονος ἄρχειν καὶ πλέον ἔχειν. — Die von Grote aufgeworfene Frage, inwieweit die Sophisten mit Recht oder Unrecht als Träger dieser Anschauungsweise erscheinen, kommt für uns hier nicht in Betracht. Uns genügt die Thatsache, daß sie von „Tausenden" geteilt wurde (ἀκούω καὶ μυρίων ἄλλων! wie es rep. II, 358 c heißt. cf. Gorg. 492 d: σαφῶς γὰρ σὺ νῦν λέγεις, ἃ οἱ ἄλλοι διανοοῦνται μὲν, λέγειν δὲ οὐκ ἐθέλουσιν). Das „Geheimniß aller Welt" — wie Helvetius von dieser Ansicht gesagt hat. — Daß es sich dabei übrigens auch um thatsächlich vorgetragene Lehren handelt, ist nach den Spuren, die sich in der älteren Litteratur, z. B. bei Euripides (Jon V, 621 ff.) und dem von Jamblichos benützten Sophisten (cf. Blaß, Kieler Progr. 1889) finden, ganz unzweifelhaft. Das hat neuerdings wieder F. Dümmler: Prolegomena zu Platons Staat und der platonischen und aristotelischen Staatslehre (Basler Progr. 1891) S. 30 gegen Gomperz (Apologie der Heilkunst S. 112) mit Recht betont. — Vgl. übrigens auch Thukydides V, 105, VI, 82—87.

[2] rep. I, 338 c: τὸ δίκαιον . . . τὸ τοῦ κρείττονος συμφέρον! cf. ib. 338 e.

Starken liegt. Zu diesem Zwecke hat sie durch das „willkürlich
ausgedachte" Gesetz das Naturrecht verdrängt. Die von Natur
Stärkeren aber nimmt man von Jugend auf — wie junge Löwen —
in Zucht, solange ihr Gemüt noch weich ist, und sucht sie durch
allerlei Vorspiegelungen zu bethören und zur Anerkennung der
Gleichberechtigung der Andern zu erziehen. Wenn aber Einer, der
eine ausreichend kräftige Natur besitzt, zum Manne wird, dann
schüttelt er das Alles ab, durchbricht den magischen Ideenkreis, in
den man ihn künstlich gebannt hatte, sowie alle der Natur wider-
strebenden Gesetze, um als Herr und Meister der Vielen aufzu-
treten und zu glanzvoller Erscheinung zu bringen, was von Natur
Recht ist.[1]

Ganz besonders gilt dieses antisoziale Raisonnement dem
Gebiete der wirtschaftlichen Konkurrenz, den Machtentscheidungen
des sozialen Daseinskampfes, der von den Vertretern der genannten
Richtung ganz in derselben Weise nach den Thatsachen der Tier-
entwicklung beurteilt wurde, wie von ihren modernen Nachfolgern,
welche die schlechthinige Souveränität des Egoismus als unabweis-
bares Postulat der natürlichen Zuchtwahl hinstellen. Es ist die
einfache Übertragung des wilden Gewalt- und Überlistungskrieges
im Tierreich auf die Interessenkämpfe der bürgerlichen Gesellschaft,
wenn es als Naturrecht proklamiert wird, daß „das Besitztum der
Schwächeren und Geringeren eigentlich den Stärkeren", d. h. den
„Besseren oder Fähigeren" gehöre, daß jene mit dem zufrieden

---

[1] Gorg. 484a: ἐὰν δέ γε, οἶμαι, φύσιν ἱκανὴν γένηται ἔχων ἀνήρ,
πάντα ταῦτα ἀποσεισάμενος καὶ διαρρήξας καὶ [διαφυγὼν] καταπατήσας
τὰ ἡμέτερα γράμματα καὶ μαγγανεύματα καὶ ἐπῳδὰς καὶ νόμους τοὺς
παρὰ φύσιν ἅπαντας, ἐπαναστὰς ἀνεφάνη δεσπότης ἡμέτερος ὁ δοῦλος,
ἐνταῦθα ἐξέλαμψεν τὸ τῆς φύσεως δίκαιον.

cf. Leg. X, 889e: καὶ δὴ καὶ τὰ καλὰ φύσει μὲν ἄλλα εἶναι, νόμῳ
δὲ ἕτερα· τὰ δὲ δὴ δίκαια οὐδ' εἶναι τὸ παράπαν φύσει κτλ. — — τὸ
δικαιότατον ὅ τί τις ἂν νικᾷ βιαζόμενος — πρὸς τὸν κατὰ φύσιν
ὀρθὸν βίον, ὅ ἐστι τῇ ἀληθείᾳ κρατοῦντα ζῆν τῶν ἄλλων καὶ μὴ δουλεύειν
ἑτέροισι κατὰ νόμον.

ſein müſſen, was ihnen dieſe übrig laſſen.[1]) Eine Forderung, mit
der die Anſprüche der ausbeutenden Klaſſenherrſchaft ihren Höhe=
punkt erreicht haben.

So wird der ſelbſtſüchtige Wille des Individuums auf den
Thron geſetzt, die Geſellſchaft in ihre Atome aufgelöſt. Und was
ſich hier als Theorie gibt, das erſcheint in ſeiner verhängnisvollen
Bedeutung für die Praxis des Lebens in dem furchtbaren Urteil,
welches ein ſo nüchterner Beobachter, wie Ariſtoteles im Hinblick
auf den Egoismus ſeines Zeitalters gefällt hat: Immer ſind es
nur die Schwachen, welche nach Recht und Gleichheit rufen, die
Starken aber fragen nichts nach dieſen Dingen."[2])

Wo die höheren ſozialen Gefühle dem Bewußtſein weiter
Kreiſe in ſolchem Maße verloren gegangen waren, da mußte der
Intereſſenkampf der Individuen und Geſellſchaftsklaſſen vielfach zu
einem über alle Schranken der Sittlichkeit und des Rechtes ſich
hinwegſetzenden Ringen unverſöhnlicher Kräfte entarten. In den
wirtſchaftlich und politiſch fortgeſchritenſten Staaten der helleniſchen
Welt finden wir auf der einen Seite eine plutokratiſch geſinnte
Minderheit, welche das Prinzip der Volksſouveränität, der Geſetz=
gebung durch das Volk, als eine unnatürliche Knechtung der Stär=
keren, der ſozial und geiſtig Höherſtehenden, auf das drückendſte
empfand und ſtets bereit war, ſich derſelben mit allen Mitteln zu
entledigen, auf der anderen Seite das „Volk", deſſen demokratiſches
Bewußtſein ebenſo einſeitiger Individualismus im Intereſſe der

---

[1]) Vgl. Plato im Gorgias 484b, wo Kallikles die Verſe Pindars
über den Rinderraub des Herakles zitiert (ἄγει δικαιῶν τὸ βιαιότατον ὑπερ-
τάτᾳ χειρί· τεκμαίρομαι ἔργοισιν Ἡρακλέος, ἐπεὶ — ἀπριάτας —) und
hinzufügt: λέγει δ' ὅτι οὔτε πριάμενος οὔτε δόντος τοῦ Γηρυόνου ἠλάσατο
τὰς βοῦς, ὡς τούτου ὄντος τοῦ δικαίου φύσει καὶ βοῦς καὶ τἆλλα
κτήματα εἶναι πάντα τοῦ βελτίονός τε καὶ κρείττονος τὰ τῶν
χειρόνων τε καὶ ἡττόνων.

[2]) Politik VII, 1, 14. 1318b: περὶ μὲν τοῖ ἴσου καὶ τοῦ δικαίου,
κἂν ᾖ πάνυ χαλεπὸν εὑρεῖν τὴν ἀλήθειαν περὶ αὐτῶν, ὅμως ῥᾷον τυχεῖν
ἢ συμπεῖσαι τοὺς δυναμένους πλεονεκτεῖν· ἀεὶ γὰρ ζητοῦσι τὸ δίκαιον καὶ
τὸ ἴσον οἱ ἥττους, οἱ δὲ κρατοῦντες οὐδὲν φροντίζουσιν.

Massen war, wie das oligarchische Prinzip in dem der Reichen.
Wollte die Geldoligarchie überall die Emanzipation vom staatlichen
Zwang, wo derselbe ihren Gewinntrieb beengte, so wollte der radikale
Teil des Demos alles durch den Staat für die Masse. Ein Gegensatz, der sich immer mehr verschärfen mußte, je mehr infolge der
einseitigen kapitalistischen Entwicklung der Gesellschaft dasjenige
Volkselement, welches berufen gewesen wäre, den schlimmsten Ausschreitungen und gewaltsamen Ausbrüchen des Klassenegoismus ent-
gegenzuwirken, der besitzende Mittelstand, im Rückgang begriffen
war, und die Kluft zwischen wenig Überreichen und dem an Zahl
und Begehrlichkeit stetig wachsenden Proletariat eine immer größere
wurde.

Nichts könnte die vernichtenden Wirkungen dieser Verschärfung
und Verbitterung der Klassengegensätze greller beleuchten, als das
frevelhafte Losungswort der geheimen oligarchischen Klubs der Zeit:
„Ich will dem Volke feindlich gesinnt sein und durch meinen Rat
nach Kräften schaden." Hier war die Zerstörung der geistig-sittlichen
Gemeinschaft der Volksgenossen, die Zersetzung der gemeinsamen
Ideen und Gefühle, welche das Volkstum zusammenhalten, in der
That vielfach bis zu jenem Punkte gediehen, wo man in Wahrheit
sagen konnte, was die moderne Demagogie der Gegenwart den
Massen predigt, daß die höheren Stände im Vaterland, wie in
Feindesland lebten als die geborenen Gegner des kleinen Mannes.

Ist es auf der anderen Seite zu verwundern, daß die dem
Pauperismus verfallene Masse, der „das Gemeinwesen gleichgültig
war, wenn sie nur Brot hatte",[1] stets die Neigung zeigte in der
Ausnützung der Macht, welche die politische Gleichberechtigung und
das Gewicht ihrer Zahl verlieh, bis zur äußersten Grenze zu gehen?

So wird der politische Parteikampf mehr oder minder zu
einem Kampf um den Besitz und daher mit der ganzen Leidenschaft-
lichkeit geführt, der diesem Kampfe eigen zu sein pflegt. Es ist
nicht bloß ein Ringen in der politischen Arena, sondern nur zu oft

---

[1] Isokrates Areop. § 83.

ein Kampf mit Fauft und Schwert, deffen blutige Gewaltfamkeit den überall aufgefpeicherten Zündftoff des Klaffenhaffes zu hellen Flammen entfachte und zu denfelben furchtbaren Ausfchreitungen führte, wie die Parteikämpfe der fpäteren römifchen Republik, die franzöfifche Schreckensherrfchaft und die Kommune.

Man denke nur an die Greuelfzenen in dem Streite zwifchen den Oligarchen und Demokraten Kerkyras (427), und an die klaffifche Schilderung, welche Thukydites im Hinblick auf diefe und andere Auswüchfe des Parteihaders von der Zerrüttung der nationalen Sittlichkeit durch den Geift der Selbftfucht unterworfen hat.[1]) Man denke an den fogenannten Skytalismos in Argos, wo im Jahre 370 der wütende Pöbel über die Befitzenden herfiel und 1500 Menfchen mit Knütteln erfchlagen wurden. „Das Volk von Argos," fagt Jfokrates, „macht fich ein Vergnügen daraus, die reichen Bür-ger umzubringen, und freut fich, indem es das thut, fo fehr, wie andere nicht einmal, wenn fie ihre Feinde töten."[2]) Von den Zuftänden im Pelogones überhaupt heißt es an einer anderen Stelle: „Man fürchtet die Feinde weniger als die eigenen Mitbürger. Die Reichen möchten ihren Befitz lieber ins Meer werfen, als den Armen geben, den Armen dagegen ift nichts erfehnter, als die Be-raubung der Reichen. Die Opfer hören auf, an den Altären fchlachten fich die Menfchen. Manche Stadt hat jetzt mehr Emi-granten, als früher der ganze Peloponnes."[3]) So fcheiden die fozialen Gegenfätze die Gefellfchaft in zwei feindliche Teile, von denen der eine dem andern ftets den Rückhalt ftreitig macht, den er am Staat für feine wirtfchaftliche und gefellfchaftliche Exiftenz, für feinen Befitz und feine Freiheit hätte haben follen.[4]) Die

---

[1]) III, 82.
[2]) Philipp. § 20.
[3]) Archidam. § 28.
[4]) Der Staat zerfällt gewiffermaßen in zwei fich feindlich gegenüber-ftehende Staaten, fagt Plato Rep. 423a: δύο μὲν γὰρ, κἂν ὁτιοῦν ᾖ, πολε-μία ἀλλήλαις, ἡ μὲν πενήτων, ἡ δὲ πλουσίων (sc. πολιτεία). τούτων δ' ἐν ἑκατέρᾳ πάνυ πολλαί αἷς ἐὰν μὲν ὡς μιᾷ προσφέρῃ, παντὸς ἂν ἁμάρ-

Elemente der Einheit sind soviel schwächer geworden als die der Trennung, daß nicht selten die einander bekämpfenden Klassen sich zuletzt innerlich ferner stehen, als ganz Fremden und Feinden.

Zweiter Abschnitt.

Der Kampf der idealistischen Sozialphilosophie gegen den extremen Individualismus. Allgemeine sozialethische Postulate.

Es leuchtet ein, daß ein Volk von so eminenter geistiger Energie, wie es die Hellenen waren, die geschilderte Gestaltung der Dinge nicht in stumpfer Resignation über sich ergehen lassen konnte. Das Jahrhundert, welches alle Kräfte der Zersetzung und Auf= lösung zur vollen Entwicklung brachte, ist zugleich recht eigentlich das philosophische Jahrhundert der hellenischen Geschichte, eine Epoche gewaltiger Geistesarbeit, welche der furchtbaren Widersprüche im inneren und äußeren Leben der Nation Herr zu werden, den Weg zu ihrer Lösung zu zeigen suchte.

Die Richtung, in welcher sich diese sozial=philosophische Ge= dankenarbeit bewegte, war durch die geschilderten Verhältnisse des Lebens klar vorgezeichnet. Hatte die Zeit das Prinzip des Indi= vidualismus auf die Spitze getrieben, das Interesse als die Trieb= feder alles menschlichen Handelns proklamiert, so mußte die Er= kenntnis, daß die Überspannung dieses Prinzips nur zur Auflösung

---

τοις, ἐὰν δὲ ὡς πολλαῖς, διδοὺς τὰ τῶν ἑτέρων τοῖς ἑτέροις, χρήματά τε καὶ δυνάμεις ἢ καὶ αὐτούς, ξυμμάχοις μὲν ἀεὶ πολλοῖς χρήσει, πολεμίοις δ' ὀλίγοις.

Man denkt dabei unwillkürlich an die Worte, welche Disraeli, der spätere Premier, im Jahre 1848 über das damalige Verhältnis zwischen Arm und Reich schreibt: „Sie sind gleichsam zwei Völker, zwischen denen keinerlei Verkehr und kein verwandtes Gefühl besteht, die einander so wenig kennen in ihren Gewohnheiten, Gedanken und Gefühlen, als ob sie die Söhne ver= schiedener Zonen oder die Bewohner verschiedener Planeten wären.

der Geſellſchaft führte, bei allen tiefer Blickenden einen ſtarken Rückſchlag in zentraliſtiſchem Sinne herbeiführen.

Gegenüber einer Anſchauungsweiſe, welche das Individuum mit Vorliebe in ſeiner Vereinzelung ins Auge faßte, ſetzt jetzt in der helleniſchen Litteratur eine mächtige Strömung ein, die von dem Gedanken getragen iſt, daß alles individuelle Leben und Stre=ben ſtets zugleich unter dem Geſichtspunkt ſeiner Zuſammengehörig=keit mit dem Ganzen betrachtet werden müſſe. An die Stelle einer Moral, welche mit Bewußtſein der Dogmatik des Egoismus hul=bigie, deren letztes Ergebnis nur der Kampf aller gegen alle ſein konnte, ſollte wieder eine reinere Sittlichkeit treten, welche die Ziele des menſchlichen Wollens über das Individuum hinausverlegte, die getrennten und verfeindeten Elemente der Geſellſchaft aufs neue zu einer lebendigen Gemeinſchaft zuſammenzuſchließen vermöchte. Die extrem=individualiſtiſche Weltanſchauung ſollte innerlich überwunden werden durch das, was man mit Comte und Carlyle als „al=truiſtiſche“ Moral bezeichnen könnte.

Das iſt das große Problem, welches ſich durch die ſoziale Philoſophie ſeit den Zeiten des großen helleniſchen Bruderkrieges wie ein roter Faden hindurchzieht. Sie will an Stelle des über=mächtig gewordenen Egoismus wieder mehr die ſozialen Motive zur Geltung bringen, die Menſchen zum ſozialen Handeln erziehen, zu einer Thätigkeit, welche ſich nicht ausſchließlich auf das eigene Da=ſein richtet, ſondern ſtets zugleich Thätigkeit im Dienſte des Ganzen ſein will. So ſoll aus dem Kampfe, der Staat und Geſellſchaft zu zerſprengen drohte, der Weg gezeigt werden zum ſozialen Frie=ben, zu einer fortſchreitenden Vereinheitlichung der Glieder des Staates.

Mit Recht wird dabei von Anfang an — ganz ähnlich wie von den bahnbrechenden Führern der analogen modernen Bewegung, von Fichte, Carlyle u. a. — darauf hingewieſen, daß, wenn die Fähigkeit der Einzelnen zu Opfern für die Allgemeinheit geſteigert und verallgemeinert werden ſoll, vor allem das Wechſelverhältnis zwiſchen den Individuen und Klaſſen ein anderes werden müſſe.

Der Zuſtand, in dem die verſchiedenen Klaſſen aufgehört haben,
ſich gegenſeitig zu verſtehen, Arm und Reich neben einander leben,
wie zwei feindliche Völker, die ganz verſchieden fühlen und ver=
ſchieden denken, dieſer Zuſtand, der eben nur zum Kampfe führen
kann, weil er eine friedliche Verſtändigung unmöglich macht, muß
überwunden und der Staat auf eine neue ſittliche Grundlage ge=
ſtellt werden. Es iſt darauf hinzuwirken, daß die Klaſſengegenſätze
gemildert werden, und daß die Geſamtheit der Bürger ſich wieder
mehr als eine ſittliche Gemeinſchaft, als eine homogene Maſſe fühlen
kann, welche das alle gleichmäßig umſchlingende Band gemeinſamer
Empfindungen und Vorſtellungen und gemeinſamer Ideale innerlich
zuſammenhält, ein Band, das ſich ſtärker zu erweiſen vermag, als
der Egoismus der Einzelnen, wie ganzer Klaſſen.

In dieſem Sinne wird ſchon von Sokrates mit beſonderem
Nachdruck auf den Bürgereid hingewieſen, der jeden Hellenen vor
allem auf die Pflege bürgerlicher Eintracht verpflichtet. Die
„ὁμόνοια“, die Übereinſtimmung einheitlich empfindender Menſchen,
welche allein die trennenden Unterſchiede zwiſchen Individuen und
Klaſſen zu überbrücken vermag, wird hier als das höchſte politiſche
Gut proklamiert.[1] „Περὶ ὁμονοίας“ wird das mit Vorliebe ge=
wählte Schlagwort für die Bezeichnung jener offenbar zahlreichen
publiziſtiſchen Schriften, welche für die radikale Reform des Staates
und der Geſellſchaft eintraten und das Idealbild einer neuen beſſe=
ren Ordnung der Dinge entwarfen.[2]

In demſelben Sinne erklärt Plato als höchſtes Ziel aller
Politik Friede und wechſelſeitiges Wohlwollen (εἰρήνη πρὸς ἀλλήλους ἅμα καὶ φιλοφροσύνη).[3] Die Gemeinſchaftsgefühle (τὸ

---

[1] Xen. Mem. IV, 4, 16.

[2] Die unter dieſem Titel bekannte Schrift Antiphons ſteht gewiß
nicht allein. Vgl. auch das Fragment aus Demokrit (Stob. Flor. XLIII,
40): Ἀπὸ ὁμονοίης τὰ μεγάλα ἔργα καὶ τῇσι πόλισι τοὺς πολέμους
δυνατὸν κατεργάζεσθαι, ἄλλως δ᾽ οὔ.

[3] Leg. X, 628 c.

φίλον καὶ τὸ κοινὸν ἐν τῇ πόλει),[1] die den Staat zusammen=
halten und seine innere Einheit verbürgen (ὃ ἂν ξυνδῇ τε καὶ
ποιῇ μίαν sc. τὴν πόλιν),[2] sie müssen vor allem gepflegt werden,
auf daß der Staat ein „in sich befreundeter" sei (πόλις φίλη
ἑαυτῇ).[3]

Daher darf der Staatszweck auch nicht bloß das Wohlergehen
eines Volksteiles, sondern nur das der Gesamtheit sein.[4] Nach
den Interessen und Bedürfnissen der gesamten im Staate lebenden
Gemeinschaft ist das Recht zu gestalten, während das Recht des
Individuums erst in zweiter Linie steht. Ein Ziel, das nur er=
reicht werden kann, wenn staatliche Zucht und staatliche Erziehung
der Willensphäre der Einzelnen solche Schranken gezogen, dieselben
so sehr in das Leben der Gemeinschaft eingeordnet haben, daß sie
dem Staate als willige Mitarbeiter an der Befestigung der die
staatliche Gemeinschaft zusammenhaltenden Bande dienen (ἐπὶ τὴν
ξύνδεσμον τῆς πόλεως!).[5]

Die auf dieses Ziel gerichtete Thätigkeit der Politik, der
„königlichen Kunst" (βασιλικῆς τέχνης) wird von dem genannten
Gesichtspunkt aus mit einem schönen poetischen Bild als die eines
„königlichen Ineinanderwebens der Gemüter" (βασιλικῆς ξυνυ-
φάνσεως ἔργον) bezeichnet, welches durch „göttliche und mensch=
liche" Bande, durch Eintracht und Liebe eine sittliche Lebensgemein=
schaft herstellt,[6] das „allerköstlichste Geflechte" (πάντων μεγαλο-
πρεπέστατον ὑφασμάτων καὶ ἄριστον), welches alle Glieder des
Staates mit einander verbindet.[7]

---

[1] ib. III, 697 d.
[2] Rep. V, 462 d.
[3] Leg. X, 693 c, cf. 701 d. Ähnlich heißt es 743 d.
[4] Vgl. die oben S. 149 angeführte Stelle. Leg. VII, 715 b.
[5] Rep. VII, 519 e.
[6] Eine Gemeinschaft, wo
　　　„Alles sich zum Ganzen webt,
　　　Eins in dem Andern wirkt und lebt!"
[7] ib. I, 311 c.

Der Selbstsucht (ἡ σφόδρα ἑαυτοῦ φιλία),[1] die nichts kennt, als die Bedürfnisse des unersättlichen Ich (der ἀκολασία), wird entgegengehalten, daß sie im letzten Grunde alle Verkehrsgemeinschaft zwischen den Menschen (die κοινωνία) und damit alle Bande der Sympathie (φιλία) aufhebt, daß sie eine allgemeine Ordnung[2] und ein Recht eigentlich gar nicht mehr zuläßt und damit alles negiert, was „Himmel und Erde, Götter und Menschen zusammenhält."[3]

Schon der Begriff der alles umschließenden und umzwingenden Weltordnung des Kosmos, dessen Wesen eben „Ordnung", Gebundenheit, Harmonie sei, lasse den Anspruch des Individuums auf souveräne Ungebundenheit, eine durch rücksichtslose Geltendmachung des Eigeninteresses zu einem Wirrsal anarchischer Kräfte (ἀκοσμία καὶ ἀκολασία) gewordene Gesellschaft als naturwidrig erscheinen.[4] Die rücksichtslose Verfolgung der Pleonexie ist unvereinbar mit dem, was Plato die verhältnismäßige Gleichheit nennt,[5] vermöge deren sich jeder an seiner Stelle der Weltordnung

---

[1] Leg. V, 731 c Plato nennt (Gorgias 507 e) die Praxis des Egoismus ein „ζῆν λῃστοῦ βίον".

[2] Plato berührt sich hier unmittelbar mit der historisch-ethischen Richtung der modernen Nationalökonomie, die, wie z. B. Schmoller, der älteren individualistischen Schule gegenüber mit Recht betont hat, daß in einer nur auf eigennützigem Handeln der Menschen beruhenden Gesellschaft „Raub und Totschlag (λῃστοῦ βίος!) der beste Verteilungsmodus" seien, da die individuellen Interessen in ihrer Steigerung zur Aufhebung jeder Ordnung und Gesetzmäßigkeit führen müßten.

[3] Gorg. 507 e: οὔτε γὰρ ἂν ἄλλῳ ἀνθρώπῳ προσφιλής ἂν εἴη ὁ τοιοῦτος οὔτε θεῷ· κοινωνεῖν γὰρ ἀδύνατος· ὅτῳ δὲ μὴ ἔνι κοινωνία, φιλία οὐκ ἂν εἴη.

[4] ib. 508 a: φασὶ δ᾿ οἱ σοφοί, ὦ Καλλίκλεις, καὶ οὐρανὸν καὶ γῆν καὶ θεοὺς καὶ ἀνθρώπους τὴν κοινωνίαν συνέχειν καὶ φιλίαν καὶ κοσμιότητα καὶ σωφροσύνην καὶ δικαιότητα, καὶ τὸ ὅλον τοῦτο διὰ ταῦτα κόσμον καλοῦσιν, ὦ ἑταῖρε, οὐκ ἀκοσμίαν οὐδὲ ἀκολασίαν.

[5] ib. σὺ δέ μοι δοκεῖς οὐ προσέχειν τὸν νοῦν τούτοις, καὶ ταῦτα σοφὸς ὤν, ἀλλὰ λέληθέν σε ὅτι ἡ ἰσότης ἡ γεωμετρικὴ καὶ ἐν θεοῖς καὶ ἐν ἀνθρώποις μέγα δύναται. σὺ δὲ πλεονεξίαν οἴει δεῖν ἀσκεῖν· γεωμετρίας γὰρ ἀμελεῖς.

dienend einzugliedern hat, von welcher Staat und Gesellschaft selbst ein Teil ist.

Hatte ein extremer Individualismus den Staat in ein Ge= wirr von atomistisch neben einander stehenden Individuen aufgelöst, so erscheint hier das Getrennte wieder zu einer lebendigen Gemein= schaft verbunden, deren Glieder sich stets der Pflicht bewußt sind, daß jeder sich in seiner Wirkungssphäre beschränke (τὰ ἑαυτοῦ πράττει)[1]) und zugleich immer so handle, daß seine Thätigkeit auch der Gesamtheit mit zu gute komme.[2]) Über die egoistischen sollen soziale Beweggründe die Herrschaft gewinnen, vor allem die sittliche Hingebung an die höchste Gemeinschaft, an den Staat. Der zentrifugalen Strömung und den negativen Freiheitsidealen, welche das Individuum zum Mittelpunkte der Welt gemacht hatten, tritt so eine ausgesprochene zentralistische Strömung, dem extremen In= dividualismus der Sozialismus entgegen.

Eine Gedankenentwicklung, ganz ähnlich derjenigen, welche in der analogen Bewegung des letzten Jahrhunderts gegen die Welt= anschauung der Aufklärungsepoche, des individualistischen Naturrechts und der individualistischen Nationalökonomie zu Tage getreten ist. Es entspricht durchaus dem angedeuteten griechischen Vorstellungs= kreise, wenn Göthe in den Wanderjahren die Idee ausführt, daß jeder nur Verwalter seines Besitzes sei, den er zu Gunsten des Ganzen zu verwalten habe, wenn ferner an jeden Einzelnen die Forderung gestellt wird: „Mache ein Organ aus dir und erwarte, was für eine Stelle dir die Menschheit im allgemeinen Leben zu= gestehen wird."

---

[1]) Rep. IV, 433 d.

[2]) ib. VII, 519e: Ἐπελάθου, ἦν δ' ἐγώ, πάλιν, ὦ φίλε, ὅτι νομο- θέτῃ οὐ τοῦτο μέλει, ὅπως ἕν τι γένος ἐν πόλει διαφερόντως εὖ πράξει, ἀλλ' ἐν ὅλῃ τῇ πόλει τοῦτο μηχανᾶται ἐγγενέσθαι, ξυναρμόττων τοὺς πολίτας πειθοῖ τε καὶ ἀνάγκῃ ποιῶν μεταδιδόναι ἀλλήλοις τῆς ὠφελείας, ἣν ἂν ἕκαστοι τὸ κοινὸν δυνατοὶ ὦσιν ὠφελεῖν, καὶ αὐτὸς ἐμποιῶν τοιούτους ἄνδρας ἐν τῇ πόλει, οὐχ ἵνα ἀφιῇ τρέπεσθαι ᾕπῃ ἕκαστος βούλεται, ἀλλ' ἵνα καταχρῆται αὐτὸς αὐτοῖς ἐπὶ τὸν ξύνδεσμον τῆς πόλεως.

Allerdings haftet dieser „organischen" Auffassung von An=
fang an — bei Plato, wie in der organischen Staats= und Sozial=
theorie der Neuzeit — eine gewisse Einseitigkeit an. Wenn Plato
von der Vorstellung ausgeht, daß der Staat „gleichsam der Mensch
im Großen" sei,[1] so wird hier verkannt, daß die Analogie zwischen
sozialen Erscheinungen und natürlichen Organismen keine universelle,
die Totalität ihres Wesens umfassende sein kann, sondern immer
nur eine solche, welche sich auf einzelne bestimmte Seiten des=
selben bezieht.[2] Wie wir bei der Beurteilung der positiven Vor=
schläge Platos zu einem Neubau von Staat und Gesellschaft sehen
werden, hat die Konstruktion des Staates als eines Organismus
zu tiefgreifenden Irrtümern, zu einer Überspannung des sozialistischen
Prinzips geführt; allein in der Negative und für die zunächst=
liegende Aufgabe der Abwehr einer rein mechanischen Auffassung
der sozialen Erscheinungen hat die „organische" Betrachtungsweise
damals wie in der Neuzeit vortreffliche Dienste geleistet. Mit ihr
brach sich die Erkenntnis Bahn, daß die staatliche Gemeinschaft nicht
ein bloßes Aggregat, eine Ordnung äußerer Beziehungen zwischen
mehr oder minder isolierten Personen ist, sondern daß sich im
Staate das Volk zu einer Einheit zusammenschließt, deren einzelne
Teile, — ähnlich wie im physischen Organismus, — wenn auch
mit eigenem Leben begabt, so doch gleichzeitig durch das Leben des
Ganzen bedingt und bestimmt sind, als „Glieder" des Ganzen fun=
gieren. Der individualistisch=atomistischen Anschauungsweise, die den
Staat ohne weiteres mit seinen jeweiligen menschlich=persönlichen
Trägern identifizierte und in einen Komplex mechanischer Einzel=
beziehungen auflöste, tritt hier eine Anschauungsweise gegenüber, der
die Erkenntnis eines nicht in der Summe der Einzelinteressen sich
erschöpfenden Interesses gesellschaftlicher Gesamtheiten aufgegangen
ist und die daher auch den Staat als ein einheitliches Ganzes, mit

---

[1] καθάπερ ἕνα ἄνθρωπον Leg. VIII, 829 a. Vgl. Rep. 434 d.
[2] Vgl. die treffenden Bemerkungen von Menger: Untersuchungen über
die Methode der Sozialwissenschaften und der pol. Ökonomie. S. 140 ff.

einem von der Summe ſeiner Teile verſchiedenen Daſein anzu=
erkennen vermochte. Gegen die materialiſtiſche Herabwürdigung des
Staates zu einem bloßen Werkzeug atomiſtiſcher Einzelintereſſen er=
hebt ſich hier das Bewußtſein von dem ſelbſtändigen Weſen des
Staates als eines von der Summe der konkreten jeweilig lebenden
Individuen unterſchiedenen Zweckſubjekts, das Bewußtſein von ſeinem
alles individuelle Leben und Streben überragenden, die Generationen
überdauernden Lebensgehalt, von der durch ihn verwirklichten Ein=
heit in der Vielheit.[1])

Wie ganz anders erſcheint bei dieſer Auffaſſung die Stellung
des Individuums in ſeinem Verhältnis zum Staat! Wird der
einzelne Menſch in ſeinen ſtaatlichen Beziehungen als Teil eines
Ganzen, als Glied eines einheitlichen Geſamtlebens gedacht, ſo kann
er auch nicht mehr ausſchließlich ſich ſelbſt Zweck ſein und den
Staat zum Werkzeug dieſes ſeines ſelbſtherrlichen Willens erniedri=
gen. Iſt der Staat nicht mehr bloß eine Summe ungleich ge=
ſtellter, teils herrſchender, teils beherrſchter Einzelperſonen, ſo kann
er auch nicht mehr das ſein, wozu ihn die Lehre des extremen In=
dividualismus gemacht hatte: die Organiſation der Herrſchaft der
einen über die andern zum Behufe beſſerer Befriedigung der Inter=
eſſen der Stärkeren durch Ausbeutung der Schwächeren. Über die
Anſprüche des Egoismus der Individuen und Klaſſen erhebt ſich
die Idee des Staates als einer Macht, welche ihre eigenen ſittlich=
vernünftigen Zwecke verfolgt, welche als die der Geſamtheit aller
immanente Einheit die Gerechtigkeit gegen alle zu verwirklichen hat.
Und die Einzelnen hinwiederum, als Elemente dieſer Einheit, haben

---

[1]) Vgl. die ſchöne Ausführung von Gierke: Die Grundbegriffe des
Staatsrechts und die neueſten Staatsrechtstheorien, Tüb. Ztſchr. f. d. geſ.
Staatsw. 1874 S. 375, wo auch die platoniſche Staatsauffaſſung in dieſem
Punkte eine unbefangene Beurteilung findet. Dagegen kann Van Krieken:
Über die ſogen. organiſche Staatstheorie S. 13 ff. von ſeinem Standpunkte
aus zu einer objektiven Würdigung des platoniſchen Standpunktes nicht ge=
langen, ſoviel Richtiges auch ſeine Kritik der Schwächen und Einſeitigkeiten
der organiſchen Staatstheorie enthält.

den Inhalt ihres Daseins nicht mehr ausschließlich in sich selbst zu
suchen, sondern zugleich in der Bestimmung für das höhere Gesamtleben, für das über allen Einzelwesen stehende „Gemeinwesen".

Darin liegt das Wahre und ewig Gültige in der „organischen" Auffassung des Staates,[1] wenn auch die Idee des Organismus an und für sich den politischen Einheitsbegriff nur unvoll-
kommen und in einseitig übertriebener Weise zum Ausdruck bringt.[2]
Diese Idee ist es jedenfalls, die, wie Carlyle richtig bemerkt, den
Weg zur Überwindung eines nicht minder einseitigen Individualismus gezeigt hat und eine sozialethische Auffassung ermöglicht, wie
sie sonst nur religiöse Zeitalter besitzen. Wie der Mensch als
Einzelwesen durch das Interesse, so ist er als Glied eines Ganzen
durch das geleitet, was bei Carlyle bald als Glaube an „über-
individuelle Werte", bald als Liebe, Selbstüberwindung und „Loyali-
tät", bei Göthe als „Ehrfurcht", Entsagung, Selbstbeschränkung erscheint,
bei Plato als „sittliche Scheu" (αἰδώς),[3] als Sympathie (φιλία),
Selbstbeherrschung (σωφροσύνη) und Gerechtigkeit bezeichnet wird,[4]

---

[1] Dies ignoriert Dilthey: Einleitung in die Geisteswissenschaften
286 ff.

[2] Dilthey hat vollkommen recht, wenn er den Begriff des Organismus eine methaphysische Begriffsdichtung nennt und auf die verhängnisvolle
Rolle hinweist, welche diese Auffassung in der Geschichte der politischen
Wissenschaft unleugbar gespielt hat. Allein es ist dem gegenüber ebenso
entschieden zu betonen, daß damals gegenüber der individualistischen Zersetzung des Staatsbegriffes die organische Staatstheorie einen Fortschritt bedeutete. Auch gibt ja Dilthey zu, daß „alles Leben des Staates so außerordentlich komplex ist, daß selbst die moderne wahrhaft analytische Wissenschaft noch am Anfange seiner wissenschaftlichen Behandlung steht."

[3] Protagoras 323 c, wo αἰδώς καὶ δίκη als πόλεων κόσμοι τε καὶ
δεσμοὶ φιλίας συναγωγοί bezeichnt werden.

[4] σωφροσύνη und δικαιοσύνη sollen nach Plato (Gorgias 507 e) die
maßgebende Richtschnur alles menschlichen Handels in Gesellschaft und Staat
sein. οὗτος ἔμοιγε δοκεῖ ὁ σκοπὸς εἶναι, πρὸς ὃν βλέποντα δεῖ ζῆν,
καὶ πάντα εἰς τοῦτο τὰ αὑτοῦ συντείνοντα καὶ τὰ τῆς πόλεως,
ὅπως δικαιοσύνη παρέσται καὶ σωφροσύνη τῷ μακαρίῳ μέλλοντι ἔσεσθαι,
οὕτω πράττειν, οὐκ ἐπιθυμίας ἐῶντα ἀκολάστους εἶναι καὶ ταύτας ἐπι-
χειροῦντα πληροῦν ἀνήνυτον κακόν, λῃστοῦ βίον ζῶντα.

die jedem das ihm Zukommende, das „Geziemende" gewährt, ja
fogar lieber Unrecht leidet, als Unrecht thut.[1]

Wenn man den Mann, deffen kühner Idealismus der un=
geheuren individualiftifchen Strömung der modernen Welt ein Halt
gebot und den Sieg einer neuen Gesellschaftsauffassung wesentlich
mit vorbereitete, wenn man Thomas Carlyle als den „Jesaias des
Jahrhunderts" bezeichnet hat, so könnte man nicht treffender als
mit denselben Worten die Stellung charakterisieren, welche Plato,
deffen ganze Sozialphilofophie ein einziger gewaltiger Mahnruf an
das „Gewiffen der Gesellschaft" ift, in dem Kampfe gegen die
Schwäche und den Egoismus seines Zeitalters, gegen die materia=
liftifche und atomiftifche Auffassung gesellschaftlicher und politifcher
Erscheinungen einnahm.

Doch ift es nicht bloß der das öffentliche Gewiffen wach=
rufende Prophet und Idealift, sondern auch die nüchternere Staats=
lehre des Ariftoteles, welche wir von derselben anti=individualiftifchen
Bewegung ergriffen sehen.

„Man darf nicht glauben," fagt Ariftoteles ganz in plato=
nifchem Sinne, „daß der Bürger nur sich selbst angehört, vielmehr
gehören alle dem Staate." Denn — fügt er hinzu — jeder ift
ein Teil des Staates.[2] — Ein Satz, in dem uns ebenfalls wie=
der die Auffassung des Staates als eines Organismus entgegen=
tritt. Um das Verhältnis zwischen Individuum und Staat zu er=
läutern, wird geradezu der Vergleich mit den Gliedern des mensch=
lechen Körpers, mit Hand und Fuß herangezogen, die, wenn der
ganze Mensch zu existieren aufgehört hat, ebenfalls nicht mehr da
find, es sei denn dem Namen nach.[3] Der Teil eines Ganzen ver=
mag eben ohne dasselbe seine Bestimmung nicht zu erreichen, ift
„sich nicht selbst genug," gelangt also zu voller und wahrer Existenz

---

[1] Gorg. 469 c.
[2] Pol. V, 1, 2. 1337a: ἅμα δὲ οὐδὲ χρὴ νομίζειν, αὐτὸν αὑτοῦ
τινὰ εἶναι τῶν πολιτῶν, ἀλλὰ πάντας τῆς πόλεως· μόριον γὰρ
ἕκαστος τῆς πόλεως.
[3] I, 1, 11b. 1253a.

erst durch das Ganze,[1]) weshalb Aristoteles vom Staate sagt, er
sei als ein Ganzes (begrifflich) früher, als seine der Autarkie un=
fähigen Teile, die Individuen.[2]) Nur aus der Idee des Ganzen
heraus kann das einzelne Glied begriffen werden.

Als Organismus ist der Staats ferner nichts künstlich Ge=
machtes, ein bloßes Werk der Willkür und der Reflexion, sondern
erwachsen aus den in der Natur selbst liegenden Triebkeimen,[3]) die
solche wenn auch minder vollkommene Formen der Lebensgemein=
schaft ja schon im Tierleben, z. B. im „Bienenstaat" entstehen
lassen.[4]) Dieses in der Natur angelegte Gemeinschaftsstreben er=
reicht in der staatlichen Gemeinschaft das Endziel der Autarkie d. h.
des völligen Selbstgenügens, welches das Wesen alles Glückes aus=
macht.

Denn ein wahrhaft glückliches Dasein ist nicht das der Iso=
lierung, in welchem der Mensch möglichst nur sich selber lebt, son=
dern ein solches, in welchem er als ein geselliges Wesen zugleich
für Familie, Freunde und Mitbürger da ist.[5]) —

---

[1]) „Seine Zugehörigkeit zur Allgemeinheit läßt sich nicht fortdenken.
ohne das Wesen des Menschen zu negieren." Gierke a. a. O. 301.

[2]) Ebd.

[3]) Der Mensch ein von Natur staatliches Wesen! ἄνϑρωπος φύσει
πολιτικὸν ζῷον. Der Staat ein Naturprodukt! πᾶσα πόλις φύσει ἐστίν. ib.

[4]) Inwieweit diese Analogie berechtigt ist, kann hier nicht erörtert
werden. Zurückgewiesen wird sie von dem — in Beziehung auf die allge=
meine Auffassung wesentlich mit Aristoteles übereinstimmenden — Natur=
forscher unter den heutigen Philosophen, von Wundt, nach welchem die
dauernden geselligen Vereinigungen der Tiere ausnahmslos auf dem Ge=
schlechtsverhältnis beruhen und daher nur als erweiterte Familien, nicht als
Staaten gelten können. Ethik 175. Vgl. den Aufsatz über Tierpsychologie
in den Essays 156. Anderer Ansicht ist Häckel: Über die Arbeitsteilung in
Natur und Menschenleben 27 und Gierke a. a. O.

[5]) Eth. Nic. (Susemihl) I, 5. 1097b, 8: τὸ ... τέλειον ἀγαϑὸν
αὔταρκες εἶναι δοκεῖ. τὸ δὲ αὔταρκες λέγομεν οὐκ αὐτῷ μόνῳ τῷ ζῶντι βίον
μονώτην ἀλλὰ καὶ γονεῦσι καὶ τέκνοις καὶ γυναικὶ καὶ ὅλως τοῖς φίλοις
καὶ πολίταις, ἐπειδὴ φύσει πολιτικὸν ζῷον ὁ ἄνϑρωπος. cf. 1196b: πολι=
τικὸν γὰρ ὁ ἄνϑρωπος καὶ συζῆν πεφυκός. Eth. Eud. VII, 1142a: κοι-

Gemäß dieser sozialen Grundauffassung wird von Aristoteles ein besonderer Nachdruck gelegt auf die Entwicklung der sozial= ethischen Empfindungen, denen er drei volle Bücher der Ethik ge= widmet hat, jener gesellschaftlichen Gemeingefühle, welche er in dem Begriffe der φιλία zusammenfaßt, sowie der grundlegenden sozialen Tugenden: der Billigkeit und Gerechtigkeit. —

Gegenüber dem spezifischen Laster des Egoismus: der Pleo= nexie, der Plusmacherei des Stärkeren,[1] der im Wettbewerb um die heißumstrittenen äußeren Güter rücksichtslos sein Interesse auf Kosten des Schwachen geltend macht,[2] erscheint hier vor allem die

---

νωνικὸν ζῷον. — In gleichem, nur über die nationale Schranke hinaus= gehendem Sinne tritt Comte und der Positivismus der individualistischen Doktrin mit der Aufstellung des altruistischen Grundsatzes entgegen: „Lebe für den Nächsten d. h. für die Familie, das Vaterland, die Menschheit;" wozu Schultze-Gävernitz (zum sozialen Frieden II, 14) mit Recht bemerkt, daß dies die drei Kreise sind, durch welche der Mensch in seiner Entwicklung hin= durchgegangen ist, und von denen immer der vorhergehende, weil er noch mehr egoistische Triebe in Bewegung setzt, als Erziehung für den Nachfol= genden zu betrachten ist.

[1] Diese Bekämpfung der „Pleonexie" ist überhaupt charakteristisch für die ganze hier in Betracht kommende Richtung der Sozialphilosophie. Vgl. z. B. jenen unbekannten Autor des 5. Jahrhunderts, den Jamblichus benützt hat (vielleicht Antiphon? Blaß fr. e. Kiel 1889. Univers. Progr.): Ἔτι τοίνυν οὐκ ἐπὶ πλεονεξίαν ὁρμᾶν δεῖ, οὐδὲ τὸ κράτος τὸ ἐπὶ τῇ πλεονεξίᾳ ἡγεῖσθαι ἀρετὴν εἶναι, τὸ δὲ τῶν νόμων ὑπακούειν δειλίαν· πονηροτάτη γὰρ αὕτη ἡ διάνοιά ἐστι, καὶ ἐξ αὐτῆς πάντα τἀναντία τοῖς ἀγαθοῖς γίγνεται, κακία τε καὶ βλάβη. εἰ γὰρ ἔφυσαν μὲν οἱ ἄνθρωποι ἀδύ- νατοι καθ᾽ ἕνα ζῆν, συνῆλθον δὲ πρὸς ἀλλήλους τῇ ἀνάγκῃ εἴκοντες, πᾶσα δὲ ἡ ζωὴ αὐτοῖς ηὕρηται καὶ τὰ τεχνήματα ⟨τὰ⟩ πρὸς αὐτήν, σὺν ἀλλήλοις δὲ εἶναι αὐτοὺς καὶ ἀνομίᾳ διαιτᾶσθαι οὐχ οἷόν τε (μεῖζω γὰρ αὐτοῖς ζημίαν οὕτω γίγνεσθαι ἐκείνης τῆς κατὰ ἕνα διαίτης) διὰ ταύτας τοίνυν τὰς ἀνάγκας τόν τε νόμον καὶ τὸ δίκαιον ἐμβασιλεύειν τοῖς ἀνθρώποις καὶ οὐδαμῇ μεταστῆναι ἂν αὐτά. φύσει γὰρ ἰσχυρᾷ ἐνδεδέσθαι ταῦτα.

[2] Die Pleonexie ist die ἀδικία ἡ περὶ τιμὴν ἢ χρήματα ἢ σωτηρίαν ἢ εἴ τινι ἔχοιμεν ἑνὶ ὀνόματι περιλαβεῖν ταῦτα πάντα, καὶ δι᾽ ἡδονὴν τὴν ἀπὸ τοῦ κέρδους. (N. Eth. V. 4. 1130a, 1.) Sie besteht in dem πλέον

Gerechtigkeit als diejenige sittliche Gesinnung, welche das eigene Interesse mit dem der anderen möglichst auszugleichen sucht. D. h. der Mensch soll überall im Verkehr, wo es sich um die Zuteilung materieller Vorteile oder Nachteile handelt, das Prinzip der verhältnismäßigen Gleichheit walten lassen, indem er weder von jenen sich selbst zu viel und dem Nächsten ($\tau \tilde{\omega} \ \pi \lambda \eta \sigma i o \nu$) zu wenig, noch von diesen sich selbst zu wenig und dem anderen zu viel zueignet, sondern sich ehrlich um das richtige Mittelmaß bemüht.[1]) Gerechtigkeit in diesem Sinne ist also die Verwirklichung des suum cuique ($\dot{\eta} \ \dot{\alpha} \varrho \epsilon \tau \dot{\eta} \ \delta \iota' \ \dot{\eta} \nu \ \tau \dot{\alpha} \ \alpha \dot{\upsilon} \tau \tilde{\omega} \nu \ \ddot{\epsilon} \varkappa \alpha \sigma \tau o \iota \ \ddot{\epsilon} \chi o \upsilon \sigma \iota \nu$. rheth. I, 9). Im Gegensatz zu jener Anschauung, die nur Eine Norm distributiver Gerechtigkeit, das Recht der Kraft kennt, wird diese Gerechtigkeit auch dem Schwachen gerecht. Sie gibt daher auch dem Nächsten mehr als das, was nötigenfalls durch das Gesetz erzwungen werden kann; denn sie ist nicht bloß Gesetzlichkeit, sondern auch Billigkeit ($\tau \dot{o} \ \dot{\epsilon} \pi \iota \epsilon \iota \varkappa \acute{\epsilon} \varsigma$), welche nicht auf dem Buchstaben des formalen Rechtes besteht, sondern auch da, wo das Gesetz zu Gunsten des eigenen Interesses spricht, dieses Interesse freiwillig hinter dem innerlich berechtigteren Anspruch des Nächsten zurücktreten läßt.[2]) Die Gerechtigkeit ist, weil sie auch das Wohl des

---

$\alpha \dot{\upsilon} \tau \tilde{\omega} \ \nu \acute{\epsilon} \mu \epsilon \iota \nu \ \tau \tilde{\omega} \nu \ \dot{\alpha} \pi \lambda \tilde{\omega} \varsigma \ \dot{\alpha} \gamma \alpha \vartheta \tilde{\omega} \nu, \ \ddot{\epsilon} \lambda \alpha \tau \tau o \nu \ \delta \dot{\epsilon} \ \tau \tilde{\omega} \nu \ \dot{\alpha} \pi \lambda \tilde{\omega} \varsigma \ \varkappa \alpha \varkappa \tilde{\omega} \nu$ ebd. 10. 1134 a, 34.

[1]) ebd. 8. 1134 a, 1: $\dot{\eta} \ \mu \dot{\epsilon} \nu \ \delta \iota \varkappa \alpha \iota o \sigma \acute{\upsilon} \nu \eta \ \dot{\epsilon} \sigma \tau \dot{\iota} \ \varkappa \alpha \vartheta' \ \ddot{\eta} \nu \ \dot{o} \ \delta \acute{\iota} \varkappa \alpha \iota o \varsigma \ \lambda \acute{\epsilon} \gamma \epsilon \tau \alpha \iota$ $\pi \varrho \alpha \varkappa \tau \iota \varkappa \dot{o} \varsigma \ \varkappa \alpha \tau \dot{\alpha} \ \pi \varrho o \alpha \acute{\iota} \varrho \epsilon \sigma \iota \nu \ \tau o \tilde{\upsilon} \ \delta \iota \varkappa \alpha \acute{\iota} o \upsilon, \ \varkappa \alpha \dot{\iota} \ \delta \iota \alpha \nu \epsilon \mu \eta \tau \iota \varkappa \dot{o} \varsigma \ \varkappa \alpha \dot{\iota} \ \alpha \dot{\upsilon} \tau \tilde{\omega}$ $\pi \varrho \dot{o} \varsigma \ \ddot{\alpha} \lambda \lambda o \nu \ \varkappa \alpha \dot{\iota} \ \ddot{\epsilon} \tau \epsilon \varrho \omega \ \pi \varrho \dot{o} \varsigma \ \ddot{\epsilon} \tau \epsilon \varrho o \nu, \ o \dot{\upsilon} \chi \ o \ddot{\upsilon} \tau \omega \varsigma, \ \ddot{\omega} \sigma \tau \epsilon \ \tau o \tilde{\upsilon} \ \mu \dot{\epsilon} \nu \ \alpha \dot{\iota} \varrho \epsilon \tau o \tilde{\upsilon}$ $\pi \lambda \acute{\epsilon} o \nu \ \alpha \dot{\upsilon} \tau \tilde{\omega} \ \ddot{\epsilon} \lambda \alpha \tau \tau o \nu \ \delta \dot{\epsilon} \ \tau \tilde{\omega} \ \pi \lambda \eta \sigma i o \nu, \ \tau o \tilde{\upsilon} \ \beta \lambda \alpha \beta \epsilon \varrho o \tilde{\upsilon} \ \delta' \ \dot{\alpha} \nu \acute{\alpha} \pi \alpha \lambda \iota \nu, \ \dot{\alpha} \lambda \lambda \dot{\alpha} \ \tau o \tilde{\upsilon}$ $\ddot{\iota} \sigma o \upsilon \ \tau o \tilde{\upsilon} \ \varkappa \alpha \tau' \ \dot{\alpha} \nu \alpha \lambda o \gamma \acute{\iota} \alpha \nu, \ \dot{o} \mu o \acute{\iota} \omega \varsigma \ \delta \dot{\epsilon} \ \varkappa \alpha \dot{\iota} \ \ddot{\alpha} \lambda \lambda \omega \ \pi \varrho \dot{o} \varsigma \ \ddot{\alpha} \lambda \lambda o \nu$. Mit Recht bezieht Schmoller (Grundfragen des Rechtes und der Staatswirtschaft S. 61) das, was Aristoteles „austeilende Gerechtigkeit" nennt, auch auf den privatwirtschaftlichen Verkehr, nicht bloß auf die Verteilung öffentlicher Rechte und Lasten, wie Trendelenburg (Die aristotelische Begriffsbestimmung und Einteilung der Gerechtigkeit. Hist. Beiträge zur Philos. III 405), Zeller (Phil. d. Gr. II [2]³ 641), Neumann (Die Steuer nach der Steuerfähigkeit. Jahrb. f. Nationalökon. u. Stat. n. F. I 545) u. a. Vgl. übrigens auch Ahrends: Naturrecht I,⁶ 42.

[2]) ebd. V, 14. 1137 b, 1.

andern, nicht bloß das eigene will, zugleich ein „Gut der Mit=
menschen" (ἀλλότριον ἀγαθὸν, ὅτι πρὸς ἕτερόν ἐστιν· ἄλλῳ
γὰρ τὰ συμφέροντα πράττει.[1]) Altruismus!); und insofern ist
sie auch die „vollendete Tugend", weil der, welcher sie besitzt, die
Tugend nicht bloß als Individuum für sich selbst und in seinem
inneren Leben, sondern auch im Verhältnis zu anderen zu bethä=
tigen vermag.[2]) Denn viele genügen den Anforderungen der ἀρετή
zwar in Haus und Familie; wo es sich aber um die Beziehungen
zu außerhalb Stehenden handelt, bleiben sie mehr oder minder weit
hinter derselben zurück.[3]) Es zeigt sich das besonders deutlich in
Lebensstellungen, in denen sich die Thätigkeit des Einzelnen recht
eigentlich auf die Anderen und auf die Gemeinschaft richtet, wes=
halb Bias sehr treffend bemerkt hat, daß erst das Amt den Mann
erweist.[4])

Daher ist die Gerechtigkeit zugleich ein „politisches Gut"
(πολιτικὸν ἀγαθὸν),[5]) weil sie ein der Gemeinschaft dienendes
ist (τὸ κοινῇ συμφέρον[6])). Sie ist die „Trefflichkeit im Gemein=
leben" (κοινωνικὴ ἀρετή)[7]). In der Gerechtigkeit, sagt Aristoteles
mit einem Dichterwort, ist jede Tugend begriffen; sie ist in ge=
wissem Sinne die ἀρετή schlechthin. Nicht der Abendstern, noch
der Morgenstern ist so wunderbar wie sie.[8])

---

[1]) ebd. V, 3. 1130 a, 2,

[2]) ebd. V, 3. 1129 b, 25: αὕτη μὲν οὖν ἡ δικαιοσύνη ἀρετή μέν ἐστι
τελεία, ἀλλ' οὐχ ἁπλῶς ἀλλὰ πρὸς ἕτερον . καὶ διὰ τοῦτο πολλάκις κρατίστη τῶν ἀρετῶν εἶναι δοκεῖ ἡ δικαιοσύνη κτλ.

[3]) ebd. 1130 a 5: ἄριστος δ' οὐχ ὁ πρὸς αὑτὸν (χρώμενος) τῇ ἀρετῇ,
ἀλλ' ὁ πρὸς ἕτερον· τοῦτο γὰρ ἔργον χαλεπόν.

[4]) ebd. 1: καὶ διὰ τοῦτο εὖ δοκεῖ ἔχειν τὸ τοῦ Βίαντος, ὅτι „ἀρχὰ
τὸν ἄνδρα δείξει"· πρὸς ἕτερον γὰρ καὶ ἐν κοινωνίᾳ ἤδη ὁ ἄρχων.

· [5]) Pol. III, 6, 7. 1282 b.

[6]) Eth. III, 11. 1160 a, 14. ●

[7]) Pol. III, 7, 7. 1283 a: κοινωνικὴν γὰρ ἀρετὴν εἶναί φαμεν τὴν
δικαιοσύνην, ᾗ πάσας ἀναγκαῖον ἀκολουθεῖν τὰς ἄλλας.

[8]) Eth. V, 3. 1129 b, 38: ἐν δὲ δικαιοσύνῃ συλλήβδην πᾶσ' ἀρετή
ἐστιν. cf. 1130 a 9: αὕτη μὲν οὖν ἡ δικαιοσύνη οὐ μέρος ἀρετῆς ἀλλ' ὅλη
ἀρετή ἐστιν.

Indem die Gerechtigkeit darauf hinwirkt, daß im gegenseitigen
Verkehre der Menschen Leistung und Gegenleistung sich entsprechen,
d. h. in billigem Verhältnis zu einander stehen, erweist sie sich
recht eigentlich als eine Kraft, welche Staat und Gesellschaft zu=
sammenhält, den Menschen an den Menschen fesselt.[1]

Vergegenwärtigen wir uns die Tragweite dieser in der „Ethik"
entwickelten Idee der Gerechtigkeit für die Entwicklung des Verkehrs=
lebens, so ist soviel gewiß, daß sie von vornherein jene rein indivi=
dualistische Auffassung der Volkswirtschaft ausschließt, nach welcher es
als das „Naturgemäße" erscheint, wenn der wirtschaftende Mensch
für möglichst geringe eigene Leistungen möglichst hohe Gegen=
leistungen der anderen zu gewinnen sucht. Die aristotelische Ge=
rechtigkeitsidee enthält vielmehr die Forderung, daß auch bei den
Erscheinungen des Marktes, bei der Bildung des Tauschwertes und
der Preise nicht der wirtschaftliche Egoismus das allein entschei=
dende Moment sei, sondern mit der Bethätigung des berechtigten
Selbstinteresses geradezu eine bewußte Rücksichtnahme auf das Wohl
des Nächsten, eine positive Förderung desselben Hand in Hand gehe.

Es ist ein hochgesteigertes sittliches Ideal, welches damit in
das Verkehrsleben hineingetragen wird. Die Verfolgung des rein
„wirtschaftlichen Prinzipes", vermöge dessen der Anbietende für
Hingabe eines möglichst geringen Warenquantums möglichst viel
Geld, der Nachfragende das Umgekehrte erstrebt, wird nicht einmal
dann als „ethisch farblos"[2] anerkannt, wenn, wie es ja häufig
der Fall ist, jeder Teil überzeugt sein darf, daß der andere bei
dem Geschäft seine Rechnung findet und durch den Erwerb dessen,

---

[1] ebd. 8. 1132b, 31: ἀλλ' ἐν μὲν ταῖς κοινωνίαις ταῖς ἀλλακτικαῖς
συνέχει τὸ τοιοῦτον δίκαιον τὸ ἀντιπεπονθός, κατ' ἀναλογίαν καὶ μὴ
κατ' ἰσότητα . τῷ ἀντιποιεῖν γὰρ ἀνάλογον συμμένει ἡ πόλις.
Vgl. 1133a, 1: τῇ μεταδόσει δὲ συμμένουσιν. Pol. II, 1, 5. 1261a: διόπερ
τὸ ἴσον τὸ ἀντιπεπονθὸς σώζει τὰς πόλεις.

[2] So wird das „wirtschaftliche Prinzip" von modernen National=
ökonomen bezeichnet z. B. v. Dietzel: Beiträge zur Methodik der Wirtschafts=
wissenschaft. Jahrb. f. Nationalök. u. Stat. n. F. IX 34 vgl. 39. Dazu
Dargun: Egoismus u. Altruismus in der Nationalökonomie 84.

was er bedarf, ebenfalls einen wirtschaftlichen Vorteil davonträgt. Der Mensch soll eben überhaupt nicht den höchstmöglichen Lohn für seine Arbeit, den höchstmöglichen Preis für seine Ware, die höchste Rente für sein Kapital erstreben, sondern nur ein solches Maß von Lohn und Preis, welches sich prinzipiell innerhalb der Schranken der Billigkeit und Gerechtigkeit hält. Nirgends auf dem Gebiete der Produktion, wie der Konsumtion soll uns der Mensch, dessen Konsens oder Mitwirkung wir bedürfen, nur als Mittel und Werkzeug gelten, auf welches wir andere als wirtschaftliche Rücksichten zu nehmen nicht nötig haben, sondern stets zugleich als Gegenstand sittlicher Pflichten.

Es soll das Selbstinteresse in dem Sinne „moralisiert" [1]) werden, daß der Handelnde sich in seinen wirtschaftlichen Akten von vorneherein nie einseitig nur um die Wahrung seines Interesses, sondern stets auch um dasjenige der anderen kümmert, daß er dem Mitkontrahenten die Sorge für dessen Wohl nicht aus= schließlich überläßt, sondern selbst von dem ehrlichen Streben nach gerechter Ausgleichung der beiderseitigen Ansprüche beseelt und ge= leitet ist.

Man mag über die Realisierbarkeit dieser Forderung denken, wie man will, man mag den Druck, den die wirtschaftlichen Ver= hältnisse auf den Einzelnen ausüben, und der ja leider in unzäh= ligen Fällen jeden Gedanken an nichtwirtschaftliche Rücksichten ver= drängt,[2]) noch so hoch anschlagen, — darüber kann doch kaum ein

---

[1]) Um einen treffenden Ausdruck von A. Wagner (Grundlegung I,[3] 762) zu gebrauchen.

[2]) „In jedem Augenblick der wirtschaftsgeschichtlichen Entwicklung — sagt Dietzel a. a. O. mit Recht — werden infolge des Drängens der Bevölke= rung auf die Subsistenzmittel, der Verschiedenheit der Ernten, des Wechsels der Konjunktur und der Technik u. s. w. zunächst gewisse Klassen oder Kreise der Gesellschaft in ihrem Besitzstand getroffen, fühlen den Druck des beschränkten Stoffquantums und reagieren darauf durch eine möglichst strikte Befolgung des „wirtschaftlichen" Prinzips in ihren wirtschaftlichen Operationen. Damit alterieren sie wieder den Besitzstand anderer Klassen und die Folge ist eine stete Bewegung in der Richtung dieses Prinzipes." Freilich spricht gerade

Zweifel bestehen, daß die wünschenswerte Gestaltung des Verkehrs in einer möglichsten Annäherung an das hier aufgestellte Ideal ge= sucht werden muß. Aller Fortschritt der sittlichen Kultur hängt von der Frage ab, bis zu welchem Grade neben dem auf das Wirtschaftliche gerichteten Trieb der Selbstbehauptung und Selbstent= faltung die Idee der ausgleichenden Gerechtigkeit als sittlicher Lebens= maßstab zur Geltung zu gelangen vermag. Wie wäre ferner auf dem Wege zur Milderung und Versöhnung wirtschaftlicher und sozialer Gegensätze weiter zu kommen, als „nach der Norm des strahlenden suum cuique" (Robbertus)?

Oder sollen wir es für alle Zukunft als „einfaches Gebot berechtigter mit der Liebe zum Nächsten vereinbaren Selbstliebe" anerkennen, wenn z. B. der wirtschaftliche Unternehmer „bei dem Angebote der Ware Arbeit" unter gleich tüchtigen Arbeitern regel= mäßig nur diejenigen anwirbt, welche den geringsten Lohn fordern,[1] ohne sich ernstlich die Frage vorzulegen, ob diese niedrigste Forde= rung nicht etwa eine durch die Not erzwungene ist, und ob er selbst nicht zu einer besseren Entlohnung wirtschaftlich vollkommen in der Lage wäre?

Sollen wir es für alle Zukunft als „berechtigt" anerkennen, wenn die wirtschaftlichen Interessengruppen den Egoismus stetig steigern und zu immer unverholenerem Ausdruck bringen? Sollen wir diesen Egoismus resigniert hinnehmen als etwas, „wogegen nichts zu sagen ist," und im übrigen der Staatsgewalt die Sorge dafür überlassen, wie den schädlichen Folgen seiner antisozialen Thätigkeit zu begegnen sei?[2]

---

dies für die Notwendigkeit, die in entgegengesetzter Richtung wirkenden Ten= denzen möglichst zu verstärken.

[1] Eine Ansicht, die z. B. Dietzel vertritt, obwohl er selbst zugibt, daß „der Christ, der Patriot, der human und billig Gesinnte auch als wirtschaft= liches Ich nicht unchristlich, unpatriotisch, hartherzig handeln kann" (a. a. O. 44) und daß die Annahme von dem ausschließlichen Walten des wirtschaft= lichen Prinzipes im Verkehr nur eine Hypothese zum Zwecke der Gewinnung abstrakter Gesetze sein könne.

[2] Ein Standpunkt, wie er z. B. von dem deutschen Reichskanzler in

Ariſtoteles iſt anderer Anſicht. Nach ihm hat ſich der Staat, wie der Einzelne auch hier als Organ der ausgleichenden Gerech= tigkeit zu bethätigen, und das allgemeine Rechtsbewußtſein ſoll ſo= weit entwickelt werden, daß es jede Geltendmachung von Privat= intereſſen, welche geeignet iſt, das Ganze zu ſchädigen, jede Aus= beutung wirtſchaftlicher Machtverhältniſſe zur Erzielung unbillig großen Gewinnes als unſittlich brandmarkt.

„Handle ſo, daß die Maxime deines Willens jederzeit als Prinzip einer allgemeinen Geſetzgebung gelten könnte." Dieſe Kan= tiſche Formel will nichts anderes, als das hier entwickelte ariſtote= liſche Moralprinzip, für welches ja ebenfalls die Rückſicht auf den Nebenmenſchen und auf die Geſamtheit das ſittlich Entſcheidende iſt. Es iſt die Idee der Gegenſeitigkeit (des Mutualismus),[1] durch welche auch in den Handlungen des wirtſchaftlichen Verkehrslebens ein gewiſſes Gleichgewicht zwiſchen den Forderungen berechtigter Selbſtliebe und denen des Gemeinſinnes zur Verwirklichung ge= langen ſoll.

Und dieſe ſelbe Idee der Gegenſeitigkeit führt denn noch weiter bis in jene Sphäre menſchlichen Handelns hinein, in welcher die „altruiſtiſche" Empfindungsweiſe geradezu das Übergewicht erhält, in das Bereich der Liberalität und Barmherzigkeit, d. h. alles deſſen, was man neuerdings als das „karitative" Syſtem dem „privat= wirtſchaftlichen" an die Seite geſtellt hat. Hier erſcheint der ari= ſtoteliſchen Betrachtung über die Gerechtigkeit das, was ein wahr= haft gerechter Sinn fordert, durch jene ſchöne Volksſitte vorgezeich= net, an den Mittelpunkten des bürgerlichen Verkehrs ein Heiligtum

---

der großen Rede über die Handelsverträge vom 10. Dezember 1891 ver= treten wurde.

[1] „In der ſozialen Ordnung," ſagt der — allerdings extrem indivi= dualiſtiſche — Proudhon, „iſt die Gegenſeitigkeit (reciprocité, τὸ ἀντιποιεῖν!) die Formel der Gerechtigkeit. Sie iſt die Bedingung der Liebe ſelbſt. Die Gegenſeitigkeit iſt in der Formel ausgedrückt: Thue anderen, was du willſt, daß man dir thue. Das Übel, das uns verſchlingt, kommt daher, daß das Geſetz der Gegenſeitigkeit verkannt und verletzt iſt." Vgl. Diehl: Proud= hon II, 41.

der Huldgöttinnen (Charitinnen) zu errichten.[1]) Aristoteles sieht
darin eine stete Mahnung zur Erfüllung der sittlichen Pflicht, dem
Nächsten Dienst mit Gegendienst zu erwidern, ja noch mehr! —
ihm mit neuen Liebeserweisungen zuvorzukommen, wie es eben im
Wesen der Charis liegt.[2])

Nach alledem gelangt Aristoteles zu dem Ergebnis, daß die
Gerechtigkeit in vieler Beziehung etwas von dem an sich habe,
was die Griechen φιλία nannten,[3]) von jenem Gemeingefühl,
welches Mensch mit Mensch verbindet, und welches vorhan=
den sein muß, wenn es zur Übung der Gerechtigkeit im reinsten
und höchsten Sinne kommen soll.

Die φιλία ist ja nicht bloß mit dem persönlichen Verhältnis
zwischen einzelnen, mit der Freundschaft identisch. Sie ist zugleich
der dem Menschen überhaupt innewohnende Trieb nach dem Leben
in der Gemeinschaft.[4]) Und so zeigt sich der Gegensatz gegen
den sozialen Atomismus, wie er diese Auffassung von der Gerechtig=
keit auszeichnet, auch in der Erörterung über die „Freundschaft",
indem neben der φιλία im engeren Sinne die verschiedensten Formen
des Gemeinlebens, Korporationen, Genossenschaften, kurz Verbände
aller Art,[5]) sowie die verschiedenartigsten Formen des Gemeingefühls
ins Auge gefaßt werden, die über das individuelle Leben mehr oder
minder hinausführen.

---

[1]) Wie es z. B. auf den Marktplätzen von Sparta, Olympia, Orcho=
menes der Fall war.

[2]) Eth. V, 8. 1133a, 2: διὸ καὶ Χαρίτων ἱερὸν ἐμποδὼν ποιοῦνται,
ἵνα ἀνταπόδοσις ᾖ· τοῦτο γὰρ ἴδιον χάριτος· ἀνθυπηρετῆσαί τε
γὰρ δεῖ τῷ χαρισαμένῳ καὶ πάλιν αὐτὸν ἄρξαι χαριζόμενον. Vgl. die
Definition der Charis Rhet. II, 7. 2.

[3]) Ebd. VIII, 1. 1155a, 29: καὶ τᾶν δικαίων τὸ μάλιστα φιλικὸν
εἶναι δοκεῖ.

[4]) Pol. III, 5, 14. 1281a: ἡ γὰρ τοῦ συζῆν προαίρεσις φιλία.

[5]) Auch diese sozialpolitischen Gebilde werden als „φιλίας ἔργον" be=
zeichnet, freilich insoferne mit Unrecht, als solche Genossenschaftsbildung ganz
überwiegend das Ergebnis von individuellen Interessen oder auch von
sozialen Instinkten ist, die nicht notwendig mit altruistischer Empfindungs=
weise zu identifizieren sind.

Demgemäß erſcheint auch hier wieder — als eine Form der φιλία — die „Einheitlichkeit der Geſinnung" (ὁμόνοια),[1]) die „politiſche Freundſchaft". Sie hält den Staat zuſammen und bildet eine feſte Schutzwehr gegen innere Kämpfe, weil, — wo ſie vor= handen iſt — die Einzelnen ſich als Glieder einer geiſtig-ſittlichen Gemeinſchaft fühlen, welche gemeinſame Ideale hat, die ihr höher ſtehen, als das individuelle Intereſſe: nämlich die Gerechtigkeit und die Wohlfahrt der Geſamtheit.[2])

Aber ſelbſt über dieſen weiten durch die ſtaatliche Gemein= ſchaft gegebenen Rahmen führt die Begriffsbeſtimmung der φιλία bei Ariſtoteles hinaus. Er verweiſt auf jenen Drang zum Gemein= leben, welcher ſchon den gemeinſam lebenden Tieren und in noch viel höherem Sinn dem Menſchen eigentümlich iſt;[3]) jenes Gemein= gefühl, als deſſen edle Frucht die „Menſchenfreundlichkeit", die φιλανϑρωπία erſcheint, die immer aufs neue erkennen läßt,

---

[1]) Ich entnehme dieſen ſehr glücklichen Ausdruck den Ausführungen Schmollers, die ſich mit dem ariſtoteliſchen Standpunkt ſo nahe berühren. Die „ὁμόνοια" iſt in der That nichts anderes als Schmollers „Einheitlichkeit der Geſinnung", die Gemeinſchaft der Ideen und Gefühle, die Schmoller ſo ſchön als den „goldenen Ring" bezeichnet hat, welcher „das Volkstum zuſammenhält". Grundfragen 122. Vgl. Jahrb. f. Geſetzgeb. u. Volksw. 1890. S. 98 ff. (Das Weſen der Arbeitsteilung und der ſozialen Klaſſenbildung).

[2]) Eth. IX, 6. 1167b, 3: ἔστιν δ' ἡ τοιαύτη ὁμόνοια ἐν τοῖς ἐπι- ειϰέσιν· οὗτοι γὰρ ϰαὶ ἑαυτοῖς ὁμονοοῦσιν ϰαὶ ἀλλήλοις ἐπὶ τῶν αὐτῶν ὄντες ὡς εἰπεῖν· τῶν τοιούτων γὰρ μένει τὰ βουλήματα ϰαὶ οὐ μεταρρεῖ ὥσπερ εὔριπος, βούλονταί τε τὰ δίϰαια ϰαὶ τὰ συμφέροντα· τούτων δὲ ϰαὶ ϰοινῇ ἐφίενται.
Vgl. VIII, 1, 1155a, 22: ἔοιϰεν δὲ ϰαὶ τὰς πόλεις συνέχειν ἡ φιλία, ϰαὶ οἱ νομοθέται μᾶλλον περὶ αὐτὴν σπουδάζειν ἢ τὴν διϰαιοσύνην· ἡ γὰρ ὁμόνοια ὅμοιόν τι τῇ φιλίᾳ ἔοιϰεν εἶναι, ταύτης δὲ μάλιστα ἐφί- ενται ϰτλ. cf. Pol. II, 1, 16. 1262b: φιλίαν τε γὰρ οἰόμεθα μέγιστον εἶναι τῶν ἀγαθῶν ταῖς πόλεσιν (οὕτως γὰρ ἂν ἥϰιστα στασιάζοιεν) ϰαὶ τὸ μίαν εἶναι τὴν πόλιν ἐπαινεῖ μάλισθ' ὁ Σωϰράτης ὃ ϰαὶ δοϰεῖ ϰἀϰεῖνος εἶναί φησι τῆς φιλίας ἔργον ϰτλ.

[3]) Eth. VIII, 1, 1155a 16: φύσει τε ἐνυπάρχειν ἔοιϰε sc. ἡ φιλία... τοῖς ὁμοεθνέσι πρὸς ἄλληλα ϰαὶ μάλιστα τοῖς ἀνθρώποις, ὅθεν τοὺς φιλαν- θρώπους ἐπαινοῦμεν.

wie „nahe verwandt und lieb der Menſch dem Menſchen iſt"
(ὡς οἰκεῖον ἅπας ἄνϑρωπος ἀνϑρώπῳ καί φίλον).[1]

Alle wahrhaft menſchlichen Empfindungen verleugnet daher
der Egoiſt, der alles nur um ſeinetwillen („ἑαυτοῦ χάριν πάντα")
und nichts thut, wobei nicht ſein Intereſſe im Spiele iſt (οὐδὲν
ἀφ' ἑαυτοῦ πράττει), der in dem allgemeinen Konkurrenzkampf
um die äußeren Güter des Lebens, um Reichtum, Ehre und Ge=
nuß einzig dieſem, ſeinem ſelbſtſüchtigen Intereſſe folgt.[2]

Solcher Eigenliebe ſteht jene Geſinnung gegenüber, welche —
je nach der Nähe des perſönlichen Verhältniſſes, nach Würdigkeit
oder Dürftigkeit — jedem das Seine gewährt und ſo all' den ſitt=
lichen Verbindlichkeiten gerecht zu werden ſucht, welche die ſo ver=
ſchiedenartigen Beziehungen zu Verwandten, Freunden, Mitbürgern
und anderen Menſchen dem Einzelnen auferlegen.[3]

---

[1] Ebd. Schwer begreiflich iſt es, wie Hildenbrand (Geſch. u. Syſt.
der Rechts= und Staatsphil. I, 339) angeſichts dieſer Stelle, die allerdings
gewöhnlich überſehen wird, die Behauptung aufſtellen kann: Ariſtoteles kenne
„ebenſowenig wie das ganze Heidentum den Begriff der Liebe als dauernder
Beſchaffenheit des Subjekts, welche ſich gegen andere Menſchen äußern ſoll
und von der die Freundſchaft nur eine Steigerung und Anwendung iſt."
Man ſollte doch mit ſolch einſeitigen Anſchauungen über das „Heidentum",
nach welchen dasſelbe alles Mögliche nicht gekannt haben ſoll, endlich einmal
brechen! Allerdings erklärt es Ariſtoteles für unmöglich, viele zu „lieben";
allein der Zuſammenhang beweiſt, daß er hier nur eine beſtimmte Art der
Liebe im Auge hat, einen hohen Grad perſönlicher Zuneigung (φίλον σφόδρα
εἶναι, ὑπερβολή φιλίας), nicht das, was wir unter allgemeiner Menſchenliebe
verſtehen. (Eth. IX, 10, 1171 a, 10.) Die Liebe, heißt es ebd. 4. 1166b, 32,
die mehr iſt, als bloßes Wohlwollen, ſchließt eine Spannung des Gemütes
(διάτασιν) und ein lebhaftes Verlangen (ὄρεξιν) in ſich, wie es naturgemäß
nur durch Einzelne erregt werden kann.

[2] ebd. 8. 1168b, 15: φιλαύτους καλοῦσι τοὺς ἑαυτοῖς ἀπονέμοντας
τὸ πλεῖον ἐν χρήμασι κτλ. Vgl. 1168a.

[3] Ebd. 1. 1165a, 29: πρὸς ἑταίρους δ' αὖ καὶ ἀδελφοὺς παρρησίαν
καὶ ἁπάντων κοινότητα . καὶ συγγενέσι δὲ καὶ φυλέταις καὶ πολίταις καὶ
τοῖς λοιποῖς ἅπασιν ἀεὶ πειρατέον τὸ οἰκεῖον ἀπονέμειν, καὶ συγκρίνειν
τὰ ἑκάστοις ὑπάρχοντα κατ' οἰκειότητα καὶ ἀρετὴν ἢ χρῆσιν . τῶν μὲν
οὖν ὁμογενῶν ῥᾴων ἡ κρίσις, τῶν δὲ διαφερόντων ἐργωδεστέρα . οὐ μὴν

Es ist die Aufgabe der Erziehung, diese sozialen Gefühle im Volke möglichst zu entwickeln und ihre richtige Anwendung zu sichern. Die Erziehung zu einem solchen sittlichen Gemeinschaftsleben aber ist wesentlich Sache des Staates, weil ja im Staate alle Gemeinschaftlichkeit des Lebens zur Vollendung und abschließenden Gestaltung gelangt.[1]) Der Staat und seine Institutionen sind es vor allem, die den Einzelnen zur sozialen Pflichterfüllung, insbesondere zu einem gemeinnützigen Gebrauch des Privateigentums zu erziehen und auf jene Ausgleichung der Begierden hinzuwirken haben, welche für Aristoteles die erste Bedingung sozialen Friedens ist.[2]) Ja der Staat hat die Erfüllung auch solch höherer sozialer Pflichten nötigenfalls zu erzwingen.[3])

Auch mit dieser Auffassung setzt sich Aristoteles in ausdrücklichen Widerspruch zu den einseitig individualistischen Doktrinen der Vorgänger. Er nennt sogar zwei Vertreter derselben, den ohne Zweifel der Sophistik nahestehenden Architekten und Staatstheoretiker Hippodamos von Milet und den Sophisten Lykophron.

Die auf dem Boden der Demokratie stehende Staatstheorie des Hippodamos ist für uns die erste, welche aus dem abstrakt-individualistischen Freiheitsprinzip den Schluß gezogen hat, daß der Staat und seine Gesetzgebung sich prinzipiell auf den einen Zweck des Rechtsschutzes, der Sicherung von Person und Eigentum zu

---

διά γε τοῦτο ἀποστατέον, ἀλλ' ὡς ἂν ἐνδέχεται, οὕτως διοριστέον. Ein interessantes und glaubwürdiges Zeugnis für die humane Auffassung des Aristoteles ist die Erzählung bei Stobäus 37. 32, wonach Aristoteles, als ihm wegen einer einem Unwürdigen erwiesenen Wohlthat ein Vorwurf gemacht wurde, erwiderte: „Ich habe sie nicht dem Menschen, sondern der Menschlichkeit (τῷ ἀνθρωπίνῳ) erwiesen."

[1]) Pol. II, 2, 10a. 1263b: δεῖ πλῆθος ὂν sc. τὴν πόλιν διὰ τὴν παιδείαν κοινὴν καὶ μίαν ποιεῖν.

[2]) Ebd. II, 4, 5. 1266b: μᾶλλον γὰρ δεῖ τὰς ἐπιθυμίας ὁμαλίζειν ἢ τὰς οὐσίας, τοῦτο δ' οὐκ ἔστι μὴ παιδευομένοις ἱκανῶς ὑπὸ τῶν νόμων.

[3]) Aristoteles verweist in dieser Beziehung auf Kreta und Sparta. Eth. I, 13. 1102a, 10 u. X 9. 1180a, 14. Vgl. die analoge Auffassung Xenophons über die erzieherische Aufgabe des Staates. Staat der Lak. X, 4--7. Kyropädie I, 2, 2—3. Erziehung der Bürger zur Gerechtigkeit! ib. I, 2, 6.

beschränken habe.[1]) Noch deutlicher-tritt uns die atomistisch-individualistische Staatsauffassung bei Lykophron entgegen, von dem
Aristoteles die bezeichnende Äußerung mitteilt, daß das Gesetz nichts
sei, als ein „Bürge der gegenseitigen Rechtsansprüche" (ἐγγυητὴς
ἀλλήλοις τῶν δικαίων).[2]) Es ist das so recht im Sinne einer
Anschauung gedacht, für welche das Individuum der Angelpunkt
des ganzen Rechtes und lediglich für sich selbst da ist. Das Recht
besteht nur auf Grund eines Vertrages,[3]) in dem die Einzelnen sich
gegenseitig persönliche Sicherheit verbürgen, und dem man sich nur
fügt, um sich neben den Anderen behaupten zu können. Der Staat
hat nur das gewaltsame Übergreifen von einer Freiheitssphäre in
die andere zu verhüten und sich im übrigen gegenüber den Bestrebungen der Einzelnen möglichst passiv zu verhalten. Zwischen
ihm und den einzelnen Individuen besteht ebensowenig ein inneres
Verhältnis, wie zwischen diesen selbst.

---

[1]) Pol. II, 4, 5. 1267b: ᾤετο δ' εἴδη . . . τῶν νόμων εἶναι τρία
μόνον. περὶ ὧν γὰρ αἱ δίκαι γίνονται, τρία ταῦτ' εἶναι τὸν ἀριθμόν,
ὕβριν, βλάβην, θάνατον. Sehr bezeichnend ist es übrigens, daß schon dieser
erste Vertreter des „abstrakten Rechtsstaates" nicht umhin kann, dem Staate
schließlich doch auch wieder Thätigkeiten im Sinne des Kultur- und Wohlfahrtszweckes zuzuschreiben, welche mit dem allgemeinen Prinzip keineswegs
völlig übereinstimmen. cf. Arist. ebb. 1268a.

[2]) Ebd. III, 5, 11. 1281a.

[3]) Da Aristoteles a. a. O. in unmittelbarem Zusammenhang mit der
Theorie des Lykophron auch die Vertragstheorie erwähnt, so kann es kaum
zweifelhaft sein, daß dieselbe der Ansicht Lykophrons entsprach. Es ergibt
sich das übrigens schon aus dem Begriff der Verbürgung, die eben zwei
Kontrahenten voraussetzt. — Die Lehre von der Entstehung des Staates durch
Vertrag ist ja überhaupt der Sophistik eigen. cf. Plato Rep. II. 358e:
πεφυκέναι γὰρ δή φασι τὸ μὲν ἀδικεῖν ἀγαθόν, τὸ δὲ ἀδικεῖσθαι κακόν,
πλέονι δὲ κακῷ ὑπερβάλλειν τὸ ἀδικεῖσθαι ἢ ἀγαθῷ τὸ ἀδικεῖν, ὥστ'
ἐπειδὰν ἀλλήλους ἀδικῶσί τε καὶ ἀδικῶνται καὶ ἀμφοτέρων γεύωνται,
τοῖς μὴ δυναμένοις τὸ μὲν ἐκφεύγειν, τὸ δὲ αἱρεῖν δοκεῖν λυσιτελεῖν
ξυνθέσθαι ἀλλήλοις μήτ' ἀδικεῖν μήτ' ἀδικεῖσθαι. καὶ ἐντεῦθεν δὴ
ἄρξασθαι νόμους τίθεσθαι καὶ ξυνθήκας αὑτῶν, καὶ ὀνομάσαι τὶ
ὑπὸ τοῦ νόμου ἐπίταγμα νόμιμόν τε καὶ δίκαιον καὶ εἶναι δὴ ταύτην
γένεσίν τε καὶ οὐσίαν δικαιοσύνης.

Im Hinblick auf diese Dogmatik des Egoismus entwickelt Aristoteles im dritten Buche der Politik die für alle Zeiten maßgebenden Grundgedanken einer Staats= und Gesellschaftsanschauung, für welche der Staat die weit über das Bedürfnis der Sicherheit hinausgehende Aufgabe der positiven Förderung von Kultur, Wohlfahrt und Sittlichkeit feiner Bürger hat.

Der Staat, — so lauten diese Sätze, die man nicht oft genug wiederholen kann,[1] — hat zwar feinen Ursprung in den notwendigsten Bedürfnissen der Menschen, aber in feiner Entwicklung soll er der Vervollkommnung ihres — äußeren und inneren — Daseins dienen.[2] Der Staat ist auch kein bloßer Schutzverein gegen Rechtsverletzung und äußere Gewalt oder eine Anstalt für den Verkehr[3] oder eine Erwerbsgenossenschaft.[4] Denn auch felb=

---

[1] Wenigstens folange nicht oft genug, als felbst Männer, wie Susemihl (Anmerk. 250 zur Politik) und Oncken (Staatslehre d. Arist. I, 214) der Rechtsstaatstheorie von Hippodamos und Lykophron eine „schöpferische“ Bedeutung zuschreiben oder fie — wie wenigstens Oncken — als eine geistige Errungenschaft feiern, mit der Hippodamos feine Zeit weit überholt habe und fich neben den römischen Juristen als Vorläufer des modernen Staates darstelle, der „im Gesetze nur die Schutzwehr gegen Störungen der öffentlichen Ordnung fieht.“

Übrigens behauptet Susemihl (Einl. z. Pol. 27) mit Unrecht, daß Aristoteles nicht einmal den Versuch mache, dieses Prinzip der „Beschränkung der Gesetzgebung“ zu widerlegen. Als ob nicht gerade die obige Erörterung diese Widerlegung enthielte! Aber auch zugegeben, daß dem Philosophen wirklich, wie Susemihl ihm vorwirft, „jede Meinung über die Aufgabe des Staates ohne weiteres damit als widerlegt erschien, wenn fie auf eine folche Anschauung von dem Gesetz hinausläuft,“ — würden wir ihm heutzutage daraus einen Vorwurf machen? Erscheint nicht in der That gerade auf dem heutigen Standpunkt staatswissenschaftlicher Erkenntnis eine Widerlegung der extremen Rechtsstaatstheorie vollkommen überflüssig?

[2] Pol. I, 1, 8. 1252b: ἡ πόλις γινομένη μὲν τοῦ ζῆν ἕνεκεν, οὖσα δὲ τοῦ εὖ ζῆν. cf. III, 5, 10. 1280a.

[3] Ebd. III, 5, 10: . . . μήτε συμμαχίας ἕνεκεν, ὅπως ὑπὸ μηδενὸς ἀδικῶνται, μήτε διὰ τὰς ἀλλαγὰς καὶ τὴν χρῆσιν τὴν πρὸς ἀλλήλους κτλ.

[4] In der bekannten Polemik gegen den Anspruch der Plutokraten auf politische Privilegierung des Besitzes (a. a. O.) heißt es: εἰ μὲν γὰρ τῶν

ständige Staaten schließen unter sich Schutzbündnisse und Handelsverträge ab, kümmern sich aber nichts um die Sittlichkeit und
Bildung des Volkes, mit dem das Vertragsverhältnis besteht;
während doch gerade dies ideale Moment, die Förderung der Sittlichkeit und Gerechtigkeit, von der Idee einer wahren staatsbürgerlichen Gemeinschaft unzertrennlich ist.

Daher macht auch die Einheit des Ortes an sich noch keinen
Staat. Wenn man zwei in sich verschiedenartige Gemeinwesen —
Aristoteles nennt beispielsweise Megara und Korinth — so zu-
sammenrücken könnte, daß sie eine ununterbrochene Häuserreihe
bildeten, so würde dadurch noch kein einheitlicher Staat entstehen.
Oder wenn eine Anzahl von Individuen zwar gesondert lebte,
aber doch nahe genug, um mit einander verkehren zu können, und
wenn sie überdies noch einen Friedensverein unter sich schlössen zur
Vermeidung von Rechtsverletzungen, sowie eine Verbindung zur
gemeinsamen Verteidigung, so wäre auch das noch kein Staat. Ja
selbst gesetzt den Fall, sie entschlössen sich zu einem förmlichen
Synoikismos und zögen zusammen, jeder Einzelne aber würde fort-
fahren, sein eigenes Haus wie einen Staat für sich zu betrachten
und sich selbst nur als Mitglied eines Schutzvereins, der zu nichts
verpflichtet, als zum Beistand gegen äußere Gewalt, so würde eine
wahrhaft staatliche Gemeinschaft ebensowenig bestehen, wie zuvor,
da sich ja in Beziehung auf Art und Zweck des gegenseitigen Verkehres nichts geändert hätte.[1]

Es ist also klar, daß der Staat mehr ist, als eine bloße Gemeinschaft des Wohnortes oder ein Verein zur Verhütung des Un-

---

κτημάτων χάριν ἐκοινώνησαν καὶ συνῆλθον, τοσοῦτον μετέχουσι τῆς πόλεως ὅσον περ καὶ τῆς κτήσεως. — Man wird dabei lebhaft an die Polemik
Gneists gegen das moderne Manchestertum erinnert, das den Staat wie eine
Aktiengesellschaft betrachtet oder wie eine mit Geldbeiträgen erkaufte Maschine,
die den Privatpersonen möglichst viele Genüsse sichern soll.

[1] Ebd. 13. 1281a: εἰ γὰρ καὶ συνέλθοιεν οὕτω κοινωνοῦντες ἕκαστος
μέντοι χρῷτο τῇ ἰδίᾳ οἰκίᾳ ὥσπερ πόλει καὶ σφίσιν αὐτοῖς ὡς ἐπι-
μαχίας οὔσης βοηθοῦντες ἐπὶ τοὺς ἀδικοῦντας μόνον, οὐδ' οὕτως ἂν εἶναι
δόξειε πόλις τοῖς ἀκριβῶς θεωροῦσιν, εἴπερ ὁμοίως ὁμιλοῖεν συνελθόντες.

rechtes und zur Förderung des Verkehres.[1]) All das ist zwar die notwendige Voraussetzung für das Bestehen des Staates, das Wesen desselben aber ist die Gemeinschaft zur möglichst vollkommenen und befriedigenden Verwirklichung aller menschlichen Lebenszwecke.[2]) Das Ziel dieser Gemeinschaft ist nicht das bloße Zusammenleben, sondern ein Gemeinschaftsleben, welches zugleich das Schöne und Gute erstrebt.[3])

Insoferne ist der Staat zugleich eine Anstalt zur Verwirklichung menschlicher Glückseligkeit; nicht in dem materialistischen Sinne des Wortes — „denn es widerspricht einer hochherzigen und wahrhaft liberalen Gesinnung, alles nur auf den äußeren Nutzen zu beziehen"[4]) --; diese Glückseligkeit besteht vielmehr vor allem in der Vervollkommnung dessen, was der edelste Teil des menschlichen Wesens ist, in der Entwicklung der geistigen und sittlichen Anlagen des Menschen.[5]) Ihr gegenüber sind die äußeren Güter (τὰ ἐκτός, τὰ ἐξωτερικά) von sekundärer Bedeutung. Sie sind bis zu einem Grade unentbehrlich, aber während der geistige und sittliche Fortschritt seiner Natur nach ein unbegrenzter ist und sein soll, verbürgt das keine Schranken kennende Streben nach Vermehrung der materiellen Güter weder das Glück der Gesamtheit, noch des Einzelnen. Im Gegenteil! Der materielle Reichtum kann,

---

[1]) ib. φανερὸν τοίνυν ὅτι οὐκ ἔστιν ἡ πόλις κοινωνία τόπου καὶ τοῦ μὴ ἀδικεῖν σφᾶς αὐτοὺς καὶ τῆς μεταδόσεως χάριν.

[2]) ib. 1281a: πόλις δὴ ἡ γενῶν καὶ κωμῶν κοινωνία ζωῆς τελείας καὶ αὐτάρκους ⟨χάριν⟩ . τοῦτο δ' ἐστίν, ὡς φαμέν, τὸ ζῆν εὐδαιμόνως καὶ καλῶς.

[3]) ib. τῶν καλῶν ἄρα πράξεων [χάριν] θετέον εἶναι τὴν πολιτικὴν κοινωνίαν, ἀλλ' οὐ τοῦ συζῆν.

[4]) ib. 1338a.

[5]) Pol. IV 1, 5. 1323b: ὅτι μὲν οὖν ἑκάστῳ τῆς εὐδαιμονίας ἐπιβάλλει τοσοῦτον, ὅσον περ ἀρετῆς καὶ φρονήσεως καὶ τοῦ πράττειν κατὰ ταύτας, ἔστω συνωμολογημένον ἡμῖν, μάρτυρι τῷ θεῷ χρωμένοις, ὃς εὐδαίμων μέν ἐστι καὶ μακάριος, δι' οὐδὲν δὲ τῶν ἐξωτερικῶν ἀλλὰ δι' αὑτὸν αὐτὸς καὶ τῷ ποιός τις εἶναι τὴν φύσιν, ἐπεὶ καὶ τὴν εὐτυχίαν τῆς εὐδαιμονίας διὰ ταῦτ' ἀναγκαῖον ἑτέραν εἶναι.

wenn er ein gewiſſes Maß überſchreitet, auch zum Unheil aus=
ſchlagen und die ſittlichen Lebenszwecke ſelbſt gefährden.[1]

Nun aber ſind es ja, wie Ariſtoteles in der Erörterung der
Ethik über den Egoismus hervorhebt, gerade die äußeren Güter:
Reichtum, Ehre und Sinnengenuß, welche die meiſten Menſchen als
die höchſten in heißem Bemühen erſtreben und welche daher Gegen=
ſtand des beſtändigen Kampfes der Leidenſchaften und Begierden
ſind.[2]   Insbeſondere iſt es das Eigentümliche des auf das Geld
gerichteten Erwerbstriebes, daß er dasſelbe ins Grenzenloſe zu ver=
mehren trachtet.[3]   Den meiſten Menſchen iſt es eben nur um das
äußere Daſein, nicht um die Veredlung des Lebens zu thun.[4]   Da
aber die Grenze des Lebens unbekannt iſt, ſo iſt auch die Lebens=
fürſorge eine unbegrenzte und damit auch das Beſtreben, ein mög=
lichſt reiches Maß von Mitteln zum Leben ſich zu verſchaffen.   Die=
jenigen aber, die auch nach Verſchönerung des Lebens trachten,
haben dabei meiſt die äußeren Genüſſe im Auge, und da die Vor=
ausſetzung, ſich ſolche zu ſchaffen, eben der Beſitz iſt, ſo richtet ſich
auch bei ihnen das ganze Dichten und Trachten auf den Ver=
mögenserwerb.   Auch kennt dann naturgemäß dieſer Erwerbstrieb
ebenſowenig eine Grenze, wie der Genuß, der fein Ziel iſt.[5]   In=
dem ſo das Leben der großen Mehrheit von einſeitigen Trieben
beherrſcht wird, entſteht ein Antagonismus zwiſchen den Lebens=
zwecken des Einzelnen und den Zwecken des Staates als des Trä=
gers der höheren Güter der Menſchheit, deren Verwirklichung eine
harmoniſche Ausgleichung der menſchlichen Triebe, das richtige

---

[1] ib. 4. τὰ μὲν γὰρ ἐκτὸς ἔχει πέρας, ὥσπερ ὄργανόν τι (πᾶν
γὰρ τὸ χρήσιμόν ἐστιν, ὧν τὴν ὑπερβολὴν ἢ βλάπτειν ἀναγκαῖον ἢ μηδὲν
ὄφελος εἶναι αὐτῶν τοῖς ἔχουσιν).

[2] Eth. IX, 8, 1168b, 19. Pol. IV, 1, 3. 1323a.

[3] Ebd. I, 3, 18. 1257b: πάντες γὰρ εἰς ἄπειρον αὔξουσιν οἱ χρηματιζόμενοι τὸ νόμισμα.

[4] Ebd. 19. 1258a.

[5] ib. Ariſtoteles wiederholt hier nur die Auffaſſung Platos über den
Zuſammenhang zwiſchen der Unerſättlichkeit der Gewinnſucht und der Maß=
loſigkeit der Bedürfniſſe. Leg. XI, 918d.

ſittliche Maß bedeutet. Wenn es daher recht eigentlich Aufgabe
des Staates iſt, den Egoismus der Einzelnen dem Wohle des
Ganzen zu unterwerfen, ſo wird das Objekt, an welchem ſich dieſer
Egoismus bethätigt, und aus welchem er immer neuen Anreiz und
neue Nahrung erhält, das Gebiet der materiellen Intereſſen, für
den Staat, dem es mit ſeinen ſittlichen Zielen Ernſt iſt, ein Gegen=
ſtand beſonderer Aufmerkſamkeit ſein müſſen.

Er hat um dieſer ſeiner Ziele willen mit Entſchiedenheit
Stellung zu nehmen gegen den extremen Individualismus auf wirt=
ſchaftlichem Gebiet. Gegenüber einer Lehre, welche unter Berufung
auf den Kampf um das Daſein in der Natur und das natürliche
Recht des Starken über den Schwachen, dem Eingreifen des Staates
in den wirtſchaftlichen Konkurrenzkampf prinzipiell ablehnend gegen=
überſtand, welche das „freie Gehenlaſſen“, das „πάντα ἐατέον“[1])
als das Naturgemäße proklamierte, ſtellt Ariſtoteles — ebenſo wie
Plato — dem Staate die Aufgabe einer ſittlichen Reinigung des
Wirtſchaftslebens, einer poſitiven Bekämpfung der einſeitigen Aus=
artung oder Übertreibung des wirtſchaftlichen Selbſtintereſſes. Auch
auf wirtſchaftlichem Gebiete ſoll nicht einſeitig das Individuum
zum Zwecke des Gemeinſchaftslebens gemacht, ſondern erſt nach den
Bedingungen dieſes Gemeinſchaftslebens die Sphäre individuellen
Wollens und Handelns beſtimmt werden. Der Naturgewalt der
materiellen Intereſſen, welche die Geſellſchaft beherrſchen und überall
des Beſſeren im Menſchen Herr zu werden trachten, wird die hohe
Idee des Staates als einer ſittlichen Lebensgemeinſchaft gegenüber=
geſtellt, welche den Beruf und — bei richtiger Organiſation — auch
die Kraft hat, dem höheren Rechte der ethiſchen Ziele über die ein=

---

[1]) Ariſtoteles a. a. O. II, 4, 12b. Die Stelle hätte wohl verdient
in der Geſchichte des „Laiſſez-faire“ genannt zu werden, das uns hier zum
erſtenmale entgegentritt. Allerdings bezeichnet Ariſtoteles a. a. O. das Prinzip
des πάντα ἐατέον nicht mit ausdrücklichen Worten als Beſtandteil der indi=
vidualiſtiſchen Theorien; aber es war das ebenſowenig notwendig, wie bei
der Vertragstheorie, da jenes Prinzip in der von ihm bekämpften Idee des
bloßen Rechtsſtaates implicite enthalten war.

seitig wirtschaftlichen Zwecke, und sei es auch durch Zuhilfenahme
staatlicher Zwangsgewalt, zum Siege zu verhelfen.

Es sollte dem Egoismus nicht bloß durch die Erziehung der
Einzelnen zur Sittlichkeit entgegengewirkt, sondern ihm unmittelbar
der Boden selbst streitig gemacht werden, auf dem er sich am rück=
sichtslosesten hatte zur Geltung bringen können, der Boden des
wirtschaftlichen Verkehrslebens.

Dritter Abschnitt.

Die platonische Kritik der geschichtlichen Staats= und Gesell= schaftsordnung.

Wenn die Erhebung des Staates über die einseitige Herr=
schaft des Güterlebens als ein fundamentables Problem der Politik
aufgestellt wurde, so ergab sich für die philosophische Staatslehre
von selbst die weitere Aufgabe, durch eine einschneidende Kritik der
bestehenden Wirtschafts= und Gesellschaftsordnung ihrerseits den
Kampf aufzunehmen und das öffentliche Bewußtsein so eindringlich
wie möglich auf die Gefahren hinzuweisen, mit welchen das Über=
gewicht des wirtschaftlichen Egoismus das ganze Volks= und Staats=
leben bedrohte. Gegenüber dem Quietismus, der den bestehenden
Zustand der Dinge hinnimmt, wie er ist, weil er nach seiner An=
sicht gar nicht anders sein kann, mußte, um mit Fichte zu reden,
die Frage erhoben werden: auf welche Weise ist denn der gegen=
wärtige Zustand der Dinge entstanden, aus welchen Gründen hat
die Welt sich gerade so gebildet, wie wir sie vor uns finden? Denn
indem so das historisch Gegebene sich als das Erzeugnis ganz be=
stimmter „oft gar verwunderlicher und willkürlicher" Verhältnisse
herausstellte, gewann der Denker, der „nicht nur das wirklich Vor=
handene durch den Gedanken nachzubilden, sondern auch das Mög=
liche durch denselben frei in sich zu erschaffen gewöhnt ist," eine
Rechtfertigung für den versuchten Nachweis, daß „noch ganz andere
Verbindungen und Verhältnisse der Dinge als die gegebenen mög=

lich und jedenfalls natürlicher und vernunftgemäßer seien."[1] Ausdrücklich hat Plato für die politischen Wissenschaften die Notwendigkeit betont, sich nicht bloß auf „leere" Theorien zu beschränken,
sondern auch auf die Geschichte und die Erscheinungen des thatsächlichen Lebens einzugehen.[2] Insbesondere scheint ihm eine Untersuchung über das Ideal der „Gerechtigkeit", wie er sie mit der
Konstruktion des „besten Staates" verbindet, ohne eine Analyse
des gegenteiligen Prinzipes und seiner thatsächlichen Lebensäußerungen unvollständig.[3]

In wahrhaft großartiger Weise führt uns auf diesem Wege
Plato zu der Erkenntnis des innersten Wesens der sozialen Mißstände seines Volkes. Das achte Buch der πολιτεία mit seiner
einschneidenden Kritik eines ganz in der Gesellschaft aufgegangenen
und von der Gesellschaft beherrschten Staatslebens ist eine einzige
gewaltige Anklageschrift gegen die plutokratische sowohl, wie gegen
die ochlokratische Souveränität der materiellen Interessen.

Plato geht aus von dem Punkte der Entwicklung[4]), wo statt

---

[1] Fichte: Der geschlossene Handelsstaat S. W. III 449, wo ähnlich,
wie im platonischen Staat, ein ganzes Buch der „Kritik der Zeitgeschichte"
gewidmet wird, wie denn überhaupt dieser erste Versuch der modernen deutschen Philosophie auf dem Gebiete des Sozialismus sehr bedeutsame Analogien
mit dem platonischen Sozialismus aufzuweisen hat.

[2] Leg. III 684a: περιτυχόντες γὰρ ἔργοις γενομένοις, ὡς ἔοικεν,
ἐπὶ τὸν αὐτὸν λόγον ἐληλύθαμεν, ὥστε οὐ περὶ κενόν τι ζητήσομεν
τὸν αὐτὸν λόγον, ἀλλὰ περὶ γεγονός τε καὶ ἔχον ἀλήθειαν.

[3] Rep. VIII 545a. Vgl. 473b. 544a: τῶν δὲ λοιπῶν πολιτειῶν
ἔφησθα, ὡς μνημονεύω, τέτταρα εἴδη εἶναι, ὧν καὶ πέρι λόγον ἄξιον
εἴη ἔχειν καὶ ἰδεῖν αὐτῶν τὰ ἁμαρτήματα καὶ τοὺς ἐκείναις αὖ
ὁμοίους κτλ.

[4] Wenn ich von „Entwicklung" rede, so ist dies nicht so zu verstehen,
als ob der von Plato geschilderte Auflösungsprozeß sich mit dem thatsächlichen Verlauf der politischen Entwicklung in den einzelnen Hellenenstaaten
bis ins Einzelne und chronologisch genau decke. Plato konnte angesichts der
unendlichen Mannigfaltigkeit der hellenischen Staatenentwicklung nur ein
ideales Durchschnittsbild geben, welches in großen allgemeinen Zügen zeigt,
wie die Kräfte der sozialen Zersetzung mit innerer Notwendigkeit zu einer

fozialer, Staat und Gefellfchaft zufammenhaltender Motive ein zer=
fetzender, die fozialen Bande auflöfender Egoismus, und mit ihm
die „Jagd nach dem Golde" (χρηματισμός) wenigftens für einen.
Teil der Gefellfchaft die allgewaltige Triebfeder des Handelns ge=
worden ift.[1]) Diefe Wandlung des öffentlichen Geiftes erzeugt
nach Plato felbft in einer ariftokratifchen Gefellfchaft eine Klaffe
von Menfchen, deren Götze das Geld ift, das fie insgeheim mit
roher Leidenfchaft verehren. Ihre Hauptforge gilt ihren Geld=
fchränken und den Depots, wo fie dasfelbe ficher bergen können.
An ihren Wohnungen fchätzen fie vor allem die Maner, die fie
von der Außenwelt fcheidet. Denn fie follen ihr „ureigenftes Neft"
fein, in deffen Dunkel fie mit Weibern und, mit wem es ihnen
fouft beliebt, ungeftört dem Genuffe leben und ihre Handlungen
dem Auge des Gefetzes entziehen können. Sie werden erfinderifch
in neuen Formen des Aufwandes und modeln darnach felbft die
Gefetze um, die Bürgen alter Einfachheit des Lebens, denen fie
und ihre Frauen untreu werden.[2])

Der goldgefüllte Geldfchrank der Reichen (ταμιεῖον ἐκεῖνο
χρυσίου πληρούμενον)[3]) beginnt nun aber fehr bald feine An=
ziehungskraft auf die Allgemeinheit auszuüben. Es wird unter
diefen felbft und dann in immer weiteren Kreifen, indem ftets der
Eine auf den Anderen blickt, ein förmlicher Wettkampf um den
materiellen Befitz entfeffelt, der die Erwerbsgier ftetig fteigert,
während andererfeits die idealen Güter (die ἀρετή) in der öffent=
lichen Wertfchätzung finken. Eine Entwicklung, die auf den Volks=
geift notwendig entfittlichend wirken muß. Denn wo man fich vor
dem Reichtum und den Reichen beugt, da wird man naturgemäß
die Tugend und die „Guten" geringer achten. (Virtus post

---

ftufenweifen Verfchlechterung der ftaatlichen Verhältniffe führen mußten,
mochte auch da und dort der gefchichtliche Verlauf im Einzelnen von dem
hier aufgeftellten Schema abweichen.

[1]) 547 ff.
[2]) 548a.
[3]) 550d.

nummos!) Das aber, was einer steten Achtung sich erfreut, wird geübt, das gering Geachtete vernachlässigt.[1]

Die Folge dieser Herrschaft des Geldes und der Spekulation ist dann natürlich die, daß auch der Staat in Abhängigkeit von den Geldmagnaten gerät; und der Ausdruck dieser Abhängigkeit ist die politische Herrschaft des Kapitals, die Plutokratie[2] oder die Herr=schaft der Wenigen. Der Reichtum allein wird gepriesen und be=wundert, er wird der Weg zu den höchsten Ehren des Staates, während der Nichtbesitzende schon um dieser seiner Armut willen mißachtet wird. Eine Summe Geldes ($\pi\lambda\tilde{\eta}\vartheta o\varsigma \chi\varrho\eta\mu\acute{\alpha}\tau\omega\nu$) bildet den Maßstab, der über das Recht des Einzelnen im Staat ent=scheidet.[3] Der Staat zerfällt gewißermaßen in zwei Staaten, den der Reichen und der Armen, die denselben Raum bewohnend sich feindselig gegenüberstehen und wenigstens insgeheim sich fortwährend befehden.[4] Auch äußerlich wird der Staat durch diese Entwicklung der Dinge geschwächt. Seine Wehrhaftigkeit leidet. Denn die Besitzenden, die an ihrem Gute hängen, scheuen die finanziellen Opfer, welche die Landesverteidigung erheischt, und sie haben andrer=

---

[1] ib. VIII, 551a: $T\iota\mu\omega\mu\acute{\epsilon}\nu o\upsilon$ $\delta\grave{\eta}$ $\pi\lambda o\acute{\upsilon}\tau o\upsilon$ $\grave{\epsilon}\nu$ $\pi\acute{o}\lambda\epsilon\iota$ $\varkappa\alpha\grave{\iota}$ $\tau\tilde{\omega}\nu$ $\pi\lambda o\upsilon\sigma\acute{\iota}\omega\nu$ $\grave{\alpha}\tau\iota\mu o\tau\acute{\epsilon}\varrho\alpha$ $\grave{\alpha}\varrho\epsilon\tau\acute{\eta}$ $\tau\epsilon$ $\varkappa\alpha\grave{\iota}$ $o\acute{\iota}$ $\grave{\alpha}\gamma\alpha\vartheta o\acute{\iota}$. $\varDelta\tilde{\eta}\lambda o\nu$. $'A\sigma\varkappa\epsilon\tilde{\iota}\tau\alpha\iota$ $\delta\grave{\eta}$ $\tau\grave{o}$ $\grave{\alpha}\epsilon\grave{\iota}$ $\tau\iota\mu\acute{\omega}\mu\epsilon\nu o\nu$, $\grave{\alpha}\mu\epsilon\lambda\epsilon\tilde{\iota}\tau\alpha\iota$ $\delta\grave{\epsilon}$ $\tau\grave{o}$ $\grave{\alpha}\tau\iota\mu\alpha\zeta\acute{o}\mu\epsilon\nu o\nu$. Wie treffend diese Beobachtung ist, zeigt die analoge Kritik des modernen Kapitalismus bei Schäffle (Bau und Leben des sozialen Körpers III 439), der die von Plato hervorgehobene Erscheinung mit Recht daraus erklärt, daß, wo das Ringen um materielle Vorteile haupt=sächlich entwickelt ist, der Ausdruck des Wertes der rivalisierenden Personen vorzugsweise ein materieller sein wird. Der materielle Ausdruck des sozialen Wertes rivalisierender Parteien und die Selbstbefriedigung der im Konkurrenzkampf siegreichen Individuen erfolge eben darum in großem Auf=wand und raschem Wechsel der Formen luxuriöser Erscheinung.

[2] Der Ausdruck wird allerdings an dieser Stelle nicht gebraucht; er findet sich aber bereits bei Platos Lehrer, Sokrates, auf die Geldherrschaft angewandt. Vgl. Xenophon Mem. IV, 6, 12.

[3] ib. 551b.

[4] 551d: ... $\delta\acute{\upsilon}o$ $\grave{\alpha}\nu\acute{\alpha}\gamma\varkappa\eta$ $\epsilon\tilde{\iota}\nu\alpha\iota$ $\tau\grave{\eta}\nu$ $\tau o\iota\alpha\acute{\upsilon}\tau\eta\nu$ $\pi\acute{o}\lambda\iota\nu$, $\tau\grave{\eta}\nu$ $\mu\grave{\epsilon}\nu$ $\pi\epsilon\nu\acute{\eta}\tau\omega\nu$, $\tau\grave{\eta}\nu$ $\delta\grave{\epsilon}$ $\pi\lambda o\upsilon\sigma\acute{\iota}\omega\nu$ $o\grave{\iota}\varkappa o\tilde{\upsilon}\nu\tau\alpha\varsigma$ $\grave{\epsilon}\nu$ $\tau\tilde{\omega}$ $\alpha\grave{\upsilon}\tau\tilde{\omega}$, $\grave{\alpha}\epsilon\grave{\iota}$ $\grave{\epsilon}\pi\iota\beta o\upsilon\lambda\epsilon\acute{\upsilon}o\nu\tau\alpha\varsigma$ $\grave{\alpha}\lambda\lambda\acute{\eta}\lambda o\iota\varsigma$.

ſeits, wenn ſie die Maſſen unter die Waffen rufen, ſtets zu fürchten, daß ihnen dieſelben gefährlicher werden könnten, als der auswärtige Feind.[1]

Das größte aller Übel aber iſt nach Plato die dem Geiſte der Geldherrſchaft entſprechende, oder wenigſtens von ihr zugelaſſene abſolute Freiheit der Veräußerung und des Erwerbes der Güter. Es entſteht dadurch jene ungeſunde Anhäufung des Kapitals, welche Einzelne überreich macht, während Andere in einen Zuſtand hoff= nungsloſer Armut herabſinken. Die Kehrſeite des Mammonismus iſt der Pauperismus und das Proletariat oder — um uns enger an die Ausdrucksweiſe Platos anzuſchließen — die Klaſſe der „völlig Beſitzloſen", die im Staate leben ohne einen Teil des= ſelben auszumachen, weder wirtſchaftlich, als Geſchäftsleute und Handwerker, noch militäriſch, für den Roß= und Hoplitendienſt, ins Gewicht fallen, die eben nichts ſind als die „Armen", die „Dürf= tigen".[2]

Offenbar im Hinblick auf die fortwährende Vernichtung der kleinen Vermögen durch die wenigen großen, die Verknechtung des Volkes durch Pacht und Schulden, wie ſie die ſozialökonomiſche Entwicklung der Zeit charakteriſiert, ſtellt Plato es als eine allge= meine Erfahrung hin, daß die Plutokratie die große Maſſe der= jenigen, welche ſich nicht zur herrſchenden Klaſſe emporzuſchwingen vermögen, am Ende in eine proletariſche Exiſtenz herabdrückt.[3] Er iſt ſich alſo völlig klar darüber, daß der zügelloſe Kapitalismus

---

[1] 551 e.

[2] 552 a: ὅρα δή, τούτων πάντων τῶν κακῶν εἰ τόδε μέγιστον αὕτη πρώτη παραδέχεται. Τὸ ποῖον; Τὸ ἐξεῖναι πάντα τὰ αὑτοῦ ἀποδόσθαι, καὶ ἄλλῳ κτήσασθαι τὰ τούτου, καὶ ἀποδόμενον οἰκεῖν ἐν τῇ πόλει μηδὲν ὄντα τῶν τῆς πόλεως μερῶν, μήτε χρηματιστὴν μήτε δημιουργὸν μήτε ἱππέα μήτε ὁπλίτην, ἀλλὰ πένητα καὶ ἄπορον κεκλημένον. Πρώτη ἔφη. Οὔκουν διακωλύεταί γε ἐν ταῖς ὀλιγαρχουμέναις τὸ τοιοῦτον· οὐ γὰρ ἄν οἱ μὲν ὑπέρπλουτοι ἦσαν, οἱ δὲ παντά- πασι πένητες.

[3] 552 d: Τί οὖν; ἐν ταῖς ὀλιγαρχουμέναις πόλεσι πτωχοὺς οὐχ ὁρᾷς ἐνόντας; Ὀλίγου γ᾽, ἔφη, πάντας τοὺς ἐκτὸς τῶν ἀρχόντων.

die Tendenz in sich schließt, den Abstand der kleinen Lente von
der Aristokratie des Besitzes stetig zu vergrößern, daß also durch
ihn die großen Einkommen und Vermögen bedeutend rascher wachsen
als der Gesamtwohlstand, und gleichzeitig diejenige Klasse der Be=
völkerung, die ohne Besitz von der Hand in den Mund lebt, sowohl
absolut, wie relativ eine immer größere wird.

Dazu kommt die durch den Mammonismus großgezogene
Klasse der Müßiggänger und Verschwender, die Plato sehr treffend
als Drohnen bezeichnet. Dieses Drohnentum ist ein Krebsschaden
der Gesellschaft (νόσημα πόλεως) [1]) und schlimmer, als das im
Bienenstaat. Denn die geflügelten Drohnen hat die Gottheit wenig=
stens stachellos geschaffen, jene menschlichen aber teilweise mit argen
Stacheln versehen. Aus ihnen rekrutiert sich besonders das in der
plutokratischen Gesellschaft so zahlreiche Kontingent der Diebe,
Beutelschneider, Tempelräuber und Anstifter aller sonstigen Unbill,
deren die Staatsgewalt nur mit Mühe Herr wird. Allerdings
gibt es im Menschenstaat auch Drohnen, welche nicht in dieser
Weise stachelbewehrt d. h. minder beherzt sind, als ihre ent=
schlosseneren Genossen, die im Kampf gegen Sittlichkeit und Recht
voranstehen. Dafür aber schweben sie auch stets in Gefahr, im
Alter zu Bettlern zu werden und so doch wieder die Zahl der ge=
fährlichen Klassen zu vermehren. [2])

Neben diesem Drohnentum, das überall, wo es auftaucht,
ähnliche Störungen im sozialen Organismus erzeugt, wie Schleim
und Galle im physischen Körper, [3]) tritt uns als typische Charakter=
erscheinung der plutokratischen Gesellschaft das Spekulantentum
entgegen: die Lente, von denen Plato sagt, daß sie Begehrlichkeit
und Geldgier auf den Herrschersitz in ihrer Seele erheben und mit

---

[1]) Die durch den Kapitalismus großgezogenen Faulenzer nennt ganz
im Sinne dieses platonischen Bildes Schäffle (Kapitalismus und Sozialismus
S. 33) „nicht bloß Tagediebe, sondern auch Räuber an der Gesellschaft, der
sie Lebenskraft entnehmen, ohne Leben aus eigener Kraft zu ersetzen".

[2]) 554c.

[3]) 564b.

Stirnbinden, goldenen Keiten und Ehrenſäbeln angethan zum Groß=
könig in ihrem Innern erkieſen.[1]

Um ſich aus niederer Lage emporzuarbeiten, gehen ſie mit
ihrem ganzen Dichten und Trachten auf im Erwerbe. Während aber
ihre Habe durch beharrliche Sparſamkeit und unermüdliche Thätig=
keit ſich mehrt, verarmen ſie an Geiſt und Gemüt, indem ſie Beides
zum Sklaven der Erwerbsgier machen und den Verſtand über nichts
Anderes forſchen und ſinnen laſſen, als wodurch geringeres Ver=
mögen ſich mehrt, das Herz aber nichts Anderes bewundern und
in Ehren halten laſſen, als den Reichtum und die Reichen.[2]
Schmutzige Seelen, die ihren Ehrgeiz auf weiter gar nichts richten,
als auf Gelderwerb und was demſelben etwa förderlich iſt, die
aus allem und jedem Nutzen zu ziehen wiſſen für den Einen Zweck
der Kapitalanhäufung. Alles Bildungsintereſſe geht ihnen ab;
denn wie könnten ſie ſonſt „einen Blinden zum Reigenführer" er=
kieſen?

Auch in dieſen Menſchen beginnen ſich drohnenartige Be=
gierden (κηφηνώδεις ἐπιϑυμίαι) zu regen, ſobald ſich ihnen die
Möglichkeit zur Ausbeutung von Schwachen z. B. hilfloſen Waiſen,
oder ſonſt — z. B. bei der Verwendung fremder Gelder —
eine Gelegenheit bietet, ungeſtraft Unrecht zu thun.[4] Und dabei
können dieſe Leute im geſchäftlichen Verkehr als ehrenwerte Männer
daſtehen! Denn ſie ſind klug genug, zur rechten Zeit ihre Begierden
zurückzudrängen, weil ſie wohl zu berechnen wiſſen, wo ihnen die

---

[1] 553 c.

[2] 553 d.

[3] Der Gott des Reichtums, Plutos, wurde bekanntlich als blind ge=
dacht. Reigenführer wird er inſofern genannt, als bei ſeinen Verehrern die
Geldgier alles andere überwiegt, gewiſſermaßen den Reigen ihrer Wünſche
führt, wie der Chorführer im Drama. —

Zu dem Urteil ſelbſt vgl. die treffende Bemerkung von Schmoller, daß
gegenwärtig die Unbildung und Unkultur nicht bloß beim Proletariat, ſon=
dern gerade bei den an Beſitz am ſchnellſten wachſenden Geſellſchaftskreiſen
zunehme. Grundfragen S. 108.

[4] 554 c ff.

Unehrlichkeit teurer zu stehen kommen würde, als der Verzicht anf widerrechtlichen Gewinn. Sie erscheinen wohlanständiger, als viele Andere, obgleich sie von der echten Tugend einer mit sich selbst einigen, harmonisch gestimmten Seele himmelweit entfernt sind.[1])

Übrigens arbeitet das Prinzip der Kapitalherrschaft selbst diesem Spekulantentum in die Hand. Der Unersättlichkeit der kapita= listischen Gesellschaft, die von dem was sie als das höchste Gut betrachtet, niemals genug haben kann,[2]) entspricht so recht jene schrankenlose wirtschaftliche Freiheit, welche Jedem gestattet, beliebig über seinen Besitz zu verfügen und ihn zu veräußern, damit ja das Kapital Gelegenheit bekommt, durch Darlehensgeschäfte und schließlich durch den Ankauf verschuldeter Güter sich zu bereichern.[3]) Diese Freiheit bringt vor allem denjenigen den Ruin, welche der Tendenz des kapitalistischen Zeitalters zum unwirtschaftlichen Kon= sum, zum Luxus, erliegend den Geldmännern in die Hände fallen.[4])

Die Verarmten nun, fährt Plato im Sinne des oben er= wähnten Bildes fort, kanern im Staate mit Stacheln und sonstigen Waffen ausgerüstet, die einen mit Schulden überbürdet, die andern ehrlos geworden, wieder andere von beidem betroffen, alle aber

---

[1]) 554 e.

[2]) 555 b: ἀπληστία τοῦ προχειμένου ἀγαϑοῦ, τοῦ ὡς πλουσιώτατον δεῖν γίγνεσϑαι.

[3]) 555 c. ἅτε, οἶμαι, ἄρχοντες ἐν αὐτῇ οἱ ἄρχοντες διὰ τὸ πολλὰ κεκτῆσϑαι, οὐκ ἐϑέλουσιν εἴργειν νόμῳ τῶν νέων ὅσοι ἂν ἀκόλαστοι γίγνωνται, μὴ ἐξεῖναι αὐτοῖς ἀναλίσκειν τε καὶ ἀπολλύναι τὰ τῶν τοιούτων καὶ εἰσδανείζοντες ἔτι πλουσιώτεροι καὶ ἐντιμότεροι γίγνωνται.

[4]) Wie nahe sich diese platonische Kritik des Kapitalismus mit ana= logen Erscheinungen der modernen Litteratur berührt, zeigt u. a. das drama= tische Sittengemälde von Henri Becque, „Die Raben". Das leitende Motiv der Handlung ist hier wie dort L'Argent, der Goldrausch. Es wird ganz in platonischem Sinne an dem Leben der modernen Gesellschaft gezeigt, wie die diesem Rausche Verfallenen niemals befriedigt und immer von neuem dürstend ohne Rücksicht und Erbarmen über die wirtschaftlich Schwachen hinwegschreiten, sich wie fressende Aasgeier über sie stürzen, Leib und Seele, Ehr und Gut derselben als willkommene Beute betrachten, ja selbst Recht und Gesetz nach ihrem Willen zu beugen wissen.

voll Haß und über Anſchlägen brütend gegen die, welche ſie um
das Ihrige gebracht, wie überhaupt gegen alle Welt, begierig
lauernd auf einen allgemeinen Umſturz."¹) Die Geldmänner aber,
die geduckt umherſchleichen wie das leibhaftige böſe Gewiſſen, und
dieſe ihre Opfer gar nicht zu bemerken ſcheinen „ſchleudern, ver=
wundend unter den Übrigen auf den, der ſich ihnen preisgibt, den
Pfeil des Geldes nnd erzeugen, indem ſie in den Zinſen eine
reiche Nachkommenſchaft ſolchen Vaters (d. h. des Geldes) an ſich
bringen, der Drohnen und Bettler die Menge im Staate."

Dabei iſt ihnen die Stimmung, die ſie durch all das in der
Geſellſchaft hervorrufen, ſo wenig eine Mahnung, daß ſie ruhig
zuſehen, wie insbeſondere die jüngere Generation ſich der Schwelgerei
ergibt, allen Anſtrengungen des Körpers und Geiſtes abgeneigt,
weichlich und ſchlaff wird,²) während ſie ſelbſt gleichgiltig gegen
alles Andere, als den Gelderwerb, um wahre Tugend ſich eben
ſo wenig bemühen, wie der verachtete Proletarier.³)

---

¹) 555d: οἱ δὲ δὴ χρηματισταὶ ἐγκύψαντες, οὐδὲ δοκοῦντες τούτους
ὁρᾶν, τῶν λοιπῶν τὸν ἀεὶ ὑπείχοντα ἐνιέντες ἀργύριον τιτρώσκοντες, καὶ
τοῦ πατρὸς ἐχγόνους τόχους πολλαπλασίους κομιζόμενοι, πολὺν τὸν κηφῆνα
καὶ πτωχὸν ἐμποιοῦσι τῇ πόλει. — Es erinnert lebhaft an dieſe Ausführung
Platos über den Zuſammenhang zwiſchen Kapitalnutzung und ſozialer Frage,
wenn z. B. Proudhon ſagt, daß dieſe Kapitalnutzung in Geſtalt von Rente,
Zinſen, Profit, Agio u. ſ. w. notwendig den Paraſitismus, den Bettel,
das Vagabundentum, den Diebſtahl, Mord u. ſ. w. zur Folge haben müſſe.

²) Dieſe Unterſcheidung der im Reichtum aufgewachſenen Generation
von derjenigen, welche denſelben in zäher Arbeit errungen, iſt ſehr bezeichnend.
Sie lehrt uns, wie unrichtig es iſt, wenn gewöhnlich, z. B. von Lange (Geſch.
des Materialismus II³ 456) behauptet wird, daß in den kapitaliſtiſchen Perioden
des Altertums nicht, wie heutzutage, die Kapitalbildung, ſondern der unmittel=
bare Genuß das maßgebende Intereſſe gebildet habe.

³) 556b. Man ſieht, es finden ſich in der platoniſchen Schilderung
alle weſentlichen Züge des Bildes, welches die moderne Plutokratie gewährt,
von der z. B. Lange (Die Arbeiterfrage S. 59) ſagt: „Sie geht mit verhält=
nismäßig ſeltenen Ausnahmen von dem Prinzip des bloßen Erwerbs nicht
ab. Sie begnügt ſich leicht mit einem äußeren Anſtrich von Bildung, ver=
achtet das Einfache und Edle, verſäumt es in ihrer Nachkommenſchaft vor
allen Dingen männlichen Mut und Erhabenheit über den Wechſel äußerer

So zieht man selbst jene gefährliche Schmarotzerpflanze auf dem Boden der Geldherrschaft groß, den berufsmäßigen Müßiggang, der mit Hilfe des ererbten Renteneinkommens sich selbst von Beruf und Arbeit dispensiert. Plato hat das Leben dieser reichen Müßiggänger, das zum Spiel der ephemersten Stimmungen und Launen wird, in seiner ganzen inneren Haltlosigkeit mit scharfem Griffel gezeichnet. Der Verfall aller geistigen und moralischen Energie, wie ihn der arbeitslose Rentengenuß mit psychologischer Notwendigkeit herbeiführt, könnte kaum anschaulicher geschildert werden, als in dem Bild, welches Plato von dem „demokratischen", d. h. persönliche Ungebundenheit über alles liebenden Sohne des „oligarchischen" geldmachenden Vaters entworfen hat:

„So lebt der Mann von Tag zu Tage, jedesmal der Begierde, die ihn gerade anwandelt, nachgebend; jetzt zecht er und läßt Flötenspielerinnen kommen, dann wieder trinkt er Brunnen und braucht eine Entfettungskur; jetzt treibt er allerlei Leibesübungen, ein andermal liegt er ganz träge und kümmert sich um gar nichts, dann wieder thut er, als gäbe er sich mit Studien ab. Sehr gewöhnlich ist, daß er Politik treibt, die Tribüne besteigt und sagt und betreibt, was ihm gerade beifällt; oder sein Blick fällt auf Leute, die beim Kriegswesen sind oder auch beim Bankwesen, alsbald wirft er sich mit Eifer hierauf. Und so ist in seinem Leben keine Ordnung, keine Notwendigkeit; er jedoch nennt ein solches Leben süß und frei und lebt es bis an sein Ende."[1]

Freilich arbeitet er mit diesem „freien und glücklichen" Leben, das keine Pflichten kennt, gleichzeitig an der Beschleunigung des Gerichtes, welches die herrschende Gesellschaftsklasse durch das geschilderte Thun und Denken ihrer erwerbenden, wie ihrer genießenden Elemente über sich selbst heraufbeschwört.

Plato hebt dabei vor Allem die psychologische Rückwirkung auf die unteren Volksklassen hervor.

Geschicke zu erzeugen; und so bleibt ihre vermeintlich so unüberwindliche Geldmacht ein Koloß auf thönernen Füßen.

[1] 561 c.

„Wenn bei ſolcher Gemütsverfaſſung Herrſchende und Be=
herrſchte mit einander in nähere Berührung kommen, bei Reiſen,
Wallfahrten, Heereszügen u. dgl., insbeſondere, wenn in den Ge=
fahren des Krieges der Eine den Andern beobachtet, wird da der
Reiche Veranlaſſung haben, auf den Armen verächtlich herabzuſehen?
Wird nicht vielmehr das Gegenteil eintreten, wenn etwa ein ſchlanker,
von der Sonne verbrannter Mann aus dem Volke in der Schlacht
ſeine Stelle neben einem Reichen erhält, der an ſchattige Behaglich=
keit gewöhnt iſt oder an übermäßiger Wohlbeleibtheit leidet, und
er deſſen Keuchen und Not anſieht? Wird dem Armen da
nicht der Gedanke kommen, dergleichen Menſchen ſeien nur durch
ihre Schlechtigkeit reich? Und wenn nun das Volk unter ſich iſt,
wird da nicht einer dem andern zuflüſtern: Unſere Herren ſind
im Grunde gar nichts wert?[1]

Dieſer zum Bewußtſein der Maſſe gekommene Widerſpruch
zwiſchen der Unwürdigkeit der Regierenden und ihrem Anſpruch auf
Beherrſchung von Staat und Geſellſchaft gräbt der politiſchen
Kapitalherrſchaft das Grab. Durch die unerſättliche Begier nach
dem, was ſie als höchſtes Gut erſtrebt und wodurch ſie ſelbſt ent=
ſtand, durch die Vernachläſſigung alles anderen um des Geld=
erwerbes willen richtet ſie ſich ſelbſt zu Grunde.[2]

Wie es aber bei einem geſchwächten Körper nur einer ge=
ringen Veranlaſſung bedarf, damit er erkranke, ja wie er bisweilen
auch ohne Anſtoß von außen das innere Gleichgewicht verliert, ſo
kann auch über den krankhaften Organismus der plutokratiſchen
Geſellſchaft aus geringfügigem Anlaß die Kataſtrophe hereinbrechen.
Der längſt entzündete Unheilsbrand (τὸ κακὸν ἐκκαυόμενον),[3]

---

[1] 556 d — ἆρ᾽ οἴει αὐτὸν οὐχ ἡγεῖσθαι κακίᾳ τῇ σφετέρᾳ πλουτεῖν
τοὺς τοιούτους, καὶ ἄλλον ἄλλῳ παραγγέλλειν ὅταν ἰδίᾳ ξυγγίγνωνται, ὅτι
Ανδρες ἡμέτεροι εἰσὶν οὐδέν.

[2] 562 b: ὃ προύθετο ἀγαθὸν καὶ δι᾽ οὗ ἡ ὀλιγαρχία καθίστατο —
τοῦτο δ᾽ ἦν ὑπέρπλουτος· ἦ γάρ; Ναί. Ἡ πλούτου τοίνυν ἀπληστία καὶ
ἡ τῶν ἄλλων ἀμέλεια διὰ χρηματισμὸν αὐτὴν ἀπώλλυ.

[3] 556 e.

ben die Herrschenden nicht zu stillen verstanden, dem sie im Gegen=
teil immer neue Nahrung zugeführt, er lodert in hellen Flammen
empor.

Die Geldoligarchie erntet jetzt, was sie gesäet. Denn auch
die Volksherrschaft, die an ihre Stelle tritt, bleibt ein Tummelplatz
der drohnenhaften Begierden, welche der Kapitalismus großgezogen.
Nur erhalten jetzt die wirtschaftlich Schwachen, die wenig oder nichts
Besitzenden die Macht, ihrerseits diesen Begierden gegenüber dem
Kapital die Zügel schießen zu lassen.[1] Die Drohnen d. h. die
ruinierten Verschwender und Nichtsthuer stellen sich zwischen die
Besitzenden und die — in der Demokratie zahlreichste — Klasse
derer, die von der Arbeit ihrer Hände leben. Sie wissen die Masse
des arbeitenden Volkes an sich zu fesseln, indem sie dessen Gelüste
nach dem „Honig" nähren, der nunmehr auf Kosten der Besitzen=
den zu erbeuten ist. Der Reichtum wird zum Drohnenfutter
($\varkappa\eta\varphi\dot\eta\nu\omega\nu$ $\beta o\tau\dot\alpha\nu\eta$).[2] Jetzt genügt der bloße Besitz des Reich=
tums, um als Volksfeind verdächtigt zu werden.[3] Die frühere
Ausbeutung durch das Kapital vergilt jetzt die Masse und ihre
Führer mit einer rücksichtslosen Bekämpfung des Reichtums, mit
Verbannungen, Hinrichtungen und Konfiskationen, mit Anträgen
auf Schuldenkassierung und Aufteilung des Grundbesitzes. Die
bisherigen Träger des Ausbeutungsprinzipes fallen nun ihm selbst
zum Opfer.

---

[1] 565a ff.

[2] ib.

[3] 566c. Vgl. übrigens schon die Verse des Euripides in den „Schutz=
flehenden" 238—45:

> „Drei Bürgerklassen gibt es: was die Reichen anbetrifft,
> Sie nützen niemand, trachten nur für sich nach mehr.
> Die Armen, die des Lebensunterhalts ermangeln,
> Sind ungestüm und richten schnöderem Neide zugewandt
> Auf die Begüterten der Scheelsucht Pfeile,
> Getaucht in Zungengift verlockender Verleiter.
> Der Mittelstand nur ist der wahre Bürgerstand,
> Für Zucht und Ordnung wachend, die das Volk gebot."

Aber auch die aus der Demokratie entstehende ochlokratische
Herrschaft der materiellen Interessen, welche das vom Kapitalismus
auf wirtschaftlichem Gebiet verwirklichte Prinzip der Freiheit auf
alle möglichen anderen Lebensgebiete überträgt, muß an der Übertreibung dieses ihres Prinzipes zu Grunde gehen.   Sie erliegt zuletzt dem, in welchem sich der Egoismus und. die Selbstherrlichkeit
des Individuums am Reinsten verkörpert, der in der rücksichtslosen
Geltendmachung des Eigeninteresses sich als der Stärkste erwiesen
und „ein Riese riesenhaft sich reckend" [1] aufrecht stehen bleibt auf
dem Stuhle des Staatswagens, nachdem er viele andere zu Boden
gestreckt. [2]   So erwächst aus Kapitalismus und Pauperismus und
aus dem freien Spiele rein individualistischer Kräfte zuletzt die Ge-
waltherrschaft, die Tyrannis. [3]

Plato vergleicht an einem andern Ort dieses über alle objektiven sittlichen Mächte sich hinwegsetzende Ringen brutaler Naturinstinkte mit dem Ansturm der Titanen gegen die Himmlischen.
Der soziale Daseinskampf scheint ihm mit diesem Erwachen titanen-
hafter Gelüste in der Menschenbrust zu den rohen gewaltsamen

---

[1] μέγας μεγαλωστί; ein dem Homer (z. B. Ilias XVI 776) ent-
lehnter Ausdruck.

[2] 566 d.

[3] Die größte Freiheit schlägt in die ärgste Knechtschaft um. Ἡ γὰρ
ἄγαν ἐλευθερία ἔοικεν οὐκ εἰς ἄλλο τι ἢ εἰς ἄγαν δουλείαν μεταβάλλειν
καὶ ἰδιώτῃ καὶ πόλει. 564 a. Eine interessante Parallele zu dieser Erklärung der Tyrannis bildet die Ausführung des von Jamblichos benützten
Sophisten (Antiphon? Blaß fr. f. 20): Γίγνεται δὲ καὶ ἡ τυραννίς . . .
οὐκ ἐξ ἄλλου τινὸς ἢ ἀνομίας· οἴονται δέ τινες τῶν ἀνθρώπων ὅσοι μὴ
ὀρθῶς συμβάλλονται, τύραννον ἐξ ἄλλου τινὸς καθίστασθαι, καὶ τοὺς
ἀνθρώπους στερίσκεσθαι τῆς ἐλευθερίας οὐκ αὐτοὺς αἰτίους ὄντας,
ἀλλὰ βιασθέντας ὑπὸ τοῦ καταστάντος τυράννου, οὐκ ὀρθῶς ταῦτα λογι-
ζόμενοι . ὅστις γὰρ ἡγεῖται βασιλέα ἢ τύραννον ἐξ ἄλλου τινὸς γίγνεσθαι
ἢ ἐξ ἀνομίας τε καὶ πλεονεξίας, μῶρός ἐστι . ἐπειδὰν γὰρ ἅπαντες
ἐπὶ κακίαν τράπωνται, τότε τοῦτο γίγνεται . οὐ γὰρ οἷόν τε ἀνθρώπους
ἄνευ νόμων καὶ δίκης ζῆν· ὅταν οὖν ταῦτα τὰ δύο ἐκ τοῦ πλήθους ἐκλίπῃ,
ὅ τε νόμος καὶ ἡ δίκη, τότε ἤδη εἰς ἕνα ἀποχωρεῖν τὴν ἐπιτροπείαν τούτων καὶ φυλακήν.

Formen eines vormenschlichen Zeitalters zurückzukehren.¹) Ja es findet sich hier bereits Begriff und Wort des bellum omnium contra omnes des Hobbes („τὸ πολεμίους εἶναι πάντας πᾶσιν"),²) in welchem die sozialistische Kritik der Gegenwart das charakteristische Kennzeichen der modernen Gesellschaft erblickt.³)

Mit denselben düsteren Farben wird die Entartung des Volks= charakters durch den Egoismus eines schrankenlosen Erwerbstriebes an einer späteren Stelle geschildert: Die Liebe zum Reichtum, heißt es dort, raubt den Bürgern alle Zeit, für etwas Höheres Sorge zu tragen, als für das eigene Vermögen. Ihre ganze Seele hängt daran, so daß sie sich kaum noch um etwas anderes bekümmern kann, als um den täglichen Gewinn.⁴) Die Unterweisung und die Einrichtungen, die diesem Zwecke förderlich sind, nimmt jeder bereit= willig an, anderes aber dünkt ihm lächerlich (τῶν δὲ ἄλλων καταγελᾷ!).⁵)

Daher kommt es, daß jedermann in unersättlicher Begier nach Gold und Silber jedes Gewerbe, jedes Mittel, sei es ein ehrenhaftes oder nicht, sich gefallen läßt, wenn es nur zum Reich= tum führt, daß man vor keiner Handlung zurückschreckt, mag sie nun gottgefällig oder gottlos und noch so schimpflich sein, wenn sie

---

¹) Leg. III, 701 c.

²) ib. I, 626 e.

³) Nach Marx hat die moderne bürgerliche Gesellschaft den „allseitigen Kampf von Mann wider Mann" erzeugt; sie „hat als oberstes Gesetz den Krieg aller nur mehr durch ihre Individualität von einander abgeschlossenen Individuen gegen einander oder mit einem Worte die Anarchie". Vgl. Adler: Die Grundlagen der Marxischen Kritik der bestehenden Volkswirtschaft S. 254. Ebenso ist es nur die wirtschaftliche Motivierung des platonischen Satzes von dem unvermeidlichen Siege des Stärksten im sozialen Daseinkampf, wenn Proudhon in seinem System der ökonomischen Widersprüche als notwendiges Endergebnis der Konkurrenz, als Ausdruck der siegreichen Freiheit und der Kampfgier das Monopol bezeichnet.

⁴) Leg. VIII, 831 c.

⁵) ib. Die Verwilderung des Philistertums!

nur die Möglichkeit gewährt, dem schrankenlosen Bauch= und
Phallusdienst zu fröhnen. [1]

Dieses Streben nach sinnlichem Lebensgenuß und nach den
Mitteln zu seiner Befriedigung ist eine der Haupttriebkräfte der
sozialen Zersetzung. Denn indem man unbekannt mit dauernden
und reinen Lustgefühlen nach Art des Viehes auf der Weide
stets nach unten blickend und zur Erde und zur Krippe hingebückt
mit Fressen und Befriedigung der Liebesbrunst sich gütlich thut,
schlägt man sich um den Vorzug in diesen Dingen gegenseitig tot,
mit eisernen Hörnern und Hufen aufeinanderstoßend, in der Gier
der Unersättlichkeit, weil diese Genüsse nicht das Wirkliche (die
Seele) mit wirklichen Genüssen erfüllen. Diese Traumbilder wahren
Lustgefühles erzeugen ein rasendes Verlangen in den Unverständigen
und werden so zum Gegenstand blutigen Kampfes, wie das Trug=
bild der Helena in Zlion. [2]

_____

Vierter Abschnitt.

Angriffe der idealistischen Sozialphilosophie auf die Grund= lagen der bestehenden wirtschaftlichen Rechtsordnung.

Der Widerspruch zwischen dem von der philosophischen Staats=
lehre aufgestellten Ideal der sittlichen und geistigen Entfaltung der
Persönlichkeit und der durch den Besitz und seine Verteilung be=
dingten, zu den schwersten Versuchungen führenden Ungleichheit der
Lebenslagen, die Unvereinbarkeit des die Gesellschaft beherrschenden
Egoismus der materiellen Interessen mit den sittlichen Ideen, die
nach den Forderungen derselben Staatslehre in Staat und Recht

_____

[1] ib. 831 d: διὰ τὴν τοῦ χρυσοῦ τε καὶ ἀργύρου ἀπληστίαν πᾶσαν
μὲν τέχνην καὶ μηχανὴν καλλίω τε καὶ ἀσχημονεστέραν ἐθέλειν ὑπομένειν
πάντα ἄνδρα, εἰ μέλλει πλούσιος ἔσεσθαι, καὶ πρᾶξιν πράττειν ὅσιόν τε
καὶ ἀνόσιον καὶ πάντως αἰσχρὰν, μηδὲν δυσχεραίνοντα, ἐὰν μόνον ἔχῃ
δύναμιν καθάπερ θηρίῳ τοῦ φαγεῖν παντοδαπὰ καὶ πιεῖν ὡσαύτως καὶ
ἀφροδισίων πᾶσαν πάντως παρασχεῖν πλησμονήν.

[2] Rep. 586 a ff.

zur Verwirklichung gelangen sollen, all das hätte keinen schärferen Ausdruck finden können, als in dem Nachtgemälde, welches hier Plato von der gesellschaftlichen und politischen Entwicklung seines Volkes entworfen hat.

Allerdings treten in diesem sozialpolitischen Zeitbild eben nur die Mißstände der kapitalistischen Geldwirtschaft und diese in grellster Beleuchtung hervor; auch fehlt es nicht an tendenziösen Übertreibungen, wie z. B. bei der Motivierung des Prinzips der wirtschaftlichen Freiheit. Aber man wird solche Einseitigkeit nur zu begreiflich finden, wenn man sich angesichts der thatsächlichen sittlichen und ökonomischen Übelstände der Zeit in die Empfindungen hineinversetzt, welche den philosophischen Denker auf der reinen Höhe sozial-ethischer Weltanschauung gegenüber dem materialistischen Egoismus und staatsfeindlichen Individualismus der Zeit erfüllen mußte.

Die hellenische Staatslehre hat wahrlich des Großen genug für alle Zeiten geleistet, indem sie diesem extremen Individualismus eine wahrhaft soziale Auffassung entgegenstellte, welche die Freiheits- und Eigentumsfragen aus den Bedingungen des Gemeinschaftslebens heraus zu entscheiden suchte und damit ein Ziel aufstellte, zu dem wir selbst am Ende des neunzehnten Jahrhunderts uns nur mühselig durchzuringen vermögen. Das vierte Jahrhundert v. Chr. hat uns den Kampf vorgekämpft, in welchem wir selbst mitten inne stehen.[1]) Es hat einen guten Teil der Geisteswaffen geschmiedet, deren wir uns heute noch wie damals in diesem Kampfe bedienen.

Wenn die hellenische Sozialphilosophie in dem großen Prin-

---

[1]) Es ist unrichtig, wenn Nasse (Entwicklung und Krisis des wirtschaftlichen Individualismus in England. Preuß. Jahrb. XXX S. 429) gemeint hat, daß der Individualismus und Sozialismus d. h. das Streben nach möglichster Freiheit der Einzelnen in ihrer Willenssphäre einerseits und nach Unterordnung derselben unter die Zwecke der Gesamtheit und Leitung ihres Handels nach gemeinsamem Plane andererseits sich kaum jemals so scharf entgegengetreten sind, wie in unserer Zeit. Nasse hat dabei nicht an das vierte Jahrhundert v. Chr. gedacht.

zipienstreit zwischen Individualismus und Sozialismus das rechte
Mittelmaß zwischen den Extremen nicht zu finden vermochte und
in der Verfolgung ihres sozialistischen Ideenganges teilweise selbst
wieder zu extremen und utopischen Forderungen gekommen ist, so
hat gewiß das Jahrhundert, in welchem Sozialismus und Kom=
munismus eine „konstante Erscheinung" geworden sind,[1]) ohne daß
eine Ausgleichung gefunden wäre, keine Veranlassung, auf das
Zeitalter Platos und Aristoteles geringschätzig herabzusehen, deren
sozialpolitische Spekulationen trotz der ungleich geringeren exakten
Kenntnis sozialökonomischer Zustände und Entwicklungsgesetze um
nichts utopischer sind, als die des modernen Sozialismus von Owen
und St. Simon bis herunter zu Hertzka und Bellamy.

Nach dem die Entwicklung des menschlichen Geisteslebens be=
herrschenden Gesetz von Aktion und Reaktion konnte es gar nicht
ausbleiben, daß der unvermeidliche heftige Rückschlag gegen die
Einseitigkeiten einer hochgesteigerten materiellen Kultur, gegen die
sozialen Disharmonien einer kapitalistischen Wirtschaftsepoche zu
prinzipiellen Angriffen auf die Grundlagen dieser kapitalistischen
Volkswirtschaft führte.

Man sah, wie gerade mit der fortschreitenden Ausbildung
und zunehmenden Macht des Privatkapitals die Auflösung der alten
Sitte und Sittlichkeit, steigender Egoismus, größere Genußsucht,
immer schamlosere Arten des Gelderwerbes und wucherische Aus=
beutung der Schwachen Hand in Hand gingen. Man sah durch
die übermäßige Anhäufung des Besitzes in den Händen Einzelner
bei gleichzeitiger Verkümmerung Anderer Klassengegensätze entstehen,
deren korrumpierende Einflüsse die höchsten Interessen von Staat
und Gesellschaft gefährdeten. Man empfand es in den Kreisen
aller tiefer Denkenden auf das Schmerzlichste, daß gerade der durch
die Entwicklung der kapitalistischen Geldwirtschaft herbeigeführte
materielle Fortschritt für die idealen, ethischen Interessen vielfach

---

[1]) Ausdruck Helds: Sozialismus, Sozialdemokratie und Sozialpolitik
Seite 4.

Rückschritt und Verfall bedeutete. Was lag da näher als der Gedanke, daß eben in diesem materiellen Fortschritt und in der Entwicklung des Reichtums an und für sich schon die Ursache aller sozialen Krankheitserscheinungen zu suchen sei? Unter dem übermächtigen Eindruck, den die Erkenntnis des unleugbaren Zusammenhanges zwischen diesen Erscheinungen einerseits und dem Kapitalismus und Pauperismus andererseits auf die Gemüter hervorbrachte, traten andere, für die Beurteilung der Dinge nicht minder bedeutsame Momente unwillkürlich in den Hintergrund. Man übersah, daß die Wurzeln des Guten und Bösen unendlich viel tiefer liegen, als in irgend einer Verfassung der Volkswirtschaft, daß die Quellen des physischen und moralischen Elends unerschöpflich sind. Und so machte man denn für die Schattenseiten des sozialen Lebens der Zeit allzu einseitig jenes wirtschaftliche Moment verantwortlich, welches so viele moralisch und materiell in Fesseln schlug d. h. eben das Kapital.

Indem man aber so von einer einseitig ökonomischen Beurteilung der sozialen Zustände ausging und daher nicht minder einseitige Hoffnungen für Menschenglück und Menschenwohl an die heilende Kraft einer Umgestaltung der Wirtschaftsordnung knüpfte, mußte die Theorie mit innerer Notwendigkeit bis zu einem mehr oder minder radikalen Bruch mit dem ganzen bestehenden Wirtschaftssystem, bis zur Aufstellung eines völlig neuen Prinzipes für die Ordnung des wirtschaftlichen Güterlebens fortschreiten. War die letzte Ursache aller sozialen Übelstände der Gegensatz von Arm und Reich, so konnte in der That eine idealistische Gesellschaftsphilosophie nicht vor der Forderung zurückschrecken, daß die bestehenden Formen des Kapitalerwerbes und die Grundlagen der Kapitalbildung, aus denen sich dieser Gegensatz täglich neu erzeugte, zu beseitigen und durch andere zu ersetzen seien.

Daraus ergab sich ein prinzipieller Widerspruch gegen die herrschende Auffassung des Institutes des Privateigentums und das ganze Eigentums- und Verkehrsrecht. Ein Widerspruch, der im einzelnen ja vielfach das Richtige traf, aber doch — bei der Ein=

seitigkeit des Ausgangspunktes — in der Verfolgung einer an sich
berechtigten Tendenz viel zu weit führte.

War durch die ganze bisherige Entwicklung — wenigstens in
den Industrie= und Handelsstaaten — die Kapitalbildung und der
Kapitalerwerb möglichst begünstigt, das Privateigentum an beweg=
lichen und unbeweglichen Gütern auf das schärfste ausgebildet und
— innerhalb gewisser durch die Natur der Stadtstaatwirtschaft
bedingter Grenzen — zu einem Rechte freiesten Gebrauches der
Güter entwickelt worden, war überhaupt durch die im Wesen der
Geldwirtschaft liegende Beweglichkeit aller Verkehrs= und Lebens=
verhältnisse der menschlichen Selbstsucht reichste Gelegenheit ge=
schaffen worden, sich zur Geltung zu bringen, so führte jetzt der
Rückschlag gegen die auflösenden Wirkungen dieser Vorherrschaft
individualistischer Tendenzen zu einer Überspannung des Sozial=
prinzipes, zu dem Verlangen nach einer Fesselung des Privateigen=
tums und des Einzelwillens, welche nicht nur der Bethätigung eines
unsittlichen Egoismus, sondern auch dem legitimen Kapitalerwerb,
ja schon dem Erwerbstrieb und damit der Kapitalbildung über=
haupt die weitgehendsten Schranken auferlegt hätte. Und wenn sich
insbesondere als das Resultat des entfesselten Interessenkampfes eine
übermäßige Ungleichheit der Vermögensverteilung ergeben hatte, so
trat man jetzt den auf dem Boden dieser Ungleichheit entstandenen
Disharmonien nicht nur mit der Forderung einer gerechteren, der
harmonischen Ausgestaltung des Volks= und Staatslebens günstigeren
Vermögensverteilung entgegen, sondern man ging in der Überspan=
nung dieser an sich ja tiefberechtigten Forderung so weit, eine
möglichste Nivellierung der wirtschaftlichen Unterschiede überhaupt
zu verlangen.

So, meinte man, würde das Privateigentum seiner anti=
sozialen Wirkungen entledigt und der Widerstreit der individuellen
Interessen gegen die der Allgemeinheit in die engsten Grenzen ge=
bannt werden.

Wie hätte man aber hoffen dürfen, das genannte Ziel voll=
kommener zu erreichen als dadurch, daß man die letzten Konse=

quenzen jenes ganzen Ideenganges zog und bis zur Negation des Privateigentums selbst fortschritt?

Solange ein Privateigentum an den wirtschaftlichen Gütern besteht, solange wird ja immer demjenigen Teile der Gesellschaft, dem ein solches Eigentum zufällt, ein anderer gegenüberstehen, der sich von demselben mehr oder minder ausgeschlossen sieht. Es wird für den Erwerbstrieb und den Egoismus immer ein Objekt der Bethätigung übrig bleiben, welches den sittlichen Interessen Abbruch thun kann. Wer daher schon den bloßen Nichtbesitz ebenso als ein soziales Krankheitssymptom ansah,[1] wie die einseitige Konzentrierung des Besitzes, wer die Entartung des Erwerbstriebes und des Selbstinteresses schon im Keime verhindern wollte, der mußte dem Urgrund aller Besitzlosigkeit, dem Besitze selbst den Krieg erklären; sein Ideal mußte ein Zustand der Dinge sein, in welchem es ein persönliches Eigentum überhaupt nicht mehr gibt.

Als der erste Theoretiker, welcher sich prinzipiell gegen die wirtschaftliche Ungleichheit aussprach, erscheint für uns Phaleas von Chalcedon. Er gehörte nach Aristoteles zu denjenigen, welche in dieser Ungleichheit die eigentliche Ursache aller bürgerlichen Zwietracht sahen[2] und von ihrer Beseitigung[3] zugleich eine durchgreifende Verbesserung der Volkssittlichkeit erwarteten,[4] wenigstens eine Beseitigung der Eigentumsfrevel, die in der bestehenden Gesellschaft durch „Frost und Hunger" hervorgerufen werden.[5]

---

[1] Vgl. die Wendung bei Plutarch Lykurg 8. S. oben S. 128.

[2] Pol. II, 4, 1. 1266a: δοκεῖ γάρ τισι τὸ περὶ τὰς οὐσίας εἶναι μέγιστον τετάχθαι καλῶς· περὶ γὰρ τούτων ποιεῖσθαί φασι τὰς στάσεις πάντας. διὸ Φαλέας ὁ Χαλκηδόνιος τοῦτ' εἰσήνεγκε πρῶτος. φησὶ γὰρ δεῖν ἴσας εἶναι τὰς κτήσεις τῶν πολιτῶν. Diese Ausgleichung lasse sich, meint Phaleas, am leichtesten dadurch erreichen, daß die Reichen Mitgift gäben, aber nicht nähmen, und die Armen umgekehrt nähmen, aber nicht gäben (1266b).

[3] Nach Aristoteles hätte er dabei allerdings nur die Ausgleichung des Grundbesitzes im Auge gehabt (12b. 1267a).

[4] Ebd. 7: οὐ μόνον δ' οἱ ἄνθρωποι διὰ τὰ ἀναγκαῖα ἀδικοῦσιν, ὦν ἄκος εἶναι νομίζει (Φαλέας) τὴν ἰσότητα τῆς οὐσίας, ὥστε μὴ λωποδυτεῖν διὰ τὸ ῥιγοῦν ἢ πεινῆν κτλ.

[5] Ebd.

An Phaleas reiht sich unmittelbar Plato an. Sein sozial=
ökonomischer Standpunkt charakterisiert sich vor allem durch die
Energie, mit der er der vulgären Auffassung entgegentritt, als
bestände eine der wichtigsten Aufgaben der Politik in der Fürsorge
für die möglichste Steigerung des Reichtums.[1] Die wahre Staats=
kunst erstrebt nach seiner Ansicht das Glück und, da wirkliches
Glück nicht ohne Tugend erreichbar ist, die Sittlichkeit der
Bürger.[2] Steigerung des Reichtums bedeutet also an sich noch
keine Steigerung des Glückes, wenn die, welche ihn besitzen, die
erste Bedingung dazu, die Sittlichkeit, nicht leisten und erfüllen.
Ist aber gerade von dem Reichen die Erfüllung dieser Bedingung
zu erwarten? Plato glaubt diese Frage überall da verneinen zu
müssen, wo der in Einer Hand vereinigte Besitz ein gewisses Maß
überschreitet. Nach seiner Meinung kann der Besitzer außer=
ordentlichen Reichtums kaum ein wahrhaft sittlicher Mensch sein.[3]
Denn wer einerseits alle unsittlichen und unehrenhaften Wege der
Bereicherung strenge meidet und andererseits der dem Besitz ob=
liegenden Verpflichtung zu Opfern für „edle und gute“ Zwecke
($\varkappa\alpha\lambda\grave{\alpha}$ $\mathring{\alpha}\nu\alpha\lambda\acute{\omega}\mu\alpha\tau\alpha$)[4] voll und ganz gerecht wird, bei dem wird
es kaum zur Aufhäufung übermäßiger Schätze kommen.[5] Über=
haupt besteht zwischen Reichtum und Sittlichkeit von Natur ein

---

[1] Leg. V, 742 d: $\mathring{\varepsilon}\sigma\tau\iota$ $\delta\grave{\eta}$ $\tauο\tilde{\upsilon}$ $\nuο\tilde{\upsilon}\nu$ $\mathring{\varepsilon}\chi\omicron\nu\tau\omicron\varsigma$ $\pi\omicron\lambda\iota\tau\iota\varkappa\omicron\tilde{\upsilon}$ $\beta\omicron\acute{\upsilon}\lambda\eta\sigma\iota\varsigma$,
$\varphi\alpha\mu\acute{\varepsilon}\nu$, $\omicron\mathring{\upsilon}\chi$ $\mathring{\eta}\nu\pi\varepsilon\rho$ $\mathring{\alpha}\nu$ $\omicron\mathring{\iota}$ $\pi\omicron\lambda\lambda\omicron\grave{\iota}$ $\varphi\alpha\tilde{\iota}\varepsilon\nu$, $\delta\varepsilon\tilde{\iota}\nu$ $\beta\omicron\acute{\upsilon}\lambda\varepsilon\sigma\vartheta\alpha\iota$ $\tau\grave{\omicron}\nu$ $\mathring{\alpha}\gamma\alpha\vartheta\grave{\omicron}\nu$ $\nuο\mu\omicron$-
$\vartheta\acute{\varepsilon}\tau\eta\nu$ $\mathring{\omega}\varsigma$ $\mu\varepsilon\gamma\acute{\iota}\sigma\tau\eta\nu$ $\tau\varepsilon$ $\varepsilon\tilde{\iota}\nu\alpha\iota$ $\tau\grave{\eta}\nu$ $\pi\acute{\omicron}\lambda\iota\nu$, $\mathring{\eta}$ $\nuο\tilde{\omega}\nu$ $\varepsilon\mathring{\upsilon}$ $\nuο\mu\omicron\vartheta\varepsilon\tau\omicron\tilde{\iota}$, $\varkappa\alpha\grave{\iota}$ $\mathring{\omicron}$ $\tau\iota$
$\mu\acute{\alpha}\lambda\iota\sigma\tau\alpha$ $\pi\lambda\omicron\upsilon\sigma\acute{\iota}\alpha\nu$, $\varkappa\varepsilon\varkappa\tau\eta\mu\acute{\varepsilon}\nu\eta\nu$ δ' $\alpha\tilde{\upsilon}$ $\chi\rho\upsilon\sigma\acute{\iota}\alpha$ $\varkappa\alpha\grave{\iota}$ $\mathring{\alpha}\rho\gamma\acute{\upsilon}\rho\iota\alpha$ $\varkappa\alpha\grave{\iota}$
$\varkappa\alpha\tau\grave{\alpha}$ $\gamma\tilde{\eta}\nu$ $\varkappa\alpha\grave{\iota}$ $\varkappa\alpha\tau\grave{\alpha}$ $\vartheta\acute{\alpha}\lambda\alpha\tau\tau\alpha\nu$ $\mathring{\alpha}\rho\chi\omicron\upsilon\sigma\alpha\nu$ $\mathring{\omicron}\tau\iota$ $\pi\lambda\varepsilon\acute{\iota}\sigma\tau\omega\nu$.

[2] 742 e.

[3] Ebd. 742 e: $\pi\lambda\omicron\upsilon\sigma\acute{\iota}\omicron\upsilon\varsigma$ δ' $\alpha\tilde{\upsilon}$ $\sigma\varphi\acute{\omicron}\delta\rho\alpha$ $\varkappa\alpha\grave{\iota}$ $\mathring{\alpha}\gamma\alpha\vartheta\omicron\grave{\upsilon}\varsigma$ $\mathring{\alpha}\delta\acute{\upsilon}\nu\alpha\tau\omicron\nu$
($\gamma\acute{\iota}\gamma\nu\varepsilon\sigma\vartheta\alpha\iota$) cf. 743 a: $\mathring{\alpha}\gamma\alpha\vartheta\grave{\omicron}\nu$ $\delta\grave{\varepsilon}$ $\mathring{\omicron}\nu\tau\alpha$ $\delta\iota\alpha\varphi\varepsilon\rho\acute{\omicron}\nu\tau\omega\varsigma$ $\varkappa\alpha\grave{\iota}$ $\pi\lambda\omicron\acute{\upsilon}\sigma\iota\omicron\nu$ $\varepsilon\tilde{\iota}\nu\alpha\iota$
$\delta\iota\alpha\varphi\varepsilon\rho\acute{\omicron}\nu\tau\omega\varsigma$ $\mathring{\alpha}\delta\acute{\upsilon}\nu\alpha\tau\omicron\nu$.

[4] 743 a.

[5] 743 b: $\mathring{\omicron}$ $\delta\grave{\varepsilon}$ $\mathring{\alpha}\nu\alpha\lambda\acute{\iota}\sigma\varkappa\omega\nu$ $\tau\varepsilon$ $\varepsilon\mathring{\iota}\varsigma$ $\tau\grave{\alpha}$ $\varkappa\alpha\lambda\grave{\alpha}$ $\varkappa\alpha\grave{\iota}$ $\varkappa\tau\acute{\alpha}\mu\varepsilon\nu\omicron\varsigma$ $\mathring{\varepsilon}\varkappa$ $\tau\tilde{\omega}\nu$
$\delta\iota\varkappa\alpha\acute{\iota}\omega\nu$ $\mu\acute{\omicron}\nu\omicron\nu$ $\omicron\mathring{\upsilon}\tau'$ $\mathring{\alpha}\nu$ $\delta\iota\alpha\varphi\acute{\varepsilon}\rho\omega\nu$ $\pi\lambda\omicron\acute{\upsilon}\tau\omega$ $\mathring{\rho}\alpha\delta\acute{\iota}\omega\varsigma$ $\mathring{\alpha}\nu$ $\pi\omicron\tau\varepsilon$ $\gamma\acute{\varepsilon}\nu\omicron\iota\tau\omicron$ $\omicron\mathring{\upsilon}\delta'$
$\mathring{\alpha}\nu$ $\sigma\varphi\acute{\omicron}\delta\rho\alpha$ $\pi\acute{\varepsilon}\nu\eta\varsigma$. $\mathring{\omega}\sigma\tau\varepsilon$ $\mathring{\omicron}$ $\lambda\acute{\omicron}\gamma\omicron\varsigma$ $\mathring{\eta}\mu\tilde{\iota}\nu$ $\mathring{\omicron}\rho\vartheta\acute{\omicron}\varsigma$, $\mathring{\omega}\varsigma$ $\omicron\mathring{\upsilon}\varkappa$ $\varepsilon\mathring{\iota}\sigma\grave{\iota}\nu$ $\omicron\mathring{\iota}$ $\pi\alpha\mu\pi\lambda\omicron\acute{\upsilon}\sigma\iota\omicron\iota$
$\mathring{\alpha}\gamma\alpha\vartheta\omicron\acute{\iota}$· $\varepsilon\mathring{\iota}$ $\delta\grave{\varepsilon}$ $\mu\grave{\eta}$ $\mathring{\alpha}\gamma\alpha\vartheta\omicron\acute{\iota}$, $\omicron\mathring{\upsilon}\delta\grave{\varepsilon}$ $\varepsilon\mathring{\upsilon}\delta\alpha\acute{\iota}\mu\omicron\nu\varepsilon\varsigma$.

solcher Antagonismus, als lägen beide in den Schalen einer Wage und zögen stets nach entgegengesetzten Richtungen.[1] ·

Der Reichtum wirkt nachteilig durch die Begünstigung von Schwelgerei, Müßiggang und Neuerungssucht, er vernichtet den Geist der sittlichen Selbstbeschränkung;[2] seine unvermeidliche Kehrseite dagegen, die Dürftigkeit, erzeugt Umsturzbegierden, Gemeinheit der Gesinnung ($\dot{\alpha}\nu\epsilon\lambda\epsilon\nu\vartheta\epsilon\varrho\acute{\iota}\alpha$)[3], und treibt die Seelen der Menschen durch das Elend zur Schamlosigkeit[4] oder zu sklavischer Unterwürfigkeit.[5] Selbst die wirtschaftlichen Interessen des Volkes leiden unter beiden Extremen. Denn der reich gewordene Gewerbsmann will nicht mehr arbeiten und der in Armut verkommende kann es nicht in entsprechender Weise, weil ihm die unentbehrlichen Voraussetzungen für den genügenden Betrieb seines Handwerkes fehlen.[6] Das Schlimmste aber ist der Klassenhaß und der Bürgerkrieg, welcher das letzte Ergebnis des Gegensatzes von Arm und Reich zu sein pflegt.[7]

Die Gesellschaft fällt schließlich in zwei feindliche Hälften auseinander, oder, um mit Plato zu reden, der Staat in zwei Staaten, den der Armen und der Reichen, die sich gegenseitig nicht mehr verstehen und mit unversöhnlichem Hasse verfolgen.[8] Es erwächst, wie wir sagen würden, in dem Proletariat eine eigene soziale Gruppe, die dem Interesse des Ganzen ihr besonderes Klasseninteresse und ihre besonderen Klassenforderungen gegenüber-

---

[1] Rep. VIII, 550e: $\mathring{\eta}$ οὐχ οὕτω πλούτου ἀρετὴ διέστηκεν, ὥσπερ ἐν πλάστιγγι ζυγοῦ κειμένου ἑκατέρου, ἀεὶ τοὐναντίον ῥέποντε; καὶ μάλ᾽, ἔφη.

[2] Ebd. III, 422a. Leg. 555c.

[3] Ebd.

[4] Leg. XI, 919b.

[5] Ebd. V, 729a: τὰ μὲν ὑπέρογκα γὰρ ἑκάστων τούτων (sc. τῆς τῶν χρημάτων καὶ κτημάτων κτήσεως) ἔχθρας καὶ στάσεις ἀπεργάζεται ταῖς πόλεσι καὶ ἰδίᾳ, τὰ δὲ ἐλλείποντα δουλείας ὡς τὸ πολύ.

[6] Rep. 421d.

[7] Leg. V, 744d.

[8] Rep. 422e.

stellt. Das Ziel dieser Forderungen aber ist nichts Geringeres, als der Besitz der politischen Macht, um die Gesamtheit zu Gunsten der „Bettler und Hungerleider" zu plündern. Die öffentliche Gewalt wird so Gegenstand eines unaufhörlichen Kampfes, der zuletzt die Kämpfenden selbst und mit ihnen den Staat zu Grunde richtet.[1]

Will daher der Staat dieser „schlimmsten Krankheit" ($\mu\acute{\epsilon}$-$\gamma\iota\sigma\tau o\nu$ $\nu\acute{o}\sigma\eta\mu\alpha$) entgehen, so wird er weder die Entstehung großen Reichtums, noch drückender Armut ($\pi\epsilon\nu\acute{\iota}\alpha$ $\chi\alpha\lambda\epsilon\pi\acute{\eta}$) zulassen.[2] Überhaupt erscheint der „Kampf gegen Armut und Reichtum" als eine der wichtigsten Aufgaben aller Gesetzgebung.[3] Dieser Kampf gilt insbesondere dem vom Kapitalismus unzertrennlichen Drohnentum, welches „überall, wo es auftaucht, zerrüttend wirkt wie Galle und Schleim im Körper." — „Gegen diese Drohnen muß der Arzt oder Gesetzgeber des Staates ebenso gut, wie der verständige Zeidler frühzeitig sich vorsehen, am besten damit sie sich nicht einnisten, nisten sie sich aber ein, damit sie schleunigst zusamt den Waben herausgeschnitten werden."[4]

In allen wesentlichen Punkten stimmt mit der entwickelten Grundanschauung Platos der Standpunkt seines größten Schülers

---

[1] 521 a: $\epsilon\grave{\iota}$ $\delta\grave{\epsilon}$ $\pi\tau\omega\chi o\grave{\iota}$ $\varkappa\alpha\grave{\iota}$ $\pi\epsilon\iota\nu\tilde{\omega}\nu\tau\epsilon\varsigma$ $\grave{\alpha}\gamma\alpha\vartheta\tilde{\omega}\nu$ $\grave{\iota}\delta\acute{\iota}\omega\nu$ $\grave{\epsilon}\pi\grave{\iota}$ $\tau\grave{\alpha}$ $\delta\eta\mu\acute{o}\sigma\iota\alpha$ $\check{\iota}\alpha\sigma\iota\nu$, $\grave{\epsilon}\nu\tau\epsilon\tilde{\upsilon}\vartheta\epsilon\nu$ $o\grave{\iota}\acute{o}\mu\epsilon\nu o\iota$ $\tau\grave{\alpha}\gamma\alpha\vartheta\grave{o}\nu$ $\delta\epsilon\tilde{\iota}\nu$ $\grave{\alpha}\rho\pi\acute{\alpha}\zeta\epsilon\iota\nu$ $o\grave{\upsilon}\varkappa$ $\check{\epsilon}\sigma\tau\iota$ (sc. $\delta\upsilon\nu\alpha\tau\grave{\eta}$ $\gamma\epsilon\nu\acute{\epsilon}\sigma\vartheta\alpha\iota$ $\pi\acute{o}\lambda\iota\varsigma$ $\epsilon\tilde{\upsilon}$ $o\grave{\iota}\varkappa o\upsilon\mu\acute{\epsilon}\nu\eta$)· $\pi\epsilon\rho\iota\mu\acute{\alpha}\chi\epsilon\tau o\nu$ $\gamma\grave{\alpha}\rho$ $\tau\grave{o}$ $\check{\alpha}\rho\chi\epsilon\iota\nu$ $\gamma\iota\gamma-$ $\nu\acute{o}\mu\epsilon\nu o\nu$, $o\grave{\iota}\varkappa\epsilon\tilde{\iota}o\varsigma$ $\grave{\omega}\nu$ $\varkappa\alpha\grave{\iota}$ $\check{\epsilon}\nu\delta o\nu$ $\acute{o}$ $\tau o\iota o\tilde{\upsilon}\tau o\varsigma$ $\pi\acute{o}\lambda\epsilon\mu o\varsigma$ $\alpha\grave{\upsilon}\tau o\acute{\upsilon}\varsigma$ $\tau\epsilon$ $\grave{\alpha}\pi\acute{o}\lambda\lambda\upsilon\sigma\iota$ $\varkappa\alpha\grave{\iota}$ $\tau\grave{\eta}\nu$ $\check{\alpha}\lambda\lambda\eta\nu$ $\pi\acute{o}\lambda\iota\nu$.

[2] Leg. a. a. O.

[3] Rep. 421 e. Leg. 919 b: $o\rho\vartheta\grave{o}\nu$ $\mu\grave{\epsilon}\nu$ $\delta\grave{\eta}$ $\pi\acute{\alpha}\lambda\alpha\iota$ $\tau\epsilon$ $\epsilon\grave{\iota}\rho\eta\mu\acute{\epsilon}\nu o\nu$, $\acute{\omega}\varsigma$ $\pi\rho\grave{o}\varsigma$ $\delta\acute{\upsilon}o$ $\mu\acute{\alpha}\chi\epsilon\sigma\vartheta\alpha\iota$ $\varkappa\alpha\grave{\iota}$ $\grave{\epsilon}\nu\alpha\nu\tau\acute{\iota}\alpha$ $\chi\alpha\lambda\epsilon\pi\acute{o}\nu$, $\varkappa\alpha\vartheta\acute{\alpha}\pi\epsilon\rho$ $\grave{\epsilon}\nu$ $\tau\alpha\tilde{\iota}\varsigma$ $\nu\acute{o}\sigma o\iota\varsigma$ $\pi o\lambda\lambda o\tilde{\iota}\varsigma$ $\tau\epsilon$ $\check{\alpha}\lambda\lambda o\iota\sigma\iota$· $\varkappa\alpha\grave{\iota}$ $\delta\grave{\eta}$ $\varkappa\alpha\grave{\iota}$ $\nu\tilde{\upsilon}\nu$ $\grave{\eta}$ $\tau o\acute{\upsilon}\tau\omega\nu$ $\varkappa\alpha\grave{\iota}$ $\pi\epsilon\rho\grave{\iota}$ $\tau\alpha\tilde{\upsilon}\tau\alpha$ $\grave{\epsilon}\sigma\tau\grave{\iota}$ $\pi\rho\grave{o}\varsigma$ $\delta\acute{\upsilon}o$ $\mu\acute{\alpha}\chi\eta$· $\pi\epsilon\nu\acute{\iota}\alpha\nu$ $\varkappa\alpha\grave{\iota}$ $\pi\lambda o\tilde{\upsilon}\tau o\nu$, $\tau\grave{o}\nu$ $\mu\grave{\epsilon}\nu$ $\psi\upsilon\chi\grave{\eta}\nu$ $\delta\iota\epsilon\varphi\vartheta\alpha\rho\varkappa\acute{o}\tau\alpha$ $\tau\rho\upsilon\varphi\tilde{\eta}$ $\tau\tilde{\omega}\nu$ $\grave{\alpha}\nu\vartheta\rho\acute{\omega}-$ $\pi\omega\nu$, $\tau\grave{\eta}\nu$ $\delta\grave{\epsilon}$ $\lambda\acute{\upsilon}\pi\alpha\iota\varsigma$ $\pi\rho o\tau\epsilon\tau\rho\alpha\mu\mu\acute{\epsilon}\nu\eta\nu$ $\epsilon\grave{\iota}\varsigma$ $\grave{\alpha}\nu\alpha\iota\sigma\chi\upsilon\nu\tau\acute{\iota}\alpha\nu$ $\alpha\grave{\upsilon}\tau\acute{\eta}\nu$. $\tau\acute{\iota}\varsigma$ $o\grave{\upsilon}\nu$ $\delta\grave{\eta}$ $\tau\tilde{\eta}\varsigma$ $\nu\acute{o}\sigma o\upsilon$ $\tau\alpha\acute{\upsilon}\tau\eta\varsigma$ $\grave{\alpha}\rho\omega\gamma\grave{\eta}$ $\gamma\acute{\iota}\gamma\nu o\iota\tau'$ $\check{\alpha}\nu$ $\grave{\epsilon}\nu$ $\nu o\tilde{\upsilon}\nu$ $\grave{\epsilon}\chi o\acute{\upsilon}\sigma\eta$ $\pi\acute{o}\lambda\epsilon\iota$;

[4] Rep. 564 c. Ein Satz, der lebhaft an die Forderung Proudhons erinnert, der Taugenichts, der ohne irgend eine soziale Aufgabe zu erfüllen, wie ein anderer, ein Produkt der Gesellschaft verzehrt und oft noch mehr, müsse wie ein Dieb und Parasit verfolgt werden.

überein. So wenig Aristoteles die Ansicht teilt, als sei in dem wirtschaftlichen Güterleben und in dem Eigentumsrecht die alleinige Ursache des sittlichen und materiellen Elends der Gesellschaft zu suchen, so ist doch auch er hinter den genannten wirtschaftspoliti= schen Forderungen der älteren Theorie nicht zurückgeblieben. Auch er will der Vermehrung der Gütererzeugung prinzipiell eine Grenze gesetzt wissen. Er unterscheidet den „wahren" Reichtum, der nur die für die staatliche und häusliche Gemeinschaft „notwendigen und nützlichen" Güter umfaßt, von dem vulgären Begriff des Reich= tums, dem „kein Ziel, erkennbar den Menschen, gesteckt ist."[1]) Jene Verschönerung und Vervollkommnung des Lebens, in der er das Wesen des Glückes erblickt, bedarf nur eines bescheidenen Maßes äußerer Güter und sinnlicher Genüsse, und eine Überschreitung dieses Maßes kann nach seiner Ansicht das wahre Glück des Menschen nur gefährden. Aristoteles verwirft daher von vorne= herein jene kapitalistische Spekulation, jene Chrematistik, welche die Schuld trägt, daß es für Reichtum und Erwerb nicht Maß und Ziel zu geben scheint.[2]) Und er bleibt bei dieser prinzipiellen Negation nicht stehen!

Da eine freiwillige Selbstbeschränkung der Einzelnen — zumal auf dem Gebiete der Geldspekulation — nicht zu erwarten ist, so verlangt er, daß die Gesetzgebung im Sinne wirtschaftlicher Aus= gleichung dem Erwerbstrieb die entsprechenden Schranken setze. Der Staat darf das „unverhältnismäßige Emporkommen" Einzelner[3]) nicht dulden; er muß durch seine Gesetzgebung präventiv dahin wirken, daß es überhaupt zur Ansammlung übermäßigen Reichtums in einzelnen Händen (zu einer ὑπεροχὴ πλούτου) nicht komme,[4])

---

[1]) Pol. I, 3, 9. 1256b: ἡ γὰρ τῆς τοιαύτης κτήσεως αὐτάρκεια πρὸς ἀγαθὴν ζωὴν οὐκ ἀπειρός ἐστιν, ὥσπερ Σόλων φησὶ ποιήσας πλούτου δ' οὐδὲν τέρμα πεφασμένον ἀνδράσι κεῖται.

[2]) Ebd. 1257a: ... χρηματιστικήν, δι' ἣν οὐδὲν δοκεῖ πέρας εἶναι πλούτου καὶ κτήσεως.

[3]) αὔξησις παρὰ τὸ ἀνάλογον VIII, 2, 3, 7. 1302b.

[4]) VIII, 7, 7b. 1308b: καὶ μάλιστα μὲν πειρᾶσθαι τοῖς νόμοις οὕτω ῥυθμίζειν, ὥστε μηδένα ἐγγίγνεσθαι πολὺ ὑπερέχοντα δυνάμει

ebenso dahin, daß auch das entgegengesetzte Extrem, unverhältnis=
mäßige Armut, verhütet werde. Es darf keinen Besitz geben, der
so groß ist, daß er Üppigkeit erzeugt, oder so klein, daß er zum
Darben führt.[1]) Denn „die Armut erzeugt Aufruhr und Ver=
brechen."[2]) Ja vom Standpunkt des besten Staates hat Aristoteles
wenigstens in Beziehung anf das Eigentum an Grund und Boden
geradezu das Prinzip völliger Besitzesgleichheit als eine Forderung
der Gerechtigkeit aufgestellt.[3])

Am schärfsten hat endlich den prinzipiellen Gegensatz gegen
den Kapitalismus die Ethik der cynischen Schule formuliert. „In
einem reichen Staat, wie in einem reichen Haus," sagt Diogenes,
„kann die Tugend nicht wohnen."[4]) Die Liebe zum Besitz ist für
ihn „die Mutterstadt aller Übel."[5]) Von Natur, sagt ein späterer
Anhänger dieser Ethik, sind die Menschen zur Tugend geschaffen,
die meiste Unsittlichkeit stammt aus dem Reichtum; zahllose Übel
wären nicht, wenn der Reichtum nicht wäre.[6])

Ebenso ist es nur die Wiederholung von Ideen aus der

μήτε φίλων μήτε χρημάτων, εἰ δὲ μή, ἀποδημητικὰς ποιεῖσθαι τὰς
παραστάσεις αὐτῶν. Vgl. 1303a über die politische Gefahr der Konzen=
trierung des Reichtums.

[1]) II, 4, 5. 1266 b: — (οὐσίαν) ἢ λίαν πολλὴν ὥστε τρυφᾶν, ἢ
λίαν ὀλίγην ὥστε ζῆν γλίσχρως.

[2]) ἡ δὲ πενία στάσιν ἐμποιεῖ καὶ κακουργίαν (II, 3, 7. 1265 b).

[3]) IV, 9, 8. 1330 a s. später.

[4]) Stob. flor. 93, 35. Διογένης ἔλεγε, μήτε ἐν πόλει πλουσίᾳ μήτε
ἐν οἰκίᾳ ἀρετὴν οἰκεῖν δύνασθαι.

[5]) φιλαργυρία μητρόπολις πάντων τῶν κακῶν. Diogen. Laert. VI, 50.
In Beziehung auf die Armut nimmt allerdings die Ethik des Cynismus eine
andere Stellung ein, insoferne als sie eine αὐτάρκεια, eine Emanzipation des
Individuums von allen über das primitibste Maß hinausgehenden Bedürf=
nissen predigt, welche die Armut von vorneherein als ungefährlich, ja als
Vorzug erscheinen läßt. Diogenes nennt sie bekanntlich geradezu eine Tugend.
Stob. flor. 95, 19: πενία αὐτοδίδακτος ἀρετή.

[6]) Teles bei Stob. 93: καθ᾽ αὑτοὺς μὲν ἄνθρωποι πρὸς ἀρετὴν
γεγόνασι, οὗτος δὲ (sc. ὁ πλοῦτος) ἐφ᾽ αὑτὸν τρέπει· — ἐξ αὐτοῦ δὲ αἱ
πλεῖσται τῷ ὄντι πονηρίαι· καὶ μύρια τῶν κακῶν οὐκ ἂν ἦν, εἰ μὴ ὁ
πλοῦτος ἦν.

Gedankenwelt dieser Epoche, wenn in Plutarchs Biographien des Lykurg [1]) und des Königs Kleomenes [2]) Reichtum und Armut schlechthin — nicht bloß ein Übermaß — als Grundübel und schlimmste Krankheitsformen der bürgerlichen Gesellschaft bezeichnet werden, deren Heilung als das höchste Problem für den wahrhaft großen Staatsmann erscheint.

Was nun die in solchen Anschauungen wurzelnde Kritik der Institutionen betrifft, aus denen sich Mammonismus und Pauperismus das sittliche und materielle Elend immer wieder von neuem erzeugt, so richten sich die Angriffe des Sozialismus hauptsächlich auf drei Einrichtungen der bestehenden Gesellschaft: das Institut des Privat=eigentums, den Gebrauch des Geldes und den Handel.

Plato erhoffte noch in der Zeit, als er den „Staat" schrieb, von einer Rechtsordnung, welche mit dem Privateigentum gebrochen, eine vollkommene Verwirklichung des sozialen Friedens. Er be=zeichnet es als ein „Auseinanderreißen der bürgerlichen Gemein=schaft" (διασπᾶν τὴν πόλιν), wenn der Eine das, der Andere jenes sein Eigen nennt, wenn jeder sich in dem ausschließlichen Besitz einer Behausung befindet, in welcher er Alles zusammenraffen kann, was er irgend vor den Anderen zu erwerben vermag: Ein Erwerb, der das Individuum isoliert, weil sein Ergebnis, der Alleinbesitz, nur solche Empfindungen, sei es der Lust oder des Leides, erregt, die von dem Einzelnen allein empfunden werden. Gegenüber dieser Isolierung durch das Privateigentum ist Platos Ideal ein Zustand, in welchem alle diejenigen, für welche derselbe durchführbar ist, infolge völliger Gemeinschaft der Güter „möglichst

---

[1]) c. 8: ὕβριν καὶ φϑόνον καὶ κακουργίαν καὶ τρυφὴν καὶ τὰ τού-των ἔτι πρεσβύτερα καὶ μείζω νοσήματα πολιτείας, πλοῦτον καὶ πενίαν, ἐξελαύνων συνέπεισε (Λυκοῦργος) ... ζῆν μετ' ἀλλήλων ἅπαντας ὁμαλεῖς καὶ ἰσοκλήρους τοῖς βίοις γενομένους κτλ.

[2]) c. 10: εἰ μὲν οὖν δυνατὸν ἦν ἄνευ σφαγῆς ἀπαλλάξαι τὰς ἐπεισ-άκτους τῆς Λακεδαίμονος κῆρας, τρυφὰς καὶ πολιτείας καὶ χρέα καὶ δανεισμοὺς καὶ τὰ πρεσβύτερα τούτων κακά, πενίαν καὶ πλοῦτον, εὐτυχέστατον ἂν ἡγεῖσθαι πάντων βασιλέων ἑαυτὸν ὥσπερ ἰατρὸν ἀνω-δύνως ἰασάμενον τὴν πατρίδα.

denfelben Schmerz und diefelbe Freude teilen."[1] Ein folcher Zu=
ftand, wo niemand etwas für fich befitzt, würde nach Platos Anficht
die Befreiung von all dem Kampf und Streit bedeuten, welcher
unter den Menfchen um des Befitzes irdifcher Güter willen zu ent=
ftehen pflegt.[2]

Allerdings war Plato von Anfang an überzeugt, daß fo,
wie die große Mehrzahl der Menfchen nun einmal ift, diefer ideale
Kommunismus nur annähernd zu verwirklichen fei; und fpäter hat
er bekanntlich auch diefe Hoffnung wefentlich herabgeftimmt.[3] Allein
die Art und Weife wie er auch da noch in den unvermeidlichen
Konfequenzen des Privateigentums, in der zunehmenden wirt=
fchaftlichen Differenzierung der Gefellfchaft die Erklärung für den
Verfall der Sittlichkeit fuchte, beweift zur Genüge, daß er fich
innerlich niemals mit dem Inftitute ausgeföhnt hat.

Überaus bezeichnend ift in diefer Hinficht feine Lehre von
dem fozialen Frieden und der fittlichen Reinheit des primitiven
Naturzuftandes, die er — wie wir fahen — noch in feinem letzten
Werke vertrat.[4]

Diefe fozialiftifche Lehre vom Naturzuftand ift die völlige
Umkehrung der früher erwähnten rein individualiftifchen Auffaffung
des Naturzuftandes als des rückfichtslofen Gewalts= und Über=
liftungskrieges der Starken gegen die Schwachen. Doch ftimmt fie

---

[1] Rep. V, 464c: Ἆρ' οὖν οὐχ, ... ποιεῖ μὴ διασπᾶν τὴν πόλιν,
τὸ ἐμὸν ὀνομάζοντας μὴ τὸ αὐτό, ἀλλ' ἄλλον ἄλλο, τὸν μὲν εἰς τὴν αὑτοῦ
οἰκίαν ἕλκοντα ὅ τι ἂν δύνηται χωρὶς τῶν ἄλλων κτήσασθαι, τὸν δὲ εἰς
τὴν ἑαυτοῦ ἑτέραν οὖσαν, καὶ γυναῖκά τε καὶ παῖδας ἑτέρους ἡδονάς τε
καὶ ἀλγηδόνας ἐμποιοῦντας ἰδίων ὄντων ἰδίας, ἀλλ' ἑνὶ δόγματι τοῦ οἰκείου
πέρι ἐπὶ τὸ αὐτὸ τείνοντας πάντας εἰς τὸ δυνατὸν ὁμοπαθεῖς λύπης τε
καὶ ἡδονῆς εἶναι;

[2] Ebd. 464d: δίκαι τε καὶ ἐγκλήματα πρὸς ἀλλήλους οὐκ οἰχήσεται
ἐξ αὐτῶν, ὡς ἔπος εἰπεῖν, διὰ τὸ μηδὲν ἴδιον ἐκτῆσθαι πλὴν τὸ σῶμα,
τὰ δ' ἄλλα κοινά; ὅθεν δὴ ὑπάρχει τούτοις ἀστασιάστοις εἶναι, ὅσα γε
διὰ χρημάτων ἢ παίδων καὶ ξυγγενῶν κτῆσιν ἄνθρωποι στασιάζουσιν;

[3] leg. V, 739b.

[4] S. oben S. 111 f.

mit dieser letzteren insoferne überein, als auch sie aus ihrer An=
schauung über das wahrhaft Naturgemäße unmittelbar praktische
Konsequenzen für die Gestaltung der gegenwärtigen Gesellschaft
zieht. Freilich in durchaus entgegengesetztem Sinn! Während der
Individualismus den freien Konkurrenzkampf als eine Forderung
des Naturrechtes proklamierte, will der naturrechtliche Sozialismus
Platos im Gegenteil die möglichste Beseitigung der Rivalität, des
Wettstreites um die wirtschaftlichen Güter, in welchem er nur eine
Quelle sittlichen Elends und sozialen Unfriedens zu erblicken ver=
mochte.

Offenbar von diesem Gesichtspunkt aus meint Plato, indem
er an die volkstümliche Auffassung des unschuldsvollen Naturzustandes
als eines goldenen Zeitalters unter der Herrschaft des Kronos an=
knüpft, daß für die bürgerliche Gesellschaft der einzige Weg aus
Unheil und Elend darin bestehe, daß sie „auf alle mögliche Art
die Lebensweise, wie sie nach der Sage unter Kronos bestanden,[1]
nachahme, und dem, was sich Unsterbliches in uns befindet (d. h.
der Vernunft) gehorsam das häusliche und öffentliche Leben zu
gestalten sucht, als Gesetz vorzeichnend, was die Vernunft fest=
setzt."[2]

Daß die Verwirklichung dieses Vernunftsrechtes, welches so
zugleich als das wahrhaft naturgemäße Recht erscheint, einen radikalen
Bruch mit dem Bestehenden bedeuten würde, wird von Plato selbst
an der genannten Stelle unzweideutig ausgesprochen. Im Rahmen
der Staats= und Gesellschaftsordnung der Wirklichkeit, über welche

---

[1] Dieselbe wird schon im „Staatsmann" (271 e) als ein Zustand des
absoluten Friedens charakterisiert, der „εἰρήνη, αἰδώς, εὐνομία, ἀφθονία
δίκης." cf. ib. ἀστασίαστα καὶ εὐδαίμονα τὰ τῶν ἀνθρώπων ἀπειργά-
ζετο γένη. Wenn also Plato Leben und Sitte des sagenhaften saturnischen
Zeitalters als Muster hinstellt, so ist das im Ergebnis dasselbe, als wenn
er unmittelbar an seine Theorie vom Naturzustand angeknüpft hätte.

[2] Leg. 713 e: ἀλλὰ μιμεῖσθαι δεῖν ἡμᾶς οἴεται πάσῃ μηχανῇ τὸν
ἐπὶ τοῦ Κρόνου λεγόμενον βίον, καὶ ὅσον ἐν ἡμῖν ἀθανασίας ἔνεστι,
τούτῳ πειθομένους δημοσίᾳ καὶ ἰδίᾳ τάς τ' οἰκήσεις καὶ τὰς πόλεις διοικεῖν, τὴν τοῦ νοῦ διανομὴν ἐπονομάζοντας νόμον.

nicht das Vernunftrecht waltet, sondern das „endlose und unersätt=
liche Übel" (ἀνήνυτον καὶ ἄπληστον κακὸν νόσημα) menschlicher
Begierden, gibt es nach Plato kein Mittel der Rettung (σωτηρίας
μηχανή).[1]   Der Absolutismus des Naturrechtes und der unver=
fälschten Natursittlichkeit tritt den vermeintlich künstlichen Ordnungen
der verfälschten Wirklichkeit hier ebenso schroff ablehnend gegenüber,
wie in der neueren Philosophie.   An Stelle des schlechten von der
Selbstsucht und der Unwissenheit diktierten positiven Rechtes soll
ohne weiteres das durch die Vernunft gefundene Naturrecht zum
staatlichen Gesetze werden.

In der Lehre vom Naturzustande hatte der Sozialismus das
geistige Rüstzeug gefunden, mit dem er die bestehende Wirtschafts=
und Gesellschaftsordnung zu überwinden gedachte.   Wurde diese
Lehre anerkannt, so hörte die ganze soziale Ordnung und das durch
sie legitimierte Institut des Privateigentums auf, als etwas Un=
antastbares zu gelten.   Die Gesellschaft und ihre Organisationsform
selbst war als ein Produkt der geschichtlichen Entwicklung erkannt
und damit die Möglichkeit gegeben, den als soziales „Grundübel"
proklamierten Gegensatz von Arm und Reich und alle seine Folge=
zustände als den Ausfluß der bestehenden sozialen und der auf sie
gegründeten rechtlichen Verhältnisse hinzustellen, die grundsätzliche
Umgestaltung der letzteren im Namen der Geschichte selbst zu for=
dern.   Die große Frage nach der Möglichkeit und Durchführbarkeit
einer Wirtschafts= und Gesellschaftsordnung, die auf völlig anderen
Grundlagen, als die bestehende beruhte, war in bejahendem Sinne
beantwortet.

Wenn auch Plato — wie gesagt — auf das Äußerste, auf
die Beseitigung des Privateigentums thatsächlich verzichten gelernt
hatte, so erscheint doch angesichts der ganzen Art und Weise, wie
er den Kommunismus wenigstens als Ideal festhielt, wie er noch
in seinem letzten sozialpolitischen Werk das Privateigentum durch
die möglichste Fesselung des Eigentumsgebrauches und des Erwerbs=
triebes unschädlich zu machen suchte, der prinzipielle Gegensatz gegen

---

[1] ib. 714a.

die ganze bisherige geschichtliche Entwicklung nirgends aufgegeben. Eine soziale Theorie, welche den Wettstreit um den Erwerb des Eigentums, die Konkurrenz, in solchem Grade unterdrücken will, setzt sich mit den historischen Grundlagen der Gesellschaft kaum weniger in Widerspruch als der Kommunismus.

Es war ja an sich vollkommen gerechtfertigt, wenn Plato die entsittlichenden Wirkungen der reinen und ausschließlichen Konkurrenz um den Geldvorteil, den Materialismus des Zeitgeistes und die Verdrängung der edleren Triebe durch die Pleonexie mit flammenden Worten geißelte. Man wird ihm auch zugeben müssen, daß er bei seiner Polemik wesentlich die eine Seite der Konkurrenz den Kampf, den wirtschaftlichen Interessenstreit, im Auge hat, und daß eine Entwicklung der Gesellschaft, welche das Gebiet dieses Kampfes möglichst einschränkt,[1]) in der That ein wünschenswertes Ziel ist. Die Bestrebungen der edelsten Geister der Gegenwart drängen ja ebenfalls auf dieses Ziel hin. Ich erinnere an die Idee des Schiedsgerichtes, welches den Antagonismus der wirtschaftlichen Parteien wenn auch nicht aufhebt, so doch auf freundschaftliche Weise aussöhnen will, an die weitergehende Idee der Kooperation, welche eine Interessengleichheit und Interessengemeinschaft zwischen den am Produktionsprozeß Beteiligten — Unternehmern und Arbeitern — herstellen und so durch Beseitigung des Zwietrachtsstoffes ein lebendes Gefühl der Solidarität erzeugen will: Ideen, die, so neu sie sind, doch schon da und dort dem Prinzip der Konkurrenz d. h. des wirtschaftlichen Interessenkampfes Terrain abgewonnen haben und in der Zukunft ohne Zweifel noch mehr abgewinnen werden.

So sehr nun aber in gewisser Beziehung der hellenische Sozialismus mit seinem Kampf gegen die Entartung der Konkurrenz recht hat, so ist doch andererseits nicht minder gewiß, daß das von ihm aufgestellte Ideal eines absolut konkurrenzlosen Zustandes eine

---

[1]) Was der Amerikaner John Black in seiner philosophy of wealth (1886) als „non competitive economics", als „displacement of competition" bezeichnet.

reine Utopie und die reaktionäre Verherrlichung primitiverer Gesell=
schaftszustände, völlig abgestorbener volkswirtschaftlicher Lebensformen
eine Verirrung ist.

Schon die geschichtliche Grundanschauung, die hier zum Aus=
druck kommt, thut der Natur der Dinge Gewalt an. Nicht der
Friede bildet den Ausgangspunkt der Entwicklung, sondern es sind
vielmehr tierähnliche Daseinskämpfe gewesen, welche die Anfänge
der Menschengeschichte beherrscht haben müssen. Wenn auch das
„Raum für alle hat die Erde" damals in extensiver Richtung volle
Wahrheit besaß, so galt dasselbe doch nicht wirtschaftlich in dem
Grade, wie die Lehre vom Naturzustand voraussetzt. Sie übersieht,
daß der primitive Mensch noch viel zu wenig die Ausnützung des
von der Natur Gebotenen verstand, daß er daher unvermeidlich
durch den Erhaltungs= und Entfaltungstrieb auch zum Kampf um
die Sicherung und Erweiterung der Existenzbedingungen getrieben
wurde. Sie übersieht ferner, daß dieser Kampf die unentbehrliche
Voraussetzung alles Kulturfortschrittes gewesen ist und innerhalb
gewisser Schranken im Interesse der höchstmöglichen Kraftentwicklung
der Produktion immer unentbehrlich bleiben wird.

Denn in einer Gesellschaftsordnung, in welcher die aus der
natürlichen Verschiedenheit der Individuen entspringenden Interessen=
gegensätze überhaupt keinen Raum mehr für ihre Bethätigung fän=
den, würde mit dem wirtschaftlichen Interessenkampf aller Wett=
streit d. h. alles Wettstreben überhaupt und damit auch die
Vervollkommnung der Gesellschaft, wie der Individuen aufhören.
Der Wettstreit ist die höchste Form der vervollkommnenden Auslese
im Daseinskampf der Individuen.[1]) Das Prinzip der Kooperation
und der Solidarität wird daher neben dem des Wettstreites immer
nur eine relative Geltung beanspruchen können und im übrigen
wird, was den letzteren selbst angeht, der Fortschritt darin zu suchen
sein, daß der Wettstreit möglichst humane und edle Formen an=
nimmt, daß der mit Gewalt und List durchgeführte Streit, der

---

[1]) Vgl. Stein: Darwinismus und Sozialwissenschaft. Gesammelte
Aufsätze 34.

tierischer Vernichtungskampf zwischen den Individuen möglichst be=
seitigt wird. Wer daher, wie der naturrechtliche Sozialismus der
Griechen, das Heil der Gesellschaft in Zuständen sieht, welche eine
radikale Unterdrückung des wirtschaftlichen Wettbewerbes bedeuten
würden, der bekämpft zugleich den wirtschaftlichen Fortschritt und
damit die höhere Zivilisation überhaupt.

In der cynisch=stoischen Auffassungsweise tritt das ja bekannt=
lich ganz deutlich zu Tage. Aber auch schon bei Plato sehen wir,
daß er sich dieser Konsequenz des genannten Standpunktes keines=
wegs gänzlich hat entziehen können.

Allerdings denkt Plato nicht entfernt daran, im Sinne cynisch=
stoischer Ideale der ganzen Kultur seiner Zeit den Scheidebrief zu
geben. Die Art und Weise, wie er einmal das Leben einer nach
seiner Ansicht wahrhaft gesunden Gesellschaft (πόλις ἀληθινή
ὑγιής) schildert, ihre heitere Genügsamkeit und sinnvolle Selbst=
beschränkung des Daseins,[1] — ist doch wesentlich verschieden von
der quietistischen und kulturfeindlichen Anschauungsweise derjenigen,
welche die Gesellschaft am liebsten auf den Standpunkt von armen
Wilden zurückgeschraubt hätten.[2] Auch zeigt seine bekannte Forde=
rung, durch eine weitgehende Arbeitsteilung, die Leistungen der tech=
nischen Produktion möglichst zu steigern, daß ihm die Vervollkomm=
nung der materiellen Lebensbedingungen keineswegs gleichgültig war,

---

[1] Rep. II, 369b ff.

[2] Dies verkennt Zeller vollständig, wenn er meint, Plato habe bei
der Schilderung der „πόλις ὑγιής" das cynische Staatsideal (des Antisthenes)
im Auge gehabt; eine Ansicht, bei der dann der weitere — sehr verbreitete —
Irrtum unvermeidlich ist, daß jene Schilderung nur ironisch gemeint sei.
Phil. d. Gr. II(d)¹ 325 A. 5 u. 893. — Wie Dümmler (Prolegomena 62)
angesichts der entwickelten Arbeits= und Ständegliederung, der zur Weinkultur,
zur Geldwirtschaft, ja zum auswärtigen Handel fortgeschrittenen Volkswirt=
schaft der „πόλις ὑγιής" von „tierischen Zuständen" reden kann, bei denen
selbst von moralischen Vorstellungen, von „δίκη und ἀδικία noch gar nicht
die Rede sein" könne, ist mir unbegreiflich. Steht nicht der in den „Gesetzen"
als idealer Hort der Gerechtigkeit gepriesene Naturzustand noch auf einem
weit niedrigeren Kulturniveau? —

daß er dieselbe als die Grundlage alles höheren geistigen Auf=
schwunges sehr wohl zu schätzen mußte.

Allein es war doch andererseits die unvermeidliche Konsequenz
der oben genannten Einseitigkeit in den sozial=ethischen Grundan=
schauungen Platos, daß die Frage des wirtschaftlichen Fortschrittes
zuletzt doch auch bei ihm nicht zu ihrem Rechte kommt. Wo Ein
Gesichtspunkt alles andere so sehr überragt, wie es bei dem hoch=
gespannten ethischen Idealismus dieses Systems der Fall ist, da
müssen notwendig andere Interessen verhältnismäßig leiden, muß
alles übrige Denken sich gleichsam unter die Herrschaft dieses Einen
Grundzuges beugen, von ihm das charakteristische Gepräge erhalten.[1]

Bezeichnend dafür ist die Art und Weise, wie in der Schil=
derung des Verfalles der ursprünglich gesunden Gesellschaft unter
den Symptomen der Entartung neben den Äußerungen des Luxus
und der Ausschweifung auch Errungenschaften der Kultur aufgezählt
werden, die keineswegs an und für sich, sondern nur durch Miß=
brauch oder Übertreibung zu einer Gefahr für das sittliche und
physische Wohl werden können, und die er selbst im idealen Ver=
nunftstaat nicht alle auszuschließen vermag. Plato kann sich nicht
genug thun, der Gesellschaft dasjenige, was ihm als Ursache ihres
„Fieberzustandes" erscheint, bis ins Einzelste hinein vor Augen zu
stellen: Den Luxus, der für die prunkvolle Ausstattung der häus=
lichen Einrichtung und der Kleidung „die Malerei und die Bunt=
färberei in Bewegung setzt" und nur in der Verwertung des kost=
barsten Materials, wie Gold und Elfenbein, sein Genügen findet,
die sonstigen immer mannigfalter werdenden Befriedigungsmittel der
Üppigkeit, Salben und Räucherwerk, Leckereien und Lustdirnen, —

---

[1] Es gilt in diesem Sinne für Plato und die verwandte Litteratur
dasselbe, was Endemann über die ökonomischen Grundsätze der kanonistischen
Lehre (Jahrb. f. Nationalök. u. Stat. I) und Schmoller (Ztschr. f. d. Staatsw.
1860. 470 ff.) über die nationalökonomischen Ansichten der deutschen Refor=
mationsperiode bemerkt hat, die überhaupt mit ihrem einseitigen, religiös=
sittlichen Ausgangspunkt die bedeutsamsten Analogien zu der platonischen
Sozialphilosophie darbieten, vielfach ja sogar direkt an Plato anknüpfen.

den „Schwarm überflüssiger Menschen", wie Jäger aller Art (so!), nachbildende Künstler ($\mu\iota\mu\eta\tau\alpha\acute{\iota}$), d. h. Bildhauer, Maler, Musiker; die Dichter mit ihren Handlangern, den Rapsoden, Schauspielern, Chortänzern, Entrepreneuren; die Bijouterie= und Putzwarenfabri= kanten, Kinderaufseher, Ammen, Wärterinnen, Kammermädchen und Putzmacherinnen, Barbiere, Köche, Leckereienhändler u. s. w.[1] Diese verschiedenartigen Elemente — der Künstler ebenso wie die Lust= dirne, der Dichter wie der Lieferant gastronomischer Genüsse — sie alle werden hier zu einer einzigen homogenen Masse zusammen= gefaßt, die nur dazu geschaffen scheint, den Leidenschaften, dem Laster und der Thorheit zu dienen, dem Materialismus zum Siege zu verhelfen, obgleich sonst Plato keineswegs verkennt, was z. B. die schönen Künste für die idealen Interessen zu leisten vermögen.

Aber stärker als solche Erwägungen ist der düstere Eindruck, welchen der Mißbrauch der Kulturerrungenschaften, die wirtschaft= lichen, sittlichen und politischen Gefahren einer einseitigen Luxus= produktion, sowie die Überschätzung der äußeren Güter auf das Gemüt des Denkers ausübte. Ich erinnere nur an die bereits in einem früheren Dialog ausgesprochene Verurteilung des perikleischen Athens und der ganzen Politik der Demokratie, welche die Stadt reichlich mit Häfen, Mauern, Werften, Tributen und anderem solchen „Tand" ($\tau o\iota o\acute{\upsilon}\tau\omega\nu$ $\varphi\lambda\upsilon\alpha\varrho\iota\~\omega\nu$) ausgestattet habe, statt mit dem Geiste der Besonnenheit und Gerechtigkeit.[2]

So wenig bedeuten von diesem Standpunkt aus die „soge= nannten Güter",[3] daß Plato keinen Augenblick Bedenken trägt,

---

[1]) Rep. 373a ff.

[2]) Gorgias 517.

[3]) $\tau\grave{\alpha}$ $\lambda\varepsilon\gamma\acute{o}\mu\varepsilon\nu\alpha$ $\mathring{\alpha}\gamma\alpha\vartheta\grave{\alpha}$ $\pi\lambda o\~\upsilon\tau o\iota$ $\tau\varepsilon$ $\varkappa\alpha\grave{\iota}$ $\pi\~\alpha\sigma\alpha$ $\mathring{\eta}$ $\tau o\iota\alpha\acute{\upsilon}\tau\eta$ $\pi\alpha\varrho\alpha\sigma\varkappa\varepsilon\upsilon\acute{\eta}$. Rep. 495a. Übrigens sei hier auch, um Plato völlig gerecht zu werden, auf die Klage des Demosthenes hingewiesen, daß infolge der einseitigen Hin= gabe des Volksgeistes an die materiellen Interessen selbst die damals glänzenden äußeren Machtmittel des Staates nahezu wertlos geworden seien. Phil. III, 120, 40: $\mathring{\varepsilon}\pi\varepsilon\grave{\iota}$ $\tau\varrho\iota\acute{\eta}\varrho\varepsilon\iota\varsigma$ $\gamma\varepsilon$ $\varkappa\alpha\grave{\iota}$ $\sigma\omega\mu\acute{\alpha}\tau\omega\nu$ $\pi\lambda\~\eta\vartheta o\varsigma$ $\varkappa\alpha\grave{\iota}$ $\chi\varrho\eta\mu\acute{\alpha}\tau\omega\nu$ $\varkappa\alpha\grave{\iota}$ $\tau\~\eta\varsigma$ $\mathring{\alpha}\lambda\lambda\eta\varsigma$ $\varkappa\alpha\tau\alpha\sigma\varkappa\varepsilon\upsilon\~\eta\varsigma$ $\mathring{\alpha}\varphi\vartheta o\nu\acute{\iota}\alpha$, $\varkappa\alpha\grave{\iota}$ $\tau\mathring{\alpha}\lambda\lambda$' $o\~\iota\varsigma$ $\mathring{\alpha}\nu$ $\tau\iota\varsigma$ $\mathring{\iota}\sigma\chi\acute{\upsilon}\varepsilon\iota\nu$ $\tau\grave{\alpha}\varsigma$ $\pi\acute{o}\lambda\varepsilon\iota\varsigma$ $\varkappa\varrho\acute{\iota}\nu o\iota$, $\nu\~\upsilon\nu$ $\mathring{\alpha}\pi\alpha\sigma\iota$ $\varkappa\alpha\grave{\iota}$ $\pi\lambda\varepsilon\acute{\iota}\omega$ $\varkappa\alpha\grave{\iota}$ $\mu\varepsilon\acute{\iota}\zeta\omega$ $\mathring{\varepsilon}\sigma\tau\grave{\iota}$ $\tau\~\omega\nu$ $\tau\acute{o}\tau\varepsilon$ $\pi o\lambda\lambda\~\omega$. $\mathring{\alpha}\lambda\lambda\grave{\alpha}$ $\tau\alpha\~\upsilon\tau$'

um des sozial-ethischen Interesses willen Forderungen zu stellen,
deren Verwirklichung die Produktivität der gesamten Volkswirtschaft
auf ein um Jahrhunderte niedrigeres Niveau herabgedrückt hätte.
Es genügt ihm, daß damit zugleich der Kreis der Güter beschränkt
worden wäre, an welchen sich Rivalität und Leidenschaft entzünden
kann, daß die bürgerliche Gesellschaft gezwungen wäre, in Produktion
und Konsumtion sich auf das wirklich „Notwendige" zu beschränken
und allen überflüssigen, künstlichen Bedürfnissen zu entsagen, die
jetzt die Gesellschaft in einen „Fieberzustand" versetzen.[1]

Diese Forderungen finden ihren Ausdruck zunächst darin, daß
dem Ackerbau, überhaupt der Urproduktion, die erste Stelle hoch
über allen anderen Erwerbszweigen angewiesen wird. Der Erwerb
soll vor allem und hauptsächlich in dem gesucht werden, „was der
Landbau hergibt und erzeugt", weil dies den Erwerbenden nicht
nötigen wird, „das zu vernachlässigen, um dessen willen man Erwerb sucht, nämlich Seele und Leib."[2] Im Ackerbau liegt nach
dieser Anschauung die feste Gewähr für die Erhaltung reiner und
einfacher Sitte, während von Handwerk, Handel und Geldgeschäft
schwere Nachteile für das physische und sittliche Wohlsein befürchtet,
insbesondere Geld und Handel als Hauptursache der Besitzesungleich-
heit, der sozialen Zersetzung und der Selbstsucht mit größtem Mißtrauen betrachtet werden.

Daher soll neben dem Ackerbau für die anderen Erwerbs-
zweige nur soweit ein Spielraum übrig bleiben, als es unabweisbare Bedürfnisse notwendig erscheinen lassen. Es soll, wie Plato
sich ausdrückt, „ein eifriger Erwerb durch handwerksmäßiges Treiben
nicht stattfinden,"[3] und ebenso soll der Stand der Handelsleute
so wenig zahlreich sein, als nur immer möglich.[4] Eine Forderung,

---

ἄχρηστα, ἄπρακτα, ἀνόνητα ὑπὸ τῶν πωλούντων γίγνεται (infolge
der Bestechlichkeit). Vgl. IV, 144.

[1] Der bestehende Staat ist eine πόλις φλεγμαίνουσα. ib. 372 e.
[2] Leg. 743 e.
[3] χρηματισμὸς πολὺς διὰ βαναυσίας. ib. 743 d.
[4] ib. 919 c.

die Luther in ähnlicher Unterschätzung der nichtlandwirtschaftlichen
Erwerbsthätigkeiten in die Worte gekleidet hat, daß es „viel gött=
licher· wäre, Ackerwerk mehren, diese feine und ehrliche Nahrung,
und Kaufmannschaft mindern."[1])

Auch diese feindliche Stellung gegenüber dem Handel ist die
unvermeidliche logische Konsequenz der ganzen geschilderten Gedanken=
richtung und findet sich daher zu allen Zeiten wieder, wo wir ähn=
lichen sozialpolitischen Ideen begegnen. Die Wirksamkeit des Eigen=
nutzes und der Selbstsucht würde in der That durch möglichste
Annäherung an naturalwirtschaftliche Zustände bedeutend an Terrain
verlieren. Wo man fast ausschließlich für sich und seine Familie
arbeitet und in der Regel nicht mehr produziert, als man für seine
Wirtschaft braucht, wo der Einzelne überwiegend auf seine eigene
Kraft und Leistung angewiesen ist und selten in die Lage kommt,
die Arbeitsprodukte Anderer durch Tausch in Anspruch zu nehmen,
wo demnach der Verkehr noch unentwickelt ist, da ist der Spiel=
raum für die Bethätigung des wirtschaftlichen Egoismus natur=
gemäß ein mehr oder minder beschränkter.

Wenn dagegen der Handel und die Masse der zum Tausch
geeigneten und bestimmten Güter zunimmt, wenn „dem Bauern
der Händler gegenübertritt, dem Fremden der Fremde, jeder bedacht
so billig zu kaufen und so teuer zu verkaufen als möglich, ohne
Rücksicht auf Nutzen oder Schaden des Andern", dann entwickelt
sich jenes „versteckte Ringen in friedlicher Form",[2]) welches recht
eigentlich unter dem Bann des Egoismus steht. Während die
Thätigkeit des für sich selbst arbeitenden Landwirtes, Viehzüchters
u. s. w. dem Einzelnen Vorteile schafft, ohne daß sie einem Anderen

---

[1]) S. W. XXII, 329. Vgl. Zwingli, der ebenfalls von der Bevor=
zugung des „dem Frieden und der Tugend förderlichen" Ackerbaues hofft,
daß „damit die unnützen Handwerk, die zur Hoffart erdacht sind, abnehmen"
würden (S. W. Zürich 1828—41 II 416).

[2]) Vgl. die Ausführung von Dargun: Egoismus und Altruismus i.
d. Nationalökonomie 35 ff. und dazu Sax: Grundlegung der theor. Staats=
wirtschaft 24.

Schaden zu bringen oder mit deſſen Intereſſen zu kollidieren braucht, entſteht mit dem Handelsgeſchäft eine wirtſchaftliche Thätigkeit, welche ſich ſtets mit dem wirtſchaftlichen Streben Anderer kreuzt, zum Intereſſe Anderer in einen Gegenſatz tritt, weil, je vorteil= hafter das Geſchäft des Einen, deſto weniger vorteilhaft das Ge= ſchäft des Anderen iſt. Jeder wünſcht hier, — wenigſtens ſoweit die Durchſchnittsmoral in Betracht kommt —, ſoviel als möglich für ſich ſelbſt zu gewinnen, unbekümmert darum, wieweit das Inter= eſſe des Anderen dabei Befriedigung findet oder nicht. Für die Durchſchnittsmoral gilt im Geſchäft keine Freundſchaft, iſt „geſchäfts= mäßig" und „egoiſtiſch" ein und dasſelbe. Jedenfalls gibt dies Prinzip der Pleonexie dem Verkehr, ſoweit er frei den eigenen Triebkräften folgen kann oder vielmehr unter dem Drucke einer übermäßigen „freien Konkurrenz" ſteht, in ungleich höherem Grade ſeinen Charakter, als jenes Bemühen um die „verhältnismäßige Gleichheit", um das richtige Mittelmaß in der Zuteilung der ma= teriellen Vorteile oder Nachteile, wie es eben die platoniſch=ariſtote= liſche Ethik im Intereſſe wirtſchaftlicher Gerechtigkeit gefordert hat. Auch zeigen ja die Erfahrungen aller höheren Kulturepochen un= zweideutig genug, daß die durch die merkantile und induſtrielle Entwicklung geſteigerte Intenſität des Lebens infolge der Verallge= meinerung und Verſchärfung des Kampfes um die Exiſtenz und um die Erhöhung der Exiſtenz auch die egoiſtiſchen Triebkräfte zu ſteigern, den Egoismus intenſiver und rückſichtsloſer zu machen pflegt. [1]

Soll daher ohne Rückſicht auf andere Kulturintereſſen alles der Gerechtigkeitsidee Widerſtrebende möglichſt ausgemerzt, der

---

[1] Man vergleiche nur z. B. das Wirtſchaftsleben einer älteren Epoche, wie es in abgelegenen Landſchaften, alten Städten, kleinen Orten noch in die Gegenwart hineinragt, mit dem modernen Leben! Der Erwerbstrieb erſcheint hier, wie Cohn (Syſtem der Nationalökonomie I 389) treffend bemerkt hat, „läſſiger, behaglicher und namentlich rechtſchaffener geartet, der Geſchäftsmann in Handwerk und Handel viel weniger im Wirtſchaftlichen aufgehend, ein kleiner Meiſter, Gaſtwirt, Kaufmann als Menſch oft viel mehr, denn im neuen Leben große Induſtrielle und Spekulanten".

Spielraum des Egoismus im Wirtschaftsleben möglichst eingeengt
werden, so bleibt nichts übrig als die wirtschaftliche Reaktion oder
die Beseitigung des privatwirtschaftlichen Handelsbetriebes oder mindestens der Freiheit des Tauschgeschäftes.

Trotzdem hat sich Plato auf die Dauer wenigstens die
weitestgehende dieser Schlußfolgerungen eines sozialethischen Radikalismus nicht angeeignet. Der Gedanke späterer Sozialisten an
einen Zustand, in welchem durch staatliche Organisation der Volkswirtschaft oder durch unmittelbaren Verkehr zwischen Produzent und
Konsument die volkswirtschaftliche Funktion des Handels gänzlich
überflüssig werden soll, ist von Plato wenigstens nirgends positiv
ausgesprochen worden. Wenn auch in dem von kommunistischen
Ideen erfüllten Entwurf des Idealstaates seine Gedanken sich entschieden in dieser Richtung bewegen,[1] so findet sich doch selbst hier
eine Ausführung, welche die Institution des Handels in ihren geschichtlichen Entstehungsmotiven mit großer Unbefangenheit würdigt.[2]
Jedenfalls kann in dem späteren Werke, in den „Gesetzen", in
welchem er von vorneherein am Privateigentum und an der privatwirtschaftlichen Produktionsweise festhält, von jener radikalen Forderung nicht die Rede sein.

Die Vorschläge, die er hier für die Regelung des Erwerbslebens macht, setzen überall eine Gliederung der Produktion nach
selbständig nebeneinander stehenden Einzelwirtschaften voraus. Wie
wäre aber eine solche Arbeitsgliederung nach selbständigen Zweigen,
von denen sich jeder die Befriedigung eines besonderen Bedürfnisses
zur Aufgabe stellt, einigermaßen aufrecht zu erhalten, wenn nicht
jede Einzelwirtschaft hinreichend Gelegenheit hat, den Überschuß
ihrer Erzeugnisse über den eigenen Bedarf gegen die zur Befriedigung ihrer Bedürfnisse notwendigen Erzeugnisse anderer Arbeits-
zweige auszutauschen? Dieser wechselseitige Austausch andererseits,
wie würde er bei einiger Ausdehnung des Marktes und einiger-

---

[1] Vgl. später.
[2] Rep. 371 c.

maßen entwickelter Arbeitsteilung erſchwert ſein, wenn Produzenten
und Konſumenten auf einander allein angewieſen blieben!

Plato, der bei ſeiner hohen Wertſchätzung der Arbeitsteilung[1])
gerade die Spezialiſierung der verſchiedenen Produktionszweige mög=
lichſt ſtrenge durchgeführt wiſſen wollte, konnte ſich unmöglich der
Einſicht verſchließen, daß es bei der Fortdauer des bloßen Tauſch=
handels eben durch dieſe von ihm geforderte Spezialiſierung für
den einzelnen Produzenten immer ſchwieriger werden müßte, ſtets
diejenigen Konſumenten zu finden, die Bedarf nach ſeiner Ware
haben und zugleich als Produzenten in der Lage ſind, eine wert=
entſprechende Ware ſeines eigenen Bedarfes in Tauſch zu geben.
Daraus ergab ſich für Plato von ſelbſt die Anerkennung der Un=
entbehrlichkeit eines vermittelnden Organes, welches dem Produzenten
ſeine Erzeugniſſe auf Vorrat abnimmt und ſo in der Lage iſt,
einem Jeden als Konſumenten die Gegenſtände ſeines Bedarfes in
Tauſch zu geben.[2])　Er erklärt von dieſem Geſichtspunkte aus den
Handel geradezu als eine Wohlthat für die Geſellſchaft, weil „er
den unverhältnismäßigen und ungleichförmigen Beſitz beliebiger Waren
zu einem verhältnismäßigen und gleichförmigen umgeſtaltet,"[3])
weil er „allen Bedürfniſſen abhilft und eine Gleichmäßigkeit des
Beſitzes herbeiführt."[4])

Wie hätte ferner Plato das Prinzip der Arbeitsteilung, auf

---

[1]) Rep. II 369 c.　Leg. VIII, 846 d.

[2]) Rep. II, 371 c: Ἄν οὖν κομίσας ὁ γεωργὸς εἰς τὴν ἀγοράν τι
ὦν ποιεῖ ἤ τις ἄλλος τῶν δημιουργῶν μὴ εἰς τὸν αὐτὸν χρόνον ἥκῃ τοῖς
δεομένοις τὰ παρ' αὐτοῦ ἀλλάξασθαι, ἀργήσει τῆς αὐτοῦ δημιουργίας
καθήμενος ἐν ἀγορᾷ; Οὐδαμῶς, ἦ δ' ὅς, ἀλλ' εἰσὶν οἱ τοῦτο ὁρῶντες ἑαυ-
τοὺς ἐπὶ τὴν διακονίαν τάττουσι ταύτην.

[3]) Leg. XI, 918 b. καπηλεία γὰρ κατὰ πόλιν πᾶσα γέγονεν οὐ
βλάβης ἕνεκα τό γε κατὰ φύσιν, πᾶν δὲ τοὐναντίον· πῶς γὰρ οὐκ
εὐεργέτης πᾶς, ὅς ἂν οὐσίαν χρημάτων ὡντινωνοῦν ἀσύμετρον
οὖσαν καὶ ἀνώμαλον ὁμαλήν τε καὶ σύμμετρον ἀπεργάζεται·
τοῦτο ἡμῖν χρὴ φάναι καὶ τὴν τοῦ νομίσματος ἀπεργάζεσθαι δύναμιν,
καὶ τὸν ἔμπορον ἐπὶ τούτῳ τετάχθαι δεῖ λέγειν.

[4]) ib. 918 c: . . . πᾶσιν ἐπικουρίαν ταῖς χρείαις ἐξευπορεῖν καὶ
ὁμαλότητα ταῖς οὐσίαις (sc. δύναται).

das er hinsichtlich der Produktion so großen Wert legte, aus dem
Handel verbannen können? Wenn er im Interesse der Güte der
Arbeit von dem Produzenten forderte, sich auf die Erzeugung einer
bestimmten Warengattung zu beschränken, wie hätte er dem Händler
verwehren sollen, die Vorzüge der Arbeitsteilung — im Interesse
der Allgemeinheit — auch seinem Gewerbe nutzbar zu machen.
Das heißt er mußte auch jene Form des Handels als eine berechtigte anerkennen, bei der sich der einzelne Händler mehr und
mehr darauf beschränkt, den Austausch von Waren bestimmter
Art zu vermitteln, um diese stets da aufsuchen zu können, wo sie
am reichlichsten erzeugt werden und dahin zu schaffen, wo der stärkste
Bedarf nach ihnen ist.

Damit ist eine Gestaltung des Verkehrs gebilligt, bei der der
einzelne Händler immer weniger in der Lage ist, jedem Produzenten
den Gegenstand seines besonderen Bedarfes in Tausch zu geben
oder von jedem beliebigen Konsumenten gerade den Überschuß
von dessen Erzeugnissen in Tausch zu nehmen, wo sich also für
ihn die Notwendigkeit herausstellt, stets eine Ware bereit zu halten,
die er womöglich jedem Produzenten für dessen Ware anbieten
und deshalb auch von jedem Konsumenten annehmen kann. Kurz
es ist damit die Notwendigkeit eines allgemeinen Tauschmittels
anerkannt, des Geldes, dessen Unentbehrlichkeit für die wechselseitige Ausgleichung der Bedürfnisse von Plato ausdrücklich zugegeben wird.[1]

So klar sich nun aber Plato über die Funktionen war,
welche der Handel als Organ einer auf dem Privateigentum beruhenden Volkswirtschaft auszuüben berufen ist, so entschiedenen
Widerspruch erhob er andrerseits gegen diejenigen Zwecke, welche
der Handel neben seiner eigentlichen Aufgabe, der Vermittlung
zwischen Produktion und Konsumtion, von dem privatwirtschaftlichen Standpunkt des Einzelnen aus zu befriedigen sucht.

Wie später die Kanonisten, die Reformatoren, Fourier und
andere Sozialisten wirft er die Frage auf: Ist es zulässig, daß der

---

[1] Vgl. die S. 222 A. 3 angeführte Stelle 918 b.

Kaufmann in Wirklichkeit keineswegs bloß als Organ zur Er=
reichung dieses allgemeinen Zweckes thätig sein will, sondern ein=
seitig sich selbst als Zweck setzt und „in schimpflicher Weise den
dem dringenden Bedürfnis geleisteten Beistand (τὴν τῆς ἀπορείας
ἐπικούρησιν)[1]) zum Werkzeug des Privateigentums herabwürdigt?
Dürfen die Handeltreibenden aus dem Handel ein Geschäft machen,
bei dem es ihnen in erster Linie um ihre eigene Bereicherung,
nicht um die Befriedigung der Bedürfnisse zu thun ist?

Indem Plato diese Tendenz des Handels prinzipiell ver=
wirft und jede Handelsthätigkeit unterdrückt wissen will, bei der es
auf „Bereicherung" abgesehen ist und nur gekauft wird um
teurer zu verkaufen,[2]) stellt er die Forderung auf, daß bei allem
Kauf und Verkauf der Preis einfach nach dem bestimmt werden
soll, was er — allerdings ohne nähere Begriffsbestimmung — den
„wahren Wert" nennt.[3]) Diesen wahren Wert, die objektive
Gerechtigkeit des Preises, zu realisieren ist Sache der Staatsgewalt,
welche sich zu dem Zweck mit Sachverständigen aus dem Handels=
und Gewerbestand ins Benehmen zu setzen hat, denen die Bestim=
mung des wahren Wertes nach Platos Ansicht keine Schwierigkeit
machen kann.[4])

---

[1]) Ebd. 919b.

[2]) Ebd. 847e: καπηλείαν δὲ ἕνεκα χρηματισμῶν μήτε οὖν τούτου μήτε ἄλλου μηδενὸς ἐν τῇ χώρᾳ ὅλῃ καὶ πόλει ἡμῖν γίγνεσθαι.

[3]) Ebd. 921b: καὶ ἀναιρουμένῳ δ' ἔργον ξυμβουλευτὴς νόμος, ἅπερ
τῷ πωλοῦντι ξυνεβούλευε, μὴ πλέονος τιμᾶν διαπειρώμενον, ἀλλ'
ὡς ἁπλούστατα τῆς ἀξίας, ταὐτὸν δὴ προστάττει καὶ τῷ ἀναιρουμένῳ·
γιγνώσκει γὰρ ὅ γε δημιουργὸς τὴν ἀξίαν. Plato hat hier offenbar das=
selbe im Auge, was der moderne Sozialismus, z. B. Proudhon, als „gerechten
Preis" bezeichnet, der sich nach Proudhon jederzeit durch genaue statistische
Preisberechnungen u. s. w. sicher erkennen lasse. Vgl. Diehl: Proudhon II 123.

[4]) Ebd. 920c. Bei direktem Verkauf von seiten der gewerblichen Pro=
duzenten denkt Plato offenbar an den sogen. Arbeits= und Produktionswert;
denn nur in Beziehung auf diesen kann er von dem Handwerksmann sagen,
daß er den wahren Preis sehr wohl kenne. S. oben 921b. — Vgl. auch
den ähnlichen Gedankengang der kanonistischen Lehre über den „richtigen"
Preis (Endemann a. a. O. 358 ff.) und dazu Luthers Schrift über die Kauf=

Seines spekulativen Charakters völlig entkleidet soll so der Handel zu einer Art Amt werden, das seine Aufgabe nur darin zu sehen hat, gewisse volkswirtschaftliche Funktionen dem Bedürfnisse der Gesamtheit entsprechend durchzuführen und welches sich mit dem begnügt, was ihm die Allgemeinheit für die Ausübung dieser Funktionen wie eine Art Gehalt zuerkennt.

Auf diese Weise soll dem Handel jener „mäßige“ Ertrag[1]) gesichert bleiben, welcher notwendig ist, um die wirtschaftliche Existenz der handeltreibenden Klasse zu erhalten, welcher aber die Ansammlung größeren Kapitals von vorneherein unmöglich macht.

Um dieses letztere Ziel noch sicherer zu erreichen, verlangt ferner Plato die Ausschließung der edlen Metalle und damit des Gold= und Silbergeldes aus dem gesamten inländischen Verkehre. Er spricht sich für die Einführung einer Landesmünze aus, die ähnlich wie das spartanische Eisengeld im Auslande wertlos ist.

Es wird damit zugleich der auswärtige Handel an der Wurzel getroffen, den Plato wegen seiner Gefahren für die Einfachheit und Strenge der Sitten auf ein möglichst niedriges Niveau herabdrücken möchte, indem er die Einfuhr aller kostbaren, nur dem Luxus dienenden Waren verpönt und nur den Import von Gegenständen des notwendigen Bedarfes zulassen will.[2]) Ein Verbot, das übrigens auch den Handel an sich trifft, da ja die prinzipielle Beschränkung der Produktion und Konsumtion auf das Notwendige eine ganze Reihe von Handelszweigen und Gewerben von vorneherein überflüssig macht.

Natürlich soll sich auch die volkswirtschaftliche Funktion der Landesmünze nach Platos Ansicht nur auf das Notwendige be=

---

handlung (X, 1090), sowie andere Schriften der Reformatoren, die als „ökonomisch“ d. h. als produktiv nur den Handel gelten lassen, der Überfluß und Mangel ausgleicht, dagegen allen Handel verwerfen, der nur kauft, um teurer zu verkaufen. Eine Auffassung, die zum Teil direkt an Plato anknüpft. (corp. ref. XVI 427. cf. XI 394.)

[1]) κέρδος μέτριον ib.

[2]) Ebd. 847 c.

schränken; d. h. sie soll nichts Anderes mehr sein, als ein Hülfs-
mittel des Güterumsatzes und Preismaßstab.[1])

Insoferne das Geld — infolge seiner unbeschränkten Auf-
bewahrungs= und Ansammlungsfähigkeit und seiner allseitigen von
Zeit und Ort unabhängigen Verwendbarkeit — den Erwerbstrieb
und die Erwerbsfähigkeit des Einzelnen und damit den wirtschaftlichen Konkurrenzkampf steigert, die Möglichkeit zur Ansammlung
von Reichtum vervielfältigt, mußte es ja ein Gegenstand des Mißtrauens und der Abneigung für eine Theorie sein, welche in der
Konkurrenz und in dem Gegensatz von Arm und Reich an sich
schon Symptone sozialer Erkrankung erblickte.[2])

Diese dem beweglichen Kapital durch das Geld zugeführte
Macht soweit zu schwächen, als es ohne Beseitigung des Geldes
selbst möglich war, scheute der abstrakte Dogmatismus der Theorie
vor den äußersten Konsequenzen nicht zurück. Wie sie die Ansammlung größerer Werte mit Hülfe des Geldes einfach dadurch
unmöglich gemacht wissen wollte, daß das edle Metall im Münz-
wesen durch Stoffe von ungleich geringerem Tausch= und Gebrauchs-
wert ersetzt wird, so will sie die — in ihrem Ergebnis auch wieder
jener Konzentrierung von Werten förderliche — Eigenschaft des
Geldes, seinem Besitzer als Erwerbsvermögen zu dienen, in radikaler
Weise dadurch beseitigen, daß sie prinzipiell die Berechtigung derjenigen Geschäfte negiert, durch welche das Geld selbst Mittel des
Erwerbes wird. Das heißt: es sollen alle Kreditgeschäfte unmöglich gemacht werden durch die Unterdrückung derjenigen Institution,
welche die Seele des Kredites ist, nämlich der Zinsbarkeit des Dar-

---

[1]) νόμισμα σύμβολον τῆς ἀλλαγῆς ἕνεκα. Rep II 371b. Das Geld
keine Ware mehr, sondern nur noch ein Symbol, ein bloßes Zeichen!

[2]) Auch in dieser schon oben (S. 115) bei den Cynikern konstatierten
Abneigung gegen das Geld berührt sich der antike mit dem modernen Sozialis-
mus. „Das Geld", sagt Proudhon, „ist der Despot der Zirkulation, der
Tyrann des Handels, das Haupt der kaufmännischen Feudalität, das Symbol
des Eigentums. Das Geld müssen wir vernichten!" (Vgl. Diehl a. a. O.
II, 53.)

lehens,[1]) sowie durch das Verbot, auf Kredit zu kaufen oder zu verkaufen.[2])

Das Kaufgeschäft soll möglichst den Charakter des Tausch=geschäfts bewahren, der Kauf dem Tausch möglichst nahe gerückt werden, um jede freiere Gestaltung des Kaufes, wie sie eben der Kredit gestattet, von vorneherein unmöglich zu machen. Der Kauf soll nach dieser — auf möglichste Annäherung an die Natural=wirtschaft hinstrebenden — Anschauungsweise nichts sein, als ein Tausch mit sofortiger Realisation, der sich von demjenigen der Naturalwirtschaft nur dadurch unterscheidet, daß auf Seite des einen Kontrahenten eine Geldsumme den Inhalt der Tauschleistung bildet.[3])

Auf diese Weise soll das Geld, wie der Handel, aufhören, Habsucht und Mammonismus einerseits, Armut und Ausbeutung des Armen andererseits zu fördern.

Man wird der allgemeinen Tendenz, welche in diesen Er=örterungen zum Ausdrucke kommt, eine gewisse Sympathie ja nicht versagen können. Gerade die Gegenwart empfindet es als eine der verhängnisvollsten und gefährlichsten Konsequenzen hochentwickelter Geld= und Kreditwirtschaft, daß es durch sie einer kleinen Minorität

---

[1]) Wer Geld auf Zins ausleiht, dem soll der Schuldner nicht einmal mehr das Kapital zurückzuzahlen brauchen. Leg. V, 742c: μηδὲ δανείζειν ἐπὶ τόκῳ, ὡς ἐξὸν μὴ ἀποδιδόναι τὸ παράπαν τῷ δανεισαμένῳ μήτε τόκον μήτε κεφάλαιον. Ähnlich schon im „Staat", wo es für wünschenswert erklärt wird, daß die Hingabe von Gelddarlehen nur auf „eigene Gefahr" erfolgen sollte. 556 b: ἐὰν γὰρ ἐπὶ τῷ αὑτοῦ κινδύνῳ τὰ πολλά τις τῶν ἑκουσίων ξυμβολαίων προστάττῃ ξυμβάλλειν, χρηματίζοιντο μὲν ἂν ἧττον ἀναιδῶς ἐν τῇ πόλει, ἐλάττω δ' ἐν αὐτῇ φύοιτο τῶν τοιούτων κακῶν, οἵων νῦν δὴ εἴπομεν.

[2]) Leg. XI, 915 d: Ὅσα δὲ διά τινος ὠνῆς ἢ καὶ πράσεως ἀλλάττεται τις ἕτερος ἄλλῳ, διδόντα ἐν χώρᾳ τῇ τεταγμένῃ ἑκάστοις κατ' ἀγορὰν καὶ δεχόμενον ἐν τῷ παραχρῆμα τιμὴν οὕτως ἀλλάττεσθαι, ἄλλοθι δὲ μηδαμοῦ, μηδ' ἐπὶ ἀναβολῇ πρᾶσιν μηδὲ ὠνὴν ποιεῖσθαι μηδενός.

[3]) Sehr bezeichnend für diese Tendenz, den Kauf möglichst dem Tausch zu nähern, ist die Art und Weise, wie Plato an der eben genannten Stelle von einem „Eintauschen durch Kauf oder Verkauf" spricht.

ermöglicht wird, dank ihren technischen Kenntnissen und ihrer geschäft=
lichen Beherrschung des Kreditverkehrs die Gesamtheit in unver=
hältnismäßiger Weise auszubeuten. Allein es ist leider ebensowenig
zu verkennen, daß die von Plato gemachten Vorschläge zur Ver=
hütung und Heilung dieses sozialen Übels in keiner Weise aus=
gereift, sondern ideologische Träume eines sozialpolitischen Adepten
sind, der seine Wünsche und Hoffnungen an die Stelle der Reali=
täten setzt. Es bedarf für uns keines Beweises, daß selbst in dem
verhältnismäßig beschränkten Rahmen der antiken Stadtstaatwirt=
schaft, auf welche sich diese platonischen Vorschläge prinzipiell be=
schränken, das Heil der Gesellschaft unmöglich in der wirtschaft=
lichen Reaktion gesucht werden konnte, wenn auch der Zweck Platos,
stabile und gerechte Wertverhältnisse zu erzeugen, unanfechtbar ist.

Um so auffallender erscheint es bei diesem utopischen Charakter
seiner Theorie, daß die Ansichten Platos über Güterumsatz und Geld=
verkehr nicht etwa in abgeschwächter, sondern eher in noch radi=
kalerer Fassung bei einem sonst so nüchternen Denker und scharfen
Beobachter sozial-ökonomischer Erscheinungen, wie Aristoteles wieder=
kehren. Wie gewaltig muß die antikapitalistische Bewegung gewesen
sein, welch tiefer und nachhaltiger Eindruck muß der Gedanke einer
einschneidenden Umwandlung der bestehenden Wirtschaftsordnung in
den Gemütern hinterlassen haben, wenn selbst ein so gearteter Den=
ker, der in der grundlegenden Frage der Eigentumsordnung sich nie
in der Weise wie Plato vom Boden der Wirklichkeit entfernte, —
wenn Aristoteles in seiner Kritik der Konsequenzen einer privat=
wirtschaftlichen Rechtsordnung, in seinen Anschauungen über den
Güterumsatz, die freie Konkurrenz, die Geldwirtschaft und die Kapital=
rente sich nicht nur an den Gedankengang Platos enge anschloß,
sondern über denselben noch hinausging!

Aristoteles erkennt, wie Plato, den Fortschritt von der Natural=
zur Geldwirtschaft an, und seine Erörterung über die Entstehung
und Natur des Geldes darf als eine klassische bezeichnet werden.[1]

---

[1] Vgl. Pol. I, 3, 13. 1257a f.

Doch fügt er ebenso, wie Plato, die prinzipielle Einschränkung hinzu, daß das Geld nur zur Vermittlung des Güterumsatzes, nicht als Werkzeug der „Bereicherung" dienen sollte. Der Gewinn aus Zinsdarlehen und sonstigen Geldgeschäften erscheint ihm als durchaus widernatürlich (μάλιστα παρὰ φύσιν), weil auf diese Weise das Geld selbst Mittel des Erwerbes und nicht dazu gebraucht wird, wozu es erfunden ist. „Denn nur zur Erleichterung des Tausches kam es auf, nicht um durch den Zins sich selber zu vermehren."[1]

Ebenso, wie alles dieses, ist es ganz platonisch gedacht, wenn Aristoteles ein Symptom der Entartung darin sieht, daß durch Geld und Handel eine wirtschaftliche Thätigkeit hervorgerufen wird, die wesentlich darauf gerichtet ist, „wie und mit welchen Mitteln man beim Umsatz möglichst viel gewinnen könne."[2] Er stimmt mit Plato darin völlig überein, daß aller Erwerb sich auf die Beschaffung des Unterhaltsbedarfes beschränken und an den vernünftigen Bedürfnissen des Menschen von vorneherein sein Maß und seine Grenze haben müsse;[3] daß daher die ganze thatsächliche Entwicklung des Handels, insbesondere des Geldhandels eine verwerfliche sei, weil derselbe in der Verfolgung seines Zieles eine solche Schranke nicht anerkennt, sondern auf „unbegrenzten Gelderwerb" bedacht ist.[4]   •

Da der „wahrhafte" Reichtum nach der Ansicht des Aristoteles nur in dem für das Leben Notwendigen und Nützlichen besteht und das für ein vernunftgemäßes Dasein genügende Maß

---

[1] Ebd. I, 3, 23. 1258 b.

[2] Ebd. I, 3, 15. 1257 b: πόθεν καὶ πῶς μεταβαλλόμενον πλεῖστον ποιήσει κέρδος.

[3] 8 f. 1256 b.

[4] 17. 1257: καὶ ταύτης τῆς χρηματιστικῆς οὐκ ἔστι τοῦ τέλους πέρας, τέλος δὲ ὁ τοιοῦτος πλοῦτος καὶ χρημάτων κτῆσις. cf. 18: — τῇ μὲν φαίνεται ἀναγκαῖον εἶναι παντὸς πλούτου πέρας, ἐπὶ δὲ τῶν γινομένων ὁρῶμεν συμβαῖνον τοὐναντίον· πάντες γὰρ εἰς ἄπειρον αὔξουσιν οἱ χρηματιζόμενοι τὸ νόμισμα.

eines solchen Besitzes nicht ins Unendliche geht,[1]) so tritt Aristoteles dem aus Handel und Geldgeschäft entstehenden Reichtum, der
seiner Natur nach ohne Ziel und Grenze ist,[2]) ebenso feindlich entgegen, wie der platonische Sozialismus.

Dem „naturgemäßen" Gütererwerb, dessen Ziel die Befriedigung des naturgemäßen Bedarfes des Familien- und öffentlichen
(Staats)haushaltes ist (οἰκονομική, ἡ περὶ τὴν τροφήν) wird als
naturwidrig die Gelderwerbskunst (χρηματιστική) gegenübergestellt.

Diese auf das Geld als solches gerichtete Spekulation tritt
zuerst „in ganz einfacher Gestalt" (ἁπλῶς ἴσως) auf im Kleinhandel, später „bei vermehrter Erfahrung künstlicher". Alsdann
handelt es sich bei dem Umsatz nicht mehr bloß um die Anschaffung
des Hausbedarfes, sondern um ein auf den meisten Profit (κέρδος)
gerichtetes Spekulationsgeschäft. Die Erwerbskunst ist die Kunst
geworden zu spekulieren, wo viel Geld herauszuschlagen ist. An
die Stelle des durch den Hausbedarf begrenzten natürlichen Reichtums und Gütererwerbs ist das spekulative Kapital getreten, das
den Gelderwerb als Selbstzweck betrachtet „und maßlos, wie diese
Geldbereicherung, werden dann die Bedürfnisse der entfesselten
schrankenlosen Leidenschaften, die nach maßlosen Befriedigungsmitteln
des schrankenlosen Sinnengenusses streben."[3])

Wie all dies echt platonisch ist, so ist es auch die Polemik
gegen den kapitalistischen auswärtigen Handel, dem sie möglichst
enge Schranken gezogen wissen will. Auch der aristotelische Sozialstaat läßt denselben nur soweit zu, als er im Interesse des Aus-
tausches überschüssiger Landeserzeugnisse und unentbehrlicher, nur
aus dem Ausland zu beziehender Bedarfsgegenstände nicht zu umgehen ist.[4])

---

[1]) 20b: κατὰ φύσιν ἡ περὶ τὴν τροφήν, οὐχ ὥσπερ αὕτη (sc. ἡ μὴ
ἀναγκαία χρηματιστική) ἄπειρος ἀλλ᾽ ἔχουσα ὅρον.

[2]) 17: ἄπειρος δὴ ὁ πλοῦτος ὁ ἀπὸ ταύτης τῆς χρηματιστικῆς.

[3]) 19.

[4]) Der aristotelische Sozialstaat begnügt sich mit diesem Austausch für
den eigenen Bedarf; er „gibt sich nicht zum Markt für andere her", weil es

Der Handel erscheint auch hier in seiner geschichtlich gewor=
denen Gestalt wesentlich als ein Parasit der Volkswirtschaft, dessen
Thätigkeit zur Produktion nichts hinzufügt, sondern immer nur für
den einen gewinnt, was sie den anderen nimmt.[1]

Bei dieser Auffassung kann es nicht zweifelhaft sein, daß
Aristoteles auch vom Standpunkt seines Gesellschaftsideales aus
die möglichste Unschädlichmachung der „naturwidrigen" Tendenzen
des Handels fordern mußte, wenn sich auch leider die Art und
Weise, wie er sich die Verwirklichung dieser Forderung dachte,
unserer Kenntnis entzieht. Ja es ist sogar die Möglichkeit nicht
ausgeschlossen, daß er in seiner Darstellung der wirtschaftlichen
Organisation des besten Staates, die bekanntlich in der uns über=
lieferten Gestalt nicht über die ersten Grundlinien hinauskommt,
zu einem abschließenden Ergebnis in dieser schwierigen Frage über=
haupt nicht gelangte.

Immerhin steht wenigstens in negativer Beziehung soviel fest,
daß er die Ansicht Platos, als könne der gewerbsmäßige Handel
bis zu einem gewissen Grade mit der Ethik in Einklang gebracht
werden, seinerseits nicht geteilt, also thatsächlich eine noch ab=
lehnendere Haltung gegen den Handel eingenommen hat, als es
Plato wenigstens in seiner letzten sozial=politischen Schrift gethan
hatte. Und es ist dieser Pessimismus von den oben genannten
Prämissen aus ja sehr begreiflich!

---

dabei nur auf Bereicherung abgesehen wäre. An „solcher Gewinnsucht" soll
er kein Teil haben. IV, 5, 5. 1327 a: αὐτῇ γὰρ ἐμπορικήν, ἀλλ' οὐ τοῖς
ἄλλοις δεῖ εἶναι τὴν πόλιν· οἱ δὲ παρέχοντες σφᾶς αὐτοὺς πᾶσιν ἀγορὰν
προσόδου χάριν ταῦτα πράττουσιν· ἢν δὲ μὴ δεῖ πόλιν τοιαύτης μετέχειν
πλεονεξίας, οὐδ' ἐμπόριον δεῖ κεκτῆσθαι τοιοῦτον.

[1] Nur so ist es meines Erachtens zu verstehen, wenn die auf den
bloßen Handelsgewinn berechnete Erwerbskunst getadelt wird, weil sie „οὐ
κατὰ φύσιν, ἀλλ' ἀπ' ἀλλήλων ἐστίν" (23. 1258b). Denn der Handel kann
doch nicht deshalb getadelt werden, weil er in „gegenseitiger Übereinkunft"
(statt in der Natur) gegründet ist, wie Susemihl auch übersetzen will. Denn
auch der Gebrauch des Geldes ist „durch Übereinkunft eingeführt" (§ 14)
und wird trotzdem von Aristoteles vollkommen gebilligt.

Wer als Ideal einen Verkehr vor Augen hat, der nur um
des „wahren Bedürfnisses" und des Gebrauchswertes der Güter
willen stattfindet, dem kann ja im Grunde nur dasjenige Kaufgeschäft als sittlich unbedenklich erscheinen, bei dem der Erwerber
die Absicht hat, die erworbene Sache selbst zu gebrauchen, der Verkäufer, anderen den Gebrauch zu verschaffen. Der gewerbsmäßige
Handel aber kann seiner Natur nach nicht nur dieses wollen.
Denn er kauft und verkauft die Dinge, weil sie neben dem Ge-
brauchswert einen in Geld ausdrückbaren Tauschwert enthalten.
Bei ihm ist jeder Kauf notwendig zugleich Spekulationskauf, bezw.
Verkauf d. h. um des Tauschwertes oder, was dasselbe ist, um
des Geldwertes willen. Der privatwirtschaftliche Zweck, der mit
den volkswirtschaftlichen Leistungen des Handels immer Hand in
Hand geht, ist der durch die Realisierung dieses Tauschwertes zu
erzielende Geldgewinn, der Mehrwert, welcher — um mit Marx
zu reden — durch die Verwandlung von Geld in Ware und die
Rückverwandlung von Ware in Geld entsteht; weshalb Aristoteles
in diesem Sinne d. h. von dem privatwirtschaftlichen Standpunkt des Handelsgewerbes aus nicht Unrecht hat, wenn er das
Geld das Element und das Ziel des Handelsumsatzes nennt.[1]

Wie könnte man demnach von dem Handel, ohne ihn seiner
eigenen Triebkraft zu berauben und ihn damit selbst zu vernichten,
mit Plato verlangen, daß er diesen seinen spekulativen Charakter
völlig aufgäbe d. h. sich bei Kauf und Verkauf aller Gedanken an
einen Gewinn entschlage, der als Bereicherung gefaßt werden
könnte?

In der That wird von Aristoteles die Frage unzweideutig
verneint, indem er den Satz aufstellt, daß die auf die merkantile
Spekulation gerichtete Erwerbskunst ihrer ganzen Natur nach eine
solche Grenze niemals innerlich anerkennen werde, so wenig „wie
die Heilkunst ein Maß und eine Grenze habe, bis wohin sie die
Erzeugung der Gesundheit ausdehnen darf."[2]

---

[1] I, 3, 17. 1257b.
[2] ib. 17.

Wenn aber der gewerbsmäßige Handelsbetrieb grundsätzlich mit der wahren Sittlichkeit unvereinbar ist, wenn er seiner wahren Tendenz nach auf die Vernichtung jener wirtschaftlichen Gleichheit hinarbeiten muß, welche Aristoteles als gesellschaftliches Ideal aufstellt, so mußte sich auf seinem Standpunkt bei einiger Konsequenz die weitere Frage aufdrängen: Ist die Existenz eines besonderen Handelsgewerbes unter allen Umständen notwendig, oder ist nicht etwa ein Gesellschaftszustand denkbar, welcher die Vermittlung des Kaufmanns überflüssig macht?

Welche Antwort er freilich auf diese Frage hatte, darüber lassen sich nach dem oben Gesagten höchstens Vermutungen aufstellen. Einige Äußerungen der Politik erwecken wohl den Anschein, als ob sich Aristoteles von der Entbehrlichkeit des Handelsgewerbes doch nicht habe überzeugen können. Es sind das die Stellen, wo er eine Aufzählung der für die Gestaltung des Verfassungslebens in Betracht kommenden Volksklassen gibt und in der That neben dem Bauern- und Handwerkerstand als dritten organischen Bestandteil des Volkes die handeltreibende Klasse nennt.[1] Aber es kann das in keiner Weise als entscheidend angesehen werden.[2] Denn Aristoteles hat es in dem Teil der Politik, welchem diese Stellen angehören, nur mit der Pathologie und Therapie der bestehenden Staats- und Gesellschaftsordnung zu thun, deren wirtschaftliche Grundlagen er hier als gegeben hinnimmt. Ein Beweis wäre also nur dann erbracht, wenn auch die ideale Gesellschaftsordnung des „besten" Staates einen besonderen Handelsstand kennen würde.

Nun stellt sich aber bei näherem Zusehen die bedeutsame, bisher merkwürdigerweise völlig übersehene Thatsache heraus, daß Aristoteles bei der wiederholten Aufzählung der volkswirtschaftlichen Voraussetzungen und der wirtschaftlichen Berufe, ohne welche auch sein bester Staat nicht bestehen kann, das Handelsgewerbe mit

---

[1] VI, 4, 1. 1291b. Vgl. VII, 4, 3. 1321a.

[2] Wie das z. B. Rau thut (Ansichten der Volkswirtschaft 15) und Kautz: Geschichtliche Entwicklung der Nationalökonomik 139.

völligem Stillſchweigen übergeht.[1] Zugegeben, daß die eine oder
die andere dieſer Aufzählungen eine erſchöpfende Überſicht vielleicht
nicht beabſichtigt, ſo erſcheint doch dieſes vollſtändige Schweigen be=
redt genug. Kann es Zufall ſein, daß das Handelsgewerbe zwar
bei der Charakteriſtik der beſtehenden Volkswirtſchaft ausdrücklich
genannt wird, dagegen bei der Schilderung der wirtſchaftlichen
Grundlagen des Idealſtaates — und das an drei verſchiedenen
Stellen gänzlich ignoriert wird?[2] Wenn hier aber die Abſicht un=
verkennbar iſt, ſo bleiben nur zwei Möglichkeiten: Entweder hat der
ariſtoteliſchen Sozialtheorie in der That der Gedanke vorgeſchwebt,
die Güterwelt durch die Verſtaatlichung des Handels von allen
Mittelsperſonen zu befreien, oder ihre Tendenz ging wenigſtens da=
hin, den gewerbsmäßigen Handel in eine für den Geſamtcharakter
der Volkswirtſchaft möglichſt bedeutungsloſe Stelle herabzudrücken.

Doch ſei dem wie ihm wolle! ſoviel geht aus allem hervor,
daß die Verwirklichung der ariſtoteliſchen ſowohl, wie auch der
platoniſchen Theorie thatſächlich eine mehr oder minder radikale
Zerſtörung des Handels bedeutet hätte. Schon die Auffaſſung von
der Stellung des Geldes in der Volkswirtſchaft muß zu Konſe=
quenzen führen, die geeignet ſind, den Lebensnerv des Handels zu
lähmen.

Zwar hat Ariſtoteles — wie man im Gegenſatz zu der
üblichen Auffaſſung anerkennen muß — durchaus recht, wenn er
ſagt, daß die weſentliche und einzige Funktion des Geldes in der
Vermittlung und Erleichterung des Tauſches beſteht und daß eine
Summe von Geldſtücken an ſich keine Zinſen erzeugen, ſich alſo
auch nicht ſelbſt durch den Zins vermehren könne. Allein es wird

---

[1] IV, 8, 1. 1328 b: δεῖ ἄρα γεωργῶν τ' εἶναι πλῆθος, οἳ παρασκευάζουσι τὴν τροφήν, καὶ τεχνίτας, καὶ τὸ μάχιμον καὶ τὸ εὔπορον
καὶ ἱερεῖς καὶ κριτὰς τῶν δικαίων καὶ συμφερόντων. cf. 7, 4 und
9, 1. 1329 a.

[2] Die Erwähnung eines Marktes beweiſt nichts. Selbſt in dem
kommuniſtiſchen Utopien des Thomas Morus gibt es Märkte, obwohl hier
von einem privatwirtſchaftlich organiſierten Handel nicht die Rede ſein kann.

dabei andererseits übersehen, daß, wenn auch das Geld nicht selbst und unmittelbar produktiv ist, es doch für seinen Besitzer mittelbar dadurch produktiv zu werden vermag, daß es ihm die Aneignung von Gütern ermöglicht, die zum Erwerb und zur Produktion neuer Güter dienen können. Es wird daher auch verkannt, daß, wenn durch Überlassung von Geld an einen anderen diesem die Möglich= keit verschafft wird, sich in den Besitz von Erwerbsvermögen und Produktionsmitteln d. h. eines Kapitals zu setzen, der Darleihende einen wohlbegründeten Anspruch auf die Beteiligung an dem Er= trage dieses Kapitales erhält. Dies leugnen heißt aber nichts anderes als das Darlehensgeschäft selbst beseitigen, die Entwick= lung alles Kredites und damit die wirtschaftliche Leistungsfähigkeit aller derjenigen unterbinden, welche darauf angewiesen sind, sich das für die Bethätigung ihrer Arbeitskraft und ihres Unternehmungs= geistes nötige Kapital auf dem Wege des Kredites zu verschaffen. Was würde aber der Handel, dessen Seele Geld und Kredit ist, in einem volkswirtschaftlichen System bedeuten, welches die Produktivität der Arbeit, die Kapitalbildung und =vermehrung in dieser Weise lähmen würde? —

Man ist vielfach geneigt, die Weite des Abstandes zu unter= schätzen, welcher die geschilderte platonisch=aristotelische Wirtschafts= theorie von der thatsächlichen Gestaltung des Lebens trennte. Man sieht in ihr — insbesondere in der Bekämpfung des Privathandels — ein Symptom des relativen Zurückbleibens der antiken Volks= wirtschaft, der sittlichen Geringschätzung und des Mißtrauens, mit welchem der Handel bei geringer entwickelter Kultur, wo man seiner verhältnismäßig weniger bedarf, stets betrachtet zu werden pflegt. Ebenso sollen die Angriffe auf die Zinsbarkeit des Darlehens wesentlich der Reflex einer geringen Ausbildung der Kapitalwirt= schaft und der hiermit unvermeidlich verbundenen Abneigung gegen das Zinsnehmen sein.[1])

---

[1]) Selbst Susemihl (Anmerk. zu Aristoteles' Politik II 30) bekennt sich zu der Ansicht, daß die „Rechtmäßigkeit und vernunftgemäße Notwendig= keit des Zinses den Alten nicht klar geworden sein könne", weil das „Kapital

Allein wie wenig zutreffend erscheinen doch diese Vorstellungen angesichts der thatsächlichen Entwicklung der damaligen Volkswirtschaft! So richtig der Satz Susemihls ist, daß das aristotelisch-platonische Staatsideal die Voraussetzungen eines griechischen Stadtstaates in sich hinübernimmt, so ist es doch eine völlige Verkennung der ganzen wirtschaftlichen Situation des Stadtstaates, wenn unter diesen Voraussetzungen auch die „Verachtung des Betriebes von Handel, Industrie und Gewerbe" genannt wird.

Wenn man sich die wirkliche Lage der Dinge klar veranschaulicht, so wird man erkennen, daß gerade in den Verhältnissen des hellenischen Kleinstaates der mächtigste Anreiz zu kommerzieller und industrieller Thätigkeit lag. Bei ihrer Kleinheit waren diese Staaten frühzeitig darauf angewiesen, wichtige Gegenstände des Bedürfnisses, welche die unvermeidlich einseitige Produktion eines so engen Gebietes nicht zu liefern vermochte, von auswärts zu beziehen. Als Gegenwert hatten sie zunächst die Erträgnisse ihrer Landwirtschaft zu bieten, Wein, Öl, Wolle u. s. w., die schon sehr frühe als Gegenstand der Massenausfuhr und eines weit ausgedehnten Verkehres erscheinen. Nun waren aber der Steigerung der landwirtschaftlichen Produktion naturgemäß mehr oder minder enge Grenzen gesteckt, und daher die hellenische Stadtstaatwirtschaft recht eigentlich

---

selbst damals noch nicht seine volle Ausbildung erlangt" habe. Vgl. Böhm-Bawerk: Kapital und Kapitalzins I, 17, wo die aristotelische Anschauung aus einer „dem Darlehenszins äußerst mißgünstigen, in der geringen Entwicklung des Kreditwesens mehr oder minder begründeten allgemeinen Zeitströmung" erklärt wird.

Auf einer ähnlichen Einseitigkeit beruht es, wenn Simmel in seiner geistvollen Schrift über soziale Differenzierung (S. 125) die Ansicht ausspricht, der „Mangel an Arbeitsteilung" habe im hellenischen Wirtschaftsleben eine solche Reibung zwischen den Handeltreibenden erzeugt, daß die Kräfte von dem eigentlichen wirtschaftlichen Ziel der „Besiegung des Objekts" ganz einseitig auf die „persönliche Besiegung der Mitbewerber" abgelenkt worden seien, und es seien daher die griechischen Sozialpolitiker zu dem Urteil berechtigt gewesen, daß der eigentliche kaufmännische Beruf dem Staatswesen verderblich und nur der Landbau ein geziemender und gerechter Erwerb sei, daß nur dieser seinen Nutzen nicht von Menschen und deren Beraubung nähme!

auf diejenigen Thätigkeiten hingewiesen, die einer größeren Ausdehnung fähig waren, als die Agrikultur d. h. eben Gewerbefleiß
und Handel.

Am frühesten und intensivsten tritt diese Tendenz da hervor,
wo einerseits der Boden an Landbauprodukten weniger ergiebig
war, dagegen wichtige Rohstoffe für die Industrie z. B. Thon- und
Erzlager u. f. w. darbot, oder wo eine günstige Verkehrsstellung,
besonders die Lage am Meere, die Entwicklung der Schiffahrt begünstigte, wie es an zahllosen Orten der hellenischen Welt der Fall
war. Hier war — bei der ausgeprägten Begabung der Bevölkerung — der Keim zu einer Handelsgröße gegeben, wie sie auf
Grund ähnlicher Verhältnisse den Phöniziern, später den Venetianern,
Genuesern und Holländern zu teil geworden ist. Einen mächtigen
Anreiz in derselben Richtung enthielt die außerordentliche Zunahme
der Bevölkerung, die in der kolonisatorischen Ausbreitung des
Hellenentums einen so großartigen Ausdruck gefunden hat.

In der That beginnt die merkantile Entwicklung der hellenischen Küstenstaaten diesseits und jenseits des ägäischen Meeres bereits in einer Zeit, welche weit jenseits der beglaubigten Geschichte
liegt. Schon im achten Jahrhundert ist ein umfassendes System
von Handelswegen und Handelsverbindungen geschaffen, an deren
Erweiterung und Vervollkommnung mit unablässigem Eifer ge-
arbeitet ward. Dieses zähe und zielbewußte Streben schuf eine
Welthandelkonjunktur, welche es ermöglichte, die Waren der ent-
legensten Produktionsgebiete: die Luxuserzeugnisse der alten Kultur-
länder des Ostens, wie die für die Entwicklung der heimischen
Industrie und für die Ernährung einer zahlreichen gewerblichen Bevölkerung so wichtigen Naturprodukte der nordischen Länder in Masse
und mit der nötigen Regelmäßigkeit zu beziehen, eine Welthandels-
konjunktur, welche den Erzeugnissen der heimischen Produktion ein
Absatzgebiet eröffnete, das von dem innersten Winkel des schwarzen
Meeres bis zum atlantischen Ozean reichte.

Welche Bedeutung so gerade die merkantilen Interessen gewannen, das zeigt neben dem frühzeitigen Übergang von der Natural-

zur Geldwirtschaft die kommerzielle Rivalität, wie sie schon in alter
Zeit in förmlichen Handelskriegen und in friedlichen Veranstaltungen,
z. B. den — an die Kauffahrerhöfe der Hansen erinnernden —
Faktoreien in Naukratis zu Tage tritt. Das zeigt das Emporsteigen des Handels- und Gewerbestandes zur politischen Macht, die
Entwicklung der Kapital- und Geldherrschaft (χρήματα χρήματ'
ἀνήρ! Das Geld, ja das Geld macht den Mann! Ein Wort,
das ganz an das amerikanische to make mony erinnert). Wie
hat endlich das Athen des fünften Jahrhunderts die Machtmittel
seines Reiches im handelspolitischen Interesse auszubeuten gewußt!
Welch ruheloser Handelsgeist erfüllte diese Stadt, von deren Be-
wohnern Thukydides gesagt hat, daß sie immer rastlos thätig, immer
außer Landes seien, um ihren Besitz zu mehren, denen die Arbeit
nicht Mittel sondern Zweck sei und die daher auch nur wenig zum
ruhigen Genießen des Erarbeiteten gelangten, weil sie immer nur
wieder auf einen neuen Erwerb sännen![1])

Dieses Athen ist die Geburtsstätte der platonisch-aristotelischen
Wirtschaftstheorie! Ein Welthandelsemporium, wo sich auf der
Grundlage einer entwickelten Geldwirtschaft ein wahrhaft inter-
nationales Verkehrsleben entfaltete, ein Stapelplatz, wo die Erzeugnisse fast des ganzen bekannten Länderkreises zusammenströmten, ein
Geldmarkt, auf dem die Konzentration des Kapitals solche Fortschritte gemacht hatte, daß von hier aus weithin im Umkreis der
östlichen Mittelmeerwelt bis zu den fernsten überseeischen Plätzen
regelmäßig beträchtliche Handelskapitalien vorgeschossen wurden.

Wie kann man hier an die Verhältnisse denken, welche das
frühe „Mittelalter" der Völker charakterisiert, wo der Produktiv-
kredit wenig entwickelt ist, wo alle Darlehen nur konsumtiv und
meist Notdarlehen sind, wo der Gläubiger gewöhnlich reich, der
Schuldner arm ist und daher der Zins als gehässige Ausbeutung
des Armen, die Unentgeltlichkeit der Kreditgewähr in den Verhältnissen selbst begründet erscheint?

---

[1]) I, 70.

Welche Fülle von Kapital nahm in der gewerbreichen hellenischen Welt die in vielen Zweigen zum kapitalistischen Großbetrieb
und zu fabrikmäßiger Massenproduktion entwickelte Industrie in
Anspruch, die wie z. B. die Gewebeindustrien den Bedürfnissen
eines hochgesteigerten Luxus ebenso, wie dem Massenkonsum des
gemeinen Mannes dienten und — dank der fortgeschrittenen Organisation des Handels — ihre Erzeugnisse über drei Weltteile versandten! Hat es etwa hier in den Zentren des Handels und der
Produktion, wo der Einzelne in der Ausdehnung seines Gewerbebetriebes rechtlich einen sehr freien Spielraum hatte, an bedeutenden
gewerblichen Unternehmungen gefehlt, welche fremden Kapitales bedurften?

Oder bot etwa die Landwirtschaft weniger Gelegenheit sich
mit Kapital zu befruchten? in einer Zeit der intensivsten Gartenkultur und des spekulativen Anbaues von Handelsgewächsen, wie
Wein, Öl, u. s. w., die ebenfalls einen Weltmarkt besaßen? Und
war nicht der Boden selbst, nachdem die seine Veräußerung, Teilung
u. s. w. hemmenden Fesseln, die Gebundenheit und Geschlossenheit
der Landgüter seit Jahrhunderten beseitigt waren, längst ein ergiebiges Feld für das spekulative Kapital geworden? Schuf hier
nicht der mit der Mobilisierung des Grund und Bodens stetig
steigende Verkehr in Grundstücken, durch den der Boden selbst zur
Handelsware wurde, die durch die freie Teilbarkeit dem Erben auferlegte Notwendigkeit, Miterben abzufinden u. dgl. m. zahllose Veranlassungen zu Anlehen, um Ländereien anzukaufen oder als Erbe
übernehmen zu können? Welche Kapitalien mußte endlich der Aufschwung des Handels und des Geldgeschäftes flüssig machen, welches
die Seele dieses hochentwickelten Wirtschaftslebens bildete!

Wer sich prinzipiell auf den Boden dieses Wirtschaftslebens
stellte, und den Bedürfnissen desselben gerecht werden wollte, der
konnte den spekulativen Handelsgewinn und den Leihzins an sich
unmöglich als ungerecht und als Übervorteilung verwerfen. Und
in der That, wenn man die in den eigenen Erfahrungen und
dem eigenen Willen des wirtschaftlich thätigen Volkes wurzelnden

Anschauungen der Praxis und den Geist des ganzes Verkehrsrechtes
ins Auge faßt, in welchen die zur Herrschaft gelangten Ansichten
von den Gegenständen und Mitteln des Verkehres, vom materiellen
Güterleben überhaupt ihren Ausdruck fanden, so erscheint die Frage
zu Platos Zeiten längst in modernem Sinne entschieden.

Wir finden in den Industrie- und Handelsstaaten, wie Athen,
ein Kredit- und Bankwesen, das — bei aller Antipathie gegen die
wucherische Ausbeutung desselben — das größte geschäftliche Vertrauen genoß, und infolgedessen der Zinsverkehr in so allgemeiner
und regelmäßiger Übung stand, daß er auch von der Gesetzgebung längst rückhaltlos anerkannt war. Und diese gesetzliche
Zinsfreiheit erscheint um so bedeutsamer, wenn man die Höhe des
üblichen Zinsfußes, überhaupt der Gewinne aus produktiv ange-
legten Fonds in Betracht zieht, welche die Ausbeutung des Schwachen
durch das Kapital in hohem Grade begünstigte und nur zu geeignet war, Mißstimmung gegen alle merkantile Spekulation zu
erzeugen.

Wie die für die Praxis des Verkehres und für die Gesetzgebung maßgebende Anschauungsweise das Zinsproblem auffaßte,
dafür ist überaus bezeichnend der Umstand, daß die griechische
Geschäftssprache den Kapitalzins τόκος nennt, das „Geborene", denselben also aus einer direkten wertzeugenden Kraft des Geldkapitals
ableitet, neben der der Faktor Arbeit als verschwindend klein völlig
außer Acht gelassen wird. Der Geldzins hat für diese Vorstellungsweise seinen Entstehungsgrund einfach darin, daß das Leihkapital
ihn gewißermaßen selbst erzeugt, so daß jede weitere Frage nach
der Berechtigung des durch den Zins dem Kapitalisten zufallenden
Mehrwertes vollkommen gegenstandslos wird. Eine Auffassung,
welche sich auf das Engste mit weitverbreiteten modernen Kapital-
zinstheorien berührt, die dem Kapital in ganz ähnlicher Weise eine
„aktive Rolle" zuschreiben, den Mehrwert ohne weitere Zwischen-
motivierung aus der produktiven Kraft des Kapitals hervorgehen
lassen.[1]

---

[1] Wenn von Böhm-Bawerk a. a. O. I 134 als der Urheber der

Kann es einen einschneidenderen Gegensatz geben, als zwischen
der platonisch=aristotelischen Lehre, welche kaum eine mittelbare
Produktivität des Geldes anerkennt, und diese in Volkswirtschaft
und Recht zum Siege gelangte Anschauung, welche das Geldkapital
ohne Weiteres als eine originäre Güterquelle, als eine selbständige
Produktivkraft hinstellte, deren Wirken vollkommen gleichartig mit
der Arbeit des Menschen erschien?

Dieser grelle Kontrast zwischen dem Standpunkt der sozialen
Theorie und den Anschauungen der Praxis zeigt recht deutlich, wie
ganz anders, als bisher, wir die geschichtliche Stellung jener Wirt=
schaftsphilosophie zu beurteilen haben. Dieselbe ist nicht der den
thatsächlichen Zuständen und Bedürfnissen mehr oder minder
entsprechende Ausdruck einer relativ niedrigen Stufe der Volkswirt=
schaft, sondern vielmehr das Erzeugnis einer Reaktion gegen die
Auswüchse einer hochentwickelten volkswirtschaftlichen Kultur, einer
der ganzen thatsächlichen Gestaltung des Wirtschaftslebens prinzipiell
feindlichen Weltanschauung.

Nicht weil das mobile Kapital als Produktionsmittel noch
wenig zu bedeuten gehabt hätte, sondern im Gegenteil, weil durch
die Entwicklung der kapitalistischen Geldwirtschaft das Geld eine
dominierende Machtstellung gewonnen, weil der Materialismus
dieser Geldherrschaft zu einer übermäßigen Wertschätzung der äußeren
Güter und vor allem des Geldes, als des Inbegriffes aller Güter,
zu einer rastlos gierigen Jagd nach Gewinn und Genuß geführt
hatte, konnte sich der edelsten Geister der Gedanke bemächtigen, daß
das Geld durch eine weitgehende Beschränkung seiner wirtschaftlichen
Funktionen möglichst seines Wertes und seiner Macht entkleidet
werden müsse, um dem Egoismus und Materialismus seinen Haupt=
nährboden zu entziehen. Nicht weil der Erwerb aus Handel und

Theorie, welche die Existenz des dem Kapitalisten zufallenden Mehrwertes
einfach mit der Produktivkraft des Kapitals selbst begründet, der von Böhm
sogen. naiven Produktionstheorie, J. B. Say genannt wird, so dürfte jetzt
nach dem oben Bemerkten der eigentliche Ursprung dieser Theorie bei den
griechischen Geschäftsleuten und Bankiers zu suchen sein.

Induſtrie neben dem Landbau wenig zu bedeuten gehabt hätte, ſondern im Gegenteil, weil gerade dieſer Erwerb durch ſeine inten= ſive und extenſive Steigerung zu einem einſeitigen Übergewicht der Geldmacht und der merkantilen Intereſſen geführt hatte, die als ein verhängnisvoller materieller und ſittlicher Druck empfunden wurde, darum wurde jetzt in naturgemäßem Rückſchlag ebenſo ein= ſeitig dem mobilen Kapital der Grund und Boden als das einzig fruchtbringende Kapital, als das wertvollſte aller Güter entgegen= ſtellt, darum ſollte ſein Ertrag, der wahrhaft naturgemäße Erwerb, ſein Beſitz der wahre Reichtum ſein. Weil die ſelbſt den Grund und Boden zur Handelsware machende Geldwirtſchaft alle die Unter= ſchiede zu vertilgen drohte, auf denen die Geſundheit des Volks= und Staatslebens beruht, ſo wurde jetzt dieſer Unterſchied zwiſchen Boden= und Geldkapital, zwiſchen Bodenertrag und Handelsgewinn um ſo entſchiedener betont und der Widerſpruch gegen die zunehmende Aufſaugung des Grundbeſitzes durch das Geldkapital bis zu der Forderung geſteigert, daß man allen nicht aus Grund und Boden fließenden Erwerb neben dem Grundbeſitz wirtſchaftlich, ſozial und politiſch zur Bedeutungsloſigkeit herabdrücken und ſo die Macht des Geldes vollkommen brechen müſſe.

Der Radikalismus dieſer Forderungen begreift ſich nur, wenn man dieſelben als Ausfluß einer allumfaſſenden ſozial=ökonomiſchen Geſamtanſchauung auffaßt, welche ſtets das Ideal eines von dem Beſtehenden mehr oder minder weit entfernten, wahrhaft guten und gerechten Zuſtandes der Geſellſchaft im Auge hatte, welche, wenn nicht den Menſchen überhaupt, ſo doch wenigſtens die Mitglieder des bürgerlichen Gemeinweſens grundſätzlich in eine andere Stellung zur Außenwelt und zum materiellen Güterleben zu bringen wünſchte, als es in der Wirklichkeit der Fall war.

Es iſt mit einem Worte der „ſozialiſtiſche"[1] Charakter dieſer Sozialphiloſophie, welcher in den genannten Forderungen ſeinen

---

[1] Sozialiſtiſch in dem ſpezielleren Sinne des modernen extremen Sozialismus, wie er beſonders in Frankreich und Deutſchland zur Ausbildung gelangt iſt.

Ausdruck findet. Daher tritt auch bereits hier diejenige Theorie, welche an der Wiege des modernen Sozialismus stand und sich Hand in Hand mit demselben entwickelt hat, die heute in Angriff und Abwehr bei dem Streit um die Organisation der Volkswirt= schaft vor allem in Frage kommt: die Kapitalzinstheorie so bedeut= sam in den Vordergrund.

Zwar richtet sich bei Plato — wenigstens seitdem er auf den Kommunismus verzichten gelernt hatte — sowie bei Aristoteles der Angriff nicht wie bei dem modernen Sozialismus gegen die Kapital= rente in jeder Gestalt, insbesondere nicht gegen das unbewegliche Kapital und die Grundrente. Wenn das Bürgertum des plato= nischen Gesetzesstaates und des aristotelischen besten Staates von wirtschaftlicher Arbeit und wirtschaftlichen Sorgen frei nur der sittlichen und geistlichen Entfaltung der Persönlichkeit und dem Dienste des Staates leben, und wenn die Existenz dieses Bürger= tums auf den Grundbesitz basiert werden sollte, so war die An= erkennung der Grundrente ja unvermeidlich. Andererseits ist diesem antiken Sozialismus in Beziehung auf den Darlehenszins die Unter= scheidung fremd, die der moderne Sozialismus macht, indem der= selbe die Leihzinsen nur den Arbeitern gegenüber, „auf deren Kosten sie in letzter Linie bezahlt werden", für unrechtmäßig erklärt, nicht auch den Unternehmern gegenüber, die sie zahlen. Denn dort handelte es sich nicht um die Idee einer Emanzipation der Arbeit vom Kapital, um die Herstellung der „Identität von Arbeiter und Kapitalist" durch die Unentgeltlichkeit des Kredites im Sinne Proudhons; im Gegenteil das gesellschaftliche Ideal, welches dort vorschwebte, setzte gerade die Abhängigkeit der wirtschaftlichen Arbeit voraus.

Allein so bedeutsam dieser Unterschied ist, eine gewisse Analogie beider Erscheinungen ist doch unverkennbar. Wie die moderne sozialistische Kritik des Kapitalzinses der sogenannten Pro= duktivitätstheorie die Ausbeutungstheorie entgegenstellt, nach welcher ein Teil der Gesellschaft, die Kapitalisten, sich drohnenartig einen Teil vom Werte des Produktes aneignet, das der andere Teil der

16*

Gesellschaft, die Arbeiter allein hervorgebracht haben, so setzt auch der antike Sozialismus wenigstens in Beziehung auf das Geld= kapital und auf den Darlehenszins in ganz ähnlicher Weise dem Begriff der Produktivität des Kapitals den der Ausbeutung ent= gegen. Ja der Leihzins ist ihm unter allen Umständen nicht bloß gegenüber der Arbeit eine natur= und rechtswidrige Ausbeutung des Mitmenschen.

Auch die allgemeine Tendenz der Angriffe gegen den Leih= zins und das Geldwesen, gegen Zwischenhandel und freie Konkur= renz, der Widerwille gegen die geldoligarchische Entwicklung der Gesellschaft, gegen die Konzentrierung des Besitzes überhaupt be= gegnet sich mit den antikapitalistischen Grundanschauungen des modernen Sozialismus.[1]) Diese Tendenz ist eine so mächtige, daß Plato und Aristoteles mit ihren Forderungen der Konzentrierung des Kapitals auf allen Gebieten des Wirtschaftslebens entgegentreten und daher auch die Grundeigentumsverhältnisse einer mehr oder minder radikalen Umgestaltung im Sinne wirtschaftlicher Ausglei= chung unterworfen wissen wollen.

Von der Art und Weise, wie Aristoteles den Umschlag des „Hausvermögens" in spekulatives Kapital, des Gütererwerbs in die Spekulation auf den Geldprofit (Zins) analisiert, hat Schäffle ausdrücklich anerkannt, daß sie „im Kern die ganze moderne Kritik des Kapitals" d. h. die negative Arbeit der sozialistischen Theorien enthalte,[2]) insbesondere sei die Marx'sche Werttheorie

---

[1]) Unmittelbar mit den geschilderten Angriffen auf den χρηματισμός und Handel berührt sich z. B. Fourier, wenn er den Vorwurf gegen seine Zeit erhebt, daß in der jetzigen Phase der Zivilisation der Handelsgeist die Politik dominiere und regiere; daß die Kaufleute in der sozialen Ordnung nichts seien als eine Truppe vereinigter Piraten, welche in jeder Beziehung den sozialen Körper knechten. — Ähnlich spricht auch Marx von der „mo= dernen Schacherwelt". Vgl. Adler: Die Grundlagen der Marxischen Kritik der bestehenden Volkswirtschaft 215, 246. — Überhaupt ist ja die Abneigung gegen die „Zwischenpersonen" (intermédiaires) ein durchgehender Zug im Sozialismus.

[2]) Bau und Leben des sozialen Körpers I, 256.

im letzten Grunde eine Entlehnung aus der Wucherkritik des Ari=
stoteles.[1)

Es ist daher durchaus zutreffend, wenn der Sozialist Rob=
bertus die aristotelische Kritik der „Chrematistik" jener Zeit mit der
modernen Reaktion gegen die von Robbertus sogen. „Kapitalistik"
der Gegenwart vergleicht,[2)] zu welcher der Sozialismus den ersten
Anstoß gegeben. In der That liest es sich wie eine einfache Um=
schreibung der Anklagen des Stagiriten gegen die fieberhafte Geld=
spekulation seiner Zeit, wenn Robbertus das prophetische Wort
ausspricht: „Nachdem erst auf wirtschaftlichem Gebiet alles als
Kapital behandelt worden, was und bloß weil es für Geld feil ist,
so wird auch bald alles, was überhaupt für Geld feil ist, als
Kapital dienen, auch das, was immerdar weit über das wirtschaft=
liche Gebiet hinausfallen sollte. Macht heute nicht das Gründungs=

[1)] Die Bekämpfung der Sozialdemokratie ohne Ausnahmegesetz. Tüb.
Ztschr. f. d. g. Stw. 1890 S. 213.

[2)] Allerdings einigermaßen in Widerspruch mit seiner Gesamtansicht
von der antiken Volkswirtschaft, der nach Robbertus der „heutige Gegensatz
von Grundbesitz und Kapitalbesitz, von Grund= und Kapitalrente gefehlt haben
soll, weil es vom Grundbesitz abgesondertes Fabrikationsgewerbe nur ganz
ausnahmsweise gegeben habe und daher der unbewegliche und bewegliche Besitz
noch in dem einheitlichen „Oikenvermögen" vereinigt gewesen, demselben also
auch ungeteilt die gesamte Rente zugefallen sei. Untersuchungen auf dem
Gebiete der Nationalökonomie des klass. Altertums, Jahrb. f. Nationalök.
IV, 344 ff. Versuch, die Höhe des antiken Zinsfußes zu erklären, ebb. N. F.
VIII, 520 ff.

Würde der Grundbesitz selbst in den fortgeschrittensten Industrie= und
Handelsstaaten der hellenischen Welt diese absolut dominierende Stellung ein=
genommen haben, hätten „fast alle produktiven Kapitalanlagen mehr oder
weniger die Natur von Fixierungen im Boden" gehabt, so müßte man aller=
dings die Stellung der aristotelischen Zinslehre zur Wirklichkeit ähnlich be=
urteilen, wie die des kanonischen Wucherverbotes im früheren Mittelalter.
Allein die genannte Ansicht, die ja allerdings einen richtigen Kern hat, ist
doch stark übertrieben und Robbertus selbst äußert sich an der u. gen. Stelle
über Aristoteles dahin, daß „das Geld in dessen Zeit diesen einheit=
lichen Besitz zersetzt und aufgelöst und durch die Chrematistik
verdrängt habe!

fieber auch schon Ehre und Amt zu Kapital? So ist heute die
Kapitalistik zugleich die Passion der Zeit und unsere Zeitkrankheit
geworden, die auch in die bitterste Passionsgeschichte auslaufen
wird." [1]) —

„Wenn sie," sagt Aristoteles von seinen Zeitgenossen, „ihren
Zweck nicht durch die geschäftliche Spekulation selbst erreichen können,
so jagen sie ihm auf anderen Wegen nach und wenden alle Künste
und Talente ihrer natürlichen Bestimmung entgegen zu diesem
Zwecke an. Denn die Tapferkeit ist nicht dazu da, um Geld zu
erzeugen, sondern Heldenmut, und die Kriegs= und Heilkunst hat
gleichfalls nicht jene Bestimmung, sondern die erstere will den Sieg,
letztere die Gesundheit verschaffen. Was aber machen sie aus alle=
dem? Eine Geldspekulation, als wäre das Geld das Ziel und
der Zweck von allem. [2]) —

Wir haben damit einen Punkt berührt, der von neuem zeigt,
daß auch der antike Sozialismus trotz aller Verirrungen und Ein=
seitigkeiten einen tiefberechtigten Kern, unleugbare Wahrheiten von
ewiger Gültigkeit enthält.

Es ist das unsterbliche Verdienst der hellenischen Sozialtheorie,
für alle Zukunft den Nachweis erbracht zu haben, daß das Glück
der Völker nicht bloß von der Erzeugung einer möglichst großen
Masse von Gütern, sondern in gleichem, wenn nicht höherem Grade
von der Art und Weise der Verteilung derselben abhängt. Wenn
man sich den einseitigen Produktions= ja Produzentenstandpunkt ver=
gegenwärtigt, der für die neuere Nationalökonomie bis tief in unser
Jahrhundert hinein maßgebend war, so wird man eine gewisse Be=
schämung empfinden angesichts der hohen geistigen und sittlichen
Energie, mit welcher hellenische Denker die Frage nach den volks=
wirtschaftlichen und sozial=ethischen Wirkungen der verschiedenen

---

[1]) Zur Erklärung und Abhilfe der heutigen Kreditnot des Grund=
besitzes II ² 273 ff. vgl. die Vorrede VI ff. Dazu R. Meyers Berliner Revue
1872 289 f.

[2]) I, 3, 19 f. 1258a: Οἱ δὲ πάσας ποιοῦσι χρηματιστικάς, ὡς τοῦτο
τέλος ὄν, πρὸς δὲ τὸ τέλος ἅπαντα δέον ἀπαντᾶν.

Formen der Einkommens- und Vermögensverteilung, die Frage nach der wünschenswerten Verteilung überhaupt, nach dem Ziel, welches in dieser Hinsicht erstrebt werden soll, in den Vordergrund gerückt und zu lösen versucht haben.

Hier findet sich zum erstenmale jene scharfe prinzipielle Erörterung des Verteilungsproblems, der sich gerade die Gegenwart immer weniger wird entziehen können. Hier wird zum erstenmale mit aller Entschiedenheit für die Wissenschaft das Recht in Anspruch genommen, ein ideales — wenn auch durch Zeit und Volk bedingtes — Ziel für die Entwicklung der Vermögens- und Einkommensverteilung aufzustellen. Und wenn ein moderner Sozialtheoretiker von diesem Standpunkt aus als Ideal volkswirtschaftlicher Verteilung der Güter diejenige bezeichnet, welche die an Vervollkommnung der Gesellschaft fruchtbarste ist, bei welcher die Gemeinschaft zum höchsten Maße der Gesittung und hiedurch zum höchsten Maße aller wahrhaft menschlichen Befriedigungen zu gelangen vermag, — worin unterscheidet sich diese Formulierung des Postulates prinzipiell von der Art und Weise, wie die hellenische Soziallehre den Begriff des εὖ ζῆν als Maßstab für die Beurteilung der staatlichen Thätigkeit auf dem Gebiete der Güterverteilung hinstellt?

Nicht anders ist es mit dem Kampf gegen die einseitig individualistische, den Zusammenhang mit dem Ganzen und die Pflichten gegenüber dem Ganzen ignorierende Auffassung des Eigentumsbegriffes, welche dem Einzelnen das absolut zuspricht und zu sichern verlangt, was er gerade besitzt. Einer der hervorragendsten Rechtslehrer unserer Zeit, ein Mann, der durch die streng individualistische Schule des römischen Rechts hindurchgegangen ist, sieht „eine Zeit kommen, wo das Eigentum eine andere Gestalt an sich tragen wird, als heute, wo die Gesellschaft das angebliche Recht des Eigentümers, von den Gütern dieser Welt beliebig viel zusammenzuscharren, ebensowenig anerkennen wird, als das Recht des altrömischen Familienvaters über Tod und Leben seiner Kinder, als das Fehderecht und den Straßenraub des Ritters, als das

Strandrecht des Mittelalters."[1]) Demgemäß verlangt Jhering vom Staate, daß derselbe „auf das Privateigentum einen Druck ausübe, welcher dem Übermaß seiner Anhäufung auf einzelnen Punkten vor= beugt und die Möglichkeit schafft, den Druck auf andere Teile des sozialen Körpers zu verringern, eine den Interessen der Gesellschaft mehr entsprechende d. h. gerechtere Verteilung der Güter herbei= zuführen, als sie unter dem Einfluß eines Eigentums herbeigeführt worden ist und möglich war, welches, wenn man es beim rechten Namen nennt, Unersättlichkeit des Egoismus ist."[2]) Und in dem= selben Gedanken begegnet sich mit dem deutschen Romanisten der bekannte amerikanische Publizist Michaelis, dessen Schrift gegen Bellamys Zukunftsstaat gerade von der manchesterlichen Presse dies= seits und jenseits des Ozeans mit Jubel aufgenommen wurde, ob= wohl auch sie zu Forderungen kommt, welche der doktrinäre Libe= ralismus ohne weiteres als „sozialistisch" verwirft.

Welch ein Zeichen der Zeit! Selbst dieser warme Vertei= diger des freien Wettbewerbs sieht sich genötigt, „gegen die Monopolwirtschaft, welche die Anhäufung riesenhafter Reichtümer ermöglicht," die Staatsgewalt in die Schranken zu rufen. Er be= zeichnet — ganz im Sinne der aristotelischen Gerechtigkeitsidee — die Bildung von trusts d. h. jede Vereinigung zum Zwecke un= verhältnismäßiger Steigerung der Warenpreise als einen Raubver= such, gegen den das Volk durch die Gesetze geschützt werde müsse.[3]) Er verlangt ferner einschneidende Maßregeln der staatlichen und internationalen Gesetzgebung zur Bekämpfung der übermäßigen An= häufung des mobilen Kapitals, wie des Grundbesitzes in einzelnen Händen.[4])

---

[1]) Jhering: Der Zweck im Recht I, 519.

[2]) Ebd. 521.

[3]) Ein Blick in die Zukunft S. 83. (Reclam.)

[4]) 93 ff. Michaelis berührt sich hier direkt mit der historisch=ethischen Richtung der deutschen Nationalökonomie, deren Führer Schmoller ebenfalls durch maßvolle progressive Einkommens= und Erbschaftssteuern die Anhäu= fung übergroßer Reichtümer beschränkt wissen will. (Grundfragen 95.)

So kehrt die moderne Welt von den verschiedensten Ausgangspunkten her zu dem Grundgedanken der hellenischen Sozialphilosophie zurück, daß die keine Grenzen kennende Pleonexie der
Individuen ihre prinzipiellen Schranken in den Forderungen des
gemeinsamen Wohles aller finden müsse. Mit unwiderstehlicher
Gewalt beginnt sich von neuem die Erkenntnis Bahn zu brechen,
daß der Staat als das Organ der Gesamtheit berufen ist, einer
der nationalen Wohlfahrt und Sittlichkeit schädlichen Gestaltung der
Einkommens- und Besitzverhältnisse mit seiner Zwangsgewalt und
durch Reformen des Rechtes, insbesondere des Privatrechtes entgegenzuarbeiten.

Auch in Beziehung auf die ethische Auffassung des Güterlebens treten in der sozialpolitischen Litteratur der Gegenwart
— hervorgerufen durch analoge gesellschaftliche Mißstände — Anschauungen hervor, die sich mit antiken Lebensidealen nahe berühren.

Wenn es gilt, der Hast und Gier des Erwerbslebens der
Gegenwart, dem alles in seinen Strudel hineinziehenden Kampf um
die Befriedigung endlos gesteigerter Bedürfnisse eine höhere menschenwürdigere Lebensansicht und Lebenspraxis entgegenzustellen, werden
wir da nicht von selbst auf einen der grundlegenden Gedanken der
sozialen Ethik der Hellenen hingewiesen, daß es ein gewisses Maß
gibt, welches in allen Dingen das Heilsamste ist, und daß der
wahre Lebensgenuß nicht von der Masse der befriedigten Bedürfnisse und der Schwierigkeit der Befriedigung abhängt, sondern von
jener reineren und edleren Gestaltung der Genüsse, zu welcher dem
modernen Menschen durch das beständige Hasten und Wühlen der
schrankenlosen Erwerbsucht Neigung und Fähigkeit mehr und mehr
verloren gehen?

Und wenn wir weiter fragen, wie wohl ein Umschwung von
dem ethischen Materialismus der Zeit zu einem gesunden Idealismus möglich wäre, hat die moderne Ethik darauf eine andere Antwort, als die Sozialphilosophie der Hellenen? Sie sieht genau wie
diese die Möglichkeit einer veränderten Geistesrichtung nur in einer

großartigen Belebung des Gemeinſinnes und in dem Zurücktreten
der überwuchernden Pleonexie.[1])

Sprechen doch am wenigſten die Erfahrungen der Gegenwart
für die ausſchließliche Geltung jenes Dogmas der neueren Volks-
wirtſchaftslehre, nach welchem das Wohlergehen des Menſchen am
beſten dadurch gefördert werden ſoll, daß man ihre Bedürfniſſe
ſteigert, weil ſo mehr produziert werde und die Menge der vorhandenen Werte zunehme. Vielmehr zeugt die ganze Phyſiognomie
unſerer modernen Geſellſchaft nur zu deutlich für die Richtigkeit der
antiken Lehre, daß das Glück in der verſtändigen Beſchränkung der
Bedürfniſſe zu ſuchen ſei, daß es ſich immer weiter zurückzieht, je
mehr der Kreis deſſen, was zum Leben begehrenswert erſcheint, ſich
erweitert.

Nichts könnte die genannte Anſchauung der helleniſchen Sozialphiloſophie glänzender beſtätigen, als die Schilderung eines modernen
Denkers, welchem ebenſo, wie für jene, alle ſozialen Fragen zugleich
ſittliche Fragen ſind, und der es verſteht, unſerer Zeit durch „ihr
oft ſo kummervolles Auge bis auf den Grund des Herzens"
zu ſehen.

„Inmitten des ungeheuerſten Aufſchwunges von Reichtum
und Macht — heißt es hier — ſieht man weder, daß die Haſt
und Gier des Erwerbes in den beſitzenden Klaſſen ſich auch nur im
mindeſten mäßige, noch die Befriedigung der unteren Volksklaſſen,
trotz großer, leicht ziffermäßig nachweisbarer Forſchritte in ihrer
allgemeinen Lebenslage ſich in kenntlichem Maße geſteigert habe.
Es iſt eine traurige aber allbekannte Wahrheit, daß unſere Zeit,
ausgerüſtet mit den ungeheuerſten Mitteln des Genuſſes, das wirkliche Genießen kaum verſteht, weil ſie alles von außen erwartet,
weil die Vorbereitungen zum Genuß ſo umſtändlich geworden ſind,
daß ſie immer ſchon drei Vtertel des Genuſſes ſelbſt verſchlingen,
und daß infolge deſſen das Eine Bedürfnis, möglichſt viel zu beſitzen, ſo überwiegend geworden iſt, daß auf dieſem Wege eine be-
ſtändige Steigerung der Gütererzeugung und der Mittel zum Ge-

---

[1]) Vgl. z. B. Lange: Geſchichte des Materialismus II,³ 460.

nuffe denkbar wird, ohne daß das Glück irgend eines Menschen dadurch wesentlich erhöht würde."

Ist diese Schilderung nicht ein frappantes Seitenstück zu dem Bilde, welches Plato im „Staate" von dem Fieberzustand der Gesellschaft (der πόλις φλεγμαίνουσα) entwirft, wie er nach seiner Ansicht sich aus dem Überhandnehmen künstlicher Bedürfnisse und aus der unersättlichen Bethätigung des Erwerbstriebes notwendig erzeugen muß und nach den Erfahrungen seiner, wie unserer Zeit thatsächlich erzeugt?

Es ist wahr, der ethische Idealismus Platos und Aristoteles' wird der Frage des wirtschaftlichen Fortschrittes nicht gerecht, aber diese Einseitigkeit ist nur die Kehrseite eines großen Vorzuges: der klaren Erkenntnis, daß auch diese Frage eben nur im engsten Zusammenhang mit den ethischen Fragen zu beurteilen ist.

Mußte nicht ferner diese analoge Beurteilung des Güterlebens überhaupt zu einer gewissen analogen Beurteilung der Güterproduktion insbesondere führen? In der That beginnt auch die moderne Wissenschaft sich darin wieder der antiken Sozialphilosophie zu nähern, daß sie bei der Frage nach der Höhe und Beschaffenheit der Produktion nicht mehr bloß von wirtschaftlich-technischen Gesichtspunkten ausgeht, sondern auch das ethische Interesse wieder zu seinem Rechte kommen läßt. Auch sie stellt wieder ein ideales Ziel der Produktion auf, indem sie eine solche Beschaffenheit derselben verlangt, welche für die Befriedigung der gerechtfertigten materiellen, geistigen und sittlichen Bedürfnisse des Volkes ausreicht d. h. sie weder unterschreitet, noch überschreitet.[2]) Wir erkennen es heutzutage als eine schwere Schädigung der wirtschaftlichen und idealen

---

[1]) Theobald Ziegler: Die soziale Frage eine sittliche Frage S. 30. Vgl. Wolf: Sozialismus und kapitalistische Gesellschaftsordnung S. 389: „Wir sind in das nervöse Zeitalter getreten. Der kleine Rest von Beschaulichkeit, den frühere Jahrhunderte uns überlieferten, ist preisgegeben. Fieberhaft jagen wir nach einem unfindbaren Glück — unfindbar, denn Glück ist bloß möglich in der Beschränkung, und diese ist uns unleidlich."

[2]) Adolf Wagner über „systematische Nationalökonomie" in den Jahrb. f. Nat. u. Stat. 1886 S. 238.

Interessen des ganzen Volkes, wenn die ungleiche Verteilung des
Volkseinkommens hauptsächlich zur reichlicheren und üppigeren Befriedigung der materiellen Bedürfnisse der besser Situierten führt.
Wir verwerfen einen Luxus, der die höheren Klassen selbst physisch
und sittlich schädigt, den Neid der niederen immer mehr aufstachelt
und zu einer ungünstigen Richtung der ganzen Güterproduktion
(Luxusgüter für die Reichen, statt Massengüter für alle) führt und
der, abgesehen vom Kunstluxus, kein Kulturinteresse des Volkes
fördert. Auch wir beginnen einzusehen, daß, wenn es soweit gekommen ist, die Gesetzgebung eine gewisse Ausgleichung in der Verteilung des Volkseinkommens ins Auge fassen müsse.[1]

Man sieht: es ist prinzipiell derselbe Gesichtspunkt, nach welchem bereits Plato die Produktion beurteilt hat, wenn er auch über
die Mittel zur Erreichung jenes idealen Zieles, über das, was
als gerechtfertigtes Bedürfnis anzuerkennen sei, teilweise anderer
Meinung war.

Nun könnte es allerdings scheinen, als ob Plato in einer
nicht minder wichtigen Frage, nämlich in der Beurteilung des wirtschaftenden Menschen von unserer heutigen Auffassung um so
weiter entfernt sei.

Für Plato erschien das thatsächliche wirtschaftliche Arbeitsleben wenigstens in Handel und Gewerbe ausschließlich von egoistischen Triebfedern beherrscht. Die Selbstsucht soll das große
Triebrad der Volkswirtschaft sein, das rücksichtslos verfolgte Eigen-
interesse, die nimmer rastende Gier nach Gewinn und Genuß, das
ganze Sinnen und Denken des wirtschaftenden Menschen gefangen
halten.

Allein so einseitig diese Auffassung ist, sie ist es doch bei
weitem nicht in dem Grade, wie die scheinbar gleichartige, aber
innerlich grundverschiedene Beurteilung des Wirtschaftslebens, welche
sich bei den modernen Doktrinären des Individualismus seit Bayle
und Mandeville und im extremen Manchestertum findet. Dieselbe

---

[1] So z. B. Wagner: Grundlegung I,[2] 152.

Beobachtung, welche den antiken Denker mit Trauer und Abneigung erfüllt, wird hier mit Befriedigung zur Grundlage der ganzen Wirtschafts- und Soziallehre gemacht. Es wird nicht nur als eine naturgemäße, sondern als eine für Staat und Gesellschaft geradezu wohlthätige, für den Fortschritt unentbehrliche Thatsache hingestellt, daß auf dem wirtschaftlichen Gebiet der Egoismus und zwar der Egoismus allein das maßgebende Motiv, der eigentliche seelische Motor ist. Das ganze menschliche Dasein wird grundsätzlich in zwei streng gesonderte Lebenssphären zerrissen, eine für das Handeln nach Interessen, eine andere für die Übung der Tugend.

Diese Auffassung, für welche von Rechtswegen Sittlichkeit und „Brüderlichkeit erst da beginnt, wo das Wirtschaften und der Staat aufhört,"[1] konnte unmöglich diejenige von Männern sein, welchen schon die Konsequenzen der politischen Souveränität der gewerbetreibenden Klassen die klare Erkenntnis der Gefahren aufdrängen mußten, mit welchen der wirtschaftliche Egoismus das ganze Volks- und Staatsleben bedrohte.

In der That sehen wir, wie trotz der pessimistischen Beurteilung des wirtschaftlichen Arbeitslebens, zu welcher der hochgespannte Tugendbegriff des ethischen Idealismus und das schmerzlich empfundene Mißverhältnis zwischen der damaligen politischen Machtstellung des Gewerbestandes und seiner moralischen, wie intellektuellen Befähigung ja notwendig führen mußte, bei Plato dennoch die Erkenntnis durchbricht, daß auch das ökonomische Leben sich bis zu einem gewissen Grade mit sittlichen Empfindungen erfüllen könne und müsse. Dem rein ökonomischen Arbeitsbegriff, der in der Wirklichkeit als ausschließlich herrschend angenommen wird, wird als sittliches Soll, als Ideal das Prinzip der Arbeit im sozial-ethischen Sinne gegenübergestellt. Es wird gezeigt, wie auch die wirtschaftliche Arbeit wahrhaft geadelt werden könnte, wenn sie nicht bloß als Mittel zur Befriedigung des wirtschaftlichen Egoismus ausgebeutet, sondern im Geiste vernünftig-sittlicher Selbst-

---

[1] Äußerung von Schulze-Delitzsch: Kapitel zu einem Arbeiterkatechismus S. 91.

beschränkung und in dem Bewußtsein geübt würde, daß sie zugleich
eine in den notwendigen Bedürfnissen der Menschen begründete
soziale Dienstleistung ist ($τ\tilde{\eta}$ $τ\tilde{\eta}ς$ $ἀπορίας$ $ἐπικουρήσει$ $παρεσ$-
$κευακός$).[1]

Plato ist der Ansicht, daß selbst die durch den Mißbrauch
verächtlich gewordenen Berufsarten, wie z. B. Kramhandel u. dgl.
von wahrhaft sittlichen Menschen in tadelloser Weise betrieben sich
der vollsten Sympathie und Wertschätzung erfreuen wür=
den, daß man sie wie eine Mutter und Pflegeamme in Ehren
halten würde.[2] Denn warum sollte man nicht jeden, der mit
redlicher Arbeit zur Befriedigung der allgemeinen Bedürfnisse bei-
trägt, als einen „Wohlthäter" anerkennen, der fortwährend dem
Volke und dem Lande Dienste leistet?

Es ist die Idee eines sozialen Dienstpostens, eines volks=
wirtschaftlichen Beamtentums, wie sie neuerdings wieder von Rod=
bertus, Jhering u. a. aufgestellt worden ist, welche uns bereits hier
vollkommen klar ausgesprochen entgegentritt. Zwar ist für Plato
diese Auffassung der wirtschaftlichen Arbeit eben nur ein Jdeal,
auf dessen Realisierung er wenigstens in dem letzten Stadium seines
wirtschaftstheoretischen Denkens verzichtet, weil eine solche Jdealität
der Gesinnung nur von außergewöhnlich guter Charakteranlage und
sorgfältiger Erziehung zu erwarten sei und der großen Masse ewig
fremd bleiben werde.[4] Allein er hält doch selbst hier noch eine

---

[1] Leg. 919 b. Es ist also unrichtig, wenn Hildenbrand (Rechts=
und Staatsphil. I 159) meint, Plato habe „nirgends den Gedanken erfaßt, daß
auch in der niedrigsten Beschäftigung und in der Herrschaft über den toten
sachlichen Stoff des Vermögens der Adel des menschlichen Geistes sich offen=
baren könne."

[2] 918e: . . . $εἰ$ $κατὰ$ $λόγον$ $ἀδιάφθορον$ $γίγνοιτο$, $ἐν$ $μητρὸς$ $ἂν$
$καὶ$ $τροφοῦ$ $σχήματι$ $τιμῷτο$ $τὰ$ $τοιαῦτα$ $πάντα$.

[3] 918b: $πῶς$ $γὰρ$ $οὐκ$ $εὐεργέτης$ $πᾶς$, $ὃς$ $ἂν$ $οὐσίαν$ $χρημάτων$
$ὡντινωνοῦν$ $ἀσύμμετρον$ $οὖσαν$ $καὶ$ $ἀνώμαλον$ $ὁμαλήν$ $τε$ $καὶ$ $σύμμετρον$
$ἀπεργάζηται$; cf. 910e: $οὗτοι$ $δὴ$ $πάντες$ $χώραν$ $καὶ$ $δῆμον$ $θεραπεύοντες$
$διατελοῦσιν$.

[4] 918 d.

„wenn nicht vollständige so doch wenigstens teilweise Heilung" für möglich[1]) und sieht in der Fürsorge für die sittliche Gesundung des wirtschaftlichen Verkehrs und Arbeitslebens, für die Moralität der wirtschaftlich arbeitenden Volksklassen eine der wichtigsten Aufgaben der staatlichen Gemeinschaft,[2]) der sie sich trotz der Größe und Schwierigkeit derselben[3]) nicht entziehen kann und darf.

So treten uns auch hier Ideen entgegen, deren unverlierbarer Wert nicht zu verkennen ist, wenn sie auch andererseits mit An= schauungen verquickt sind, die ihre Bedeutung wieder einschränken. Man fragt ja mit Recht: Wie konnte die Versittlichung des Arbeits= lebens, die Schätzung der Arbeit Fortschritte machen, solange die auch von Plato wenigstens nicht prinzipiell mißbilligte unfreie Arbeit fort und fort ihre entsittlichenden Wirkungen zu äußern und dem Geiste des wirtschaftlichen Egoismus stets neue Nahrung zu= zuführen vermochte? Sehen wir aber von solch unvermeidlichen in Zeitanschauungen wurzelnden Einseitigkeiten ab, so müssen wir auch für dieses Gebiet zugeben, daß es wahre Aufgaben der menschlichen Gesellschaft sind, die hier erkannt werden.

Wie nahe sich antikes und modernes Denken gerade auf diesem Gebiete berühren, zeigt recht deutlich die Idee des sozialen Menschen, wie sie die aristotelische Ethik formuliert hat, die aristo= telische Forderung eines stetigen Zusammenwirkens des Gemein= sinnes mit dem Selbstinteresse zur Verwirklichung der verteilenden und ausgleichenden Gerechtigkeit.

Schon die Art und Weise, wie Adam Smith in den Mittel= punkt seiner Theorie der moralischen Gefühle das Sympathieprinzip

---

[1]) 918 c: ἴδωμεν, ἵν' εἰ μὴ καὶ τὸ ὅλον, ἀλλ' οὖν μέρη γε ἐξ-ιασώμεθα νόμῳ.

[2]) Es ist die Aufgabe, τοῖς μετασχοῦσι τούτων τῶν ἐπιτηδευμάτων εὑρεῖν μηχανὴν, ὅπως ἤθη μὴ ἀνέδην ἀναισχυντίας τε καὶ ἀνελευθέρου ψυχῆς μέτοχα συμβήσεται γίγνεσθαι ῥᾳδίως. 919 c. cf. 920 a: ὅπως ὡς ἄριστος ἢ καὶ κακὸς ὡς ἥκιστα ὁ τοιοῦτος ἡμῖν ἢ ξύνοικος ἐν τῇ πόλει κτλ.

[3]) 919 c: πρᾶγμ' ἔσθ', ὡς ἔοικεν, οὐ φαῦλον, οὐδὲ σμικρᾶς δε-όμενον ἀρετῆς.

stellt, wie er hier und in der politischen Ökonomie die Selbstsucht (selfishness) durch die Wirksamkeit der sozialen Triebe eingedämmt wissen will und prinzipiell nur ein solches Maß von Selbstinteresse anerkennt, welches sich innerhalb der Schranken der Gerechtigkeit hält, die Forderung endlich einer harmonischen Ausgleichung der Gefühle und Leidenschaften durch die Überwindung unserer selbstsüchtigen und die Ausbildung unserer wohlwollenden Gefühle, [1] all das läßt in den sozialethischen Grundfragen eine gewisse Ideenverwandtschaft mit der geschilderten aristotelischen Sozialphilosophie erkennen, so weit auch im übrigen und zwar gerade in der politischen Ökonomie die Standpunkte auseinandergehen.

Ungleich inniger freilich ist die Verwandtschaft mit der modernen ethischen Richtung der Nationalökonomie. Es ist ganz aristotelisch gedacht, wenn v. Thünen und Knies die Rücksichtnahme der wirtschaftlich thätigen Einzelpersonen (nicht bloß auf ihren eigenen Vorteil, sondern auch) auf das wirtschaftliche Interesse „anderer Leute" fordern, und wenn dann Knies den Satz aufstellt: „Daß irgend ein höheres Maß wirtschaftlicher Güter auf den Wegen der Selbstsucht, des gegen den Nächsten und das Gemeinwesen rücksichtslosen Eigennutzes von den Einzelnen gewonnen wird, steht im Widerspruch mit dem materiellen und sittlichen Wohle aller Einzelnen, mit dem Gemeinwohl, ja mit dem sittlichen Wohle des Erwerbenden selbst." [2] Wenn ferner A. Wagner meint: „Die Beweggründe individuellen wirtschaftlichen Vorteiles sind wenigstens möglichst zu verbinden mit und zu ersetzen durch altruistische Beweggründe, und das, was in dieser Hinsicht der Einzelne und eine Verkehrsgesellschaft erreicht, bildet den Maßstab ihres sittlichen Wertes und ihrer wahren Kulturhöhe;" [3] — so entspricht das genau dem von der aristotelischen Ethik aufgestellten Ideal. Dasselbe gilt für den Führer der histo-

---

[1] Vgl. Hasbach: Die allgemeine philos. Grundlagen der von François Quesnay und Adam Smith begründeten politischen Ökonomie S. 114 f. und desselben Untersuchungen über Adam Smith S. 54 ff.

[2] Politische Ökonomie vom gesch. Standpunkt (2) 238 f.

[3] Jahrb. f. Nationalök. u. Stat. 1886. S. 230.

rischen Schule, für Schmoller, für welchen es ebenfalls die „ent=
scheidende Frage" ist, wie und in welchem Maße „der Trieb, alles
auf die eigene Person und ihre Förderung zu beziehen, sich mit
sittlichen und rechtlichen Vorstellungen durchsetzt und getränkt hat."[1]

Auch ist diese vielfache Berührung antiken und modernen
Denkens keineswegs eine zufällige. Allerdings erklärt sich dieselbe
vor allem daraus, daß es bis zu einem gewisse Grade analoge
Übelstände des Volkslebens waren, welche hier, wie dort eine höhere
sozial=ethische Auffassung des Güterlebens, eine tiefere Anschauung
von Wesen und Beruf des Staates, eine gesteigerte Empfänglichkeit
für soziale Gerechtigkeit hervorriefen. Allein gleichzeitig besteht doch
ein unmittelbarer bewußter Zusammenhang.

So wahr das Wort auch ist, daß der soziale Jammer die
Volkswirtschaftslehre der Ethik wieder in die Arme geführt hat, so
darf doch andererseits nicht vergessen werden, daß es eine auf
humanistischer Grundlage erwachsene Wissenschaft war, welche sich
zum Träger dieses gewaltigen Umschwunges des modernen Geistes=
lebens gemacht hat; und es wird in der That in einem der grund=
legenden Werke der historischen Schule der Nationalökonomie aus=
drücklich anerkannt, daß wir hier zugleich das Ergebnis einer Be=
fruchtung der modernen Wissenschaft durch altklassische Anschauungen
vor uns haben.[2]

Schon bei einem der ersten großen Vorkämpfer gegen die
einseitig=individualistische Auffassung ökonomischer Phänomene, bei
Sismondi, tritt dieser Zusammenhang klar hervor. Er knüpft seine
Polemik gegen die sience de l'accroissement des richesses un=
mittelbar an die sozialpolitischen Erörterungen an, welche Aristoteles
in der Politik der Chrematistik gewidmet hat.[3] Und ganz in dem=
selben Sinne hat unter den Deutschen schon im Jahre 1849 Roscher

---

[1] Grundfragen S. 57.
[2] Knies a. a. O. 438.
[3] Études s. l. écon. pol. I, 3. Vgl. Elster: Simonde de Sismondi.
Ein Beitrag zur Geschichte der Volkswirtschaft. Jahrb. f. Nationalökonomie
und Stat. N. F. XIV 321 ff.

in seiner schönen Abhandlung über das Verhältnis der National=
ökonomie zum klassischen Altertum der herrschenden Zeitdoktrin die
politische Ökonomie der Griechen gegenübergestellt, weil dieselbe nie=
mals den großen Fehler begangen habe, über dem Reichtum der
Menschen zu vergessen.[1])

Ihm folgt Robbertus mit der Forderung, daß wir unsere
Politik wieder etwas mehr mit antikem Geiste erfüllen sollten,[2])
und Lorenz von Stein, der aus dem Studium der antiken Staats=
wissenschaft die Überzeugung geschöpft hat, daß wir, indem wir
durchforschen, was die Alten gewesen und gethan, „uns gleichsam
selbst zum zweitenmal erleben."[3]) Im Hinblick auf den noch immer
nicht überwundenen einseitigen Individualismus der modernen Staats=
auffassung erklärt es Adolf Wagner von jedem politischen Stand=
punkte aus für unvermeidlich, wieder an antike Anschauungen an=
zuknüpfen. Für die Nationalökonomie, welche dies viel zu sehr aus
den Augen verloren habe, sind nach Wagners Ansicht die grund=
legenden Sätze des Aristoteles über den Charakter des Staates
sämtlich auch Fundamentalprinzipien für die Volkswirtschaftslehre.[4])
Endlich hat — wie im Anfang des Jahrhunderts Sismondis
Theorie vom Reichtum auf Aristoteles hinweist — in der Gegen=
wart Schmoller seine Lehre von der Verteilung des Einkommens
nach dem Verdienst durch den Hinweis darauf unterstützt, daß er
damit nur eine Theorie wiederhole, die bereits Aristoteles in seiner
Ethik aufgestellt.[5]) Schon bewegt sich ja auch unsere moderne
Gesetzgebung genau in derselben Richtung. Ist es nicht eine An=
näherung an das aristotelische Ideal der verteilenden und aus=
gleichenden Gerechtigkeit im Verkehr, wenn Dank dieser Gesetzgebung

---

[1]) Ansichten der Volkswirtschaft aus dem geschichtlichen Standpunkt
I(²) 7.

[2]) Zur Erklärung u. Abhilfe der heutigen Kreditnot des Grundbesitzes
II(²) 370.

[3]) Die drei Fragen des Grundbesitzes und seine Zukunft. S. 14.

[4]) Grundlegung der politischen Ökonomie I³ 859.

[5]) A. a. O. S. 61.

der Kreis von Individuen, auf welche der wirtschaftende Mensch Rücksicht zu nehmen hat, in beständigem Wachsen begriffen ist?

Doch sehen wir von den einzelnen Problemen ab und halten uns an die Auffassungsweise des hellenischen Sozialismus im Allgemeinen.

Müssen wir nicht auch da trotz aller Verirrungen eines abstrakten und ideologischen Dogmatismus anerkennen, daß in der ganzen Art und Weise, wie hier die Dinge angeschaut werden, ein Fortschritt von größter Bedeutung lag, der Ergebnisse von bleibendem Werte zeitigte und so ebenfalls bis auf die Gegenwart herunter nachzuwirken vermochte?

Die Kritik, welche der hellenische Sozialismus an der Wirklichkeit übte, ist nicht bloß eine Kritik der ökonomischen Verhältnisse, sondern eben so sehr auch der moralischen, geistigen, politischen Zustände des Volkes. Da diesem Sozialismus von Anfang an die Idee einer Umbildung des gesamten Lebens des Volkes vorschwebte, so gab es ja von vornherein kaum ein Gebiet, welches er nicht in das Bereich seiner reformatorischen Gedanken gezogen hätte. Das wirtschaftliche Güterleben und die auf der Verteilung der Güter beruhende Ordnung der Gesellschaft wird von diesem umfassenden Standpunkt aus Gegenstand einer Betrachtungsweise, welcher sich die Sozialwissenschaft niemals hätte entfremden sollen, und welche ja gerade die Gegenwart wieder zur ihrigen gemacht hat.

Die hellenische Staatslehre hat für alle Zukunft gezeigt, daß für die Realisierung der Ideen, welche in Staat und Recht zur Verwirklichung zu gelangen suchen, nicht bloß das System der politischen Institutionen, die Ordnung und Verteilung der staatlichen Gewalten von Bedeutung ist, sondern noch mehr die Welt der Güter und Interessen, jener gewaltigen bei der Gestaltung aller menschlichen Dinge mitwirkenden Faktoren, die durch ihre Macht über den Einzelnen auch auf die Gesellschaft mit elementarer Kraft zu wirken vermögen. Zum erstenmale tritt uns hier in der Geschichte der politischen Wissenschaften ein tieferes Verständnis für

17*

die Natur der gesellschaftlichen Gegensätze und für die Gefahren
entgegen, mit welchen das wirtschaftliche Güterleben und die Ver=
teilung des Besitzes das Edelste im Menschen, die höchsten Kultur=
interessen der Gesamtheit bedroht.

Wie hoch steht die hellenische Staatslehre mit dieser Erkennt=
nis über jenem Doktrinarismus, der Staat und Volk nur als eine
Summe von Individuen zu denken vermag und über dem aus=
schließlichen Gegensatz von Individuum und Staat jene wichtige
zwischen dem Leben des Einzelnen und dem des Staates in der
Mitte liegende Sphäre übersieht, die wir Gesellschaft nennen. Durch
ihre Analyse der sozialen Erscheinungen hat die hellenische Staats=
lehre jene tiefere Auffassung des Staates und der staatlichen Zwecke
begründet, welche ihr Augenmerk vor Allem darauf richtet, in
welchem Verhältnis die sozialen Zustände des Volkes zu seinem
politischen Leben stehen, wie sich die verschiedenen Elemente der
Gesellschaft, die sozialen Klassen zu einander und zum Staate ver=
halten oder verhalten sollen, wie überhaupt Staat und Gesellschaft
als zwei selbständige in ewigem Antagonismus sich gegenüberstehende
und doch wieder sich stets gegenseitig zu durchdringen strebende
Lebenskreise auf einander wirken.

Diese soziale Auffassung der Dinge, welche die Regierungs=
systeme vor Allem auf ihre soziale Brauchbarkeit hin beurteilt, hat
einen Aristoteles befähigt, den Wechsel der Verfassungsformen und
die Gestaltung der politischen Parteikämpfe in ihrem Zusammen=
hang mit der wirtschaftlichen Gliederung des Volkes, die Abhängig=
keit der staatlichen Entwicklung von der Gesellschaftsordnung und
von der materiellen Grundlage derselben, der Verteilung des Be=
sitzes in einer Weise klarzulegen, daß einer der hervorragendsten
Vertreter der modernen Staatswissenschaft von ihm gesagt hat, seine
Politik würde in dieser Hinsicht für die Staatswissenschaft der Zukunft
das sein, was Kopernikus' Organon für die Astronomie gewesen.[1]

---

[1] L. v. Stein: Verwaltungslehre I² 32. Vgl. Steins Aufsatz über
die Entwicklung der Staatswissenschaft bei den Griechen. Sitz.Ver. der Wien.
Ak. (phil. hist.) Bd. 93.

Andererseits ist jedoch die aristotelische Staatslehre in der Betonung der ökonomischen Faktoren keineswegs soweit gegangen, wie der sogenannte wissenschaftliche Sozialismus der Gegenwart.

So bedeutsam das volkswirtschaftliche Moment, insbesondere das des Klassenkampfes in seiner Analyse verfassungsgeschichtlicher Entwicklungen in den Vordergrund tritt, Aristoteles ist doch weit entfernt von jener materialistischen, die Geschichte einzig und allein vom Standpunkte des Klassenkampfes aus betrachtenden Anschauungsweise, welche das ökonomische Moment geradezu als das immer und überall bestimmende, für die Gestaltung der Gesellschaft einzig und allein ausschlaggebende hinstellt und das gesamte politische, rechtliche, geistige und religiöse Dasein des Volkes nur als einen Überbau gelten läßt, dessen Gestaltung durch das ökonomische Fundament und die wirtschaftliche Struktur der Gesellschaft unbedingt vorgezeichnet sei.

Dieser Glaube an die Allmacht der rein wirtschaftlichen Faktoren mußte ja von vorneherein einer Auffassungsweise fremd bleiben, welche die Gleichberechtigung der wirtschaftlichen Zwecke mit den ethischen Zielen prinzipiell leugnete und das höchste Endziel aller Politik darin sah, den Staat, seine Gesetzgebung und Verwaltung von den gemeinen Interessen des Güterlebens möglichst zu emanzipieren.

Allerdings hat auch der hellenische Sozialismus mit psychologischer Notwendigkeit durch eine Entwicklungsphase hindurchgehen müssen, die sich durch eine starke Überschätzung der Abhängigkeit des sittlichen Lebens von wirtschaftlichen Faktoren charakterisiert. In den überschwänglichen Hoffnungen, welche Plato auf eine sittliche Wiedergeburt durch den Kommunismus setzte, und in der Art und Weise, wie er das Privateigentum für den Verfall der Sittlichkeit verantwortlich machte, trat uns diese Verirrung drastisch genug entgegen. Allein wie rasch ist gerade hier die Korrektur erfolgt! Schon der aristotelische Sozialismus hat sich von diesen Illusionen über die allheilende Kraft des Kommunismus wieder emanzipiert und ihnen gegenüber die ſittliche Unvollkommenheit der Menſchennatur mit einer Schärfe und Klarheit betont,[1]) von der der moderne Sozialismus in ſeiner ökonomiſtiſchen Einſeitigkeit noch weit entfernt iſt.

Um ſo mehr teilt freilich die antike Sozialphiloſophie eine andere Schwäche moderner Weltverbeſſerer. Ihr Idealismus bleibt in der Schätzung deſſen, was die menſchliche Vernunft und der Staat vermögen, um das Güterleben in ihrem Sinne zu regeln, in nichts hinter den modernen Optimiſten zurück, die angeſichts der großartigen Fortſchritte auf allen Lebensgebieten die Gemüter mit überſpannten Hoffnungen auf die Möglichkeit und Leichtigkeit noch unendlich viel gewaltigerer Umgeſtaltungen erfüllt haben. Wie im Zeitalter Bellamys ſo begegnen wir auch in der helleniſchen Sozial= theorie des vierten Jahrhunderts v. Chr. den denkbar höchſten Vor= ſtellungen von der Macht menſchlicher Vernunft und menſchlicher Inſtitutionen. Mit derſelben geſteigerten Empfindlichkeit für die ſchmerzlichen Gebrechen der beſtehenden Geſellſchaft verbindet ſich auch hier dasſelbe ungemeſſene Vertrauen auf die Fähigkeit des Menſchen, alle jene Gebrechen zu heilen, dasſelbe ungeduldige Ver= langen nach einem ſchnellen und radikalen Heilverfahren.

Wurde doch gerade hier dieſe Richtung der Geiſter von allen Seiten her gefördert und genährt durch die thatſächliche Entwicklung des ſtaatlichen Lebens! Welch ein unaufhörlicher Wechſel der Verfaſſungsformen in dieſem Mikrokosmos der klein= ſtaatlichen Hellenenwelt, die — um ein Wort Ciceros von den griechiſchen Inſelſtaaten zu gebrauchen — „ſamt ihren Inſtitu= tionen und Sitten gewiſſermaſſen auf den Fluten zu ſchwimmen“

---

[1]) Pol. II, 2, 8. 1263b: ... ὧν (κακῶν) οὐδὲν γίνεται διὰ τὴν ἀκοινωνησίαν ἀλλὰ διὰ τὴν μοχθηρίαν, ἐπεὶ καὶ τοὺς κοινὰ κεκτημένους καὶ κοινωνοῦντας πολλῷ διαφερομένους μᾶλλον ὁρῶμεν ἢ τοὺς χωρὶς τὰς οὐσίας ἔχοντας. Mit aller Entſchiedenheit wird hier auch betont, daß es eben die unerſättliche Begierde, nicht die Not iſt, welche die meiſten Verbrechen erzeugt, und daß es daher ein Irrtum iſt, von der Aufhebung der Not einen radikalen ſittlichen Umſchwung zu erwarten.

schien!¹) In solchem ewigen Wandel der Dinge mochte in der That das Staatswesen wie ein beliebig zu gestaltender Thon in der Hand des „Gesetzgebers" und seine Umgestaltungsfähigkeit eine unbegrenzte erscheinen, mochte die Vernunft sich förmlich dazu gedrängt fühlen, mit Bewußtsein eine neue Grundlegung von Staat und Gesellschaft als ihre eigene freie Schöpfung zu vollziehen.

Angesichts der Fülle von Entwicklungsformen, welche die unerschöpflichen Triebkräfte des politischen und sozialen Lebens der Hellenen erzeugt hatten, ohne doch auf die Daner eine gesunde Gestaltung desselben herbeizuführen, verzweifelte die Sozialphilosophie daran, daß die Leiden der Gesellschaft durch gewöhnliche Mittel geheilt werden könnten, während sie andererseits eben aus jener unerschöpflichen Gestaltungskraft des geschichtlichen Lebens die Hoffnung entnahm, die in fortwährender Umbildung begriffene Staats- und Gesellschaftsordnung vollends aus den Angeln heben und nach einem freigeschaffenen Gedankenbild neuaufbauen zu können. Inmitten des allgemeinen Zerfalles der überkommenen wirtschaftlichen, sozialen, politischen Ordnungen, eines Zerfalles, aus dem sich doch nirgends eine hoffnungsreichere Neugestaltung erheben wollte, empfand die Theorie den unwiderstehlichen Drang, die Kluft zwischen Vergangenheit und Zukunft durch einen solchen Gedankenbau zu überbrücken, durch das Idealgemälde einer anderen und besseren Ordnung der Dinge, der die Zukunft gehören sollte, an der sich die Gemüter wieder aufzurichten und zu stärken vermochten.

Die Theorie versprach den Weg zu einem neuen Dasein zu zeigen, in welchem alle abstoßenden Züge des gegenwärtigen Lebens in ihr strahlendes Gegenbild verwandelt erscheinen, in welchem alles was die Welt von heute bedrückt, verschwinden soll, alles was die Edelsten ersehnt, zur Wahrheit und Wirklichkeit geworden ist. Denn diese, die führenden Geister der Nation selbst sind es, denen wir

---

¹) Rep. 2. 9: Fluctibus cinctae natant paene ipsae simul cum civitatum institutis et moribus.

auf solchem Wege begegnen. Bei ihnen war mit der Anlage zur Abstraktion, Deduktion und Konstruktion die Richtung auf den sozialistischen Utopismus von selbst gegeben, und sie kamen dem eigenen Bedürfnis ebenso, wie dem der Zeit entgegen, indem sie mit der schärfsten, rücksichtslosesten Kritik des Bestehenden umfassende Organisationspläne zum Aufbau einer neuen, besseren Staats- und Gesellschaftsordnung verbanden.

So entstand das Zukunftsbild des wahrhaft guten, des „besten" Staates.

<hr>

Drittes Kapitel.
Organisationspläne zum Aufbau einer neuen Staats- und Gesellschaftsordnung.

Erster Abschnitt.
Das Staatsideal des Phaleas von Chalcedon.

„Der erste Privatmann, der es unternahm, etwas über den besten Staat zu sagen,"[1] ist der bekannte Architekt Hippodamos von Milet, der Erbauer der Hafenstadt des Piraeus. Doch kann dieser erste Versuch, der Wirklichkeit ein Ideal gegenüberzustellen, für die Geschichte des Sozialismus kaum in Betracht kommen. Wenigstens enthält das, was uns Aristoteles über die Ideen des Mannes mitteilt, nirgends einen prinzipiellen Widerspruch gegen die Grundlagen der bestehenden Gesellschaftsordnung. Im Gegenteil, die individualistische Grundtendenz der bisherigen sozialen und politischen Entwicklung wird hier, wie wir bereits früher gesehen haben, nur noch konsequenter durchgeführt, indem die Gesetzgebung auf die negative Aufgabe des Rechtsschutzes beschränkt und damit in sozialökonomischer Hinsicht zur Unfruchtbarkeit verurteilt wird.[2]

<hr>

[1] Aristoteles Politik II, 5, 1. 1267 b.
[2] S. oben S. 177.

Die Geschichte der sozialistischen Staatsideale des Hellenentums kann daher erst mit der Politie des Phaleas von Chalcedon beginnen, die vielleicht noch vor Platos „Staat" verfaßt[1]) und daher hier an erster Stelle zu nennen ist. Allerdings ist uns das Werk verloren und das Wenige, was unser einziger Zenge — Aristoteles — über den Inhalt sagt, läßt gerade eine wesentliche Frage unberührt, die Frage nach der dogmengeschichtlichen Stellung des Systems, nach der Bedeutung, welche demselben in dem Entwicklungsgang der sozialen Ideen überhaupt zukommt. Während Aristoteles bei der Beurteilung des platonischen Idealstaates die dogmatische Prüfung auf die grundlegenden ethischen und politischen Prinzipien hin, aus denen heraus die Theorie als ein Ganzes gedacht ist, wenigstens nicht völlig unterläßt, begnügt er sich hier mit einer Kritik der einzelnen Forderungen, welche Phaleas an die Praxis stellt. Er registriert und kritisiert einige der „Spezifika", welche nach der Ansicht des letzteren geeignet sein sollen, die sozialen Krankheitserscheinungen zu heilen. Wie aber der sozialphilosophische Aufbau des besprochenen Staatsideals — als ein theoretisches Ganzes, als ein System von Prinzipien betrachtet — aussah,

---

[1]) Die Äußerung des Aristoteles, auf welche sich diese Annahme stützt, ist allerdings nicht sicher beglaubigt. Aristoteles weist hier darauf hin, welche Wichtigkeit schon von den früheren Theoretikern auf eine günstige Verteilung des Besitzes gelegt worden sei, und fährt dann fort: διὸ Φαλέας ὁ Χαλκηδόνιος τοῦτ' εἰσήνεγκε πρῶτος κτλ. Nun findet sich aber auch die Lesart πρῶτον, die zwar der minder guten Überlieferung angehört, aber doch sehr wohl die richtige sein könnte, ja dem Sinne nach zu dem Vorhergehenden noch besser passen würde. Damit wird uns für die nähere Bestimmung der Zeit· des Phaleas jeder feste Anhaltspunkt entzogen. Die inneren Gründe, die Susemihl (in der Anmerk. zu der Stelle) für die Priorität des Phaleas gegenüber Plato anführt, die „augenscheinliche Dürftigkeit" seines Entwurfes und dessen „Mangel an aller feineren Durchbildung" können nichts beweisen. Auch fragt es sich doch sehr, ob wir berechtigt sind, auf Grund des einzigen uns erhaltenen höchst dürftigen Berichtes über den Idealstaat des Phaleas ein so ungünstiges Urteil zu fällen. Wie würden wir über Platos Politie oder „Gesetze" urteilen, wenn wir sie einzig und allein aus dem einseitigen und unvollständigen Berichte des Aristoteles kennen würden?

darüber geht die aristotelische Darstellung mit Stillschweigen hinweg.
Wir erhalten kein Bild von der wissenschaftlichen Individualität
des Mannes, noch auch von ihrem Zusammenhang mit den Ver=
hältnissen seiner Zeit und Umgebung.[1]

So bleiben uns nur Rückschlüsse aus dem, was Phaleas in
Beziehung auf einzelne konkrete Fragen der sozialen Reform ge=
äußert hat.

Den deutlichsten Fingerzeig für seinen allgemeinen Stand=
punkt dürfte wohl der Vorschlag enthalten, die gesamte Industrie
zu verstaatlichen und alle Angehörigen der gewerblichen Klassen zu
dienenden Organen einer staatlichen Kollektivwirtschaft zu machen.
Denn diese radikale Umgestaltung der ganzen wirtschaftlichen Existenz
der gewerblichen Bevölkerung bedeutet ihm zugleich eine politische
Degradierung. Sie hört auf ein Teil des Staatsbürgertums zu
sein[2] und sinkt in ein Verhältnis der Unterthänigkeit, wenn nicht
gar der Unfreiheit herab.[3] Ein untrüglicher Beweis dafür, daß
die Forderung kollektivwirtschaftlicher Produktion hier nicht Ausfluß
eines sozialen Demokratismus ist, der die extreme Durchführung
des individualistischen Gleichheitsprinzipes im Auge hat, sondern
einer anti=individualistischen Auffassungsweise, für welche diese Aus=
dehnung der Staatswirtschaft nur ein Mittel ist, durch die denkbar
radikalste Unterordnung der gesamten gewerblichen Bevölkerung

---

[1] Trotzdem ist freilich Aristoteles der Ansicht, alles, was an den
Theorien seiner Vorgänger irgend bemerkenswert sei, zur Genüge erörtert zu
haben! II, 9, 1. 1273 b. — Mit Recht bemerkt L. v. Stein zu dieser Be=
hauptung, daß die Alten überhaupt keinen Sinn für das hatten, was wir
die Geschichte der Litteratur und Wissenschaft nennen. „Die staatswissenschaft=
liche Theorie der Griechen vor Aristoteles und Plato." Tüb. Ztschr. f. d.
ges. Staatsw. IX 149.

[2] Aristoteles Pol. II, 4, 13. 1267 b: φαίνεται δ' ἐκ τῆς νομοθεσίας
κατασκευάζων τὴν πόλιν μικράν, εἴ γ' οἱ τεχνῖται πάντες δημόσιοι ἔσονται
καὶ μὴ πλήρωμά τι παρέξονται τῆς πόλεως.

[3] Der von den Gewerbetreibenden gebrauchte Ausdruck „δημόσιοι"
(öffentliche Diener) läßt es zweifelhaft, ob sich Phaleas dieselben als Fremde
und Beisassen oder als Sklaven gedacht hat.

unter die Zwangsgewalt des Staates ihre, wenn auch gleichzeitig antikapitalistischen, so doch in erster Linie antidemokratischen Ziele zu verwirklichen.[1]

Diese antidemokratische Grundtendenz des Politikers Phaleas ist ferner ein Beweis dafür, daß, wenn er den Grund und Boden unter die Vollbürger seines Staates auf dem Fuße vollkommener Gleichheit verteilt wissen will,[2] diese Gleichheit ebenfalls nicht ausschließlich aus individualistischer Wurzel stammt. D. h. Phaleas kann auch hier nicht einseitig seinen Ausgangspunkt von dem Interesse des Individuums genommen haben und von dessen Anspruch, auf Grund der Gleichwertigkeit Aller möglichst gleichen Anteil an den wirtschaftlichen Gütern und dem durch sie erreich=baren Lebensgenuß zu erhalten. Den Ausgangspunkt oder wenig=stens das wesentlich mitentscheidende Moment bildet das soziale Interesse, das Interesse des Ganzen, wie wir das noch jetzt daraus erkennen, daß bei Aristoteles als der Zweck, um dessenwillen Phaleas die Gütergleichheit einführen wollte, die Sicherung des sozialen Friedens[3] und die Hebung der Volkssittlichkeit bezeichnet wird.[4]

Dasselbe gilt endlich für die Forderung gleicher Erziehung Aller durch den Staat.[5] Auch sie ist hier eine Konsequenz des Prinzips der Gemeinschaft, der κοινωνία, nicht der Freiheitsidee des Individualismus.

Eine Ideenverwandtschaft mit der Staats= und Gesellschafts=theorie Platos ist so ganz unverkennbar, wenn wir auch nicht die Ansicht[6] teilen können, daß das eine der platonischen Staatsideale,

---

[1] Dies wird bestätigt durch die Thatsache, daß in Chalcedon in der That seit dem Anfange des vierten Jahrhunderts die Demokratie zum Siege gelangt war (Theopomp bei Athenäus II 526 d). Gegen diese Volksherrschaft bedeutet der Idealstaat des Phaleas eine ähnliche Reaktion, wie der des Plato gegen die Demokratie von Athen.

[2] Aristoteles Pol. II, 4, 1. 1266 b.

[3] Ebd. II, 4, 1. 1266 a.

[4] Ebd. II, 4, 7. 1267 a. Vgl. oben S. 203.

[5] Ebd. II, 4, 6. 1266 b.

[6] Von Susemihl a. a. O. Anmerk. 255.

der Gesetzesstaat, „sich fast durchweg als eine verfeinerte Ausbildung
dieses Staatsideals des Phaleas bezeichnen lasse." Zu einer solchen
Annahme reichen die wenigen Notizen, die wir zur Charakteristik
des letzteren anführen konnten, keineswegs hin.

Was Aristoteles sonst über Phaleas bemerkt, fügt zu dem
Gesagten nichts wesentlich Neues hinzu. Die Forderung, daß die
Reichen Mitgift geben, aber nicht nehmen, die Armen umgekehrt
nehmen, aber nicht geben sollen, bezieht sich überhaupt nicht auf den
besten Staat, sondern soll nur einen Fingerzeig dafür gewähren, wie
man zunächst innerhalb der bestehenden Gesellschaftsordnung am
leichtesten eine Ausgleichung der Besitzesgegensätze herbeiführen
könne.[1] Wenn ferner Aristoteles an dem Staate des Phaleas
auszusetzen hat, daß derselbe sein wirtschaftliches Gleichheitsprinzip
nicht auch auf das mobile Kapital ausdehne,[2] daß er die zur
Aufrechterhaltung der wirtschaftlichen Gleichheit unbedingt notwendigen bevölkerungspolitischen Maßregeln, wie z. B. eine staatliche
Regelung der Kindererzeugung u. s. w. unterlasse,[3] daß es endlich
zweifelhaft bleibe, ob er mit seiner öffentlichen Erziehung das erreichen wolle und könne, was noch wichtiger sei, als die Ausgleichung des Besitzes, nemlich die Ausgleichung der Begierden,[4] —
so müssen wir unsererseits es dahingestellt sein lassen, inwieweit
diese Kritik wirklich zutreffend ist oder nicht.

Aristoteles zeigt sich in der Darstellung der Theorien seiner
Vorgänger so sehr von dem Bestreben beherrscht, die Mangel-
haftigkeit derselben zu erweisen,[5] er hat sich dadurch, — wie seine
Kritik der platonischen Staatsideale beweist —, vielfach zu so un-
begründeten und ungerechten Ausstellungen verführen lassen, daß
wir auf seine Aussage allein hin ein sicheres Urteil nicht fällen
können. Wenn Plato so manches ausdrücklich erörtert hat, was

---

[1] Aristoteles Pol. II, 4, 2. 1266 b.
[2] II, 4, 12b. 1267 a.
[3] II, 4, 3. 1266 b.
[4] II, 4, 6. 1266 b.
[5] Vgl. II, 1, 1. 1261 a.

er nach der Behauptung des Aristoteles gar nicht erwähnt haben soll, wenn er in Anderem von ihm völlig mißverstanden worden ist, so ist doch hier die Möglichkeit, ja die Wahrscheinlichkeit nicht abzuweisen, daß das beurteilte Werk in Wirklichkeit vielfach anders aussah, als in den Augen seines Kritikers.

Zweiter Abschnitt.
Der Vernunftstaat Platos.

1.
Der Staat und seine Organe.

Die grundlegenden Gedanken des platonischen Idealstaates sind unmittelbar aus der thatsächlichen Entwicklung des geschichtlichen Staates geschöpft. War in der hellenischen Staatenwelt überall die Staatsgewalt zum Zankapfel der einzelnen Gesellschaftsklassen und den — dem Leben der Gesellschaft entspringenden — Sonderinteressen mehr oder minder dienstbar geworden, war die selbständige Staatsidee sozusagen in der Gesellschaft untergegangen, so will der platonische Idealstaat dem Staatsgedanken wieder ein Dasein schaffen, in welchem der Staat unabhängig und selbstständig über der Gesellschaft steht und daher auch von ihren Interessen nicht beherrscht wird. Aus dem rücksichtslosen Wettstreit, in welchem die einzelnen Teile der Gesellschaft, sei es Individuen oder Klassen, sich gegenseitig ihren Sonderzwecken und Sonderinteressen dienstbar zu machen suchen, erhebt sich das Bild eines Gemeinwesens, welches die berechtigten Interessen Aller befriedigen will, welches den Beruf und die Macht hat, den Egoismus der einzelnen Teile den Zwecken des Ganzen, das Sonderinteresse dem der Gesamtheit zu unterwerfen.

„Wir gründen — sagt der Sokrates des Dialoges — unseren Staat nicht in der Absicht, daß Eine Klasse vor allen glücklich sei, sondern möglichst der ganze Staat."[1]) Der Staat ist hier in der That für Alle da. Denn die Staatsgewalt steht hier nicht den

---

[1]) IV 420 bc cf. VII 519 e.

stärkeren Interessen zu Gebote, die zu ihrer Geltendmachung den
größten Einfluß und die größte Macht aufwenden können, sie dient
vielmehr in selbstloser Hingebung gerade zum Schutze der Schwa=
chen.[1] Indem so der in der Wirklichkeit durch den Egoismus
der Gesellschaft verdunkelte Staatsgedanke voll und ganz zur Ver=
wirklichung gelangt, erhebt der platonische Idealstaat zugleich den
Anspruch, der Rechtsstaat κατ' ἐξοχήν, die höchste Verkörperung der
Gerechtigkeit zu sein.[2]

Um die angedeutete Aufgabe zu erfüllen, d. h. über der Ge=
sellschaft stehend ihr Herr und Meister zu bleiben, bedarf der Staat
Organe, welche die Macht und den Willen haben, unabhängig von
einseitigen Interessen die wahre Idee des Staates zu vertreten und
zur Geltung zu bringen. Es muß im Staat ein Machtelement geben,
bis zu welchem das gesellschaftliche Interesse nicht mehr heranreicht.

Der bestehende sei es oligarchische oder demokratische Staat
entbehrte solche Organe durchaus. Die Herrschaft der Gesellschaft
über den Staat findet hier ihren Ausdruck eben vor allem darin,
daß die gesellschaftlichen Interessen sich des öffentlichen Dienstes zu
bemächtigen und denselben in seinen Funktionen von sich abhängig
zu machen wußten; eine Abhängigkeit, die eine äußerliche und inner=
liche zugleich war. Indem das Beamtentum durch Los oder Wahl
unmittelbar aus den um die Macht ringenden wirtschaftlichen Klassen
der Gesellschaft selbst hervorging, brachte es die psychologische Ab=
hängigkeit von Klasseninteressen und Klassenanschauungen in das
Amt mit hinein, von denen es sich auch bei ehrlichem Willen des
Einzelnen, der Allgemeinheit zu dienen, niemals auf die Dauer zu
emanzipieren vermocht hat. Wie wäre auch bei der Kürze der

---

[1] Vgl. die einleitende Polemik gegen das angebliche Recht des Stär=
keren auf die egoistische Ausbeutung der politischen Gewalt I, 338 ff. Dazu
346c und 347d über die Verpflichtung jeder Regierungsgewalt gegenüber
den Regierten und den Schwachen.

[2] 420b: οὐ μὴν πρὸς τοῦτο βλέποντες τὴν πόλιν οἰκίζομεν, ὅπως
ἕν τι ἡμῖν ἔθνος ἔσται διαφερόντως εὔδαιμον, ἀλλ' ὅπως ὅ τι μάλιστα
ὅλη ἡ πόλις· ᾠήθημεν γὰρ ἐν τῇ τοιαύτῃ μάλιστ' ἂν εὑρεῖν δικαιοσύνην.
cf. 430d: οὖ δὴ ἕνεκα πάντα ζητοῦμεν δικαιοσύνην.

Amtsfrist und dem Wechsel der zur Herrschaft gelangenden Parteien eine Verwaltung möglich gewesen, die sich dauernd auf den staatlichen Boden gestellt und nur als Organ der Allgemeinheit gefühlt hätte? Wie hätten insbesondere bei dem starken Übergewicht, welches die materiellen Interessen in dem Industrie- und Handelsstaat des vierten Jahrhunderts gewannen, Elemente, die durch ihre ganze bürgerliche Stellung mehr oder minder in das Getriebe des Erwerbslebens verflochten waren, die Unabhängigkeit des Staates gegenüber der Naturgewalt dieser Interessen behaupten können!

Damit war für Plato der Weg klar vorgezeichnet, auf welchem die Emanzipation des Staates von der Herrschaft der Gesellschaft gesucht werden mußte. Sollte der reine Amtscharakter des öffentlichen Dienstes wieder zur Geltung kommen und das Amt in den Stand gesetzt werden, jene sittliche Aufgabe des Staates zu verwirklichen, wie sie ihm seiner Idee nach zukommt, so war der erste Schritt aller Reform die Erhebung des Amtes zu voller Selbständigkeit.

Zu diesem Zwecke verlangt Plato die absolute Loslösung der mit der Vollstreckung des staatlichen Willens betrauten Individuen von dem Erwerbs- und Wirtschaftsleben, d. h. die Schaffung eines stabilen Beamtenkörpers, dessen Existenz durch Sold und Gehalt sichergestellt ist, und der ausschließlich und allein dem Dienste des Staates lebt.

Ja Plato geht noch weiter. Sollte der Einfluß der wirtschaftenden Gesellschaft und der sozial-ökonomischen Sonderinteressen für das staatliche Leben vollkommen unschädlich gemacht werden, so mußte nach seiner Ansicht nicht nur die Ausübung des staatlichen Willens, Verwaltung und Regierung diesem ihrem Einfluß entzogen werden, sondern sie durfte auch keinen Anteil mehr haben an der Bildung des staatlichen Willens, an der Gesetzgebung. Die ganze Fülle der staatlichen Gewalt mußte sich in jenen nur dem Zwecke des Staates lebenden Organen der Gemeinschaft konzentrieren. Sie sind die alleinigen Träger aller staatlichen Funktionen. Eine Machtstellung, die freilich nur dadurch gesichert erscheint, daß sie zugleich ben bewaffneten Arm des Staates darstellen. Die ganze übrige Bevölkerung ist eben nichts als rein wirtschaftende Gesellschaft; sie ist vom Wehrdienst ausgeschlossen und derselbe einer stehenden Elitetruppe anvertraut, die ein unbedingt zuverlässiges Werkzeug der Regierungsgewalt ist und die vollkommene Unabhängigkeit des Staatswillens verbürgt.

Und noch eine andere Idee ist es, welche durch diese Organisation des öffentlichen Dienstes zur Verwirklichung kommt: Das Prinzip der Arbeitsteilung d. h. der dauernden individuellen, das ganze Leben ergreifenden und beherrschenden Anpassung an eine spezialisierte Lebensaufgabe, welche den Einzelnen in den Dienst der Anderen stellt.[1] Dieses Gesetz der Arbeitsteilung, in welchem Plato die unbedingt maßgebende Norm für die äußere Ordnung des menschlichen Daseins erblickt, ist ihm ein Naturgesetz, weil die Menschen nicht einander gleich, sondern mit individuell-verschiedenen Anlagen geboren werden.[2] Es ist ihm ferner durch das Interesse der Gesamtheit gefordert, weil die Konzentrierung auf Eine Thätigkeit die Leistungen jedes Einzelnen steigert.[3] Jeder hat sich mit seiner ganzen ungeteilten Kraft und Zeit in den Dienst seines Berufes zu stellen, darf ihn nicht als Nebengeschäft (ἐν παρέργου μέρει) betreiben, sondern muß von allen sonstigen Verpflichtungen frei sein (σχολὴν τῶν ἄλλων ἄγων).[4]

---

[1] Nach der schönen Definition von Schmoller (Das Wesen der Arbeitsteilung u. d. sozialen Klassenbildung a. a. O.), eine Definition, die im wesentlichen derjenigen Platos entspricht: ἑνὶ ἑκάστῳ ὡσαύτως ἓν ἀπεδίδομεν, πρὸς ὃ πεφύκει ἕκαστος καὶ ἐφ' ᾧ ἔμελλε τῶν ἄλλων σχολὴν ἄγων διὰ βίου αὐτὸ ἐργαζόμενος, οὐ παριεὶς τοὺς καιρούς, καλῶς ἀπεργάζεσθαι. II, 374 b.

[2] 370b: — ἡμῶν φύεται ἕκαστος οὐ πάνυ ὅμοιος ἑκάστῳ ἀλλὰ διαφέρων τὴν φύσιν, ἄλλος ἐπ' ἄλλου ἔργου πρᾶξιν. cf. V, 456 d: Πῶς οὖν ἔχεις δόξης τοῦ τοιοῦδε πέρι; Τίνος δή; Τοῦ ὑπολαμβάνειν παρὰ σεαυτῷ τὸν μὲν ἀμείνω ἄνδρα, τὸν δὲ χείρω· ἢ πάντας ὁμοίους ἡγεῖ; οὐδαμῶς.

[3] 370b: Τί δαί; πότερον κάλλιον πράττοι ἄν τις εἷς ὢν πολλὰς τέχνας ἐργαζόμενος, ἢ ὅταν μίαν εἷς; Ὅταν, ἦ δ' ὅς, εἷς μίαν.

[4] ib.

Wenn dies schon für die gewöhnliche Handarbeit gilt, wie viel mehr für die höheren Berufe, insbesondere für den Dienst des Staates! Die Thätigkeit des Regenten und Gesetzgebers, des Beamten und Militärs setzt nicht nur eine besondere Veranlagung, sondern auch ein Wissen voraus, welches nur durch eine systematische Erziehung für diesen besonderen Beruf erworben werden kann. Sie nimmt ferner die Kraft des ganzen Mannes in Anspruch, mehr als irgend ein anderer Beruf.[1])

Wie also überhaupt in dem Vernunftstaat sich keine „doppel- und vielgestaltige" Persönlichkeit findet, sondern „jeder nur Eines treibt, der Schuster nur Schuster und nicht zugleich Steuermann, der Landwirt nur Landwirt und nicht zugleich auch Richter, der Soldat nur Soldat und nicht zugleich Geschäftsmann ist,"[2]) so ist auch alle politische Thätigkeit Gegenstand eines eigenen Berufes, sie kann nicht zugleich Nebengeschäft der von der wirtschaftlichen Arbeit in Anspruch genommenen Klassen sein.

Eine solche aktive Beteiligung aller Klassen an Gesetzgebung und Verwaltung würde ebenso den Forderungen der Natur, wie der Gerechtigkeit widersprechen, welche „jedem das Seine" zuweist und eben damit sein Recht widerfahren läßt.[3])

Auch diese schroffe Formulierung des Prinzips der Arbeitsteilung (der οἰκειοπραγία)[4]) ist wesentlich durch die Erfahrungen des geschichtlichen Staatslebens bedingt. Sie bedeutet eine scharfe Reaktion gegen den Anspruch der herrschenden Majoritäten, der kompetenteste Richter über alles, letzte Instanz und oberstes Tribunal in jeder Frage zu sein, eine Reaktion gegen die Ansprüche der

---

[1]) 374e: Οὐκοῦν, ἦν δ' ἐγώ, ὅσῳ μέγιστον τὸ τῶν φυλάκων ἔργον, τοσούτῳ σχολῆς τε τῶν ἄλλων πλείστης ἂν εἴη καὶ αὖ τέχνης τε καὶ ἐπιμελείας μεγίστης δεόμενον.

[2]) III, 397e: — οὐκ ἔστι διπλοῦς ἀνὴρ παρ' ἡμῖν οὐδὲ πολλαπλοῦς, ἐπειδὴ ἕκαστος ἓν πράττει· κτλ.

[3]) 433a: τὸ τὰ ἑαυτοῦ πράττειν καὶ μὴ πολυπραγμονεῖν δικαιοσύνη ἐστίν. cf. 434b, c.

[4]) 427d.

Mittelmäßigkeit und Unbildung,[1]) gegen die πολυπραγμοσύνη, wie ſie unter der Herrſchaft des Freiheits= und Gleichheitsprinzipes der Demokratie ſich breit machte. Eine Reaktion, die nun begreiflicher= weiſe ihrerſeits in der Betonung des gegenteiligen Standpunktes ſoweit ging als nur immer möglich, das Prinzip der Differenzierung ebenſo auf die Spitze trieb, wie das der Zentraliſation.

Dieſer enge Zuſammenhang von Theorie und Erfahrung wird von all denen verkannt, welche wie z. B. Zeller der Anſicht ſind, daß Plato die Lehre von der Arbeitsteilung erſt nachträglich zur wiſſenſchaftlichen Rechtfertigung ſeines Prinzips der Ständegliede= rung hinzugefügt habe.[2])

Eine ſolche Anſicht iſt nur da möglich, wo ſich auf Koſten der hiſtoriſch=politiſchen Auffaſſung eine einſeitig ſpekulative Be= trachtung geltend macht. So erſcheint hier unter den ausſchlag= gebenden Entſtehungsmotiven des platoniſchen Staatsideals einer= ſeits der rein ſpekulative Gedanke, daß durch dieſe Ständeteilung der Staat dieſelbe Gliederung erhielt, wie ſie die Pſychologie Platos für die Menſchenſeele, und ſeine Kosmologie für das Weltganze an= nimmt, andererſeits ein angeblich „plaſtiſches Intereſſe, das be= grifflich Verſchiedene auch äußerlich auseinander zu halten, die Momente des Begriffes zu klaren und abgerundeten Anſchauungen zu verdichten." Beſonders dieſem letzten Intereſſe zu Liebe ſoll Plato die verſchiedenen politiſchen Thätigkeiten an eben ſo viele Stände verteilt haben, damit ſie ſcharf geſchieden nur ihrer eigen= tümlichen Aufgabe leben, „nur dieſen beſtimmten Begriff in ſich darſtellen" ſollen.

Es iſt längſt bemerkt worden,[4]) daß, wenn dies richtig iſt,

---

[1]) Die Ausführungen Platos leſen ſich wie eine Antwort auf die Ver= herrlichung der Unbildung durch Kleon bei Thuk. III, 37: οἱ δὲ φαυλότεροι τῶν ἀνθρώπων πρὸς τοὺς ξυνετωτέρους ὡς ἐπὶ τὸ πλεῖον ἄμεινον οἰκοῦσι τὰς πόλεις.

[2]) Philoſophie der Griechen II[4], 1, 903.

[3]) Ebd. 904.

[4]) Von Nohle: Die Staatslehre Platos in ihrer geſchichtlichen Ent=

über Plato als Politiker von vorneherein das Urteil gesprochen
wäre. Eine Staatslehre, für welche der Aufbau der menschlichen
Gesellschaft nur dazu da wäre, um das logische Verhältnis der
Teile eines Begriffes zu versinnlichen oder eine Nachbildung der
Gliederung des Kosmos und der Einzelseele zu geben, eine solche
Staatstheorie wäre für uns eine Absurdität. Sie würde in der
Geschichte der Staatswissenschaft wenigstens keinen Anspruch auf
eine ernstliche Würdigung erheben können.

Plato spricht an den beiden (einzigen) Stellen, auf welche
sich die genannte Ansicht berufen kann, von dem Gerechtigkeitsprinzip des Staates. Wovon geht aber die Erörterung aus? Etwa
von der psychologischen Analyse der Seele oder der Ordnung des
Kosmos? Nichts weniger als das!

Schon an der ersten Stelle ist der Ausgangspunkt ein rein
historischer, nämlich der Gedanke, daß man, um zu erkennen, wie
Gerechtigkeit oder Ungerechtigkeit im Staate entsteht, sich über die
Entstehungsgeschichte des Staates selbst klar werden müsse.[1]) Und
es wird dann der gesellschaftliche Differenzierungsprozeß, die Entstehung einer gesellschaftlichen und staatlichen Ordnung aus dem
Ergänzungsbedürfnis des Individuums und der Entwicklung der
Arbeitsteilung abgeleitet. Eine Auffassung, welche in genialer Weise
die Ergebnisse der modernen Sozialwissenschaft vorwegnimmt.[2])
Ebenso ist es das Prinzip der Arbeitsteilung und andere rein sozialpolitische Momente, welche an der zweiten Stelle[3]) für die Frage

---

wicklung XV. Übrigens setzt sich Zeller selbst mit seiner Auffassung in Widerspruch, indem er ausdrücklich zugibt, daß „die Scheidung der Stände und die
unbedingte Unterordnung der niederen unter die höheren schon durch Platos
politische Ansichten gefordert" war.

[1]) II 369a: Ἀρ᾽ οὖν, ἦν δ᾽ ἐγώ, εἰ γιγνομένην πόλιν θεασαίμεθα
λόγῳ, καὶ τὴν δικαιοσύνην αὐτῆς ἴδοιμεν ἂν γιγνομένην καὶ τὴν ἀδικίαν;
τάχ᾽ ἄν, ἦ δ᾽ ὅς.

[2]) Vgl. diese Ausführungen Platos (369b) z. B. mit denen Steins
(Geschichte der sozialen Bewegung in Frankreich I, XIX) oder Schmollers
(Wesen der Arbeitsteilung a. a. O. S. 48 ff.).

[3]) IV, 433a ff.

nach dem Wesen der staatlichen Gerechtigkeit entscheidend sind. Die Parallelisierung mit der Menschenseele erscheint dagegen als etwas Sekundäres, gewissermaßen als Probe auf die Richtigkeit der historisch= politischen Resultate Hinzugefügtes. Sie will nur zeigen, daß das für die staatliche Ordnung schon vorher und auf selbständigem Wege gefundene[1]) Gerechtigkeitsideal seine Richtigkeit eben dadurch erweise, daß es auch mit demjenigen Sittlichkeitsprinzip überein= stimmt, welches als die Bedingung einer gesunden seelischen Kon= stitution, als individuelles Sittlichkeitsideal zu gelten habe.[2]) Die Staatslehre wird hier also nicht auf die Psychologie begründet, sondern sucht in derselben nur die Bestätigung ihrer Ergebnisse.

Es ist ja allerdings klar, daß auch so diese Parallelisierung eine Verirrung und nur zu geeignet ist, die politische Auffassung der Dinge selbst zu trüben. Allein wir würden ihr eine über= triebene Bedeutung beilegen, wenn wir die selbständige Conception dieser politischen Auffassung leugnen und annehmen wollten, daß Plato Momente, die er selbst ausdrücklich voranstellt, erst nach= träglich zur Rechtfertigung hinzugefügt habe.

Davon kann um so weniger die Rede sein, als die aus dem Prinzip der Arbeitsteilung abgeleitete Forderung eines für seinen Beruf, für seine τέχνη besonders vorgebildeten Beamtentums be= kanntlich bereits von Sokrates aufgestellt war[3]) und Plato nur die letzten Konsequenzen dieser Forderung gezogen hat. Dieselbe ist eben recht eigentlich der Reflex dessen, was sich unmittelbar vor den Augen des Denkers abspielte. So stark das doktrinäre Element bei Plato überwiegt, die genannte Auffassung ist doch wesentlich das Erzeugnis der thatsächlichen geschichtlichen Bewegung, der sie sich auf Grund einer kritischen Analyse der Lebensbedingungen von Staat und Gesellschaft unmittelbar entgegenstellt. Platos Staat ist eben, — um das schöne Wort eines modernen Rechtslehrers zu

---

[1]) Das wird ausdrücklich betont 369a.
[2]) IV, 434d.
[3]) Xenophon Mem. III, 7, 5. cf. III, 1, 4.

gebrauchen,[1]) — nicht ein müßiges Phantasiegebilde, sondern ein der Wirklichkeit zugewandtes, nach allen Seiten von den Fäden der Geschichte durchwobenes Werk.

Doch kehren wir zu unserem Ausgangspunkt zurück!

Um die genannte Trennung zwischen den Organen des öffentlichen Dienstes, den „Hütern" des Staates, wie Plato sie nennt, und dem wirtschaftenden Bürgertum (dem γένος χρηματιστικόν) so vollständig als möglich zu machen, stellt er die Forderung auf, daß die Ersteren sogar aus dem Wohnverband mit der übrigen Bevölkerung gelöst werden müßten. Eine Forderung, deren Verwirklichung allerdings dadurch wesentlich erleichtert wird, daß Plato bei seinem Verfassungsentwurf prinzipiell die Verhältnisse des hellenischen Stadtstaates zu Grunde legt. Das gesamte Personal des Civil= und Militärdienstes mit Frauen und Kindern denkt er sich in einem festen Lager — ähnlich wie die Spartiaten in der Lagerstadt Sparta — auf demjenigen Punkte des kleinen Gebietes konzentriert, welcher sowohl zur Abwehr auswärtiger Feinde, wie zur Beherrschung der Landesbevölkerung am geeignetsten sei.[2])

Freilich ergibt sich hier alsbald ein Bedenken, dem sich auch Plato keineswegs verschließt, nämlich die Frage, ob denn diese radikale Unterwerfung der wirtschaftenden Gesellschaft unter die Organe der Staatsgewalt nicht auch über den besten Staat gerade das heraufbeschwören würde, was er prinzipiell vermeiden wollte, die Gefahr einer ausbeuterischen Klassenherrschaft.

Werden diese Hüter des Staates, denen die Bürgerschaft völlig wehrlos gegenübersteht, sich allezeit nur als die Vertreter des Staatsgedankens, als κηδεμόνες τῆς πόλεως[3]) fühlen und der Versuchung, welche in der Macht liegt, nicht am Ende doch erliegen? Werden nicht auch sie als die Stärkeren das Interesse der Bürgerschaft, das ihrem souveränen Willen anvertraut ist,

---

1) Hildenbrand: Gesch. u. System der Rechts= und Staatsphilosophie I, 171.

2) 415 d.

3) 412 c.

ſelbſtſüchtigen Regungen nachſetzen und zuletzt „ſtatt Hunden Wölfen“,
ſtatt „wohlwollenden Verbündeten der Bürger ſchlimmen Feinden“
gleichen?“[1]

Da die Abwehr dieſer Gefahr die Grundbedingung für den
ganzen Beſtand des beſten Staates iſt, ſo iſt Plato bereit, der=
ſelben mit allen Mitteln (παντὶ τρόπῳ) zu begegnen. Er ver=
folgt den Ideengang, auf welchem ſich die Konſtruktion dieſes
Staates aufbaut, mit rückſichtsloſer Kühnheit bis zu den letzten und
äußerſten Konſequenzen. Er ſieht nämlich wohl ein, daß die bloße
äußerliche Trennung der ſtaatlichen Organe von den Erwerbs=
klaſſen noch nicht eine vollkommene innerliche Befreiung von der
Gewalt der materiellen Intereſſen ſelbſt bedeutet, ſolange die Lebens=
ordnung dieſer Organe dieſelbe iſt, wie die der beſtehenden Geſell=
ſchaft, d. h. wenn auch hier das Inſtitut des Privateigentums,
des Erbrechtes und der Erwerbsfreiheit, ſowie die damit verbun=
denen Unterſchiede des Beſitzes beſtehen und ihre Wirkungen auf
den Einzelnen auszuüben vermögen. Unter ſolchen Verhältniſſen
iſt nach Platos Anſicht an eine vollkommene Emanzipation der
Regierenden von den Intereſſen des wirtſchaftlichen Güterlebens,
an eine Unterordnung des Individuums und ſeiner egoiſtiſchen
Triebe unter den Staatszweck nicht zu denken. Solange die Beamten,
ſagt Plato, im Beſitz von Geld, Häuſern und Äckern ſind, iſt ſtets
Gefahr vorhanden, daß ſie ſich mehr als Haus= und Landwirte,
denn als Verwalter des Gemeinweſens fühlen.[2]

So verlangt er denn von den Organen ſeines Staates nichts
Geringeres als den Verzicht auf das Privateigentum. Nicht
der Einzelne ſoll von der Erwerbsgeſellſchaft beſoldet werden,
ſondern das geſamte Beamten= und Soldatentum als ſolches; und
zwar ſoll der jährliche Betrag, den die Erwerbsklaſſen zu dieſem
Zweck in ihren Steuern aufbringen, nicht größer ſein, als der

---

[1] 416 b: οὐκοῦν φυλακτέον παντί τρόπῳ, μὴ τοιοῦτον ἡμῖν οἱ ἐπίκουροι ποιήσωσι πρὸς τοὺς πολίτας, ἐπειδὴ αὐτῶν κρείττους εἰσίν· ἀντὶ
ξυμμάχων εὐμενῶν δεσπόταις ἀγρίοις ἀφομοιωθῶσι;

[2] 417 a.

Unterhalt der Besoldeten unbedingt erheischt, so daß „denselben zwar nichts mangelt, aber auch nichts übrig bleibt."[1]   Der Sold wird in Naturalien geleistet. Denn mit Geld, mit Gold und Silber, das in der Hand der Masse soviel Verruchtheit erzeugt,[2]), sollen die Hüter des Staates nichts zu schaffen haben. Sie sollen es nicht unter ihrem Dache dulden, noch sich Schmuckes oder Gerätes aus edlem Metall bedienen.[3] Sie bedürfen auch des Geldes nicht, da sie keinen Privathaushalt führen, sondern alle ihre Bedürfnisse in gemeinsamen Speisehäusern und Magazinen befriedigt finden. Sie entbehren — mit Ausnahme des Notwendigsten — allen eigenen Besitzes. Nicht einmal Wohnungen haben sie, zu denen Anderen der Zutritt verschlossen wäre.[4]

Aber mit der Beseitigung des Individualeigentums an den Sachgütern sind noch nicht alle Quellen der Selbstsucht verstopft. Es bleibt für sie immer noch ein weites Feld der Bethätigung, solange jene individuellen Rechtsverhältnisse und Sonderbeziehungen zwischen Person und Person bestehen, welche das Institut der Ehe erzeugt. Es bleibt die Möglichkeit einer Zersetzung und Spaltung der Hüterklasse durch widerstreitende Familieninteressen und damit einer Gefährdung des unentbehrlichen einheitlichen Zusammen-

---

[1] 416 d. „Nur an Konsummitteln — modern gesprochen — sollen sie Eigentum haben, nicht mehr an Produktionsmitteln". Diezel: Beiträge zur Gesch. des Sozialismus und des Kommunismus. Ztschr. f. Lit. u. Gesch. der Staatsw. I, 391.

[2] 416 e: χρυσίον δὲ καὶ ἀργύριον εἰπεῖν αὐτοῖς, ὅτι θεῖον παρὰ θεῶν ἀεὶ ἐν τῇ ψυχῇ ἔχουσι καὶ οὐδὲν προσδέονται τοῦ ἀνθρωπείου, οὐδὲ ὅσια τὴν ἐκείνου κτῆσιν τῇ τοῦ θνητοῦ χρυσοῦ κτήσει ξυμμιγνύντας μιαίνειν, διότι πολλὰ καὶ ἀνόσια περὶ τὸ τῶν πολλῶν νόμισμα γέγονε, τὸ παρ' ἐκείνοις δὲ ἀκήρατον.

[3] 417 a: ἀλλὰ μόνοις αὐτοῖς τῶν ἐν τῇ πόλει μεταχειρίζεσθαι καὶ ἅπτεσθαι χρυσοῦ καὶ ἀργύρου οὐ θέμις, οὐδ' ὑπὸ τὸν αὐτὸν ὄροφον ἰέναι οὐδὲ περιάψασθαι οὐδὲ πίνειν ἐξ ἀργύρου ἢ χρυσοῦ . καὶ οὕτω μὲν σώζοιντο τ' ἂν καὶ σώζοιεν τὴν πόλιν.

[4] 416 d: πρῶτον μὲν (δεῖ αὐτοὺς ζῆν) οὐσίαν κεκτημένον μηδεμίαν μηδένα ἰδίαν, ἂν μὴ πᾶσα ἀνάγκη· ἔπειτα οἴκησιν καὶ ταμιεῖον μηδενὶ εἶναι μηδὲν τοιοῦτον, εἰς ὃ οὐ πᾶς ὁ βουλόμενος εἴσεισιν.

wirkens der Träger des Staatswillens, der Einheit des Staats=
willens selbst.

Damit ist für Plato — soweit die dem Staate dienende
Klasse in Betracht kommt — das Urteil auch über die Familie
gesprochen. Wie hier das Privateigentum und die Individual=
wirtschaft durch den Gemeinbesitz und die Gemeinwirtschaft ersetzt
wird, so die Familie durch die Frauen= und Kindergemeinschaft.
Die Frauen, welche nach der Beseitigung des Familienhaushaltes
einen besonderen sozialökonomischen Beruf nicht mehr zu erfüllen
haben, sollen in ihrer ganzen Erziehung und Lebensweise dem
männlichen Geschlechte gleichgestellt werden,[1] sie sollen im Prinzip
„allen Männern gemein sein und keine mit keinem in besonderer
Gemeinschaft zusammenleben."[2]   Ein Zustand, der übrigens eine
strenge Regelung des Geschlechtsverkehrs durch den Staat keines=
wegs ausschließt[3] und mit „freier Liebe" nichts zu thun hat.[4]
Ebenso sollen auch die Kinder Gemeingut sein, und weder der Vater
den Sohn, noch der Sohn den Vater kennen.[5]

Plato hofft, daß die Angehörigen einer so organisierten
Körperschaft alle Empfindungen der Sympathie und des Wohl=
wollens, die unter der Herrschaft von Ehe und Eigentum gewisser=
maßen individuell gebunden erscheinen, auf die Gemeinschaft und
alle ihre Mitglieder übertragen würden.   Mit dem Alleinbesitz wür=
den auch die allein empfundenen Freuden und Schmerzen aufhören.[6]
Wo jeder in dem anderen möglicherweise einen Bruder oder eine
Schwester, einen Vater oder eine Mutter, einen Sohn oder eine
Tochter vor sich hat,[7] wo alle dasselbe Mein nennen,[8] da würde

---

[1] Selbst der höchste Beruf, der des Regenten, ist ihnen zugänglich! 540 c.
[2] 451 f.
[3] Vgl. weiter unten.
[4] Nur diejenigen, welche über das zeugungsfähige Alter hinaus sind,
genießen dieselbe innerhalb gewisser Schranken. 461 b.
[5] 457 c.
[6] 464 d.
[7] 463 c.
[8] 462 c.

eine völlige Gemeinschaft der Empfindungen in Freude und Schmerz, eine ungestörte Harmonie der Interessen alle miteinander wie zu einer einzigen großen Familie verbinden.[1]) Sie würden wie die Glieder des gesunden physischen Organismus zusammenleben und zusammenwirken im Dienste des Ganzen, als „echte Hüter" des Staates.[2])

Plato glaubt diese Wirkung von den vorgeschlagenen Institutionen um so eher erwarten zu dürfen, als er gleichzeitig die ganze Hüterklasse von zartester Kindheit an durch ein rein staatliches Erziehungssystem einer systematischen Disziplinierung und Durchbildung unterworfen wissen will, um sie auf das höchstmögliche Niveau der Sittlichkeit und Intelligenz zu erheben.

Die für den Dienst des Staates Bestimmten werden auch ausschließlich durch den Staat erzogen. Er bemächtigt sich ihrer sofort nach der Geburt, indem er die Neugeborenen in öffentliche Pflegeanstalten bringen läßt und zugleich Sorge dafür trägt, daß Kinder und Eltern sich gegenseitig völlig unbekannt bleiben.[3])

Die Erziehung selbst ist auf eine harmonische Durchbildung von Leib und Seele gerichtet, auf die möglichst gleichmäßige Entwicklung aller leiblichen, seelischen und geistigen Kräfte.[4]) Um dereinst im Dienste der Gemeinschaft harmonisch zusammenwirken zu können, müssen die Einzelnen vor allem mit sich selbst im Einklang sein.[5]) Was Gymnastik, Musik, Poesie, bildende Kunst in diesem Sinne leisten kann und soll, wird eingehend erörtert. Ja es wird die ganze Entwicklung der schönen Litteratur und Kunst selbst, damit sie diesen erzieherischen Beruf auch thatsächlich erfülle, unter die Zensur des Staates gestellt. Alles was Verweichlichung, Un-

---

[1]) 462b. cf. 465b: Πανταχῇ δὴ ἐκ τῶν νόμων εἰρήνην πρὸς ἀλλήλους οἱ ἄνδρες ἄξουσι; πολλήν γε.

[2]) 464c: ἀπεργάζεται (sc. τὰ εἰρημένα) αὐτοὺς ἀληθινοὺς φύλακας καὶ ποιεῖ μὴ διασπᾶν τὴν πόλιν.

[3]) 460b ff.

[4]) 410b ff. Vgl. 591b. Ziel ist: ἡ ἐν τῷ σώματι ἁρμονία und ἡ ἐν τῇ ψυχῇ ξυμφωνία.

[5]) εὐάρμοστοι 412a.

sittlichkeit, Unwahrhaftigkeit, Irreligiosität fördern kann, soll rück=
sichtslos aus ihr ausgemerzt werden.[1])

Der Dichter wird sich in dem besten Staat zum Organ des
Sittlichen und Guten machen müssen oder — „gar nicht dichten".[2])
Ebenso wird die staatliche Aufsicht über Künste und Handwerke
dahin wirken, daß an Statuen, Gebäuden und sonstigen Werken
alles Unsittliche, Gemeine, Häßliche und Maßlose vermieden werde.
Wer das nicht zu leisten vermag, dem soll es nicht gestattet sein,
hier seine Kunst auszuüben, damit nicht die Hüter des Staates
unter Nachbildungen der Schlechtigkeit, wie bei schlechter Kost auf=
gewachsen und davon Tag für Tag in sich aufnehmend unvermerkt
ein großes Unheil in ihrer Seele erwachsen lassen. Nur das Schöne
und Wohlanständige soll durch Kunst und Gewerbe zur Darstellung
kommen, damit „die Jünglinge, wie an gesundem Orte wohnend,
aus allem Nutzen ziehen, von welcher Seite immer etwas von den
schönen Werken her in ihr Auge oder Ohr fällt, einem Luftzug
ähnlich, der aus heilsamen Gegenden Gesundheit bringt, und schon
von Kindheit auf unvermerkt sie zur Befreundung und Überein=
stimmung mit dem Schönen treibt."[3])

Ein Hauptgewicht legt Plato auf die Erziehung zu einer hoch=
gesteigerten Religiosität, da er ohne die Mitwirkung sehr starker
religiöser Triebfedern die von ihm geforderte Hingebung des Indi=
viduums an den Dienst der Gemeinschaft für unmöglich hält. Von
der Ansicht ausgehend, daß sittliche Postulate sich am wirksamsten
realisieren, wenn sie zugleich als Forderungen religiöser Überzeugung

---

[1]) Daher der Ausschluß der dramatischen Kunst, die auch das Schlechte
nachahmt und eine Erregung der Affekte beabsichtigt, der Ausschluß Homers
und anderer Dichtungen, welche „unwürdige Vorstellungen über die Götter"
verbreiten. Vgl. übrigens, was die dramatische Poesie betrifft, die merkwür=
digen ganz analogen Äußerungen Göthes in den Wanderjahren (im 7. Kap.
des 2. Buches) in der Schilderung der „pädagogischen Provinz".

[2]) 401 b: ἆρ' οὖν τοῖς ποιηταῖς ἡμῖν μόνον ἐπιστατητέον καὶ
προσαναγκαστέον τὴν τοῦ ἀγαθοῦ εἰκόνα ἤθους ἐμποιεῖν τοῖς ποιήμασιν
ἢ μὴ παρ' ἡμῖν ποιεῖν.

[3]) 401 c.

auftreten, führt er in das Erziehungssystem gewisse autoritative Glaubensvorstellungen ein, welche — in Form von Mythen — der heranwachsenden Generation eingeprägt werden sollen, um dieselbe mit wahrhaft sozialem Geiste zu erfüllen, die egoistischen, antisozialen Motive in ihrem Thun und Denken nicht aufkommen zu lassen: Da „die künftigen Wächter des Staates es für schimpflich erachten sollen, wenn man aus geringer Ursach sich untereinander befeindet," so sollen sie nichts zu hören bekommen von den angeblichen Kämpfen der Götter und Heroen; man soll vielmehr durch geeignete Sagen womöglich den Glauben in ihnen erwecken, daß selbst auf Erden unter den Bürgern Eines Gemeinwesen wenigstens alle Feindschaft Sünde sei, ja daß in Wirklichkeit eine solche Sünde im Staate (d. h. im besten Staat) niemals vorgekommen sei.[1])   Durch einen eigentümlichen Schöpfungsmythus soll ferner allen Klassen der Bevölkerung, den Regierenden, wie den Regierten die Überzeugung beigebracht werden, daß alle Angehörigen des Staates als Kinder ein und derselben Mutter Erde, als Sprossen des Landes, das ihnen zu gemeinsamer Pflege anvertraut ward, untereinander Brüder seien.[2])

Plato sieht wohl ein, daß derartige Vorstellungen vom rein individualistischem Standpunkt aus schlechterdings unverständlich sind. Aber er hofft eben von der Kraft des Glaubens, daß sie die Mächte der Selbstsucht überwinden werde. Die Religion hat für ihn dieselbe sozial-aufbauende Bedeutung, wie z. B. für Carlyle, weil sie den Mittelpunkt, um den sich das Dasein des Einzelnen bewegt, aus dem Individuum hinausverlegt und durch den Glauben an außerindividuelle d. h. außerhalb des Individuums liegende Werte die Fähigkeit entwickelt, Opfer für die Gemeinschaft zu bringen, sich in das Leben derselben einzuordnen.

---

[1]) 378 c: ἀλλ᾽ εἴ πως μέλλομεν πείσειν, ὡς οὐδεὶς πώποτε πολίτης ἕτερος ἑτέρῳ ἀπήχθετο οὐδ᾽ ἔστι τοῦτο ὅσιον, τοιαῦτα λεκτέα μᾶλλον πρὸς τὰ παιδία εὐθὺς καὶ γέρουσι καὶ γραυσὶ καὶ πρεσβυτέροις γιγνομένοις, καὶ τοὺς ποιητὰς ἐγγὺς τούτων ἀναγκαστέον λογοποιεῖν.

[2]) 415 a: ἐστὲ μὲν γὰρ δὴ πάντες οἱ ἐν τῇ πόλει ἀδελφοί, ὡς φήσομεν πρὸς αὐτοὺς μυθολογοῦντες.

Allerdings ſiud es nicht die überkommenen religiöſen Formen, von denen er ſich eine genügende Förderung dieſes Prozeſſes der Sozialiſierung verſpricht; denn ſie haben die Herrſchaft des Egois= mus über das Handeln der Menſchen nicht zu verhindern vermocht. Die Abſicht Platos, die Hüter ſeines Staates nicht nur zur Gottes= furcht, ſondern „zu möglichſter Gottähnlichkeit"[1] zu erziehen, ſetzt zu ihrer Verwirklichung eine Verinnerlichung und Vergeiſtigung der Religion voraus, welche vor allem der Sinnenwelt eine ganz andere Stellung anweiſt, als die herkömmliche Volksreligion. Die Welt= anſchauung, für welche die Sinnenwelt und damit das der Sinnen= welt angehörige Individuum einen abſoluten und höchſten Maßſtab abgibt, ſoll überwunden werden durch einen Idealismus, welcher der Sinnenwelt als der unvollkommenen Erſcheinung eines höheren unſichtbaren Seins nur eine beſchränkte, untergeordnete Bedeutung zuerkennt und die letzten Ziele menſchlichen Strebens weit über das Individuum und das flüchtige Erdenleben hinausverlegt.

Die „göttlichen Ausſichten" ($\vartheta\varepsilon\tilde{\iota}\alpha\iota$ $\vartheta\varepsilon\omega\varrho\dot\iota\alpha\iota$),[2] welche die Schöpferkraft einer genialen dichteriſchen Phantaſie in dem unver= gleichlichen Bilde von der Höhle im ſiebenten Buche und in den großartigen Spekulationen am Schluſſe des Werkes dem „ſterb= lichen, dem Tod geweihten Geſchlecht" eröffnet,[3] der Hinweis auf ein göttliches Strafgericht, welches dem Gerechten im Jenſeits mit paradieſiſcher Seligkeit, dem Ungerechten mit zehnfachen Qualen lohnt,[4] die Lehre von der wahren überirdiſchen Heimat der für unſterblich erklärten Seele, dies alles wird die Gläubigen auf dem Pfade der Tugend und Gerechtigkeit verharren laſſen, der „für ſie im Leben und nach dem Tode der beſte iſt,"[5] auf dem Wege der „nach oben" führt, in den Himmel.[6]

---

[1] 383 c.

[2] 517 d.

[3] $\vartheta\nu\eta\tau\dot{o}\nu$ $\gamma\acute{\varepsilon}\nu o\varsigma$ $\vartheta\alpha\nu\alpha\tau\dot\eta\varphi o\varrho o\nu$, vgl. 617 e $\psi\upsilon\chi\alpha\dot\iota$ $\dot\varepsilon\varphi\dot\eta\mu\varepsilon\varrho o\iota$.

[4] 614 c. 615 c.

[5] 618 e.

[6] $\lambda\varepsilon\dot\iota\alpha$ $\pi o\varrho\varepsilon\dot\iota\alpha$ $\varkappa\alpha\dot\iota$ $o\dot\upsilon\varrho\alpha\nu\dot\iota\alpha$ 619 e, vgl. 621 den Schlußſatz der $\pi o\lambda\iota$- $\tau\varepsilon\dot\iota\alpha$: $\dot\alpha\lambda\lambda$' $\dot\alpha\nu$ $\dot\varepsilon\mu o\dot\iota$ $\pi\varepsilon\iota\vartheta\dot\omega\mu\varepsilon\vartheta\alpha$, $\nu o\mu\dot\iota\zeta o\nu\tau\varepsilon\varsigma$ $\dot\alpha\vartheta\dot\alpha\nu\alpha\tau o\nu$ $\psi\upsilon\chi\dot\eta\nu$ $\varkappa\alpha\dot\iota$ $\delta\upsilon\nu\alpha\tau\dot\eta\nu$

Diese Glaubenslehre deckt sich vollkommen mit den Grund=
gedanken der idealistischen Philosophie, welche sich als die Blüte
des gesamten Unterrichtes im platonischen Staate darstellt, und deren
innerliche Aneignung die Bedingung für das Emporsteigen zur
höchsten Amtsgewalt bildet. Die durch die Jugenderziehung bereits
entwickelten „richtigen Vorstellungen" sollen bei den befähigsten
Elementen der Hüterklasse durch eine systematische wissenschaftliche
und philosophische Schulung, welche bis zum Mannesalter (bis
zum 35. Lebensjahre reicht), auf die Höhe begrifflicher Erkenntnis
erhoben werden.[1]

In dieser Erkenntnis, deren höchstes und letztes Ziel das wahr=
haft Seiende und Ewige, die Idee des Guten ist, einer Erkenntnis,
welche nicht in der Einzelerscheinung aufgeht, sondern stets auch auf
das Ganze, auf „alles Göttliche und Menschliche" zugleich gerichtet
ist,[2] besitzen die zur Herrschaft Berufenen ein Gut von so beseli=
gendem Wert (κτῆμα ἡδὺ καὶ μακάριον), daß ihm gegenüber alle
anderen Interessen in den Hintergrund treten.

Wen „echtes Weisheitsstreben" auf solche Höhe des Denkens
geführt hat, dem kann das äußere Dasein so wenig „als etwas
Großes" erscheinen, daß selbst der Tod alle Schrecken für ihn ver=
liert.[4] In wesenlosem Scheine liegt das Leben des bloßen Sinnen=
genusses unter ihm, überhaupt alles, was die große Masse zur ruhe=
losen Jagd nach dem Golde stachelt.[5] Denn „wo die Triebkräfte
der Seele mit aller Macht, einem abgeleiteten Strome gleich, auf
Einen Punkt hindrängen, da wirken sie nach allen anderen Seiten
hin um so schwächer."[6] Darum sind diejenigen, für welche die

---

πάντα μὲν κακὰ ἀνέχεσθαι, πάντα δὲ ἀγαθά, τῆς ἄνω ὁδοῦ ἀεὶ ἑξ-
όμεθα καὶ δικαιοσύνην μετὰ φρονήσεως παντὶ τρόπῳ ἐπιτηδεύσομεν, ἵνα
καὶ ἡμῖν αὐτοῖς φίλοι ὦμεν καὶ τοῖς θεοῖς κτλ.

[1] 535a ff.
[2] 490b. 486a.
[3] 496c.
[4] 486a.
[5] 485d, e.
[6] Ebd.

Erkenntnis das Höchste ist, zur Leitung aller anderen berufen, weil
sie allein ein einziges und festes Ziel im Leben haben, welches
ihrem gesamten Fühlen und Handeln eine absolut einheitliche Rich=
tung gibt.¹)

Sie sind umsomehr zur Herrschaft befähigt, je weniger gerade
für sie der Besitz der Macht Gegenstand einseitig egoistischer Gelüste
sein kann. Sie haben ja den unaussprechlichen Reiz eines „besse=
ren" Lebens kennen gelernt, in welchem sie sich schon auf Erden
nach den Inseln der Seligen versetzt glauben.²) Was könnte sie
bestimmen, von den reinen Höhen der Forschung und Erkenntnis³)
hinabzusteigen in das Dunkel eines „schlechteren" Lebens?⁴) Wenn
sie es — im besten Staat — trotzdem thun, so thun sie es nur
notgedrungen⁵) und gehorsam dem Gesetz, sowie in der Erfüllung
der Dankespflicht, welche sie dem Staate als ihrem Erzieher schul=
den, dem Staate, der sie „zu ihrem und des Staates Frommen
wie in Bienenstöcken zu Weiseln und Königen heranbilden ließ."⁶)

Indem so die Ausübung der obersten Regierungsgewalt in
die Hände von Männern gelegt wird, für welche dieselbe grund=
sätzlich ein Amt und eine Pflicht ist, erscheint auch die Verwirk=
lichung des Staatszweckes durch die Träger der Staatsgewalt ge=
sichert.⁷) Die Idee des Staates hat einen Ausdruck gefunden, in
welchem sie über alle Interessen erhaben dasteht.

Hier gibt es daher auch keinen Kampf mehr um die poli=
tische Macht, wie er das Leben des wirklichen Staates vergiftet,
in welchem blinder Wahn „um einen Schatten kämpft und über
die Herrschaft sich entzweit, als ob diese ein hohes Gut wäre."⁸)

---

¹) 519c: ... σκοπὸν ἐν τῷ βίῳ ... ἔχουσιν ἕνα, οὒ στοχαζομένους
δεῖ ἅπαντα πράττειν, ἃ ἂν πράττωσιν ἰδίᾳ τε καὶ δημοσίᾳ κτλ.

²) 519c.

³) Wo sie ἐν τῷ καθαρῷ verweilen. 520d. vgl. 500b.

⁴) 519d vgl. 500c u. 520b, c.

⁵) ὡς ἐπ' ἀναγκαῖον 520e.

⁶) 520b.

⁷) 521a u. 521b.

⁸) 520c.

Hier herrschen in Frieden die Repräsentanten des wahrhaften Reich=
tums, nicht des Goldes, sondern desjenigen Reichtums, der für das
Glück unentbehrlich ist, der Sittlichkeit und Vernunft,[1]) während dort
„Bettler und nach eigenem Nutzen Hungernde sich auf den Staat
werfen, in der Meinung, von ihm das Gute erbeuten zu müssen",
und so den inneren Kampf entzündend sich und ihre Mitbürger
zu Grunde richten.[2])

Statt der „Träumenden" herrschen hier die „Wachenden",[3])
statt der „zur Gemeinschaft Untauglichen", Antisozialen (δυσ-
κοινώνητοι)[4]) die wahrhaft sozial Gesinnten (οἱ φιλοπόλιδες),
statt der sittlich und geistig Unreifen die durch „Unterricht und
Alter zur Vollendung Gelangten" (τελειωθεῖς παιδείᾳ τε καὶ
ἡλικίᾳ)[5]). An Stelle der Blinden, deren Geiste überhaupt kein
deutliches Urbild der Dinge (ἐναργὲς παράδειγμα) innewohnt,
sind hier die Wissenden getreten, welche den Staat nach seinem
göttlichen Musterbild (θεῖον παράδειγμα)[6]) zu formen verstehen,
diejenigen welche allein im Stande sind, an alles Gegebene den
Maßstab der Idee anzulegen und die Wirklichkeit ideengemäß zu
gestalten. Denn sie haben das Höchste, die sittliche Idee geschaut
(τὴν τοῦ ἀγαθοῦ ἰδέαν, μέγιστον μάθημα),[7]) welche den beißen=
den Mittelpunkt alles sozialen und politischen Denkens und Handelns
bilden soll.

All dies hat Plato im Auge, wenn er es auszusprechen
„wagt", daß im besten Staat die treuesten der Hüter zu „Weis=

---

[1]) 521 a: ἐν μόνῃ γὰρ αὐτῇ ἄρξουσιν οἱ τῷ ὄντι πλούσιοι, οὐ χρυσίου, ἀλλ' οὗ δεῖ τὸν εὐδαίμονα πλουτεῖν, ζωῆς ἀγαθῆς τε καὶ ἔμφρονος.

[2]) Ebd.: εἰ δὲ πτωχοὶ καὶ πεινῶντες ἀγαθῶν ἰδίων ἐπὶ τὰ δημόσια
ἴασιν, ἐντεῦθεν οἰόμενοι τἀγαθὸν δεῖν ἁρπάζειν, οὐκ ἔστι· περιμάχητον
γὰρ τὸ ἄρχειν γιγνόμενον, οἰκεῖος ὢν καὶ ἔνδον ὁ τοιοῦτος πόλεμος αὐτούς τε ἀπόλλυσι καὶ τὴν ἄλλην πόλιν.

[3]) 520 c.
[4]) 486 b.
[5]) 487 a.
[6]) 500 e.
[7]) 505 a.

heitsfreunden" (φιλόσοφοι) gebildet werden müßten,[1]) und daß
die Staaten der Wirklichkeit erst dann von ihren Übeln erlöst
werden würden, wenn die „Philosophen" in ihnen zur Herrschaft
kämen.[2]) Allerdings werden es immer nur Wenige sein, welche
sich auf eine solche Höhe der Intelligenz und idealer Gesinnnng
zu erheben vermögen, wie sie hier von den obersten Lenkern des
Staates verlangt wird,[3]) allein die Zahl der zur Regierung Ge=
langenden ist für Plato gleichgültig. Mag die Regierungsform
eine monarchische[4]) oder eine aristokratische (im besten Sinne des
Wortes) sein, wenn es nur gelingt, durch eine sorgfältige Auslese
wirklich die besten Männer an die Spitze zu bringen.

Zu diesem Zweck hat sich die heranwachsende Generation der
Hüterklasse einer Reihe von Prüfungen zu unterwerfen, die neben
geistiger Begabung und wissenschaftlichem Fortschritt ganz besonders
die Charakterentwicklung des Individuums ins Auge fassen. Alle
diejenigen, welche nicht in den niederen Stellungen des Verwaltungs=
und Militärdienstes zurückbleiben wollen, müssen sich durch strenge
wissenschaftliche Studien zu einer Höhe der Bildung, zu einer har=
monischen Gesamtanschauung der Dinge erhoben haben, die sie
befähigt, stets auch den allgemeinen Zusammenhang alles Einzel=

---

[1]) 503b: νῦν δὲ τοῦτο μὲν τετολμήσθω εἰπεῖν, ὅτι τοὺς ἀκριβεστά-
τους φύλακας φιλοσόφους δεῖ καθιστάναι.

[2]) 487e: οὐ πρότερον κακῶν παύσονται αἱ πόλεις πρὶν ἂν ἐν αὐ-
ταῖς οἱ φιλόσοφοι ἄρξωσιν.

[3]) Πολιτ. 293a: ἑπόμενον δὲ οἶμαι τούτῳ τὴν μὲν ὀρθὴν ἀρχὴν
περὶ ἕνα τινὰ καὶ δύο καὶ παντάπασιν ὀλίγους δεῖν ζητεῖν. „Unter tausend
Männern brauchen noch nicht fünfzig Staatsmänner zu sein" 292e ff. vgl
297e f. Gorgias 521d f. 537 f.

[4]) Überragt ein Einzelner alle Anderen, so soll er König sein.
445d: ἐγγενομένου μὲν γὰρ ἀνδρὸς ἑνὸς ἐν τοῖς ἄρχουσι διαφέροντος
βασιλεία ἂν κληθείη, πλειόνων δὲ ἀριστοκρατία.
Vgl. das Lob der (wahren) Monarchie 576c: καὶ δῆλον παντί, ὅτι
τυραννουμένης (πόλεως) μὲν οὐκ ἔστιν ἀθλιωτέρα, βασιλευομένης δὲ οὐκ
εὐδαιμονεστέρα. 506b: οὐκοῦν ἡμῖν ἡ πολιτεία παντελῶς κεκοσμήσεται,
ἐὰν ὁ τοιοῦτος αὐτὴν ἐπισκοπῇ φύλαξ ὁ τούτων ἐπιστήμων; Allerdings
wird die Philosophenherrschaft überhaupt als ein βασιλεύειν bezeichnet. 473d.

wissens klar zu erfassen. Sie müssen andererseits durch die ent=
schiedensten Proben von Charakterfestigkeit und Opferfähigkeit dem
Staate eine Bürgschaft dafür gegeben haben, daß sie ihr ganzes
Leben hindurch das Wohl des Ganzen zur leitenden Norm ihres
Handelns machen werden.[1] „Weit sorgfältiger als Gold im Feuer
geprüft" müssen sie gezeigt haben, daß nichts auf der Welt, nicht
Gewalt, noch Trug, noch Begierde sie jemals in ihrer Hingebung
an den Staat wankend machen könne.[2]

Die also Erprobten treten mit fünfunddreißig Jahren in die
höheren Ämter der Verwaltung und des Heerwesens ein, um sich
jene umfassende praktische Erfahrung und Tüchtigkeit anzueignen,
welche auch nach Plato für den Staatsmann unentbehrlich ist.[3]
Diejenigen aber, welche sich hier in jeder Hinsicht den Forderungen
der Praxis gewachsen gezeigt, sollen an der Schwelle des Alters
— im fünfzigsten Lebensjahre — dem „letzten Ziele zugeführt" und
veranlaßt werden, ihr geistiges Auge emporzurichten zu dem, was
Allem Licht verleiht. Sie sollen die Muße erhalten, sich in die
Welt der Begriffe zu versenken, voll und ganz das zu erkennen,
was in allem Wechsel des Einzelnen das ewig Bleibende, Allge=
meine, das von dem Zufall der Erscheinung abgelöste wahre Wesen
der Dinge ist. Zugleich soll ihnen die Macht zu Teil werden, nach
diesem höchsten Maßstab, den ihnen die begriffliche Erkenntnis, die
Einsicht in das „an sich Gute" an die Hand gibt, alles staatliche
und individuelle Leben zu gestalten.[4]

---

[1] 412d: ἐκλεκτέον ἄρ' ἐκ τῶν ἄλλων φυλάκων τοιούτους ἄνδρας,
οἳ ἂν σκοπῶσιν ἡμῖν μάλιστα φαίνωνται παρὰ πάντα τὸν βίον, ὃ μὲν
ἂν τῇ πόλει ἡγήσωνται ξυμφέρειν, πάσῃ προθυμίᾳ ποιεῖν, ὃ δ' ἂν μή,
μηδενὶ τρόπῳ πρᾶξαι ἂν ἐθέλειν.

[2] 412e. Vgl. 413d.

[3] Die „Philosophen", die Plato zur Herrschaft berufen wissen will,
sind also geschulte Praktiker, keineswegs bloß Männer der Theorie. Sie
stehen an Erfahrung (ἐμπειρίᾳ) hinter Keinem zurück. 484d. Dies darf
man nicht außer acht lassen, wenn man die platonische Philosophenherrschaft
mit der der „Gelehrten" bei Fichte oder St. Simon vergleicht.

[4] 540a.

Zu dem Zweck dürfen sie zwar fortan den größten Teil ihrer Zeit der Erkenntnis widmen, allein gleichzeitig wird ihnen die Verpflichtung auferlegt, in periodischem Wechsel wenigstens vorübergehend die oberste Leitung des Staates zu übernehmen, wenn die Reihe sie trifft, sich „der Mühseligkeit der Staatsgeschäfte zu unterziehen."[1] Die Macht, die sie ausüben, ist eine absolute. Sie sind die eigentlichen „vollkommenen Hüter" (φύλακες παντελεῖς τέλεοι) des Staates, ihnen gegenüber alle Standesgenossen nur ausführende Organe, „Helfer und Förderer des Willens der Herrscher," (ἐπίκουροί τε καὶ βοηθοὶ τοῖς τῶν ἀρχόντων δόγμασιν),[2] wie diese selbst nur Werkzeuge der Staatsidee sein wollen. So offenbart sich in allen Organen des Staates die hohe sittliche Idee, für welche sie bestehen und funktionieren; sie ist als allgegenwärtiges und allbestimmendes Prinzip in allen Handlungen der öffentlichen Gewalten wirksam.

So unerschöpflich nun aber auch die Fülle sittlicher und geistiger Kräfte erscheinen mag, welche durch den geschilderten Erziehungs- und Bildungsprozeß entwickelt werden soll, — Eine Sorge bleibt noch vor dem weitschauenden Geiste des Denkers bestehen: Wird sich diese mühsam errungene Summe von Kräften auch ungeschwächt erhalten oder späteren Generationen wieder verloren gehen?

Obgleich die ideale Beamten- und Kriegerklasse als Ganzes genommen eine Elite darstellt, die unvermeidlichen Gradunterschiede in der Tüchtigkeit der einzelnen Individuen sind doch auch hier keineswegs geringe. Wie nun, wenn die für die höchsten staat-

---

[1] 540 b.
[2] 414 b. Sie sind auch deren Schüler. Vgl. den Schlußsatz der Erörterung über die Träger der Regierungsgewalt, der für die ganze Stellung derselben bezeichnend ist 540 b: „Nachdem sie immer wieder Andere zu solchen Männern herangebildet und an ihrer Statt als Hüter des Staates zurückgelassen, mögen sie nach den Inseln der Seligen von dannen ziehen, um dort ihre Heimat zu finden, der Staat aber ihnen, wenn der Pythia Spruch dem beistimmt, als Halbgöttern, wo nicht als Götterlieblingen und Gottähnlichen Denkmäler und Opfer weihen."

lichen Aufgaben befähigten Talente sich nicht in der nötigen Anzahl reproduzieren, dagegen ein unverhältnismäßig großer Anteil der Vermehrung auf die minder begabten Elemente trifft? Ein Ergebnis ganz unvermeidlich bei einer Menschenklasse, welche durch den Kommunismus der Sorge um das tägliche Brot vollkommen überhoben ist, in welcher daher auch die auf die Verminderung der geringerwertigen Individuen hinwirkende Tendenz des Daseins= kampfes von vorneherein fehlt.

Plato stand hier einfach vor der Alternative: entweder der von den äußeren Zufälligkeiten der Fortpflanzung drohenden Ver= schlechterung der „für das Gemeinwesen bestimmten" Klasse ihren freien Lauf zu lassen und damit auf die Dauerhaftigkeit seiner staatlichen Schöpfung von vorneherein zu verzichten oder aber — die Fortpflanzung ihres zufälligen und rein individuellen Charakters zu entkleiden. So abstoßend für unser Empfinden die Konsequenzen sind, zu denen man auf letzterem Wege notwendig gelangen muß: die staatliche Regelung der Fortpflanzung durch die bewußte und künstliche Auslese oder Zuchtwahl, — bei Plato konnte keine Rede davon sein, daß er auf eine Forderung verzichtet hätte, welche sich aus seinem ganzen System mit logischer Folgerichtigkeit ergab.

Nach seiner Ansicht ist schön und gut, was dem Staatszwecke nützt, unsittlich und häßlich nur das, was denselben schädigt.[1]) Denn der Staatszweck ist ja das Glück und, weil das Glück, auch die Sittlichkeit Aller. Wie könnte also das, was diesem Zwecke dient, der Sittlichkeit widerstreiten? Allerdings fordert es auch ein großes, nach unserem Gefühl zu großes Opfer an Freiheit und Selbstbestimmung. Allein gibt es für den Beamten und Soldaten des Vernunftstaates, das unbedingt ergebene Organ für die Durch=

---

[1]) τὸ μὲν ὠφέλιμον καλόν, τὸ δὲ βλαβερὸν αἰσχρόν 457b. Wir haben hier, nebenbei bemerkt, bereits eine Formulierung des Systems des gesellschaftlichen Utilitarismus vor uns, wie es in einem ganz ana= logen Satz von Leibniz zum Ausdruck kommt (omne honestum publice i. e. generi humano et mundo utile, omne turpe damnosum), und wie es neuer= dings Jhering eingehend zu begründen unternommen hat. (Der Zweck im Recht II 158 ff.)

führung des Staatszweckes, irgend ein Opfer, welches gegenüber
diesem Zweck ein zu großes wäre?

Übrigens widersprach ja dem Empfinden des antiken Menschen
ein Zwang gerade auf diesem Gebiete nicht in dem Grade wie
unserem modernen. Der Hellene war gewöhnt, selbst die Ehe —
als das Institut, welches dem Staate Bürger zu geben hat —
unter einem rein politischen Gesichtspunkt zu betrachten;[1]) und es
ist nur die äußerster Konsequenz dieser Auffassung, wenn der beste
Staat, der, um der beste zu sein, sich auch seine Organe selbst
schaffen zu müssen glaubt, den Anspruch erhebt, durch eine plan-
mäßige Regelung des Fortpflanzungsgeschäftes sich die stetige Wiedererzeugung der für seinen Dienst geeignetsten Individuen dauernd
zu sichern.

So legt denn der Vernunftstaat seinen Dienern d. h. Beamten
und Soldaten die Verpflichtung auf, sich bei der Erzeugung der
„für das Gemeinwesen bestimmten Kinder" an die Altersgrenzen
zu halten, welche nach seiner Ansicht die sicherste Bürgschaft für
einen tüchtigen Nachwuchs gewähren.[2]) Er verlangt von ihnen
den Verzicht auf die Ehe d. h. auf freiwillige und dauernde Verbindungen, und die Unterwerfung unter die künstlichen Veranstaltungen, durch welche die Staatsgewalt für jeden einzelnen Fall
die Einzelnen zusammenführt, obgleich dabei rücksichtslos nach den
züchterischen Grundsätzen der individuellen Auslese[3]) die tüchtigsten
Individuen vor den minder Tauglichen bevorzugt werden.[4]) Prinzip

---

[1]) Vgl. z. B. die spartanischen Ehegebräuche, die um die Erhaltung
der Familie zu sichern, im Unvermögensfalle des Mannes den monogamischen
Charakter der Ehe unbedenklich preisgeben. Xen. Rep. Lac. I, 7 ff.

[2]) Die Zeugung darf weder in zu jugendlichem noch in zu hohem Alter
erfolgen. 459a ff.

[3]) Plato beruft sich ausdrücklich auf die Analogie der künstlichen Tier-
züchtung 459a.

[4]) Allerdings sollen die Mittel, durch welche die Regierung dies erreicht, das Geheimnis derselben bleiben. Die Zuteilung der Frauen soll durch
eine „schlaue Verlosung" erfolgen, welche den Anschein der Unparteilichkeit
erweckt.

ist, daß „die Besten sich am häufigsten mit den Besten verbinden
und umgekehrt die Schlechtesten nur mit den Schlechtesten." Die
Tüchtigsten sollen eine möglichst zahlreiche Nachkommenschaft erzeugen, weshalb z. B. allen denen, welche im Kriegs- oder Friedens-
dienst sich hervorgethan — zugleich als Belohnung — eine „häufi-
gere Begünstigung des Beilagers" zu Teil wird. Ja die Grundsätze der Zuchtwahl werden so strenge durchgeführt, daß die Kinder
der minder tüchtigen Individuen von vorneherein als außerhalb
der Klasse ihrer Eltern stehend behandelt werden. Sie sollen ebenso
wie etwaige gebrechliche Kinder ihrer tüchtigeren Standesgenossen
„bei Seite geschafft werden".[1] Ferner sollen alle Früchte einer
von der Obrigkeit nicht angeordneten Verbindung abgetrieben, oder,
wo das nicht möglich, so behandelt werden, als „sei für ihre
Auferziehung kein Platz vorhanden;"[2] d. h. — wie Plato selbst
später zur Erklärung hinzugefügt hat, — alle diese von der Erziehung für den Staatsdienst ausgeschlossenen Kinder sollen auf dem
Wege heimlicher Verteilung in der übrigen Bürgerschaft untergebracht werden.[3]

Indem so Generationen hindurch immer wieder diejenigen
Individuen zur Nachzucht gewählt werden, welche die durch systematische Erziehung und Disziplinierung entwickelten Charaktereigen-
schaften in hervorragendem Maße bewähren, den anderen dagegen,
welche sich den höchsten Staatszwecken weniger anzupassen vermögen,
die Vererbung innerhalb des Standes versagt bleibt, werden die
dem Staatszweck angepaßten Eigenschaften der Elite des Soldaten-
und Beamtenstandes nicht nur erhalten, sondern durch Häufung

---

[1] 460c vgl. 459e.

[2] 461c. Es soll eben die naheliegende Gefahr einer zügellosen ge-
schlechtlichen Vermischung möglichst verhütet werden, indem jeder nicht legali-
sierte geschlechtliche Umgang als „Sünde" gegen den Staat verboten wird.
Kinder, welche unter Übertretung des Sexualkodex gezeugt sind, heißen „eine
Frucht der Finsternis und schwerer Unkeuschheit" (461a).

[3] Timaeus 19a. Darnach bestimmt sich auch der Sinn von Rep. 459e.
Von einem förmlichen „Aussetzen" der Kinder nach spartanischem Vorbild,
wie es z. B. noch Zeller annimmt, ist nicht die Rede.

so sehr gesteigert, daß Plato an demselben eine „Herde von mög=
lichster Vollkommenheit" zu erhalten hofft.

Aber auch noch in anderer Beziehung kommt dieses System
dem Bestande der Klasse zu Gute. Indem es die Fruchtbarkeit
derselben der Willkür des Einzelnen entzieht und sie stets mit den
gegebenen Verhältnissen auszugleichen sucht, begegnet es zugleich
der Gefahr eines allzu starken Angebotes von Kräften, für welche
der Staat keine Verwendung hätte.²) Und diese Gefahr ist ja
hier eine besonders große, wo der Kommunismus nicht nur Jedem
für sich volle Versorgung gewährt, sondern ihm auch die Fürsorge
für den Unterhalt seiner Nachkommenschaft gänzlich abnimmt. Eine
solche solidarisch verbundene Gesellschaft könnte überhaupt nicht be=
stehen, wenn sie der Vermehrung ihrer Mitglieder keine Schranke
setzen und es als ein Ur= und Grundrecht der Bürger anerkennen
wollte, die Gemeinschaft mit einer beliebig großen Zahl von Spröß=
lingen zu belasten.

So sind denn auch hier die Vorschläge Platos, so verwerf=
lich sie für unser Gefühl erscheinen, aus den vorausgesetzten Zu=
ständen mit strengster Folgerichtigkeit entwickelt; für diejenigen,
welche die Voraussetzungen annehmen, sind sie logisch unabweis=
bar. Eine andere Frage ist freilich die, ob all das, was Plato
sich von ihrer Durchführung verspricht, auch wirklich eintreten
würde!

2.
Das Bürgertum.

Zu der Ausführlichkeit der Darstellung, welche Plato dem
Soldaten= und Beamtentum widmet, steht in eigentümlichem Gegen=
satz die Kürze, mit welcher er über die Lebensordnung der Erwerbs=
gesellschaft hinweggeht.

---

¹) ποίμνιον ὅ τι ἀκρότατον. 459 e.

²) 460 a: τὸ δὲ πλῆθος τῶν γάμων ἐπὶ τοῖς ἄρχουσι ποιήσομεν,
ἵν' ὡς μάλιστα διασώζωσι τὸν αὐτὸν ἀριθμὸν τῶν ἀνδρῶν, πρὸς πολέμους
τε καὶ νόσους καὶ πάντα τὰ τοιαῦτα ἀποσκοποῦντες, καὶ μήτε μεγάλη
ἡμῖν ἡ πόλις κατὰ τὸ δυνατὸν μήτε σμικρὰ γίγνηται.

Man hat darin seit Aristoteles eine Lücke des ganzen poli=
tischen Systems sehen wollen[1] und die bereits bei Aristoteles
ziemlich deutlich ausgesprochene Vermutung daran geknüpft, als sei
Plato vor den Schwierigkeiten zurückgeschreckt, welche diese Frage
einer systematischen Behandlung entgegenstellt.[2]

Nun ist es ja allerdings richtig, daß Plato nähere An=
weisungen für die Ordnung des Wirtschaftslebens im Idealstaate
nicht gibt, während er in seinem der Wirklichkeit mehr angenäherten
Organisationsentwurf des „Gesetzesstaates" einen ausführlichen Plan
für die staatliche Regulierung der gesamten Volkswirtschaft dieses
zweitbesten Staates ausgearbeitet hat. Auch ist es, wie wir sehen
werden, nicht zu leugnen, daß Plato selbst nicht zu einem ab=
schließenden Urteil darüber gelangt ist, wie und in welchem Um=
fange in der Praxis das zu verwirklichen sei, was ihm als das
Ideal einer Wirtschaftsordnung des besten Staates vorschwebte.

Trotz alledem ist es jedoch nicht berechtigt, daraus eine „Lücke
des Systems" zu konstruieren. Plato selbst hat nämlich diesen
Vorwurf sehr wohl vorausgesehen und sich daher so klar und be=
stimmt wie möglich darüber ausgesprochen, warum er in dem
Entwurf des idealen Vernunftstaates auf detaillierte Vorschläge nach
der genannten Seite hin verzichtete.

Er hat ein lebhaftes Gefühl dafür, daß gegenüber der un=
endlichen Mannigfaltigkeit, Verschlungenheit und Wandelbarkeit der
gesellschaftlichen Zustände, gegenüber dem nicht minder verschieden=
artigen und wandelbarem Menschengemüt alle positive Satzung nur
einen relativen Wert beanspruchen kann. Nach seiner Überzeugung
ist es immer mißlich, das Leben durch starre Regeln meistern zu
wollen, welche überall und immer Geltung beanspruchen. Denn
kein Gesetzgeber sei im stande, genau im Voraus zu bestimmen, was
„für alle das Beste und Gerechteste" ist, und „indem er allen ins=

[1] Noch Zeller ist dieser Ansicht II[4], 1, 907.
[2] Aristoteles Pol. II, 2, 11[b]. 1264a.
[3] Πολιτ 294b: ... νόμος οὐκ ἄν ποτε δύναιτο τό τε ἄριστον καὶ
τὸ δικαιότατον ἀκριβῶς ἅμα πᾶσι περιλαβὼν τὸ βέλτιστον ἐπιτάττειν· αἱ

gesamt Vorschriften gibt, genau jedem Einzelnen das ihm An=
gemessene zuzuteilen". Als ein Einfaches, welches seinem Wesen
nach niemals mit dem Komplizierten sich decken wird,[2] könne das
geschriebene Gesetz — zumal anf dem Gebiete des so verwickelten
wirtschaftlichen Verkehrsrechtes — nur mit „großen Durchschnitten"
rechnen,[3] niemals wirklich genügend auf das Individuelle eingehen.
Die Verwirklichung der materiellen Gerechtigkeit, wie sie in denkbar
idealster Weise der Vernunftstaat bezweckt, wird daher dem positiven
Recht immer nur innerhalb enger Grenzen möglich sein. Es gibt
kein formales Recht, welches nicht um den Preis teilweiser mate=
rieller Ungerechtigkeit erkauft wäre.

Von diesem Gesichtspunkte aus erscheint die Unterwerfung der
Regierenden unter das geschriebene Gesetz nur als ein Notbehelf,
welcher unentbehrlich ist, um das Interesse der Regierten gegen
deren Unverstand oder Egoismus zu schützen.[4] Wie aber, wenn
die Regierung aus Männern besteht, bei welchen es eines solchen
Schutzes nicht bedarf, „wahrhaften Staatsmännern", welche der
„königlichen Wissenschaft" (ἐπιστήμη βασιλική) voll und ganz
Meister sind? Sollen ihnen die Fesseln (ἐμποδίσματα) geschrie=
bener Satzungen angelegt werden, welche der praktischen Verwirk=
lichung ihrer höheren Einsicht überall hindernd und störend in den
Weg treten, einer Einsicht, die sich bei freier Bethätigung notwendig
besser bewähren muß, als alles Gesetz?[5]

γὰρ ἀνομοιότητες τῶν τε ἀνθρώπων καὶ τῶν πράξεων καὶ τοῦ μηδέποτε
μηδέν, ὡς ἔπος εἰπεῖν, ἡσυχίαν ἄγειν τῶν ἀνθρωπίνων οὐδὲν ἐῶσιν
ἁπλοῦν ἐν οὐδενὶ περὶ ἁπάντων καὶ ἐπὶ πάντα τὸν χρόνον ἀποφαίνεσθαι
τέχνην οὐδ' ἡντινοῦν.

[1] 295 a.

[2] 294 c: οὐκοῦν ἀδύνατον εὖ ἔχειν πρὸς τὰ μηδέποτε ἁπλᾶ τὸ διὰ
παντὸς γιγνόμενον ἁπλοῦν; κινδυνεύει.

[3] παχύτερον . . . ὡς ἐπὶ τὸ πολὺ καὶ ἐπὶ πολλοὺς 294 e.

[4] Ebd. 300 a ff.

[5] Vgl. das berühmte Bild vom Steuermann ebd. 297 a: ὥσπερ ὁ
κυβερνήτης τὸ τῆς νεὼς καὶ ναυτῶν ἀεὶ ξυμφέρον παραφυλάττων, οὐ
γράμματα τιθεὶς ἀλλὰ τὴν τέχνην νόμον παρεχόμενος, σώζει τοὺς συν-

Es ist nur die einfache und unabweisbare logische Konsequenz dieser bereits in dem Dialog über den „Staatsmann" d. h. das wahre Königtum entwickelten Auffassung, wenn Plato darauf verzichtet, den Regenten seines Idealstaates über die Art und Weise, wie sie zu regieren hätten, „viele und weitläufige" ($\pi o \lambda \lambda \grave{a} \varkappa a i$ $\mu \varepsilon \gamma \acute{a} \lambda a$) Vorschriften zu machen.[1] Er ist ja überzeugt, daß die von ihm vorgeschlagene Erziehung und Organisation des Beamtentums dem Staate eine Regierung verbürgt, welche das denkbar höchste Maß praktischer Erfahrung und theoretischer Erkenntnis in sich verkörpert, ein höheres jedenfalls, als es der bloße Theoretiker für sich in Anspruch nehmen konnte. Er würde also mit seinen eigenen Anschauungen über das Verhältnis der echten Staatskunst zum geschriebenen Gesetz in Widerspruch geraten sein, wenn er es „gewagt" hätte, einer so vollkommenen Regierung, welche „in den meisten Fällen" die notwendigen gesetzlichen Vorschriften leicht selbst finden werde,[2] für alle Zukunft die Hand zu binden. Nicht die tote, gegenüber der rastlosen Bewegung des Lebens starr sich gleichbleibende Satzung soll die Grundlage der im Vernunftstaat zu verwirklichenden idealen Gerechtigkeit sein, sondern die lebendige, aus dem ewig frischen und unerschöpflichen Born praktischer Er-

---

$\nu a \acute{\upsilon} \tau a \varsigma$, $o \mathring{\upsilon} \tau \omega$ $\varkappa a i$ $\varkappa a \tau \grave{a}$ $\tau \grave{o} \nu$ $a \mathring{\upsilon} \tau \grave{o} \nu$ $\tau \rho \acute{o} \pi o \nu$ $\tau o \tilde{\upsilon} \tau o \nu$ $\pi a \rho \grave{a}$ $\tau \tilde{\omega} \nu$ $o \mathring{\upsilon} \tau \omega \varsigma$ $\mathring{a} \rho \chi \varepsilon \iota \nu$ $\delta \upsilon \nu a \mu \acute{\varepsilon} \nu \omega \nu$ $\mathring{o} \rho \vartheta \grave{\eta}$ $\gamma \acute{\iota} \gamma \nu o \iota \tau$' $\mathring{a} \nu$ $\pi o \lambda \iota \tau \varepsilon \acute{\iota} a$, $\tau \grave{\eta} \nu$ $\tau \tilde{\eta} \varsigma$ $\tau \acute{\varepsilon} \chi \nu \eta \varsigma$ $\mathring{\rho} \acute{\omega} \mu \eta \nu$ $\tau \tilde{\omega} \nu$ $\nu \acute{o} \mu \omega \nu$ $\pi a \rho \varepsilon \chi o \mu \acute{\varepsilon} \nu \omega \nu$ $\varkappa \rho \varepsilon \acute{\iota} \tau \tau \omega$; $\varkappa a i$ $\pi \acute{a} \nu \tau a$ $\pi o \iota o \tilde{\upsilon} \sigma \iota$ $\tau o \tilde{\iota} \varsigma$ $\mathring{\varepsilon} \mu \varphi \rho o \sigma \iota \nu$ $\mathring{a} \rho \chi o \upsilon \sigma \iota \nu$ $o \mathring{\upsilon} \varkappa$ $\mathring{\varepsilon} \sigma \tau \iota \nu$ $\mathring{a} \mu \acute{a} \rho \tau \eta \mu a$, $\mu \acute{\varepsilon} \chi \rho \iota$ $\pi \varepsilon \rho$ $\mathring{a} \nu$ $\mathring{\varepsilon} \nu$ $\mu \acute{\varepsilon} \gamma a$ $\varphi \upsilon \lambda \acute{a} \tau \tau \omega \sigma \iota$, $\tau \grave{o}$ $\mu \varepsilon \tau \grave{a}$ $\nu o \tilde{\upsilon}$ $\varkappa a i$ $\tau \acute{\varepsilon} \chi \nu \eta \varsigma$ $\delta \iota \varkappa a \iota \acute{o} \tau a \tau o \nu$ $\mathring{a} \varepsilon i$ $\delta \iota a \nu \acute{\varepsilon} \mu o \nu \tau \varepsilon \varsigma$ $\tau o \tilde{\iota} \varsigma$ $\mathring{\varepsilon} \nu$ $\tau \tilde{\eta}$ $\pi \acute{o} \lambda \varepsilon \iota$, $\sigma \acute{\omega} \zeta \varepsilon \iota \nu$ $\tau \varepsilon$ $a \mathring{\upsilon} \tau o \grave{\upsilon} \varsigma$ $o \mathring{\iota} o \acute{\iota}$ $\tau \varepsilon$ $\mathring{\omega} \sigma \iota$ $\varkappa a i$ $\mathring{a} \mu \varepsilon \acute{\iota} \nu o \upsilon \varsigma$ $\mathring{\varepsilon} \varkappa$ $\chi \varepsilon \iota \rho \acute{o} \nu \omega \nu$ $\mathring{a} \pi o \tau \varepsilon \lambda \varepsilon \tilde{\iota} \nu$ $\varkappa a \tau \grave{a}$ $\tau \grave{o}$ $\delta \upsilon \nu a \tau \acute{o} \nu$;

[1] Rep. 423 d.

[2] 425 d: $\tau \acute{\iota}$ $\delta \acute{\varepsilon}$, $\mathring{\omega}$ $\pi \rho \grave{o} \varsigma$ $\vartheta \varepsilon \tilde{\omega} \nu$, $\mathring{\varepsilon} \varphi \eta$, $\tau \acute{a} \delta \varepsilon$ $\tau \grave{a}$ $\mathring{a} \gamma o \rho a \tilde{\iota} a$ $\xi \upsilon \mu \beta o \lambda a \acute{\iota} \omega \nu$ $\tau \varepsilon$ $\pi \acute{\varepsilon} \rho \iota$ $\varkappa a \tau$' $\mathring{a} \gamma o \rho \grave{a} \nu$ $\mathring{\varepsilon} \varkappa a \sigma \tau o \iota$ $\mathring{a}$ $\pi \rho \grave{o} \varsigma$ $\mathring{a} \lambda \lambda \acute{\eta} \lambda o \upsilon \varsigma$ $\xi \upsilon \mu \beta \acute{a} \lambda \lambda o \upsilon \sigma \iota \nu$, $\varepsilon \mathring{\iota}$ $\delta \grave{\varepsilon}$ $\beta o \acute{\upsilon} \lambda \varepsilon \iota$, $\varkappa a i$ $\chi \varepsilon \iota \rho o \tau \varepsilon \chi \nu \iota \varkappa \tilde{\omega} \nu$ $\pi \varepsilon \rho i$ $\xi \upsilon \mu \beta o \lambda a \acute{\iota} \omega \nu$ $\varkappa a i$ $\lambda o \iota \delta o \rho \iota \tilde{\omega} \nu$ $\varkappa a i$ $a \mathring{\iota} \varkappa \acute{\iota} a \varsigma$ $\varkappa a i$ $\delta \iota \varkappa \tilde{\omega} \nu$ $\lambda \acute{\eta} \xi \varepsilon \omega \varsigma$ $\varkappa a i$ $\delta \iota \varkappa a \sigma \tau \tilde{\omega} \nu$ $\varkappa a \tau a \sigma \tau \acute{a} \sigma \varepsilon \omega \varsigma$, $\varkappa a i$ $\varepsilon \mathring{\iota}$ $\pi o \upsilon$ $\tau \varepsilon \lambda \tilde{\omega} \nu$ $\tau \iota \nu \varepsilon \varsigma$ $\mathring{\eta}$ $\pi \rho \acute{a} \xi \varepsilon \iota \varsigma$ $\mathring{\eta}$ $\vartheta \acute{\varepsilon} \sigma \varepsilon \iota \varsigma$ $\mathring{a} \nu a \gamma \varkappa a \tilde{\iota} o \iota$ $\varepsilon \mathring{\iota} \sigma \iota \nu$ $\mathring{\eta}$ $\varkappa a \tau$' $\mathring{a} \gamma o \rho \grave{a} \varsigma$ $\mathring{\eta}$ $\lambda \iota \mu \acute{\varepsilon} \nu a \varsigma$, $\mathring{\eta}$ $\varkappa a i$ $\tau \grave{o}$ $\pi a \rho \acute{a} \pi a \nu$ $\mathring{a} \gamma o \rho a$-$\nu o \mu \iota \varkappa \grave{a}$ $\mathring{a} \tau \tau a$ $\mathring{\eta}$ $\mathring{a} \sigma \tau \upsilon \nu o \mu \iota \varkappa \grave{a}$ $\mathring{\eta}$ $\mathring{\varepsilon} \lambda \lambda \iota \mu \varepsilon \nu \iota \varkappa \grave{a}$ $\mathring{\eta}$ $\mathring{o} \sigma a$ $\mathring{a} \lambda \lambda a$ $\tau o \iota a \tilde{\upsilon} \tau a$, $\tau o \acute{\upsilon}$-$\tau \omega \nu$ $\tau o \lambda \mu \acute{\eta} \sigma o \mu \acute{\varepsilon} \nu$ $\tau \iota$ $\nu o \mu o \vartheta \varepsilon \tau \varepsilon \tilde{\iota} \nu$; $\mathring{A} \lambda \lambda$' $o \mathring{\upsilon} \varkappa$ $\mathring{a} \xi \iota o \nu$, $\mathring{\varepsilon} \varphi \eta$, $\mathring{a} \nu \delta \rho \acute{a} \sigma \iota$ $\varkappa a \lambda o \tilde{\iota} \varsigma$ $\varkappa \mathring{a} \gamma a \vartheta o \tilde{\iota} \varsigma$ $\mathring{\varepsilon} \pi \iota \tau \acute{a} \tau \tau \varepsilon \iota \nu$· $\tau \grave{a}$ $\pi o \lambda \lambda \grave{a}$ $\gamma \grave{a} \rho$ $a \mathring{\upsilon} \tau \tilde{\omega} \nu$, $\mathring{o} \sigma a$ $\delta \varepsilon \tilde{\iota}$ $\nu o \mu o \vartheta \varepsilon \tau \acute{\eta} \sigma a \sigma \vartheta a \iota$, $\mathring{\rho} a \delta \acute{\iota} \omega \varsigma$ $\pi o \upsilon$ $\varepsilon \mathring{\upsilon} \rho \acute{\eta} \sigma o \upsilon \sigma \iota \nu$.

fahrung und wissenschaftlicher Erkenntnis schöpfende Weisheit seiner
leitenden Staatsmänner.

Durch diese Anschauung ist es prinzipiell ausgeschlossen, daß
der Entwurf des Idealstaates sich, „wie man vielleicht erwarten
mag,"[1] auf Detailvorschriften über Fragen der Wirtschaftspolitik
u. dgl. m. einläßt.

Man sieht wie gründlich man Plato mißverstehen würde,
wenn man mit Zeller annähme, daß Platos Idealstaat die Erwerbs=
stände „durchaus sich selbst überlasse".[2]

Eine solche Auffassung ist nur möglich, wenn man die
Stellung der wirtschaftlichen Klassen in diesem Staate völlig ver=
kennt. Sie beruht auf der falschen Voraussetzung, daß hier nur die
Angehörigen der Hüterklasse als Staatsbürger zu betrachten seien,
und daß sich daher das Interesse des Staats an der materiellen und
sittlichen Wohlfahrt seiner Bürger einzig und allein auf diese Klasse
beschränke. Die „Masse des Volkes" erscheint auf dem hier voraus=
gesetzten Standpunkt nur als die unentbehrliche materielle Unterlage
für die Verwirklichung der mit dem Staatszweck selbst zusammen=
fallenden Lebensziele einer höheren Gesellschaftsklasse. Sie ist nichts,
als die misera plebs contribuens, die keinen Anspruch darauf
hat, die eigenen Lebenszwecke in gleicher Weise, wie die jener Bevor=
zugten, als Objekt staatlicher Fürsorge anerkannt zu sehen. „Ihre
Beschaffenheit ist für das Gemeinwesen gleichgültig."[3]

Hätte Plato wirklich so gedacht, so wäre sein ganzes politisches
System eine Absurdität. Dieses System, welches ausdrücklich er=
klärt, daß es keine Klasse der Bürger auf Kosten der anderen
glücklich machen will, es soll alles, was nicht Beamter oder Soldat
ist, als ein ganz unwesentliches Mitglied der Gesellschaft, als reines
Mittel zum Zweck behandelt haben, es soll das ganze arbeitende

---

[1] ὡς δόξειεν ἄν τις. (423 d.) Man sieht, Plato hat den erwähnten
Vorwurf von Aristoteles, Zeller u. a. sehr wohl vorausgesehen.

[2] A. a. O. S. 907.

[3] Das ist die Voraussetzung, auf der die „berühmteste, weithin alles
beherrschende" Darstellung Zellers beruht.

Bürgertum — vom gemeinen Handlanger bis hinauf zum Künstler — als eine Masse hingestellt haben, deren geistiges und sittliches Niveau ein so niedriges sei, daß von ihrem Wohle weiter nicht die Rede zu sein brauche, daß man über ihr Schicksal einfach zur Tagesordnung übergehen könne!

Was würde ferner der kulturpolitische Wert eines Staates bedeuten, dessen Leistungsfähigkeit in einseitigster Weise einem kleinen Bruchteil des Volkes zu Gute käme, während er für die ungeheure Mehrheit,[1] vielleicht für $^{19}/_{20}$, weder in materieller, noch in sittlicher, noch in geistiger Hinsicht irgend einen Fortschritt gegenüber den bestehenden Zuständen bedeutet hätte! Warum hätte endlich Plato ohne irgend eine innere oder äußere Nötigung das für den Bestand seines Idealstaates überaus gefährliche Experiment machen sollen, die kleine rein sozialistisch und zentralistisch organisierte Korporation seiner Hüter in den Mittelpunkt einer Gesellschaft zu stellen, deren ganzes Leben durch das diametral entgegengesetzte Prinzip des laisser faire (des πάντα ἐατέον) beherrscht worden wäre? Und vorausgesetzt, man traut ihm eine solche politische Ungeheuerlichkeit zu, wie läßt sich mit den oben entwickelten sozialökonomischen Grundanschauungen Platos die Ansicht vereinbaren, er habe die individualistische Wirtschafts- und Gesellschaftsordnung der Wirklichkeit einfach in seinen Vernunftstaat herübergenommen und die Verwirklichung der sein ganzes Denken und Fühlen beherrschenden sozialistischen Ideen grundsätzlich auf einen ganz unverhältnismäßig kleinen Teil der Volkes beschränkt?

Plato hat bekanntlich in dem späteren Werke[2] zu zeigen gesucht, wie der Staat auch bei dem Verzicht auf die ideale Musterregierung des Vernunftstaates zu relativ befriedigenden Zuständen

---

[1] Plato bestimmt einmal beispielsweise die Zahl der Hüter auf Tausend, denen ein Bauern-, Handwerker- und Handelsstand von mindestens 20 000 Köpfen gegenüberstehen mußte.

[2] Ich zweifle nicht an dem platonischen Ursprung der „Gesetze" und sehe in denselben eine überaus wertvolle Quelle für die Erkenntnis des sozialpolitischen Gedankensystems Platos; ein Hilfsmittel, dessen Bedeutung noch lange nicht genügend gewürdigt ist.

gelangen könne. Er hat sich hier genötigt gesehen, die Aufgabe,
deren Lösung er in der Politie getrost der „königlichen Kunst" der
künftigen Lenker seines besten Staates anheimstellen konnte, seiner=
seits in Angriff zu nehmen und der geringeren Einsicht einer weniger
vollkommenen Regierung durch Aufstellung von positiven Normen
für die Einzelheiten der Verwaltung zu Hilfe zu kommen. Diese
Normen, deren Beobachtung ihm für die Wohlfahrt von Volk und
Staat unerläßlich erscheint, bezwecken eine mehr oder minder sozia=
listische Regulierung der gesamten Volkswirtschaft und erstrecken
sich daher auch auf das Leben aller Klassen des Volkes. Mit
großer Gründlichkeit vertieft er sich hier in die „niedere Welt des
Marktes", von der er sich in dem früheren Werke mit „vornehmer
Geringschätzung" abgekehrt haben soll.[1]

Es ist unbegreiflich, zeigt aber wieder einmal recht drastisch,
wie sehr die Macht vorgefaßter Meinungen den Blick für das
Nächstliegende trüben kann, daß allem Anscheine nach noch nieman=
dem der unlösbare Widerspruch aufgefallen ist, der sich bei der
herrschenden Auffassung. aus dieser Thatsache ergibt. Hier in den
„Gesetzen" ein Staat, der zwar in Beziehung auf die Güte der
Regierung hinter den höchsten Anforderungen zurückbleibt, aber den
Regierten doch noch des Guten genug leistet und ihnen nichts Ge=
ringeres verheißt, als Erlösung von den schlimmsten Krankheits=
formen der bestehenden Gesellschaft, von Mammonismus und Paupe=
rismus und ihren Folgezuständen,[2] ein Staat, der mit der größten
Energie auf die Versittlichung des ganzen Verkehrs= und Arbeits=
lebens hinarbeitet;[3] — und dort in der πολιτεία ein Staat,
welcher der wahrhaft vernunft= und naturgemäße zu sein beansprucht
und die denkbar beste Regierung haben will, in welchem aber für
die ungeheure Mehrheit der bürgerlichen Gesellschaft diese vortreff=

---

[1] So Dietzel (Rodbertus II, 228), der in dieser Hinsicht Plato auf
Eine Linie stellt mit Schelling und Hegel, im Gegensatz zu Fichte und seinem
„Geschlossenen Handelsstaat".

[2] Vgl. z. B. die antikapitalistische Handels= und Gewerbepolitik des
Gesetzesstaates im nächsten Abschnitt!

[3] Vgl. Leg. XI, 919 und oben S. 224 ff., sowie Abschnitt 3.

liche Regierung eine gänzlich unfruchtbare ist und sie in der Haupt-
und Grundfrage der Zeit vollkommen im Stiche läßt, — ein Staat,
der in der absoluten Unabhängigkeit der Regierungsgewalt von allen
sozialen und wirtschaftlichen Sonderinteressen und Vorurteilen die
denkbar beste Bürgschaft für eine gedeihliche Lösung gerade dieser
Frage besitzt, der aber unbegreiflicherweise von solch einzigartigem
Vorzug keinen Gebrauch macht![1])

Und das soll der Staat gewesen sein, der ausdrücklich den
Anspruch erhebt, daß durch ihn das Wohl aller Bürger gefördert
werden soll, der Staat, in welchem Plato auch dann noch das
höchste politische Ideal erblickte, als er es unternahm, jenen zweitbesten Staat zu konstruieren?

Dieser Entwurf des zweitbesten Staates ist, wie schon bemerkt, ganz und gar von sozialreformatorischem Geiste erfüllt. Er
erkennt ausdrücklich als ein „verständiges Gemeinwesen" ($\pi\acute{o}\lambda\iota\varsigma$
$\nuο\tilde{\nu}\nu$ $\check{\varepsilon}\chi\upsilon\upsilon\sigma\alpha$) nur ein solches an, welches die „Heilung" der sozialen
Krankheitserscheinungen ($\tau\tilde{\eta}\varsigma$ $\nu\acute{o}\sigma\upsilon\upsilon$ $\tau\alpha\acute{\upsilon}\tau\eta\varsigma$ $\acute{α}ϱ\omega\gamma\acute{\eta}\nu$) ernstlich und
auf breitester Basis in Angriff nimmt;[2]) und er spricht anderer-
seits die Erwartung aus, daß ein solches verständiges Gemeinwesen
bei der Durchführung dieser und aller sonstigen staatlichen Aufgaben sich so enge als nur immer möglich an das Vorbild des
idealen Vernunftstaates anschließen werde.[3])

---

[1]) Bei solcher Auffassung ist es allerdings begreiflich, daß man neuerdings sogar eine Ähnlichkeit zwischen Plato und dem doktrinären Liberalismus
unseres Jahrhunderts entdeckt hat! „Unsere politische Litteratur — sagt
Krohn: Der platonische Staat S. 29 — hatte eine Zeit, wo sie mit der Abhandlung der Verfassungsfragen alles gethan zu haben meinte. Die schwierigeren Fragen, die für die Wohlfahrt und den Bestand des Staates außerhalb des formellen Organismus der Gewalten in Betracht kommen, fanden
keine Würdigung. Einer ähnlichen Einseitigkeit unterlag Plato. Mit der
Bildung zu den Staatsämtern hielt er die Sache für erledigt, $\tau\check{α}\lambda\lambda\alpha$
$\check{\varepsilon}\pi\varepsilon\tau\alpha\iota$".

[2]) Leg. XI 919 c f.

[3]) ib. 739e: $\delta\iotaò$ $\delta\grave{\eta}$ $\pi\alpha\varrho\acute{α}\delta\varepsilon\iota\gamma\mu\acute{α}$ $\gamma\varepsilon$ $\pi\upsilon\lambda\iota\tau\varepsilon\acute{\iota}\alpha\varsigma$ $\upsilon\mathring{\upsilon}\varkappa$ $\check{α}\lambda\lambda\eta$ $\chi\varrho\grave{\eta}$
$\sigma\varkappa\upsilon\pi\varepsilon\tilde{\iota}\nu$, $\grave{α}\lambda\lambda$' $\grave{\varepsilon}\chi\upsilon\mu\acute{\varepsilon}\nu\upsilon\iota\varsigma$ $\tau\alpha\acute{\upsilon}\tau\eta\varsigma$ $\tau\grave{\eta}\nu$ $\check{o}$ $\tau\iota$ $\mu\acute{α}\lambda\iota\sigma\tau\alpha$ $\tau\upsilon\iota\alpha\acute{\upsilon}\tau\eta\nu$ $\zeta\eta\tau\varepsilon\tilde{\iota}\nu$ $\varkappa\alpha\tau\grave{α}$
$\delta\acute{\upsilon}\nu\alpha\mu\iota\nu$.

Wie wäre eine solche Auffassung möglich gewesen, wie hätte Plato auch damals noch den Vernunftsstaat als das ideale Muster=
bild für jeden sozialen Zukunftsstaat aufstellen können, wenn der=
selbe sein sozialpolitisches Interesse ausschließlich auf seine Beamten
und Soldaten konzentriert und die ganze übrige Gesellschaft dem
„größten Übel" (dem μέγιστον νόσημα) überlassen, also selbst
nicht den Anforderungen entsprochen hätte, welche Plato an ein
verständiges Gemeinwesen stellt?

In den „Gesetzen" heißt es, selbst in einem Staate mit nur
mittelmäßiger Verfassung und Verwaltung müsse für alle Freien
und Sklaven soweit Sorge getragen werden, daß niemand in den
äußersten Grad der Armut versinken könne und dadurch zum Betteln
genötigt werde.[1] Im besten Staate dagegen soll sogar die große
Mehrzahl der Bürger völlig sich selbst überlassen bleiben!

Das einzige positive Zeugnis, welches für die angebliche
„Gleichgültigkeit" des Vernunftstaates gegenüber dem gesamten er=
werbenden und wirtschaftlich thätigen Bürgertum geltend gemacht wird,
ist die bekannte Bemerkung der Politie, daß für den Bestand des
Staates die Beschaffenheit der an Regierung und Gesetzgebung Be=
teiligten wichtiger sei, als die der Regierten. „Auf die übrigen —
d. h. wer nicht Beamter und Soldat ist, — kommt es weniger
an. Denn wenn auch die Schuhmacher schlecht geworden und vor=
geben das Gegenteil, d. h. gute Schuster zu sein, ohne es wirklich
zu sein, so liegt darin noch keine Gefahr für den Staat. Wenn
aber die Hüter der Gesetze und des Staates das nicht sind, was
sie heißen, sondern es nur scheinen, dann sieht man, daß sie den
ganzen Staat von Grund aus verderben, wie es ja auch allein in
ihrer Hand liegt, den Staat zu einem gut verwalteten und glück=
lichen zu machen."[2]

---

[1] Leg. 936 b.

[2] 421a: ἀλλὰ τῶν μὲν ἄλλων ἐλάττων λόγος· νευρορράφοι γὰρ
φαῦλοι γενόμενοι καὶ διαφθαρέντες καὶ προσποιησάμενοι εἶναι, μὴ ὄντες,
πόλει οὐδὲν δεινόν· φύλακες δὲ νόμων τε καὶ πόλεως μὴ ὄντες,
ἀλλὰ δοκοῦντες, ὁρᾷς δὴ ὅτι πᾶσαν ἄρδην πόλιν ἀπολλύασι καὶ αὖ τοῦ εὖ
οἰκεῖν καὶ εὐδαιμονεῖν μόνοι τὸν καιρὸν ἔχουσιν.

Daß diese Bemerkung für die herrschende Auffassung nichts beweist, liegt auf der Hand. Nur vorgefaßte Meinung kann in derselben einen falschen Aristokratismus finden. Es ist nicht aristokratisches Vorurteil, sondern einfach wahr, daß der Staat in erster Linie an der Fähigkeit seiner Organe interessiert ist und erst in zweiter an der Tüchtigkeit der einzelnen Privaten.[1]

Übrigens ist diese letztere Plato keineswegs gleichgültig.[2] Die Regierung seines Idealstaates hat sorgfältig darüber zu wachen, daß nicht bloß die Regierenden, sondern auch alle anderen Klassen ihr Tagewerk in möglichst tüchtiger Weise betreiben.[3] Daher finden sich auch gerade in dem Entwurf des Idealstaates die be= kannten Erörterungen, wie durch die Vervollkommnung der Arbeits= teilung und die Bekämpfung des Mammonismus und Pauperismus die Tüchtigkeit des wirtschaftenden Volkes gehoben werden könne. Diese Thatsache kann nur derjenige übersehen, der mit Zeller der Ansicht ist, daß bei einem „Verächter aller Erwerbsthätigkeit" wie Plato „von volkswirtschaftlichen Gesichtspunkten überhaupt keine Rede sein" könne!

Nun soll aber die Stelle nicht bloß beweisen, daß Plato die

---

[1] Thomas Morus, der gewiß kein Verächter wirtschaftlicher Arbeit ist, hat den Satz Platos noch schroffer formuliert: Reipublicae, heißt es in der Utopia (II. 217), ... salus et pernicies a moribus magistratuum pendet. Vgl. auch die Bemerkung Paulsens (Ethik II 750) über die Bedingungen des Interesses der Gesamtheit an dem Erfolg der wirtschaftlichen Arbeit des Einzelnen.

[2] Zeller übersieht, daß es nicht heißt τῶν ἄλλων οὐδεὶς λόγος, sondern ἐλάττων λόγος. Das hat freilich schon Hegel ignoriert (Gesch. der Phil. I, 286), dessen Auffassung der Politie überhaupt die Anschauungen der Folgezeit in hohem Grade beeinflußt hat.

[3] 421c. Plato ist also ebenso, wie sein Kritiker Aristoteles II, 2, 14. 1264b, überzeugt, daß in der That die Beschaffenheit der letzteren für den Bestand des Idealstaates eine wichtige Sache ist. — Das hat auch bereits Nohle: Die Staatslehre Platos in ihrer geschichtlichen Entwicklung (S. 145) bis zu einem gewissen Grade wenigstens erkannt; eine Schrift, die überhaupt — trotz mancher Einseitigkeiten und Übertreibungen — mehrfach richtigere Wege eingeschlagen hat, als die herkömmliche Auffassungsweise.

praktische Tüchtigkeit der arbeitenden Klassen gering geschätzt, sondern noch mehr, daß ihm auch für ihre Moralität das nötige Interesse fehlte.[1] Nach der Ansicht Zellers hätte Plato, wenn ihm an
der Erziehung der gewerblichen Klassen etwas gelegen war, dieses
andeuten, er hätte sagen müssen: Ob der Schuster ein Schuster oder
nicht, berührt den Staat nicht groß, aber ob er ein rechtschaffener
Mann ist, berührt ihn.“

Darauf ist einfach zu erwidern, daß nach dem ganzen Zusammenhang dieser Stelle eine solche Bemerkung gar nicht am
Platze war, daß dagegen Plato unmittelbar darauf, wo er von den
genannten wirtschaftspolitischen Maßregeln zur Hebung des dritten
Standes spricht, in der That sein Interesse an der Sittlichkeit desselben so deutlich wie nur möglich zu erkennen gibt! Er will die
Bürger des dritten Standes vor Not, wie vor Überfluß bewahrt
wissen, weil sie dadurch nicht bloß zu schlechten Arbeitern, sondern auch zu schlechten Menschen würden,[2] weil sonst Aus-
schweifung, Müßiggang, gemeine Gesinnung ($\alpha\nu\epsilon\lambda\epsilon\upsilon\vartheta\epsilon\varrho\iota\alpha$) unter
ihnen überhand nehmen könnte.[3]

Ebenso leicht erledigt sich die Behauptung, daß Plato, wenn
ihm an der Sittlichkeit des dritten Standes etwas lag, auch hätte
angeben müssen, wie derselbe dazu erzogen werde.

Wir sahen, daß Plato der Regierung des besten Staates
solche Detailvorschriften in Beziehung auf den dritten Stand überhaupt nicht macht.[4] Andererseits enthält der Organisationsentwurf
des zweitbesten Staates in der That solche Angaben über die Art
und Weise, wie auch die Moralität der wirtschaftenden Klassen zu
heben sei — und zwar nicht bloß im öffentlichen Interesse, son-

---

[1] Letzterer Ansicht ist übrigens auch Nohle.

[2] 421 c: $\chi\epsilon\iota\varrho\omega$ $\mu\epsilon\nu$ $\tau\alpha$ $\tau\omega\nu$ $\tau\epsilon\chi\nu\omega\nu$ $\epsilon\varrho\gamma\alpha$, $\chi\epsilon\iota\varrho\upsilon\varsigma$ $\delta\epsilon$ $\alpha\upsilon\tau\upsilon\iota$.

[3] 442 a.

[4] Ebensowenig wie über andere wichtige Lebensfragen des Staates
z. B. die Organisation der Justiz, Verwaltung u. s. w. Warum zieht Zeller
daraus nicht den Schluß: „Wenn Plato an einer guten Justiz, Verwaltung
u. s. w. etwas lag, so hätte er auch angeben müssen, wie dieselbe zu organisieren sei.“

dern zu deren eigenem Besten.[1]) Plato sagt dort, die Hüter der
Gesetze hätten stets zu bedenken, daß sie nicht bloß Leute zu regieren
haben, deren Charakterbildung die Wohlthat einer guten Abkunft
und guten Erziehung zu teil geworden, und die daher vor gesetzwidri-
gem und schlechtem Thun leichter zu bewahren seien, als diejenigen,
denen dieses versagt ist und die noch dazu durch ihren Beruf starken
sittlichen Versuchungen ausgesetzt sind. Diese müßten besonders
sorgfältig überwacht werden. Es müßten Mittel und Wege gefunden werden, daß selbst der Charakter des niedrigsten Krämers
„nicht so leicht ein schmutziger und schamloser werde", daß wir
auch „an einem solchen einen möglichst wackeren oder doch einen
möglichst wenig Tadel verdienenden Mitbewohner unseres Staates
haben."[2]) Ja Plato geht noch weiter und gibt selbst ausführliche
Anweisungen über die Hebung derjenigen Menschenklasse, deren
moralische Verkümmerung für die Anschauung des Hellenen wohl
als eine hoffnungslose erscheinen konnte, nämlich der Unfreien.
Gegenüber der Ansicht, daß an der Sklavenseele nichts Gesundes sei
(ὡς ὑγιὲς οὐδὲν ψυχῆς δούλης), und daß man dem Sklaven in
allem und jedem mißtrauen müsse, hebt Plato die Thatsache hervor, daß viele Sklaven in jeder Art von Tüchtigkeit ihre Herren
überträfen (κρείττους πρὸς ἀρετὴν πᾶσαν). Er erklärt es als
eine Angelegenheit von großer Wichtigkeit für das öffentliche, wie
für das private Interesse, diese Tüchtigkeit im Sklaven zu entwickeln, und er verlangt zu dem Zwecke eine sorgfältige moralische

---

[1]) Leg. 920 c: καὶ σχεδὸν οὕτως ἄν — d. h. nach Verwirklichung
der platonischen Vorschläge — καπηλεία τὰ μὲν ὠφελοῖ ἑκάστους, σμικρό-
τατα δὲ ἂν βλάπτοι τοὺς ἐν ταῖς πόλεσι χρωμένους.

[2]) 920 a: ὅπως ὡς ἄριστος ἢ καὶ κακὸς ὡς ἥκιστα ὁ τοιοῦτος ἡμῖν
ᾖ ξύνοικος ἐν τῇ πόλει, τοὺς νομοφύλακας χρὴ νοῆσαι φύλακας εἶναι μὴ μόνον
ἐκείνων, οὓς φυλάττειν ῥᾴδιον μὴ παρανόμους καὶ κακοὺς γίγνεσθαι, ὅσοι
γενέσει καὶ τροφαῖς εὖ πεπαίδευνται, τοὺς δὲ μὴ τοιούτους ἐπιτηδεύματά
τε ἐπιτηδεύοντας, ἃ ῥοπὴν ἔχει τινα ἰσχυρὰν πρὸς τὸ προτρέπειν
κακοὺς γίγνεσθαι, φυλακτέον μᾶλλον. Vgl. 919 c: ... τοῖς μετασχοῦσι
τούτων τῶν ἐπιτηδευμάτων εὑρεῖν μηχανήν, ὅπως ἤδη μὴ ἀνέδην ἀναισχυντίας τε καὶ ἀνελευθέρου ψυχῆς μέτοχα συμβήσεται γίγνεσθαι ῥᾳδίως.

Einwirkung auf deſſen ſeeliſches Leben. Der Staat wie der Einzelne muß wünſchen, daß die Sklaven ihren Herren möglichſt wohl= wollend gegenüberſtehen.[1]) In der Behandlung der Sklaven zeigt es ſich, wer im ſtande iſt, „eine fruchtbare Tugendſaat aus= zuſtreuen" (σπείρειν εἰς ἀρετῆς ἔκφυσιν).[2]) Es handelt ſich um eine ſittliche Pflicht, deren Erfüllung — weil von dem Starken gegenüber dem Schwachen geübt — das echteſte Kriterium einer wahrhaft gottesfürchtigen und gerechten Geſinnung ſei.[3])

In ſolcher Geſinnung nimmt ſich der platoniſche Geſetzesſtaat ſelbſt der Sklaven an, die nicht einmal Hellenen, ſondern verachtete Barbaren ſind, da Plato in ſeinem Staat alles, was helleniſchen Stammes iſt, von vorneherein vom Sklavenlos verſchont wiſſen will.[4]) Und bei ſolchen Anſchauungen ſollte es Plato für „gleich= giltig" erklärt haben, ob in ſeinem Vernunftſtaat der Gewerbe= treibende, der hier noch dazu dem Staate als Bürger angehört, ein rechtſchaffener Menſch iſt oder nicht, während in den „Geſetzen" als die einzige Steuer, welche der Staat von den Gewerbetreiben= den fordert, deren Rechtlichkeit bezeichnet wird.[5]) Derſelbe Mann, der ſogar den nichtgriechiſchen Sklaven zum „Wohlwollen" gegen ſeinen Herrn erzogen wiſſen will, ſollte es nicht „der Mühe wert" gefunden haben,[6]) im Vernunftſtaat auf die Geſinnung der großen Mehrheit der Bürger einzuwirken, er ſollte ſich „mit dem paſſiven Gehorſam des dritten Standes begnügt haben, der im Notfall er= zwungen werden kann?[7])

---

[1]) χρὴ δούλους ὡς εὐμενεστάτους ἐκτῆσθαι καὶ ἀρίστους. 776 d vgl. 777 c, wo an geſchichtlichen Beiſpielen des Gegenteils bewieſen wird, wie gefährlich die Nichterfüllung dieſer Forderung werden kann.

[2]) 777 e.

[3]) 777 d.

[4]) Dieſe Forderung der Aufhebung der Unfreiheit für alle Hellenen wird bereits im Staate (469 b) aufgeſtellt.

[5]) Der Geſetzesſtaat verlangt von ihnen μετοίκιον μηδὲ σμικρὸν πλὴν τοῦ σωφρονεῖν κτλ. Leg. 850 b.

[6]) Zeller S. 890.

[7]) Ebd. S. 908.

Wenn dem wirklich so wäre, so müßte Plato seine Stellung zur wirtschaftlichen Arbeit und zum wirtschaftenden Bürgertum in der Zeit von der Abfassung des „Staates" bis zu der der „Ge=setze" völlig geändert haben. Er wäre dann aber auch für uns ein psychologisches Rätsel! In der von dem kühnsten Optimismus erfüllten Epoche seines Lebens, in welcher er von der idealen Ent=wicklungsfähigkeit der menschlichen Natur so hoch wie möglich dachte, hätte er dem wirtschaftenden Bürgertum in all seinen Gliedern die Möglichkeit des sittlichen Fortschrittes grundsätzlich abgesprochen; später dagegen, als bei ihm mit der gesteigerten Empfindlichkeit für die Schwächen der menschlichen Natur auch die Neigung zur herben Beurteilung der Menschen überhaupt zugenommen, als traurige persönliche Erfahrungen seinen Glauben an die Menschheit er=schüttert und ihn zum Verzicht auf die Ausführung seiner liebsten Ideale bestimmt hatten, hätte er gerade über die der sittlichen Ver=suchung und Entartung am meisten ausgesetzte Masse des Volkes ungleich günstiger geurteilt!

Nun sind es allerdings gerade Äußerungen der „Politik", auf welche sich diejenigen stützen, die da meinen, Plato habe es sich gar nicht anders denken können, als daß derjenige, welcher sich der wirtschaftlichen Arbeit widmet, „keinerlei persönliche Tüchtigkeit erlange."[1] Allein haben die Worte Platos wirklich diesen Sinn?

Er klagt einmal über die unberufenen Elemente, welche sich — besonders aus gewerblichen Kreisen — zu den Studien drängten, um deren schöner Außenseite willen „von der Technik zur Philo=sophie" übersprangen, obgleich sie entweder von Haus aus unge=nügend veranlagt seien oder durch die unvermeidlichen Nachteile einer handwerksmäßigen Beschäftigung eine Störung und Hemmung in ihrer leiblichen und geistigen Entwicklung erlitten hätten. Worin dieses Zurückbleiben der körperlichen und geistigen Entwicklung be=steht, wird nicht gesagt. Es wird nur mit bildlichem Ausdruck von einer „Niederbeugung", einer „Knickung" der Psyche ge=

---

[1] Zeller ebd. 890.

sprochen. Dieselbe erscheint wie ein Baum, dem die Krone gebrochen und damit die Fähigkeit zum Emporwachsen genommen.[1]

Aber dem ganzen Zusammenhange nach kann der Sinn der
Stelle nur folgender sein: Wer durch mechanische Arbeit sein Brot
erwerben muß, vermag sich nicht jene Harmonie der physischen und
geistigen Kräfte zu erhalten, welche die Hauptbedingung erfolgreicher Gedankenarbeit ist. Auch liegt es in der Natur der mechanischen Arbeit und der Sorge für den täglichen Erwerb, daß sie
jene geistige Energie und jenen idealen Aufschwung der Seele nicht
aufkommen läßt, welche die höchsten Berufe, insbesondere der des
Denkers voraussetzen.

Es ist das dieselbe Anschauung, wie wir sie z. B. bei Fichte
wiederfinden, wenn er „über das Wesen des Gelehrten" sagt, daß
die große Masse der Menschen ausschließlich in der Welt der sinnlichen Erscheinung lebe und in dem, was dieselbe für Realität
nimmt, niemals sich zur Erkenntnis dessen aufzuschwingen vermöge,
was aller Erscheinung zu Grunde liegt. Die moderne Sozialwissenschaft betrachtet sogar das als eine offene Frage, ob „der mechanische Handarbeiter je die Nerven- und Denkentwicklung erreichen
wird, wie unsere heutigen Kaufleute und Mittelstände."[2] Wie
kann man es da als Ausfluß aristokratischen Hochmutes gegenüber
den handarbeitenden Klassen bezeichnen, wenn Plato denselben nicht
die Nerven- und Denkentwicklung zutraut, welche die höchsten Berufe bedingen? Von Klassenvorurteilen kann hier so wenig die
Rede sein, wie bei dem Handwerkersohn Fichte, der, obwohl ein
lebhafter Vorkämpfer bürgerlicher Freiheit und Gleichheit, aus denselben Prämissen, wie Plato, den Schluß zieht, daß politische

---

[1] Rep. 495 d: ἐκ τῶν τεχνῶν ἐκπηδῶσιν εἰς τὴν φιλοσοφίαν, οἳ
ἂν κομψότατοι ὄντες τυγχάνωσι περὶ τὸ αὑτῶν τέχνιον . ὅμως γὰρ δὴ
πρός γε τὰς ἄλλας τέχνας καίπερ οὕτω πραττούσης φιλοσοφίας τὸ ἀξίωμα
μεγαλοπρεπέστερον λείπεται· οὐ δὴ ἐφιέμενοι πολλοὶ ἀτελεῖς μὲν τὰς
φύσεις, ὑπὸ δὲ τῶν τεχνῶν τε καὶ δημιουργιῶν, ὥσπερ τὰ σώματα λελώ-
βηνται, οὕτω καὶ τὰς ψυχὰς συγκεκλασμένοι τε καὶ ἀποτεθρυμμένοι διὰ
τὰς βαναυσίας τυγχάνουσιν . ἢ οὐκ ἀνάγκη; καὶ μάλα, ἔφη.

[2] Schmoller in dem Aufsatz über die Arbeitsteilung a. a. O. S. 102.

Freiheit höchstens nur für Einen notwendig sei, daß die Übertragung der Regierungsgewalt an diesen Einen oder einen „Aus-
schuß" den Vorteil gewähre, daß „die Bürger alsdann ruhig fort-
fahren können, dasjenige zu treiben, was sie verstehen!"[1]

Wir besitzen eine interessante Parallele zu der Äußerung des
Philosophen an der Erörterung über den Beruf des Schriftgelehrten
in dem jüdischen Spruchbuch Jesus Sirach. Hier heißt es wörtlich: „Die Weisheit des Schriftgelehrten [gedeihet] in glücklicher
Muße und wer in seinen Geschäften erleichtert ist, wird weise.[2]
Wie kann weise werden, wer den Pflug führet und sich des Stachel-
stecken rühmet, Ochsen treibet und in ihrer Arbeit lebt und webt,
und dessen Gespräch nur von jungen Stieren ist? Seinen Sinn
richtet er darauf, Furchen zu ziehen, und seine Sorgfalt aufs Futter
für die Rinder. Also jeglicher Werkmeister und Baumeister, welcher
Tag wie Nacht (mit Arbeit) zubringet; die Stecher der Siegelringe:
Eines Solchen beharrliches Streben ist manichfaltiges Gebild an-
zubringen; seinen Sinn richtet er darauf, die Abbildung ähnlich
zu machen, und ist früh und spät daran, das Werk zu vollenden.
Also der Schmied, welcher am Amboß sitzet und auf das Werk
des Eisens Acht hat. Der Dampf des Feuers zehret seinen Körper
ab, und mit der Hitze der Esse hat er zu kämpfen. Der Schlag
des Hammers betäubet sein Ohr und auf das Muster des Gerätes
stehen seine Augen. Seinen Sinn richtet er auf die Vollendung
seiner Werke, und ist früh und spät daran, sie mit Zierlichkeit zu
vollenden. Also der Töpfer, welcher bei seinem Werke sitzet und
mit seinen Füßen die Scheibe umdrehet; der in beständiger Sorge
wegen seines Werkes, und dem zugezählet ist seine Arbeit. Mit
seiner Hand bildet er den Thon und vor den Füßen biegt er die
feste Masse. Seinen Sinn richtet er darauf, die Glasur zu voll-

---

[1] Ges. Werke VII 160. Man lese auch die düstere Schilderung des
Arbeitslebens und Verkehrs im zweiten Buche des „geschlossenen Handels-
staates" — und man wird Plato richtiger beurteilen!

[2] 38 24: σοφία γραμματέως ἐν εὐκαιρίᾳ σχολῆς· καὶ ὁ ἐλασσού-
μενος πράξει αὐτοῦ σοφισθήσεται.

enden, und ist früh und spät daran den Ofen zu fegen. Diese
alle verlassen sich auf ihre Hände, und jeglicher beweiset bei seiner
Arbeit seine Kunst. Ohne sie kann keine Stadt erbauet werden
und niemand kann darin wohnen noch verkehren. Aber in der
Gemeinde ragen sie nicht herror, sitzen nicht auf dem Richterstuhle,
erforschen das Gesetzbuch nicht, noch können sie Recht und Gerechtig=
keit an den Tag bringen, und in Sprüchen werden sie nicht er=
funden. Sondern sie erhalten die Schöpfung der Welt und ihr
Verlangen gehet auf die Arbeit der Kunst.[1] — Anders, wer
seinen Geist darauf richtet und sinnet über das Gesetz des Höchsten!"

Liest sich diese ganze Erörterung nicht wie ein Kommentar
zu dem Urteile Platos über die wirtschaftliche Arbeit? Und doch
hat wohl Niemand daran gedacht, so weitgehende Schlußfolgerungen
aus den Sprüchen des Jesus Sirach zu ziehen, wie aus jenem
Satze Platos. Im Gegenteil! Ein gewiß nicht „volksfeindlich"
gesinnter moderner Staatslehrer, Bluntschli, hat sich zur Wider=
legung eines falschen Gleichheitsprinzips u. a. auch dieser nach
seiner Ansicht „kerngesunden" Sprüche bedient,[2] obgleich dieselben
das Prinzip der Arbeitsteilung zu Ungunsten der Erwerbsklassen nicht
minder einseitig überspannen, als Plato.

Nun ist es allerdings richtig, daß von Plato das Banausen=
tum mit einer gewissen Schroffheit in seine Schranken zurückgewiesen
wird. Aber es ist damit doch noch nicht gesagt, daß bei einer
handwerksmäßigen oder gewerblichen Thätigkeit überhaupt von
keinerlei persönlicher Tüchtigkeit mehr die Rede sein könne, daß
jeder Gewerbsmann notwendig das sein müsse, was wir einen „an
Leib und Seele verkümmerten" Menschen nennen.

Wenn Plato in der Handarbeit eine Ursache zu vielfacher
Schwächung der physischen, seelischen und geistigen Kräfte sieht,
folgt daraus, daß er diese Verkümmerung für eine so weitgehende

---

[1] 33: καὶ ἐν ἐκκλησίᾳ οὐχ ὑπεραλοῦνται. ἐπὶ δίφρον δικαστοῦ οὐ
καθιοῦνται καὶ διαθήκην κρίματος οὐ διανοηθήσονται, οὐδὲ μὴ ἐκφάνωσιν
δικαιοσύνην καὶ κρίμα· καὶ ἐν παραβολαῖς οὐχ εὑρεθήσονται κτλ.

[2] Allgemeines Staatsrecht (6) 662.

und rettungslose hielt, um das ganze produzierende Bürgertum
einfach seinem Schicksale zu überlassen? So ungünstig auch die
Vorstellungen gewesen sein mögen, welche sich Plato bei seiner
Einsicht in das Getriebe der Volkswirtschaft und der technischen
Produktion[1]) und in die Wirkungen einer weitgediehenen indu=
striellen Arbeitsteilung ja notwendig aufdrängen mußten, pessimi=
stischer sind seine Äußerungen jedenfalls nicht, als diejenigen, welche
der Begründer der modernen Nationalökonomie über die nach seiner
Ansicht in fortgeschrittenen Industrie= und Handelsstaaten unver=
meidliche Verkümmerung der handarbeitenden Klassen gethan hat.

Es ist von Interesse, diese Ausführung Adam Smiths sich zu
vergegenwärtigen. Sie vereinigt an Einer Stelle alle die Klagen, in
welchen der doktrinäre Liberalismus, wenn sie bei antiken Autoren
auftreten, nur Vorurteile eines falschen Aristokratismus zu sehen pflegt.

„Bei der immer weiter getriebenen Teilung der Arbeit, sagt
Adam Smith, kommt es endlich dahin, daß der größte Teil derer,
die von ihrer Hände Arbeit leben, d. h. der größte Teil des Volkes
auf einige wenige Verrichtungen eingeschränkt ist. Nun wird aber
der Verstand der meisten Menschen bloß durch ihre gewöhnliche
Beschäftigung gebildet. Der Mensch, welcher sein ganzes Leben
damit zubringt, einige einfache Operationen unaufhörlich zu wieder=
holen, Operationen, deren Erfolg auch immer derselbe oder doch
sehr gleichförmig ist, kommt nie in den Fall, sein Nachdenken an=
zustrengen oder seine Erfindungskraft zu üben. Er verliert also
gewöhnlich die Fähigkeit nachzudenken und wird mit der Zeit so
unwissend und beschränkt, als nur irgend ein menschliches Geschöpf
werden kann. Die Schlafsucht, in welche sein Geist versinkt, macht

---

[1]) Man denke nur an die mannigfaltigen treffenden Vergleiche und
Beispiele aus den verschiedensten Produktionsgebieten, z. B. die Ausführungen
im „Staatsmann“ über die Technik der Gewebeindustrie, an die Erörterungen
über die Entstehung des Geldes und des Handels, über die Vorzüge der
Arbeitsteilung u. dgl. m. — Wie Dilthey: Einleitung i. d. Geistesw. S. 286
angesichts dieser Ausführungen behaupten kann, Plato habe in „falscher Vor=
nehmheit“, infolge seiner „falschen vornehmen Richtung Arbeit, Gewerbe und
Handel keiner Untersuchung unterzogen“, ist mir unbegreiflich.

ihn nicht nur unfähig für vernünftige Diskuffion, sondern erstickt
auch in ihm alle edleren Gefühle des Herzens und erlaubt ihm
daher nicht einmal die gewöhnlichen Pflichten des Privatlebens
gehörig zu erfüllen. Über die großen und umfassenden Gegenstände
des öffentlichen Wohles ist er durchaus unvermögend ein Urteil
zu fällen, und wenn nicht außerordentliche Vorkehrungen getroffen
sind, den Wirkungen seiner Lebensweise entgegenzuarbeiten, so ist
er auch unfähig, sein Vaterland im Kriege zu verteidigen. Die
Einförmigkeit seiner sitzenden Lebensweise schwächt seinen natürlichen Mut und bewirkt, daß er das unstete, mühselige und gefahr-
volle Leben eines Soldaten mit Furcht und Abscheu ansieht. Sie
schwächt sogar seine körperlichen Kräfte und erlaubt ihm nicht, die
Stärke und Beweglichkeit seiner Glieder anhaltend und angestrengt
in irgend einer anderen Beschäftigung, als in der Arbeit seines
gewöhnlichen Berufes zu gebrauchen. Die Geschicklichkeit in seinem
Gewerbe scheint also auf Kosten all seiner geistigen, sozialen und
kriegerischen Tugenden erworben zu sein. In diesem Zustand muß
aber der arbeitende Arme, also der größte Teil des Volkes bei
einer Nation, die in Gewerbe und Handel große Fortschritte macht,
notwendig geraten, wenn nicht der Staat sich seiner Erziehung und
Ausbildung annimmt." Ohne dies würde nach Smith „der große
Haufe völliger Verwilderung anheimfallen."[1]

Man sieht, selbst die denkbar ungünstigste Vorstellung über
die Wirkungen der Lebenslage der Massen braucht an und für sich
noch keinen Verzicht auf die Forderung zu enthalten, daß diesen
Wirkungen von Seiten der Gesamtheit entgegengearbeitet werden
müsse. Wenn man die analogen Äußerungen Platos anders beurteilt, als die des liberalen Volkswirtes, so liegt dies eben nur
an den übertriebenen Vorstellungen, die man sich von seinem „starren
Aristokratismus" macht. Aus seinen Äußerungen selbst läßt sich
ein solcher Verzicht nicht herauslesen.

Noch weniger ist ein solcher Verzicht ausgesprochen in der

---

[1] W. of. n. V, 3. 1. 2.

einzigen Stelle der Republik, welche neben der eben besprochenen über=
haupt noch in Betracht kommt. Diese zweite Stelle ist gewissermaßen
die Ergänzung der ersteren. Wie diese hauptsächlich auf Grund der
geistigen Inferiorität der großen Masse einen Protest gegen das Ein=
bringen des Banausentums in die Gebiete rein geistigen Thuns
enthält, so tritt jene den politischen Ansprüchen desselben mit einem
Hinweis auf die fehlende moralische Qualifikation entgegen.

Die große Masse wird für unreif zu politischer Selbst=
bestimmung erklärt. Sie muß sich von Rechtswegen durch die=
jenigen leiten lassen, welche „das Göttliche als Herrschendes in sich
tragen", und diese Forderung wird mit dem Hinweis auf die Masse
derjenigen begründet, durch welche Handwerk und Handarbeit ver=
ächtlich würden, weil sie nicht verstünden, dem edleren Teile ihres
Selbst auf die Dauer die Herrschaft über Leidenschaft und Begierde
zu verschaffen, sondern dazu erst des äußeren Zwanges des Gesetzes
bedürfen. [1]

Auch diese Äußerung enthält nicht die absolute Verurteilung,
die man aus ihr herauszulesen pflegt. Sie giebt nur ein Urteil
über die thatsächliche Durchschnittsgesinnung der Masse. Sie sagt
keineswegs, daß die Handarbeit an und für sich oder gar jede
wirtschaftliche Arbeit überhaupt den Menschen unfähig mache, ein
gewisses Maß von Sittlichkeit zu erwerben. Plato selbst erkennt
ja ausdrücklich eine Art des Erwerbes an, den Landbau, — in
welcher wenigstens die leitende wirtschaftliche Arbeit „den Er=
werbenden nicht nötigt, das zu vernachlässigen, um
dessenwillen man Erwerb sucht, nämlich Seele und Leib." [2]
Aber selbst die industrielle Klasse des Idealstaates kann er sich
nicht körperlich und moralisch so verkümmert vorgestellt haben, wie
man gewöhnlich annimmt. Er unterscheidet unter den Bürgern
des Idealstaates diejenigen, welche „an Leib und Seele gut ge=
artet sind", (εὐφυεῖς τὰ σώματα καὶ τὰς ψυχάς) von denjenigen,

---

[1] 590 c.

[2] Leg. 743 d: ... ὁπόσα μὴ χρηματιζόμενον ἀναγκάσει ἀμελεῖν
ὧν ἕνεκα πέφυκε τὰ χρήματα.

welche „der Seele nach ſchlecht geartet und unheilbar ſind“ (τοὺς
δὲ κατὰ τὴν ψυχὴν κακοφυεῖς καὶ ἀνιάτους). Nach der herrſchen=
den Auffaſſung könnten die wirtſchaftenden Klaſſen nicht zu den
erſteren gehören, ſondern nur zu den letzteren. Daß davon aber
keine Rede ſein kann, beweiſt das Schickſal, welches dieſer „Schlecht=
gearteten“ im Jdealſtaate harrt: Sie müſſen ſterben!“¹)

Wir dürfen eben nicht vergeſſen, daß Plato zweierlei Arten
von Sittlichkeit kennt: Jene ideale auf der vernunftgemäßen Er=
kenntnis der Wahrheit, auf dem „Wiſſen“ beruhende Sittlichkeit,
die philoſophiſche Tugend, und jene „volkstümliche“, bürgerliche
Tugend (δημοτικὴ καὶ πολιτικὴ ἀρετή)²), welche durch Ange=
wöhnung und Übung entſteht (ἐξ ἔϑους τε καὶ μελέτης γεγονυίαν
ἄνευ φιλοσοφίας τε καὶ νοῦ).

Dieſe „bürgerliche“ Tugend, die ſich insbeſondere als „Be=
ſonnenheit“ und Rechtſchaffenheit (σωφροσύνη τε καὶ δικαιοσύνη)³)
äußert, ſpricht Plato dem dritten Stande des Jdealſtaates ſo wenig
ab, daß er ſie vielmehr für den Beſtand des Staates geradezu un=
entbehrlich nennt.⁴)

Auch Zeller kann das nicht leugnen,⁵) und ſtellt uns damit
vor das unlösbare pſychologiſche Rätſel, wie dieſelben Menſchen,
von denen es ſich Plato „gar nicht anders denken kann, als daß in
ihrem Jnnern die niedrigen Kräfte über die edleren die Herrſchaft
gewinnen“, daß ſie „keinerlei perſönliche Tüchtigkeit“ erlangen
können, gleichzeitig zur Übung dieſer Tugenden befähigt ſein ſollen!

Wer das Göttliche nicht „als ein Herrſchendes in ſich trägt“,
der braucht eben noch lange nicht immer ein willenloſes Opfer nied=
riger Triebe zu ſein. Was ihm fehlt, iſt nur jene höhere Erkennt=
nis, welche der „Wiſſende“ von dem wahren Weſen, von den
Gründen und der Notwendigkeit des Sittlichen hat. Er kann nur

---

¹) Rep. 410 a.
²) Phädon 82 a.
³) Rep. 500 d.
⁴) Vgl. unten.
⁵) A. a. O. 281.

das erreichen, was Plato eine „richtige Vorstellung" nennt, die δόξα ἀληθής, welche sich von jener Erkenntnis, der ἐπιστήμη, dadurch unterscheidet, daß sie als ein bloßes Meinen immer die Möglichkeit des Rückfalls in falsche Vorstellungen zuläßt,[1] wie sie eben das Wissen als fest gegründete Erkenntnis der Wahrheit von vorneherein ausschließt. Das Wissen kann durch keine Überredung wankend gemacht werden, die bloße richtige Vorstellung dagegen kann es, weil sie selbst durch Überredung, durch Einwirkung auf das wandelbare Gemüt erzeugt ist, nicht durch die Erhebung des Intellekts zu einem Wissen, das seiner Natur nach unantastbar ist.[2]

Die für die große Mehrheit erreichbare Sittlichkeit erscheint von diesem Standpunkt aus als ein unsicherer und wandelbarer Besitz. Sie genügt, um den Einzelnen zu einem „leiblich guten" Menschen (ἀνὴρ μέτριος)[3] zu machen, aber nicht, um eine über alle Anfechtungen erhabene Herrschaft des Göttlichen in seiner Seele zu erzeugen, welche „die Richtung auf das, was droben ist", unerschütterlich festhält.[4] Sie gibt — zumal großen Versuchungen gegenüber — nicht die Bürgschaft der Unantastbarkeit, wie sie Plato von demjenigen fordert, der Anspruch auf die politische Herrschaft macht.

Wer wollte leugnen, daß diese Auffassung mit ihrer einseitigen Ableitung der Sittlichkeit aus der Erkenntnis der „nichtphilosophischen" Tugend keineswegs gerecht wird! Sie unterschätzt die unreflektierte Sittlichkeit des geistig Tieferstehenden und verkennt daher, daß die höchste Tugend in jeder Schichte der Gesellschaft möglich und individuell auch thatsächlich vorhanden ist. Allein diese Unterschätzung des für den Niedrigsten erreichbaren Maßes individueller Sittlichkeit berechtigt uns nicht, in dem Urteil über die thatsächliche Durchschnittsgesinnung der großen Mehrheit den Ausdruck hochmütiger Mißachtung zu sehen. Es ist ein Urteil, das gerade damals angesichts der Klassenherrschaft des Demos nur zu

---

[1] Meno 97 ff. Rep. 500 c.
[2] Timäus 51 e.
[3] Phädon 82 b.
[4] Rep. 621 c.

begreiflich erfcheint, und dem sich ganz analoge Äußerungen durchaus
volksfreundlicher Beobachter an die Seite stellen laffen. „Bei den
Maffen", fagt z. B. Schmoller, „bleibt der Egoismus innerlich,
wenn auch gebändigt durch die sittlichen Ergebniffe des sozialen
Lebens, die Urfache der meisten Handlungen".[1] Andererseits
follte man nie vergeffen, daß Plato der einer ungestörten Muße sich
erfreuenden Geldariftokratie genau diefelbe sittliche Unzulänglichkeit
für die politische Herrfchaft zuschreibt, wie der Handarbeit, überhaupt
Anforderungen an die Charakter= und Geistesbildung der Regieren=
den stellt, welchen unter taufend Menschen im günstigsten Falle einige
Wenige, in der Regel höchstens einer oder zwei zu genügen vermögen.[2]

Wir haben es eben hier mit einer Auffaffung zu thun, bei
der die Frage nach dem Berufe und der sozialen Stellung des Ein=
zelnen insoferne an Bedeutung verliert,[3] als gegenüber der „könig=
lichen Kunst", die mit ihrer Einsicht das Ganze umfaßt und das
Ganze beherrfcht, jede andere Thätigkeit, welche im Dienste für
einzelne Bedürfniffe der Gesellschaft aufgeht, in gleicher Weise als
eine dienstbare erscheint (τέχνη, ἐπιστήμη διάκονος). Der Land=
wirt wie der Gewerbsmann, der Lohnarbeiter, wie der Bankier
und Kaufmann, der Ringmeister wie der Arzt, der Schreiber
wie der Priester und Seher,[4] sie alle erscheinen ihm eben wegen
der Schranken ihrer Thätigkeit und ihres Wissens von den Anforde=
rungen „staatsmännischen Thuns" (πολιτικῆς πράξεως) gleich weit
entfernt.[5] In diefer Beziehung besteht für Plato kein Unterschied

---

[1] In dem Auffatz über die Gerechtigkeit in der Volkswirtschaft a. a. O.

[2] Dabei urteilt Plato über die Niedrigkeit der Gesinnung der Durch=
schnittsmenschen immer noch günstiger, als einer der größten modernen
Menschenkenner (Shakespeare im Hamlet): „To be honest, as this world
goes, is to be one man pick'd out of ten thousands.

[3] Vgl. Πολιτ. 297: ὡς οὐκ ἄν ποτε πλῆθος οὐδ' ὡντινωνοῦν
τὴν τοιαύτην λαβὸν ἐπιστήμην οἷόν τ' ἂν γένοιτο μετὰ νοῦ διοικεῖν πόλιν,
ἀλλὰ περὶ σμικρόν τι καὶ ὀλίγον καὶ τὸ ἕν ἐστι ζητητέον τὴν μίαν ἐκείνην
πολιτείαν τὴν ὀρϑὴν κτλ. (sc. ἐρρήϑη).

[4] Vgl. die Aufzählung ebd. 267e, 290a.

[5] Ebd. 289e.

zwischen dem bescheidenen Arbeiter und dem „hochmütigen wegen der Wichtigkeit seines Berufes hochangesehenen" Priester.[1]

Sollte es nun aber Plato deswegen, weil ihm die Ange= hörigen aller anderen Berufe dem zur Leitung des Ganzen befähigten philosophischen Staatsmann gegenüber eine niedrigere Stufe des Wissens und der Einsicht repräsentieren, für gleichgültig erklärt haben, ob dieselben überhaupt ein höheres oder geringeres Maß von Tüchtigkeit besäßen? Man sieht, zu welchen Konsequenzen die herrschende Anschauungsweise führt!

Übrigens findet unsere Auffassung auch in dieser Frage ihre volle Bestätigung durch die „Gesetze". Auch im zweitbesten Staate werden politische Rechte nur solchen eingeräumt, welche Gewinn aus Handel und Gewerbe „verschmähen" und ihre „wahrhaft freie" Ge= sinnung nicht in „schimpflichem Handwerkersinn" untergehen lassen.[2] Und trotz dieser Auffassung wird gleichzeitig die möglichste Versitt= lichung des Arbeitslebens bis herunter zum verachteten Trödler, ja zum Sklaven gefordert! Warum sollte also eine solche Forderung mit dem Standpunkt des Idealstaates unvereinbar sein, in welchem der Handwerker noch dazu eine ungleich geachtetere Stellung einnimmt?

Die herrschende Auffassungsweise läßt sich eben viel zu sehr durch den Eindruck bestimmen, welchen die schroffe Form mancher platonischer Äußerungen macht, und sie zieht daher Konsequenzen aus ihnen, die dem Urheber selbst ferne lagen. Sie übersieht, daß die oft leidenschaftlich bewegten und wohl auch gelegentlich sich widersprechenden Äußerungen einer genialen Persönlichkeit, eines von rücksichtslosem Eifer beseelten Apostels anders beurteilt werden müssen, als die kühl abgewogenen Sätze eines reinen Verstandes= menschen, welcher den Dingen ohne innere Anteilnahme gegenüber= steht. Sie übersieht vollständig, daß jene Schroffheit des Ausdrucks bei einem Manne, der mit der größten Unbefangenheit über den Wert und die Ehrenhaftigkeit jeder Arbeit zu urteilen vermochte,[3]

---

[1] 290 d.

[2] 741 e.

[3] Vgl. oben S. 254.

nicht bloß in Vorurteilen wurzeln kann, daß sie vielmehr ganz wesentlich der psychologische Reflex von Zuständen ist, die dem für die höchsten Aufgaben des Staates begeisterten Sinn des Denkers unerträglich erschienen, und deren Urheber eben der städtische Demos war. Diese Empfindung eines unerträglichen Druckes mußte sich mit elementarer Gewalt in bittere und harte Worte umsetzen, wenn -- wie in unseren Dialogen — unter gleichgesinnten Männern das Gespräch auf die Leute kam, die draußen auf der Agora „um die Rednerbühne saßen und jedes mißliebige Wort tobend niederschrieen," in deren Händen selbst die idealste Funktion des Staates, das Werk der Gerechtigkeit, zur Karrikatur werden konnte. Erkennen wir so die psychologische Wirkung des Gegensatzes, so wird uns selbst das Härteste begreiflich, vollends, wenn es — wie in jenen Äußerungen — dem Manne in den Mund gelegt wird, der selbst der intellektuellen und moralischen Schwäche der Masse zum Opfer gefallen war.

Hat der Terrorismus der Mehrheit, des „vielköpfigen Despoten" (Aristoteles) nicht zu allen Zeiten genau in derselben Weise auf edlere, sittlich und ästhetisch feiner organisierte Naturen gewirkt? Erinnern wir uns z. B. des Reflexes, welchen die Thaten der französischen Demokratie in den Werken unserer Geistesheroen hinterlassen haben!

Die Art, wie Goethe in tausend Sprüchen von der Menge spricht, gibt den platonischen Äußerungen kaum etwas nach. Unmittelbar an das Wort des platonischen Sokrates von dem hin= dämmernden Traumleben der meisten Menschen, die sich nie über die bloße Vorstellung zur begrifflichen Erkenntnis zu erheben ver= mögen, klingt der Spruch Goethes an: Weh denen, die dem ewig Blinden des Lichtes Himmelsfakel leihen." Mit platonischer Schroff= heit erklärt Goethe in den Wanderjahren: „Nichts ist widerwärtiger als die Majorität. Denn sie besteht aus wenigen kräftigen Vor= gängern, aus Schelmen, die sich accommodieren, aus Schwachen, die sich assimilieren, und der Masse, die nachtrollt, ohne nur im mindesten zu wissen, was sie will." — Eine Auffassung, die übrigens Goethe nicht gehindert hat, gerade in dem Entwurf des Gesellschaftsideales, welches die Wanderjahre enthalten, die Frage nach der Stellung

der wirtschaftlichen Arbeit in wahrhaft humanem, von Klassenvor=
urteilen vollkommen freiem Geiste zu beantworten.

Und der „demokratische" Schiller, sagt er uns nicht?:
> „Mehrheit ist Unsinn,
> Verstand ist stets bei Wenigen nur gewesen.
> Kümmert sich um das Ganze, wer nichts hat?"

Aber auch bei den Herolden und Führern der Demokratie selbst
finden sich ähnliche Klagen: „Schwer ist es — sagt Rousseau in den
Bekenntnissen — adelig zu denken, wenn alles Denken der Erhaltung
des Lebens gelten muß." Und noch weit schärfer der größte Wortführer
der Revolution, Mirabeau: „Verachtet das Volk und helft ihm". —
Die Arbeit für das Wohl des Volkes wird als Pflicht anerkannt und
trotzdem: „Verachtet!" Eine Devise, die übrigens die Staatsmänner
des platonischen Idealstaates nicht zu der ihrigen gemacht hätten.

Man denke sich einmal bei uns die Monarchie durch das
rein parlamentarische Prinzip thatsächlich beseitigt und die Parla=
mentsmehrheit in den Händen der Masse, Behördenwahl und Recht=
sprechung durch das Volk nach athenischem Muster! Wer wollte
bezweifeln, daß die unvermeidliche Reaktion der gebildeten Minder=
heit zu derselben schroffen Beurteilung der Masse, ihrer intellektuellen
und sittlichen Unreife führen würde, wie in den Zeiten der athe=
nischen Demokratie? Die Illusionen des doktrinären Liberalismus,
der jetzt noch auf die in solchen politischen Verhältnissen ergrauten
antiken Denker herabzusehen gewohnt ist, würden wie Seifenblasen
verschwinden und einem Pessimismus Platz machen, der hinter dem
der antiken Staatslehre kaum wesentlich zurückbleiben dürfte. Es
ist vollkommen richtig, wenn ein bekannter Führer der Sozialdemo=
kratie gemeint hat, daß in dem Momente, wo dieselbe die Mehr=
heit in den Parlamenten erringen würde, die Minderheit das all=
gemeine gleiche Stimmrecht einfach aufheben, also die große Masse
ebenso zu politischer Ohnmacht verurteilen würde, wie dies Plato
thut; — wobei übrigens nicht zu vergessen ist, daß Plato auch von
der Minderheit noch eine ganz andere Legitimation zur Herrschaft
fordert, als diese bis jetzt aufzuweisen vermag.

Schon jetzt ist unter dem gewaltigen Eindruck des kühnen Emporstrebens der Massen die „realistische" Richtung der modernen Staatslehre, welche den Anspruch erhebt, mit dem thatsächlichen Leben und seine Forderungen in engster Fühlung zu stehen, genau bei denselben Anschauungen angelangt, welche dem modernen Liberalismus an der Staatslehre der Griechen so ganz unverständlich waren. Sie erklärt, wie diese, das Prinzip der Majorität für ein „durchaus unrichtiges und falsches". Es „unterliegt ihr — um die Worte eines der modernsten Vertreter dieses Realismus zu gebrauchen — absolut keinem Zweifel, daß die Masse immer gedankenlos und roh ist, Vernunft und Adel der Gesinnung nur einer verschwindend kleinen Minorität der Menschen eigen ist". Eine Thatsache, die nur dadurch gemildert werden könne, daß die große Masse durch die Minorität von jedem Einfluß auf den Gang der öffentlichen Angelegenheiten ferngehalten und ausgeschlossen bleibt.[1]) Das hätte auch Plato nicht schroffer ausdrücken können!

Milder, aber doch in ähnlichem Sinne urteilt der Altmeister der historischen Richtung der politischen Ökonomie. „Steigt man — sagt Roscher — mit der Anteilgewährung an der Souveränität immer tiefer herunter, so ist wohl zu bedenken, daß eine den Körper unmäßig anstrengende Hantierung, ewige Nahrungssorgen, enger Gesichtskreis von Jugend auf, sorglose Erziehung keine gute Schule für den Staatsmann bilden."[2]) — Gerade in den untersten Klassen ist, wie Schmoller mit Recht bemerkt,[3]) die Gefahr am größten, daß sich das Individuum ganz und ausschließlich dem Klassengeist ergibt, je mehr die Faktoren der allgemeinen Bildung, des Staats- und Nationalgefühls zurücktreten. Selbst ein so liberaler Politiker, wie Hirth, nähert sich der platonischen Charakteristik der Demokratie, wenn er in seinen „freisinnigen Ansichten des Staates und der Volkswirtschaft" sagt: „Zu der enorm großen Rolle, welche heute bei uns das Individuum als Wähler und indirekt als Gesetzgeber, als

----

[1]) Gumplowicz: Rechtsstaat und Sozialismus S. 260.
[2]) Umrisse zur Naturlehre der Demokratie S. 28.
[3]) Das Wesen der Arbeitsteilung a. a. O. S. 95.

Steuerzahler und Vaterlandsverteidiger spielt, zu dem stolzen Selbst-
bewußtsein, das ihm die Gleichheit vor dem Gesetze gibt, zu alledem steht die wirkliche Rechtskultur in gar keinem Verhältnis. Die große Masse tappt im Finstern. Wohl ihr
und dem Staate, wenn sie zum wenigsten guten Instinkten folgt.
Das ist alles, was wir hoffen dürfen."[1] — „Was in erregten
Augenblicken, — sagt Cohn, — nur als ein Recht erschien, dessen
man sich nur zu bemächtigen habe, um es auszuüben, erwies sich
in der Erfahrung als eine schwierige Pflicht, welcher der
moderne Mensch und seine individualistische Lebensrichtung nicht gewachsen war."[2] — Eben das, was Plato von
der antiken Demokratie behauptet!

Und solche Anschauungen sind keineswegs vereinzelt! Sie treten
uns genau so, wie im Altertum, gerade da entgegen, wo sich die
Entwicklung des staatlichen Lebens am „freiheitlichsten" gestaltet,
dem antiken Republikanismus am meisten genähert hat. Es ist
wahr, sagt ein Staatsmann des republikanischen Zürich, daß es
Einzelne gibt, welche sich über die bloße vernünftige Selbstliebe erheben, welche von der höheren göttlichen Liebe getrieben sich dem
Organismus des Staates unterordnen, hingeben, bereit sogar, sich
für denselben aufzuopfern. Dies ist eben die Tugend. Aber es ist
Selbsttäuschung, dieselbe als das allgemeine, die Einzelnen leitende
und bewegende Prinzip, für den Gesamtwillen zu halten, da es
vielmehr nur eine seltene Ausnahme ist, obgleich viele sich den Anschein derselben zu geben suchen. — Rari in vasto gurgite nantes!"
— „Übrigens — wird ‚zur milderen Beurteilung der menschlichen
Natur nach dem Durchschnittswert' hinzugefügt — kann jener tugendhafte Patriotismus von vielen, ja den meisten nach ihrer Bildungs-
stufe und unter dem Drucke täglicher Anstrengungen und Sorgen
für den dürftigen Lebensunterhalt gar nicht gefordert werden."[3]
Seit dieser Äußerung ist ein Menschenalter verflossen, in

---

[1] S. 66.

[2] A. a. O. S. 393.

[3] A. Escher: Praktische Politik I, 41.

welchem der Demokratismus im Sinne des antiken Prinzips der
unmittelbaren Gesetzgebung durch das Volk weitere Fortschritte ge=
macht, gleichzeitig aber auch die Folgen der immer höher anschwel=
lenden demokratischen Strömung selbst in „liberalen" Kreisen eine
Wandlung herbeigeführt haben, die in immer schärferen und schrofferen
Äußerungen zu Tage tritt. So eröffnete die neue Züricher Zeitung
im Jahre 1891 einen Feldzug gegen die direkte Volksgesetzgebung,
gegen das Referendum, mit folgender Erklärung, welche direkt aus
der platonischen Staatslehre entlehnt sein könnte: „Vom Gesetzgeber
wird verlangt: Sinn für Billigkeit und Gerechtigkeit, ein weiter
Blick und umfassende Kenntnisse. All' diese Dinge sind bei
der großen Masse des Volkes nicht vorhanden. Wie
kann man also letztere zum obersten Gesetzgeber machen? Das
Referendum sollte zur politischen Schulung des Volkes dienen.
Statt dessen ist es Ursache, daß die schlimmsten menschlichen Eigen=
schaften, welche die Unzufriedenheit mit den ökonomischen Verhält=
nissen erzeugt, nämlich Neid, Selbstsucht und Engherzigkeit in poli=
tischen Dingen wachgerufen und ausschlaggebend werden."

Die gegnerische demokratische Presse sieht in dieser Kritik
natürlich nur engherzigen volksfeindlichen Aristokratismus, genau
so, wie man den über alles Getriebe der Partei erhabenen antiken
Denker zum aristokratischen Parteimann gestempelt und unter die
Leute geworfen hat, die „in der Hetärie dem Demos den Tod ge=
schworen."[1])

Ist Plato Aristokrat in diesem Sinne, dann ist es auch
Carlyle, der von Athen und Rom gesagt hat, daß sie „ihr Werk
nicht durch laute Abstimmungen und Debatten der Massen, sondern
durch die weise Einsicht und Herrschaft der Wenigen vollbracht
haben;"[2]) — dann ist auch ein anderer hervorragender britischer
Denker, Henry Maine, engherziger Aristokrat, weil er gesagt hat:

---

[1]) Vgl. die von dieser einseitigen Anschauungsweise beherrschten Aus=
führungen Onckens (Aristoteles I, 115), der sich damit Plato gegenüber auf
denselben Standpunkt stellt, wie die Ankläger des Sokrates gegen diesen.

[2]) Chartism c. 5.

„Alles was England berühmt und alles was England reich gemacht hat, ist das Werk von Minoritäten und oft von sehr kleinen. Es scheint mir unumstößlich sicher, daß, wenn seit vierhundert Jahren ein ausgedehntes Wahlrecht und eine zahlreiche Wählerschaft hier zu Lande bestanden hätte, wir weder eine religiöse Reform, noch einen Wechsel der Dynastie gehabt, noch Glaubensfreiheit, nicht einmal einen richtigen Kalender erlangt hätten. Die Dreschmaschine, der mechanische Webstuhl, die Spinnmaschine und möglicherweise die Dampfmaschine wären verboten worden. Und wir können ganz allgemein sagen, daß die immer näher kommende Herrschaft der Massen von der übelsten Vorbedeutung für alle Gesetzgebung ist, die sich auf wissenschaftlicher Kenntnis gründet, die geistige Anstrengung erheischt, sie zu verstehen, und Überwindung, sich ihr zu unterwerfen."[1]

Hat aber andererseits das „besitzende und gebildete" Bürgertum von den freien Verfassungsformen des modernen Staates den Gebrauch gemacht, daß das Mißtrauen, welches Plato auch der Bourgoisie entgegenbringt, lediglich als Ausfluß antiker Vorurteile gelten könnte? Keineswegs! Die Erfahrungen des freiheitlichen Staatslebens der Neuzeit haben unwiderleglich gezeigt, daß, wie Schmoller treffend bemerkt hat,[2] „die Mehrzahl der Menschen, auch der Geschworenen, der Stadtverordneten, der Abgeordneten, daß alle die, welche nicht eine sehr hohe geistige und moralische Bildung haben, die Abstraktionskraft und Fähigkeit nicht besitzen, ihr Denken

---

[1] Volkstümliche Regierung S. 63. Vgl. auch die Kritik der amerikanischen Demokratie in dem bekannten Aufsatz Herbert Spencers „Von der Freiheit zur Gebundenheit": „Wie wenig sahen die Männer, welche die amerikanische Unabhängigkeitserklärung erließen, voraus, daß nach einigen Menschenaltern die Gesetzgebung in die Gewalt der „Drahtzieher" gleiten, daß ihre Gestaltung ganz von der Ämterjagd abhängen würde, daß die Wähler, statt selbständig zu urteilen, durch ihre „Bosses" zu Tausenden als Stimmvieh an die Wahlurne getrieben werden und daß alle anständigen Menschen sich vom politischen Leben zurückziehen, um den Beschimpfungen und Verleumdungen der gewerbsmäßigen Politiker zu entgehen."

[2] Grundfragen S. 133.

und Fühlen als Geschäftsinhaber von dem als Vertreter öffentlicher
Interessen ganz zu trennen." —

Es wird dadurch nur das bestätigt, was einer der größten
Meister psychologischer Beobachtung, Schopenhauer, in seiner „Welt
als Wille und Vorstellung" gesagt hat: „Der Vorteil übt eine ge=
heime Macht über unser Urteil aus. Was ihm gemäß ist, erscheint
uns alsbald billig, gerecht, vernünftig; was ihm zuwider ist, stellt
sich uns im vollen Ernst als ungerecht und abscheulich oder zweck=
widrig und absurd dar. Daher so viele Vorurteile des Standes,
des Gewerbes, der Nation, der Sekte, der Religion."

Wenn aber schon die Schwierigkeit des uninteressierten und
stimmungslosen Denkens für die Meisten eine kaum überwindliche
ist, wie viele besitzen jene Fähigkeit zur beständigen Selbstkritik
gegenüber den in den Schranken der Subjektivität wurzelnden
Urteilstrübungen, jene Kraft der Abstraktion, ohne welche die höchste,
allen Standpunkten und Interessen gerecht werdende Objektivität
nicht möglich ist? — Die Antwort, welche die geschichtliche und
psychologische Erfahrung auf diese Frage gibt, lautet in der Formu=
lierung eines modernen Kritikers des Sozialismus: „Die Fähigkeit
absoluter Objektivierung ist die Gabe der auserlesensten Geister allein.
Die größten Philosophen, die größten Staatsmänner sind Meister
der Objektivierung gewesen. Das Volk ist stets Stümper darin."[1]
— Und was folgt daraus für die Sozialtheorie, wenn es gilt, die
Grundsätze festzustellen, nach denen eine Gerechtigkeit höherer Ord=
nung zu verfahren hat? Sie „muß es ablehnen, sich an die Be=
teiligten zu wenden". Sie hat aus der klaren Erkenntnis der
Motive, von den die verschiedenen Gesellschaftsklassen bewußt oder
unbewußt sich leiten lassen, die Einsicht gewonnen, „wie verfehlt
es wäre, die Direktive für das sozialpolitische Handeln von ihnen
entnehmen zu wollen".[2] Sie fordert für die Feststellung der
„Formel der Gerechtigkeit" eine Instanz, welche vollkommen selb=
ständig und frei über dem Getriebe der Gesellschaft steht.

---

[1] Wolf: System der Sozialpolitik I, 593.
[2] Wolf ebd. S. 592.

Vergegenwärtigen wir uns all' diese Thatsachen, deren wir uns erst in der Schule des modernen politischen Lebens wieder voll und ganz bewußt geworden sind, die aber dank analogen Erfahrungen bereits dem antiken Denker klar vor Augen standen, so müssen wir sagen: Wenn Plato auch hier, wie sonst, ohne Rücksicht auf andere, für den geschichtlich gewordenen Staat in Betracht kommenden Momente, die letzten, rein logischen Konsequenzen ziehen wollte, so konnte er sich als den idealen Repräsentanten seines Gerechtigkeitsprinzipes nur den philosophischen Staatsmann denken, konnte unmöglich der Erwerbsgesellschaft einen Einfluß auf das staatliche Leben einräumen, der mit dem Eindringen ihrer „Urteilstrübungen" gleichbedeutend gewesen wäre, die reine Durchführung des Gerechtigkeitsprinzips von vorneherein in Frage gestellt hätte! — Ob diese Lösung eine praktisch mögliche, das ist eine andere Frage. Uns kommt es hier nur darauf an, festzustellen, daß die Ausschließung der Erwerbsstände von der Politik durch die streng logische Konsequenz des ganzen Systems unbedingt gefordert war.

Dies verkennen alle diejenigen, die da meinen, daß in den politischen Dialogen Platos durch den Mund des Sokrates nur aristokratische Vorurteile des Verfassers zum Ausdruck kommen. Daß dem nicht so ist, beweist schon die bedeutsame Thatsache, daß auch der geschichtliche Sokrates, der Bildhauerssohn, der Mann der Arbeit, als politischer Denker aus ähnlichen Motiven über die politische Herrschaft der Erwerbsklassen nicht minder schroff geurteilt hat, als Plato. Von ihm, der doch jeder Arbeit ihre Ehre gab,[1] stammt das herbe Urteil über den souveränen Demos, den „unwissenden und ohnmächtigen Haufen von Walkern, Schustern, Zimmerleuten, Schmieden, Bauern, Händlern und Krämern, die nie über Politik nachgedacht haben".[2] Und trotzdem! Wäre nicht gerade Sokrates der Letzte gewesen, der darauf verzichtet hätte, über diesen unwissenden Haufen eine „fruchtbare Tugendsaat aus-

---

[1] Xenophon Mem. III, 9, 15. vgl. I, 2. 5.
[2] Ebd. III, 7, 5.

zustreuen", ihn aufzuklären über sich selbst und seine Stellung in der Gesamtheit? Hat nicht gerade Sokrates die Diskussion über die sittlichen Aufgaben des Menschen hinausgetragen auf den Markt, in die Palästra und die Buden der Handwerker?[1] Und ist es nicht das Glück des gesamten Volkes, in dessen Dienst er alle Staatsgewalt stellt?[2]

Auch der platonische Sokrates denkt trotz seiner ungleich größeren Zurückhaltung gegen die Masse in der Hauptsache nicht anders.[3] Denn darin liegt ja gerade das Wesen der von ihm verkündeten „wahren Staatskunst", daß durch sie der Staat zu einer Anstalt wird, welche möglichst alle zum Guten zu erziehen sucht.[4] Wenn es auch immer solche geben wird, deren „Ungelehrig= keit und niedrige Gesinnung" (ἀμαθία καὶ ταπεινότης) aller Er= ziehung spottet, so kann doch bei dieser Auffassung der Staat un= möglich von vorneherein ganze Klassen oder gar die große Mehr= heit seiner Bürger von solcher Erziehung ausschließen. Ein Staat, der, wie der platonische, nicht das Glück irgend eines einzelnen Standes, sondern des ganzen Volkes will, muß auch die uneut= behrliche Voraussetzung alles Wohlbefindens, ein gewisses Maß von Sittlichkeit möglichst zu verallgemeinern suchen. Alle anderen

---

[1] Vgl. was Plato selbst in der Apologie (29 d) Sokrates von sich sagen läßt: οὐ μὴ παύσομαι φιλοσοφῶν καὶ ὑμῖν παρακελευόμενός τε καὶ ἐνδεικνύμενος ὅτῳ ἂν ἀεὶ ἐντυγχάνω ὑμῶν, λέγων οἷάπερ εἴωθα, ὅτι ὦ ἄριστε ἀνδρῶν ... χρημάτων μὲν οὐκ αἰσχύνει ἐπιμελούμενος ..., φρονήσεως δὲ καὶ ἀληθείας καὶ τῆς ψυχῆς ὅπως ὡς βελτίστη ἔσται, οὐκ ἐπιμελεῖ οὔτε φροντίζεις;

[2] Xen. Mem. III. 2. 2: καὶ βασιλεὺς ἀγαθός, οὐκ εἰ μόνον τοῦ ἑαυτοῦ βίου καλῶς προεστήκοι, ἀλλ' εἰ καί, ὧν βασιλεύοι, τούτοις εὐδαι= μονίας αἴτιος εἴη. § 4: καὶ οὕτως ἐπισκοπῶν, τίς εἴη ἀγαθοῦ ἡγεμόνος ἀρετή, τὰ μὲν ἄλλα περιῄρει, κατέλειπε δὲ τὸ εὐδαίμονας ποιεῖν ὧν ἂν ἡγῆται.

[3] Vgl. die bezeichnende Frage des Sokrates im Gorgias 515 a: Φέρε, Καλλικλῆς ἤδη τινὰ βελτίω πεποίηκε τῶν πολιτῶν; ἔστιν ὅς τις πρότερον πονηρὸς ὢν ἄδικός τε καὶ ἀκόλαστος καὶ ἄφρων διὰ Καλλικλέα καλός τε κἀγαθὸς γέγονεν ἢ ξένος ἢ ἀστός, ἢ δοῦλος ἢ ἐλεύθερος;

[4] Πολιτ. 308 f.

Wohlthaten, die den Bürgern erwiesen werden können, sind ja nach Platos Ansicht für dieselben vollkommen wertlos, wenn es nicht gelingt, sie zugleich auch sittlich zu bessern.[1]) Und Plato kann diese Aufgabe seinem Staate umsoweniger abgesprochen haben, da er der Überzeugung lebt, daß für niemand Beruf oder Stand ein absolutes Hindernis bildet, je nach seiner Individualität ein größeres oder geringeres Maß von Sittlichkeit zu erreichen.[2])

Nichts könnte auf diese Anschauung Platos ein klareres Licht werfen, als die Anklage, welche er gegen die politischen Führer der athenischen Demokratie, gegen Perikles, seine Vorgänger und Nachfolger erhebt. Er kann sie nicht als „gute Staatsmänner" (οὐκ ἀγαθοὶ τὰ πολιτικά),[3]) ja nicht einmal als gute Staatsbürger anerkennen, „weil sie es verabsäumt hätten, ihre Mitbürger aus Schlechteren zu Besseren zu machen" (βελτίους ἀντὶ χειρόνων),[4]) was doch „das alleinige Streben eines guten Bürgers sein muß".[5])

Sollte aber für denselben Mann, der die Staatsmänner des geschichtlichen Staates in solcher Weise für den Stand der allgemeinen Volkssittlichkeit verantwortlich macht, der die Politiker und Redner der Demokratie vor allem als schlechte Volkserzieher verwirft und den Staat als eine Erziehungsanstalt für alle prokla-

---

[1]) Ebd. 513e: ἆρ' οὖν οὕτως ἐπιχειρητέον ἡμῖν ἐστιν τῇ πόλει καὶ τοῖς πολίταις θεραπεύειν, ὡς βελτίστους αὐτοὺς τοὺς πολίτας ποιοῦντας; ἄνευ γὰρ δὴ τούτου ... οὐδὲν ὄφελος ἄλλην εὐεργεσίαν οὐδεμίαν προσφέρειν, ἐὰν μὴ καλὴ κἀγαθὴ ἡ διάνοια ᾖ τῶν μελλόντων ἢ χρήματα πολλὰ λαμβάνειν ἢ ἀρχήν τινων ἢ ἄλλην δύναμιν ἡντινοῦν.

[2]) S. die schöne Stelle über die Wahl der Lebenslose Rep. 617e: πρῶτος δὲ ὁ λαχὼν πρῶτος αἱρείσθω βίον, ᾧ συνέσται ἐξ ἀνάγκης. ἀρετὴ δὲ ἀδέσποτον, ἣν τιμῶν καὶ ἀτιμάζων πλέον καὶ ἔλαττον αὐτῆς ἕκαστος ἕξει αἰτία ἑλομένου· θεὸς ἀναίτιος. Vgl. Leg. 904d, e.

[3]) Gorgias 517a.

[4]) Ebd. 515d.

[5]) μόνον ἔργον ἀγαθοῦ πολίτου 517b. Vgl. 515b: ἢ ἄλλου του ἄρα ἐπιμελήσει ἡμῖν ἐλθὼν ἐπὶ τὰ τῆς πόλεως πράγματα ἢ ὅπως ὅ τι βέλτιστοι πολῖται ὦμεν;

miert, ſollte für den bei dem Entwurf ſeines Staatsideals dieſe
Frage, ſoweit es ſich um die große Mehrzahl der Bürger handelt,
gar nicht mehr vorhanden geweſen ſein?[1] Eine ganz undenkbare
Annahme, welche zugleich die weitere Konſequenz in ſich ſchlöſſe,
daß der Vernunftſtaat für die Sache der Volkserziehung noch weniger
geleiſtet haben würde, als der beſtehende.

Adam Smith weiſt in der erwähnten Erörterung über die
ſchädlichen Folgen der Arbeitsteilung rühmend auf die Geſetzgebung
der helleniſchen Staaten hin, welche durch ihre Fürſorge für die
muſiſche und gymnaſtiſche Ausbildung aller Staatsangehörigen den
Einſeitigkeiten einer gewerblichen und merkantilen Entwicklung ent=
gegengewirkt hätten. Kann man Plato im Ernſte die Abſicht zu=
trauen, in ſeinem alle beglückenden Staat die ungeheure Mehrheit
dieſer Wohlthat zu berauben und damit eine der wertvollſten
Schranken phyſiſcher und ſittlicher Entartung ſelbſt niederzureißen?

Übrigens beſitzen wir von Plato ſelbſt eine Äußerung, in der
er ſich mit der genannten Thätigkeit des beſtehenden Staates voll=
kommen einverſtanden erklärt. Im Krito werden die Geſetze des
Staates redend eingeführt; ſie weiſen den eingekerkerten Sokrates
auf die Fürſorge hin, mit der ſie ſich ſeiner von Kindheit auf an=
genommen, und der er die „Erziehung und Bildung“, die muſiſche,
wie die gymnaſtiſche, zu verdanken habe, die ihm ſein Vater eben
den Geſetzen gemäß habe angedeihen laſſen. Sokrates d. h.
Plato ſelbſt erkennt ausdrücklich dieſe ſtaatliche Fürſorge, die auch
der Kinder des armen Handwerkes nicht vergißt, als etwas „Schönes“
an.[2] Zwar handelt es ſich dabei nicht um ein vom Staate ſelbſt

---

[1] Und das, obgleich er noch im „Staatsmann“ denſelben Standpunkt
einnimmt! Es heißt hier (297b) von den ἔμφϱονες ἄϱχοντες, daß ſie σώζειν
οἷοί τε ὦσι καὶ ἀμείνους ἐκ χειϱόνων ἀποτελεῖν (τοὺς ἐν τῇ πόλει) κατὰ
τὸ δυνατόν.

[2] 50d: ἢ οὐ καλῶς πϱοσέταττον ἡμῶν οἱ ἐπὶ τούτοις (sc.
τϱοφῇ καὶ παιδείᾳ) τεταγμένοι νόμοι, παϱαγγέλλοντες τῷ πατϱὶ τῷ
σῷ σε ἐν μουσικῇ καὶ γυμναστικῇ παιδεύειν. Auch dieſe für die
Beurteilung der ſozialpolitiſchen Stellung Platos überaus wichtige Thatſache,

geleitetes Erziehungswesen, sondern im wesentlichen nur um mittel=
bare Maßregeln, welche dem Staate eine gewisse Bürgschaft dafür
geben sollen, daß die heranwachsenden Bürger nicht ohne Erziehung
und Unterricht bleiben. Allein für die prinzipielle Frage, auf
welche Klassen sich nach Platos Ansicht die Unterrichtspolitik des
Staates zu erstrecken hat, ist das ohne Belang.

Aber auch im Entwurf des Idealstaates fehlt es keineswegs
an Anhaltspunkten dafür, daß Plato nach wie vor die Thätigkeit
des Staates im Interesse der Erziehung und des Unterrichts dem
gesamten Bürgertum zu Gute kommen lassen will.

Das harmonische Verhältnis, welches der Idealstaat zwischen
allen Klassen der Gesellschaft herzustellen sucht, soll nicht bloß das
Werk des Zwanges, sondern in erster Linie eine Frucht der freien
Überzeugung, der „Überredung" sein.[1] Diesem Zweck dienen unter
anderem die Glaubensvorstellungen, welche Plato den Angehörigen
der Erwerbsstände, den „übrigen Staatsbürgern", ebenso eingeprägt
wissen will, wie den Beamten und Kriegern: der schon erwähnte
Schöpfungsmythus, der durch die Lehre von der Verwandtschaft
aller Bürger das ganze Volk mit dem Geiste der Bruderliebe
erfüllen soll,[2] ferner die ebenfalls mythisch eingekleidete Lehre, daß
die Scheidung der drei Stände des Vernunftstaates ein Werk der
Gottheit selber sei,[3] endlich der Götterspruch, nach welchem jede
Veränderung in dem gegenseitigen Verhältnis dieser Stände, jedes
Hinausstreben eines Standes über die ihn durch die Verfassung des
Staates zugewiesene Rechtssphäre den Staat selbst mit dem Unter=
gang bedrohen würde.[4]

---

daß Plato selbst sich für die musische und gymnastische Ausbildung aller
Staatsangehörigen ausgesprochen hat, ist bisher völlig übersehen worden,
selbst von Strümpell, der in seiner Geschichte der praktischen Philosophie der
Griechen (S. 387) in der Sache selbst bis zu einem gewissen Grade das Rich=
tige gesehen hat.

[1] Rep. 519 e.
[2] 414 e ff.
[3] 415 a.
[4] 415 c.

Auch für die Regierten soll die Staatsordnung nicht bloß
etwas Äußerliches sein, sondern ihrem Innenleben vermittelt werden.
Sie müssen dieselbe, um ihr innerlich zustimmen zu können, als das
Werk der höchsten Ordnerin aller Dinge, der Gottheit, auffassen
lernen, dessen Berechtigung von vornherein außer Frage steht. Das
Individuum soll in den Stand gesetzt werden, alle Zweifel an der
Gerechtigkeit der staatlichen Ordnung und alle Gedanken der Auflehnung zu überwinden, dadurch, daß ihm dieselbe zu einer göttlichen wird, daß es die Besonderheit seiner eigenen Stellung und
Berufsarbeit als den Ausdruck eines göttlichen Willens, seine Unterwerfung unter das Ganze als eine religiöse Pflicht erfassen lernt.

Die Unterweisung in diesen Glaubensvorstellungen bildet bei
der Hüterklasse einen Bestandteil des musischen Unterrichtes in dem
hergebrachten Sinne des Wortes, des Unterrichtes in Poesie und
Musik und in den γράμματα d. h. Lesen und Schreiben. Folgt
daraus nicht mit Notwendigkeit, daß Plato, wenn er diese Unterweisung auch auf die Jugend des dritten Standes ausdehnen wollte,
dieselbe zugleich an dem Elementarunterricht und der auf der ge-
reinigten Volksreligion ruhenden sittlichen Erziehung beteiligen
mußte? Plato sagt selbst in der Erörterung über diese sittliche
Erziehung, daß das Gepräge (τύπος), welches man dem Fühlen
und Denken der Menschen zu geben wünscht, sich am Leichtesten in
dem lenkbaren Gemüt der Jugend erzeugen läßt.[1] Wie hätte er
das Gepräge, welches er dem ethisch-politischen Empfinden des dritten
Standes geben will, auf anderem Wege suchen sollen, als dem der
Jugenderziehung! Plato will ja auch die Jugend der bürgerlichen
Klassen vor unwürdigen Vorstellungen über die Götter behütet
wissen. Alle Mythen, welche solche Vorstellungen enthalten, wie z. B.
die Geschichte von Giganten und Götterkämpfen u. dgl. dürfen im
Bereich seines Staates überhaupt „nicht erzählt" werden, dürfen
„vor den Ohren keines Knaben" erwähnt werden, selbst wenn sie

---

[1] 377b: οὐκοῦν οἶσθ', ὅτι ἀρχὴ παντὸς ἔργου μέγιστον, ἄλλως τε
καὶ νέῳ καὶ ἁπαλῷ ὁτῳοῦν; μάλιστα γὰρ δὴ τότε πλάττεται καὶ ἐνδύεται
τύπος, ὃν ἄν τις βούλεται ἐνσημήνασθαι ἑκάστῳ.

nur im symbolischen Sinne gemeint sind.[1]) „Denn der Knabe vermag nicht zu unterscheiden, was Sinnbild ist, was nicht, auch pflegen die Vorstellungen, die der Mensch in diesem Alter in sich aufnimmt, nnaustilgbar und unveränderlich festzuhaften.“[2]) Der Idealstaat wird daher unter keinen Umständen (οὐδ' ὁπωστιοῦν) zugeben, daß „die Knaben die ersten besten Sagen, die von den ersten Besten erdichtet sind, anhören und in ihre Seele Vorstellungen aufnehmen, die größtenteils denen entgegengesetzt sind, von denen wir glauben, daß sie dieselben im späteren Leben festhalten müssen.“[3])

Wenn aber die heranwachsende Jugend des dritten Standes sich desselben staatlichen Schutzes gegen das Eindringen staats- und sittengefährlicher Vorstellungen erfreut, wie die der Hüterklasse, soll ihr nicht auch das positive Ergebnis der platonischen Pädagogik zu Gute kommen, nach welcher es eben wegen der Nachhaltigkeit der Jugendeindrücke „für das Allerwichtigste anzusehen ist, daß die Kinder in dem, was sie zuerst hören, Dichtungen hören, deren Erzählung zur Tugend anzureizen vermag?“[4]) Liegt es nicht im Interesse des Idealstaates selbst, die sittlichen, religiösen und sozialen Vorstellungen, welche auch die Angehörigen des dritten Standes „festhalten“ müssen, und die Dichtungen, durch welche sich dieselben erzeugen sollen, zum Gegenstand einer systematischen Jugenderziehung zu machen, welche nach Platos eigener Ansicht dem Staate mehr als irgend etwas anderes die Nachhaltigkeit solcher moralischer Vorstellungen und Gesinnungen verbürgen kann?

Und fordert nicht schon die Verfassung des Vernunftstaates ein gewisses Maß öffentlicher Erziehung für alle Volksklassen? Die Ständegliederung soll hier ja durchaus nicht zu einem starren Kastenwesen führen, welches den Niedriggeborenen unter allen Umständen

---

[1]) 378b: . . . οὐ λεκτέοι . . . ἐν τῇ ἡμετέρᾳ πόλει (sc. οὗτοι οἱ λόγοι) οὐδὲ λεκτέον νέῳ ἀκούοντι. 378d: οὐ παραδεκτέον εἰς τὴν πόλιν.
[2]) Ebd.
[3]) 377b.
[4]) 378e.

an seinen Stand fesselt, sie soll nicht der Ausdruck von ständischen
Privilegien und Monopolen sein, sondern einzig und allein ein
Werkzeug für die Verwirklichung des Staatszweckes, der jede
Klassenpolitik ausschließt. Um des Staatszweckes willen werden
hier die Söhne der oberen Klasse bis hinauf zu den Regenten,
wenn sie sich für den militärischen oder politischen Beruf der Väter
ungeeignet erweisen, rücksichtslos „zu den Handwerkern und Bauern
hinabgestoßen", während der begabte Handwerker- und Bauernsohn
ungehindert zu den höheren Berufen, ja zur obersten Regierungsgewalt emporsteigen kann.[1] Dem Genie und Verdienst winkt hier
im wahrsten Sinne des Wortes die Krone.[2] Wie vermag aber
der Staat die für seine Zwecke hervorragend begabten Elemente
des dritten Standes zu erkennen, wenn er demselben nicht ein gewisses Maß von Erziehung und Unterricht zu teil werden läßt?
Oder sollen die Kinder, wie in dem Utopien des ungarischen Faust
nach Maßgabe ihrer Schädelbildung den einzelnen Berufen zugewiesen werden? Wenn ferner Plato in seinem Staat jedem Einzelnen durch die Gesamtheit den Beruf zuweisen will, der seiner
individuellen Naturanlage entspricht,[3] wie kann diese Naturanlage
sich offenbaren, wenn der Staat nicht durch ein öffentliches Unter-
richtssystem allen seinen Angehörigen die Gelegenheit dazu bietet?
Plato selbst verlangt die allersorgfältigste staatliche Überwachung der
gesamten heranwachsenden Jugend, damit sich der Staat über die
Anlagen des Einzelnen ein Urteil bilden könne.[4] Wie ist diese
Überwachung anders möglich als mittels der Schule?

Zu demselben Ergebnis gelangen wir, wenn wir uns die
Stellung vergegenwärtigen, welche der dritte Stand selbst im Idealstaat
einnimmt. Wir sehen, daß doch auch diesem Stand ein sittliches
Ziel gesteckt wird, welches keineswegs ein niedriges ist. Im Idealstaat wird von dem wirtschaftenden Bürgertum erwartet, daß es

---

[1] 415 c.
[2] Vgl. die Bezeichnung der Regenten des Idealstaates als „Könige" 543 a.
[3] 423 d f. später.
[4] 415 c.

sich nicht bloß gezwungen, sondern in freiwilliger Selbstbeschränkung und aus innerer Überzeugung in die Unterordnung unter die zur Herrschaft Berufenen füge.[1]) Es ist der Geist der sittlichen Selbst= zucht (σωφροσύνη), der sich hier von oben her über alle Stände verbreitet,[2]) und mit dem sich andererseits auch bei dem dritten Stande die Fähigkeit verbindet, den Anforderungen zu entsprechen, welche das Gerechtigkeitsprinzip des Vernunftstaates an den Ein= zelnen stellt.

Dieses Gerechtigkeitsprinzip wird verwirklicht durch das „an= gemessene" Thun (οἰκειοπραγία) aller Volksgenossen.[3]) Jeder hat die Stellung im allgemeinen Arbeitsleben, welche ihm die Gesamt= heit nach dem Maße seiner Kräfte und Gaben angewiesen, voll und ganz auszufüllen, auf sie hat er seine ganze Thätigkeit zu konzen= trieren und nicht in Wirkungssphären überzugreifen, welche außer= halb seiner besonderen Lebensaufgabe oder Befähigung liegen. Keiner hat nur sich selbst und seinem Interesse zu leben, sondern als Teil eines Ganzen auch im Sinne des Ganzen thätig zu sein, so daß das, was der Einzelne der Gesamtheit zu nützen vermag, der=

---

[1]) 431d: καὶ μὴν εἴπερ αὖ ἐν ἄλλῃ πόλει ἡ αὐτὴ δόξα ἔνεστι τοῖς τε ἄρχουσι καὶ ἀρχομένοις περὶ τοῦ οὕστινας δεῖ ἄρχειν, καὶ ἐν ταύτῃ ἂν εἴη τοῦτο ἐνόν. ἢ οὐ δοκεῖ; καὶ μάλα, ἔφη, σφόδρα.

[2]) Die σωφροσύνη ist die Tugend, welche die Regierten mit den Re= gierenden gemein haben, wie Plato ausdrücklich sagt. 431e: ἐν ποτέροις οὖν φήσεις τῶν πολιτῶν τὸ σωφρονεῖν ἐνεῖναι, ὅταν οὕτως ἔχωσιν; ἐν τοῖς ἄρχουσιν ἢ ἐν τοῖς ἀρχομένοις; ἐν ἀμφοτέροις που, ἔφη. Wie kann man (z. B. Ziegler: Gesch. d. Ethik I, 89) angesichts dieser Stelle be= haupten, daß der dritte Stand „überhaupt keine Tugend habe"? Die σωφρο= σύνη ist allerdings nicht die besondere Tugend desselben; aber das schließt, wie Hirzel mit Recht bemerkt, keineswegs aus, daß sie im Sinne der plato= nischen Psychologie „eine Tugend des dritten Seelenteils" d. h. eben des mit dem dritten Seelenteile von Plato in Parallele gesetzten dritten Standes ist. — „Über den Unterschied der δικαιοσύνη und der σωφροσύνη in der plat. Re= publik": Hermes VIII, 383.

[3]) 434c: χρηματιστικοῦ, ἐπικουρικοῦ, φυλακικοῦ γένους οἰκειοπραγία, ἑκάστου τούτων τὸ ἑαυτοῦ πράττοντος ἐν πόλει, τοὐναντίον ἐκείνου (sc. τῆς πολυπραγμοσύνης κτλ.) δικαιοσύνη τ᾽ ἂν εἴη καὶ τὴν πόλιν δικαίαν παρέχοι.

selben auch wirklich zu Gute kommt.[1]) Alles Thun des Einzelnen
erhält so ein soziales Gepräge und wird dadurch ein Mittel nicht
der Trennung und Verfeindung, sondern des sozialen Friedens, der
harmonischen Übereinstimmung der Volksgenossen.

Diese Sozialisierung des gesamten Arbeitslebens, die wie ja
Plato selbst zugibt, nicht bloß durch äußere Gewalt und mechanische
Niederhaltung der egoistischen Triebe und Begierden der Wider=
strebenden, sondern mindestens ebensosehr durch „Überzeugung" der
verständigeren und besseren Elemente erreicht sein will, sie kann nur
das Ergebnis einer systematischen Erziehung zum Gemeinsinn sein,
welche schon das Gemüt des Kindes in ihre Zucht und Pflege nimmt,
welche das Bewußtsein der höheren Bestimmung des Mannes für
das Ganze schon in der Seele des Knaben weckt.

Wie könnte überhaupt die Erziehung derjenigen für den Staat
gleichgültig sein, welche — zum Teil wenigstens — dereinst selbst
befähigt sein sollen, in ihrem Schaffen die höchsten Ziele desselben
zu unterstützen! Wir sehen, welches Gewicht Plato darauf legt,
daß in den Schöpfungen der redenden und bildenden Künste, wie
in den Erzeugnissen des Handwerkes nur das Schöne, Edle, Maß=
volle zum Ausdruck komme, alles Gemeine, Häßliche, Unsittliche
ferne bleibe, damit schon die ganze äußere Umgebung das empfäng=
liche Gemüt der heranwachsenden Jugend mit harmonischen Eindrücken
erfülle, sie überall nur auf das Gute, Schöne, Ideale hinweise. Die
„Demiurgen" müssen sich, wie Göthe in dem Idealstaat der Wander=
jahre von den Künstlern fordert, zuletzt dergestalt über das Gemeine
erheben, daß die ganze Volksgemeinde in und an ihren Werken
sich veredelt fühle! Sollte Plato wirklich geglaubt haben, dieses
hohe Ziel durch rein negative Mittel, durch polizeiliche Repressiv=
maßregeln erreichen zu können?

Daß dies nicht der Fall ist, geht zur Genüge aus seiner
ausdrücklichen Erklärung hervor, daß das, was er in den Werken
der Dichter, der Künstler und der „übrigen Demiurgen" zum Aus=

---

[1]) 519e.

druck gebracht wissen will, im wesentlichen die Frucht der sittlichen Beschaffenheit derselben ist ($\tau\tilde{\omega}$ $\tau\tilde{\eta}\varsigma$ $\psi\nu\chi\tilde{\eta}\varsigma$ $\tilde{\eta}\vartheta\varepsilon\iota$ $\tilde{\varepsilon}\pi\varepsilon\tau\alpha\iota$)[1]) und zwar einer guten sittlichen Beschaffenheit ($\sigma\omega\varphi\varrho\sigma\nu\acute{o}\varsigma$ $\tau\varepsilon$ $\varkappa\alpha\grave{\iota}$ $\dot{\alpha}\gamma\alpha\vartheta\sigma\tilde{\upsilon}$ $\tilde{\eta}\vartheta\sigma\nu\varsigma$),[2]) die Frucht einer Gesinnung, welche den „Charakter gut und schön gestaltet hat."[3]) Wie kann er es bei dieser Anschauung einzig und allein dem Zufall überlassen haben, ob sich Poesie, Kunst und Kunsthandwerk überhaupt auf die Stufe sittlichen und ästhetischen Empfindens erheben und auf ihr behaupten würde, welche die Erfüllung seiner Anforderungen voraussetzt! Wie kann er von ihnen ohne Weiteres erwartet haben, daß sie immer befähigt sein würden, „dem Wesen des Schönen und Wohlanständigen nachzuspüren" ($\dot{\iota}\chi\nu\varepsilon\acute{\upsilon}\varepsilon\iota\nu$ $\tau\grave{\eta}\nu$ $\tau\sigma\tilde{\upsilon}$ $\varkappa\alpha\lambda\sigma\tilde{\upsilon}$ $\tau\varepsilon$ $\varkappa\alpha\grave{\iota}$ $\varepsilon\dot{\upsilon}\sigma\chi\acute{\eta}\mu\sigma\nu\sigma\varsigma$ $\varphi\acute{\upsilon}\sigma\iota\nu$),[4]) wenn die — allerdings unentbehrliche — Anlage dazu bei den Einzelnen nicht entwickelt und geschult wird?

Plato selbst sagt an der nämlichen Stelle, wo er diese ideale Forderung an die künstlerische und gewerbliche Produktion des Idealstaates stellt: „Von der größten Wichtigkeit für die Erziehung ist die musische Bildung. Sie erzeugt eine wohlanständige Gesinnung ($\varphi\acute{\varepsilon}\varrho\varepsilon\iota$ $\tau\grave{\eta}\nu$ $\varepsilon\dot{\upsilon}\sigma\chi\eta\mu\sigma\sigma\acute{\upsilon}\nu\eta\nu$). Nur wenn er richtig erzogen wird, wird der Mensch zu einem solchen Wohlanständigen, wenn nicht, zum Gegenteil.[5]) Je besser die Erziehung, um so schärfer wird der Blick für das „mangelhaft Gebliebene und unschön Ausgeführte oder von Natur unschön Gebildete",[6]) um so empfindlicher

---

[1]) 400 d.

[2]) 401 a.

[3]) 400 d: $\varepsilon\dot{\upsilon}\lambda\sigma\gamma\acute{\iota}\alpha$ $\tilde{\alpha}\varrho\alpha$ $\varkappa\alpha\grave{\iota}$ $\varepsilon\dot{\upsilon}\alpha\varrho\mu\sigma\sigma\tau\acute{\iota}\alpha$ $\varkappa\alpha\grave{\iota}$ $\varepsilon\dot{\upsilon}\sigma\chi\eta\mu\sigma\sigma\acute{\upsilon}\nu\eta$ $\varkappa\alpha\grave{\iota}$ $\varepsilon\dot{\upsilon}\varrho\upsilon\vartheta\mu\acute{\iota}\alpha$ $\varepsilon\dot{\upsilon}\eta\vartheta\varepsilon\acute{\iota}\alpha$ $\dot{\alpha}\varkappa\sigma\lambda\sigma\upsilon\vartheta\varepsilon\tilde{\iota}$, $\sigma\dot{\upsilon}\chi$ $\tilde{\eta}\nu$ $\tilde{\alpha}\nu\sigma\iota\alpha\nu$ $\sigma\tilde{\upsilon}\sigma\alpha\nu$ $\dot{\upsilon}\pi\sigma\varkappa\sigma\varrho\iota\zeta\acute{o}\mu\varepsilon\nu\sigma\iota$ $\varkappa\alpha\lambda\sigma\tilde{\upsilon}\mu\varepsilon\nu$ $\dot{\omega}\varsigma$ $\varepsilon\dot{\upsilon}$-$\acute{\eta}\vartheta\varepsilon\iota\alpha\nu$, $\dot{\alpha}\lambda\lambda\grave{\alpha}$ $\tau\grave{\eta}\nu$ $\dot{\omega}\varsigma$ $\dot{\alpha}\lambda\eta\vartheta\tilde{\omega}\varsigma$ $\varepsilon\tilde{\upsilon}$ $\tau\varepsilon$ $\varkappa\alpha\grave{\iota}$ $\varkappa\alpha\lambda\tilde{\omega}\varsigma$ $\tau\grave{o}$ $\tilde{\eta}\vartheta\sigma\varsigma$ $\varkappa\alpha\tau\varepsilon\sigma\varkappa\varepsilon\upsilon\alpha$-$\sigma\mu\acute{\varepsilon}\nu\eta\nu$ $\delta\iota\acute{\alpha}\nu\sigma\iota\alpha\nu$.

[4]) 401 c.

[5]) 401 d: $\varkappa\alpha\grave{\iota}$ $\pi\sigma\iota\varepsilon\tilde{\iota}$ (sc. $\dot{\eta}$ $\mu\sigma\upsilon\sigma\iota\varkappa\grave{\eta}$ $\tau\varrho\sigma\varphi\grave{\eta}$) $\varepsilon\dot{\upsilon}\sigma\chi\acute{\eta}\mu\sigma\nu\alpha$, $\dot{\varepsilon}\acute{\alpha}\nu$ $\tau\iota\varsigma$ $\dot{o}\varrho\vartheta\tilde{\omega}\varsigma$ $\tau\varrho\alpha\varphi\tilde{\eta}$, $\varepsilon\dot{\iota}$ $\delta\grave{\varepsilon}$ $\mu\grave{\eta}$ $\tau\sigma\dot{\upsilon}\nu\alpha\nu\tau\acute{\iota}\sigma\nu$. — Endziel ist die Liebe des Schönen $\delta\varepsilon\tilde{\iota}$ $\delta\grave{\varepsilon}$ $\pi\sigma\upsilon$ $\tau\varepsilon\lambda\varepsilon\upsilon\tilde{\alpha}\nu$ $\tau\grave{\alpha}$ $\mu\sigma\upsilon\sigma\iota\varkappa\grave{\alpha}$ $\varepsilon\dot{\iota}\varsigma$ $\tau\grave{\alpha}$ $\tau\sigma\tilde{\upsilon}$ $\varkappa\alpha\lambda\sigma\tilde{\upsilon}$ $\dot{\varepsilon}\varrho\omega\tau\iota\varkappa\acute{\alpha}$. 403 c.

[6]) $\tau\tilde{\omega}\nu$ $\pi\alpha\varrho\alpha\lambda\varepsilon\iota\pi\sigma\mu\acute{\varepsilon}\nu\omega\nu$ $\varkappa\alpha\grave{\iota}$ $\mu\grave{\eta}$ $\varkappa\alpha\lambda\tilde{\omega}\varsigma$ $\delta\eta\mu\iota\sigma\upsilon\varrho\gamma\eta\vartheta\acute{\varepsilon}\nu\tau\omega\nu$ $\tilde{\eta}$ $\mu\grave{\eta}$ $\varkappa\alpha\lambda\tilde{\alpha}\varsigma$ $\varphi\acute{\upsilon}\nu\tau\omega\nu$ 401 e.

wird der Einzelne für das Häßliche werden und voll Freude am
Schönen und dasselbe in seine Seele aufnehmend darin seine Nahrung
finden, das Häßliche und Gemeine dagegen schon als Jüngling
verabscheuen, bevor er noch den Grund davon zu erkennen im
Stande ist.

Allerdings wird diese Beobachtung in der Erörterung über
die Erziehung des Hüterstandes ausgesprochen. Aber sie selbst ist
doch ganz allgemein gehalten und beruft sich auf allgemeine, für
alle Menschen in gleicher Weise gültige Erfahrungen. Wir sind
daher wohl berechtigt, die Konsequenz dieser ganzen Auffassung zu
ziehen und zu sagen: Sie führt zu dem logisch unabweisbaren
Schluß, daß, wenn in den Schöpfungen der Künstler und Kunst-
handwerker nur der Geist des Schönen und Wohlanständigen zum
Ausdruck kommen soll, dieselben auch in diesem Geiste erzogen und
gebildet werden müssen. Aus mangelnder Erziehung würde ja,
um mit Plato selbst zu reden, nur das „Gegenteil" entspringen
können: „Musenentfremdung und Unempfindlichkeit für das Schöne"
(ἀμουσία καὶ ἀπειροκαλία).[1]

Man sieht, in welch' unlösliche Widersprüche die herrschende
Ansicht Plato verwickeln würde. Sollen wir bei dem „größten
Lehrmeister der Welt" ohne jeden zwingenden Grund auf seinem
eigensten Gebiet solche Widersprüche voraussetzen?

Übrigens besitzen wir eine, allerdings spätere Äußerung Platos,
aus welcher wenigstens soviel hervorgeht, daß er auch der Erziehung
der „arbeitenden" und wirtschaftenden Klassen ein lebhaftes Interesse
entgegengebracht hat. Er spricht hier die Ansicht aus, daß, wer
als Mann es zu etwas Tüchtigem bringen will, von Kindheit auf
in Spiel und Ernst in allem sich üben müsse, was seinen künftigen Beruf angeht.[2] „Wer ein tüchtiger Landwirt oder Bau-

---

[1] Ebd.

[2] Leg. 643b, c: λέγω δὴ καὶ φημὶ τὸν ὁτιοῦν ἀγαθὸν ἄνδρα
μέλλοντα ἔσεσθαι τοῦτο αὐτὸ ἐκ παίδων εὐθὺς μελετᾶν δεῖν παίζοντά τε
καὶ σπουδάζοντα ἐν τοῖς τοῦ πράγματος ἑκάστοις προσήκουσιν . οἷον τὸν
μέλλοντα ἀγαθὸν ἔσεσθαι γεωργὸν ἤ τινα οἰκοδόμον, τὸν μὲν οἰκοδο-

meister werden will, deſſen Spiel muß — bei dem Einen — in
der Aufführung kindlicher Bauwerke, — bei dem Anderen — in
landwirtſchaftlichen Beſchäftigungen beſtehen, und die Erziehung muß
bei Beiden für kleines Handwerksgeräte, Nachbildungen des wirk=
lichen, ſorgen. Überhaupt muß die Erziehung darauf hinwirken,
daß ſchon die Jugend gewiſſe Kenntniſſe und Fertigkeiten, deren
ſie in ihrem ſpäteren Berufe bedarf, ſich möglichſt ſpielend erwerbe,
daß ſchon durch die kindlichen Übungen den Neigungen und Trießen
der Knaben die Richtung gegeben werde, in welcher ſie bei ihrer
künftigen Berufsthätigkeit zu beharren haben.[1] Welche Bedeutung
von dieſem Geſichtspunkt aus die Volkserziehung für einen Staat
erhalten muß, der Allen die Möglichkeit zu größter Berufstüchtig=
keit verſchaffen will, das liegt doch wohl auf der Hand!

Daß Plato in der That keineswegs den ganzen dritten Stand
als eine einzige „ſtumpfe und unbildſame Menge" betrachtet und
behandelt wiſſen wollte, wie man ihm in völliger Verkennung ſeiner
ganzen Anſchauungsweiſe unterſchiebt,[2] dafür ſpricht ſogar, — ſo
paradox es klingen mag, — die politiſche Stellung, welche er dem
dritten Stande in ſeinem Idealſtaate zuweiſt. Allerdings fehlt den

---

μοῦντά τι τῶν παιδείων οἰκοδομημάτων παίζειν χρή, τὸν δ' αὖ γεωργοῦντα
καὶ ὄργανα ἑκατέρῳ σμικρά, τῶν ἀληθινῶν μιμήματα, παρασκευάζειν τὸν
τρέφοντα αὐτῶν ἑκάτερον· καὶ δὴ καὶ τῶν μαθημάτων ὅσα ἀναγκαῖα
προμεμαθηκέναι προμανθάνειν, οἷον τέκτονα μετρεῖν ἢ σταθμᾶσθαι κτλ.
Plato nimmt hier Gedanken vorweg, welche der modernſten Volkserziehung
angehören, die Idee des Kindergartens und der Erweiterung deſſelben zu einem
förmlichen Arbeitsunterricht.

[1] Ebd.: . . . καὶ πειρᾶσθαι (φημὶ δεῖν) διὰ τῶν παιδιῶν ἐκεῖσε
τρέπειν τὰς ἡδονὰς καὶ ἐπιθυμίας τῶν παίδων, οἳ ἀφικομένους αὐτοὺς
δεῖ τέλος ἔχειν . κεφάλαιον δὴ παιδείας λέγομεν τὴν ὀρθὴν τροφήν, ἣ
τοῦ παίζοντος τὴν ψυχὴν εἰς ἔρωτα ὅ τι μάλιστα ἄξει τούτου, ὃ δεήσει
γενόμενον ἄνδρ' αὐτὸν τέλειον εἶναι τῆς τοῦ πράγματος ἀρετῆς.

[2] So Eucken: Die Lebensanſchauungen der großen Denker S. 56.
Hätte Plato wirklich ſo gedacht, ſo würde es allerdings von vorneherein
abſurd erſcheinen, daß er nicht nur gehofft hat, mit ſeinen Vorſchlägen „irgend
etwas zu ſtande zu bringen" — wie Eucken meint —, ſondern ſogar einen
Zuſtand allgemeinen Wohlbefindens verwirklichen zu können!

Erwerbsklassen das Recht der Mitwirkung an der Bildung des Staatswillens, also das, was nach demokratischer Anschauung von dem Begriff des Staatsbürgertums unzertrennlich ist. Allein daraus folgt keineswegs, daß sie deswegen im Staate Platos weniger Bürger sind, als die Klasse der Hüter, die man gegen die aus= drückliche Erklärung Platos allein zu Bürgern des Vernunftstaates gestempelt hat. Ist etwa das Staatsbürgerrecht in dem eben= genannten Sinne das auszeichnende Vorrecht dieser letzteren Klasse? Gewiß nicht! Die Angehörigen derselben stehen als Beamte und Soldaten in einem reinen Subordinationsverhältnis zu der allmäch= tigen Regierung. Der Eine oder die Wenigen, welche „am Steuer des Staates" stehen, sind im Besitze der vollen und ungeteilten Souveränität. Ihrer absoluten Machtvollkommenheit gegenüber ist die rechtliche Stellung aller anderen Klassen prinzipiell die gleiche: die der unbedingten Unterordnung.[1]

Zwar genießt die Hüterklasse insoferne einen Vorzug, als die Laufbahn des Soldaten und Beamten die Vorbedingung für die dereinstige Erlangung der obersten Gewalt bildet, und die Kinder der Klasse von vorneherein wieder für den Beruf der Väter erzogen werden. Allein ganz abgesehen davon, daß nur ein verschwindend kleiner Bruchteil das genannte Ziel wirklich zu erreichen und damit aus den Reihen der Gehorchenden herauszutreten vermag, eine Klassenherrschaft soll damit ja in keiner Weise geschaffen werden. Der erstere Vorzug beruht auf dem Grundsatz der Arbeitsteilung und der daraus abgeleiteten Alleinberechtigung der praktischen und theoretischen Fachbildung, der zweite auf der künstlichen physio= logischen Auslese, der die „für die Gemeinschaft bestimmten Kinder" ihr Dasein verdanken, und in welcher der Staat die unentbehrliche Garantie für die Erzeugung eines seinen Zwecken entsprechenden

---

[1] Gegenüber den ἄρχοντες bilden die στρατιῶται καὶ ἡ ἄλλη πόλις eine unterthänige Masse. 414 d. Die nichtphilosophischen Hüter werden ebenso als „Beherrschte" ἀρχόμενοι bezeichnet, wie das wirtschaftende Volk z. B. 459 e. Es ist daher irreführend, wenn man mit Zeller Regenten und Krieger ohne Unterschied als „Aktivbürger" bezeichnet.

Nachwuchses sieht, ohne dabei jedoch gleichbefähigte Elemente aus anderen Klassen auszuschließen. Hier gibt es nicht, wie im ständischen Staat ein Recht der Kastenangehörigkeit als solcher und daher auch keine Vergewaltigung durch erzwungene Ebenbürtigkeit der Unebenbürtigen. Überhaupt erkennt der Staat dem Interesse der Hüterklasse keinen höheren Anspruch auf Berücksichtigung zu, als den der „übrigen Bürger". „Wir gestalten uns," sagt Plato, „den glücklichen Staat nicht, indem wir einen Teil von der Gesamtheit ausscheiden und eine Minderheit in ihm als glücklich annehmen, sondern den gesamten (Staat).[1] Der Gesetzgeber kümmert sich nicht darum, daß sich im Staate Ein Stand vor Anderen wohl befinde, sondern er sucht zu bewirken, daß es Allen im Staate wohl ergehe.[2]

Daher stehen sich hier auch die Angehörigen der verschiedenen Volksklassen nach den Intentionen Platos keineswegs als Herren und Unterthanen gegenüber, vielmehr können sich alle Staatsangehörigen, der Beamte, wie der Gewerbsmann, der Soldat, wie der Bauer als Mitbürger[3] ja als Brüder fühlen![4] Dieses

---

[1]) 420c und 421b [2]) 519e. Über die Bedeutung dieser Stellen vgl. die Ausführung im nächsten Paragraph.

[3]) Im platonischen Staat spricht Jeder den Andern als „Bürger" an, wie in der Demokratie. 463a: Πολίτας μὲν δὴ πάντες οὗτοι ἀλλήλους προσεροῦσι; πῶς δ' οὔ; Daher bezeichnet auch Plato überall gegenüber den Hütern die Angehörigen der Erwerbsklassen als die „übrigen Bürger (z. B. 417b) oder als „Bürger" schlechthin (z. B. 416a). — Aristoteles hat also hier Plato ganz richtig verstanden, wenn er sagt, daß die Hüter eigentlich eine militärische Besatzung darstellen und als Bürger schlechthin die Bauern, Handwerker u. s. w. zu betrachten seien. II, 2, 12. 1264a. Vgl. Plato 415d. 419: ὥσπερ ἐπίκουροι μισθωτοὶ ἐν τῇ πόλει φαίνονται καθῆσθαι οὐδὲν ἄλλο ἢ φρουροῦντες.

S. auch Aristoteles ebd. 11[b]: καίτοι σχεδὸν τό γε πλῆθος τῆς πόλεως τὸ τῶν ἄλλων πολιτῶν γίνεται πλῆθος. — Daß man nach griechischer Anschauung durch Ausschließung von der ἀρχή keineswegs notwendig zum Nichtbürger wird, darüber vgl. Szanto: Das griechische Bürgerrecht S. 6 ff.

[4]) S. oben S. 283.

Solidaritätsgefühl ist ein so inniges, die Wechselbeziehungen zwischen den einzelnen Ständen sind so sehr von dem Geiste gegenseitigen Wohlwollens und Vertrauens erfüllt, daß man im Idealstaat die Träger der Staatsgewalt nicht einmal mit dem Namen bezeichnet, den man selbst in der reinen Demokratie ohne Bedenken gebraucht, nämlich als Regierende (ἄρχοντες) sondern als Erhalter und Helfer (σωτῆρες καὶ ἐπίκουροι); und ebensowenig fühlen die Männer der Regierung sich als die „Herren" (δεσπόται) des Volkes, sondern sie ehren in demselben ihre Lohngeber und Er-nährer (μισθοδότας τε καὶ τροφέας). Regenten, Beamte, Sol-daten erscheinen als „gefällige Verbündete" der übrigen Bür-ger.[1]) Sie sehen in ihnen nicht „Schützlinge und Untergebene" (περιοίκους τε καὶ οἰκέτας), sondern freie Männer, Freunde und Ernährer (ἐλευθέρους φίλους τε καὶ τροφέας).[2]) Den Mann der Handarbeit verbindet mit dem Geistesarbeiter, der den höchsten Zielen der Gemeinschaft dient, von vornherein ein ge-wisses ideelles Band, der von Plato ausgesprochene Gedanke, daß auch jener in gewissem Sinne ein Werkmeister ist, der sich in seinem Tagewerk möglichst tüchtig zu erweisen hat, ebenso, wie die „anderen Werkmeister".[3])

So erfreuen sich hier die Erwerbsstände einer Wertschätzung, von der Plato später in den Gesetzen gesagt hat, daß sie dem Gewerbe nur dann allgemein und unbestritten zu Teil werden

---

[1]) ξύμμαχοι τῶν ἄλλων πολιτῶν 417b. Vgl. 416a: ξύμμαχοι ἐπιεικεῖς.

[2]) 547c. In dieser Hinsicht berührt sich der platonische Staat un-mittelbar mit dem Ideal, welches Schäffle im „Bau und Leben des sozialen Körpers" 4. 279 aufgestellt hat, mit dem Ideale „eines berufsanstaltlich durchgebildeten Gesellschaftskörpers, in welchem von Herrschaft überhaupt nicht mehr die Rede ist, sondern nur von politischer Berufsarbeit".

[3]) 421c: τοὺς δ' ἐπικούρους τούτους καὶ τοὺς φύλακας ἐκεῖνο ἀναγ-καστέον ποιεῖν καὶ πειστέον, ὅπως ὅ τι ἄριστοι δημιουργοὶ τοῦ ἑαυ-τῶν ἔργου ἔσονται, καὶ τοὺς ἄλλους ἅπαντας ὡσαύτως. cf. 421d: τοὺς ἄλλους αὖ δημιουργοὺς σκόπει εἰ τάδε διαφθείρει κτλ. Eine Auffassung' die übrigens noch in den „Gesetzen" (921d) festgehalten wird.

würde, wenn es in den Händen von wahrhaft sittlichen Menschen
wäre. Im Vernunftstaat genießt in der That die wirtschaftliche
Arbeit die Achtung, welche ihr — wie wir sahen — nach den
„Gesetzen" unter jener Voraussetzung gebührt: Sie wird „geliebt
und in Ehren gehalten wie eine Mutter und Pflegerin ($\tau\varrho o\varphi\acute{o}\varsigma$).[1]

Allerdings wird hier diese Anerkennung der Ehre der Arbeit
nicht von einer so idealen Bedingung abhängig gemacht, wie dort,
allein darüber kann doch kein Zweifel bestehen, daß Plato als
unentbehrliche Grundlage solcher Berufsehre wenigstens ein im
Vergleich mit der damaligen Wirklichkeit ziemlich hohes Durch-
schnittsniveau der allgemeinen Volkssittlichkeit notwendig voraussetzen mußte. Wie wäre sonst jene Gemeinsamkeit der Gefühle
und Anschauungen möglich, die doch — bis zu einem gewissen
Grade wenigstens — vorhanden sein muß, wenn auch der Höchst-
gebildete und Höchststehende in dem Manne der Handarbeit den
„Freund und Bruder" sehen soll, wenn „Alle — derselben Herrschaft d. h. der Vernunft unterthan — nach Vermögen einander
ähnlich und befreundet" sein sollen?[2]

Man mache sich nur recht deutlich, wie hochgespannt das
Ideal ist, welches die soziale Organisation des Vernunftstaates verwirklichen will. Hier ist ja in vollem Maße das verwirklicht, was

---

[1] Vgl. oben S. 254. Man sieht, wie sehr man Plato mißversteht,
wenn man mit Zeller (Der platonische Staat u. s. w. S. 65) die „Trennung
der Stände" bei Plato ableitet „aus der Verachtung des Griechen gegen die
Handarbeit, welche den Meisten das Gewerbe, den Spartanern selbst den
Landbau als eine Erniedrigung für den freien Bürger erscheinen ließ".
Gerade im platonischen Vernunftstaat gibt auch die wirtschaftliche Arbeit dem
freien Bürger seine Ehre.

[2] 590 c: . . . $\H{\iota}\nu\alpha$ $\varepsilon\H{\iota}\varsigma$ $\delta\acute{v}\nu\alpha\mu\iota\nu$ $\pi\acute{\alpha}\nu\tau\varepsilon\varsigma$ $\H{o}\mu o\iota o\iota$ $\H{\omega}\mu\varepsilon\nu$ $\varkappa\alpha\grave{\iota}$ $\varphi\acute{\iota}\lambda o\iota$ $\tau\tilde{\omega}$
$\alpha\H{\upsilon}\tau\tilde{\omega}$ $\varkappa\upsilon\beta\varepsilon\varrho\nu\acute{\omega}\mu\varepsilon\nu o\iota$.

Alle die im Text entwickelten Gesichtspunkte ignoriert Nohle, wenn er
meint, daß die geistige oder sittliche Ausbildung des dritten Standes nirgends durch das Interesse des Ganzen gefordert werde, daß die Gewerbetreibenden ihre Bestimmung vollkommen erfüllen, wenn sie die nötige technische Fertigkeit haben (S. 145).

von Plato in einem früheren Werke als das höchste Ziel wahrer
Staatskunst hingestellt worden war, jenes „Ineinanderweben der
Gemüter,"[1] welches dieselben durch ein „göttliches Band"[2] in
Einklang bringt und das Zusammenleben der verschiedenen Klassen
zu einem Abbild der Harmonie der Töne macht.[3] Dieses ideale
Wechselverhältnis der Stände aber setzt hinwiederum voraus, daß
wenigstens die verständigen Elemente auch der Regierten „eine
richtige Vorstellung von dem haben, was schön, gerecht und gut
ist,"[4] oder daß, wie es im Staate heißt, alle Klassen darin
übereinstimmen, „was im Staate, wie in der Seele jedes Ein=
zelnen von Rechtswegen das Herrschende sein müsse,[5] weil eine
solche Anschauungsweise allein „wenigstens in Beziehung auf den
Staat zu einer besonnenen und verständigen Haltung führen kann."[6]

Mit der Harmonie, welche das Ganze erfüllt, muß sich auch
das Seelenleben der einzelnen Bürger möglichst in Einklang setzen.
Soll der Staat ein „in sich befreundeter" sein, sollen nach Mög=
lichkeit alle Bürger einander ähnlich und befreundet sein, so
kann nicht die ungeheure Mehrheit derselben sich in einer Seelen=
verfassung befinden, welche Plato als eine anarchische bezeichnet,
in welcher aus der „Verwirrung und verkehrten Richtung" (ταραχή
καὶ πλάνη) der verschiedenen Seelenkräfte sich immer wieder von
neuem „Unrecht und Zügellosigkeit, Gemeinheit und Unwissenheit,
kurz jede Schlechtigkeit erzeugt."[7] Der Staat will nicht bloß
aus möglichst vollkommenen technischen Einheiten zusammengesetzt

---

[1] Πολιτ. 311 b.

[2] θείῳ ξυναρμοσαμένη δεσμῷ. Ebd. 309 b.

[3] Vgl. Rep. 432a die Bezeichnung des im Vernunftstaat alle Klassen
beherrschenden Geistes der σωφροσύνη als διὰ πασῶν παρεχομένη ξυνᾴ-
δοντας. Dazu 431e: ἁρμονίᾳ τινὶ ἡ σωφροσύνη ὡμοίωται.

[4] Πολιτ. 309 c.

[5] Rep. 432a: ὥστε ὀρθότατ' ἂν φαῖμεν ταύτην τὴν ὁμόνοιαν
σωφροσύνην εἶναι, χείρονός τε καὶ ἀμείνονος κατὰ φύσιν ξυμφωνίαν,
ὁπότερον δεῖ ἄρχειν καὶ ἐν πόλει καὶ ἐν ἑνὶ ἑκάστῳ.

[6] Πολιτ. 309 d.

[7] 444 c.

sein, wie das Getriebe eines toten Mechanismus, und muß daher notwendig die sittliche Forderung aufstellen, daß jeder Bürger sich bemühe, durch eine verständige Regelung des gesamten Trieblebens zu einer gewissen Herrschaft über sich zu gelangen.

Schon die Forderung, daß jedem Bürger die seiner Natur-anlage entsprechende Beschäftigung zuzuweisen sei, wird mit der Notwendigkeit motiviert, daß Jeder „zu Einem, nicht zu einer Viel-heit und damit auch die Gesamtheit der Einzelnen zu einer Einheit, nicht zu einer Vielheit sich gestalte.[1] Soll diese für den Einzelnen erreich-bare Einheitlichkeit weiter nichts als die Konzentrierung auf ein tech-nisches Arbeitsgebiet bedeuten und nicht auch zugleich eine gewisse Vereinheitlichung des moralischen Menschen? Die Antwort kann nicht zweifelhaft sein. Plato selbst bezeichnet eben dies letztere Ziel als die Richtschnur für jedes Thun und Handeln, mag es sich nun auf den wirtschaftlichen Erwerb ($\pi\epsilon\varrho\grave{\iota}$ $\chi\varrho\eta\mu\acute{\alpha}\tau\omega\nu$ $\varkappa\tau\tilde{\eta}\sigma\iota\nu$) und den wirtschaftlichen Verkehr ($\pi\epsilon\varrho\grave{\iota}$ $\tau\grave{\alpha}$ $\H{\iota}\delta\iota\alpha$ $\xi\upsilon\mu\beta\acute{o}\lambda\alpha\iota\alpha$) oder auf das staatsbürgerliche Verhalten beziehen.[2] Und wenn auch Plato vor-aussieht, daß selbst im Idealstaat unter den Erwerbsklassen die Zahl derer überwiegen wird, welche dieser Forderung nur unvoll-kommen und unter der Einwirkung des auf sie durch die Ver-ständigeren geübten Zwanges gerecht zu werden vermögen,[3] so erscheint doch die geschilderte Gemütsverfassung bis zu einem ge-wissen Grade auch für den dritten Stand erreichbar. Ohne sie würde ja auch von vornherein von einem Glück dieses Standes nicht die Rede sein können.

Die Tugenden nun, in welchen sich diese Gemütsverfassung äußert, sind die „Rechtlichkeit" ($\delta\iota\varkappa\alpha\iota o\sigma\acute{\upsilon}\nu\eta$) oder, wie Hegel über-setzt, Rechtschaffenheit, und jenes sittliche Verhalten, welches Plato

---

[1] 423 d: $\varkappa\alpha\grave{\iota}$ $\tau o\grave{\upsilon}\varsigma$ $\H{\alpha}\lambda\lambda o\upsilon\varsigma$ $\pi o\lambda\acute{\iota}\tau\alpha\varsigma$, $\pi\varrho\grave{o}\varsigma$ $\H{o}$ $\tau\iota\varsigma$ $\pi\acute{\epsilon}\varphi\upsilon\varkappa\epsilon$, $\pi\varrho\grave{o}\varsigma$ $\tau o\tilde{\upsilon}\tau o$ $\H{\epsilon}\nu\alpha$ $\pi\varrho\grave{o}\varsigma$ $\H{\epsilon}\nu$ $\H{\epsilon}\varkappa\alpha\sigma\tau o\nu$ $\H{\epsilon}\varrho\gamma o\nu$ $\delta\epsilon\tilde{\iota}$ $\varkappa o\mu\acute{\iota}\zeta\epsilon\iota\nu$, $\H{o}\pi\omega\varsigma$ $\H{\alpha}\nu$ $\H{\epsilon}\nu$ $\tau\grave{o}$ $\alpha\H{\upsilon}\tau o\tilde{\upsilon}$ $\epsilon\pi\iota\tau\eta\delta\epsilon\acute{\upsilon}\omega\nu$ $\H{\epsilon}\varkappa\alpha\sigma\tau o\varsigma$ $\mu\grave{\eta}$ $\pi o\lambda\lambda o\grave{\iota}$ $\grave{\alpha}\lambda\lambda\grave{\alpha}$ $\epsilon\grave{\iota}\varsigma$ $\gamma\acute{\iota}\gamma\nu\eta\tau\alpha\iota$ $\varkappa\alpha\grave{\iota}$ $o\H{\upsilon}\tau\omega$ $\delta\grave{\eta}$ $\xi\acute{\upsilon}\mu\pi\alpha\sigma\alpha$ $\grave{\eta}$ $\pi\acute{o}\lambda\iota\varsigma$ $\mu\acute{\iota}\alpha$ $\varphi\acute{\upsilon}\eta\tau\alpha\iota$ $\grave{\alpha}\lambda\lambda\grave{\alpha}$ $\mu\grave{\eta}$ $\pi o\lambda\lambda\alpha\acute{\iota}$.

[2] 443 e.

[3] 431 c.

als σωφροσύνη bezeichnet.[1]) Die σωφροσύνη ist sittliche Selbst=
beherrschung, weil sie des Unvernünftigen in uns, der blinden Triebe,
der Selbstsucht und der Lust Herr wird,[2]) maßvolle Selbstbeschei=
dung, weil sie in dem richtigen Gefühl der eigenen Unzulänglichkeit
sich willig in die Unterordnung unter diejenigen fügt, welche durch
ihre höhere Einsicht zur Leitung des ganzen berechtigt sind,[3]) sie ist
der Geist strengster und treuester Pflichterfüllung in dem indivi=
duellen Berufe, kurz „Thun des Guten" (πρᾶξις τῶν ἀγαθῶν),[4])
„Gesundheit der Seele".[5]) Sie „macht diejenigen, welche sie be=
sitzen, zu guten Menschen" (ἀγαθοὺς ποιεῖ, οἷς ἂν παρῇ).[6])

Daß ein solches Maß von sittlicher Tüchtigkeit nur das Er=
gebnis der Erziehung sein kann, leuchtet von selbst ein und wird
von Plato in dem Dialog, in welchem er das Wesen der σωφρο=
σύνη näher zu bestimmen versucht hat, ausdrücklich anerkannt.[7])
Er verlangt eine θεραπεία ψυχῆς, wie eine Diätetik des Körpers;
und dieselbe Forderung kehrt wieder in einer späteren Schrift —
im Gorgias, — wo er von den „Vorschriften und Anordnungen
für die Seele" spricht, den τάξεις τε καὶ κοσμήσεις τῆς ψυχῆς),[8])
welche nötig sind, „damit sich in den Seelen der Bürger Recht=
schaffenheit und Besonnenheit erzeuge." Welches sind aber die An=

---

[1]) Vgl. über die σωφροσύνη als Voraussetzung alles Glückes Char=
mides 175 e: μέγα τ ἀγαθὸν εἶναι καὶ εἴπερ γε ἔχεις αὐτὸ μακάριον
εἶναι σε. — 176 a: — ὁσῷπερ σωφρονέστερος εἶ, τοσούτῳ εἶναι καὶ εὐ-
δαιμονέστερον.

[2]) Rep. 430 e: κόσμος πού τις . . . ἡ σωφροσύνη ἐστὶ καὶ ἡδονῶν
τινων καὶ ἐπιθυμιῶν ἐγκράτεια κτλ.

[3]) 442 d.

[4]) Charmides 163 e.

[5]) Ebd. 157 a.

[6]) Ebd. 161 a vgl. 160 e: οὐκοῦν καὶ ἀγαθοὶ ἄνδρες οἱ σώφρονες; ναί.

[7]) Ebd. 157 a: wo Sokrates — angeblich mit den Worten des Za=
molxis — erklärt: θεραπεύεσθαι τὴν ψυχὴν ἐπῳδαῖς τισι· τὰς δ' ἐπῳδὰς
ταίτας τοὺς λόγους εἶναι τοὺς καλούς· ἐκ δὲ τῶν τοιούτων λόγων ἐν
ταῖς ψυχαῖς σωφροσύνην γίγνεσθαι.

[8]) 504 d.

ordnungen für die Seele, welche Plato, wie man sieht, allen
Bürgern ohne Unterschied zu gute kommen lassen will? Der Ent=
wurf des besten Staates gibt darauf die Antwort:[1]) Es ist die
„einfache" musische und gymnastische Erziehung, durch die allein jene
Ausgleichung der Triebe, jene richtige moralische Vorstellungsweise
zu erzielen ist, welche den Einzelnen befähigt, im Sinne des Ge=
rechtigkeitsprinzipes des besten Staates freiwillig „das Seine zu
thun".[2]) Ohne sie würde der Staat Gefahr laufen, daß die ge=
samte Lebensweise aller durch das Übergewicht der niederen Seelen=
triebe verkehrt würde (ξύμπαντα τὸν βίον πάντων ἀνατρέψῃ).[3])
Durch eine mangelhafte Erziehung (τροφῇ κακῇ), wie durch schlech=
ten Umgang muß das Bessere der Übermacht des Schlechteren
(πλήθει τοῦς χείρονος) erliegen.[4]) Wer daher in der Recht=
schaffenheit auch das Glück sieht, der wird anerkennen, daß man
durch That und Wort auf all das hinwirken müsse (ταῦτα λέγειν
καὶ ταῦτα πράττειν), wodurch der innere Mensch (ὁ ἐντός
ἄνθρωπος, die guten Triebe im Menschen, „der wahre Mensch")
die größere Gewalt erhält, daß man die „vielgestaltige" Menschen=
seele „so behandelt wie der Landmann, der das Nutzbare pflegt
und veredelt,[5]) das wilde Unkraut aber nicht aufkommen läßt",
daß man allen Triebkräften der Seele sorgfältige Aufmerksamkeit
schenkt, sie zu gegenseitiger Übereinstimmung erzieht. — Es ist der=
selbe Standpunkt, der in dem Worte Kant's zum Ausdruck kommt,
daß der Mensch nur Mensch wird durch Erziehung. — Wenn der
Mensch, heißt in den „Gesetzen", nicht hinreichend oder nicht gut
erzogen wird, so kann er sehr leicht, obwohl er zu den zahmen Ge=
schöpfen zählt, das wildeste von allen werden, welche die Erde

---

[1]) Rep. 441e vgl. 410a: οἱ δὲ δὴ νέοι ... δῆλον ὅτι εὐλαβήσονταί
σοι δικαστικῆς εἰς χρείαν ἰέναι, τῇ ἁπλῇ ἐκείνῃ μουσικῇ χρώμενοι, ἥν δὴ
ἔφαμεν σωφροσύνην ἐντίκτειν.

[2]) 442a. Timäus 73a.

[3]) 442b.

[4]) 431a.

[5]) 589b: τὰ μὲν ἥμερα τρέφων καὶ τιθασεύων κτλ.

erzeugt.¹) Daher die eminente Wichtigkeit des Erziehungswesens für den Staat!²)

Mit besonderer Schärfe wird dieser Gedanke wiederholt in dem unmittelbar an den Ideengang der Politie sich anschließenden Timäus. Plato kann es sich auch hier gar nicht anders denken, als daß der, welcher ohne Erziehung und Unterricht aufwächst, der nicht „von Jugend auf die als Heilmittel gegen das Schlechte erforderliche Kenntnis erworben hat, schlecht³) werden" muß. Die „Überredung" d. h. doch wohl in erster Linie die Erziehung erzeugt jene richtigen Vorstellungen, welche die Grundlage der Volksmoral sind.⁴) Daher „muß jedermann, soweit es in seiner Macht steht, nach der Erziehung, der Lebensweise, den Kenntnissen streben, durch welche er der Schlechtigkeit zu entrinnen und ihr Gegenteil zu erreichen vermag".⁵) Unter den Erziehern aber, die an diesem Werke mitarbeiten, steht voran der Staat. Er trägt durch seine Einrichtungen und durch das, „was in ihm öffentlich und privatim gelehrt wird", wesentlich die Mitschuld, wenn es mit der Sittlichkeit des Volkes schlecht bestellt ist.⁶)

Die Mängel der Volksschulbildung werden daher von Plato in seiner Kritik des Bestehenden scharf hervorgehoben. Er stellt in den „Gesetzen" als Vorbild Ägypten auf, wo die große Masse

---

¹) Leg. 766a: ἄνθρωπος δέ, ὥς φαμεν, ἥμερον, ὅμως μὴν παιδείας μὲν ὀρθῆς τυχὸν καὶ φύσεως εὐτυχοῦς θειότατον ἡμερώτατόν τε ζῷον γίγνεσθαι φιλεῖ, μὴ ἱκανῶς δὲ ἢ μὴ καλῶς τραφὲν ἀγριώτατον ὁπόσα φύει γῆ.

²) Ebd.: ὧν ἕνεκα οὐ δεύτερον οὐδὲ πάρεργον δεῖ τὴν παίδων τροφὴν τὸν νομοθέτην ἐᾶν γίγνεσθαι.

³) κακός Timäus 86c.

⁴) Ebd. 51e. Vgl. die Definition in den „Gesetzen" 795d: τὰ δὲ μαθήματά που διττά, ὥς γ' εἰπεῖν, χρήσασθαι ξυμβαίνοι ἄν, τὰ μὲν ὅσα περὶ τὸ σῶμα γυμναστικῆς, τὰ δ' εὐψυχίας χάριν μουσικῆς.

⁵) 87b.

⁶) 87a: ... ὅταν ... πολιτεῖαι κακαὶ καὶ λόγοι κατὰ πόλεις ἰδίᾳ καὶ δημοσίᾳ λεχθῶσιν, ἔτι δὲ μαθήματα μηδαμῇ τούτων ἰατικὰ ἐκ νέων μανθάνηται, ταύτῃ κακοὶ πάντες οἱ κακοὶ διὰ δύο ἀκουσιώτατα γιγνόμεθα.

der Kinder (πάμπολυς παίδων ὄχλος) einen Elementarunterricht
genieße, mit dem sich das hellenische Unterrichtswesen nicht messen
könne. Er „schämt sich für sich und alle Hellenen", daß in Hellas
der Elementarunterricht in gewissen Dingen (in der Beurteilung der
einfachsten Raumverhältnisse) die Jugend in einer „lächerlichen und
schamlosen" Unwissenheit[1] lasse, wie sie nicht Menschen, sondern
einer Herde von Schweinen zukomme.[2] Es wird gewissermaßen
ein Menschenrecht anerkannt auf das nach dem Stande der Gesittung
unentbehrliche Maß der Bildung. Gleichzeitig geht der Gesetzesstaat
soweit, daß er die Kinder der höchsten Würdenträger mit denen des
ärmsten Arbeiters, ja des Sklaven — bis zu einem gewissen Alter
wenigstens — gemeinsam erziehen läßt![3] Und wenn dann auch eine
Scheidung zwischen Freien und Unfreien eintritt, so wird doch für
die ersteren das Prinzip der allgemeinen Schulpflicht strenge
durchgeführt.[4]

Ist es bei solcher Anschauung denkbar, daß Plato sein
Ideal in einem Staate gesehen haben sollte, der sich einzig und
allein um die Erzeugung guter Soldaten und Beamten kümmert
und sich gegen die Frage der Volkserziehung völlig gleichgültig verhält, einem Staate, der die ungeheure Mehrheit der Bürger der
Gefahr der Entsittung und Verrohung preisgibt? Wenn die Kräfte,
die das Gesamtleben bestimmen, nur durch Erziehung und Unter-

---

[1] γελοία τε καὶ αἰσχρὰ ἄγνοια. Leg. 819 d.

[2] Ebd.: ὦ φίλε Κλεινία, παντάπασί γε μὴν καὶ αὐτὸς ἀκούσας
ὀψέ ποτε τὸ περὶ ταῦτα ἡμῶν πάθος ἐθαύμασα, καὶ ἔδοξέ μοι τοῦτο οὐκ
ἀνθρώπινον ἀλλὰ ὑηνῶν τινῶν εἶναι μᾶλλον θρεμμάτων, ᾐσχύνθην
τε οὐχ ὑπὲρ ἐμαυτοῦ μόνον, ἀλλὰ καὶ ὑπὲρ ἁπάντων τῶν Ἑλλήνων.

[3] Die hier eingerichteten staatlichen Kindergärten sind allen Volksklassen gemein. 794 b.

[4] 819 a: τοσάδε τοίνυν ἑκάστων χρὴ φάναι μανθάνειν δεῖν
τοὺς ἐλευθέρους, ὅσα καὶ πάμπολυς ἐν Αἰγύπτῳ παίδων ὄχλος ἅμα
γράμμασι μανθάνει. Allerdings sind unter ἐλεύθεροι zunächst die Bürger
gemeint, allein aus der Gesamtauffassung Platos geht doch unverkennbar hervor, daß er ein Mindestmaß von Kenntnissen für alle Freien für notwendig hätt.

richt in jedem Einzelnen geweckt und entwickelt werden können, muß
da nicht gerade in einem Staate, der die möglichst vollkommene
und der Gesamtheit förderliche Entfaltung aller individuellen Kräfte
anstrebt, die Unterrichtsfrage ein wichtiger Gegenstand des öffent=
lichen Interesses sein?   Wie kann vollends ein Staat, in welchem
auch der Höchststehende in jedem Volksgenossen einen Freund und
Bruder ehren soll, die Masse in einem Zustand lassen, den Plato
mit dem einer Schweineherde vergleicht?

Ja wir können noch weiter gehen und sagen: Mit der Frage
der Volkserziehung ist die Aufgabe des Idealstaates gegenüber seinen
Bürgern noch lange nicht erschöpft.   Der Staat, der das Glück
womöglich aller wollte, der eben deswegen und um seines eigenen
Bestandes willen an dem sittlichen Fortschritt, an der Berufstüchtig=
keit, wie an dem äußeren Gedeihen der wirtschaftenden Klassen auf
das Lebhafteste interessiert war, der konnte unmöglich das gesamte
arbeitende Volk in allen übrigen Beziehungen sich selbst überlassen.
Für Plato ist, wie wir sahen, die Frage der Volkssittlichkeit zu=
gleich eine wirtschaftliche und soziale Frage.   Er sieht dieselbe überall
durch die ungesunden Auswüchse der bestehenden Wirtschaftsordnung,
durch Mammonismus und Pauperismus, auf das schwerste ge=
fährdet, und zwar gerade diejenigen Eigenschaften am meisten, die
der Idealstaat bei seinen Bürgern in erster Linie voraussetzt.   Für
die sittliche Selbstbeschränkung, die σωφροσύνη, aus der sich hier
das harmonische Verhältnis zwischen allen Volksklassen erzeugt,
kennt Plato keinen schlimmeren Feind als den Gegensatz von Reich
und Arm, die Quelle aller Überhebung, Schamlosigkeit und Um=
sturzbegierde.[1])   Dem Geiste der Einfachheit, der Mäßigkeit und
Arbeitsamkeit, in dem Plato eine Grundbedingung gesunder gesell=
schaftlicher Zustände sieht, widerstreitet insbesondere der Reichtum,
der Erzeuger von Üppigkeit, Luxus und Müßiggang;[2])   er ermög=
licht das faule Rentierleben, welches der Arbeit hochmütig den

---

[1]) S. oben S. 204 f.
[2]) Rep. 421 e.

Rücken kehrt und damit dem vaterländischen Gewerbe leistungsfähige
Kräfte entzieht,[1]) wie denn überhaupt die bestehende Verteilung des
Besitzes nach Plato nicht bloß moralische, sondern auch volkswirt=
liche Nachteile im Gefolge hat, deren Beseitigung er in dem Ent=
wurf des Idealstaates ausdrücklich ins Auge faßt. So wird ge=
rade hier auf den schweren Übelstand hingewiesen, den die Kehr=
seite des Reichtums, die Besitzlosigkeit hervorruft, daß sich so viele
aus Mangel an Betriebskapital nicht die nötigen Produktionsmittel
verschaffen und daher nicht das leisten können, wozu sie befähigt
wären.[2]) Plato beklagt es lebhaft, daß auf diese Weise „durch
beides, durch Reichtum und Armut, die Produktion, sowohl, wie die
sittliche und technische Tüchtigkeit der Produzierenden verschlechtert
wird,[3]) ein Ergebnis, das mit den Forderungen des Vernunftstaates
absolut unvereinbar ist.

Wir sahen bereits bei der Organisation des Zivil= und
Militärdienstes, mit welcher Konsequenz dieser Staat den Gedanken
verfolgt, jede individuelle Kraft an die Stelle zu bringen, die sie
ihrer Eigenart nach am besten auszufüllen vermag. Dieses Prinzip
— jeder an seinem Platze für und durch das Ganze — wird von
Plato ausdrücklich auch auf die wirtschaftenden Klassen übertragen.
„Auch von den andern Bürgern, sagt er, soll jedem Einzelnen
durch die Regierung die Beschäftigung zugewiesen werden, zu der
ihn seine natürlichen Anlagen befähigen, „damit jeder das Eine,
ihm Zukommende betreibe".[4]) Der Staat wird dadurch nicht nur

---

[1]) 421 d: πλουτήσας χυτρεὺς δοκεῖ σοι ἔτι θελήσειν ἐπιμελεῖσθαι
τῆς τέχνης; οὐδαμῶς ἔφη. Ἀργὸς δὲ καὶ ἀμελὴς γενήσεται μᾶλλον αὐτὸς
αὐτοῦ; πολύ γε. οὐκοῦν κακίων χυτρεὺς γίγνεται; καὶ τοῦτο, ἔφη, πολύ.

[2]) Ebd.: καὶ μὴν καὶ ὄργανά γε μὴ ἔχων παρέχεσθαι ὑπὸ πενίας
ἤ τι ἄλλο τῶν εἰς τὴν τέχνην, τά τε ἔργα πονηρότερα ἐργάσεται καὶ τοὺς
υἱεῖς, ἢ ἄλλους, οὓς ἂν διδάσκῃ, χείρους δημιουργοὺς διδάξεται.

[3]) 421 e. Vgl. oben S. 204 f. und 304.

[4]) Plato erwähnt 423 c die früher von ihm ausgesprochene Ansicht,
ὡς δέοι, ἐάν τε τῶν φυλάκων τις φαῦλος ἔκγονος γένηται, εἰς τοὺς ἄλλους
αὐτὸν ἀποπέμπεσθαι, ἐάν τ' ἐκ τῶν ἄλλων σπουδαῖος, εἰς τοὺς φύλακας;
woran die weitere Bemerkung geknüpft wird: τοῦτο δ' ἐβούλετο δηλοῦν ὅτι

dem Anſpruch des Individuums auf eine ſeiner perſönlichen Leiſtungs=
fähigkeit entſprechende Lebensſtellung gerecht, ſondern er erreicht
damit zugleich auch, daß jede Kraft im Dienſte der Geſamtheit voll
und ganz Verwendung findet. Denn der platoniſche Staat darf
keine Kraft unbenützt laſſen. Da er, um die innere Einheit des
Staates nicht zu gefährden, ſich grundſätzlich auf ein kleines Gebiet
beſchränkt,[1]) muß er das, was ihm an Größe und Bürgerzahl fehlt,
durch eine möglichſt intenſive Anſpannung und Ausnützung aller
Kräfte zu erſetzen ſuchen. Schon die oben erwähnte Emanzipation
des weiblichen Geſchlechtes iſt weſentlich durch dieſen Gedanken ver=
anlaßt. Es iſt nach Platos Anſicht mit dem ſtaatlichen Intereſſe
unvereinbar, daß die ganze Eine Hälfte der Staatsangehörigen, die
weibliche, unter den beſtehenden Verhältniſſen nicht das leiſtet, was
ſie bei einer vollſtändigen Ausbildung ihrer Anlagen leiſten könnte.[2])
Denn dadurch bleibt, wie es in den „Geſetzen“ heißt, beinahe die
Hälfte der im Staat vorhandenen Geſamtkraft ungenützt, ſo daß
bei gleichartiger Ausbildung beider Geſchlechter das doppelte von
dem erreicht werden könnte, was jetzt erreicht wird.[3]) Er hat daher,
wie wir ſahen, wenigſtens den Frauen der für den öffentlichen
Dienſt beſtimmten Klaſſe die denkbar weitgehendſten Bildungsziele
geſteckt, um eben damit zugleich die Leiſtungsfähigkeit der ganzen
Klaſſe zu erhöhen. Noch bezeichnender für dieſe Tendenz iſt die
Klage, welche Plato in ſeinem ſpäteren ſozial=politiſchen Werk aus=
ſpricht, daß wir „in Beziehung auf unſere Hände durch den Un=
verſtand der Mütter und Wärterinnen gewiſſermaßen gelähmt wor=
den ſind“, weil wir die linke Hand nicht in gleicher Weiſe aus=
bilden, wie die rechte. Auch dieſen Mangel will Plato beſeitigt

---

καὶ τοὺς ἄλλους πολίτας, πρὸς ὅ τις πέφυκε, πρὸς τοῦτο ἕνα πρὸς ἕν
ἕκαστον ἔργον δεῖ κομίζειν, κτλ.

[1]) 423b: μέχρι οὗ ἂν ἐθέλη (ἡ πόλις) αὐξομένη εἶναι μία, μέχρι
τούτου αὔξειν, πέρα δὲ μή.

[2]) 456c.

[3]) Leg. 805c: σχεδὸν γὰρ ὀλίγου πᾶσα ἡμίσεια πόλις ἀντὶ δι-
πλασίας οὕτω ἐστί κτλ.

wissen. Die Jugenderziehung soll sorgfältig darüber wachen, daß
beide Geschlechter im Gebrauch ihrer Glieder so geschickt wie mög=
lich würden und nicht durch falsche Gewöhnung die von Natur ver=
liehenen Fähigkeiten verkümmern lassen.[1]) Es ist, als ob man
einen modernen Techniker vor sich hätte, der es nicht mitansehen
kann, daß irgend eine Kraft ungebraucht verloren geht.[2]) Eben
darum legt ja auch Plato ein so großes Gewicht auf die strengste
Durchführung des Prinzips der Arbeitsteilung in dem gesamten
Gebiete der Produktion, weil sie die intensivste Ausnützung und
Steigerung der individuellen Arbeitskräfte gestattet.

Wenn aber in dem Vernunftstaat keine Kraft unbenützt bleiben
oder verkommen soll, so muß er notwendig dahin streben, eine ge=
wisse Untergrenze aufrecht zu erhalten, unter welche überhaupt keine
Klasse der Bevölkerung herabsinken darf. Er kann keine Zwerg=
wirtschaften, keine verkommenen Handwerker dulden, er kann den
Bürger nicht zum arbeitslosen und arbeitsscheuen Proletarier wer=
den lassen, der für das Wirken am Wohle des Ganzen d. h. für
den Staat überhaupt verloren ist und damit nach Platos Ansicht
aufhört, ein „Teil des Staates" zu sein.[3])

Der Vernunftstaat duldet keine Drohnen,[4]) keine sozialen
Schmarotzerexistenzen. Daher ist hier auch kein Raum für das andere
Extrem, für das faule Rentierleben der Reichen. Ebenso entschie=
den, wie gegen hoffnungslose Verarmung muß er gegen eine An=
sammlung des Reichtums ankämpfen, welche für ganze Klassen allen
Anreiz zur Arbeit beseitigen würde. Jeder, der eine Arbeit zu
verrichten vermag, die dem Wohle der Gesamtheit förderlich ist,
der soll auch arbeiten. Es ist nach Plato von dem Begriff eines
wohlgeordneten Staates unzertrennlich, daß allen ohne Unterschied
irgend eine Thätigkeit auferlegt ist, der sie sich nicht entziehen können.[5])

---

1) Leg. 794e.
2) Ein treffender Vergleich Nohles! (S. 136.)
3) S. oben S. 188.
4) 564c f. oben S. 189.
5) 433a: πολλάκις ἐλέγομεν ὅτι ἕνα ἕκαστον ἓν δέοι ἐπιτηδεύειν

Der angebliche Verächter der Arbeit begegnet sich hier un= mittelbar mit dem Bewußtsein des arbeitenden Volkes, wie es bei dem bäuerlichen Poeten von Askra zum Ausdruck kommt. Er knüpft selbst unmittelbar an Hesiod an, von dem wir das schöne Wort besitzen, daß „keinerlei Arbeit schändet, sondern allein die Arbeits= scheu." Das Bild von den parasitischen Drohnen ist von Plato aus Hesiod entnommen. Wie dem Dichter, so ist ihm der vor= nehme und der gemeine Tagedieb (τρυφῶν καὶ ἀμελὴς ἀργός τε) gleich verhaßt. Noch in seinem letzten Werk kommt er auf den Fluch Hesiods gegen den „arbeitscheuenden" Mann zurück:[1])

Der ist den Göttern verhaßt und den Sterblichen, welcher ohn' Arbeit
Fortlebt, gleich an Werte den unbewaffneten Drohnen,
Die der emsigen Bienen Gewirk aufzehren in Trägheit,
Nur Mitesser. (W. u. T. 302—6.) —

Zu diesem Kampf gegen Mammonismus und Pauperismus ist aber der Vernunftstaat noch aus anderen Gründen gezwungen. Seine ganze Existenz beruht auf der Entsagungskraft und Opfer= fähigkeit seines Beamtentums und seiner Armee. Darf er hoffen, den mühsam groß gezogenen Geist der Bedürfnislosigkeit und An= spruchslosigkeit aufrecht zu erhalten, wenn der Beamte und Soldat zusehen muß, wie diejenigen, um derenwillen er dient, und denen sein Verzicht auf Besitz und Genuß wesentlich zu gute kommt, schrankenlos Besitz auf Besitz, Genuß auf Genuß häufen und teil= weise wenigstens ein Leben führen, das sozusagen ein ewiges Fest[2]) sein würde?

τῶν περὶ τὴν πόλιν, εἰς ὃ αὑτοῦ ἡ φύσις ἐπιτηδειοτάτη πεφυκυῖα εἴη. Vgl. die charakteristische Stelle über die Heilkunst (406 c), wo es für verkehrt erklärt wird, dem an unheilbarer Krankheit Leidenden das Leben künstlich durch eine Behandlungsweise zu verlängern, welche denselben an jeder Aus= übung eines Berufes hindern würde. . . . ὅτι πᾶσι τοῖς εὐνομουμένοις ἔργον τι ἑκάστῳ ἐν τῇ πόλει προστέτακται, ὃ ἀναγκαῖον ἐργάζεσθαι, καὶ οὐδενὶ σχολὴ διὰ βίου κάμνειν ἰατρευομένῳ.

[1]) Leg. X 901 a.
[2]) Vgl. Rep. 429 e. — Wenn in der ganz allgemein gehaltenen Er= örterung über die Motive der Arbeitsteilung und der sozialen Klassenbildung die Unvermeidlichkeit des Krieges und damit eines eigenen Wehrstandes aus

Und die Regierten selbst? Werden sie sich auf die Dauer in einem Zustande absoluter Unterordnung erhalten lassen, wenn in ihren Reihen im Gefolge des Reichtums das Selbstgefühl stetig wächst, wenn sich unter den Handwerkern und Gewerbetreibenden Leute erheben, die „übermütig geworden durch den Reichtum" oder den Besitz sonstiger äußerer Machtmittel den Gedanken fassen können, sich den Zutritt zu den höheren Klassen zu erzwingen?[1]) Wie wäre überhaupt auch nur im Entferntesten an den von Plato mit der Harmonie der Töne verglichenen Einklang der Gemüter im Ideal= staat zu denken gewesen, wenn derselbe die Masse der Bevölkerung einfach in den überkommenen Zuständen belassen haben würde, in denen Plato nur die Brutstätte der schlimmsten Leidenschaften er= blickte! Er würde damit ja, wie schon Aristoteles bemerkt hat, alles was er an der bestehenden Gesellschaftsordnung verwerflich findet, in seinen Idealstaat hineingetragen haben.[2])

Wie wir sahen, hört nach Platos Ansicht durch den Gegen= satz von Arm und Reich der Staat auf, ein einheitlicher Staat zu sein, er zerfällt gewissermaßen in zwei einander feindliche Staaten. Konnte es bei dieser Auffassung gleichgültig erscheinen, ob im besten Staat durch die ungeheure Mehrheit des Volkes ein so gewaltiger Riß hindurchging? Allerdings war ja die Einheit des Staates hier, wo die Staatsidee eine selbständige Existenz über der Erwerbs= gesellschaft gefunden hatte, durch die sozialen Gegensätze nicht so

---

dem Daseinskampf erklärt wird, den der Staat zu führen hat, sobald eine einseitige Luxusproduktion und das Anwachsen unproduktiver Klassen die Volksernährung gefährdet und eine Gebietserweiterung auf Kosten der Nach= barn fordert, — wenn also hier der Schutz einer $\tau\rho\nu\varphi\tilde{\omega}\sigma\alpha$ $\pi\acute{o}\lambda\iota\varsigma$ als Ent= stehungsursache eines besonderen Wehrstandes erscheint (374a), so darf daraus doch gewiß nicht mit C. F. Hermann (Die historischen Elemente des platoni= schen Staatsideals Ges. Abh. 140) auf die Verhältnisse des Idealstaates ge= schlossen werden! Hier kann doch von dem Schutz einer $\tau\rho\nu\varphi\tilde{\omega}\sigma\alpha$ $\pi\acute{o}\lambda\iota\varsigma$ auch nicht entfernt die Rede sein!

[1]) 434 b.

[2]) Aristoteles Pol. II, 2, 13. 1264a: $\dot{\epsilon}\gamma\kappa\lambda\dot{\eta}\mu\alpha\tau\alpha$ $\delta\dot{\epsilon}$ $\kappa\alpha\dot{\iota}$ $\delta\dot{\iota}\kappa\alpha\iota$ $\kappa\alpha\dot{\iota}$ $\ddot{o}\sigma\alpha$ $\ddot{\alpha}\lambda\lambda\alpha$ $\tau\alpha\tilde{\iota}\varsigma$ $\pi\acute{o}\lambda\epsilon\sigma\iota\nu$ $\dot{\upsilon}\pi\acute{\alpha}\rho\chi\epsilon\iota\nu$ $\varphi\eta\sigma\dot{\iota}$ $\kappa\alpha\kappa\acute{\alpha}$, $\pi\acute{\alpha}\nu\vartheta'$ $\dot{\upsilon}\pi\acute{\alpha}\rho\xi\epsilon\iota$ $\kappa\alpha\dot{\iota}$ $\tau\omicron\acute{\upsilon}\tau\omicron\iota\varsigma$.

unmittelbar bedroht, wie in dem Staate der Wirklichkeit, wo ſich
dieſelben ſtets auch auf das ſtaatliche Gebiet verpflanzten. Allein
daran war doch nicht zu denken, daß ſelbſt der geſündeſte Beamten-
und Heeresorganismus in der ſtetigen und — bei aller örtlichen
Abſonderung — unvermeidlichen Berührung und Reibung mit
einem kranken ſozialen Körper, mit einer Geſellſchaft, im „Fieber-
zuſtand“, auf die Dauer gegen ſolche Anſteckungsgefahr gefeit bleiben würde. Aber ſelbſt wenn man dieſe Möglichkeit zugeben
wollte, wie wäre mit dem politiſchen Einheitsbegriff Platos ein
Staat vereinbar, der „nur die „ſilbernen“ Seelen in das Joch
der Pflicht, in den Dienſt der „Kollektivität“ zwingt, während die
niederen Naturen frei erwerben und genießen dürfen“?[1] Ein
Staat, der, wie ſchon Ariſtoteles richtig bemerkt hat, aus zwei
Gemeinweſen beſtünde, deren innerer Gegenſatz notwendig zu einer
gegenſeitigen Verfeindung führen würde, einer πόλις ὑγιής und
einer πόλις φλεγμαίνουσα.[2]

In der That kennt Plato keine ſtaatliche Angelegenheit, welche
für die Regierung des Idealſtaates — nächſt der Aufrechterhaltung
der kommuniſtiſchen Organiſation des Hüterſtandes — wichtiger
wäre, als die ſtaatliche Regelung der Eigentumsfrage in
in der wirtſchaftenden Geſellſchaft.[3] Die Regierung hat
nach Platos ausdrücklicher Anweiſung ſorgfältig darüber zu wachen,
„daß nicht etwa unbemerkt in den Staat ſich einſchleiche die Armut
und der Reichtum.“[4]

---

[1] Nach der Formulierung, welche Dietzel (Rodbertus I, 22) der herrſchenden Anſchauung gegeben hat. Vgl. dagegen Rep. 742a.

[2] Ebd. II, 2, 12. 1264a.

[3] Dieſe Frage iſt mit der erſteren gewiſſermaßen „verſchwiſtert“ (τὸ
τούτου ἀδελφόν) 421c.

[4] 421e: ἕτερα δή, ὡς ἔοικε, τοῖς φύλαξιν εὑρήκαμεν, ἃ παντὶ
τρόπῳ φυλακτέον, ὅπως μήποτε αὐτοὺς λήσει εἰς τὴν πόλιν παραδύντα.
Ποῖα ταῦτα; Πλοῦτος, ἦν δ’ ἐγώ, καὶ πενία, ὡς τοῦ μὲν τρυφὴν καὶ
ἀργίαν καὶ νεωτερισμὸν ἐμποιοῦντος, τοῦ δὲ ἀνελευθερίαν καὶ κακουργίαν
πρὸς τῷ νεωτερισμῷ. Die Bedeutung dieſer Stelle iſt Zeller (S. 609) völlig
entgangen. Kein Wunder, daß Kleinwächter ohne weiteres behauptet, auch

Wie sie diese Forderung zu verwirklichen habe, dafür hat Plato allerdings eine genauere Anweisung nicht gegeben. Es fehlt zwar nicht an einzelnen Andeutungen über Reformen des Wirtschaftsrechtes, durch welche sich nach Platos Ansicht dem Kapitalismus und Pauperismus entgegenwirken lasse. So verlangt er z. B. in der Kritik der Plutokratie starke Einschränkungen des Vertragsrechtes; er will nicht, daß jedermann in der Verfügung über sein Eigentum oder in der Erwerbung fremden Gutes völlig unbeschränkt sei, weil dadurch „die Einen überreich, die Andern dagegen ganz arm werden".[1] Er will den Geldwucher an der Wurzel treffen, indem er den Grundsatz aufstellt, daß die Klagbarkeit der Gelddarlehen aufgehoben werden müsse".[2] Er will endlich im Idealstaat kein Gold- und Silbergeld dulden.[3] Allein diese vereinzelten und auf die Negation des Bestehenden sich beschränkenden Äußerungen gewähren in keiner Weise einen Anhaltspunkt dafür, wie er sich die positive Neugestaltung der Wirtschaftsordnung im Idealstaat vorgestellt hat. Auch beziehen sie sich ja nicht einmal auf die oben ausgesprochene Forderung der Beseitigung von Reichtum und Armut an sich, sondern fassen nur die Entartung des ersteren zu übermächtiger Kapitalherrschaft, der letzteren zum Pauperismus und zur Not ins Auge. Doch läßt sich immerhin mit einiger Sicherheit wenigstens die Frage beantworten: Was wohl dem Verfasser der Politie als die wünschenswerteste Lösung des Eigentumsproblems vorgeschwebt haben mag.

Zunächst fragt es sich: Was lag in der unabweisbaren Kon-

---

die späteren Kommunisten hätten doch wenigstens eine Vorstellung davon, daß die Verteilung der Güter unter der heutigen Wirtschaftsordnung zu wünschen übrig lasse, und sie wollten mit ihrem Kommunismus doch wenigstens Übelstände beseitigen, Not und Elend verbannen, während Plato dieser Gedanke vollkommen fremd gewesen sei!!

[1] 552a. Vgl. 556a.

[2] 556b.

[3] 422d. Vgl. 422a die Bezeichnung des Idealstaates als einer πόλις χρήματα μὴ κεκτημένη und 422e als einer πόλις μὴ πλουτοῦσα.

sequenz der Aufgaben, welche Plato der wahren Staatskunst und damit dem Idealstaate stellt?

Wir können das, was der Staat nach Plato „sein soll", nicht besser veranschaulichen, als durch die Charakteristik, welche das in wesentlichen Punkten ganz platonisch gedachte Staatsideal von Rob= bertus bei seinem neuesten Biographen gefunden hat: Der Staat soll danach die zentrale Organisation des sozialen Körpers sein. Das Wesen jeder Organisation aber besteht in der Kongruenz und Harmonie der Teile, deren jeder eine bestimmte auf das Gesamt= leben bezogene und mit der Thätigkeit aller übrigen Teile in Wechsel= wirkung stehende Funktion zu erfüllen hat. Je zentralisierter und arbeitsteiliger, desto vollkommener ist der Staat. Von seinem „über= sichtlichen Standpunkt" aus kann und muß der Staat das Thun der individuellen Vielheiten in Einverständnis und Etuklang setzen, als der formende Bildner der sozialen Materie, als die gesell= schaftliche Vorsehung. Ihm gebührt auf allen Gebieten des sozialen Lebens die „Initiative und dominierende Macht" auf dem Gebiete der intellektuellen und sittlichen, wie auf dem der wirtschaftlichen Kultur.[1]

Im wesentlichen genau dasselbe meint Plato, wenn er ein= mal von der „königlichen Kunst" sagt: „Sie ist die Ursache alles richtigen Handelns im Staate ($\alpha i \tau i \alpha \ \tau o \tilde{\iota} \ \dot{o} \varrho \vartheta \tilde{\omega} \varsigma \ \pi \varrho \acute{\alpha} \tau \tau \epsilon \iota \nu \ \dot{\epsilon} \nu \ \tau \tilde{\eta}$ $\pi \acute{o} \lambda \epsilon \iota$), sie sitzt am Steuer des Staates und alles lenkend und überall herrschend ($\pi \acute{\alpha} \nu \tau \alpha \ \varkappa \upsilon \beta \epsilon \varrho \nu \tilde{\omega} \sigma \alpha \ \varkappa \alpha \iota \ \pi \acute{\alpha} \nu \tau \omega \nu \ \ddot{\alpha} \varrho \chi o \upsilon \sigma \alpha$) macht sie alles nutzbringend" ($\pi \acute{\alpha} \nu \tau \alpha \ \chi \varrho \acute{\eta} \sigma \iota \mu \alpha \ \pi o \iota \epsilon \tilde{\iota}$).[2] Denn ihr allein steht die vernunftgemäße Entscheidung darüber zu, wie alles Thun und Handeln seinem höchsten Zweck, der allgemeinen Wohlfahrt am Besten dienstbar gemacht werden kann. Ihre Aufgabe ist es daher, alle einzelnen Thätigkeiten auf dieses Ziel hinzuleiten, sie so zu regeln, wie es der gemeinsame Zweck aller erfordert. Sie ist der oberste Regulator des gesamten Arbeitslebens.[3]

---

[1] Dietzel: K. Robbertus II, 47.

[2] Euthydemus 291 b.

[3] Ebd. ($\dot{\epsilon} \delta o \xi \epsilon \ \dot{\eta} \mu \tilde{\iota} \nu$) $\tau \alpha \acute{\upsilon} \tau \eta \ \tau \tilde{\eta} \ \tau \acute{\epsilon} \chi \nu \eta \ \ddot{\eta} \ \tau \epsilon \ \sigma \tau \varrho \alpha \tau \eta \gamma \iota \varkappa \grave{\eta} \ \varkappa \alpha \iota \ \alpha i \ \ddot{\alpha} \lambda \lambda \alpha \iota$

Wie hätte der Idealstaat diese Prinzipien verwirklichen können, wenn er das Institut des Privateigentums in dem Umfang, wie es bestand, festgehalten hätte. Um jede wirtschaftliche Kraft an der richtigen Stelle verwerten zu können, mußte er ja unbedingt allezeit in der Lage sein, derselben die nötigen Arbeitsmittel zuzuweisen. Und damit war wiederum Zweierlei gefordert: Staatliches Gesamteigentum an den Produktionsmitteln und gemeinsame Wirtschaft bei der Güterproduktion.

Ob Plato selbst sich dieser Konsequenzen klar bewußt war, wird von ihm nicht ausdrücklich gesagt. Wohl aber wissen wir, daß er Ideen ausgesprochen hat, welche noch über diese beiden Forderungen hinausgehen und auch in Beziehung auf das Privateigentum am Genußvermögen, wie auf die Privatwirtschaft im Haushalt, einen mehr oder minder radikalen Bruch mit dem Bestehenden bedeuten.

Plato wirft nämlich die Frage auf, worin das höchste von dem Gesetzgeber vor allem Anderen zu erstrebende Glück des Staates bestehe, worin das größte Übel.[1]) Die Antwort lautet: Es gibt für den Staat kein größeres Gut, als was ihn innerlich zusammenhält und einigt, kein größeres Übel, als was ihn trennt und spaltet.[2]) Nichts aber wirkt so einigend, wie die Gleichheit der Interessen oder — platonisch gesprochen — die „Gemeinschaft von Freude und Schmerz"[3]) nichts so trennend, wie ihre Geteiltheit.[4]) Es ist

---

παραδιδόναι ἄρχειν τῶν ἔργων, ὧν αὐταὶ δημιουργοί εἰσιν, ὡς μόνη ἐπισταμένη χρῆσθαι.

[1]) 462a: τί ποτε τὸ μέγιστον ἔχομεν εἰπεῖν εἰς πόλεως κατασκευήν, οὗ δεῖ στοχαζόμενον τὸν νομοθέτην τιθέναι τοὺς νόμους, καὶ τί μέγιστον κακόν;

[2]) 462b: ἔχομεν οὖν τι μεῖζον κακὸν πόλει ἢ ἐκεῖνο, ὃ ἂν αὐτὴν διασπᾷ καὶ ποιῇ πολλὰς ἀντὶ μιᾶς; ἢ μεῖζον ἀγαθὸν τοῦ ὃ ἂν ξυνδῇ τε καὶ ποιῇ μίαν; οὐκ ἔχομεν.

[3]) Ebd.: οὐκοῦν ἡ μὲν ἡδονῆς τε καὶ λύπης κοινωνία ξυνδεῖ, ὅταν ὅτι μάλιστα πάντες οἱ πολῖται τῶν αὐτῶν γιγνομένων τε καὶ ἀπολλυμένων παραπλησίως χαίρωσι καὶ λυπῶνται; παντάπασι μὲν οὖν ἔφη.

[4]) Ebd.: ἡ δέ γε τῶν τοιούτων ἰδίωσις διαλύει, ὅταν οἱ μὲν περιαλγεῖς, οἱ δὲ περιχαρεῖς γίγνονται ἐπὶ τοῖς αὐτοῖς παθήμασι τῆς πόλεώς τε καὶ τῶν ἐν τῇ πόλει.

zu wünschen, daß möglichst alle Bürger (ὅτι μάλιστα πάντες
οἱ πολῖται) bei denselben Vorkommnissen des Lebens eine gleich=
artige Empfindung, sei es der Freude oder der Trauer haben können,
daß nicht dieselben Begegnisse die Einen hoch erfreuen, die Andern
mit tiefem Kummer erfüllen.[1]) Wie bei dem einzelnen Individuum
der ganze Körper den Schmerz oder das Wohlgefühl einzelner Teile
mitempfindet, so soll auch im Staate, der um so vollkommener ist,
je mehr er in Beziehung auf innere Einheitlichkeit ein Abbild des
menschlichen Organismus wird, die Gesamtheit aller sich mitfreuen
oder mitbetrüben können, wenn dem Einzelnen etwas Gutes oder
Übles widerfährt.[2]) Was ist es aber, was in der bestehenden Ge=
sellschaft gerade das Gegenteil: die Geteiltheit der Interessen und
der Empfindungen und damit die Trennung der Gemüter verewigt?
Nach Plato einzig und allein der Umstand, daß nicht von
allen Gütern des Lebens ebenso gut das Wort gilt, „das
ist mein" und „das ist nicht mein," daß durch das Privateigen=
tum der Gewinn und die Freude des Einen zum Verlust und
Schmerz des Anderen werden kann.[3])

Wenn wir uns die ganze Tragweite dieser Sätze vergegen=
wärtigen, so leuchtet ein, daß Plato im Prinzip wenigstens bei
dem Kommunismus des Beamten= und Heereskörpers unmöglich
stehen bleiben konnte, daß er vielmehr eine möglichste Verallge=
gemeinerung des Kommunismus gewünscht haben muß. Das
Ideal staatlicher Einheit, welches hier aufgestellt wird, war ja nur
dann voll und ganz zu verwirklichen, wenn nicht bloß der Beamte

---

[1]) Vgl. auch Leg. 739d, wo genau in derselben Allgemeinheit die
Forderung wiederholt wird: ἐπαινεῖν τ' αὖ καὶ ψέγειν καθ' ἓν ὅτι
μάλιστα ξύμπαντας ἐπὶ τοῖς αὐτοῖς χαίροντας καὶ λυπουμένους.

[2]) Rep. 462d: ἑνὸς δὴ οἶμαι, πάσχοντος τῶν πολιτῶν ὁτιοῦν ἢ
ἀγαθὸν ἢ κακὸν ἡ τοιαύτη πόλις μάλιστά τε φήσει ἑαυτῆς εἶναι τὸ
πάσχον, καὶ ἢ ξυνησθήσεται ἅπασα ἢ ξυλλυπήσεται. ἀνάγκη, ἔφη, τήν γε
εὔνομον.

[3]) 462c: ἆρ' οὖν ἐκ τοῦδε τὸ τοιόνδε γίγνεται, ὅταν μὴ ἅμα φθέγ=
γωνται ἐν τῇ πόλει τὰ τοιάδε ῥήματα, τό τε ἐμὸν καὶ τὸ οὐκ ἐμόν; καὶ
περὶ τοῦ ἀλλοτρίου κατὰ ταὐτά;

und Soldat, sondern womöglich das ganze Volk lebte und wirt=
schaftete, wie eine große Familie.

Die letzten Wünsche Platos in Beziehung auf die wirtschaf=
tende Gesellschaft gingen also auch über jenen halben Kommunis=
mus hinaus, welcher für eine staatliche Organisation der Arbeit
genügt hätte. Als letztes und höchstes Ideal erscheint auch hier
der volle und ganze Kommunismus d. h. das gemeinsame Eigen=
tum nicht bloß an den Produktionsmitteln, sondern auch an dem
Genußvermögen, die gemeinsame Wirtschaft sowohl bei der Güter=
produktion, als auch im Haushalt.

Diese Schlußfolgerung ist unabweisbar, selbst wenn sich in
einem früheren Teile der Politie Äußerungen zu Gunsten der reinen
Individualwirtschaft der Erwerbstände fänden. Es würde das weiter
nichts beweisen, als daß eben im Verlaufe der Arbeit selbst Plato
durch die Konsequenzen seines Gedankensystems auf der Bahn des
Kommunismus weiter gedrängt wurde, als es seinen ursprünglichen
Intentionen entsprach. Allein meines Erachtens gibt es solche Äuße=
rungen nicht. Die Stellen, welche man als Beweis dafür anzu=
führen pflegt, daß Plato „bei der Masse des Volkes die übliche
Lebensweise" voraussetzt, beweisen dies absolut nicht.

An der einen Stelle begründet Plato den Kommunismus
seiner Beamten und Soldaten damit, daß sie, wenn man ihnen
Privateigentum an Grundbesitz, Häusern oder mobilem Kapital ge=
stattete, aus „Hütern" zu Haus= und Landwirten werden und als
feindliche Herren, statt als „Verbündete" ihrer Mitbürger auftreten
und ihr ganzes Leben hindurch Haß hegend und erregend Urheber
und Gegenstand feindseliger Nachstellungen sein würden.[1]

Man erklärt diese Worte so, als wollte Plato sagen: Der
Beamte und Soldat des Idealstaates würde durch das Privateigen=

---

[1] 417a: ὁπότε δ' αὐτοὶ γῆν τε ἰδίαν καὶ οἰκίας καὶ νομίσματα
κτήσονται, οἰκονόμοι μὲν καὶ γεωργοὶ ἀντὶ φυλάκων ἔσονται, δεσπόται
δ' ἐχθροὶ ἀντὶ ξυμμάχων τῶν ἄλλων πολιτῶν γενήσονται, μισοῦντες δὲ
δὴ καὶ μισούμενοι καὶ ἐπιβουλεύοντες καὶ ἐπιβουλευόμενοι διάξουσι πάντα
τὸν βίον.

tum in dieselbe privatrechtliche und wirtschaftliche Lage versetzt
werden, wie sie der Bauer u. s. w. in demselben Staate einnimmt.
Allein diese Beziehung auf den dritten Stand des Idealstaates ist
doch, wie schon einzelne Erklärer richtig erkannt haben,[1]) in die
Stelle erst künstlich hineingelegt.   Der Sinn der Äußerung ist offen=
bar ein ganz allgemeiner, nämlich der: die Hüter würden ihrem
Berufe entfremdet, wenn sie zugleich bäuerliche und andere Privat=
wirte wären, d. h. sie würden ein höheres Interesse an der Ver=
mehrung ihres Vermögens und der Bewirtschaftung ihres Grund=
besitzes haben, als an ihrer Amtspflicht.

Ebenso allgemein ist die andere hier in Betracht kommende
Stelle gehalten, wo einer der Unterredner des Dialoges gegen die
kommunistische Lebensordnung der Hüter den Einwand erhebt, daß
dieselbe doch wenig Raum für das Glück lasse, welches der Ideal=
staat seinen Angehörigen verheißt.   Diese Leute hätten den ganzen
Staat in ihrer Hand und trotzdem von dem Staate nicht den ge=
ringsten äußeren Vorteil, „da sie ja nicht, wie Andere (οἷον ἄλλοι),
Ländereien erwerben, schöne große Häuser bauen und entsprechend
ausstatten können, kein Gold und Silber, kurz nichts von alldem
besitzen dürfen, was man bei denjenigen sucht, welche für glücklich
gelten sollen" (πάντα ὅσα νομίζεται τοῖς μέλλουσι μακαρίοις
εἶναι)[2]).

Es ist klar, daß hier nicht, wie man gewöhnlich annimmt,
die Lage der höheren Klassen des Idealstaates derjenigen der übrigen
Bürger desselben gegenüber gestellt wird, — es heißt ja auch in
den meisten Handschriften einfach „ἄλλοι" nicht „οἱ ἄλλοι", —
sondern ganz allgemein dem Leben anderer Menschen überhaupt,
wie es der vulgären Auffassung vom Glück entspricht.

Selbst diejenige Stelle, an welcher die Beamten und der
Wehrstand in wirtschaftlicher Hinsicht wirklich zu den übrigen Bür=

---

[1]) 3. B. Praetorius: De legibus Platonicis a Philippo Opuntio
retractatis p. 8. Allerdings sind die hier vorgebrachten Argumente nur teil=
weise stichhaltig.

[2]) 419.

gern in Gegensatz gebracht werden, steht mit unserer Auffassung
nicht in Widerspruch. Man könnte ja aus der Äußerung Platos,
daß unter allen Bürgern allein den Angehörigen jener Stände
die Berührung von Gold und Silber verboten sei,[1] den Schluß
ziehen, daß in dem Wirtschaftsleben der übrigen Klassen den edlen
Metallen keine wesentlich andere Rolle zugedacht war, als in der
bestehenden Wirtschaftsordnung; und man würde darin ohne Zweifel
ein Hauptbeweismoment für die herrschende Ansicht sehen, wenn
nicht Plato selbst kurz darauf ausdrücklich erklärt hätte, daß der
Gebrauch des Goldes und Silbers der Bevölkerung des Ideal=
staates überhaupt durch das geltende Recht versagt sei,[2] — so
daß also an jener ersten Stelle nur jenes Minimum von Gold= und
Silbergeld gemeint sein kann, auf dessen Besitz die Volkswirtschaft
eines Stadtstaates wegen des auf die Dauer kaum zu entbehrenden
Importes notwendiger Bedürfnisse aus dem Ausland niemals voll=
kommen verzichten kann, welches aber im Inlandverkehr strenge
verpönt ist.[3]

Während nun aber aus diesen Stellen über die Eigentums=
ordnung der wirtschaftenden Gesellschaft des Idealstaates nichts zu
entnehmen ist, fehlt es andererseits keineswegs an Äußerungen
Platos, welche uns zur Genüge erkennen lassen, daß er sich der
volkswirtschaftlichen Konsequenzen seiner allgemeinen sozialpolitischen
Auffassung sehr wohl bewußt war, daß wir mit unserer Auffassung
die Lehren Platos nicht willkürlich weiter ausgedehnt haben, als sie
von ihm selbst gemeint waren.

Er erklärt nämlich ausdrücklich, daß die vollendetste Organi=
sation von Staat und Gesellschaft da bestehen würde, wo die
„Meisten" von denselben Dingen sagen könnten: Das ist mein

---

[1] 417a.

[2] 422d: ἡμεῖς μὲν οὐδὲν χρυσίῳ οὐδ' ἀργυρίῳ χρώμεθα, οὐδ'
ἡμῖν θέμις.

[3] Wenn man die Sache so auffaßt, fällt auch der Widerspruch weg,
den man hier gewöhnlich (z. B. Krohn S. 35) Plato unterschiebt.

und das ist nicht mein.[1]) Und in voller Übereinstimmung damit
bezeichnet er es in seinem späteren Werke als ein Grundprinzip
der besten Verfassung, daß durch sie möglichst im ganzen Staate
der alte Spruch in Erfüllung gehe, der da lautet: Unter Befreun=
deten ist in Wirklichkeit alles gemein.[2]) Der Staat kann sich nach
Plato im Interesse seiner inneren Einheit[3]) und damit zugleich der
Sittlichkeit seiner Bürger kein höheres Ideal vor Angen halten, als
einen Zustand, wo alles, was Eigentum heißt, überall im
menschlichen Leben durchaus beseitigt ist.[4]) Daß freilich
dieses höchste seiner sozialökonomischen Ideale jemals vollkommen
zu verwirklichen sei, das hat Plato offenbar selbst auf dem Höhe=
punkt seines Optimismus nicht zu hoffen gewagt. Er begnügt sich,
wie wir sahen, in dem Entwurf des Idealstaates ausdrücklich damit,
daß die Bürger nach Möglichkeit oder, wie es an der anderen
Stelle heißt, die Meisten an dem Segen der Güter und Interessen=
gemeinschaft beteiligt würden.[5])

Auch ist Plato über die allgemeine Formulierung des Prob=
lems nicht hinausgegangen. Über alle Detailfragen, die sich dabei
ergeben, wie sich denn diese Forderung in Verwaltungsgesetze, die
Verwaltungsgesetze in Verwaltungsmaßregeln, die letzteren in die
gewünschte Neugestaltung der sozialen Verhältnisse umsetzen ließen —
darüber und damit anch über das Maß des Erreichbaren über=
haupt hat er sich eine klare und bestimmte Vorstellung nicht ge=
bildet. Er gibt nur im Allgemeinen die Richtung an, in welcher
sich die Reform der Wirtschaftsordnung zu bewegen hat. Er will

---

[1]) 462c: ἐν ᾗτινι δὴ πόλει πλεῖστοι ἐπὶ τὸ αὐτὸ κατὰ ταὐτὰ
τοῦτο λέγουσι τὸ ἐμὸν καὶ τὸ οὐκ ἐμόν, αὕτη ἄριστα διοικεῖται; πολύ γε.

[2]) Leg. 739b: πρώτη μὲν τοίνον πόλις τέ ἐστι καὶ πολιτεία καὶ
νόμοι ἄριστοι, ὅπου τὸ πάλαι λεγόμενον ἂν γίγνηται κατὰ πᾶσαν τὴν
πόλιν ὅ τι μάλιστα· λέγεται δέ, ὡς ὄντως ἐστὶ κοινὰ τὰ φίλων.

[3]) 739d: κατὰ δύναμιν οἵτινες νόμοι μίαν ὅ τι μάλιστα
πόλιν ἀπεργάζονται, τούτων ὑπερβολῇ πρὸς ἀρετὴν οὐδείς ποτε ὅρον
ἄλλον θέμενος ὀρθότερον οὐδὲ βελτίω θήσεται.

[4]) 739c.

[5]) S. oben Anmerk. 1 und S. 358.

die Wirtschaftspolitik des besten Staates von dem Gedanken geleitet
wissen, daß die Volkswirtschaft so sehr als nur immer möglich
Staatswirtschaft werde. Allein die Entscheidung über das Maß
der Verwirklichung dieses Gedankens überläßt er jener Einsicht, die
sich als das Ergebnis der vollendetsten theoretischen und praktischen
Schulung in der Person der philosophischen Herrscher verkörpern wird.

Aristoteles hat daher den Standpunkt Platos nicht ganz
richtig erfaßt, wenn er in seiner Polemik gegen den Idealstaat
meint, Plato lasse es völlig unentschieden, ob die Lebensordnung
des dritten Standes auf der Grundlage des Kommunismus oder
des Privateigentums beruhen solle.[1]) Die Frage, welche Plato
offen läßt, lautet nicht: Privat= oder Gesamteigentum, Privat=
oder Gemeinwirtschaft? Sondern so: In welchem Umfang wird
man das Privateigentum und die Privatwirtschaft neben dem in
erster Linie und so allgemein als möglich zu verwirklichenden
Prinzip des Gesamteigentums und der Gemeinwirtschaft notge=
drungener Weise noch zulassen müssen?"[2])

Immerhin ist Aristoteles in dieser Frage der Auffassung
seines Lehrers ungleich näher gekommen, als die modernen Be=
urteiler, welche ihm ein völliges Mißverständnis Platos vorwerfen,
weil er auch nur die Möglichkeit zugibt, daß Plato in der That
an eine mehr oder minder weitgehende kommunistische Organisation

---

[1]) Πολ. II, 2, 12. 1264a: οὐ μὴν ἀλλ᾽ οὐδὲ ὁ τρόπος τῆς ὅλης
πολιτείας τίς ἔσται τοῖς κοινωνοῦσιν, οὔτ᾽ εἴρηκεν ὁ Σωκράτης οὐδὲ ῥᾴδιον
εἰπεῖν. καίτοι σχεδὸν τό γε πλῆθος τῆς πόλεως τὸ τῶν ἄλλων πολιτῶν
γίνεται πλῆθος, περὶ ὧν οὐδὲν διώρισται, πότερον καὶ τοῖς γεωργοῖς κοινὰς
εἶναι δεῖ τὰς κτήσεις ἢ καθ᾽ ἕκαστον ἴδιον, ἔτι δὲ γυναῖκας καὶ παῖδας
ἰδίους ἢ κοινούς.

[2]) Ein Unterschied zwischen der wirtschaftlichen Organisation des Hüter=
standes und der des Nährstandes wird also immer bestehen bleiben und Plato
kann daher (464a) sehr wohl speziell von dem Kommunismus der ersteren
Klasse reden, ohne damit eine teilweise Verwirklichung kommunistischer Ten=
denzen innerhalb der letzteren auszuschließen zu wollen. Damit erledigt sich der
Einwand von Beger: Thomas Morus und Plato. Ztschr. f. d. ges. Staats=
wissensch. 1879 S. 419 ff.

des dritten Standes gedacht habe. Aristoteles soll mit der Er=
wägung dieser Möglichkeit eine Unfähigkeit an den Tag gelegt
haben, sich in den Gedankenkreis des Bekämpften zu versetzen, wie
sie stärker nicht wohl gedacht werden könne.[1]) In der That, wenn
Plato das gewollt und gesagt hat, was ihm die moderne Auf=
fassung der Politie unterschiebt, wenn er seinen idealen Vernunft=
staat auf der Grundlage einer rein individualistischen Volkswirt=
schaft aufgebaut wissen wollte, dann ist die aristotelische Kritik
eine so stümperhafte und oberflächliche, so allen Verständnisses bare,
daß ihr Urheber von vorneherein unfähig erscheint, in der Frage
mitzureden.

Nun ist es ja richtig, daß diese Kritik infolge ihres einseitig
polemischen Charakters mehrfach auch zu höchst einseitigen und
schiefen Ergebnissen gekommen ist und die — allerdings nur ge=
legentlichen — Äußerungen Platos im „Staat" und in den „Ge=
setzen" unbeachtet gelassen hat, welche einen Fingerzeig für die
richtige Beurteilung enthalten. Allein diese Mängel, die er ja zum
Teil auch mit der neueren Kritik gemein hat, berechtigen uns doch
noch lange nicht bei Platos größtem Schüler eine so kindliche Ver=
ständnislosigkeit vorauszusetzen, wie es die moderne Anschauungs=
weise notgedrungen thun muß. Liegt hier nicht vielmehr der Ge=
danke nahe, daß die moderne Auffassung des platonischen Staates,
die zu solchen Konsequenzen in Beziehung auf Aristoteles führt,
von falschen Voraussetzungen ausgeht?"[2])

---

[1]) So Susemihl Anmerk. 170 zur Politik.

[2]) Wenn übrigens Susemihl eine stärkere Unfähigkeit, sich in den
Gedankengang Platos zu versetzen, kaum für möglich hält, so vergißt er, daß
er eine noch weit größere Unfähigkeit bei dem genialsten neueren Beurteiler
der Politie, bei Hegel, annehmen müßte, der das, was Aristoteles immerhin
nur als mögliche Ansicht Platos bezeichnet, geradezu als Thatsache voraus=
setzt. Hegel sagt von dem dritten Stand: „Er treibt Handwerke, Handel,
Ackerbau, er schafft das Nötige für das Allgemeine herbei, ohne Eigentum
durch seine Arbeit zu gewinnen; sondern das Ganze ist eine Familie,
worin jeher sein angewiesenes Geschäft treibt, aber das Produkt der Arbeit
gemeinsam ist, und er von seinem, wie von allen Produkten das erhält, was

Jedenfalls kann es nur zur Bestätigung der hier entwickelten Ansicht dienen, daß bei ihr allein uns auch Aristoteles und seine Kritik der Politie verständlicher wird.

————

Wenn wir uns nach alledem noch einmal die Momente vergegenwärtigen, auf welche sich unsere Auffassung des platonischen Staates und seiner Stellung zum dritten Stande stützt, so werden wir über die ganze Stellung Platos zum Grundproblem der sozialen Ethik richtiger und gerechter urteilen, als es der herrschenden Ansicht möglich war.

Die Wege, auf denen man die Lösung des genannten Problems sucht, führen — heute, wie in Platos Zeit — nach zwei diametral entgegengesetzten Richtungen auseinander. Auf der einen Seite finden wir die Vertreter einer aristokratisch-exklusiven, auf der anderen die einer demokratisch-egalitären Gesellschaftsmoral. Die Ersteren gehen davon aus, daß immer nur eine kleine Minderheit zu höherer geistiger Kultur erzogen werden könne und in ihrer Kultur den Fortschritt repräsentiere. Sie stellen den Kulturzweck und das höhere Recht der von Natur glücklicher Begabten auf die Geltendmachung ihrer Überlegenheit allen anderen Rücksichten voran und legen demgemäß das entscheidende Gewicht auf die möglichste Differenzierung und möglichst aristokratische Gliederung der Gesellschaft, welche der Bethätigung dieser Überlegenheit den günstigsten Boden darbietet.[1]

————

er braucht" Gesch. der Phil. II 291. Diese Auffassung ist allerdings unrichtig, insoferne als sie die kommunistische Organisation der Volkswirtschaft vollkommen durchgeführt denkt, während Plato nur eine annähernde Verwirklichung zu hoffen wagt. Auch die Motivierung, welche Hegel gibt, ist ungenügend, ja irreführend, allein das, was Plato als höchstes Ideal vorschwebte, hat Hegel richtig gezeichnet, und insoferne zeugt seine Auffassung von einer innigeren und tieferen Versenkung in den Gedankengang Platos, als die der späteren Kritik.

[1] In diesem Sinne meint Renan: „Das Wesentliche besteht weniger darin, aufgeklärte Massen zu schaffen, als vielmehr darin, große Meister hervorzubringen und ein Publikum, das fähig ist, sie zu verstehen. Wenn

Dem gegenüber betonen die Anhänger des anderen Standpunktes den berechtigten Anspruch der großen Mehrheit, ihrerseits
an den Errungenschaften der Kultur und an den Gütern mit beteiligt zu werden, welche geeignet sind, das für den Einzelnen erreich-
bare Maß menschlichen Glückes zu erhöhen. Über dem Kulturzweck steht ihnen der Glückszweck oder — um mit Bentham zu
reden — das größtmögliche Glück der größten Anzahl.[1]

Beide Anschauungen enthalten einen berechtigten Kern, beiden
haftet aber auch eine gewisse Einseitigkeit an. Während hier eine
starke Tendenz zu kulturwidriger Nivellierung hervortritt, wird
dort nur zu leicht die sittliche Forderung vergessen, daß der Mensch
im Menschen niemals bloß ein Mittel sehen soll. Der „Herrenmoral", wie der extremste Vertreter der aristokratischen Richtung,
Nietzsche, dieselbe genannt hat, erscheint unwillkürlich die bevorzugte
Stellung der Hervorragenden als Selbstzweck, sie nimmt es geradezu
mit Befriedigung hin, daß „die Menschheit als Masse dem Gedeihen
einer einzelnen stärkeren Spezies Mensch," das Wohl der Meisten
dem „Wohle der Wenigsten" geopfert wird. Die Masse, das
nützliche und arbeitsame Herdentier, erscheint nur dazu da, um die
Folie zu bilden für die Entfaltung der feinsten Blüten der Kultur,
wie bei einem Baum nur der Wipfel dazu da ist, Blüten und
Früchte zu treiben, während der Stamm die Last zu tragen hat.
Der Gesellschaftszweck ist einzig und allein der, den ganzen
Menschen das Feld zu bereiten. „Man lege einen solchen Menschen
— sagt Nietzsche — in die eine Wagschale und die breite wogende
Masse, die Herde, in die andere, so wird diese letztere abstürzen

---

hierzu die Unwissenheit eine notwendige Bedingung ist, nun um so schlimmer!
Die Natur hält sich bei solchen Bedenken nicht auf, sie opfert ganze Gat-
tungen, damit andere die notwendigen Lebensbedingungen finden." — Philosophische Dialoge D. A. S. 77.

[1]) Vgl. die Formulierung dieses Gegensatzes bei Aristoteles Pol. III,
7, 13. 1283b: ἀποροῦσι γάρ τινες, πότερον τῷ νομοθέτῃ νομοθετητέον,
βουλομένῳ τίθεσθαι τοὺς ὀρθοτάτους νόμους, πρὸς τὸ τῶν βελτιόνων
συμφέρον ἢ πρὸς τὸ τῶν πλειόνων.

bis an die Grenze der Möglichkeit. Denn, was sie faßt, sind nichts
als Nullen." Daher Untergang oder Knechtung aller Minder=
begabten!

Wem fällt bei dieser Auffassung nicht sofort das Bild ein,
welches man von dem Gesellschaftsideal Platos zu zeichnen liebt?
In der That ist wiederholt auf den Ideenzusammenhang hinge=
wiesen worden, der zwischen Plato und dieser Sozialphilosophie
des modernen Aristokratismus bestehen soll. Und sie selbst hat
sich mit Vorliebe auf ihn berufen. Ein so ausgezeichneter Kenner
des Altertums, wie Nietzsche, preist ihn, den „königlichen und pracht=
vollen Einsiedler des Geistes," ob seiner „Geringschätzung des Mit=
leides," ob seines „Pathos der Vornehmheit und Distanz." Ja
selbst die Onckensche Ansicht von dem angeblich oligarchischen
Grundzug des platonischen Denkens wird von ihm wiederholt.
„Unter jeder Oligarchie — sagt er — liegt das tyrannische Gelüst
versteckt. Jede Oligarchie zittert beständig von der Spannung her,
welche jeder Einzelne in ihr nötig hat, Herr über dieses Gelüst zu
beißen. So war es z. B. griechisch. Plato bezeugt es an hundert
Stellen. Plato, der seinesgleichen kannie — und sich selbst!"

Daß diese Ansicht auf den Standpunkt Platos ein falsches
Licht wirft, kann nach den Ergebnissen unserer eingehenden Analyse
des platonischen Staates nicht zweifelhaft sein. Allerdings ist Plato
lebhaft von der Notwendigkeit überzeugt, daß — um ein bekanntes
Wort von Treitschke zu gebrauchen — die Millionen ackern, schmieden
und hobeln müssen, damit einige Tausend forschen und regieren
können. Und er hat auf Grund dieser Überzeugung eine sehr
starke Differenzierung der Gesellschaft gefordert — eine zu starke,
wie wir ohne Weiteres zugeben —, allein die Art und Weise, wie
er sich die Stellung der hervorragenderen Elemente des sozialen
Organismus denkt, ist doch unendlich von jener Gedankenwelt der
„oberen Zehntausend" entfernt, von der Herbert Spencer (the Man
versus State) gemeint hat, daß sie heute noch im Wesentlichen
durch die Gesellschaftsanschauungen des klassischen Altertums be=
stimmt werde.

Um als Repräſentant dieſer Geſellſchaftsanſchauungen zu gelten,
müßte Plato vor Allem die fortſchreitende Differenzierung der Ge=
ſellſchaft auf Grund einer möglichſt weitgehenden Verſchiedenheit
der materiellen Lebenslage gefordert haben. Denn das iſt es
eben, was von dem geſchilderten Ariſtokratismus mehr oder minder
offen als begehrenswertes Ziel der ſozialökonomiſchen Entwicklung
hingeſtellt wird: die mit der Konzentrierung des Reichtums gegebene
Möglichkeit einer raffinierten ariſtokratiſchen Geiſteskultur, einer
üppigen Entfaltung aller Blüten des höheren Lebensgenuſſes, freieſte
Bahn für jene Virtuoſen des Genuſſes, die zugleich Virtuoſen des
Geiſtes ſeien, und die, wie z. B. ein W. v. Humboldt, Gentz
und Heine, ihre Kräfte eben nur in der Luft eines verfeinerten ſinn=
lichen Daſeins zu entwickeln vermöchten.[1]) Ein Kulturideal, deſſen
volle Verwirklichung das „Opfer einer Unzahl von Menſchen"
vorausſetzt, welche, wie Nietzſche meint, um jener „Glücklichen"
willen zu unvollſtändigen Menſchen, Sklaven und Werkzeugen herab=
gedrückt und vermindert werden müſſen.

Wie ganz anders Plato! Er verlangt für die Ariſtokratie
ſeines Idealſtaates überhaupt keine äußere Stellung, welche mit
der materiellen Ausbeutung des wirtſchaftenden Volkes oder gar
mit dem Maſſenelend erkauft werden müßte. Die Anſicht Treitſchkes,
daß den Talenten als Kulturbildnern und Vermittlern eine materiell
ausgezeichnete Poſition gebühre, würde er in dieſer Faſſung ohne
Zweifel als eine oligarchiſche verworfen haben. Er deutet ſelber
an, daß auf einem Standpunkt, bei dem das materielle Moment
eine ſo entſcheidende Rolle ſpielt, das Los der Hüterklaſſe im Ideal=
ſtaat „nicht eben als ein ſehr glückliches" erſcheinen könne.[2]) Er
verlangt ja für ſie nichts, als was für die Erhaltung ihrer phyſi=
ſchen und geiſtigen Leiſtungsfähigkeit notwendig iſt: Befreiung von

---

[1]) Bekanntlich hat Treitſchke in dem Aufſatz über den Sozialismus
und ſeine Gönner (Preuß. Jahrb. 1874) dieſe Beiſpiele gewählt, um die Not=
wendigkeit ſtarker wirtſchaftlicher Kontraſte zu erweiſen.

[2]) 419.

gemeinem Mangel und von körperlicher Arbeit.[1] Es ist das bescheidene Lebensideal, zu welchem sich einmal Schiller in den Worten bekannt hat: „Um glücklich zu sein, muß ich in einem gewissen sorgenfreien Wohlstand leben, und dieser muß nicht von den Produkten meines Geistes abhängig sein." Das wirtschaftende Volk des Idealstaates nimmt seinen Regenten, Beamten, Soldaten die Sorge für das tägliche Brot ab, indem es ihnen einen Lohn zuteil werden läßt, bei dem sie „nicht notleiden, der ihnen aber auch nichts übrig läßt."[2] Es ist das Minimum von Opfern, welche die Gesellschaft nun einmal bringen muß, wenn sie sich eine ihren eigenen Bestand sichernde Elite der Intelligenz und Wehrhaftigkeit erhalten will. Ein Opfer jedenfalls, für welches die Gesamtheit nach den Intentionen Platos in den Leistungen dieser Elite vollkommenen Ersatz findet, und welches sie daher im letzten Grunde nicht dieser, sondern in ihrem eigenen Interesse bringt.

Denn nicht darum wird hier ja ein Teil der Gesellschaft über alle anderen erhoben, weil ihm seine höhere Veranlagung als solche ein Recht darauf gibt, sondern darum, weil ihn diese Veranlagung zu den höchsten Leistungen für den Dienst des Ganzen befähigt. Keineswegs bloß um seiner selbst willen gelangt der Einzelne in den Kreis dieser Auserlesenen, sondern zugleich um aller Anderen willen. So wenig daher die Aristokraten Platos von dem beseelt sind, was der Vorkämpfer des modernen Aristokratismus als „Willen zur Macht" bezeichnet hat, und so wenig ihre Existenz die rücksichtslose Opferung und den „totalen Verbrauch" der Anderen verlangt, so wenig fühlen sich die letzteren als die Vergewaltigten und Gedrückten, als die Leidenden und Unfreien. Sie opfern sich für jene nicht in höherem Grade, als jene für sie.

---

[1] 416d: τὰ δ' ἐπιτήδεια, ὅσων δέονται ἄνδρες ἀθληταὶ πολέμου σώφρονές τε καὶ ἀνδρεῖοι, ταξαμένους παρὰ τῶν ἄλλων πολιτῶν δέχεσθαι μισθὸν τῆς φυλακῆς τοσοῦτον, ὅσον μήτε περιεῖναι αὐτοῖς εἰς τὸν ἐνιαυτὸν μήτε ἐνδεῖν.

[2] Vgl. die charakteristische Bezeichnung der „Wächter" als „zäher und magerer Hunde".

Nicht „Herren= und Sklavenmoral" stehen sich hier in unversöhn=
licher Feindschaft gegenüber, vielmehr ist es die Idee von den
Pflichten der sozialen Wechselwirkung, welche Regierende und Regierte
in harmonischer Eintracht verbindet.

Wir haben mit Einem Wort in dem platonischen Staat einen
Versuch vor uns, das Kulturziel und das „Wohl der Wenigsten"
in Einklang zu bringen mit dem Glücksziel und dem „Wohl der
Meisten".

Der platonische Staat huldigt dem Aristokratismus durch die
Schaffung seiner Hüterklasse, andrerseits aber gibt er dieser Aristo=
kratie ein allgemein staatliches Gepräge, indem dieselbe alle für den
Dienst des Staates ungeeigneten Elemente abstößt und sich hin=
wiederum durch Heranziehung der Talente aus dem Volke beständig
erneuert. So scharf ferner der durch die Verschiedenheit der Auf=
gaben bedingte Unterschied von Individuen und Klassen in sozial=
aristokratischem Sinne ausgebildet erscheint, so bedeutsam tritt in der
überaus bescheidenen ökonomischen Ausstattung der höheren Klasse
die sozial=demokratische Tendenz hervor, die Ungleichheit nicht über
das Maß dessen emporwachsen zu lassen, was die Harmonie des
Gesamtlebens erfordert. Der platonische Staat will keine Ungleich=
heit, welche eine große Anzahl von Händen nötigt, — statt für not=
wendige Bedürfnisse Aller — für die unverhältnismäßige Erhebung
Einzelner über die sozialökonomische Lage ihrer Mitmenschen thätig
zu sein. Er ist weiterhin demokratisch, indem er gleichzeitig das
Benthamsche Prinzip der Fürsorge für Alle oder möglichst Viele auf
seine Fahne schreibt und als Richtschnur für das gegenseitige Ver=
halten aller Bürger die Moral des gemeinsamen Mitleidens und
der gemeinsamen Mitfreude proklamiert, welche die Sozialphilosophie
des Aristokratismus, die Herrenmoral des Stolzes, der Eigenmacht
und Härte[1]) als sozialistische Bruderschaftsschwärmerei jedenfalls
weit von sich weisen würde.

Hat doch Plato aus dem Glücksprinzip sogar noch radikalere

---

[1]) Die 416c ausdrücklich zurückgewiesen wird.

Folgerungen gezogen, als selbst der ebengenannte moderne Vertreter dieses Prinzipes, Bentham. Auch dieser ist der Ansicht, daß die Summe der Glückseligkeit um so größer sei, je mehr sich das Verhältnis des Besitztums der Bürger der Gleichheit nahere." Allein der hohe Wert, den er auf den Besitz der materiellen Güter als Grundlage persönlicher Wohlfahrt legt, hindert ihn, diesen Gedanken bis zu seiner letzten Konsequenz, bis zur Forderung des Kommunismus zu verfolgen. An Stelle gleichheitlicher Verteilung des Besitzes tritt bei ihm eine gleichheitliche Verteilung der Rechte und der Macht, von der er ein hinlänglich befriedigendes Ergebnis für die Wohlfahrt der Gesamtheit erhofft, weil die Wohlfahrt, nach welcher die souveräne Gesamtheit der Bürger streben würde, stets diejenige von allen sein werde. Plato, der diese Hoffnung nicht teilt und die gleiche Verteilung der Rechte nicht bedarf, um dasselbe Ziel zu erreichen, welches hier dem politischen Demokratismus gestellt wird, schreitet um so kühner auf der Bahn der ökonomischen Gleichheit vorwärts. Da für ihn das höchste individuelle Glück nur ein geringes Maß von materiellen Gütern voraussetzt, erscheint ihm die Ausgleichung des Interesses der Minderheit an der möglichsten Intensität des für sie erreichbaren Glückes und des Interesses der Mehrheit an der möglichst extensiven Ausbreitung des Glückes als ein gerade auf dem Boden der Volkswirtschaft lösbares Problem und damit die soziale Harmonie zwischen Mehrheit und Minderheit zur Genüge verbürgt.

3.

Die Koinzidenz von Sozialismus und Individualismus im platonischen Staatsideal.

Wir sind seit Hegel gewohnt, den platonischen Staat als das Prototyp eines Sozialismus anzusehen, aus dem alle und jede individualistische Tendenz in denkbar radikalster Weise ausgemerzt ist, in dem alles individuelle Leben und Streben durch die Allgemeinheit verschlungen wird.

Der Geist der platonischen Republik besteht nach Hegel wesent-

24*

lich darin, daß alle Seiten, worin ſich die Einzelheit (Individualität)
als ſolche fixiert, im Allgemeinen aufgelöſt werden, alle nur als
allgemeine Menſchen gelten. [1] Dieſer Beſtimmung gemäß, das
Prinzip der Subjektivität auszuſchließen, iſt jeder Teil nur als
Moment im Ganzen. [2] Während im modernen Staat jedes Individuum für ſeine Intereſſen ſich ergehen kann (sic!), iſt dies aus der
platoniſchen Idee ausgeſchloſſen. [3] Plato betrachtet nur, wie die
Organiſation des Staates die beſte ſei, nicht wie die ſubjektive
Individualität. [4] „Daß die Individuen nicht aus Achtung und
Ehrfurcht für die Inſtitutionen des Staates, des Vaterlandes handeln, ſondern aus eigener Überzeugung, nach einer moraliſchen
Überlegung einen Entſchluß aus ſich faſſen, ſich darnach beſtimmen,
— dieſes Prinzip der ſubjektiven Freiheit iſt ein ſpäteres, iſt ein
Prinzip der modernen Zeit. In die griechiſche Welt iſt es zwar
auch gekommen, aber nur als das Prinzip des Verderbens für die
griechiſchen Staaten und das griechiſche Leben. Plato wollte es
verbannen und unmöglich machen in ſeiner Republik! [5]

„Der platoniſche Staat,“ ſagt Stahl, „opfert den Menſchen,
ſein Glück, ſeine Freiheit, ſelbſt ſeine ſittliche Vollendung. Denn
dieſer Staat beſteht nur um ſeiner ſelbſt willen, um der Herrlichkeit ſeiner Erſcheinung willen, und der Bürger iſt nur dazu beſtimmt, als ein dienendes Glied ſich in die Schönheit ſeines Baues
zu fügen. So hat er den darſtellenden Charakter. Er iſt ein
Kunſtwerk, das minder für ſeine eigenen Teile da zu ſein ſcheint,
als für den Beſchauer.“ [6]

An Einwänden gegen dieſe Auffaſſung hat es zwar nicht ganz
gefehlt, [7] aber ſie waren nicht überzeugend genug begründet, um die

---

[1] Geſchichte der Philoſophie II, 289.
[2] 283.
[3] 278.
[4] 289.
[5] 278.
[6] Geſchichte der Rechtsphiloſophie (2) 16.
[7] Vgl. z. B. Suſemihl: Platoniſche Philoſophie II 283 und Nohle
a. a. O. IX.

Herrschaft derselben zu erschüttern. Die verbreitetste moderne Darstellung, die von Zeller, steht in der Hauptsache noch ganz auf dem Standpunkte Hegels. Zeller sieht das Charakteristische der platonischen Staatsidee in der Unterdrückung aller, auch der berechtigsten persönlichen Interessen, in der Rechtlosigkeit des Einzelnen gegenüber dem Staat, in dem Prinzip, daß die Bürger um des Staates willen da seien, nicht der Staat um der Bürger willen.[1] Im platonischen Staat muß nach Zeller der Einzelne allen persönlichen Wünschen entsagen und sich zum reinen Werkzeug der allgemeinen Gesetze, zur Darstellung eines allgemeinen Begriffes läutern. Denn dieser Staat denkt nicht daran, die Rechte der Einzelnen mit denen der Gesamtheit versöhnend zu vermitteln, weil jene in seinen Augen dieser gegenüber gar kein Recht haben,[2] weil der Mensch überhaupt auf alle persönlichen Zwecke verzichten soll, um nur für das Ganze zu leben.[3] Im Gegensatz zu den Staatsromanen[4] der neueren Zeit haben hier dem einen erzieherischen Zweck des Staates alle anderen sich unterzuordnen, ihm werden alle Einzelinteressen rücksichtslos geopfert, er verlangt eine unbedingte Selbstentäußerung aller Bürger. Plato will das Privatinteresse aufheben, seine modernen Nachfolger wollen es befriedigen, jener strebt nach Vollkommenheit des Ganzen, diese nach Beglückung des Einzelnen. Jener behandelt den Staat als Zweck, die Personen als Mittel, diese die Personen als Zweck, den Staat und die Gesellschaft als Mittel.[5]

Auch die moderne Staatswissenschaft hat sich von dieser Anschauungsweise noch nicht loszumachen vermocht. Die neueste Darstellung der Staats- und Korporationslehre des Altertums, welche

---

[1] Der platonische Staat in seiner Bedeutung für die Folgezeit. (Vorträge u. Abh. S. 65.) Gesch. d. Phil. II² 921.

[2] Der plat. Staat a. a. O. 67.

[3] Ebd. 78.

[4] Zeller schließt sich hier der unzutreffenden Ansicht an, welche die platonische Politie zu den Staatsromanen zählt.

[5] Ebd. 79.

wir Gierke verdanken,[1]) schließt sich rückhaltlos dem eben genannten
Satze an, daß für Plato das Individuum nicht Selbstzweck, son=
dern nur Mittel für den Zweck des Ganzen sei. Gierke gibt zwar
zu, daß von Plato „das Einzelleben als ein in sich Besonderes er=
kannt" ist, allein es soll in dem Gemeinleben, welches sich als
naturnotwendige höhere Daseinsform im Staate verkörpert, voll=
kommen beschlossen sein, in ihm sein alleiniges Maß und
Ziel haben, an keinem Punkte seine Schranken überragen.[2]) Die
platonische Staatslehre erstrebt nach Gierke die vollkommene Ab=
sorption des Individuums durch die Gemeinschaft, sie weiß nichts
von einem Rechte der Persönlichkeit;[3]) der Staat ist hier kein
Mittel für die Zwecke der Individuen, sondern sich selbst Zweck.[4])

Suchen wir uns unsererseits den Ideengang Platos zu ver=
gegenwärtigen, so ist nach den früheren Ausführungen über die
allgemeine Tendenz der platonischen Staatslehre so viel ohne weiteres
zuzugeben, daß das Sozialprinzip von derselben mit großer Ent=
schiedenheit als das leitende Prinzip vorangestellt wird (τὸ κοινὸν
ἡγούμενον!).[5]) Sie nimmt ihren Ausgangspunkt nicht von dem
Individuum, macht nicht die Interessen und Wünsche des Einzelnen
zur Norm für Staat und Gesellschaft, sondern die Bedürfnisse der
Gesamtheit. Der Vernunftstaat will eine Ordnung des Gesamt=
lebens des Volkes sein, welche das größtmögliche Glück der Gesamt=
heit verwirklicht und diesem Ziele das Streben des Individuums
nach dem eigenen größten Glück grundsätzlich unterordnet. Nicht
darauf ist nach Plato die wahre Staatskunst gerichtet, daß einzelne
Klassen oder Individuen das höchste Maß menschlichen Glückes er=
reichen auf Kosten der übrigen, sondern daß das Glück und Ge=
deihen der Gesamtheit der Bürger ein möglichst vollkommenes sei.
Das Glückstreben des Einzelnen findet hier seine prinzipielle Schranke

---

[1]) Im dritten Bande des deutschen Genossenschaftsrechtes.
[2]) A. a. O. S. 8.
[3]) Ebd. S. 12.
[4]) Ebd. S. 13.
[5]) Leg. IX 875 b.

in dem Grundſatz, daß es nirgends die Erhaltung und Entfaltung Anderer oder gar Aller ſchädigen darf. Das Glück des Ganzen iſt der Maßſtab, nach welchem erſt das der einzelnen Teile zu be= meſſen iſt.

Daraus folgt, daß die Organe der Gemeinſchaft mit dem äußeren Zwange ausgeſtattet ſein müſſen, um den widerſtrebenden Egoismus zu brechen und kein Sonderintereſſe zur Geltung kommen zu laſſen, welches nach ihrer Anſicht mit dem Intereſſe der Gemein= ſchaft in Widerſpruch ſteht. Die Gemeinſchaft, der Staat alſo ent= ſcheidet. Und dieſe Entſcheidung iſt die oberſte Richtſchnur für das Handeln des Einzelnen, nicht das individuelle Urteil. Denn dieſes Urteil der Einzelnen iſt nicht immer ein unbefangenes, weil die Meiſten einſeitig an das eigene Glück denken. Es gibt keine ge= nügende Bürgſchaft dafür, daß das ſich ſelbſt überlaſſene Indivi= duum das Glück der Geſamtheit als Richtſchnur für ſeine Hand= lungen unentwegt feſthalten wird.[1] Daher kann der Staat nicht zugeben, daß „jeder die Richtung einſchlage, die ihm behagt".[2] Eine ſolche Freiheit würde nur die Willkür des Individuums auf den Thron ſetzen, würde gleichbedeutend ſein mit Anarchie und Desorganiſation.

Damit erhält auch alles Glückſtreben von vorneherein eine beſtimmte Richtung. Das Glück, welches der Einzelne im Sozial= ſtaat findet, kann nur ein ſolches ſein, welches mit dem Intereſſe des Ganzen harmoniert. Es iſt nicht ein möglichſt intenſives materielles Genießen, wie es der vorzugsweiſe auf das ſinnliche Daſein gerichtete Egoismus erſtrebt. Denn dadurch würde, wie Plato bemerkt, aus dem Beamten alles andere eher, als ein guter Beamter, aus dem Landwirt oder Töpfer alles andere eher, als ein guter Landwirt oder Töpfer werden.[3] Überhaupt würde ſich unter der Herrſchaft eines einſeitig materialiſtiſchen Eudämonismus das Verhältnis des Einzelnen zur Geſamtheit der Anderen in einer

---

[1] Leg. V 731 d ff.
[2] . . . οὐχ ἵνα ἀφιῇ τρέπεσθαι, ὅπῃ ἕκαστος βούλεται Rep. 520 a.
[3] 420 e.

Weise gestalten, wie es mit den Lebensbedingungen der staatlichen Gemeinschaft unverträglich wäre.[1] Diese Lebensbedingungen des Ganzen verbieten es, daß die einzelnen Bürger oder ganze Gesellschaftsklassen das Leben gewissermaßen als eine Festfeier ($\pi\alpha\nu\eta$-$\gamma\nu\rho\iota\varsigma$) ansehen und demgemäß ihre Lebensführung einrichten. Der Staat kann nicht ein Tummelplatz für panegyrische Ungebundenheit sein, denn er ist eine Ordnung, welche nicht nur Rechte gibt, sondern vor allem Pflichten und damit Opfer auferlegt.[2] Der Staat selbst ist ja nur das Glied eines höheren Organismus, dessen einzelne Teile bis zum denkbar kleinsten Atom herunter nach der Anordnung seines göttlichen Lenkers in dem, was sie wirken, wie in dem, was sie erleiden, der Erhaltung und Vervollkommnung des Ganzen dienen.[3] Wie der Staat, so ist auch der Einzelne dem Universum gegenüber „nur ein Teilchen, welches, obwohl nur ein winziges Atom, doch stets auf das Ganze gerichtet mitwirkt".[4] Die Welt ist nicht um dieses Atomes willen entstanden, sondern die Teile entstehen, weil es die Lebensbedingungen des großen Ganzen so erfordern.[5]

So wird im Gegensatz zu den Prinzipien des Egoismus, die von dem nur an sich denkenden Individuum ausgehen, bei Plato der Mensch von vornehrein zugleich als Glied der Gattung[6] auf-

---

[1] 421 a.

[2] 421 c.

[3] Leg. 903 a: $\pi\varepsilon\iota\vartheta\omega\mu\varepsilon\nu$ $\tau\grave{o}\nu$ $\nu\varepsilon\alpha\nu\iota\alpha\nu$ $\tau o\tilde{\iota}\varsigma$ $\lambda\acute{o}\gamma o\iota\varsigma$, $\dot{\omega}\varsigma$ $\tau\tilde{\omega}$ $\tau o\tilde{v}$ $\pi\alpha\nu\tau\grave{o}\varsigma$ $\dot{\varepsilon}\pi\iota\mu\varepsilon\lambda o\nu\mu\acute{\varepsilon}\nu\omega$ $\pi\rho\grave{o}\varsigma$ $\tau\grave{\eta}\nu$ $\sigma\omega\tau\eta\rho\acute{\iota}\alpha\nu$ $\varkappa\alpha\grave{\iota}$ $\dot{\alpha}\rho\varepsilon\tau\grave{\eta}\nu$ $\tau o\tilde{v}$ $\ddot{o}\lambda o\upsilon$ $\pi\acute{\alpha}\nu\tau$' $\dot{\varepsilon}\sigma\tau\grave{\iota}$ $\sigma\upsilon\nu$-$\tau\varepsilon\tau\alpha\gamma\mu\acute{\varepsilon}\nu\alpha$, $\tilde{\omega}\nu$ $\varkappa\alpha\grave{\iota}$ $\tau\grave{o}$ $\mu\acute{\varepsilon}\rho o\varsigma$ $\varepsilon\grave{\iota}\varsigma$ $\delta\acute{v}\nu\alpha\mu\iota\nu$ $\ddot{\varepsilon}\varkappa\alpha\sigma\tau o\nu$ $\tau\grave{o}$ $\pi\rho o\sigma\tilde{\eta}\varkappa o\nu$ $\pi\acute{\alpha}\sigma\chi\varepsilon\iota$ $\varkappa\alpha\grave{\iota}$ $\pi o\iota\varepsilon\tilde{\iota}$.

[4] 903 b: $\tilde{\omega}\nu$ $\ddot{\varepsilon}\nu$ $\varkappa\alpha\grave{\iota}$ $\tau\grave{o}$ $\sigma\grave{o}\nu$, $\tilde{\omega}$ $\sigma\chi\acute{\varepsilon}\tau\lambda\iota\varepsilon$, $\mu\acute{o}\rho\iota o\nu$ $\varepsilon\grave{\iota}\varsigma$ $\tau\grave{o}$ $\pi\tilde{\alpha}\nu$ $\xi\upsilon\nu\tau\varepsilon\acute{\iota}\nu\varepsilon\iota$ $\beta\lambda\acute{\varepsilon}\pi o\nu$ $\dot{\alpha}\varepsilon\acute{\iota}$, $\varkappa\alpha\acute{\iota}\pi\varepsilon\rho$ $\pi\acute{\alpha}\nu\sigma\mu\iota\varkappa\rho o\nu$ $\ddot{o}\nu$.

[5] $\sigma\grave{\varepsilon}$ $\delta\grave{\varepsilon}$ $\lambda\acute{\varepsilon}\lambda\eta\vartheta\varepsilon$ — wird ebd. dem Zweifler erwidert — $\pi\varepsilon\rho\grave{\iota}$ $\tauo\tilde{v}\tauo$ $\alpha\dot{v}\tau\acute{o}$, $\dot{\omega}\varsigma$ $\gamma\acute{\varepsilon}\nu\varepsilon\sigma\iota\varsigma$ $\ddot{\varepsilon}\nu\varepsilon\varkappa\alpha$ $\dot{\varepsilon}\varkappa\varepsilon\acute{\iota}\nuo\upsilon$ $\gamma\acute{\iota}\gamma\nu\varepsilon\tau\alpha\iota$ $\pi\tilde{\alpha}\sigma\alpha$, $\ddot{o}\pi\omega\varsigma$ $\tilde{\eta}$ $\dot{\eta}$ $\tau\tilde{\omega}$ $\tauo\tilde{v}$ $\pi\alpha\nu\tau\grave{o}\varsigma$ $\beta\acute{\iota}\omega$ $\dot{v}\pi\acute{\alpha}\rho\chi o\upsilon\sigma\alpha$ $\varepsilon\dot{v}\delta\alpha\acute{\iota}\mu\omega\nu$ $o\dot{v}\sigma\acute{\iota}\alpha$, $o\dot{v}\chi$ $\ddot{\varepsilon}\nu\varepsilon\varkappa\alpha$ $\sigma o\tilde{v}$ $\gamma\iota\gamma\nuo\mu\acute{\varepsilon}\nu\eta$, $\sigma\grave{v}$ $\delta\grave{\varepsilon}$ $\ddot{\varepsilon}\nu\varepsilon\varkappa\alpha$ $\dot{\varepsilon}\varkappa\varepsilon\acute{\iota}\nuo\upsilon$.

[6] Des ganzen $\dot{\alpha}\nu\vartheta\rho\acute{\omega}\pi\iota\nuo\nu$ $\gamma\acute{\varepsilon}\nuo\varsigma$ Rep. 473 d. — $\vartheta\varepsilon\tilde{\omega}\nu$ $\gamma\varepsilon$ $\mu\grave{\eta}\nu$ $\varkappa\tau\acute{\eta}$-$\mu\alpha\tau\acute{\alpha}$ $\varphi\alpha\mu\varepsilon\nu$ $\varepsilon\tilde{\iota}\nu\alpha\iota$ $\pi\acute{\alpha}\nu\tau\alpha$, $\dot{o}\pi\acute{o}\sigma\alpha$ $\vartheta\nu\eta\tau\grave{\alpha}$ $\zeta\tilde{\omega}\alpha$, $\tilde{\omega}\nu\pi\varepsilon\rho$ $\varkappa\alpha\grave{\iota}$ $\tau\grave{o}\nu$ $o\dot{v}\rho\alpha\nu\grave{o}\nu$ $\ddot{o}\lambda o\nu$. Leg. 902 b.

gefaßt, in welcher Eigenschaft demselben die Mitarbeit an der Ver=
vollkommnung der menschlichen Gesamtheiten zu einer naturgemäßen
und primären Lebensaufgabe wird. Da ferner der Erfolg dieser
Mitarbeit wesentlich bedingt ist durch die Organisation der staat=
lichen Gemeinschaft, welche alle einzelnen Kräfte zur Erfüllung der
menschlichen Kulturaufgaben zusammenfaßt, so werden die Pflichten
gegen die Gattung von selbst zu Pflichten gegen diejenige Gemein=
schaft, welche das Hauptorgan zur Erreichung der Gattungszwecke
darstellt.

Soll nun aber die opferwillige Hingebung Aller an den die
Gesamtheit ordnenden Staat, welche alles Recht zugleich als eine
Pflicht auffaßt, zu leisten und zu dienen, — soll diese Hingebung
gleichbedeutend sein mit einer solch unbedingten Selbstentäuße=
rung und einem so völligen Aufgehen des Einzelnen in der
höheren Einheit des Staates, daß daneben alles individuelle Zweck=
streben verschwindet, der Mensch sich überhaupt nicht mehr als
Selbstzweck, sondern nur noch als Mittel und Werkzeug für den
Zweck des Ganzen fühlen kann?

Plato weiß von einer solchen Auffassung nichts. Seine ·Ab=
sicht wenigstens ist es nicht, die Menschen zu fleisch= und blutlosen
Schemen der von ihm vertretenen Ideen zu machen. Selbst für
die gewaltige Theodicee, welche in dem oben angedeuteten Sinn
den einzelnen Lebewesen ihre Stellung im Weltall anweist, ist das
Individuum kein so völlig bedeutungsloser Punkt neben zahllosen
anderen, daß es aufhören müßte, als Ich zu fühlen. Denn gerade
diese Theodicee beruft sich gegenüber dem Widerstreben „starrsin=
niger" Zweifler ausdrücklich darauf, daß die Annahme ihrer Lehre
durchaus nicht einen Verzicht auf alle persönlichen Zwecke fordere.
Sie apelliert mit dürren Worten an das wohlverstandene Eigen=
interesse des Individuums, welchem das, was dem Weltganzen
frommt, soweit es die allgemeinen Gesetze des Werdens gestatten,
notwendig mit zu gute kommen müsse.[1] Sie behauptet eine prä=

---

[1] Zwar heißt es (903b): πᾶς γὰρ ἰατρὸς καὶ πᾶς ἔντεχνος δημι-

ſtabilierte Harmonie zwiſchen dem richtig verſtandenen
Einzelintereſſe und dem des Ganzen, deſſen göttlicher Er=
halter und Lenker jedem die ihm „gebührende"[1] individuelle Lebens=
förderung zu teil werden läßt, alſo doch auch ein gewiſſes „Recht
der Perſönlichkeit" anerkennt.

Wenn nun aber nach Platos Anſicht ſchon im unendlichen
All, das doch ausſchließlich ſich ſelbſt Zweck und nicht um des
Menſchen willen da iſt, der Menſch mehr bedeutet als ein bloßes
Moment im Ganzen, wenn ſelbſt hier das Bedürfnis nach einer
„verſöhnenden Vermittlung" zwiſchen dem Ganzen und den An=
ſprüchen des Menſchenherzens auf die Anerkennung ſeiner indivi=
duellen Lebenszwecke in einer Weiſe betont wird, welche ganz an
die individualiſtiſchen Glückſeligkeitstheorien des achtzehnten Jahr=
hunderts und ihre Lehre von der angeblichen Identität des allge=
mein Nützlichen mit dem individuell Nützlichen erinnert,[2] — wie
kann da Plato die Berechtigung ſolcher Anſprüche gegenüber jenem
Teilchen des Kosmos geleugnet haben, das ſich Staat nennt und
das in diametralem Gegenſatz zu jenem recht eigentlich ein Organ
ſein ſoll für die Erreichung menſchlicher Lebenszwecke, für die

---

ουργὸς παντὸς μὲν ἕνεκα πάντα ἐργάζεται πρὸς τὸ κοινῇ ξυντείνων βέλτιστον, μέρος μὲν ἕνεκα ὅλου καὶ οὐχ ὅλον μέρους ἕνεκα ἀπεργάζεται.
Aber, wird ſofort hinzugefügt: σὺ ἀγανακτεῖς ἀγνοῶν, ὅπῃ τὸ περὶ σὲ
ἄριστον τῷ παντὶ ξυμβαίνει καὶ σοὶ κατὰ δύναμιν τὴν τῆς
κοινῆς γενέσεως.

[1] τὸ προσῆκον! 903 a.

[2] Vgl. den bekannten Satz von Leibnitz: Deus accedens effecit ut
quidquid publice i. e. generi humano et mundo utile est, idem fiat etiam
utile singulis atque ita omne honestum sit utile et omne turpe damnosum.
Ebenſo ſtimmt die platoniſche Theorie von der Koinzidenz der Glückſeligkeit
des Alls und der des Individuums bis zu einem gewiſſen Grade überein mit
der theory of moral sentiments von Adam Smith, wo die Überzeugung
ausgeſprochen wird, daß Gott „in ſeinem Wohlwollen und ſeiner Weisheit
von Ewigkeit her dies ungeheure Getriebe des Weltalls ſo anordnete und
leitete, daß es jederzeit die größtmögliche Menge von Glück hervorbringt",
weshalb er auch „in das Syſtem ſeiner Regierung kein partielles Übel auf=
nehmen könne, welches nicht für das allgemeine Beſte notwendig wäre".

Verwirklichung eines möglichst hohen Maßes menschlichen Glückes? Wenn Zeller mit Emphase ausruft: „Wir werden uns nie überzeugen, daß es zur Vollkommenheit des Staatsganzen dienen soll oder daß es erlaubt sei, die wesentlichen Rechte und Interessen der Einzelnen seinen Zwecken zu opfern"; — so ist das gegenstandslos. Denn auch Plato will keine Vervollkommnung des Staatsganzen auf Kosten wesentlicher Rechte und Interessen des Einzelnen. Sein optimistischer und ideologischer Dogmatismus gibt nicht einmal die Möglichkeit zu, daß der Mensch als Atom im Natur- und Weltganzen den Zwecken desselben rücksichtslos geopfert werden könne; er kann sich keine Vollkommenheit des Alls denken, welches mit dem Interesse des Menschen an eigenem Glück und eigener Vervollkommnung im Widerspruch stünde. Wie hätte Plato bei dieser Anschauungsweise eine absolute Absorption des Individuums durch den Staat fordern können?

Dagegen spricht schon die allgemeine spekulative und religiöse Auffassung Platos. Sie steckt gerade der einzelnen Persönlichkeit rein individuelle Ziele, die weit über das staatliche Leben hinausragen. Indem sie dem strebenden Geist ein Reich der Wahrheit eröffnet, in welchem zu verweilen sein höchstes Glück bildet, gibt sie gerade den Edelsten des Volkes die Richtung auf ein Ideal, welches ihr Fühlen und Denken über die „Schattenwelt der Erscheinungen", also auch über den Staat weit hinausführt.

Die Erkenntnis, welche sich hier dem Einzelnen erschließt, wird ausdrücklich für wichtiger erklärt, als alle irdischen Interessen [1]), und ein der Erkenntnis geweihtes Leben für besser, als das Leben im Staate und für den Staat. [2]) Nur der Not und der sittlichen Pflicht gehorchend steigen die zur Leitung des Staates Berufenen von den seligen Höhen wissenschaftlicher Betrachtung herab zu den Geschäften des Lebens. Auch thun sie das keineswegs bloß um des Staates willen, sondern ebensosehr um ihrer

---

[1]) 519 c.
[2]) 519 e.

selbst willen, weil ein gut regierter Staat die unerläßliche Voraus=
setzung für das Gedeihen der Wissenschaft, für die erfolgreiche Pflege der
idealen Interessen überhaupt bildet. [1]) Diese Interessen selbst aber weisen
nach Plato immer und immer wieder gebieterisch auf ein höheres,
unsterbliches Dasein, welches eine Ausgleichung irdischer Mißver=
hältnisse in Aussicht stellt, wie sie selbst der vollendetste Staat nicht
zu erreichen vermag. Daher endigt auch der Entwurf des Ideal=
staates sehr bezeichnend nicht etwa, wie der Sozialstaat Fichtes, mit
einer Verherrlichung der durch ihn verwirklichten Zustände, sondern
mit einem Ausblick auf den Pfad, der nach dem führt, „was droben
ist", und auf dem sich diejenigen, welche ihn unentwegt verfolgen,
schon hienieden weniger als Bürger des irdischen Staates, denn als
die künftigen Himmelsbürger fühlen. Denn sie leben der Über=
zeugung, daß nichts Irdisches das oberste Anrecht auf sie hat,
sondern jene Macht, der „wir Sterblichen alle zu eigen gehören"
d. i. Gott.

Wie kann Gierke mit dieser Anschauungsweise die Ansicht ver=
einigen, daß bei Plato das Einzelleben vollkommen im staat=
lichen Gemeinleben beschlossen sei, in ihm sein alleiniges Ziel
habe, an keinem Punkte seine Schranken überrage? [2])

Aber nicht bloß die Kosmologie und Religionsphilosophie,
sondern auch die Psychologie und Ethik Platos steht mit der Ansicht
seiner modernen Beurteiler in Widerspruch. Allerdings hat Plato im
Staat eine theoretische Auseinandersetzung über das Verhältnis der
egoistischen und altruistischen Triebe der Menschenseele nicht gegeben.
Dagegen finden sich in den „Gesetzen" einige Andeutungen, die auf
den Standpunkt Platos ein bedeutsames Licht werfen. Er beklagt
es hier als das größte aller Übel, daß die Naturanlage der meisten

---

[1]) 492e. S. später.

[2]) Richtiger als Gierke urteilt in dieser Beziehung Ahrens Naturrecht
I⁶. 42, der den „transcendenten, das irdische Leben überragenden Zug im
platonischen Erziehungsstaat" hervorhebt gegenüber Aristoteles, nach dessen
Anschauung das menschliche Leben seine Befriedigung und seinen Abschluß
in einem sich selbst genügenden autarkischen Staate finde.

Menschen eine tief selbstsüchtige sei. Die Meisten dächten und handelten nach dem Prinzip, daß von Natur- und Rechtswegen jeder Mensch von Liebe zu sich selbst erfüllt sei.[1]) Eine Bemerkung, die zunächst den Anschein erweckt, als würde die Berechtigung der Selbstliebe absolut verneint, Selbstliebe ohne weiteres mit Selbstsucht identifiziert.

Daß das aber nicht die Meinung Platos sein kann, beweist der Einwand, den er unmittelbar darauf gegen das erwähnte Durchschnittsurteil erhebt, daß nämlich „die übertriebene Selbstliebe", ἡ σφόδρα ἑαυτοῦ φιλία, die Quelle aller Laster sei. Sie, also die Selbstsucht ist es, deren Überwindung von jedem gefordert wird, τὸ σφόδρα φιλεῖν ἑαυτόν,[2]) nicht die Verleugnung aller Selbstliebe überhaupt, ein naturwidriger Verzicht auf jegliche Bethätigung des Selbstinteresses. Nur dem selbstsüchtigen Individuum, nicht der Selbstliebe an sich tritt Plato feindlich entgegen.

Das zeigt sich recht klar in der Stellung des platonischen Menschen zum Sittengesetz. Hätte die herrschende Auffassung Recht, so hätten demselben die sittlichen Normen einzig und allein in der Form des kategorischen Imperatives der Pflicht zum Bewußtsein kommen müssen, dem sich der Einzelne blindlings zu unterwerfen hat. Plato müßte für den Einzelnen keine andere Reflexion übriglassen, als die Eine, wie muß ich handeln, damit das Bestehen und das Wohl der Gesamtheit gefördert wird? Der Gedanke an das liebe Ich und an die Vorteile, welche die Förderung des Gemeinwohles für dasselbe abwirft, hätte als treibendes Motiv des Handelns völlig in Wegfall kommen müssen.

Das ist nun aber durchaus nicht der Fall! Gerade der Ent-

---

[1]) 731 d: πάντων δὲ μέγιστον κακῶν ἀνθρώποις τοῖς πολλοῖς ἔμφυτον ἐν ταῖς ψυχαῖς ἐστίν, οὗ πᾶς ἑαυτῷ συγγνώμην ἔχων ἀποφυγὴν οὐδὲ μίαν μηχανᾶται· τοῦτο δ' ἔστιν ὃ λέγουσιν, ὡς φίλος αὑτῷ πᾶς ἄνθρωπος φύσει τ' ἐστὶ καὶ ὀρθῶς ἔχει τὸ δεῖν εἶναι τοιοῦτον. τὸ δὲ ἀληθείᾳ γε πάντων ἁμαρτημάτων διὰ τὴν σφόδρα ἑαυτοῦ φιλίαν αἴτιον ἑκάστῳ γίγνεται ἑκάστοτε.

[2]) 732 a: διὸ πάντα ἄνθρωπον χρὴ φεύγειν τὸ σφόδρα φιλεῖν αὑτόν.

wurf des Idealstaates begnügt sich nicht damit, die sittlichen Nor=
men als Naturbedingungen der menschlichen Gemeinschaft zu er=
weisen; er sucht vielmehr ihre Anerkennung von seiten des Ein=
zelnen zugleich dadurch zu sichern, daß er Impulse zu Hilfe ruft,
welche aus den Tiefen der menschlichen Natur selbst stammen.

Der platonische Mensch handelt sittlich nicht bloß um der
Gemeinschaft willen, sondern auch um seinetwillen. Er fühlt sich
sogar zu der Frage berechtigt: Ist das Gerechte auch subjektiv
nützlich,[1] ist es vorteilhafter als die Ungerechtigkeit?[2] Und er
handelt sittlich, indem er zugleich überzeugt ist, daß die Tugend
als „die Gesundheit der Seele" ebensosehr Grundbedingung des
individuellen. Wohlseins ist, wie die Gesundheit des Körpers.[3] Er
denkt dabei allerdings zunächst nicht an die äußeren Erfolge der
Tugend, wie Lohn, Ehre u. s. w., sondern an ihren idealen Wert,
weil er eben „die Gerechtigkeit an und für sich schon als das für
die Seele Beste erfunden".[4] Allein bleibt hier nicht immer ein
selbstisches, wenn auch nicht im schlechtesten Sinne selbstisches Motiv
als Triebfeder des individuellen Handelns bestehen? Die getreue
Befolgung des Sittengesetzes erscheint als ein Mittel zur Steige=
rung des persönlichen Glückes. Das Glück, welches sich an das
sittliche Handeln knüpft, die individuelle Vollkommenheit, wird dem
Einzelnen unzweideutig als Ziel vor Augen gestellt, in welchem er
den Lohn der Tugend zu suchen hat.[5] Er wählt das Gerechte,

---

[1] Rep. 339b: ... ξυμφέρον γέ τι εἶναι καὶ ἐγὰ ὁμολογῶ τὸ
δίκαιον.

[2] 345a: ἐγὼ γὰρ δή σοι λέγω τό γ᾽ ἐμὸν, ὅτι οὐ πείθομαι οὐδ᾽
οἶμαι ἀδικίαν δικαιοσύνης κερδαλεώτερον εἶναι. Vgl. 445a.

[3] Ein für das individualistische Moment in Platos Ethik besonders
bezeichnender Vergleich! 445b.

[4] 612a. Vgl. 367c.

[5] Wenn es 612d heißt, daß die Gerechtigkeit diejenigen nicht täuscht,
welche sie erlangen, so wird die Lust, welche sich nach Plato an das sittliche
Handeln knüpft, offenbar als eine vom Individuum erwartete Folge hin=
gestellt, sie wird Zweck und Motiv des sittlichen Handelns zugleich.

weil diese Wahl für ihn im Leben und im Sterben die beste ist,[1) weil er so „die höchste Glückseligkeit erreicht".[2]

Man könnte hier sogar die Frage aufwerfen, ob in dieser Anschauung nicht das subjektiv-individualistische Moment in einer Weise zur Geltung kommt, wie es der wahren Bedeutung des Sittlichen nicht entspricht. Doch begnügen wir uns mit der Feststellung der Thatsache, daß der soziale Eudämonismus Platos das subjektiv eudämonistische und subjektiv utilitarische Element keineswegs ausschließt."[3] Geht doch Plato in seiner Rücksichtnahme auf den nimmersatten Glückseligkeitstrieb des Individuums so weit, daß er „neben den Gütern, welche die Gerechtigkeit selbst gewährt"[4] zuletzt doch nicht umhin kann, noch des „großen und herrlichen Lohnes" zu gedenken, den sie der Menschenseele bei Göttern und Menschen erwirbt im Leben, wie nach dem Tode![5]

Der Gerechte im Sinne Platos begnügt sich nicht mit dem spinozistischen: beatitudo non praemium virtutis, sed ipsa virtus. Er erhebt vielmehr sehr entschiedene Ansprüche auf die besondere Gunst des Himmels. Er fühlt sich zu dem Glauben berechtigt, daß „wenn er in Armut, Krankheit oder sonstiges Unglück verfällt, dies ihm im Leben oder nach dem Tode zu irgend einem Heile gereichen müsse".[6] Wird ihm doch — in der Regel wenigstens — selbst bei den Menschen der äußere Lohn seines Thuns nicht vorenthalten bleißen!

Wie der tüchtige Läufer das Ziel erreicht, den Siegespreis

[1) 618e: ὅτι ζῶντί τε καὶ τελευτήσαντι αὕτη κρατίστη αἵρεσις.

[2) 619b: οὕτω γὰρ εὐδαιμονέστατος γίγνεται ἄνθρωπος. Vgl. dieselbe Auffassung bei Thukydides (I, 42): τό τε γὰρ ξυμφέρον, ἐν ᾧ ἄν τις ἐλάχιστα ἁμαρτάνῃ, μάλιστα ἔπεται.

[3) Vgl. auch die interessante Statistik über das Auftreten utilitarischer Ausdrücke in den Schriften Platos, bes. in der Republik bei Joël: Der echte und der xenophontische Sokrates S. 435.

[4) 614a: . . . ἆθλά τε καὶ μισθοὶ καὶ δῶρα γίγνεται (τῷ δικαίῳ) πρὸς ἐκείνοις τοῖς ἀγαθοῖς, οἷς αὐτὴ παρείχετο ἡ δικαιοσύνη κτλ.

[5) 612b.

[6) 613a und übereinstimmend damit Leg. 732d.

empfängt und bekränzt wird, so wird es auch dem Gerechten er=
gehen; er wird gegenüber dem Ungerechten die Siegespreise bei den
Menschen, Ansehen, Ehre u. s. w. davontragen. Und vollends
nach diesem Leben, da harren seiner Preise, Belohnungen und
Gaben, die jeden irdischen Maßstab übersteigen,[1]) namenlose Wonnen,[2])
während der Ungerechte jede Schuld mit zehnfachen Qualen büßen
wird! — Kurz, die Tugend wird ebenso als Quelle äußeren, wie
inneren Glückes erstrebt.[3]) Darum werden wir — heißt es im
Schlußwort der Politie[4]) — die Gerechtigkeit mit Überlegung auf
alle Weise üben, damit wir so mit uns selbst, wie mit den Göttern
uns befreunden, und so lange wir hier verweilen und nachdem wir
die Preise derselben davontrugen, ringsumher wie bekränzte Sieger
unseren Lohn einsammeln,[5]) kurz damit es uns sowohl hier, wie
dort wohlergehe.

Es ist derselbe Standpunkt, den der sterbende Sokrates im
Phaedon vertritt. Die Herrlichkeit der Seligen (μακάρων εὐδαι-
μονίαι) ist das Motiv, „um dessentwillen (ἕνεκα!) man alles
thun muß, daß man im Leben der Tugend und der Vernunft
teilhaftig werde. Denn schön ist der Preis und die Hoffnung
groß".[6])

Kann es etwas geben, was individualistischer gedacht wäre,
als diese Lohn= und Straftheorie, diese alle Gedanken der Resig=
nation möglichst von sich weisende Moral der Hoffnung und Furcht,

---

[1]) 614 a.

[2]) εὐπάθειαι καὶ θέαι ἀμήχανοι τὸ κάλλος 615 a.

[3]) Vgl. Apol. 30 b: οὐκ ἐκ χρημάτων ἀρετὴ γίγνεται, ἀλλ' ἐξ ἀρετῆς
χρήματα καὶ τὰ ἄλλα ἀγαθὰ τοῖς ἀνθρώποις ἅπαντα καὶ ἰδίᾳ καὶ δημοσίᾳ.

[4]) 621 c.

[5]) Anspielung auf die Tim. Gloss. p. 215 erwähnte Sitte: Περιαγειρό-
μενοι νικηφόροι . οἱ νικήσαντες ἐν δημοσίῳ ἀγῶνι καὶ δῶρα παρὰ τῶν
φίλων καὶ οἰκείων λαμβάνοντες καὶ περιιόντες. Ein in der That für
Platos Auffassung sehr bezeichnender Vergleich!

[6]) 115 d: ἀλλὰ τούτων δὴ ἕνεκα χρὴ . . . πᾶν ποιεῖν ὥστε
ἀρετῆς καὶ φρονήσεως ἐν τῷ βίῳ μετασχεῖν· καλὸν γὰρ τὸ ἆθλον καὶ ἡ
ἐλπὶς μεγάλη.

die so ganz und gar in dem Sehnen und Wünschen des egoi=
stischen Menschenherzens wurzelt, bei der alles sittliche Handeln Ge=
fahr läuft zu einer Politik der verständigen Eigenliebe zu werden?
Durch diesen Wechsel auf die Sterne, durch den Hinweis auf den
Ausgleich im Jenseits, auf die Fürsorge der Gottheit für den durch
die Sittlichkeit zur Gottähnlichkeit sich erhebenden Menschen wird
der Mensch als „Liebling der Götter"[1] zuletzt doch wieder zum
Mittelpunkt der Welt gemacht. Es triumphiert das schrankenlose
Glückseligkeitsstreben des Individuums, das es nicht fassen will, daß
der Mensch zugleich ein Stück Natur ist und als solches in seinem
Dasein natürlichen Gesetzen unterliegt, die nur allzu oft seinen
edelsten Bedürfnissen, seinen idealsten Forderungen eine unübersteig=
bare Schranke setzen.

Wer so individualistisch zu empfinden vermochte, der konnte
in der That gegen das, was am Individualismus unzweifelhaft be=
rechtigt ist, also auch gegen das Streben nach dem eigenen Wohl=
sein an und für sich nichts einzuwenden haben. Demgemäß handelt
auch der platonische Mensch, „damit es ihm wohl ergehe" (ἵνα εὖ
πράττοι). Wohlsein aber heißt nichts anderes, als ein Zustand
befriedigter Lustgefühle oder der Befreiung von Unlustempfindungen;[2]
und die Theorie der Lustgefühle gewinnt daher auch für Plato eine
solche Bedeutung für Ethik und Politik, daß selbst der Entwurf
des Idealstaates auf die Frage nach dem subjektiven Wert der Lust=
gefühle eingeht, welche die Befriedigung der verschiedenen Triebe,
wie z. B. des Wissenstriebes, der Ehrbegierde, des Erwerbstriebes

---

[1] θεοφιλής Philebos 39 e.

[2] Vgl. über die Identität des „guten" und angenehmen Lebens Protag.
351 b: εἰ ἡδέως βιοὺς τὸν βίον τελευτήσειεν, οὐκ εὖ ἄν σοι δοκοῖ οὕτως
βεβιωκέναι; 354 b: ταῦτα δὲ ἀγαθά ἐστι δι' ἄλλο τι ἢ ὅτι εἰς ἡδονὰς
ἀποτελευτᾷ καὶ λυπῶν ἀπαλλαγὰς καὶ ἀποτροπάς; ἢ ἔχετέ τι ἄλλο
τέλος λέγειν, εἰς ὃ ἀποβλέψαντες αὐτὰ ἀγαθὰ καλεῖτε, ἀλλ' ἡδονάς τε
καὶ λύπας; 357 a: ἐπειδὴ δὲ ἡδονῆς καὶ λύπης ἐν ὀρθῇ τῇ αἱρέσει
ἐφάνη ἡμῖν ἡ σωτηρία τοῦ βίου οὖσα κτλ. Ein Standpunkt, der,
wie die S. 386 f. angeführten Stellen der Politie und der „Gesetze" beweisen,
auch später festgehalten wird.

gewährt. [1]) Die mannigfachen durch dieſe Triebe bedingten Lebens=
richtungen werden daraufhin geprüft, welche von ihnen die ange=
nehmſte und von Unluſtgefühlen freieſte ſei (τίς τούτων βίων
ἥδιστος, τὸ ἥδιον καὶ ἀλυπότερον. [2])

„Etwas ſeiner Natur nach ſo recht Menſchliches — heißt es
in den „Geſetzen" [3]) — ſind die Gefühle der Luſt und des Leides
und die Begierden. Das Sinnen und Trachten aller Sterblichen
iſt mit Naturnotwendigkeit durch ſie bedingt und beherrſcht." Da=
her haben auch die Menſchen, wenn ſie an die Aufrichtung von
Geſetzen denken, dabei faſt ihre ganze Aufmerkſamkeit auf
die Freuden und Schmerzen zu richten, wie ſie ſich im Leben
der Geſamtheit und im Gemüte des einzelnen Individuums
erzeugen. [4]) Denn auf der Art und Weiſe, wie man aus dieſen
beiden ewig fließenden Quellen ſchöpft, beruht das Glück des
Staates, wie des einzelnen Bürgers. [5])

Es ergibt ſich aus alledem die Berechtigung eines indivi=
duellen Lebensideales, d. h. des Strebens nach dem denkbar ſchönſten
Leben, deſſen Vorzug — neben der Ehre, die es bringt — darin
beſteht, daß es „was wir alle erſtreben", während ſeiner ganzen
Dauer mehr der Freude, als des Leides gewährt. [6]) Da wir mit
Recht wünſchen, daß uns Luſt zu teil werde [7]) oder daß in unſerem

---

[1]) Rep. 580 d ff.

[2]) 581 c. Vgl. 588 a, wo eine förmliche Bilanz gezogen wird zwiſchen
den Luſtgefühlen des „Gerechten" und Ungerechten.

[3]) 732 e: ἔστι δὴ φύσει ἀνθρώπειον μάλιστα ἡδοναὶ καὶ λῦπαι καὶ
ἐπιθυμίαι, ἐξ ὧν ἀνάγκη τὸ θνητὸν πᾶν ζῷον ἀτεχνῶς οἷον ἐξηρτῆσθαί
τε καὶ ἐκκρεμάμενον εἶναι σπουδαῖς τοῖς μεγίσταις.

[4]) 636 d: νόμων δὲ πέρι διασκοπουμένων ἀνθρώπων ὀλίγου πᾶσά
ἐστιν ἡ σκέψις περί τε τὰς ἡδονὰς καὶ τὰς λύπας ἔν τε πόλεσι
καὶ ἐν ἰδίοις ἤθεσιν.

[5]) Ebd.: δύο γὰρ αὗται πηγαὶ μεθεῖνται φύσει δεῖν, ὧν ὁ μὲν
ἀρυτόμενος ὅθεν τε δεῖ καὶ ὁπότε καὶ ὁπόσον εὐδαιμονεῖ, καὶ πόλις
ὁμοίως καὶ ἰδιώτης καὶ ζῷον ἅπαν κτλ.

[6]) 733 a: κρατεῖ καὶ τούτῳ, ὃ πάντες ζητοῦμεν, τῷ χαίρειν πλείω,
ἐλάττω δὲ λυπεῖσθαι παρὰ τὸν βίον ἅπαντα.

[7]) 733 b: ἡδονὴν βουλόμεθα ἡμῖν εἶναι.

Leben wenigstens die Lustgefühle überwiegen,[1]) so muß sich in dem glücklichsten Leben, dessen der Mensch fähig ist, mit den unentbehrlichen sittlichen Gütern auch das verbinden, was uns „lieb und angenehm ist".[2]) Gerade ein sittliches Leben bewährt sich von diesem Standpunkte aus als das Bessere und Begehrenswertere, weil es „in Beziehung auf Leib und Seele angenehmer ist, als ein der Schlechtigkeit ergebenes, weil die Tugend bewirkt, daß der gute Mensch ein glücklicheres Leben führt, als der Schlechte." Und ähnliches gilt von der Erkenntnis, von der in einem früheren, eine ausführliche Theorie der Lustgefühle enthaltenden Dialog gerühmt wird, daß durch die mit ihr verbundenen Genüsse (αἱ τῶν μαθημάτων ἡδοναί) eine vollkommenere Befreiung der Lust von der Unlust zu erreichen ist, als durch irgend welche andere Genüsse.[3]) Ein der Erkenntnis geweihtes Leben wird in der Politie zugleich als das angenehmste (βίος ἥδιστος) bezeichnet, weil die mit ihm verbundenen Lustgefühle nach Inhalt und Dauer alle andere Lust überträfen.[4]) Ohne die Süßigkeit dieser Lustempfindungen würde selbst das Leben des Denkers nicht lebenswert sein.[5])

Ist es nach alledem zuviel gesagt, wenn wir den Satz auf-

---

[1]) 733 c: ἐν ᾧ μὲν βίῳ ... ὑπερβάλλει τὰ τῶν ἡδονῶν, βουλόμεθα, ἐν ᾧ δὲ τὰ ἐναντία, οἳ βουλόμεθα.

[2]) 733 d: τίνες δὴ καὶ πόσοι εἰσὶ βίοι, ὧν πέρι δεῖ προελόμενον τὸ βουλητόν τε καὶ ἑκούσιον, ἀβούλητόν τε καὶ ἀκούσιον ἰδόντα, εἰς νόμον ἑαυτῷ ταξάμενον, τὸ φίλον ἅμα καὶ ἡδὺ καὶ ἄριστόν τε καὶ κάλλιστον ἑλόμενον ζῆν, ὡς οἷόν τ᾿ ἐστὶν ἄνθρωπον μακαριώτατα; — Ebenso Rep. 580 c. Der Sittlichste zugleich der Glücklichste! — Plato berührt sich auch hier unmittelbar mit der Moralphilosophie des achtzehnten Jahrhunderts. Leslie Stephen hätte ebensogut von Plato wie von Hutcheson sagen können, daß nach ihm infolge einer prästabilierten Harmonie der Zeiger des moralischen Sinnes stets auf Handlungen gerichtet sei, die das größte Glück erzeugen. Vgl. Hasbach: Adam Smith I 103.

[3]) Philebus 52 b.

[4]) Rep. 582 a ff. 583 a. 585 e. 586 e.

[5]) Phileb. 21 e: εἴ τις δέξαιτ᾿ ἄν αἱ ζῆν ἡμᾶν φρόνησιν μὲν καὶ νοῦν καὶ ἐπιστήμην ... κεκτημένος, ἡδονῆς δὲ μετέχων μήτε μέγα μήτε σμικρὸν μηδ᾿ αὖ λύπης, ἀλλὰ τὸ παράπαν ἀπαθὴς πάντων τῶν τοιούτων;

ftellen, daß für die hier ausgefprochene Anfchauungsweife der Wert
des Lebens fich wefentlich mit nach dem Reinertrag an Luftgefühlen
beftimmt, welches es bringt?[1]   Es ift daher eine völlige Ver=
kennung des Standpunktes Platos, wenn derfelbe von Zeller als
Vertreter eines rein fozialen Eudämonismus (des ausfchließlichen
Strebens nach der Vollkommenheit des Ganzen) in einen kontra=
diktorifchen Gegenfat gefetzt wird zu feinen modernen Nachfolgern,
wie Thomas Morus und Fichte, als den Vertretern eines rein
individualiftifchen Sozialismus (des Strebens nach der Beglückung
des Einzelnen).

Die Menfchen des platonifchen Jdealftaates find von dem=
felben energifchen Glücksbedürfnis erfüllt, wie die Utopier des
Morus und die Bürger des gefchloffenen Handelsftaates. Sie denken
gar nicht daran, gegenüber der Gefamtheit „allen perfönlichen
Wünfchen zu entfagen" oder gar fich „zur Darftellung eines all=
gemeinen Begriffes zu läutern". Jhr Empfinden und Handeln
erfcheint keineswegs ausfchließlich altruiftifch motiviert. Sie wiffen
zwar, daß das menfchliche Einzelleben nicht fchlechthin Selbftzweck
fein darf, allein fie halten ebenfo entfchieden daran feft, daß es
auch nicht fchlechthin Mittel für die Förderung der Gattung oder
eines menfchlichen Gattungsverbandes d. h. des Staates fein könne.
Daher beantwortet der platonifche Menfch z. B. die Frage nach
der Entftehungsurfache des Staates mindeftens ebenfofehr vom Stand=
punkt des Jndividuums aus, wie dem der Gattung. Er gibt nicht
einmal zu, was doch felbft Jndividualiften, wie Grotius und Locke
annehmen, daß es ein unintereffierter Trieb, das Gattungsgefühl,
der Sozialtrieb gewefen fei, welcher die Menfchen zur ftaatlichen
Gemeinfchaft zufammengeführt habe. Der Staai entfteht ihm viel=
mehr recht eigentlich aus dem Selbfterhaltungsbedürfnis des Jndi=
viduums, „da keiner von uns für fich felbft exiftieren kann, fondern
jeder vieler Anderer bedarf".[2] — „Jndem der Eine den Anderen

---

[1] Vgl. die eigentümliche Abfchätzung der Luft= und Schmerzquanta
im Leben des Gerechten und Ungerechten; eine förmliche Luftbilanz Rep. 588a.
[2] Ebd. 369b: Γίγνεται τοίνυν, ἦν δ' ἐγώ, πόλις, ὡς ἐγῷμαι, ἐπειδὴ

für verschiedene Zwecke zu Hilfe nimmt, versammelten wir — vieler
Dinge bedürftig — viele Genossen und Helfer an Einem Wohnort
und legten diesem Zusammenwohnen den Namen Staat bei."[1] —
Es ist also das Interesse, „um dessenwillen, — wie es ausdrück=
lich heißt, — wir einen Staat gründeten".[2] Die Individuen
treten zu einer Gemeinschaft zusammen, um einen Verkehr zu
organisieren, der es ihnen ermöglicht, einander die Früchte ihrer
Arbeit mitzuteilen;[3] eine Mitteilung, bei der jeder — sei es als
Gebender oder als Empfangender eben am besten sein Interesse zu
befriedigen glaubt.[4] Die Individuen fügen sich in einen staat=
lichen Verband, weil sie wissen, daß „es so für sie selbst
besser ist".

Man sieht, Platos Politie zwingt durchaus nicht zu einem
Verzicht auf die Frage: Was leistet der Staat für die Beglückung
des Einzelnen? Ebensowenig denken die Bürger des Gesetzes=
staates an einen solchen Verzicht. Mit der Frage, wie der Staat
am zweckmäßigsten einzurichten sei, verbinden sie unmittelbar die
andere, wie der Einzelne als solcher am besten zu leben ver=
möge.[5] Und wenn selbst Fichte, „der strenge Moralphilosoph",
den Bürgern seines Sozialstaates verkündet, daß jeder „so angenehm
leben soll, als er vermag",[6] so glauben auch die Bürger Platos

---

τυγχάνει ἡμῶν ἕκαστος οὐκ αὐτάρκης, ἀλλὰ πολλῶν ἐνδεής· ἢ τίν' οἴει
ἀρχὴν ἄλλην πόλιν οἰκίζειν; οὐδεμίαν, ἦ δ' ὅς.

[1] 369c: οὕτω δὴ ἄρα παραλαμβάνων ἄλλος ἄλλον ἐπ' ἄλλου, τὸν
δ' ἐπ' ἄλλου χρείᾳ, πολλῶν δεόμενοι, πολλοὺς εἰς μίαν οἴκησιν ἀγείραντες
κοινωνούς τε καὶ βοηθούς, ταύτῃ τῇ ξυνοικίᾳ ἐθέμεθα πόλει ὄνομα.

[2] 371b: ὧν δὴ ἕνεκα καὶ κοινωνίαν ποιησάμενοι πόλιν ᾠκίσαμεν.
Vgl. 372a: χρείᾳ τινὶ τῇ πρὸς ἀλλήλους.

[3] 371b.

[4] 369c: Μεταδίδωσι δὴ ἄλλος ἄλλῳ, εἴ τι μεταδίδωσιν, ἢ μετα-
λαμβάνει οἰόμενος αὑτῷ ἄμεινον εἶναι.

[5] Leg. 702a: ταῦτα γὰρ πάντα εἴρηται τοῦ κατιδεῖν ἕνεκα, πῶς
ποτ' ἂν πόλις ἄριστα οἰκοίη, καὶ ἰδίᾳ πῶς ἄν τις βέλτιστα τὸν αὑτοῦ βίον διαγάγοι.

[6] Geschlossener Handelstaat S. W. III 412.

Anspruch zu haben auf den βίος ἥδιστος.[1]) zu dem ihnen eben
der Vernunftstaat der sicherste Führer zu sein verspricht, weil er
mit dem öffentlichen zugleich das individuelle Glück verbürgt.[2])
Vom Standpunkt des platonischen Eudämonismus ist das Indivi=
duum genau ebenso zu der Frage berechtigt, in welchem Maße es
seine Rechnung im Staate finde, wie etwa von dem Standpunkt
des in dieser Hinsicht ganz individualistisch gedachten Systems des
gesellschaftlichen Utilitarismus in der Formulierung Jherings. „Be=
komme ich für meinen Einschuß ein entsprechendes Äquivalent,
macht sich das, was ich dem Staate leiste, bezahlt in dem,
was ich von ihm erhalte?   Bekommen nicht andere im Ver=
hältnis zu mir mehr, als ihnen gebührt, entspricht die Vertei=
lung der Vorteile der staatlichen Gemeinschaft über sämtliche
Mitglieder den Grundsätzen der Gerechtigkeit?"[3]) — all diese
Fragen nach dem „Zweck im Recht" stellt sich auch der platonische
Mensch.

Allerdings hat dieser individualistische Eudämonismus Platos
nichts von vulgärem Hedonismus an sich.   Alles Glückstreben des
Einzelnen erhält hier unbedingt Regel und Richtschnur durch die
Forderungen der Vernunft und Sittlichkeit.   Allein ist das etwa
bei Morus oder gar Fichte weniger der Fall?   Und gehört nicht
gerade das frohsinnige von dem gesundesten Individualismus er=
füllte Völkchen der Utopier zu den eifrigsten Verehrern Platos?
Seine Schriften sind die gelesensten in Utopien, doch wohl ein
Beweis dafür, wie nahe sich ihr Inhalt mit den Lebensidealen des
Volkes berührt.   In der That handelt und empfindet dasselbe in
vielen Dingen ganz platonisch und wenn auch in seiner Moral=
philosophie und Lebenspraxis unter den Bedingungen menschlichen

---

[1]) Vergleiche die S. 385 f. angeführten Stellen.   Protag 351 b und
Rep. 580 d.

[2]) Rep. 473 e.   Dadurch legitimiert er sich eben als der beste Staat,
ὅτι οὐκ ἄν ἄλλῃ τις εὐδαιμονήσειεν οὔτε ἰδίᾳ οὔτε δημοσίᾳ.   Vgl.
Leg. 875 b.

[3]) Jhering: Zweck im Recht I 537.

Glückes die äußeren Güter mehr zur Geltung kommen, als in der
theoretischen Wertung derselben bei Plato, so sind die Utopier
doch weit entfernt, die Glückseligkeit im Sinne des Hedonismus der
Sinnenlust gleichzusetzen. Vielmehr wird von ihnen ebenso ent=
schieden wie von Plato der sehr verschiedenartige Wert der einzelnen
Lustformen und der weitaus überwiegende sittliche Wert der geistigen
Genüsse anerkannt. Auch sie „mischen den Honig der Lust mit
dem klaren nüchternen Wasserquell der Einsicht".[1]

Nichts könnte auf die ganze Tendenz des platonischen Staats=
ideals ein bedeutsameres Licht werfen, als die Thatsache, daß der
Vater des modernen Sozialismus und die Bürger seines Ideal=
staates, — weit entfernt, sich in einem prinzipiellen Gegensatz zu
Plato zu fühlen, wie man fälschlich angenommen hat, — sich mit
Begeisterung gerade zu den platonischen Lebensidealen bekennen.
Wäre das nicht ein psychologisches Rätsel, wenn diese Ideale an
sich schon und prinzipiell eine systematische Ertötung alles indivi=
duellen Lebens und Strebens bedeutet hätten?

In der That enthält denn auch die platonische Staatstheorie
individualistische Züge genug, welche man nur darum übersehen hat,
weil man unter dem Einfluß des extremen Individualismus der
Aufklärung und des Naturrechtes die Grundanschauungen Platos

---

[1] Mit Plato unterscheiden sie die wahre Lust von der Scheinlust und
den „thörichten" Freuden des großen Haufens. So wenig wie Plato dulden
sie in ihrem Staat die „inanium voluptatum artifices" und die otiosa turba
der Müßiggänger. Die höchste Lust ist auch ihnen die, welche mit der „Be=
trachtung der Wahrheit" verbunden ist. Alle andere Lust findet ihre Grenze
in der Nüchternheit, Mäßigkeit, Arbeitsamkeit, in der stetigen Rücksichtnahme
auf das Wohl der Anderen und des Ganzen. Und so hoch auch die Utopier
die Lust stellen als Bedingung irdischen Glückes, so gilt ihnen doch, wie
Plato, nichts im Leben als größeres Glück, denn ein seliger Tod. Der
schmerzlichste Tod, der zu Gott führt, erscheint ihnen besser, als das glück=
lichste Leben, weshalb sie denn auch voll Begeisterung die Geschichte vom
Opfertod der Märtyrer und die Predigt vom Heiland annehmen! Das höchste
Glück des Lebens sehen sie mit Plato in der Erhebung über den Dienst der
Leiblichkeit zur Freiheit des Geistes.

von vorneherein in Bausch und Bogen verwarf und zu einem un=
befangenen Durchdenken des Einzelnen nicht fähig war. Die
Menschen der Renaissance, welche die Antike nicht durch diese Brille
des Doktrinarismus ansahen, hatten auch dafür ein scharfes Auge.
So konnte es z. B. einem Thomas Morus unmöglich einfallen,
sich deswegen wie z. B. Zeller[1] im Gegensatz zur „hellenischen
Staatsidee" zu fühlen, weil die Griechen „sich ein menschenwürdiges
Dasein überhaupt nur im Staate zu denken wissen", oder weil die=
selben eine „Verletzung berechtigter Interessen der Einzelnen überall
da nicht anerkennen, wo das Staatsinteresse dieses fordert (sic!),
überhaupt den Staat nicht für verpflichtet hielten, seinen Ange=
hörigen ein größeres Maß von Rechten zu gewähren, als es seine
eigenen Zwecke mit sich bringen".[2] In allen diesen Punkten hat
eben Morus die Anschauung der Antike durchaus geteilt, ebenso
wie die moderne Staatslehre, soweit sie sich von den Illusionen des
doktrinären Liberalismus emanzipiert hat. Wer dagegen noch so
sehr im Banne des naturrechtlichen Individualismus steht, daß er,
wie Zeller, dem Staate das Recht zur Beschränkung der Inter=
essen und Rechte des Individuums in dem eben angedeuteten Um=
fang prinzipiell abspricht, wer mit Zeller von der „naturwüchsigen"
Entwicklung der Einzelnen und der Gesellschaft ein so befriedigen=
des Ergebnis erwartet, daß er sich ohne weiteres auf den „aus der
freien Bewegung der Einzelnen sich erzeugenden Gemeingeist" ver=
lassen zu können glaubt und daher „eine selbständige Repräsentation
der Staatsidee" für unnötig erklärt,[3] wer sich sogar ein menschen=
würdiges Dasein außerhalb des Staates denken kann,[4] bei dem ist
es nicht anders zu erwarten, als daß er bei Plato eben nur den
denkbar extremsten Sozialismus zu sehen vermag, der das Indivi=
duum in jeder Beziehung prinzipiell den Staatsgedanken ge=
opfert habe.

---

[1] Der platonische Staat a. a. O. S. 80.
[2] Zeller ebd.
[3] Wie Zeller: Gesch. der Phil. II⁴ (1) S. 920.
[4] Wie Zeller: Plat. Staat S. 80.

Hätte diese Auffassung recht, dann würde es überhaupt keinen Staat geben, der nicht auf einer Vergewaltigung des Individuums beruhte. Denn wo ist ein Staat, der ein „berechtigtes" Interesse der Einzelnen gegen das Staatsinteresse, ein „Recht" des Einzelnen gegen den Staat in Wirklichkeit anerkannt? Der Vorwurf, den Zeller vom Standpunkte einer falschen naturrechtlichen Metaphysik z. B. gegen Fichte erhebt, daß sein ganzes sozialistisches Gebäude einer „naturrechtlichen Grundlage" entbehre,[1]) ist gar kein Vorwurf. Denn der Staat kann ein „Recht" nur im Staat und durch den Staat anerkennen, kein „Gesetz", das mit uns geboren; er kann nicht zugeben, daß ihm die einzelnen Individuen als souveräne Inhaber von ursprünglichen „Rechten" gegenüberstehen, die der Staat bereits vorgefunden und die er als absolute Grenze seines Rechtes anerkennen müsse, zu dessen Schutz er von den Einzelnen ins Leben gerufen sei. Der Staat würde sich selbst negieren, wenn er nicht grundsätzlich seine Befugnisse ebenso, wie die Pflicht des Einzelnen zum Gehorsam als rechtlich unbegrenzt setzen würde, mag der Spielraum, den er der individuellen Selbstbestimmung gestattet, ein noch so ausgedehnter sein.[2]) Es kann also auch beim platonischen Staat nicht die Rede davon sein, daß er deswegen, weil er sein Recht als das höhere setzt, das Individuum grundsätzlich geopfert habe.

Übrigens ist ja Plato selbst so sehr ein Kind seiner Zeit und

---

[1]) Fichte als Politiker. Vorträge und Abh. S. 166.

[2]) Vgl. die schöne Ausführung von Paulsen: Ethik S. 799. Wie sehr Zeller in diesen Dingen unter dem Einfluß ungeschichtlicher Zeitanschauungen steht, beweist seine Bemerkung gegen Fichte a. a. O. 165: „Es ist unrichtig, daß das Eigentumsrecht erst im Staate entstehe, sondern der Staat findet es ebenso, wie die Unverletzlichkeit der Person und der Verträge als ein natürliches Recht des Einzelnen vor, das er nicht zu schaffen, sondern nur zu ordnen und zu schützen hat (!!). Übrigens irrt Zeller, wenn er glaubt, daß auf der naturrechtlichen Grundlage der „natürlichen Freiheit" notwendig auch ein freiheitliches wirtschaftspolitisches Gebäude errichtet werden müsse. Vgl. z. B. was Hasbach: Untersuchungen über Adam Smith S. 195 von Hutcheson, dem englischen Bearbeiter des pufendorfischen Naturrechtes, anführt.

ihres sozialpolitischen Rationalismus, steht selbst so durchaus auf
dem Boden einer naturrechtlichen Metaphysik, daß er, wenn auch kein
Recht gegen den Staat, so doch naturrechtlich begründete An=
sprüche des Individuums an den Staat entschieden anerkennt, wie
bereits aus dem bisher Gesagten hervorgeht und später bei der
Analyse seines Gerechtigkeits=, Freiheits= und Gleichheitsprinzipes
noch deutlicher werden wird.

Nun ist freilich auch das Maß freier Bethätigung, welches
der Vernunftstaat dem Einzelnen thatsächlich einräumt, überaus eng
begrenzt. Er zwingt mit unwiderstehlicher Gewalt die Individuen
in die festbestimmten Bahnen, welche durch die Staatsidee vor=
gezeichnet sind. Die Auffassung des Staates als eines einheitlichen
Organismus ist bis zu der utopischen Forderung überspannt, daß
ein absoluter Sozialwille die einzelnen Individuen zu einer sozialen
Lebensgemeinschaft verschmelze, in der das Streben und Handeln
selbständig empfindender und denkender Wesen genau ebenso harmo=
nisch ineinandergreifen soll, wie die Funktionen der seelenlosen Teile
eines organischen Naturganzen. Und dieses Ziel wird durch eine
zentralisierte Staatsleitung zu erreichen versucht, welche alle Fragen
des politischen, sozialen und wirtschaftlichen Lebens von oben und
von Einer Stelle aus lösen, alles individuelle Sein und Thun in
die Sphäre staatlichen Einflusses und staatlicher Ordnung hinein=
ziehen soll.

Allein selbst diese extrem=sozialistische Organisationsform, die
sich zu ihrer Verwirklichung und Vervollkommnung des Individuums
als unbedingt abhängigen Werkzeuges bedient, ist — was ihren
Endzweck betrifft — keineswegs so konsequent anti=individualistisch
gedacht, wie man gewöhnlich annimmt. Wenn Schmoller einmal
von Fichte gesagt hat, „er sei zu sehr vom germanischen Geist ent=
sprossen, um das Individuum ganz untergehen zu lassen in dem
Getriebe der Maßregelung",[1] so kann man in ähnlichem Sinne

---

[1] J. G. Fichte. (Zur Litteraturgeschichte der Staats= und Sozial=
wissenschaften S. 62.)

auch von Plato sagen: Er ist viel zu sehr Hellene, er steht selbst zu sehr auf dem Boden der die ganze hellenische Ethik und Sozial= philosophie beherrschenden eudämonistischen Grundanschauung,[1] als daß er sich eine vollendete Organisation des sozialen Ganzen zu denken vermöchte ohne die gleichzeitige Befriedigung des individuellen Glückstrebens und der berechtigten Lebenszwecke der Einzelnen, der allein wirklich lebenden, bedürfenden, fühlenden menschlichen Indi= viduen. Es ist einer der Grundgedanken seines ganzen Systems, daß im Vernunftstaat selbst der äußerste Zwang nur ein Zwang zum Glücke sein wird, — auch für den Einzelnen!

Nun hat man allerdings im Sinne der herrschenden Auf= fassung gemeint: Der Sokrates der Politeia erkläre ja selber aus= drücklich, daß es in der That gar „nicht seine Absicht sei, Einzelne glücklich zu machen, sondern das Ganze."[2] Allein kommt in dieser Formulierung der Sinn der betreffenden Stelle wirklich voll und ganz zum Ausdruck?

Es handelt sich hier um die Widerlegung des Einwandes, daß die Philosophen und Krieger des Vernunftstaates nicht eben sehr glücklich ($\pi\acute{\alpha}\nu\upsilon$ $\tau\iota$ $\varepsilon\grave{\upsilon}\delta\alpha\acute{\iota}\mu o\nu\varepsilon\varsigma$) zu nennen seien, da sie zwar den ganzen Staat in ihrer Gewalt, aber infolge ihres Verzichtes auf materiellen Besitz und Genuß keinen Vorteil von der Herr= schaft hätten.[3] Wäre die herkömmliche Beurteilung des platonischen Staates die richtige, so müßte Sokrates auf diesen Einwand ein= fach erwidern: „Da der Staat nur Selbstzweck, das Individuum einzig und allein dienendes Mittel für die Zwecke des sozialen

---

[1] Vgl. Heinze: Der Eudämonismus in der griechischen Philosophie. Abh. der sächs. Ges. d. Wissensch. XIX 645 ff. Wie Eucken angesichts der hier und im Text hervorgehobenen Thatsachen behaupten kann, es sei der antiken Lebensanschauung überhaupt eigentümlich, daß das Individuum nirgends als Selbstzweck erscheint, ist mir unbegreiflich. — Lebensanschau= ungen großer Denker 123. Die Suggestion, welche die überlieferte Lehre von einer angeblichen „antiken Staatsidee" ausübt, macht blind gegen die offen= kundigsten Thatsachen der Geschichte.

[2] So Dietzel Robbertus II, 22.

[3] 419 f.

Körpers iſt, ſo hat es überhaupt keinen Anſpruch auf Befriedigung
ſeines eigenen Glücksſtrebens im Staat und durch den Staat."
Wie lautet nun aber die Antwort in Wirklichkeit?

Zunächſt wird entſchieden beſtritten, daß von einem beſon=
deren Glück der genannten Klaſſe nicht die Rede ſein könne. Es
wäre im Gegenteil unter ſolchen Lebensbedingungen nicht zu ver=
wundern, wenn ſie ſogar des allerhöchſten Glückes teilhaftig würde!
Es wird alſo die Aufwerfung des individuellen Glücksproblems
keineswegs als unzuläſſig abgelehnt, ſondern als berechtigt an=
erkannt. Was zurückgewieſen wird, iſt nur eine einſeitige Löſung
dieſes Problems zu Gunſten einer beſtimmten Zahl von Individuen.
Inſoferne wird die Frage als falſch geſtellt bezeichnet, als ſie ſich
auf das Glück einer beſonderen Klaſſe bezieht. Denn „nicht in
der Abſicht," fährt Sokrates fort, „gründen wir unſeren Staat,
daß ein einzelner Stand (ἔν τι ἔϑνος) vor Allen (διαφερόντως!)
beglückt ſei, ſondern daß es möglichſt die ganze Gemeinde ſei (ὅ τι
μάλιστα ὅλη ἡ πόλις)[1], d. h. die ganze Bürgerſchaft.[2] Es
dürfen nicht einige Wenige als Träger des im Staate zu ver=
wirklichenden Glückes ausgeſchieden werden.[3]

Man ſieht, es handelt ſich an dieſer Stelle gar nicht um
den Gegenſatz zwiſchen dem abſtrakten Kollektivindividuum Staat
und ſeinen Organen, ſondern um den Gegenſatz konkreter Viel=
heiten, d. h. der Geſamtheit der zu einem Staate vereinigten Indi=
viduen, dem Volksganzen einerſeits und einer beſonderen Gruppe
derſelben andererſeits.[4] Daher wird die Frage noch beſtimmter

---

[1] 420b.

[2] Für die Berechtigung dieſer Überſetzung ſpricht auch Leg. 742de
und 743c, wo direkt das Glück der Bürger als Ziel der Geſetzgebung be=
zeichnet wird. — Vgl. übrigens auch Rep. 500e und Leg. 945d.

[3] 420c: νῦν μὲν οὖν ὡς οἰόμεϑα τὴν εὐδαίμονα (sc. πόλιν) πλάτ-
τομεν οὐκ ἀπολαβόντες ὀλίγους ἐν αὐτῇ τοιούτους τινὰς τιϑέντες, ἀλλ' ὅλην.

[4] Darüber darf auch der hier gebrauchte Vergleich des Geſetzgebers
mit dem Maler, der eine Statue zu bemalen hat (420c), nicht hinwegtäuſchen.
Plato kann hier dieſen Vergleich gebrauchen, weil für ihn, wie wir ſehen
werden, ein Gegenſatz zwiſchen dem Intereſſe des Staates als ſelbſtändigen

dahin formuliert: Soll die Hüterklasse so gestellt sein, daß in ihr das höchste Glück erwachse oder sollen wir mit Rücksicht auf den ganzen Staat erforschen, ob es in diesem sich finde?[1]) Der Staat soll nicht ein einseitig ausgebeutetes Machtmittel in der Hand der herrschenden Klasse sein, sondern er soll eine möglichst allgemeine Glückseligkeit, das Glück möglichst der gesamten Bürgerschaft verwirklichen. Denn — so heißt es weiter — so wird er am meisten den Forderungen der Gerechtigkeit entsprechen.[2])

Der Gerechtigkeit! Ist etwa jene andere Frage, ob der Staat die Glückseligkeit der Einzelnen als seine Aufgabe zu betrachten habe, oder ob die Individuen nichts sind, als „Material", welches die Politik zu verarbeiten hat im Dienste der Vervollkommnung des höchsten Organismus, des Staates, ist diese Frage eine Frage der Gerechtigkeit?

Wie sich Plato das Glück des „ganzen Staates" denkt, zeigt der weitere Verlauf der Darstellung, aus der unzweideutig hervorgeht, daß die Voraussetzung dieses Glückes das der Einzelnen ist. Damit der „ganze Staat" glücklich sei, müssen möglichst alle Bürger es sein, nicht in der Weise, daß Jedermann einem schrankenlosen Genußstreben folgen kann, — das würde die bürgerliche Gemeinschaft selbst unmöglich machen,[3]) — sondern daß jedem Einzelnen das zu Teil wird, was ihm gebührt ($\tau\grave{\alpha}$ $\pi\varrho o\sigma\acute{\eta}\varkappa o\nu\tau\alpha$).[4]) Und an einer späteren Stelle, an der Plato wieder auf diese Erörterung zurückkommt, heißt es: Damit nicht ein Übermaß des Glückes auf Eine Klasse sich häufe, sondern daß das Glück im ganzen Staate

---

Zwecksubjekts (intérêt général) und dem (wohlverstandenen) Interesse der Gesamtheit seiner Bürger (dem intérêt de tous) nicht existiert.

[1]) 421 b: $\sigma\varkappa\varepsilon\pi\tau\acute{\varepsilon}o\nu$ $o\tilde{\upsilon}\nu$, $\pi\acute{o}\tau\varepsilon\varrho o\nu$ $\pi\varrho\grave{o}\varsigma$ $\tauo\tilde{\upsilon}\tauo$ $\beta\lambda\acute{\varepsilon}\pi o\nu\tau\varepsilon\varsigma$ $\tauo\grave{\upsilon}\varsigma$ $\varphi\acute{\upsilon}\lambda\alpha\varkappa\alpha\varsigma$ $\varkappa\alpha\vartheta\iota\sigma\tau\tilde{\omega}\mu\varepsilon\nu$, $\acute{o}\pi\omega\varsigma$ $\acute{o}$ τ $\pi\lambda\varepsilon\acute{\iota}\sigma\tau\eta$ $\alpha\grave{\upsilon}\tauo\tilde{\iota}\varsigma$ $\varepsilon\grave{\upsilon}\delta\alpha\iota\mu o\nu\acute{\iota}\alpha$ $\acute{\varepsilon}\gamma\gamma\varepsilon\nu\acute{\eta}\sigma\varepsilon\tau\alpha\iota$, $\tilde{\eta}$ $\tauo\tilde{\upsilon}\tauo$ $\mu\grave{\varepsilon}\nu$ $\varepsilon\grave{\iota}\varsigma$ $\tau\grave{\eta}\nu$ $\pi\acute{o}\lambda\iota\nu$ $\acute{o}\lambda\eta\nu$ $\beta\lambda\acute{\varepsilon}\pi o\nu\tau\alpha\varsigma$ $\vartheta\varepsilon\alpha\tau\acute{\varepsilon}o\nu$, $\varepsilon\grave{\iota}$ $\acute{\varepsilon}\varkappa\varepsilon\acute{\iota}\nu\eta$ $\acute{\varepsilon}\gamma\gamma\acute{\iota}\gamma\nu\varepsilon\tau\alpha\iota$ $\varkappa\tau\lambda.$

[2]) 420 b: $\acute{\omega}\acute{\eta}\vartheta\eta\mu\varepsilon\nu$ $\gamma\grave{\alpha}\varrho$ $\acute{\varepsilon}\nu$ $\tau\tilde{\eta}$ $\tauo\iota\alpha\acute{\upsilon}\tau\eta$ $\mu\acute{\alpha}\lambda\iota\sigma\tau\alpha$ $\grave{\alpha}\nu$ $\varepsilon\acute{\upsilon}\varrho\varepsilon\tilde{\iota}\nu$ $\delta\iota\varkappa\alpha\iota o\sigma\acute{\upsilon}\nu\eta\nu$ $\varkappa\alpha\grave{\iota}$ $\alpha\tilde{\upsilon}$ $\acute{\varepsilon}\nu$ $\tau\tilde{\eta}$ $\varkappa\acute{\alpha}\varkappa\iota\sigma\tau\alpha$ $o\grave{\iota}\varkappa o\upsilon\mu\acute{\varepsilon}\nu\eta$ $\grave{\alpha}\delta\iota\varkappa\acute{\iota}\alpha\nu$, $\varkappa\alpha\tau\iota\delta\acute{o}\nu\tau\varepsilon\varsigma$ $\delta\grave{\varepsilon}$ $\varkappa\varrho\tilde{\iota}\nu\alpha\iota$ $\grave{\alpha}\nu$, $\grave{o}$ $\pi\acute{\alpha}\lambda\alpha\iota$ $\zeta\eta\tauo\tilde{\upsilon}\mu\varepsilon\nu.$

[3]) 420 e f.

[4]) 419 d.

ſich finde, müſſen die Bürger ſo erzogen werden, daß ſie einander
gegenſeitig an dem Nutzen teilnehmen laſſen, den ein jeder der
Geſamtheit bringen kann.¹) Man ſieht, was der Gemeinſchaft för=
derlich iſt, erſcheint bei dieſer Auffaſſung gleichzeitig auch als ein
Förderungsmittel individuellen Wohles.

Wie groß allerdings der Anteil der einzelnen Klaſſen an der
allgemeinen Glückſeligkeit ſein wird, läßt Plato dahingeſtellt. Er
erklärt ſeine Aufgabe für gelöſt, wenn es ihm gelungen iſt, für den
Staat die Organiſationsform zu finden, welche dieſe allgemeine
Glückſeligkeit zu erzeugen vermag.²) Allein es wird dadurch an der
ganzen Auffaſſung nicht das Geringſte geändert. Denn dieſer Ver=
zicht liegt ja in der Natur der Sache ſelbſt, d. h. in den unvermeid=
lichen Schranken, welche allem geſchriebenen Recht geſetzt ſind. Der
„Geſetzgeber" iſt eben von vorneherein nicht in der Lage für die
Verwirklichung der diſtributiven Gerechtigkeit im Einzelnen ge=
naue Normen aufzuſtellen, weil jede einmal fixierte rechtliche Ord=
nung zu ſehr auf den Durchſchnitt berechnet, zu wenig elaſtiſch
iſt, um das suum cuique in idealer Weiſe verwirklichen zu
können.³)

Der Geſetzgeber, der ſeine Satzungen „für Alle insgeſamt"
gibt, iſt einfach nicht im Stande, genau jedem Einzelnen das ihm
Gebührende zuzuerteilen" (ἀκριβῶς ἑνὶ ἑκάστῳ τὸ προσῆκον ἀποδιδόναι).⁴) Alſo nicht, weil er dem individuellen Glücksſtreben
jeden Anſpruch auf Berückſichtigung abſpricht, ſondern im Gegen=
teil, um eine gerechte Befriedigung deſſelben zu ermöglichen, läßt

---

¹) 519e: ἐπελάθου, . . . ὅτι νόμῳ οὐ τοῦτο μέλει, ὅπως ἕν τι
γένος ἐν πόλει διαφερόντως εὖ πράξει, ἀλλ᾽ ἐν ὅλῃ τῇ πόλει τοῦτο
μηχανᾶται ἐγγενέσθαι, ξυναρμόττων τοὺς πολίτας πειθοῖ τε καὶ ἀνάγκῃ,
ποιῶν μεταδιδόναι ἀλλήλοις τῆς ὠφελείας, ἣν ἂν ἕκαστοι τὸ κοινὸν
δυνατοὶ ὦσιν ὠφελεῖν κτλ.

²) 421c: καὶ οὕτω ξυμπάσης τῆς πόλεως αὐξανομένης καὶ καλῶς
οἰκιζομένης ἐατέον, ὅπως ἑκάστοις τοῖς ἔθνεσιν ἡ φύσις ἀποδίδωσι
τοῦ μεταλαμβάνειν εὐδαιμονίας.

³) S. oben S. 295 f.

⁴) Πολ. 295 a.

der Verfassungsentwurf des Idealstaates die Frage seinerseits un=
gelöst. Denn sie soll deshalb nicht etwa überhaupt ungelöst bleiben!
Gerade dazu hat ja der Vernunftstaat seine idealen Staatsmänner,
die frei von den Fesseln des Irrtums und starrer Satzung jeder=
zeit allen Bürgern „das nach Vernunft und Kunst Gerechteste zu
gewähren"[1]) und jene Koincidenz des öffentlichen und individuellen
Glückes herbeizuführen vermögen, welche eben den Vernunftstaat
zum besten Staate macht.

Und beruht nicht eben darauf auch die ganze Hoffnung Platos,
den Einzelnen auf dem Wege vernunftgemäßer Überzeugung zu
freiwilliger Unterwerfung unter die Prinzipien des Vernunft=
staates bestimmen zu können? Man vergegenwärtige sich nur das
Argument, welches ihm als das überzeugungskräftigste erscheint.
Es ist ein entschieden individualistisches!

Plato geht nämlich dabei von dem Satze aus, daß alle indi=
viduelle Fürsorge am meisten Demjenigen gewidmet wird, was man
liebt. Vor Allem aber — meint er — lieben wir das, womit
uns die engste Interessengemeinschaft verbindet, oder — um mit
Plato zu reden — für welches wir eben dasselbe ersprießlich
halten, wie für uns selbst, und wovon wir glauben, daß es
bei seinem Wohlergehen zumeist auch uns wohl ergehe und im
gegenteiligen Falle schlecht.[2]) Das gilt aber nach Plato recht
eigentlich vom Staat. Es ist also nicht einseitig die starre, nur
Opfer heischende Pflicht, welche den Einzelnen an das Gemeinwesen
kettet, sondern zugleich die Sympathie, die aus der Zuversicht er=
wächst, daß er, indem er sich in den Dienst des Ganzen stellt, am
besten zugleich für die eigene Wohlfahrt sorgt. Der Bürger des
platonischen Staates ist überzeugt, daß es für das Besondere

---

[1]) Vgl. die Stelle oben S. 296 Anmerk. 5.

[2]) 412d: κήδοιτο δέ γ' ἄν τις μάλιστα τούτου, ὃ τυγχάνοι φι-
λῶν. — ἀνάγκη. — καὶ μὴν τοῦτο γ' ἂν μάλιστα φιλοῖ, ᾧ ξυμφέρειν
ἡγοῖτο τὰ αὐτὰ καὶ ἑαυτῷ, καὶ ὅταν μάλιστα ἐκείνου μὲν εὖ
πράττοντος οἴοιτο ξυμβαίνειν καὶ ἑαυτῷ εὖ πράττειν, μὴ δὲ
τοὐναντίον. — οὕτως, ἔφη.

ebenso ersprießlich sei, wie für das Ganze, wenn es vor Allem mit dem letzteren gut bestellt ist.[1]

Selbst bei dem opferfreudigsten und idealstgesinnten Element des Vernunftstaates, bei den philosophischen Regenten hält es Plato für notwendig, an die menschliche Selbstliebe zu appellieren. Es ist allerdings ein Opfer, welches der philosophische Denker bringt, wenn er von den seligen Höhen der Erkenntnis herabsteigen muß, um das, was er dort erblickt, auf die Sitten der Menschen im öffentlichen und privaten Leben zu übertragen, statt bloß der eigenen Vervollkommnung zu leben.[2] Allein er bringt dieses Opfer doch nicht bloß aus Pflichtgefühl, sondern auch deswegen, weil er mit seinem persönlichen Glück in hohem Grade dabei interessiert ist.[3] Auch auf diesem Wege findet er ja Freuden, die zur Vervollkommnung seines Daseins dienen. Denn eine isolierte Existenz, wie sie der Philosoph notgedrungen im Staate der Wirklichkeit führt, kann für ihn niemals die Quelle höchster Vollkommenheit und höchsten Glückes werden.[4] Dazu bedarf es der Ergänzung durch eine glückliche Organisation der bürgerlichen Gemeinschaft, welche ihn selbst persönlich fördert, ihn „größer" macht, indem sie ihm eine erfolgreichere Arbeit an der eigenen Vervollkommnung, wie derjenigen der Allgemeinheit ermöglicht.[5] Unter den bestehenden

---

[1] Leg. 875a: ξυμφέρει τῷ κοινῷ τε καὶ ἰδίῳ τοῖν ἀμφοῖν, ἢν τὸ κοινὸν τιθῆται καλῶς μᾶλλον ἢ τὸ ἴδιον. Vgl. die Äußerung Platos über den Nutzen, den der Vernunftstaat dem Volke bringt, in dem er entsteht, Rep. 541a: καὶ οὕτω τάχιστά τε καὶ ῥᾷστα πόλιν τε καὶ πολιτείαν, ἢν ἐλέγομεν, καταστᾶσαν αὐτήν τε εὐδαιμονήσειν καὶ τὸ ἔθνος, ἐν ᾧ ἂν ἐγγένηται, πλεῖστα ὀνήσειν.

[2] Rep. 500d.

[3] 592a.

[4] 497a: οὐδέ γε, εἶπον, τὰ μέγιστα (sc. ἂν διαπραξάμενος ἀπαλλάττοιτο), μὴ τυχὼν πολιτείας προσηκούσης· ἐν γὰρ προσηκούσῃ αὐτός τε μᾶλλον αὐξήσεται καὶ μετὰ τῶν ἰδίων τὰ κοινὰ σώσει.

[5] Im bestehenden Staat fehlen die Voraussetzungen für die richtige Erziehung zur Philosophie und für den Philosophen selbst die Möglichkeit, sie Anderen im wünschenswerten Umfang zu geben, wodurch er selbst persönlich verliert.

Staaten gibt es nach Platos Ansicht auch nicht Einen, der für die Entwicklung eines echt philosophischen Kopfes der rechte Boden wäre. Das hat zur Folge, daß die Philosophie selbst unter den bestehenden Verhältnissen am schwersten leidet. Sie artet aus, und wird ihrem ursprünglichen Wesen entfremdet. Es geht ihr, wie einem ausländischen Gewächs, das — in ein anderes Erdreich verpflanzt — endlich den üblen Einflüssen der neuen Heimat erliegt.[1) Nur unter den Verhältnissen des Vernunftstaates findet die Philosophie den geeigneten Boden für ihr Gedeihen.

Der Vernunftstaat aber hat eine politische Organisation, die undenkbar ist, wenn nicht die „Philosophen" als die einzigen wahrhaft Befähigten die Regierung übernehmen. Und sie werden das um so lieber thun, weil sie damit zugleich schweres Unheil von sich selbst abwenden. Denn würden sie die Regierung minder Würdigen überlassen, so würden sie ein Leid über sich heraufbeschwören, das ihnen nur als eine schwere Züchtigung erscheinen könnte, nämlich den unerträglichen Zwang, Schlechteren gehorchen zu müssen, ihrem Haß und ihrer Verfolgung ausgesetzt zu sein.[2) Die Vermeidung dieses Zwanges, überhaupt all der Übel, von denen sie im bestehenden Staat bedroht sind,[3) wird geradezu als der Lohn bezeichnet, der für sie, wie überhaupt für alle zum Dienste des Staates Berufenen das mit Recht begehrte[4) Äquivalent ihrer Dienste bildet. Ja Plato geht sogar soweit, anzuerkennen, daß ohne solch individuellen Antrieb die Besetzung der Ämter im besten Staat ihre Schwierigkeiten haben würde: weil sonst Jeder es vor-

---

[1) 497 c.

[2) 347 c.

[3) Vgl. die Schilderung 487 b--497 a.

[4) 347 a. Plato folgt übrigens auch hier nur dem Beispiel des Sokrates, der mit derselben utilitarischen Begründung zur Beteiligung am politischen Leben auffordert. Xen. Mem. III, 7. 9: καὶ μὴ ἀμέλει τῶν τῆς πόλεως, εἴ τι δυνατόν ἐστι διὰ σὲ βέλτιον ἔχειν . τούτων γὰρ καλῶς ἐχόντων οὐ μόνον οἱ ἄλλοι πολῖται, ἀλλὰ καὶ οἱ σοὶ φίλοι καὶ αὐτὸς σὺ οὐκ ἐλάχιστα ὠφελήσῃ.

ziehen würde, von Anderen Nutzen zu ziehen, als ſich ſelber durch
deren Förderung Unruhe zu bereiten![1])

Wie läßt ſich mit dieſer ganzen Anſchauungsweiſe die An=
ſicht vereinigen, Plato habe es auf eine prinzipielle Regierung aller
perſönlichen Intereſſen abgeſehen, er wiſſe nichts von einem Rechte
der Perſönlichkeit? Erkennt er nicht gerade ein ſolches „Recht der
Perſönlichkeit" ausdrücklich an, indem er ſich ſelbſt den Einwand
macht, ob ſein Staat den Regierenden nicht etwa ein Unrecht zu=
fügt, dadurch daß er ſie nötigt, ſtatt des beſſeren Lebens, zu dem
ſie befähigt ſind, ein ſchlechteres zu führen?[2])

Die Geſetze des Staates werden redend eingeführt, wie ſie
den Einzelnen zu überzeugen ſuchen, daß eben das, was ſie von
ihm fordern, ſein gutes Recht nicht beeinträchtigt.[3]) Sie ſtellen
ihm vor, daß im beſtehenden Staate allerdings von Natur= und
Rechtswegen die Philoſophen ſich nicht am politiſchen Leben zu
beteiligen brauchen. „Denn hier erwachſen ſie von ſelbſt ohne Pflege
von ſeiten der jeweiligen Regierung; und das Selbſtwüchſige, das
niemandem ſeine Ernährung verdankt, iſt auch berechtigt (δίϰην
ἔχει), ſich der Zahlung von Atzungskoſten zu entſchlagen. — Wir
aber (d. h. die Geſetze des Staates) ließen Euch zu Euerem eige=
nen und des Staates Beſten,[4]) zu Weiſeln und Königen wie im
Bienenſtock heranwachſen, beſſer und vollkommener ausgebildet, als
jene (ſelbſtwüchſigen Philoſophen), und beſſer befähigt, Euch an Beidem
(d. h. an Philoſophie und Politik) zu beteiligen." — So wandelt
ſich der geſetzliche Zwang in eine freiwillig übernommene Leiſtung,
„weil eben nur „Gerechtes Gerechten" (δίϰαια διϰαίοις)[5]) anbe=

---

[1]) 347 d: ὥστε πᾶς ἂν ὁ γιγνώσϰων τὸ ὠφελεῖσθαι μᾶλλον ἕλοιτο
ὑπ' ἄλλου ἢ ἄλλον ὠφελῶν πράγματα ἔχειν.

[2]) 519 d: ἔπειτ' ἔφη, ἀδιϰήσομεν αὐτούς, ϰαὶ ποιήσομεν χεῖρον
ζῆν, δυνατὸν αὐτοῖς ὂν ἄμεινον;

[3]) 520 a: σϰέψαι τοίνυν, εἶπον, ὦ Γλαύϰων, ὅτι οὐδ' ἀδιϰήσομεν
τοὺς παρ' ἡμῖν φιλοσόφους γιγνομένους ἀλλὰ δίϰαια πρὸς αὐτοὺς ἐροῦμεν,
προσαναγϰάζοντες τῶν ἄλλων ἐπιμελεῖσθαί τε ϰαὶ φυλάττειν.

[4]) ὑμῖν τε αὐτοῖς τῇ τε ἄλλῃ πόλει. 520 b.

[5]) 520 e.

fohlen wird, und diese unmöglich einen Anspruch an ihre Person zurückweisen können, den sie selbst als einen gerechtfertigten aner= kannt haben.[1]

Aber auch der Beamte und Soldat ist keineswegs ein aller Subjektivität beraubtes blindes Werkzeug der Staatsgewalt. Auch sein Gehorsam wird wesentlich mit durch die Überzeugung verbürgt, daß das, was von ihm verlangt wird, nicht bloß für den Staat, sondern auch für ihn selbst am ersprießlichsten ist,[2] daß ihm „ein Leben zu teil wird, weit schöner und besser, als das der Sieger von Olympia.[3] Ein Leben, das frei ist von Nahrungs= sorgen und der entwürdigenden Abhängigkeit vom Reichtum,[4] das er daher jedem anderen Leben vorziehen muß, wenn er nicht eine unverständige und jugendlich unbesonnene Ansicht von den Bedin= gungen der eigenen Glückseligkeit hat.[5] So bringt auch der Be= amte und Soldat aus freier Entschließung jedes Opfer, weil er dafür nur größeres Glück eintauscht. Für ihn ist in der That, um mit Hesiod zu reden, die Hälfte mehr als das Ganze.[6] Ge= rade durch den Verzicht gelangt er zur höchsten Glückseligkeit.[7]

---

[1] 520 d.

[2] 458 b.

[3] 466 a. Er könnte ebenso von sich sagen, wie Sokrates (Mem. IV. 8. 6): οὐκ οἶσθ', ὅτι μέχρι μὲν τοῦδε τοῦ χρόνου ἐγὼ οὐδενὶ ἀνθρώπων ὑφείμην ἂν οὔτε βέλτιον οὔθ' ἥδιον ἐμοῦ βεβιωκέναι;

[4] 465 c.

[5] 466 b: ἀνόητός τε καὶ μειρακιώδης δόξα εὐδαιμονίας πέρι. Es ist unbegreiflich, wie Zeller (Gesch. d. Phil. a. a. O. 921) unter völliger Ignorierung der hier angeführten Thatsachen von den Regenten und Kriegern des Idealstaates sagen kann, die Idee des Staates könne sich derselben nur dadurch bemächtigen, daß dieselben alles dessen, worin das individuelle Inter= esse Befriedigung findet, entkleidet werden. Eine Karikatur freilich nach der andern Seite ist es, wenn Kleinwächter (Staatsromane S. 40) zu Platos Schilderung des Lebens der „Wächter" die Bemerkung macht, dieselbe „besage mit dürren Worten: „Damit es den Soldaten nicht einfalle, über den fried= lichen Bürger herzufallen und ihm seine Kartoffeln und sein Bier vom Munde wegzuschnappen, muß man ihnen täglich Braten und Wein vorsetzen". (!!)

[6] 466 b.

[7] 420 b: ... καὶ οὗτοι οὕτως εὐδαιμονέστατοί εἰσιν.

Und was für die Organe des Staates gilt, das trifft nicht
minder auch für die Regierten zu. Sie wiſſen, daß ſie in einem
Staate leben, in welchem das Geſetz allen Staatsangehörigen „ver-
bündet" iſt, (πᾶσι τοῖς ἐν τῇ πόλει ξύμμαχος)[1]) daß es das
Glück eines Jeden und zwar ganz beſonders der Regierten will[2])
und daß hier das Wohl und Wehe des Einzelnen, ſeine Luſt und
ſein Schmerz der ſympathiſchen Teilnahme Aller ſicher ſein darf.
Sie wiſſen, daß ſie das Mittel zur Herſtellung der allgemeinen und
damit ihrer eigenen Glückſeligkeit, eine gute Regierung, nicht ſelbſt
zu erzeugen vermögen, und ſie ſind daher, ſoweit ſie nicht Verblendung und Leidenſchaft an der Erkenntnis ihrer wahren Intereſſen hindert, freiwillig damit einverſtanden, daß ihnen dieſe Regierung durch Andere zu teil wird. Eben deswegen, weil die richtige
Einſicht in ihr eigenes Intereſſe den Bürgern dieſes Staates ſagt,
daß es für Jeden das Beſte iſt, ſich der in der Regierung ver-
körperten Herrſchaft der Vernunft unterzuordnen,[3]) entſteht hier jene
allgemeine Überzeugung von der inneren Berechtigung der beſtehenden Staats- und Geſellſchaftsordnung, jene ſpontane Hingebung
an das Ganze, welche dem ſtaatlichen und ſozialen Leben ſein har-
moniſches Gepräge gibt.[4])

Man ſieht, der platoniſche Idealſtaat will ſeine Bürger nicht
automatenhaft durch einen fremden Willen, d. h. ausſchließlich durch
die Zwangsgewalt des Staates beſtimmen, ſie zu bloßen Triebrädern im Mechanismus des Ganzen machen. Der Wille des
Bürgers ſoll vielmehr ebenſo gut, wie durch die Geſamtheit, Inhalt und Richtung aus ſeinem eigenen Innern empfangen, das objektive und ſubjektive Moment zur Geſtaltung des ſozialen Lebens
harmoniſch zuſammenwirken.

---

[1]) 590e.

[2]) 347d: ὅτι τῷ ὄντι ἀληθινὸς ἄρχων οὐ πέφυκε τὸ αὐτῷ ξυμφέρον
σκοπεῖσθαι, ἀλλὰ τὸ τῷ ἀρχομένῳ.

[3]) 590d.

[4]) Wie kann man nach alledem dieſe Hingebung mit Stahl (a. a. O.)
eine von dem Einzelnen „ohne Rückbeziehung auf ſich ſelbſt" geübte nennen?

Diese Tendenz zeigt sich ja von Anfang an darin, daß neben
der Idee der Gemeinschaft, die dem Ganzen das Seine zuweist
und die Forderungen des Ganzen über die Ansprüche der Teile
stellt, ein anderer wesentlich entgegengesetzter Gedanke sich wie ein
roter Faden durch den ganzen Entwurf des Idealstaates hindurch=
zieht: die Idee der Gerechtigkeit, welche jedem Einzelnen das
Seine geben will.

Ein Kenner des menschlichen Herzens, wie Plato, sah sehr
wohl ein, daß keine große soziale oder wirtschaftliche Reform einzig
und allein durch den Hinweis auf ihre Zweckmäßigkeit und gesell=
schaftliche Nützlichkeit den trägen Widerstand zu überwinden vermag,
der sich ihr naturgemäß überall entgegenstellt. Er mußte, daß solche
Forderungen, um zu zünden und die Geister in Bewegung zu setzen,
an Empfindungen anknüpfen müssen, aus denen das Individuum
selbst seine Lebensideale, die Vorstellungen über das „Seinsollende“
zu schöpfen pflegt. Daher sucht sich der Idealstaat vor dem in=
dividuellen Bewußtsein der Einzelnen durch den Hinweis darauf zu
legitimieren, daß er mit seinen Forderungen möglichst dem ent=
sprechen will, was sie selbst im innersten Herzen als das Sein=
sollende, d. h. als das Gerechte fordern müssen.

Indem er so die Idee der Gerechtigkeit als ein Funda=
mentalprinzip seiner eigenen Ordnung anerkennt, nimmt der Ideal=
staat ein unverkennbar individualistisches, wenn auch durchaus be=
rechtigt=individualistisches Element in sich auf. Die Frage, ob
bestimmte Einrichtungen und Handlungen gerecht oder ungerecht sind,
bildet ja geradezu den Angelpunkt alles Individualismus. Vom
individualistischen Standpunkt aus verlangen wir Gerechtigkeit, Pro=
portionalität der Pflichten und Rechte, während die Gesamtheit und
ihr Interesse in erster Linie Opfer fordert und nicht selten genötigt
ist, die Folgerungen, die sich aus jenem Grundprinzip des Indivi=
dualismus ergeben, zu bekämpfen oder abzuschwächen.[1]

---

[1] Vgl. die schönen Ausführungen von Schmoller: Die Gerechtigkeit
in der Volkswirtschaft. Jahrb. f. Gesetzgeb. 1881 S. 25. Damit steht nicht
im Widerspruch, daß der Einzelne, um gerecht zu sein, gleichzeitig im stande

Individualistisch, wie diese Idee der Gerechtigkeit, ist auch die der Freiheit, welche sich mit ihr in der Anschauungsweise Platos auf das innigste verbindet. Indem Plato sich bemüht, seine politischen Forderungen vor dem Forum der individuellen Vernunft als eine Konsequenz der Gerechtigkeit zu erweisen, und ein entscheidendes Gewicht darauf legt, daß dieselben von allen Verständigen als Recht erkannt und gewollt werden, zeigt er, daß der staatliche Zwang nicht sein letztes Wort ist, daß es ihm vielmehr um eine möglichst freiwillige Unterordnung des Einzelnen unter das Ganze zu thun ist. Der rechtlich bestehende Zwang soll für alle einsichtsvollen Elemente des Idealstaates thatsächlich entbehrlich werden, indem die äußere gesetzliche Norm zu einem freiwillig befolgten Glaubenssatz wird, der im Gemütsleben des Volkes, im innersten Zentrum des menschlichen Seelenlebens selbst Wurzel geschlagen hat. Der platonische Staat will über freie Geister herrschen, nicht über knechtische.

Daher heißt es von der wahren Staatskunst im „Staatsmann", daß sie, im Gegensatz zum Despotismus eine Herrschaft über Freiwillige sei (ἐπιμέλεια ἑκούσιος καὶ ἑκουσίων) [1]); sie soll eine Herrschaft sein, die mit Lust geübt und der mit Lust gehorcht wird (ἑκόντων ἑκοῦσα ἄρχει), während in den gegenwärtigen Staaten das Bestehen jeder Regierung stets mit einem gewissen Zwang (σὺν ἀεί τινι βίᾳ) verbunden sei und nur die Regierenden selbst zu befriedigen vermöge, bei dem Beherrschten dagegen nur Empfindungen des Widerwillens erwecke. [2]) Die Aufgabe aller Gesetzgebung geht daher dahin, daß der Staat ein wahrhaft freier werde, d. h. von aller Zügellosigkeit ebenso weit entfernt sei, wie von jeder Überspannung staatlichen Zwanges, die auch nach Platos Ansicht nur schädlich wirken kann. [3])

---

sein muß, altruistisch zu empfinden und zu handeln, daß vom Standpunkt des Individuums Gerechtigkeit zugleich Altruismus sein kann. S. oben S. 168

[1]) Πολ. 276 e.
[2]) Leg. 832 c.
[3]) Ebd. 701 e.

Plato lehnt ausdrücklich den Vorwurf ab, daß der Zwang, den die Verwirklichung *seiner* Staatsidee dem Individuum auferlegt, weniger berechtigt sei, als derjenige, welchen die bestehenden Staatsordnungen, sei es Plutokratie oder Demokratie, ausüben. Ist etwa der Zwang, — fragt er, — den ein unwissender Reicher oder Armer übt, mehr oder weniger gerecht oder ungerecht, als wenn er von dem sachverständigen Staatsmann kommt?[1]) Ist nicht vielmehr dies das Entscheidende, daß die staatliche Praxis das Richtige trifft, daß die Wohlfahrt der Regierten den Händen einer weisen und guten Regierung anvertraut ist?[2])

Indem eben die Regierung das Bedürfnis der großen Mehrheit, die nicht selbst herrschen kann, wahrhaft befriedigt, wird ihre Herrschaft nicht als ein Zwang empfunden. Die einsichtsvollen Bürger des Vernunftstaates würden sich auch bei freier Wahl keine andere Regierung geben, als eben diese, so daß hier das thatsächliche Endresultat kein anderes ist, als wenn die Regierung aus dem Willen Aller hervorgegangen wäre, vorausgesetzt, daß der Wille der Verständigen für die Mehrheit bestimmend ist. Der Staat wird zu einem freien Staat, weil hier die Staatsgewalt und die Staatsordnung gestützt und getragen wird durch den einheitlichen Gesamtwillen des Volkes, weil sie der freiwilligen Zustimmung (ξυμφωνία) aller Klassen, des Starken wie des Schwachen, der geistig Höchststehenden wie der Niedrigsten sicher sein darf.[3]) Den Gehorsam, den der Einzelne der Staatsgewalt leistet, leistet er in dem Bewußtsein, daß ihm nichts auferlegt wird, was nicht auch durch den Willen aller Verständigen gefordert, ja durch die Vernunft und die Natur der Dinge selbst vorgezeichnet ist.[4])

Da der Einzelne nur das will, was seiner Individualität

---

[1]) Πολ. 296 d.
[2]) Ebd. 296 e.
[3]) Rep. 432 a.
[4]) Vgl. 474 c, wo es von den Regierenden, bezw. Regierten heißt, ὅτι τοῖς μὲν προσήκει φύσει ἅπτεσθαί τε φιλοσοφίας ἡγεμονεύειν τ᾿ ἐν πόλει, τοῖς δ᾿ ἄλλοις μήτε ἅπτεσθαι ἀκολουθεῖν τε τῷ ἡγουμένῳ.

angemeſſen iſt (τὸ προσῆχον), ſo kommt er im Jdealſtaat nicht in
Konflikt mit der wahren Freiheit, ſondern nur mit der inneren Un=
freiheit, der Verblendung durch Selbſtſucht und Leidenſchaft, welche
den Menſchen über die Poſtulate ſeiner eigenen ſittlich=ſozialen Natur
täuſcht.   Denn aller Zwang wirkt ja hier genau nur in derſelben
Richtung, wie dieſe wahrhaft freie Selbſtbeſtimmung.¹)   Jeder Ein=
zelne wird durch den ſtaatlichen Machtwillen an der Erreichung der
ſeinem eigenſten Weſen und Beruf entſprechenden Ziele in keiner Weiſe
gehemmt, ſondern vielmehr ſyſtematiſch gefördert.   Jndem hier Jedem
nach ſeinen phyſiſchen und geiſtigen Anlagen der Beruf zugänglich
gemacht wird, der ſeiner Jndividualität am beſten entſpricht, in dem
er daher auch ſeine Befriedigung findet, wird recht eigentlich jede
Jndividualität auf den ihr ausſchließlich zuſagenden Weg geleitet
und dadurch wahrhaft frei gemacht. — „Denn, — um ein ſchönes
Wort von Lagarde zu gebrauchen, — frei iſt nicht, wer thun kann,
was er will, ſondern wer werden kann, was er ſoll.   Frei iſt,
wer ſeinem anerſchaffenen Lebensprinzip zu folgen im ſtande iſt.
Frei iſt, wer die von Gott in ihn gelegte Jdee erkennt und zu
voller Wirkſamkeit entwickelt.“

Enthält die im Jdealſtaat verwirklichte Unterwerfung Aller
unter die Herrſchaft der Vernunft ſchon negativ eine Befreiung in=
ſoferne, als ſie den Menſchen von der Herrſchaft der Leidenſchaft,
der zweck= und zielloſen ſich ſelbſt unklaren Willkür befreit, ſo ver=
wirklicht ſich hier andererſeits eben jene poſitive höhere Freiheit,
indem Jeder einen inhaltsvollen und in ſeinem Werte anerkannten
Kreis der Thätigkeit erlangt, in welchem er ſein individuelles Weſen
entfalten kann, ſo weit es der Anſpruch der Anderen auf gleiche
Entfaltung ihrer Perſönlichkeit geſtattet.   Da endlich die Bürger
zugleich gelernt haben, dieſen individuellen Beruf als einen ſozialen
aufzufaſſen, ſo bedarf es für alle verſtändigen, der vernünftigen Über=
redung (πειθώ) zugänglichen Elemente nicht des äußeren Zwanges.

---

¹) Plato hätte daher auch von ſeinem Staat mit Rouſſeau ſagen
können, daß der Zwang, den er dem Ungehorſamen auferlegt, „nichts anderes
bedeutet, als ihn nötigen, frei zu ſein“. (Contr. soc. I, 7.)

Sie stellen sich freiwillig in den Dienst dieses Berufes. Das, was ihre Bestimmung ist, wird, wie schon Hegel treffend bemerkt hat,[1] wirklich zum eigenen Sein und Wollen der Individuen.

Indem aber so Jedem die Möglichkeit erschlossen wird, nach seiner besonderen Anlage und Neigung zum Werke des Ganzen bei= zutragen und damit zugleich den Platz innerhalb der Gemeinschaft zu erringen, welcher seiner Bedeutung und seinem Werte für das Ganze entspricht, wird mit der wahren Freiheit zugleich auch die wahre Gleichheit verwirklicht. Auch die Idee der Gleichheit hängt, wie die der Freiheit, aufs Engste mit der Gerechtigkeitsidee zusammen. Der spezifische Begriff der Gerechtigkeit, der hier vor allem in Be= tracht kommt, ist der der verteilenden Gerechtigkeit. Derselbe verlangt Proportionalität zwischen den Leistungen und den positiven oder negativen Gütern, die zu verteilen sind. Sie will das Gleiche gleich, das Ungleiche ungleich behandelt wissen, so daß kein einzelnes Glied der Gemeinschaft zu viel, das andere zu wenig erhält. Dieser Forderung unseres individuellen Bewußtseins wird Plato dadurch gerecht, daß er die Gleichheit der Demokratie, welche „Gleichen und Ungleichen in demselben Maße Gleichheit zu Teil werden läßt," als eine Vergewaltigung des Individuums verwirft[2] und ein Gleich= heitsprinzip proklamiert, „welches dem Überlegenen mehr, dem Schwä= cheren weniger, d. h. jedem das seiner Natur Angemessene zuteilt" und zu gleichen Funktionen nur Gleiche, zu ungleichen aber nur Un= gleiche beruft.[3] Jene absolute Gleichheit würde dem Prinzip der Gerechtigkeit widersprechen, welche eben nur eine relative Gleichheit kennt, — relativ der ungleichen Individualität. — So wird auch hier die Individualität nach den Intentionen Platos wenigstens wieder in ihr Recht eingesetzt.

---

[1] A. a. O. 286.

[2] 558c.

[3] 757c: τῷ μὲν γὰρ μείζονι πλείω, τῷ δ' ἐλάττονι σμικρότερα νέμει (ἡ ἰσότης) μέτρια διδοῦσα πρὸς τὴν αὐτῶν φύσιν ἑκατέρῳ, καὶ δὴ καὶ τιμὰς μείζοσι μὲν πρὸς ἀρετὴν ἀεὶ μείζους, τοῖς δὲ τοὐναντίον ἔχουσιν ἀρετῆς τε καὶ παιδείας τὸ πρέπον ἑκατέροις ἀπονέμει κατὰ λόγον. ἔστι γὰρ δή που καὶ τὸ πολιτικὸν ἡμῖν ἀεὶ τοῦτ' αὐτὸ τὸ δίκαιον.

Selbst Hegel, der darin weitsichtiger ist, als seine Nachfolger, hat — allerdings in unvereinbarem Widerspruch mit seiner Ge= samtauffassung des platonischen Staates — das individualistische Element anerkennen müssen, welches das Freiheits=, Gleichheits= und Gerechtigkeitsprinzip Platos in dessen Staatsideal hineingebracht hat.

Dadurch, daß im platonischen Staat „Jeder das, zu dem er geboren ist, aufs beste treiben lernt und treibt", kommt er — wie Hegel ausdrücklich zugibt — „als bestimmte Individualität allein zu seinem Recht. Denn er kommt in den ausgebildeten Besitz und Gebrauch seiner Natur, seiner eigentlichen Habe."[1] Indem Plato durch sein Gerechtigkeitsprinzip jeder besonderen Be= stimmung ihr Recht widerfahren läßt, befriedigt er die Forderung, welche Hegel zugleich als eine solche der „Freiheit" erklärt, daß „die Partikularität des Individuums ausgebildet, zum Rechte, zum Da= sein komme", daß „jeder an seiner Stelle sei, jeder seine Be= stimmung erfülle und so jedem sein Recht widerfahre". Hier wird in der That das verwirklicht, was ein moderner Sozial= politiker als eine Hauptforderung sozialer Gerechtigkeit, als „soziales Grundrecht" bezeichnet hat: Das Recht auf sich selbst, d. h. das Recht der Persönlichkeit auf den Vollgenuß ihrer spezifischen brauch= baren Begabung.[2]

Wer wollte verkennen, daß in diesen Punkten die platonische Staatslehre sich mit der Rechtstheorie des modernen Individualis= mus berührt? Wie die letztere bekleidet auch die platonische Sozial= philosophie das Individuum mit unveräußerlichen und unzerstör= baren Rechten, mit Naturrechten und ebenso mit Naturpflichten. Der platonische Staat erkennt — wenn auch mit Beschränkung auf die Nationalität — ein Recht auf Freiheit an, ein Recht auf Gleich= heit, ein Recht des Individuums auf volle Entfaltung seiner spezi= fischen Begabung, auf einen seiner Individualität zukommenden Lebensinhalt; er verhilft jedem Einzelnen zu seinem natürlichen Recht und zwingt ihn andererseits zur Anerkennung seiner natür=

---

[1] A. a. O. 284.

[2] Wolf a. a. O. S. 608 (über die „Formel der Gerechtigkeit").

lichen Pflichten. Die Stellung, welche das Individuum im Staate einnimmt, sei es herrschend oder dienend, ist eine naturrechtlich begründete (προσήκει φύσει!). Auch bei Plato „schweben diese Naturrechte und Naturpflichten als objektives φύσει bestehendes Soll über Individuum und Gesellschaft, ist die Verwirklichung dieser ‚natürlichen‘ Ordnung die dem Staate gesetzte Aufgabe, sein ideales Ziel".[1] Auch die Rechtsordnung des Vernunftstaates legitimiert sich vor dem individuellen Bewußtsein dadurch, daß sie von der Vernunft als übereinstimmend mit der vernünftigen Natur erkannt wird, als νόμος κατὰ φύσιν,[2] daß sie der natürlichen Gerechtigkeit entspricht, der Gerechtigkeit, deren Verwirklichung geradezu als der Endzweck des Vernunftstaates bezeichnet wird (οὗ ἕνεκα πάντα ζητοῦμεν!)."[3]

Die Realisierung dieses Gerechtigkeitsprinzipes enthält von selbst auch die der grundlegenden Ideale des Naturrechts, der „wahren" Freiheit, Gleichheit und Brüderlichkeit, die Auflösung der Interessengegensätze in einer vollendeten Interessenharmonie, die Rückkehr zu der paradiesischen Welt der Eintracht, welche die Geschichtsphilosophie Platos ja genau ebenso an den Beginn der geschichtlichen Entwicklung stellt und genau ebenso als ideales Ziel derselben festhält, wie Grotius und Locke. Allerdings sieht Plato das Mittel zur Verwirklichung dieser Ideale nicht in der politischen Emanzipation des Individuums, sondern in einer absoluten Staatsgewalt; er ist weit davon entfernt, das Individuum und seine Autonomie einseitig als Zweck des Staates hinzustellen; allein diese grundsätzliche Verschiedenheit darf uns doch über die thatsächlich vorhandenen individualistischen Elemente seiner Staats- und Sozialtheorie nicht hinwegtäuschen.

Man sieht, eine unbefangene Erwägung aller in Betracht kommenden Momente führt zu Ergebnissen, welche mit den herr-

---

[1] So charakterisiert Diezel im Hdwb. der Staatsw. S. 531 die individualistische Rechtstheorie Grotes und Lockes.

[2] Vgl. z. B. 456 c.

[3] S. oben S. 270 Anmerk. 2.

schenden Anschauungen über den platonischen Staat vielfach in
Widerspruch stehen. Sie zeigt, daß der Sozialismus Platos keines=
wegs in einem kontrabiktorischen Gegensatz zum Individualprinzip
an sich steht, dasselbe vielmehr innerhalb gewisser Schranken als
berechtigt anerkennt. Zwar geht Plato von den Pflichten gegen die
Gesamtheit aus, aber er sucht auf der anderen Seite auch dem
Individuum und den Forderungen des individuellen Bewußtseins
gerecht zu werden. Er wendet sich nicht bloß an das sittliche
Gefühl, sondern zugleich an den Intellekt, indem er den prinzi=
piellen Wert seines Idealstaates darin erblickt, daß hier Jeder, in=
dem er für das Ganze sorgt, am besten zugleich für sich selber
sorgt. Es ist mit Einem Wort die Koinzidenz der beiden
Prinzipien, — des sozialistischen und des individualistischen, —
welches sich als das letzte Ergebnis der platonischen Staatstheorie
herausstellt. Von der Übereinstimmung der Bürger über das, „was
das Herrschende sein soll im Staat und in der Seele des Einzelnen"
erwartet Plato, daß hier alle Verständigen das, was ihre Pflicht
gegenüber der Gesamtheit ist, freiwillig thun werden, daß sie wollen
werden, was sie sollen.[1] Eine Koinzidenz von Freiheit und
Zwang, bei der jeder seinen Vorteil findet, weil er ihn eben —
individuell und sittlich genommen — richtig versteht.[2] Die Grund=
lage des ganzen Staatsgebäudes ist die durch die systematische Er=
ziehung und Belehrung der Regierenden und der Regierten erzielte
moralische und intellektuelle Bildung, welche nötig ist, um jene
Koinzidenz herbeizuführen.

Damit bestimmt sich auch die Stelle, welche der platonische
Idealstaat in der Geschichte der sozialpolitischen Idealbilder ein=
nimmt.

---

[1] Für den Bürger des Idealstaates gilt dasselbe, was Posidonius
von dem Menschen der seligen Urzeit sagt (bei Seneka Ep. XIV, 2, 4: tantum
enim, quantum vult, potest, qui se nisi quod debet, non putat posse).

[2] „Der gute Mensch, der gute Staat, die gute Welt beruhen alle auf
derselben Harmonie." Hermann: Die historischen Elemente des platonischen
Staatsideals. Ges. Abh. S. 135.

Er steht prinzipiell auf keinem anderen Standpunkt, als die älteste und erhabenste aller Utopien, die Schilderung eines goldenen Zeitalters, wie wir sie bei Jesaias lesen.[1]) Wenn die Herrschaft des Mammons gebrochen, wenn der Herr die Tarsisschiffe der reichen Kauffahrer vernichtet haben wird, gleichwie er die hohen Cedern des Libanon herabstürzt, dann wird er ein Reich des Glückes und des Friedens ins Dasein rufen, das zu seiner Verwirklichung keiner anderen Voraussetzung bedarf, als daß „von Zion ausgeht Belehrung und das Wort Jehovas von Jerusalem". „Nichts Böses und nichts Verderbliches thun sie auf meinem ganzen heiligen Berge, denn voll ist das Land von Erkenntnis Jehovas, wie die Wasser das Meer bedecken."

Ist es nicht genau dieselbe utopische Voraussetzung, auf der sich dieses Ideal des Sehers, wie der von der Erkenntnis beherrschte Vernunftstaat Platos aufbaut? Die Voraussetzung nämlich, daß die Menschheit, wenn sie die wahren Wege, die sie wandeln soll, erkannt hat, notwendig auch zu einem glückseligen Dasein gelangen muß?

Nur insoferne geht Plato über Jesaias hinaus, als er zuerst eine ausführliche theoretische Erörterung der Frage gegeben hat, worin denn die Vorbedingung der Vorbedingung jenes Ideals bestehe, d. h. unter welchen Umständen die sittliche und intellektuelle Bildung den Grad erreichen wird, daß Jeder will, was er soll. Andererseits ist Plato bei seiner Untersuchung zu dem Ergebnis gekommen, daß die genannte Koinzidenz von Freiheit und Zwang in Wirklichkeit nie eine allgemeine sein könne, d. h. daß es stets einen mehr oder minder großen Bruchteil von Menschen geben werde, bei dem keine Belehrung den äußeren Zwang überflüssig machen kann.

---

[1]) Das hat zuerst richtig erkannt Jastrow: Ein deutsches Utopien (Schmollers Jahrb. 1891 S. 527), obwohl er eine nähere Begründung nicht gegeben hat. Ich kann seiner Auffassung des prinzipiellen Verhältnisses zwischen Jesaias, Plato und den späteren Utopisten im wesentlichen nur zustimmen.

Doch es bedeutet das eben nur eine Modifikation, eine Ein=
ſchränkung der Lehre, keine theoretiſche Fortbildung, von der ja
überhaupt bei einer derartigen in ſich geſchloſſenen, von Anfang
an vollkommen fertig auftretenden Doktrin keine Rede ſein kann.
Daher iſt auch in keinem der Idealbilder, in welchem das gleiche
Prinzip zum Ausdruck kommt, in dieſer Beziehung ein theoretiſch
bedeutſamer Fortſchritt über Plato hinaus zu erkennen. Selbſt die
genialſte moderne Utopie, Hertzkas Freiland, ſo weſentlich ſie von
Plato durch ihr ausſchließlich individualiſtiſches Grundprinzip ab=
weicht, lenkt wieder ganz in deſſen Bahnen ein, indem ſie den Sozial=
ſtaat auf der Vorausſetzung aufbaut, daß ſeine Bürger ihren Vor=
teil richtig verſtehen.

4.

Die Verwirklichung des Vernunftſtaates.

Wenn wir den platoniſchen Idealſtaat in die Reihe der
Utopien ſtellen, ſo ſoll damit nicht geſagt ſein, als ob Plato ſelbſt
der Meinung geweſen wäre, ein Ideal menſchlicher Zuſtände zu
ſchildern, an deſſen Verwirklichung nicht zu denken ſei. Er be=
zeichnet zwar dieſe Schilderung als ein dichteriſches Phantaſiegebilde[1]
und betont mit aller Entſchiedenheit, daß ſchon die bloße Auf=
ſtellung eines ſolchen „Muſterbildes“,[2] die rein theoretiſche Be=
lehrung über das Seinſollende an und für ſich von hohem Werte
ſei, weil ſie eben dem Handeln der Menſchen Ziel und Richtſchnur
gibt. Auch räumt er ausdrücklich ein, daß zwiſchen Theorie und
Praxis immer eine gewiſſe Entfernung bleiben werde, daß bei der
Umſetzung der theoretiſchen Erkenntnis in die Wirklichkeit eine
abſolut genaue Übereinſtimmung zwiſchen dem praktiſchen Ergebnis
und der Idee nicht zu erzielen ſei,[3] weshalb man ſich auf jeden Fall

---

[1] πολιτεία ἣν μυθολογοῦμεν λόγῳ. 501 e.

[2] παράδειγμα ἀγαθῆς πόλεως. 472 e.

[3] 473a: Ἆρ’ οἷόν τέ τι πραχθῆναι ὡς λέγεται, ἢ φύσιν ἔχει
πρᾶξιν λέξεως ἧττον ἀληθείας ἐφάπτεσθαι, κἂν εἰ μή τῳ δοκεῖ, ἀλλὰ σὺ
πότερον ὁμολογεῖς οὕτως ἢ οὔ; Ὁμολογῶ, ἔφη.

mit dem Nachweis begnügen müsse, daß die Wirklichkeit dem Ideale wenigstens nahe zu kommen vermöge.[1] Allein je eifriger sich Plato im weiteren Verlaufe der Darstellung bemüht, eben diesen Nachweis zu erbringen und die Mittel und Wege zur Verwirklichung seines Ideals darzulegen, um so mehr Nachdruck wird von ihm gerade auf die Ausführbarkeit desselben gelegt. Und beim Abschluß des ganzen Entwurfes spricht er die zuversichtliche Überzeugung aus, man werde ihm rückhaltlos zugeben, daß er keineswegs nur fromme Wünsche geäußert habe, und daß die Ausführung seiner Vorschläge, wenn auch nicht leicht, so doch möglich, und zwar in keiner anderen, als der von ihm angegebenen Weise möglich sei.[2]

Das Kriterium aber für die Realisierbarkeit seiner Staats=idee findet er darin, daß die Forderungen derselben zugleich Forde=rungen der Natur seien, während das Bestehende mehr oder min=der naturwidrig sei.[3] Er folgert daraus, daß Reformen auf dem Boden des Bestehenden nichts als dürftige Notbehelfe sind, welche auf die Dauer doch nie zu wirklichen Verbesserungen, sondern im Gegenteil nur zu einer Verschlimmerung der gesellschaftlichen Miß=stände führen können. Er vergleicht die Thätigkeit der Staats=männer, welche immerfort Gesetze gäben und an dem Bestehenden

---

[1] Ebd.: Τοῦτο μὲν δὴ μὴ ἀνάγκαζέ με, οἷα τῷ λόγῳ διήλθομεν, τοιαῦτα παντάπασι καὶ τῷ ἔργῳ δεῖν γιγνόμενα ἀποφαίνειν· ἀλλ’, ἐὰν οἷοί τε γενώμεθα εὑρεῖν, ὡς ἂν ἐγγύτατα τῶν εἰρημένων πόλις οἰκήσειεν, φάναι ἡμᾶς ἐξευρηκέναι, ὡς δυνατὰ ταῦτα γίγνεσθαι, ἃ σὺ ἐπιτάττεις.

[2] 540 d: ἐγχωρεῖτε περὶ τῆς πόλεώς τε καὶ πολιτείας μὴ παντάπασιν ἡμᾶς εὐχὰς εἰρηκέναι, ἀλλὰ χαλεπὰ μὲν, δυνατὰ δέ πη κτλ.;
Vgl. dazu Göthe: Maximen und Reflexionen (6): Man denke sich das Große der Alten, vorzüglich der sokratischen Schule, daß sie Quelle und Richt=schnur alles Lebens und Thuns vor Augen stellt, nicht zu leerer Spekulation, sondern zu Leben und That auffordert.

[3] 456 c: οὐκ ἄρα ἀδύνατά γε οὐδὲ εὐχαῖς ὅμοια ἐνομοθετοῦμεν, ἐπείπερ κατὰ φύσιν ἐτίθεμεν τὸν νόμον· ἀλλὰ τὰ νῦν παρὰ ταῦτα γιγνόμενα παρὰ φύσιν μᾶλλον, ὡς ἔοικε, γίγνεται. Ein Satz, der sich allerdings zunächst auf die Forderung der Frauenemanzipation bezieht, aber ebensogut von dem System überhaupt gilt.

nachzubeſſern ſuchten, mit dem Herumſchneiden an der Hydra, der
für jeden abgeſchlagenen Kopf zehn neue nachwachſen.[1]) Dem Staate
gehe es bei all dieſer nur auf Symptome gerichteten Reformarbeit
wie dem Kranken, der durch fortwährendes Medizinieren geſund zu
werden hofft und dabei doch die Lebensweiſe fortſetzt, die ihn krank
gemacht hat.[2])

Freilich folgt aus dieſem Widerſtreben der kranken Geſellſchaft
gegen einen radikalen, das Übel an der Wurzel faſſenden Eingriff,
daß ſie ſich den Poſtulaten der Natur und Vernunft niemals
freiwillig unterwerfen wird. Soll daher der beſte Staat keine bloße
Utopie bleiben, ſo müſſen diejenigen, welche das „Urbild“ desſelben
in der Seele tragen, die Möglichkeit erhalten, mit unumſchränkter
Machtvollkommenheit über die Geſchicke des Staates zu entſcheiden.[3])
Ein „glücklicher Zufall“ muß es fügen, daß die im beſtehenden
Staat zur Unthätigkeit verurteilten Denker (τὸ φιλόσοφον γένος)[4])
an das Staatsruder gelangen und in die Notwendigkeit verſetzt
werden, ſich des Staates anzunehmen, oder daß aus der Reihe der
Fürſten ein philoſophiſcher Geiſt erſteht, der von „göttlicher Be-
geiſterung ergriffen“ die Machtmittel der abſoluten Monarchie in
den Dienſt des großen Werkes ſtellt.[5]) Der Staatsmann, der zum
Retter und Befreier von der Unnatur des Beſtehenden werden ſoll,
muß den Staat in ſeiner Hand haben, wie der Maler ſeine Tafel,
auf daß er die Umriſſe des Neubaues ganz nach dem göttlichen
Urbild entwerfen und dies Abbild dann im einzelnen „hier aus-
löſchend, dort hinzuzeichnend“ — frei ausgeſtalten könne.[6])

Nur im Beſitze ſolch abſoluter Autorität kann er auch der
Hinderniſſe Herr werden, welche die Gemüter der Menſchen vernunftgemäßer Belehrung unzugänglich macht, und ſo das Volks-

---

[1]) 426 e.
[2]) 426 a.
[3]) Wiſſen und Macht müſſen zuſammenfallen. 473 c.
[4]) 497 b.
[5]) 499 b. Vgl. 473 d.
[6]) 500 e. 501 c.

leben mit einem neuen sittlichen Geist erfüllen, ohne welchen die beste staatliche Organisation keinen Bestand hätte.[1])

Auf dies psychologische Moment legt Plato begreiflicherweise das höchste Gewicht. Die Verfassungen, meint er, wachsen nicht wie Eicheln auf den Bäumen, noch entspringen sie wie Quellen aus den Felsen, sondern die Sinnesart der Bürger ist es, worin sie wurzeln und wodurch sie ihr ganzes Gepräge erhalten.[2])

Der große Reinigungsprozeß, welchen die Gesellschaft durch= machen muß,[3]) wenn der Aufbau des Idealstaates möglich werden soll, besteht daher vor allem darin, daß der reformatorische Staats= mann das Werk der Erziehung in die Hand nimmt. Diese Er= ziehung soll gemeinschaftliche Massenerziehung sein, weil nur sie jenes ideelle Massengefühl und jene durch Eine Anschauungs= und Gefühlsweise, Eine Meinung und Gesinnung, Eine Absicht und Ein Ziel ideell verbundene Masse schaffen kann, deren der Sozialstaat zu seinem Bestande bedarf. Plato hofft, daß eine Jugend, die von Anfang an den disziplinierenden Einfluß der Gemeinschaft an sich verspürt, diesen Einfluß auch in ihrem späteren Leben nicht ver= leugnen und selbst in den individuellsten Äußerungen die Rücksicht auf das Ganze nicht außer Acht lassen wird.

---

[1]) Ebd.: καὶ τὸ μὲν ἄν, οἶμαι, ἐξαλείφοιεν, τὸ δὲ πάλιν ἐγγράφοιεν, ἕως ὅ τ μάλιστα ἀνθρώπεια ἤθη εἰς ὅσον ἐνδέχεται θεοφιλῆ ποιήσειαν.

[2]) 544d: οἶσθ' οὖν, ἦν δ' ἐγώ, ὅτι καὶ ἀνθρώπων εἴδη τοσαῦτα ἀνάγκη τρόπων εἶναι, ὅσαπερ καὶ πολιτειῶν; ἢ οἴει ἐκ δρυός ποθεν ἢ ἐκ πέτρας τὰς πολιτείας γίγνεσθαι, ἀλλ' οὐχὶ ἐκ τῶν ἠθῶν τῶν ἐν ταῖς πόλεσιν, ἃ ἂν ὥσπερ ῥέψαντα τἆλλα ἐφελκύσηται; Οὐδαμῶς ἔγωγ', ἔφη, ἄλλοθεν ἢ ἐντεῦθεν. Wer denkt hier nicht an das schöne Wort W. v. Hum= boldts. daß „sich Staatsverfassungen nicht auf Menschen wie Schößlinge auf Bäume pfropfen lassen". — „Wo Zeit und Natur nicht vorgearbeitet haben, da ist es, als bindet man Blüten wie Fäden an. Die erste Mittagsonne ver= sengt sie."

[3]) 501a: λαβόντες, ἦν δ' ἐγώ, ὥσπερ πίνακα πόλιν τε καὶ ἤθη ἀνθρώπων, πρῶτον μὲν καθαρὰν ποιήσειαν ἄν· ὃ οὐ πάνυ ῥᾴδιον· ἀλλ' οὖν οἶσθ', ὅτι τούτῳ ἂν εὐθὺς τῶν ἄλλων διενέγκοιεν, τῷ μήτε ἰδιώ= του μήτε πόλεως ἐθελῆσαι ἂν ἅψασθαι μηδὲ γράφειν νόμους, πρὶν ἢ παραλαβεῖν καθαρὰν ἢ αὐτοὶ ποιῆσαι. Καὶ ὀρθῶς γ', ἔφη.

Es ist derselbe Vorschlag, mit welchem an der Schwelle
unseres Jahrhunderts patriotische deutsche Denker hervortraten, als
dem einzigen Mittel, welches dem Verfall alles Bürgergeistes und
aller Bürgerkraft wehren und von neuem die Gemeinschaftsbande
entstehen lassen könne, die zu einem wahren Bürgertum erziehen.
„Die Zöglinge dieser neuen Erziehung, sagt Fichte in den Reden
an die deutsche Nation, werden, obwohl abgesondert von der schon
erwachsenen Gemeinschaft, dennoch unter einander selbst in Gemein=
schaft leben und so ein abgesondertes und für sich selbst bestehendes
Gemeinwesen bilden, das seine genau bestimmte, in der Natur der
Dinge begründete und von der Vernunft durchaus geforderte Ver=
fassung habe. Das allererste Bild einer geselligen Ordnung, zu
dessen Entwerfung der Geist des Zöglings angeregt wird, sei dieses
der Gemeine, in der er selber lebt, also daß er innerlich gezwungen
sei, diese Ordnung Punkt für Punkt gerade so sich zu bilden, wie
sie wirklich vorgezeichnet ist, und daß er dieselbe in allen ihren
Teilen als durchaus notwendig aus ihren Gründen versteht.“[1]
     Verwirklicht denkt sich Plato das Prinzip der Massenerziehung
in der Weise, daß die ganze jugendliche und noch bildsame Gene=
ration unter zehn Jahren von der unter den alten Zuständen auf=
gewachsenen getrennt und, ungestört durch die schädlichen Einflüsse
der letzteren, nach den oben entwickelten Grundsätzen erzogen wird.
Eine Isolierung, die dadurch erreicht werden soll, daß alle über
zehn Jahre alten Bewohner der Stadt dieselbe zu räumen und sich
draußen im Landgebiet anzusiedeln haben![2] In der Stadt bleibt
nur die Regierung mit ihren Schutzbefohlenen, aus denen sie sich
das für die Zwecke des neuen Staates nötige Beamten= und Sol=
datenmaterial heranzieht. So — meint Plato — würde sich der=
selbe am schnellsten und leichtesten verwirklichen lassen und die
Glückseligkeit, die er gewährt, offenbar werden.
     Daß dieser Dioikismos eine gewaltige Umwälzung der Be=

---

[1]) Werke VII 293.
[2]) 541 a.

sitzverhältnisse, eine unendlich tiefgehende Störung der ganzen Volks=
wirtschaft bedeutet hätte, hat für den rücksichtslosen Reformeifer
Platos nichts Bedenkliches.[1]

Eine radikale volkswirtschaftliche Revolution ist ja ohnehin
die unvermeidliche und von vorneherein gewollte Konsequenz seines
ganzen Systems. Er bedarf ihrer nicht bloß zur Erreichung des
bereits genannten Zweckes, sondern auch zur Verwirklichung seines
wirtschaftspolitischen Ideales. In der „Stadt" soll zugleich das
Zentrum und die Herzkammer der verhaßten kapitalistischen Geld=
wirtschaft unschädlich gemacht und so die Umkehr des Handels= und
Industriestaates zum Ackerbaustaat erzwungen werden.

Dabei ist Plato so ganz und gar von dem Glauben an die
unwiderstehliche Macht seiner reformatorischen Ideen erfüllt, daß
er trotz der Verletzung zahlloser Interessen, welche eine solche Um=
wälzung zur Folge haben müßte, nicht auf die Hoffnung verzichtet,
auch die erwachsene Generation für die neue Ordnung der Dinge
zu gewinnen. Er meint: Wenn die Bürger nur einmal die Seg=
nungen des neuen Staates aus Erfahrung kennen und wahre
Staatsmänner am Werke sehen würden, dürfte es gewiß nicht un=
möglich sein, sie allmählich zu freiwilligem Gehorsam zu bestimmen.[2]

---

[1] Die Sache erscheint allerdings insoferne weniger ungeheuerlich, als
eine solche Auflösung städtischer Gemeinden in der griechischen Geschichte keines=
wegs etwas Unerhörtes war. Man erinnere sich nur an den Dioikosmos
Mantineas (385), mit welchem sich nach dem allerdings tendenziösen Berichte
Xenophons wenigstens der konservative Teil der Bevölkerung vollkommen
ausgesöhnt haben soll. Hell. V. 2. 7: καὶ τὸ μὲν πρῶτον ἤχθοντο, ὅτι
τὰς μὲν ὑπαρχούσας οἰκίας ἔδει καθαιρεῖν, ἄλλας δὲ οἰκοδομεῖν· ἐπεὶ δὲ
οἱ ἔχοντες τὰς οὐσίας ἐγγύτερον μὲν ᾤκουν τῶν χωρίων, ὄντων αὐτοῖς
περὶ τὰς κώμας, ἀριστοκρατίᾳ δ᾽ ἐχρῶντο, ἀπηλλαγμένοι δ᾽ ἦσαν τῶν
βαρέων δημαγωγῶν, ἥδοντο τοῖς πεπραγμένοις. Wenn das auch Schön=
färberei ist, so wirft es doch ein bedeutsames Licht auf die Art und Weise,
wie man auf antidemokratischer Seite über solche Umwälzungen dachte.

[2] 502b: ἄρχοντος γάρ που, ἦν δ᾽ ἐγώ, τιθέντος τοὺς νόμους καὶ
τὰ ἐπιτηδεύματα, ἃ διεληλύθαμεν, οὐ δήπου ἀδύνατον ἐθέλειν ποιεῖν τοὺς
πολίτας. Οὐδ᾽ ὁπωστιοῦν.

Denn was hindert, daß „das, was uns gut erscheint, auch anderen so erscheine?"[1]

Wenn sich die große Masse des Bürgertums gegenwärtig den Forderungen des Denkers verschließe, so sei dies nur die Folge mangelnder Erfahrung und absichtlicher Irreführung.[2] Würde das Volk durch freundliche Belehrung über die wahren Intentionen der Philosophie auf den richtigen Weg geleitet, so würde es einsehen, daß dieselbe nur sein Bestes will, und ihr nicht länger widerstreben.[3] Denn warum sollte man feindselig gegen den Gütigen, gehässig gegen den Wohlwollenden gesinnt sein, wenn man selbst frei von Mißgunst ist und ein gutes Herz hat?[4]

Daß sich aber das Volk in seiner großen Mehrheit so gut geartet erweisen werde, wird von Plato gegenüber einer skeptischen Beurteilung der Masse ohne Weiteres behauptet,[5] obwohl er selbst kurz vorher die Ausschreitungen des — allerdings von den Demagogen mißleiteten — Demos in den düstersten Farben geschildert hatte.[6] Das Volk, dessen leidenschaftliches Gebahren auf der Agora ihn an die Unbändigkeit und Wildheit eines störrischen Tieres erinnert,[7] das Volk, welches das gut heißt, was ihm angenehm, schlecht, was ihm zuwider ist,[8] welches dem, der sich um seinen Beifall bemüht, einen wahrhaft unerträglichen Zwang auferlegt,[9] dieses selbe Volk wird sich, wenn es nicht mehr als einheitliche

---

[1] Ebd.: ἀλλὰ δή, ἅπερ ἡμῖν δοκεῖ, δόξαι καὶ ἄλλοις θαυμαστόν τι καὶ ἀδύνατον; Οὐκ οἶμαι ἔγωγε, ἦ δ' ὅς.

[2] 499e. Vgl. 498d: τὸ μέντοι μὴ πείθεσθαι τοῖς λεγομένοις τοὺς πολλοὺς θαῦμα οὐδέν· οὐ γὰρ πώποτε εἶδον γενόμενον τὸ νῦν λεγόμενον.

[3] 500e.

[4] 500a: ἢ καί, ἐὰν οὕτω θεῶνται, ἀλλοίαν τε φήσεις αὐτοὺς δόξαν λήψεσθαι καὶ ἄλλα ἀποκρινεῖσθαι; ἢ οἴει τινὰ χαλεπαίνειν τῷ μὴ χαλεπῷ ἢ φθονεῖν τῷ μὴ φθονερῷ ἄφθονόν τε καὶ πρᾶον ὄντα;

[5] 499d.

[6] 492b ff.

[7] 493a.

[8] 493c.

[9] 493d.

Masse zu souveränen Machtentscheidungen zusammentreten kann, willig und neidlos der Leitung der geistig Höherstehenden überlassen und zur lammfrommen Herde werden!

So wird ein Staat entstehen, der zwar das Los alles Irdischen, die Vergänglichkeit, auch von sich nicht abzuwenden vermag, der aber doch nach der Meinung seines Urhebers die denkbar beste Bürgschaft für lange ungestörte Dauer gewährt.[1])

Eigentlich ist es nur Ein Moment, von dem Plato eine Schwächung und Zerrüttung seines Staates befürchtet, der Naturlauf, der in einer Lebensfrage des Ganzen, nämlich in Beziehung auf die stetige Wiedererzeugung der für den Staatsdienst geeigneten Kräfte und Talente alle menschliche Berechnung illusorisch zu machen vermag.[2]) Ebensowenig, wie Mißwachs, kann menschliche Voraussicht verhüten, daß einmal ein Geschlecht geboren wird, dem die Natur die für die höchsten Berufe notwendigen Anlagen versagt hat, das aber trotzdem den Zutritt zu denselben erlangt. Dann aber werde die unvermeidliche Folge sein, daß die Einheit der Gesinnung unter den Trägern und Organen der Staatsgewalt verloren geht und Zwiespalt einreißt, womit die Auflösung des Vernunftstaates entschieden ist.[3]) Man sieht, was diesen Staat bedroht, ist einzig und allein ein Naturprozeß, dem gegenüber Menschenwille und Menschenklugheit ohnmächtig ist. Soweit es sich um rein geschichtliche Verhältnisse, um Schwierigkeiten und Gefahren handelt, welche dieser Wille und diese Einsicht zu beherrschen vermag, glaubt der Vernunftstaat des Erfolges unbedingt sicher zu sein.

5.
Zur geschichtlichen Beurteilung der Politeia.

Die Ansicht über Wert und Bedeutung des platonischen Werkes hängt vor allem von der Entscheidung der Vorfrage ab,

---

[1]) 546a.
[2]) Ebd.
[3]) Ebd.

ob die Zeichnung eines Idealstaates, wie sie hier versucht wird, überhaupt als eine in der Wissenschaft berechtigte Litteraturform anzuerkennen ist oder nicht. Wer die Frage verneint, wer die „Utopie" als eine Verirrung, als das müßige Spiel einer ausschweifenden Phantasie grundsätzlich verwirft, für den ist auch das Urteil über Plato gesprochen. Er wird mit dem neuesten Historiker der „Staatsromane" in den platonischen Theorien nichts anderes erblicken können als Luftschlösser, welche lustig ins Ätherblau hineingebaut sind und welche ihren Urheber auf eine Linie etwa mit Jules Verne stellen.[1])

Daß dieses Urteil nicht das letzte Wort einer wahrhaft geschichtlichen Auffassung der Dinge sein kann,[2]) wird dem Unbefangenen kaum zweifelhaft erscheinen in einer Zeit, in der gerade die Aufstellung solcher ideeller Gebilde eine noch vor kurzem völlig ungeahnte Bedeutung gewonnen hat, und selbst von anerkannten Vertretern der Wissenschaft — man denke nur an Hertzka — nicht verschmäht wird, um als Rüstzeug in dem großen Kampf der

---

[1]) So Kleinwächter: Die Staatsromane S. 27.

[2]) Bei Kleinwächter hat es thatsächlich zu einer reinen Karikatur geführt. Von dem genannten Standpunkt aus ist eben ein liebevolles Versenken ins Einzelne, ohne welches ein richtiges Bild nicht möglich ist, von vornherein überflüssig.

Irreführend ist es übrigens auch, wenn hier die Politeia ohne weiteres unter die „Staatsromane" gezählt wird, die uns in einem späteren Kapitel beschäftigen werden. Wie schon Mohl (Gesch. u. Lit. der Staatsw. I, 172) mit Recht bemerkt hat, gibt hier Plato durchaus nicht ein rein dichterisches Bild, die Schilderung eines bestimmten ersonnenen Staates in Form einer Erzählung, sondern eine theoretische Erörterung über die Institutionen, welche er zum Aufbau eines idealen Staates überhaupt für nötig erachtet. Damit, daß diese Institutionen in gewissem Sinne „erdichtet" oder, um mit Kleinwächter zu reden, „Produkte der spekulativen Philosophie und des deduktiven Denkens" sind, ist doch noch lange nicht der Begriff des Romans gegeben! Die Politeia ist kein Roman, sondern ein Aktionsprogramm. Ich sehe daher nicht ein, warum es „unwissenschaftlich" sein soll, die Utopien in Romanform von denen in Abhandlungsform zu trennen. (Wie Oldenberg in Schmollers Jahrb. 1893 S. 255 gemeint hat.)

Geister zu dienen, der um die Grundlagen der bürgerlichen Gesellschaft entbrannt ist.

Angesichts der frappanten Analogie, die auch hier das 19. Jahrhundert mit dem vierten v. Chr. darbietet, drängt sich ja ganz
von selbst die Erkenntnis auf, daß wir es in dem Utopismus mit
einer geschichtlichen Erscheinung zu thun haben, die mit der Gesamt-
entwicklung der Völker aufs Engste zusammenhängt und daher
unter analogen geschichtlichen Voraussetzungen mit psychologischer
Notwendigkeit sich immer wieder von neuem einstellt, auch wo man
sie längst als „überwunden" ansah.

Wie John Stuart Mill mit Recht bemerkt hat, ist der
Utopismus das naturgemäße Ergebnis aller Epochen, in denen,
wie eben in der Gegenwart und im Zeitalter Platos eine allgemeine
neue Prüfung der Grundprinzipien des Staates und der Gesellschaft als unvermeidlich erkannt ist.[1] Je tiefer und schmerzlicher
bei solcher Prüfung die Unvereinbarkeit des Bestehenden mit berechtigten Interessen und Wünschen der Menschheit empfunden wird,
je hartnäckiger andererseits der gedankenlose Alltagsmensch an die
Ewigkeit der Zustände glaubt, in denen er die Befriedigung seiner
kleinen persönlichen Interessen findet, um so zwingender macht sich
andererseits das Bedürfnis geltend, den Kontrast zwischen der Wirklichkeit und den Forderungen der Vernunft und Gerechtigkeit eben
dadurch mit möglichster Klarheit vor Augen zu stellen, daß derselben das Idealbild einer besseren Staats- und Gesellschaftsordnung
entgegengesetzt wird, ein Ideal menschlicher Zustände, wie sie sein
sollten und unter Umständen vielleicht auch sein könnten. Durch
die Gegenüberstellung von Ideal und Wirklichkeit schafft sich der
menschliche Geist ein mächtiges Hilfsmittel, um das Bestehende
schärfer begreifen und beurteilen zu lernen, seine Lücken und Fehler
sich und Anderen möglichst klar zum Bewußtsein zu bringen.

Gegenüber der quietistischen Beschränktheit, welche die jeweilig
bestehende Ordnung der Dinge als die allein richtige oder allein

---

[1] Grundsätze der pol. Ökonomie I, 237 (D. A.).

mögliche ansieht, ist daher das Auftauchen solcher Spekulationen
über die Möglichkeit anderer und besserer Zustände stets ein Symptom
des Fortschrittes und sie werden darum auch nie ganz verschwinden,
solange der menschliche Geist selbst im Fortschreiten begriffen ist.
In ihnen stellt sich gegenüber der gedankenlosen Vergötterung des
Bestehenden die Erkenntnis dar, daß dasselbe doch wesentlich mit
das Werk wandelbarer menschlicher Anordnung ist, und so erscheinen
sie, soweit sie Begründetes enthalten, als die Vorkämpfer für das
höhere Recht der Zukunft gegenüber dem, was ohne innere Be=
rechtigung durch das Schwergewicht äußerer Momente noch fort=
besteht.   In den Idealen, die sich so ein Volk durch seine Denker
schafft, reflektiert sich jene höhere Stufe des politischen Bewußtseins,
auf der mit der Erkenntnis des Gegenwärtigen sich das lebendige
Gefühl für die Zukunft verbindet.

Darauf beruht der Wert und die Bedeutung dieser idealen
Konstruktionen, daß sie — soweit sie nicht hohle Phantasieen, sondern
das Ergebnis ernster Gedankenarbeit und der Erkenntnis wahrer
Bedürfnisse sind, — der Arbeit der Zukunft die Probleme stellen,
der geschichtlichen Entwicklung und der organischen Reformarbeit
Ziel und Richtung weisen.

Daher hat selbst ein so nüchtern denkender und durchaus
konservativ gesinnter Mann, wie Robert von Mohl sich entschieden
gegen diejenigen ausgesprochen, welche aus den dem Utopismus
anhaftenden Irrtümern schließen zu dürfen glauben, daß derselbe
überhaupt für Leben und Theorie keine Bedeutung haben könne.
Er erkennt vollkommen an, daß „diese Irrtümer durchaus nicht in
wesentlicher Beziehung zu der Aufgabe stehen, und daß ein
Schriftsteller von Geist und Talent, der das Problem von der
rechten Seite fassen würde, die Wissenschaft zu zwingen vermöchte,
sein Werk ihren Schätzen beizuzählen".[1]

---

[1] A. a. O. 214. Lange, der übrigens die Ansicht Mohls vollkommen
teilt, hat freilich in Beziehung auf die letztgenannten Worte bemerkt, daß
die Utopie zwar Gegenstand wissenschaftlicher Betrachtung sein und auf die
Wissenschaft wie auf das praktische Leben befruchtend und anregend zurück=

Eine andere Frage ist nun aber freilich die, ob es zur Auf=
gabe dieser Litteraturform gehört, Projekte zu entwerfen, welche auf
unmittelbare praktische Verwirklichung berechnet sind. Bei aller
Achtung für die moralische und wissenschaftliche Energie, mit welcher
der gelehrte Verfasser der bedeutendsten modernen Utopie die prak=
tische Verwirklichung seiner Pläne in die Hand genommen hat,
muß doch diese Frage entschieden verneint werden. Es hat sich
bisher wenigstens noch immer unmöglich erwiesen, irgend eine neue
Form des Staates und der Gesellschaft zu erfinden, von der man
wie von einer auf dem Papier konstruierten Maschine die Wirkungs=
weise im voraus bestimmen könnte.

Ein Kritiker von Freiland, der zugleich Historiker ist, hat
sehr treffend bemerkt, daß sich der Idealstaat zur praktischen Volks=
wirtschaftslehre verhalte, wie etwa die physikalischen Beobach=
tungen im luftleeren Raum zur Mechanik.[1]) Sämtliche Fallgesetze,
die für den luftleeren Raum aufgestellt sind, sind richtig, aber
sie gelten für eine Voraussetzung, die im wirklichen Leben niemals
zutrifft. „Der Mechaniker kann diese Gesetze nicht entbehren; er
muß sie kennen und muß sie benützen. Aber er muß jedesmal
den Widerstand des Mediums als störenden Faktor mit einsetzen.
Der Physiker, der verlangen würde, daß die Gesetze, die er
durch Experiment und Berechnung im luftleeren Raum gefunden
hat, von den Mechanikern entweder widerlegt oder angewendet
werden sollen, würde sich dem Schicksal ausgesetzt sehen, daß weder
das Eine noch das Andere geschieht, daß seine Ergebnisse gelobt,
aber zu einem ganz anderen Zwecke verwertet werden, als er ge=
wünscht hat. Und in derselben Lage befindet sich der Volkswirt,
der seine Beobachtungen in einer Gemeinschaft macht, welche von
Thorheit und Leidenschaft so frei ist, wie der Raum unter der
Luftpumpe von Luft frei ist. Soweit seine Ergebnisse richtig sind,
können sie praktisch erst angewendet werden, wenn man alle Störungen

---

wirken kann, daß sie aber ihrer eigenen Natur nach niemals ein Werk der
Wissenschaft, sondern nur ein Werk der Dichtung sein könne.

[1]) Jastrow a. a. O. S. 211.

und Reibungen des wirklichen Lebens mit ihren wahren Koeffizienten einzusetzen vermag."

Erst unter dieser Voraussetzung und mit dieser Einschränkung ist der Gedanke an die Realisierung eines Staatsideals diskutierbar. Und es ist ja in der That im Verlaufe der Geschichte wiederholt versucht worden, in kleinen Kreisen, in denen durch die Ausschließung aller fremden und störenden Einwirkungen die Reibungswiderstände möglichst reduziert waren, Ideen zu verwirklichen, zu denen man als den äußersten Konsequenzen eines folgerichtigen Denkens über den Zusammenhang der menschlichen Handlungen gekommen war. So ist vielleicht der Gedanke, Staat und Gesellschaft als Kunst= werk zu gestalten, als einheitlichen Mechanismus zu konstruieren, von Niemandem so folgerichtig durchgeführt worden, als von dem kühnen Dominikaner, der — in Platos Fußstapfen wandelnd — ein Staatsideal rein nach den Grundsätzen der natürlichen Vernunft entwarf. Und doch ist Campanellas Sonnenstaat innerhalb eines halben Jahrhunderts in seinen wesentlichen Zügen in den Urwäldern Südamerikas verwirklicht worden![1]) Freilich zeigt gerade dieses Beispiel, wie weit doch immer der Abstand zwischen Ideal und Wirklichkeit, zwischen dem Anspruch, etwas Vollkommenes, ein Höchstes an sich zu schaffen und dem thatsächlich Erreichten blei= ben wird.

———

Prüfen wir die Politeia des Plato von diesen Gesichtspunkten aus, so kommt zunächst die Frage nach ihren theoretischen Ergeb= nissen in Betracht. Welches ist ihr Gehalt an bleibenden Errungen= schaften politischer und sozialökonomischer Erkenntnis? Hat sie Ideen gezeitigt, welche in der That der Zukunft als Leitstern dienen konnten und, soweit sie nicht verwirklicht sind, auch heute noch dienen können?

---

[1]) Vgl. die interessante Parallele zwischen dem Sonnenstaat und dem amerikanischen Jesuitenstaat bei Gothein: Der christlich=soziale Staat der Jesuiten in Paraguay S. 3 ff., wobei es allerdings zweifelhaft bleibt, inwie= weit eine bewußte Nachbildung vorliegt oder nicht.

Im allgemeinen ist die Frage bereits bejaht durch die politische Ökonomie der Gegenwart. Wenigstens hat einer ihrer hervorragendsten Vertreter es von jedem politischen Standpunkt aus für unvermeidlich erklärt, wieder an gewisse antike Grundanschauungen anzuknüpfen, wie sie — neben der Aristotelischen Politik — in Platos Staat niedergelegt sind.[1])

Gemeint sind hier vor allem jene Sätze, welche im Gegensatz zur atomistisch-individualistischen Staatsauffassung und ihrer Voranstellung des Individuums in erster Linie die Notwendigkeit der Unterordnung des Einzelnen unter den Staat und seiner Einordnung in den Staat betonen. Von ihnen hat Adolf Wagner anerkannt, daß sie — richtig verstanden — nicht nur berechtigt sind für altgriechische Verhältnisse, sondern unbedingt wahr, nicht Sätze von historischer Relativität, sondern von logischer Absolutheit.[2])

Aus der Voranstellung des Gemeinschaftsprinzips ergibt sich zunächst das von der Gegenwart in seiner Berechtigung immer tiefer empfundene Verlangen nach einer starken und zugleich über der Gesellschaft stehenden Regierungsgewalt, welche die Kraft und den Willen hat, das Interesse der Individuen unter die Interessen und Zwecke der Gemeinschaft zu beugen, das Verlangen nach einer wahren d. h. nicht bloß als Mandat einer Mehrheit oder Minderheit der Gesellschaft aufgefaßten und ausgeübten Amtsgewalt, wie sie nur durch ein selbständiges, von der Gesellschaft und deren sozialökonomischen Sonderinteressen unabhängiges Beamtentum verwirklicht werden kann.

Erscheint diese Forderung nicht geradezu wie ein prophetischer Hinweis auf eine wahrhaft staatliche Monarchie, wie sie vor allem der deutsche Staat verwirklicht hat? Wie ein moderner Sozialpolitiker mit Recht bemerkt, beruht die Gesundheit des modernen Staates und der modernen Gesellschaft im Gegensatz zum antiken und teilweise auch zum mittelalterlichen Staate darauf, daß neben die Besitzenden, die so leicht der Abhängigkeit von ihren Sonder-

---

1) A. Wagner: Grundlegung I³ 859.
2) A. a. O.

intereſſen erliegen, eine breite einflußreiche Geſellſchaftsſchicht trat,
die eine durchſchnittlich idealere Geſinnung, nicht dieſe pſychologiſche
Abhängigkeit von egoiſtiſchen Klaſſenintereſſen hat: unſere heutigen
Staats- und Kommunalbeamten, Geiſtliche, Lehrer, Offiziere u. ſ. w.,
in der Mehrzahl Leute, denen ohne oder doch ohne großen Beſitz
die höchſte Bildung zugänglich iſt, die auf eine mäßige, aber ihren
Verdienſten wenigſtens ungefähr entſprechende Einnahme angewieſen,
ihre ſoziale Stellung von Generation zu Generation nicht durch ihr
Vermögen, ſondern nur durch die Erziehung ihrer Kinder behaupten,
die nicht ſo direkt in das Getriebe des Erwerbslebens verflochten,
bei ihrem Einfluß auf das Staatsleben leichter von höheren Motiven
als der bloßen Erwerbsluſt ausgehen.[1]) Eben dies, die Schaffung
einer ſo geſtellten und ſo geſinnten Geſellſchaftsſchicht, wie ſie der
moderne Staat beſitzt und der damalige entbehrte, iſt von Plato
mit genialem Scharfblick als eine Haupt- und Grundfrage aller
Politik erkannt worden. Eine Erkenntnis, die ihrerſeits von ſeiner
tiefen Einſicht in die Mißſtände zeugt, zu welchen die Souveränität
der Geſellſchaft zuletzt notwendig führen muß, mag nun der einſeitig individualiſtiſche Wille einer beſitzenden Minderheit oder der
großen Mehrheit den Staatswillen beſtimmen.

Wahrhaft vorbildlich für die Gegenwart iſt die Schilderung
der unwiderſtehlichen Gewalt, mit der hier die egoiſtiſchen Intereſſen überall in die Poren des Staatskörpers einzudringen ſuchen.
Die Hoffnungen auf die ſegensreichen Wirkungen einer immer
weiter fortſchreitenden Demokratiſierung der Staaten, wie ſie der
einſeitig politiſche Doktrinarismus des letzten Jahrhunderts großgezogen, und denen unſer Bürgertum ſo ſchwer zu entſagen vermag,
ſie werden bereits von Plato auf Grund einer wahrhaft ſozialpolitiſchen Auffaſſung der Dinge als Illuſionen erwieſen. Grote,
deſſen griechiſche Geſchichte durchaus von dieſen Illuſionen erfüllt
iſt, bemerkt in ſeiner Kritik des bekannten Staatsmannes Dion,
daß derſelbe nur deshalb den Wert des reinen Volksſtaates in

---

[1]) Schmoller: Grundfragen S. 115.

Frage gestellt habe, weil seine Anschauungen nicht durch die Erfahrungen des praktischen Lebens und der besten praktischen Staatsmänner, sondern durch die Lehren der Akademie und Platos bestimmt worden seien.[1]   Kann es einen größeren Triumph für die
Auffassung Platos geben, als das Urteil, zu welchem derselbe
Grote gerade durch die politische Erfahrung seiner späteren Jahre
in Beziehung auf die Bedeutung der englischen Wahlen gekommen
ist? „Nimm einen Bruchteil der Gesellschaft," lautet ein Wort
von ihm aus dieser späteren Zeit, „mache einen Durchschnitt davon
von oben bis unten und prüfe dann die Zusammensetzung der aufeinander folgenden Schichten. Sie sind von Anfang bis zu Ende
einander sehr ähnlich. Die Anschauungen gründen sich sämtlich
auf die gleichen sozialen Instinkte, niemals auf eine klare und
erleuchtete Erkenntnis der Interessen des Ganzen. Jede besondere
Klasse verfolgt ihre eigenen, und das Resultat ist ein allgemeiner
Kampf um die Vorteile, welche aus der Herrschaft einer Partei
erwachsen."[2]

Das hätte Plato genau ebenso sagen können, wie er es ja
dem Sinne nach thatsächlich gesagt hat.

Mit der Sicherheit eines Naturgesetzes sehen wir in der
klassischen Schilderung der Politeia vor unserem geistigen Auge jenen
verhängnisvollen Prozeß sich vollziehen, wie durch die absolute Selbst-
regierung der Gesellschaft der Staat unvermeidlich Mittel und
Werkzeug für die Bereicherung der zu politischem Einfluß gelangten
Volkselemente wird und so zu einer Klassenherrschaft der Besitzenden
entartet, wie dann in naturgemäßem Rückschlag bei fortschreitender
Radikalisierung der öffentlichen Institutionen die große Masse die
Möglichkeit zu gleichem Mißbrauch erhält, bis am Ende die „freieste"
Verfassung in ihr diametrales Gegenteil, in den cäsarischen Despo-
tismus umschlägt.

Das wertvollste und für die Gegenwart wichtigste Ergebnis

---

[1] History of Greece X, 477.
[2] The personal life of G. Grote p. 313.

dieser geschichtlichen Erörterung ist die wissenschaftliche Überwindung des abstrakten Freiheitsprinzipes eines extremen Demokratismus, der in seinem Streben nach einer möglichst absoluten persönlichen Freiheit alle Freiheit einseitig als individuelles Recht ansieht und die mit diesem Rechte notwendig verbundenen sozialen und politischen Pflichten mehr oder minder ignoriert. Unwiderleglich ist der Nachweis, daß da, wo die atomistisch-individualistische Freiheits- und Gleichheitsidee der „reinen" Demokratie voll und ganz verwirklicht und der Massenmehrheitswille das entscheidende Moment für Regierung, Gesetzgebung und Verwaltung geworden ist, der Staat einer zur Erfüllung dieser Pflichten ebenso wenig fähigen, wie gewillten Massenherrschaft anheimfällt, und daß diese Mehrheit die politische Macht für die Sonderinteressen derjenigen, welche die Mehrheit bilden, stets ebenso rücksichtslos ausbeuten wird, wie sie die plutokratische Minderheit nur jemals für sich auszubeuten verstand. Die unerbittliche Logik dieser Schlußfolgerungen läßt nirgends mehr Raum für den optimistischen Trost derjenigen, die da wähnen, das durch nichts beschränkte allgemeine Stimmrecht trage die Heilung solcher Übelstände in sich selbst.

Dem Glauben an die absolute Vortrefflichkeit der gegengewichtslosen Herrschaft des allgemeinen Stimmrechts, welcher ohne weiteres den durch dieses Stimmrecht allein erzielbaren augenblicklichen Mehrheitswillen mit dem „Volkswillen" identifiziert und, — als ob niemals auf ein perikleisches Zeitalter eine Kleonepoche gefolgt wäre, — die Beschlüsse der jeweiligen Massenmehrheit für den besten „allgemeinen" Willen, die Erwählten derselben für die geeignetsten Träger staatlicher Funktionen hält, — diesem naiven Glauben des politischen Radikalismus wird von Plato die klare Erkenntnis der geschichtlichen Thatsache entgegengesetzt, daß das absolute Majoritätsprinzip stets auf die Vergewaltigung eines mehr oder minder großen Teiles der bürgerlichen Gesellschaft hinausläuft und so gerade das, was es verspricht, die „gleiche Freiheit Aller" am wenigsten zu erreichen vermag. Der Kampf, den die deutsche Staatswissenschaft der Gegenwart mit ihrer grundsätzlichen

Forderung einer machtvollen Darstellung des Staatsgedankens gegen die bei so vielen modernen Völkern mehr oder weniger durchgeführte Gestaltung des Staatswesens nach den Grundsätzen der Volkssouveränität führt, dieser Kampf ist im Grunde bereits durch die platonische Staatslehre entschieden.

Es ist ja begreiflich, daß der doktrinäre Liberalismus des neunzehnten Jahrhunderts für Erörterungen, wie die im achten Buche der Politeia, kein Verständnis hatte, solange die besitzende Bourgeoisie mit ihrem Interesse an individueller Freiheit und die besitzlose Masse mit ihrer Forderung politischer Gleichheit noch einig Hand in Hand gingen. Jetzt, wo die Scheidung eingetreten, welche Plato längst als eine notwendige Entwicklungsphase der Demokratie erkannt hat, ist uns die Richtigkeit seiner Darstellung des Entwicklungsprozesses der rein individualistischen Freiheits- und Gleichheitsidee mit erschreckender Deutlichkeit aufgegangen. Wir wissen jetzt, wie er, daß die Freiheitsliebe der wirtschaftlich Stärkeren, der Besitzenden und Gebildeten, und der Gleichheitsdurst der niederen Masse niemals auf die Dauer miteinander Hand in Hand gehen können, weil die Freiheit stets die Tendenz in sich trägt, zur Herrschaft der Starken über die Schwachen, die Gleichheit aber die, zur Freiheitsbeschränkung und Vergewaltigung der Stärkeren zu entarten.

Wahrhaft vorbildlich für die Gegenwart ist die Ausführung Platos, daß das Freiheitsprinzip der wirtschaftlich starken und besitzenden Klassen, welches den Staat von allem weg haben will, was ihren Gewinntrieb einengt, stets ihr unvermeidliches Korrelat findet in der gleich extrem individualistischen Freiheits- und Gleichheitsidee der Masse, daß dieselbe aus ihrem politischen Individualismus allezeit ebenso rein wirtschaftliche Konsequenzen ziehen wird, wie das besitzende Bürgertum, und daß so dieses selbst in der politischen Demokratie den Feind seiner Freiheit und seines Eigentums heranzieht, den die Gegenwart als Sozialdemokratismus bezeichnet.

Mit diesem aus einer unvergleichlichen geschichtlichen Erfahrung geschöpften Nachweis ist für alle Zeiten das Wahnideal des schranken

losen Individualismus auf dem Gebiete des Verfassungsrechtes
zerstört, der das Volk nur als Summe von Einzelnen, den Staats=
willen nur als Massenmehrheitswillen aufzufassen vermag und an
Stelle des gegliederten Volkes eine Individuenmasse setzt. Siegreich
bricht sich hier die Erkenntnis Bahn, daß der Staat nicht der
Kopfzahlmehrheit, sondern dem ganzen Volke in seiner lebendigen
Gliederung gehört, und daß daher diese Gliederung auch im
Organismus der Verfassung zum Ausdruck kommen muß, wenn
nicht die Existenzbedingungen des Ganzen geschädigt werden sollen.

Denn diese, die Lebensbedingungen des Ganzen, nicht ein
atomistischer Freiheits= und Gleichheitsbegriff, werden als das maß=
gebende Moment für die Verteilung der öffentlichen Rechte und
Pflichten erkannt. Mit sicherem Blick für die wahren Bedürfnisse
des staatlichen Lebens wird an die Stelle des absoluten Gleichheits=
prinzipes der Demokratie der Begriff der „wahren“ Gleichheit gesetzt,
d. h. der Verhältnismäßigkeit zwischen politischem Machtanteil und
persönlicher Leistung. Es wird endlich nicht minder treffend jener
Gleichheitsforderung der Demokratie das von Plato als eine Lebens=
frage für den staatlichen Organismus erkannte Postulat der Einheit
des Staates entgegengestellt, in der richtigen Erkenntnis, daß ein
Prinzip, durch welches die Vielheit als solche (οἱ πολλοί!) zur
Herrin des staatlichen Willens wird, die unentbehrliche Einheit dieses
Willens unmöglich macht und so den staatlichen Organismus selbst
mit dem Zerfalle bedroht.

Hatte der Volksstaat das Recht des Einzelnen und zwar jedes
Einzelnen anerkannt, zu regieren und Gesetze zu geben, zu verwalten
und zu richten oder Richter, Verwaltungs= und Regierungsorgane
gleichberechtigt zu wählen, so schöpfte dagegen Plato aus der
lebendigen Einsicht in die Konsequenzen dieses Systems die Erkenntnis,
daß die staatliche Thätigkeit in Regierung, Verwaltung und Gesetz=
gebung eines besonderen ausgebildeten Organismus bedarf, der
nicht heute durch den momentanen Willensakt eines Wählerhaufens
in das Dasein gerufen ist, um binnen kurzem in diesem Moloch
wieder zu verschwinden. Dem einseitig politischen Doktrinarismus,

der in einem solchen Zustand seine Befriedigung findet, wird die gesunde realpolitische Erwägung entgegengesetzt, daß es für die Ent= scheidung der Frage, ob eine Verfassung als Beeinträchtigung wahrer Freiheit und Gleichheit empfunden wird, vor allem darauf ankommt, ob das Volk seine Angelegenheiten in den Händen einer gerechten und weisen Regierung wisse oder nicht. Plato spricht damit nur einen Gedanken aus, der gerade von der öffentlichen Meinung der Gegenwart mehr und mehr geteilt wird, daß nämlich die Verwaltung des Staates für das Wohl und Wehe der großen Mehrzahl der Bevölkerung noch mehr bedeutet, als die Verfassung.[1])

Die hohen Anforderungen, welche Plato von diesem Stand= punkte aus an die Thätigkeit des Staates und damit an die Leistungen seiner Organe stellt, schließen aber noch weitere Postulate in sich, welche recht eigentlich auf den modernen Staat hinweisen. Plato ist nämlich zu der Erkenntnis gelangt, daß die technisch möglichst vollkommene Verwirklichung der Staatszwecke — des Kultur= und Wohlfahrtszweckes ebenso wie des Machtzweckes — gleich dem Produktionsprozeß der Volkswirtschaft nur durch die qualifizierte (berufsmäßige) Arbeit erreichbar ist, daß also von vornherein ein Teil der Bevölkerung nach dem Prinzipe der Arbeitsteilung sich ausschließlich dem Staatsdienste zu widmen und sich für denselben eigens auszubilden hat, um den hohen Anforde= rungen an die Qualität der Staatsleistungen wirklich entsprechen zu können. In dieser Beziehung ist der platonische Staat ein m o d e r n e r Staat, in dem er wie dieser mit fest angestellten, berufsmäßig ge= bildeten und besoldeten Beamten arbeitet. „Was Plato, — sagt ein moderner Sozialpolitiker, — so tiefsinnig durch die sorgfältige Erziehung der „Wächter" in seinem Staate erreichen wollte, ist heute ein größeres praktisches Bedürfnis, als jemals. In diesem Punkte sind seine Anschauungen wieder von ewigem Werte. Daher muß wohl auch hier wieder mehr an Ideen angeknüpft werden, wie sie

---

[1]) Vgl. mit dieser schon im „Staatsmann" 296d ausgesprochenen An= sicht die Bemerkung von Gneist: Das englische Verwaltungsrecht der Gegen= wart II⁷ (IX).

eben in Platos Staat über die Notwendigkeit einer richtigen Staats=
bienererziehung entwickelt worden sind."[1]

Dieselbe Betonung des Sozialprinzipes, derselbe Gegensatz zu
der atomistisch=individualistischen Auffassung des Freiheitsbegriffes,
aus welchem sich für Plato die angedeuteten mustergiltigen Grund=
sätze der Verfassungspolitik ergaben, ist dann natürlich auch maß=
gebend auf dem Gebiete des Privatrechtes und der Verwaltungs=
politik. Nachdem er die Bedingungen einer erfolgreichen extensiv
und intensiv gesteigerten Thätigkeit des Staates klargelegt, zeigt er
mit derselben überzeugenden Kraft, daß der Staat auch bei dieser
Thätigkeit berufen und im Stande ist, den gefährlichen Konsequenzen
eines einseitigen Freiheitsbegriffes entgegenzutreten. Mit dem
Fortschritt, den der platonische Staat auf dem Gebiete der Staats=
philosophie und des öffentlichen Rechtes bedeutet, verknüpft sich so
zugleich ein bedeutsamer Fortschritt auf dem Gebiete der privaten
Rechtsordnung. Wie die Frage der staatsbürgerlichen Freiheit vor
allem aus den Bedingungen des Gemeinschaftslebens heraus be=
urteilt wird, so auch die der wirtschaftlichen Freiheit. Auch darin in
Übereinstimmung mit der immer siegreicher sich geltend machenden
sozialen Richtung der modernen Staatswissenschaft. Dieselbe geht
ja längst nicht mehr von dem natürlichen Freiheitsrecht des als
absolut gedachten Individuums und seinen Anforderungen an die
Gestaltung des Eigentums= und wirtschaftlichen Verkehrsrechtes aus,
um darnach erst die Rechte der Gemeinschaft gegenüber dem Einzelnen
und seinem Eigentum zu bestimmen; sie fragt vielmehr umgekehrt:
Welches sind die Bedingungen des gesellschaftlichen Zusammenlebens,
insbesondere des wirtschaftlichen Gemeinschaftslebens? Wie muß
daher die Freiheitssphäre des Individuums, das Vermögensrecht,
das Eigentums= und Vertragsrecht mit Rücksicht auf diese vor allem
zu erfüllenden Bedingungen des sozialen und ökonomischen Zusammen=
lebens geregelt werden?[2]

---

[1] Adolf Wagner a. a. O. 915. 922.
[2] A. Wagner: Allgem. Volkswirtschaftslehre I² 351

Dieselbe Auffassung liegt der Rechtsordnung des platonischen Staates zu Grunde. Er gestaltet — um mit Jhering zu reden[1]) — alles Recht nach Maßgabe der gesellschaftlichen Zweckmäßigkeit. Es ist der Gedanke des sozialen Charakters der Privatrechte, welcher hier siegreich zum Durchbruch kommt. Der platonische Staat erkennt kein Recht an, welches nicht durch die stetige Rücksicht auf die Gemeinschaft beeinflußt und gebunden ist. Es zeugt bei einem Manne, der der Geburts- und Besitzesaristokratie angehörte, von großartiger Unbefangenheit des Urteils, daß er diese seine Auffassung auch gegenüber den großen Grundinstituten des Privatrechtes, wie z. B. dem Eigentumsrecht, mit rücksichtsloser Energie zur Geltung bringt. Die moderne Sozialwissenschaft muß dies ganz und voll anerkennen, so wenig sie auch mit der Art seiner Reaktion gegen das bestehende Eigentumsrecht und mit den extremen Folgerungen einverstanden sein kann, die er aus dem Sozialprinzip zu Ungunsten des Privateigentums und der Vertragsfreiheit gezogen hat.

Dasselbe gilt für einen Teil der allgemeinen Grundanschauungen, welche Plato vom Standpunkt des Gemeinschaftsprinzipes und des damit enge zusammenhängenden staatlichen Wohlfahrtsprinzipes über die grundsätzliche Berechtigung und die Notwendigkeit einer umfassenden Staatsthätigkeit in der Volkswirtschaft und des Zwanges in volkswirtschaftlichen Verhältnissen im Entwurfe des Idealstaates zum Ausdruck bringt. Er nimmt auch hier Gedanken der Zukunft vorweg, indem er aus den Übelständen, welche ein Übermaß von Freiheit auf dem Gebiete des Güterlebens zur Folge habe, den sozialpolitischen Beruf des Staates und die Notwendigkeit erweist, an Stelle einer einseitig-individualistischen, für die wirtschaftlich Starken und Mächtigen allzu freie Bahn schaffenden Gestaltung des wirtschaftlichen Verkehrsrechtes eine in stärkerem Maße gemein-, besonders zwangsgemeinwirtschaftlich organisierte Volkswirtschaft anzustreben. Auch darin sich enge berührend mit einer Zeit, die, wie

---

[1]) Der Zweck im Recht S. 517.

die Gegenwart, unter dem Zeichen einer fortschreitenden Ausdehnung
der gemeinwirtschaftlichen auf Kosten der privatwirtschaftlichen Unter-
nehmung steht, einer Zeit, in welcher selbst solche, welche nichts
weniger als lauter Staatsgewerbe wünschen, auf eine Zeit hoffen,
in der ohne Schaden für die Selbstthätigkeit der Individuen Staat
und Gemeinde manches übernehmen können, was sie bisher noch
nicht oder nur teilweise und nicht ohne gewisse Gefahren übernehmen konnten. [1])

Dabei bleibt sich Plato vollkommen konsequent, wenn er aus
demselben Sozialprinzip, das ihn zur Verwerfung eines einseitigen
Demokratismus auf dem Gebiete der Verfassungspolitik geführt,
die Notwendigkeit einer stärkeren Demokratisierung der Volkswirtschaft folgert.

Diese Forderung verlangt vom Staate mit Recht ein Doppeltes:
einmal die Bekämpfung des extremen Individualismus und der
sozialen und politischen Überhebung des kapitalistischen Großbürger-
tums, die Aufrichtung von Schutzwehren gegen die Plutokratie,
andererseits Maßregeln positiver Sozialpolitik im Interesse der
möglichsten Sicherstellung der Masse gegen Nahrungsnot und Er-
werbslosigkeit. Was die Gegenwart als ein berechtigtes Verlangen
der letzteren anerkennt, ein bescheidenes, mindestens das Notwendige
sicher gewährendes wirtschaftliches Auskommen, es wird bereits hier
als ein Hauptziel staatlicher Wohlfahrtspolitik hingestellt.

Für Plato ist es ebenso gewiß, wie für Adam Smith, „daß
kein Staat blühend und glücklich sein kann, wenn der weitaus
größte Teil seiner Bürger arm und elend ist.“ Er erkennt, daß
eine Volkswirtschaft, welche den Ertrag der nationalen Produktion
so verteilt, daß eine unverhältnismäßig große Zahl der Bürger
kaum ihr Leben fristen kann, nicht mehr den Zielen des ganzen
Volkes dient, sondern nur noch denen eines Teiles. Denn er hat
ein außerordentlich lebhaftes Gefühl für die sittliche Herabwürdigung
und die „Knechtung“ der Persönlichkeit, welche eine solche zur reinen

---

[1]) S. Schmoller: Grundfragen S. 100.

Klassenherrschaft entartete Volkswirtschaft für die Masse der Besitzlosen zur Folge hat, und er verlangt daher auch für den niedrigsten
Volksgenossen die Möglichkeit einer gewissen Entfaltung der Persönlichkeit in sittlicher und wirtschaftlicher Hinsicht.   Er verwirft
grundsätzlich Zustände, welche den Einzelnen ökonomisch oder rechtlich
in eine Lage versetzen, in der seine Persönlichkeit gänzlich aufhört,
sich selbst Zweck zu sein.   Ein Standpunkt, von dem aus er einerseits die persönliche Freiheit fordert für alles, was Hellenenantlitz
trägt, und andererseits mit voller Entschiedenheit die Verpflichtung
aller staatlichen Verwaltung anerkennt, eine Verwaltung der sozialen
Reform zu sein.

Die platonische Staatstheorie fordert eine ununterbrochene
Arbeit für die Erhöhung des Niveaus, auf dem die unteren Mitglieder der bürgerlichen Gesellschaft verharren müssen, sie proklamiert
die große Idee der Hebung der unteren Klassen, den Kampf gegen
die „Armut" d. h. gegen die Vernichtung und Verkrüppelung ganzer
Gesellschaftsschichten, zu welcher die steigende Differenzierung der
Gesellschaft durch die übermäßige Ungleichheit der Vermögensverteilung notwendig führen muß.

Damit tritt die platonische Staatslehre in die Reihe der
Theorien vom sozialen Fortschritt und einer humanen Umbildung
der volkswirtschaftlichen Organisationsformen, und allezeit wird Plato
in der Geschichte der sozialen Theorie unter den Ersten genannt
werden müssen, welche jenen Kampf aufgenommen haben, in dem
wir selbst mitten inne stehen: den Kampf gegen den Quietismus
und Pessimismus, der nicht zugeben will, daß es in der sozialen
Gliederung einen wesentlichen Fortschritt geben kann, der eine stetig
und dauernd zunehmende Ungleichheit der Einkommensverteilung
und damit steigende Klassengegensätze als etwas normales, ja notwendiges und wünschenswertes betrachtet.

Aber die Berührung mit den sozialreformatorischen Bestrebungen
der Gegenwart geht noch weiter.   Plato will nicht nur verhindert
wissen, daß die unteren Schichten der Gesellschaft unter ein gewisses
Niveau herabsinken, sondern es soll auch allen aufstrebenden, nach

Bethätigung ringenden Talenten derſelben die Möglichkeit geſchaffen
werden, auf der ſozialen Stufenleiter ſo hoch emporzuſteigen, als
die perſönliche Begabung geſtattet. Es ſoll womöglich einem Jeden
der Beruf zugänglich gemacht werden, für den ſeine körperlichen und geiſtigen Anlagen am beſten paſſen. Ein Ziel, das nicht
blos als eine ſoziale Gerechtigkeits-, ſondern auch eine Zweckmäßigkeits-
forderung erſten Ranges gerade von der Gegenwart immer entſchiedener anerkannt wird, ſo wenig dieſelbe auch verkennt, daß es
ſich hier immer nur um eine gewiſſe Annäherung an ein niemals
vollkommen zu verwirklichendes Ideal handeln kann.

Der platoniſche Staat weiſt der Volkserziehung der Zukunft
Ziel und Wege, indem er den begabteſten Kindern des Volkes die
Möglichkeit erſchließt, auf dem Wege der Bildung in den Beſitz
der höheren Kulturgüter, ſowie der Macht zu gelangen. Den Genies
und Talenten aller Klaſſen ſoll die Gelegenheit zur Ausbildung für
alle ihrer Eigenart entſprechenden Berufszweige, ſelbſt für die höchſten
gewährt werden. Hier wird in der That ein auch vom Standpunkt der Geſamtheit aus berechtigtes Gleichheitsverlangen des
Volkes erfüllt. Es ſollen ſeine begabteſten, geſchickteſten, ſtreb-
ſamſten Köpfe emporkommen können, nicht bloß dem Rechte nach,
ſondern auch den erforderlichen Mitteln nach. Die Talente aus
dem Volke ſollen, ſtatt in Haß und Neid gefährliche Wühler und
Umſtürzler zu werden, die höheren Klaſſen verſtärken. Wer befähigt iſt, zu herrſchen, wer die geſchickteſten Hände hat, ſoll nicht
durch willkürliche Schranken gehindert werden, auch wirklich zur
Herrſchaft zu gelangen, ſein Geſchick auch wirklich zu bethätigen.
Nicht bloß in ſeinem eigenen, ſondern vor allem im Intereſſe des
Ganzen ſoll jedem Einzelnen die Möglichkeit zur Geltendmachung
ſeiner individuellen Fähigkeiten gewährt werden.

Der angedeutete geſunddemokratiſche Zug, der in dem ſozialökonomiſchen Syſtem Platos zum Ausdruck kommt, zeigt ſich auch in der
Bekämpfung jener volkswirtſchaftlich ſo überaus nachteiligen Richtung
der Produktion, welche auf Koſten der Bedürfnisbefriedigung der
Maſſen einſeitig dem Luxuskonſum der Wohlhabenden zu gute kommt.

Plato erkennt, daß die Tendenz der kapitalistischen Gesell=
schaft, durch die Bedürfnisse des Luxus der Erzeugung notwendiger
Existenzmittel des Volkes eine unverhältnismäßige Menge von
Arbeitskräften, Kapital und Boden zu entziehen und damit den
Nahrungsspielraum des Volkes überhaupt zu gefährden, durch die
Staatsgewalt ihre grundsätzliche Schranke finden muß.

Er erkennt, daß diese Tendenz durch nichts mehr gefördert
wird, als durch eine allzugroße Ungleichheit des Besitzes; und so
ist es für ihn das unabweisbare Ergebnis einer sozialen Auf=
fassung der Dinge, daß keinem Teile des Volkes ein unbedingtes
Recht auf ein Übermaß von Einkommen und Besitz zugestanden
werden könne, durch welches einem anderen Teile selbst die Be=
friedigung der notwendigen Existenzbedürfnisse mittelbar oder un=
mittelbar unmöglich gemacht würde. Es wird die Berechtigung
einer absoluten Schranke der Ungleichheit des Einkommens, sowie
die Berechtigung der zur Aufrechterhaltung dieser Schranke not=
wendigen Eingriffe der Staatsgewalt in das Privateigentum für
alle Zukunft festgestellt.

Die Geschichte von Hellas selbst, wie die der ganzen Folgezeit,
hat unwiderleglich dargethan, daß das, was Plato als Kampf gegen
Reichtum und Armut bezeichnet, einen unleugbar richtigen Kern
enthält, innerhalb gewisser Grenzen geradezu durch das Lebensinter=
esse der Völker gefordert ist. Eine große Ungleichheit der Ver=
mögensverteilung hat ja bisher noch zu allen Zeiten den Verfall
ihrer Gesittung eingeleitet. Sie waren um so langlebiger, je später
und langsamer die Vermögensungleichheit eintrat.[1] Und daher
drängt sich gerade unserer modernen Sozialwissenschaft mehr und
mehr dieselbe Einsicht auf, welche Plato durch die analogen Er=
fahrungen seiner Zeit nahegelegt waren, daß ein Volk, welches be=

---

[1] Das hat neuerdings besonders treffend hervorgehoben Schmoller:
Grundfragen S. 111. Schmoller befürchtet geradezu den Untergang unserer
Kultur, wenn uns nicht eine gewisse Ausgleichung der Besitzesgegensätze ge=
lingt, wenn wir in dem „elementaren Strudel einer wachsenden Vermögens=
ungleichheit forttreiben".

reits das für die Entwicklung höherer Kultur unentbehrliche Maß
von Wohlstand erreicht hat, um so gesunder beißen wird, je geringer die zunehmende Ungleichheit steigt, je mehr es gelingt, eine
gleichmäßigere Verteilung des Volkseinkommens herbeizuführen.

Das Wort von dem Kampf gegen Armut und Reichtum, zu
dem der platonische Staat aufruft, wird in gewissem Sinne, wenn
auch nicht ganz so, wie es sein Urheber gemeint, die Parole werden für die Staatskunst der heraufziehenden Jahrhunderte.[1]) Schon
jetzt ist die ernste Wissenschaft mit Erfolg bemüht, die Einwände
zu beseitigen, mit denen der Doktrinarismus einer älteren Epoche
den Gedanken, die Einkommensverteilung in gesündere Bahnen zu
lenken, für immer abgethan zu haben glaubte. Sie nimmt einfach
das leitende Motiv der platonischen Sozialpolitik wieder auf, indem sie „die soziale Reform im Sinne einer gleichmäßigeren Verteilung des Volkseinkommens" nicht nur als eine Forderung der
Humanität und Gerechtigkeit, sondern auch als die Bedingung der
wirtschaftlichen Wohlfahrt und jeder staatserhaltenden Politik zu erweisen sucht.[2])

Wenn sie auch diese gleichmäßigere Verteilung des Rein-
ertrages der nationalen Produktion nicht mit den Mitteln herbeigeführt wissen will, die Plato im Auge hat, und wenn sie auch
andererseits im Gegensatz zu diesem einen mehr oder minder weiten
Abstand zwischen größtem und kleinsten Besitz, eine ausgebildete
wirtschaftliche Klassenordnung im Interesse der wirtschaftlichen
Leistungsfähigkeit des Volkes und seiner Kultur für unbedingt notwendig hält, in der Überzeugung begegnet sie sich doch unmittelbar
mit ihm, daß der sich selbst überlassene Verkehr die Tendenz zu
einer Ungleichheit der Einkommens- und Vermögensverteilung in
sich schließt, welche ebenso die wirtschaftlichen, wie die sittlichen

---

[1]) Vgl. die schöne Ausführung über die volkswirtschaftliche und sittliche Aufgabe des „Kampfes gegen die Armut" bei Ziegler: Die soziale Frage
eine sittliche Frage S. 146.

[2]) S. Herkner: Die soziale Reform als Gebot des wirtschaftlichen
Fortschritts. Dazu Sombart: Archiv für soziale Reform 1892 S. 600.

Interessen der Völker gefährdet, daß daher „die Einkommensvertei=
lung aus einer bloß durch blinde Naturfaktoren bedingten Erschei=
nung zu einer von Sitte und Recht beherrschten" werden müsse.[1]
Es ist recht eigentlich im Sinne Platos, wenn die moderne Sozial=
wissenschaft die Forderung aufstellt, es sei immer mehr dahin zu
wirken, daß „auch der größte Besitz nicht aufhört, von der Arbeit
zu entbinden, daß auch die geringste Arbeit zu einigem Besitze führe,
daß die Überlegenheit des Besitzes als solchen über die Arbeit ver=
mindert, der Ausbeutung der Nichtbesitzenden, der Überlegenheit der
Besitzenden über die Nichtbesitzenden überhaupt, immer mehr Terrain
entzogen werde". Was Plato als Sohn eines von sozialrevolutio=
nären Strömungen erfüllten Zeitalters klar vor Augen sah: daß alle
die, welche nur Renten verzehren ohne Gegenleistungen, an dem
Kommen des Gerichtes arbeiten, wie könnte es noch länger von der
Gegenwart ignoriert werden?[3]

Selbst diejenige Konsequenz, die Plato aus einer solchen Auf=
fassung der Dinge zieht, die Anerkennung des staatlichen Rechtes,
durch unmittelbare Eingriffe in die Ordnung des Privateigentums,
in die Vermögens= und Einkommensverteilung einer übermäßigen
Ungleichheit Schranken zu setzen, hat, wie wir sahen, von seiten der
modernen Rechts= und Sozialwissenschaft Nachfolge gefunden.

Sind es doch die Thatsachen der Geschichte selbst, analoge
geschichtliche Erfahrungen, welche hier wie dort der Theorie un=
zweideutig genug die Wege gewiesen haben. Die solonische Wirt=
schafts= und Sozialreform, das Werk des größten Sozialreformers
der antiken Welt dort, die modernen Agrarreformen und die
Stein=Hardenbergische Gesetzgebung hier sind — um das Wort eines

---

[1] Schmoller a. a. O. S. 96 f. Auch dieser ist, wie Plato, der An=
sicht, daß „kolossale Reichtümer unter keinen Umständen gesellschaftliches Be=
dürfnis sind und daß daher eine korrigierende Sozialpolitik, die von den
Reichen und Reichsten nimmt, um den Armen zu geben, weit entfernt davon
ist, kulturwidrig zu sein.

[2] Schmoller a. a. O.

[3] Vgl. die Bemerkung von Paulsen: Ethik II 417.

modernen Beurteilers derselben zu gebrauchen — „Beispiele der
großartigsten Art, wie eine hochherzige Politik in die Eigentums=
ordnung eingreifen kann und soll, wie die Sühne für Jahrhunderte
langes Unrecht die Verletzung tausendfacher Einzelinteressen, ja so=
gar Maßregeln unvermeidlich machen kann, die man geradezu als
eine Neuverteilung des Eigentums bezeichnen darf, die aber darum
noch keine sozialistischen Maßregeln im schlimmen Sinne des Wortes
waren."[1] Insoferne hat die Geschichte des athenischen, wie die
des modernen deutschen Staates seit den Agrarreformen des letzten
Jahrhunderts einer wahrhaft sozialen Auffassung der Dinge in
gleich hohem Grade vorgearbeitet, als sie unwiderleglich dargethan
hat, daß das zu allen Zeiten gegen eine kraftvolle Durchführung
des Sozialprinzipes erhobene Geschrei über Eigentumsverletzung und
Beraubung, über Verwirrung und Erschütterung der Rechtsbegriffe
verstummen wird und muß, wenn nicht Pöbelleidenschaft, sondern
eine ihrer Pflicht voll und ganz bewußte Staatsgewalt solche Maß=
regeln durchführt, wenn nicht „die Willkür da nahm, um dort zu
verschenken, sondern systematisch nach festen Grundsätzen die neuen
Eigentumslinien gezogen wurden".[2]

　　In demselben Zusammenhange ergibt sich aber für Plato
noch ein weiteres Recht der staatlichen Gemeinschaft gegenüber dem
Individuum. Er erkennt, daß auch der erfolgreichste Kampf gegen
die übermäßige Konzentrierung des Reichtums und die einseitige
Entwicklung der auf Werkzeuge der Üppigkeit gerichteten Luxusarbeit
für sich allein nicht ausreichen wird, die Lage der großen Mehrheit
des Volkes auf die Dauer günstig zu gestalten. Als Bewohner
eines dichtbebauten und dichtbevölkerten Kleinstaates ist er sich sehr
deutlich der Thatsache bewußt, daß es nicht bloß die ungleiche Ver=
teilung des Volkseinkommens und Volksvermögens ist, durch welche
die auf den Einzelnen fallende Quote von Unterhaltsmitteln über=

---

[1] Schmoller a. a. O. S. 96.
[2] Schmoller ebd. Gibt doch selbst Treitschke zu, daß die Ackergesetze
der Zukunft tiefer in die Eigentumsordnung einschneiden werden, als die
Fabrikgesetze. Der Sozialismus und seine Gönner. A. a. O. S. 137.

mäßig verkürzt werden kann, sondern auch die an natürliche und unübersteigliche Grenzen gebundene Größe des Volkseinkommens. Plato hatte ja stets den höchst intensiven wirtschaftlichen Daseins= kampf vor Augen, den der hellenische Stadtstaat zu bestehen hatte, um den Ertrag seiner Volkswirtschaft im Gleichgewicht mit seiner Volkszahl zu erhalten. Er war daher von vornherein frei von dem Optimismus des Bewohners großer Staaten, die noch um= fassende Flächen unangebauten oder schwach bevölkerten Bodens be= sitzen. Das Bevölkerungsproblem, welches der ökonomische Sozia= lismus, wie der ökonomische Liberalismus der Neuzeit in leicht= herziger Oberflächlichkeit mehr oder minder ignorieren zu dürfen glaubte, es stand ihm in seiner ganzen furchtbaren Bedeutung klar vor Augen. Wenn der moderne Sozialismus dieses Problem ein= fach durch die Erwägung beseitigen zu können meint, daß die Ge= fahr einer Übervölkerung nur als das Produkt der bestehenden individualistischen Rechts= und Wirtschaftsordnung eintreten könne, unter der Herrschaft einer sozialistischen Organisation von Produktion und Verteilung überhaupt nicht zu fürchten sei, so hat sich der hellenische Sozialismus von dieser Illusion frei gehalten.

Von Plato wenigstens wird es als ein Hauptsymptom gesunder sozialer Verhältnisse hervorgehoben, wenn ein Volk in verständiger Fürsorge gegen die Gefahr des Massenelendes oder des Krieges[1] „nicht über die Unterhaltsmittel hinaus Kinder erzeugt".[2] Selbst= verständlich erscheint es dann von diesem Standpunkte aus als ein unveräußerliches Recht der staatlichen Gemeinschaft gegenüber dem Individuum, mittelbar oder unmittelbar durch die Gesetzgebung auf

---

[1] Diese Besorgnis vor der Entstehung von Kriegen infolge von Über= völkerung ist bezeichnend für die Bedeutung des Bevölkerungsproblems im hellenischen Kleinstaat. Wenn der Grund und Boden nicht mehr ausreicht, die zunehmende Bevölkerung zu ernähren, bleibt ihm oft nichts anderes übrig, als der Weg der gewaltsamen Annexion von Weide= und Ackerland auf Kosten der Nachbarn. S. Plato Rep. 373 d.

[2] Die Bewohner einer πόλις ὑγιής werden (372 c) bezeichnet als οὐχ ὑπὲρ τὴν οὐσίαν ποιούμενοι τοὺς παῖδας εὐλαβούμενοι πενίαν ἢ πόλεμον.

eine Einschränkung des Volkswachstums hinzuwirken, wenn dasselbe das Gleichgewicht zwischen Produktion und Konsumtion dauernd in Frage stellt. So verwerflich nach unseren sittlichen Begriffen die bevölkerungspolitischen Vorschläge Platos im Einzelnen sind, so sehr er gerade hier im Banne von Zeitanschauungen steht, an sich ist doch die Aufnahme des Bevölkerungsproblems in das System der Politik, der Hinweis auf die Gefahren der Übervölkerung, welche dem modernen Europa erst seit einem Jahrhundert durch Malthus zum Bewußtsein gekommen sind, die Anwendung des Gemeinschafts=prinzipes auch auf diese Frage ein Fortschritt von prinzipieller Bedeutung.

Indem nun aber so das Sozialprinzip Platos die Ordnung von Staat und Recht, von Gesellschaft und Volkswirtschaft nach den Bedürfnissen des Volkes als einer Totalität gestaltet wissen will, beabsichtigt er mit diesem seinen Sozialismus keineswegs eine absolute Negation alles Individualismus. Er ist sich klar be=wußt, — und auch darin berührt er sich mit der neueren deutschen Wissenschaft, — daß dem letzteren ebenso seine besondere Berech=tigung zukommt, wie dem ersteren, daß es sich also nicht um eine gegenseitige Ausschließung, sondern nur um eine Kombination der beiden großen Lebensprinzipien der Gesellschaft handeln kann. Die Stellung, welche die platonische Sozialtheorie dem Selbstinteresse einräumt, sein Freiheits=, Gleichheits= und Gerechtigkeitsprinzip wurzelt in der richtigen Erkenntnis, daß es sich nicht um Indivi=dualismus oder Sozialismus handelt, sondern um Individualismus und Sozialismus, daß die theoretische und praktische Streitfrage nicht ein Entweder — oder ist, sondern ein Sowohl — als auch.[1] Allezeit wird dem platonischen Staat der Ruhm beißen, die erste theoretische Vermittlung zwischen den mächtigen sozialen Gestaltungs=

---

[1] Vgl. A. Wagner: Über systematische Nationalökonomie. Jahrb. f. Nationalök. u. Stat. 1886 S. 201. Dazu Say: Theoretische Staatswirtschaft S. 31: „Welche Bahnen immer die soziale Fortentwicklung des Menschen=geschlechtes einschlagen mag, stets werden die Kategorien des Individualismus und Kollektivismus als lebendige Potenzen bestehen bleiben."

tendenzen versucht zu haben, welche alles menschliche Leben in ewig wechselnden Formen beherrschen. --

Vergegenwärtigen wir uns noch einmal all' das, was wir vom heutigen Standpunkt staats= und sozialwissenschaftlicher Er= kenntnis aus in Platos Ergebnissen als Errungenschaften von bleiben= dem Werte anerkennen müssen, so wird es nicht zuviel gesagt er= scheinen, wenn wir -- anknüpfend an die Worte, die Ranke einer kriegerischen Ruhmesthat der athenischen Bürgerschaft gewidmet hat, — das geniale Geisteswerk ihres größten Sohnes ein Werk nennen, das „voll von Zukunft" ist. Was Schmoller an dem Sozialstaat Fichtes gerühmt hat,[1] es gilt auch, — soweit man eben nur die hervorgehobenen Momente ins Auge faßt, — von Plato: „Was er erkennt, sind die wahren Aufgaben der menschlichen Gesellschaft."

Dieser Ruhmestitel bleibt, so schwer auch in die andere Wag= schale das fällt, worin er geirrt hat. Denn daß hier mit der Fülle der Erkenntnis die größten und folgenschwersten Irrtümer Hand in Hand gehen, das tritt ja nicht minder klar zu Tage!

Die Einseitigkeit jenes ideologischen Dogmatismus, der uns bereits in der Darstellung der platonischen Wirtschaftstheorie ent= gegengetreten ist, hat eben auch die Ausgestaltung des platonischen Staats= und Gesellschaftsideals in verhängnisvoller Weise beeinflußt. So entschieden auf der einen Seite die platonische Theorie der „Wirklichkeit zugewandt" ist, und so bedeutsam die Ergebnisse sind, welche sie der scharfen Beobachtung der realen Erscheinungen, der Induktion aus den empirischen Thatsachen des Staats= und Gesell= schaftslebens verdankt, so hat doch andererseits das schon durch die Natur des ganzen Problems bedingte Übergewicht der apriorischen Deduktion und Konstruktion vielfach dazu beigetragen, die Theorie auf falsche Bahnen zu leiten.

Schon das Ziel selbst, das hier aufgestellt wird, zeigt uns die Theorie noch ganz im Kindesalter einer falschen konstruierenden Metaphysik.

---

[1] Zur Litteraturgesch. der Staats= und Sozialwissenschaften S. 72.

Plato bezeichnet, wie wir sahen, als Endzweck seines Staats=
ideals die Verwirklichung der Idee der Gerechtigkeit. Wonach be=
stimmt sich aber der Inhalt dessen, was das Gerechte sein soll?
Einfach darnach, daß der platonische Staat den Anspruch erhebt,
der „naturgemäße" Staat zu sein (κατὰ φύσιν οἰκισθεῖσα πόλις).[1]
Das Recht, das er schaffen will, ist daher ebenfalls „der Natur
gemäß". Es ist Recht, nicht weil es irgendwo auf Erden gilt, —
das erscheint völlig gleichgültig,[2] — sondern weil es der unver=
fälschten menschlichen Natur als solcher, überhaupt der ewigen Natur=
ordnung und damit der über der Natur waltenden Vernunft ent=
spricht.[3] Im Himmel mag wohl der „im Reiche der Ideen liegende
Staat" (πόλις ἐν λόγοις κειμένη)[4] als ein heiliges Musterbild zu
finden sein für denjenigen, der ihn schauen will.[5] Daher ist auch
das Recht, das der Idealstaat verwirklicht, nicht bloß „Recht" für
eine bestimmte Zeit und unter bestimmten konkreten Verhältnissen,
sondern es ist — zumal dem Wandel des jeweiligen positiven
Rechtes gegenüber — das überall Gleiche, Ewige, Unveränderliche.
Es hat als das absolut Vernünftige und Vollkommene keine Ent=
wicklung, da das, was für die Vernunft heute gilt, ebenso für alle
Zeiten und unter allen Umständen Geltung beansprucht.[6] Wo es
gelingt, dieses Recht als das Ursprüngliche, im Laufe der Geschichte
nur Verfälschte und Verdorbene in seiner Reinheit wieder herzu=
stellen, die durch Egoismus und Unverstand hervorgerufenen Miß=
bildungen und Entstellungen wieder zu beseitigen, da ist das Reich
der Vernunft und des Glückes auf Erden begründet!

　　Diese ganze Auffassung ist, wie schon angedeutet, das Pro=

---

[1] IV, 428 e.

[2] 592 b: διαφέρει δὲ οὐδέν, εἴτε που ἔστιν εἴτε ἔσται· τὰ γὰρ
ταύτης μόνης ἂν πράξειεν, ἄλλης δὲ οὐδεμιᾶς (ὅ γε νοῦν ἔχων).

[3] S. oben S. 415 Anmerkung 3.

[4] 592 a.

[5] 592 b: ἐν οὐρανῷ ἴσως παράδειγμα ἀνάκειται τῷ βουλομένῳ
ὁρᾶν καὶ ὁρῶντι ἑαυτὸν κατοικίζειν.

[6] Allerdings ist die Verwirklichung nur Hellenen möglich.

duft einer falschen Metaphysik. Der Begriff eines Rechtes an und für sich ist ein Phantom und zwar ein höchst verhängnisvolles, da er die Sozialtheorie vor ein Problem stellt, welches ebenso unlösbar ist, wie etwa die Quadratur des Zirkels.

Nichts könnte die Unfruchtbarkeit der hier formulierten Aufgabe drastischer beweisen als die Thatsache, daß der Inhalt der „naturrechtlichen" Forderungen zu verschiedenen Zeiten ein höchst verschiedener gewesen ist. Wie ganz anders sieht das Naturrecht Platos aus im Vergleich mit dem Naturrecht der damaligen Aufklärungsphilosophie oder dem Naturrecht der modernen Metaphysik des Rechtes! Der beste Beweis dafür, daß das Naturrecht eben in Wirklichkeit nicht aus einer Menschennatur in abstracto entwickelt ist, sondern aus den Anschauungen und Bedürfnissen von Individuen oder Gruppen derselben, daß es das Ergebnis ganz bestimmter historischer Voraussetzungen, eines ganz bestimmten Standpunktes der ethischen Kultur ist.[1])

Das $\pi\varrho\tilde{\omega}\tau o\nu$ $\psi\varepsilon\tilde{v}\delta o\varsigma$ der naturrechtlichen Metaphysik ist die völlige Verkennung der Thatsache, daß eben auch ihren Forderungen nur eine relative Berechtigung zukommen kann. Daher der naive Optimismus in Beziehung auf die Ausführbarkeit derselben! Was ein entwickeltes sittliches Bewußtsein als „Recht" fordert, erscheint auf diesem Standpunkt ohne weiteres auch als möglich. Die Frage, ob es von den realen Kräften des Lebens überhaupt geleistet werden kann, ist von vornherein bejaht. Eine Illusion erzeugt eben die andere! Die für jede Gesetzgebungspolitik grundlegende Frage, ob überhaupt in einer bestimmten Zeit die Bedingungen für die Verwirklichung der betreffenden Forderungen gegeben sind, braucht bei dieser Auffassung nicht ernstlich erwogen zu werden. Um ein Recht, das vom Anfang aller Geschichte an „Recht" ist und in der Natur der Dinge selbst wurzelt,

---

[1]) Vgl. die schöne Abhandlung von Jodl über das Wesen des Naturrechts und seine Bedeutung in der Gegenwart. Juristische Vierteljahresschrift 1893 B. 25.

zur Anerkennung zu bringen, erscheint auch die Kraft eines Ein=
zelnen hinreichend, wenn er nur die nötige Macht besitzt. Daß die
Umwandlung sozial=ethischer Ideen in Normen oder Institute des
positiven Rechts durchaus abhängig ist vom Stande der allgemeinen
Kultur und ganz besonders der ethischen Kultur, welche die bür=
gerliche Gesellschaft jeweilig erreicht hat, das wird mehr oder minder
verkannt. Daher auch der Grundirrtum Platos, daß es sich bei
der Aufstellung eines Staatsideals um ein Projekt handle, welches
die unmittelbare praktische Verwirklichung verträgt.

In eigentümlichem Gegensatz zu diesem Anspruch auf die
unmittelbare Realisierbarkeit des Staatsideals steht die Art und
Weise, wie — allerdings der Natur des Problems entsprechend —
der Stoff vor Allem systematisch zu bewältigen versucht wird,
wie alles Gewicht auf die logische Korrektheit der deduktiv gewon=
nenen Sätze, auf die Formulierung von Axiomen gelegt wird, aus
denen sich alles Weitere mit logischer Notwendigkeit ergeben soll,
während doch die Reibungswiderstände des wirklichen Lebens un=
vermeidlich außer Ansatz bleiben müssen.

In dem Bestreben nach Systematisierung wird nur zu häufig
verkannt, daß keine menschliche Institution ihre äußersten Konse=
quenzen verträgt, daß sich für die praktische Ausführung eines all=
gemeinen Prinzipes infolge des Entgegenwirkens anderer gleichbe=
rechtigter Ideen und Bedürfnisse immer mehr oder minder weit=
gehende Begrenzungen ergeben werden. Was der Biograph eines
modernen Nachfolgers Platos als einen „durchaus modernen" Fehler
rügt,[1] das Auftürmen mächtiger Konstruktionen, ohne daß sorg=
fältig genug untersucht wäre, ob das Fundament sie zu tragen
vermag, — eben das gilt für den platonischen Staat in besonderem
Maße.

Diese Beobachtung drängt sich uns gleich bei dem grund=
legenden Prinzip der Verfassung des Idealstaates auf. So be=
rechtigt die Forderung einer selbständigen Repräsentation des Staats=

---

[1] Dietzel: Rodbertus II, 181.

gedankens durch die möglichste Konzentrierung der Macht in den Händen der Befähigten ihrem Kerne nach ist, so einseitig ist die Lösung, welche dies schwierige Problem bei Plato gefunden hat. Er will nicht bloß eine starke, sondern eine geradezu allmächtige Regierung, weil er durch sein Erziehungssystem dem Staate Regenten geben zu können glaubt, welche durch die Tiefe und Universalität ihres Wissens und ihrer Erfahrung, durch die Idealität ihrer Gesinnung eine so eminente Bürgschaft für die dem Gesamtwohl förderlichste Verwirklichung der staatlichen Aufgaben gewähren würden, daß jede konstitutionelle Beschränkung ihres Willens nur eine Lähmung der Energie und Leistungsfähigkeit des Staates selbst wäre.

Zwar haben wir es hier mit einem Gedanken zu thun, der seit Plato immer und immer wieder und nicht am wenigsten in der Neuzeit die Geister angezogen hat. Von Fichte und Saint Simon bis auf Nietzsches Philosophen: „die cäsarischen Züchtiger und Gewaltmenschen der Kultur, die da sagen: so soll es sein, die das Wohin? und Wozu? des Menschen bestimmen und mit schöpferischer Hand nach der Zukunft greifen, deren Erkennen Schaffen, deren Schaffen Gesetzgebung!"[1] Unter dem Eindruck der Erfahrungen der modernen französischen Demokratie kommt ein Renan zu der Ueberzeugung, daß die Entwicklung der menschlichen Wohlfahrt, der Fortschritt in der Realisierung von Wahrheit und Gerechtigkeit sich nicht durch „Alle", nicht durch die Demokratie vollenden könne, sondern nur durch das, was er ganz platonisch „Regierung der Wissenschaft" nennt, eine Aristokratie, welche „der Menschheit als Kopf dienen und in welche die Menge den Sammelplatz für ihre Vernunft verlegen würde." Diese Auslese der Geister würde im Besitze der bedeutsamsten Geheimnisse des Daseins die Welt durch die mächtigen, in ihrer Gewalt stehenden Wirkungsmittel beherrschen.[2]

---

[1] Jenseits von Gut und Böse S. 141 vgl. 151.

[2] Als materielle Voraussetzung dieser Macht wird allerdings angenommen, daß es in Zukunft möglicherweise Kriegsmaschinen geben werde, welche ohne die leitende Hand von Gelehrten Werkzeuge ohne jede Wirksam-

Die Idee einer geistigen, auf die Ueberlegenheit der Intelligenz
gegründeten Macht könne zur Wirklichkeit werden, ohne daß diese
unumschränkte Herrschaft eines Teiles der Menschheit über einen
anderen etwas Gehässiges an sich haben würde. Denn die Aristo=
kratie, von der er träume, würde nicht von persönlichem oder
Klassenegoismus geleitet werden, sondern die Verkörperung der Ver=
nunft sein. — Schade nur, daß Renau selbst diese Idee eines
Zeitalters, in welchem „die Kraft die Herrschaft der Vernunft be=
gründen wird", als einen Traum bezeichnen muß! Und das wird
sie in der That bleiben, so viele auch nach ihm noch diesen Traum
Platos nachträumen werden.

　　　Schon die Voraussetzung, von der Plato ausgeht, der Glaube
an die Möglichkeit und den Bestand einer Gesellschaftsklasse, welche
in ununterbrochener Kontinuität aus sich selbst die denkbar höchsten
und idealsten Leistungen auf rein geistigem, wie auf politisch=mili=
tärischem Gebiete zu erzeugen vermag, kann vor einer nüchternen
Anschauung der Dinge nicht bestehen. Die Mittel, durch welche
Plato den Bestand einer solchen Klasse sichern zu können glaubt,
sind mehr oder minder illusorisch. So hoch man die Macht einer
rationellen Erziehung, den Einfluß wissenschaftlicher Durchbildung
anschlagen mag, — Hoffnungen, wie sie Plato auf sein Erziehungs=
system aufbaut, werden sich nie erfüllen. Darüber wird sich am
wenigsten die Gegenwart einer Täuschung hingeben, seitdem sie auf
die Erfahrungen einer Zeit zurückblicken kann, in der das allge=
meinste Interesse sich auf die Förderung des pädagogischen Prob=
lems konzentrierte, in der man von einer „natur= und vernunft=
gemäß" erzogenen Jugend das Heil der Welt erwarten zu dürfen
glaubte; — ein Glaube, der sich längst als trügerisch erwiesen hat.
Wenn auch die sozialistischen Erziehungsoptimisten der Neuzeit noch
so fest überzeugt sein mögen, daß das Genie sich züchten lasse,
daß jeder Mensch auf eine die bloße Hand= oder Körperfähigkeit

---

teit, in dieser Hand aber furchtbare Hilfsmittel zur Vernichtung aller Wider=
strebenden werden würden. — Philosophische Dialoge. D. A. S. 78 ff.

erheblich übersteigende Ausbildungsstufe hinauferzogen werden könne, die ideale Geistesaristokratie des platonischen Staates ist nicht minder ein Phantom, wie die Masse von Michelangelos und Lionardos, welche Bebel für seinen Sozialstaat in Aussicht stellt.

Insbesondere hat Plato — in diesem Punkte ist auch er ganz ein Kind der Aufklärung — die ethische Bedeutung des Wissens weit überschätzt. Das richtige Wissen verbürgt durchaus nicht in dem Grade die richtige Gesinnung und das richtige Handeln; Intelligenz und Sittlichkeit sind durchaus nicht in der Weise Korrelate, wie das die platonische Moralphilosophie annimmt. Dieselbe verkennt die Doppelheit der Menschennatur, in der Wille und Intellekt die Gegenpole bilden und so immer wieder jene traurige Zwiespältigkeit entsteht, daß das Individuum ein Leben, das es als das beste erkannt, dessen Wert es stark und aufrichtig empfindet, dennoch thatsächlich nicht lebt, daß die deutlichste Einsicht in die Verkehrtheit des Willens dennoch an seiner Natur nichts zu ändern vermag.

Auf gleich irrtümlicher Schätzung beruhen ferner die Ansichten Platos über die psychologischen Wirkungen der Institutionen, in denen er eine weitere Bürgschaft für die sittliche Integrität der höheren Klassen sucht. Wie utopisch ist die Hoffnung, welche er an den Kommunismus knüpft, die Erwartung, daß mit der Aufhebung des Privateigentums und der Familie alle Quellen der Selbstsucht und Begierden versiegen würden! Man hat dieser Illusion, welche übrigens bei allen späteren Utopisten mehr oder minder wiederkehrt, längst die Erfahrung entgegengehalten,[1] daß die menschliche Leidenschaft sich unter allen Umständen mit Gier ihre Objekte sucht, daß unter Männern, die keine Nahrungssorge mehr kennen, mit um so ungezügelterer Leidenschaft der Kampf um das Weib entbrennen würde, daß in einem solchen Geschlecht Ehr-

---

[1] Vgl. die treffenden Bemerkungen Jastrows gegen Hertzkas „Freiland" a. a. O. Eine Illusion ist natürlich auch die Annahme, daß sich bei diesem Kommunismus, der den Einzelnen um ein gutes Stück idealer Lebensbefriedigung brächte, die Hüterklasse im höchsten Grade glücklich fühlen würde.

geiz und Ruhmsucht die Stelle frei finden würden, welche die Ge=
winnsucht verlassen hat, daß mit Einem Wort im Menschen ein
Quantum von Leidenschaft enthalten ist, mit welchem überall ge=
rechnet werden muß, wo es sich um einen auch nur etwas größeren
Kreis von Individuen handelt.

Gegen solche Gefahren gewährt auch die rein sozialistische
Organisation der Jugenderziehung, die zwangsweise Erziehung in
Staatsanstalten keine Gewähr. Im Gegenteil! Die Art und
Weise, wie im platonischen Staat der künftige Krieger und Beamte
schon von zartester Kindheit an von der ganzen übrigen Bevölkerung
ständisch abgeschlossen wird, ist nichts weniger als geeignet, jenes
volksfreundliche und volkstümliche Beamtentum zu erziehen, auf
welches Plato so großen Wert legt. Viel eher würde hier der
Geist der Überhebung großgezogen werden, der mit psychologischer
Notwendigkeit die Entartung zur Klassenherrschaft herbeiführen
müßte. Auf der anderen Seite würde die Überspannung des
staatlichen Zwanges in diesem System und die übermäßige Kon=
zentrierung der Macht in der Hand der Regierenden bei der Hüter=
klasse die Devotion nach oben, den Geist des Strebertums und
der Kriegerei ebenso systematisch begünstigen, wie die Überhebung
nach unten. Der Mut, der fest zur eigenen Überzeugung steht,
die sittliche Kraft, welche auch vor der Ungnade des Mächtigen
nicht feige zurückweicht, sie würden ertötet durch die Charakterlosig=
keit, die immer erst nach oben sieht, die vor allem Reden und
Handeln immer erst fragt, ob es auch „genehm" ist und „gerne
gesehen" wird. Gerade das, was den führenden Elementen des
Volkes nicht minder notthut, als der Geist der Zucht und Ordnung:
Charakterfestigkeit, Selbständigkeit, Kraft der Initiative würde hier
unvermeidlich verkümmert werden. Welche Gefahr aber in einem
System liegt, das die Entwickelung der so nahe miteinander ver=
wandten despotischen und knechtischen Anlagen der menschlichen Natur
in solcher Weise begünstigt, das bedarf keines weiteren Beweises.
Übrigens ist das ganze System auch keineswegs so „naturgemäß",
wie Plato annimmt. Die Grundlage desselben: die allgemeine

Erſetzung der Familienerziehung durch die Staatsammenſchaft iſt eine Abſurdität. Selbſt im Bienenſtaat ſind die Ammen, welche zugleich die einzigen Arbeiterinnen ſind und die Kinder einer ein= zigen königlichen Generalmutter erziehen, wenigſtens geſchlechtsloſe Individuen.[1])

In der That muß ſogar Plato ſelbſt die Unzulänglichkeit der zur Organiſation der Hüterklaſſe vorgeſchlagenen Maßregeln unwillkürlich einräumen, indem er, um dieſelbe möglichſt frei von innerem Zwiſt zu erhalten, — insbeſondere bei der obrigkeitlichen Regelung des geſchlechtlichen Verkehrs — als „Arzneimittel“ ein Syſtem des Truges und der Lüge für notwendig hält, welches zu der vorausgeſetzten Geſinnung dieſer Klaſſe in eigentümlichem Widerſpruch ſteht.[2]) Welche Gewähr bietet eine Regierung, welche ſolcher Mittel bedarf, um ihrer eigenen Organe ſicher zu ſein?

Damit iſt im Grunde auch das Problematiſche der eben nur durch Lug und Trug realiſierbaren phyſiologiſchen Experimente zu= geſtanden, in denen Plato ein Hauptmittel für die Erzeugung und Erhaltung einer zum öffentlichen Dienſt prädeſtinierten Klaſſe ge= funden zu haben glaubt.

Zwar iſt gerade dieſer Gedanke von der Neuzeit wieder auf= genommen worden. Ich erinnere nur an die Aeußerung Schopen= hauers: „Will man utopiſche Pläne, ſo ſage ich: Die einzige Lö= ſung des Problems wäre die Despotie der Weiſen und Edlen, einer echten Ariſtokratie, eines echten Adels, erzielt auf dem Wege der Generation, durch Vermählung der edelmütigſten

---

[1]) Darauf hat mit Recht Schäffle hingewieſen. Ausſichtsloſigkeit der Sozialdemokratie[2] S. 40.

[2]) 459e: συχνῷ τῷ ψεύδει καὶ τῇ ἀπάτῃ κινδυνεύει ἡμῖν δεήσειν χρῆσθαι τοὺς ἄρχοντας ἐπ' ὠφελείᾳ τῶν ἀρχομένων. Eine „ſchlaue Verloſung“ ſoll es ermöglichen, daß der Einzelne, der mit dem ihm zuge= fallenen Weibe nicht zufrieden iſt, dem Zufall und nicht der Regierung die Schuld gibt. 460a. Über die Zuläſſigkeit der Täuſchung als Regierungs= prinzip vgl. auch 389b.

Männer mit den klügsten und geistreichsten Weibern. Dieser Vor=
schlag ist mein Utopien und meine Republik des Platon."¹)

Ein Gedanke, der übrigens der Gegenwart durch die mo=
dernen naturwissenschaftlichen, zumal die darwinistischen Ideen be=
sonders nahegelegt war. Wenn es richtig ist, daß sich im Laufe
der Zeiten aus den niedrigsten Organismen die höherstehenden
Lebewesen und zuletzt der Mensch entwickelt hat, warum sollte sich
da nicht am Ende aus dem Menschen ein noch höheres Wesen
entwickeln können, dessen geistige und moralische Kräfte Anforde=
rungen zu genügen vermögen, denen sich die menschliche Natur
bisher nicht gewachsen zeigte? — Renan hat auch diese Idee auf=
genommen. Er meint: „Eine ausgedehnte Anwendung der Ent=
deckungen auf dem Gebiete der Physiologie und des Prinzips der
natürlichen Zuchtwahl könnte möglicherweise zur Schöpfung einer
höherstehenden Rasse führen, deren Recht zu regieren nicht nur
in ihrem Wissen, sondern selbst in dem Vorzug ihres Blutes,
ihres Gehirns und ihrer Nerven begründet wäre."²)

Wer denkt hier nicht unwillkürlich an die Idee vom „Über=
menschen", wie sie die Sozialtheorie Nietzsches — allerdings in
wesentlich anderem Sinne als Plato — entwickelt hat, an die
Lehre von der Veredlung der menschlichen Natur, die er als „Er=
höhung des Typus Mensch" bezeichnet und die er sich ebenfalls
als das Werk einer aristokratischen Gesellschaftsverfassung denkt?
Auch hier wird die Hoffnung ausgesprochen, daß sich auf solcher
Grundlage eine ausgesuchte Art Wesen zu einer höheren Aufgabe,
überhaupt zu einem höheren Sein emporzuheben vermöge, als die
bisherige Menschheit, „vergleichbar jenen sonnensüchtigen Kletter=
pflanzen auf Java, welche mit ihren Armen einen Eichbaum so
lange und so oft umklammern, bis sie endlich hoch über ihm, aber
auf ihn gestützt, in freiem Lichte ihre Krone entfalten und ihr
Glück zur Schau tragen können."

---

¹) Parerga und Paralipomena II, 273.
²) A. a. O. S. 86.

Allein was können solche Spekulationen über den „Menschen der Zukunft" für die Soziallehre bedeuten? Man mag sich mit dem Philosophen des Aristokratismus an der Vorstellung berauschen, was alles noch unter besonders günstigen Verhältnissen aus dem Menschen zu züchten wäre, wie der Mensch noch unausgeschöpft für die größten Möglichkeiten ist, soviel ist gewiß, daß eine Sozialtheorie, deren Verwirklichung eine derartige Erhöhung des Typus Mensch bedingt, auf unabsehbare Zeit eine utopische bleibt. Damit ist auch die Frage der Ausführbarkeit des platonischen Staates entschieden! Denn Plato selbst hat, wie wir sehen werden, in einer späteren Phase seines sozialpolitischen Denkens zugeben müssen, daß sein Regierungs= ideal nicht realisierbar ist ohne das, was man eben den „Über= menschen" nennen könnte. Er ist zuletzt selbst zu der Erkenntnis gelangt, daß die vorgeschlagene soziale Organisationsform — ins= besondere der ideale Kommunismus — Menschen voraussetzen würde, die auf einem unendlich viel höheren Niveau der Sittlichkeit und Intelligenz stehen müßten, als es für die gegenwärtige Menschheit erreichbar sei: es müßten sozusagen Götter und Göttersöhne sein.[1])

Die Gewalt selbst, welche den Regenten des Vernunftstaates eingeräumt wird, stellt die menschliche Natur auf eine Probe, der sie, wie Plato ebenfalls später zugibt, auf die Dauer nicht gewachsen wäre. Eine so schrankenlose Macht erträgt eben der Mensch nicht. Sie wird in seiner Hand zuletzt immer zum Werkzeug der Selbst= sucht werden.[2]) Daher ist es eine Lebensbedingung des wirklichen Staates, daß jede Gewalt in ihm mit Schutzvorrichtungen gegen ihren Mißbrauch umgeben werde, daß — um mit J. Stuart Mill zu reden — in seiner Verfassung ein Zentrum des Widerstandes gegen die vorherrschende Gewalt enthalten sei. Und wie ein Gegengewicht ihrer Macht, so erfordert die Menschlichkeit und Gebrechlichkeit selbst der besten Regierung eine beständige Ergänzung, wie sie eben nur die selbstthätige Beteiligung der Bürger an der Bildung des Staats=

---

[1]) Leg. 740 a f. später.
[2]) Leg. 875 b f. später.

willens zu gewähren vermag, vorausgesetzt, daß der Stand der all=
gemeinen Kultur eine solche Mitwirkung gestattet.

Ja gerade im Interesse der Sozialreform liegt eine möglichst
allgemeine Heranziehung des Volkes. Denn die Geschichte aller
Aristokratien, auch der besten, läßt nur zu deutlich erkennen, daß
— so, wie die menschliche Natur nun einmal ist, — ohne den An=
trieb der Masse des Volkes eine allseitig durchgreifende, dem Klassen=
egoismus und Klassenvorurteil rücksichtslos entgegentretende Reform=
politik, ein positives Wirken für das „Volk", wie es ja gerade der
Sozialstaat Platos will, auf die Dauer kaum denkbar ist.

Wenn also Plato glaubt, daß eine allmächtige Staatsgewalt
in einem „wahrhaft freien" Staate denkbar sei und daß eine solche
Regierung so sehr den idealsten Anforderungen zu genügen vermöge,
daß ihre Herrschaft verständiger Weise von Niemand als drückender
Zwang empfunden werden könne, sondern als die beste Vertretung
der Interessen Aller die freie Zustimmung aller Klassen finden würde,
so ist dieser Gedanke eine reine Utopie. So richtig Plato das Endziel
aller Politik erfaßt hat, wenn er das Ideal einer Regierung in der
freiwilligen Unterordnung der Regierten, in der harmonischen Aus=
gleichung zwischen der Idee der Freiheit und der Notwendigkeit
staatlichen Zwanges erblickt, — in den Mitteln zur Erreichung
dieses Zieles hat er vollkommen fehlgegriffen.

Diese Mittel — vor allem die Züchtung einer Aristokratie
von Halbgöttern, zu der ein politisch durchaus unmündiges Volk
nur mit scheuer Ehrfurcht und Bewunderung emporzublicken ver=
möchte, — stehen übrigens auch in einem unversöhnlichen Gegensatz zu
dem Ergebnis, welches die Geschichte der Kulturmenschheit wenig=
stens bisher gezeigt hat. Wie durch den bisherigen Verlauf der
Kulturgeschichte eine früher ungeahnte Verallgemeinerung der Güter
der Zivilisation herdeigeführt, der Kreis der an den Errungen=
schaften der Kultur teilnehmenden Volkselemente stetig erweitert
worden ist, so haben die Massen auch mehr Rechte und größeren
Einfluß auf das staatliche Leben erlangt. Und daß trotz der gleich=
zeitigen unleugbaren Vertiefung der Kluft zwischen der Lebens=

haltung des Proletariers und der höheren Stände die genannte
Tendenz auch in Zukunft mächtig fortwirken wird, das kann für
den nicht zweifelhaft sein, der sich die Entwicklung der Menschheit
von der Völkerknechtung orientalischer Despotien bis zur Epoche
der Koalitionsfreiheit und des allgemeinen Stimmrechts vergegen=
wärtigt. Auch wenn man das Wirkliche in der Geschichte keines=
wegs zugleich als das Vernünftige anerkennt und bereitwillig zu=
gibt, daß sich absolute Urteile über das soziale Seinsollen aus
der Empirie nicht gewinnen lassen, wird man doch kaum geneigt
sein anzunehmen, daß diese ganze Entwicklung nur ein einziger
großer Irrtum der Geschichte sei.[1]

Daher kann der Grundsatz: „Nichts durch das Volk, wenn
auch alles für das Volk" immer nur zeitweilige Anwendung finden;
nur Übergangszustände können es rechtfertigen, den Staat zu einem
bloßen Verwaltungsorganismus zu machen, wie dies Plato beab=
sichtigt. Je mehr der Fortschritt und die Verallgemeinerung der
Kultur die persönliche Entwicklung des Einzelnen fördert und da=
mit das ganze geistige und moralische Niveau breiterer Volksschichten
steigert, um so intensiver und allgemeiner macht sich auch das Be=
dürfnis geltend, nicht bloß Gegenstand obrigkeitlicher Fürsorge und
Bevormundung zu sein, sondern durch einen freien Akt der Selbst=
bestimmung an der Entscheidung über die eigenen Geschicke mit=
beteiligt zu werden. Erst das Recht solcher Mitentscheidung, welches
wenigstens einen Antrieb enthält, den Einzelnen über den engen
und beengenden Kreis seines individuellen Daseins zu erheben, er=
möglicht die volle Entfaltung persönlicher Kraft und persönlicher
Würde, welche gerade vom Standpunkt des Staates aus einer mög=
lichst großen Anzahl seiner Bürger zu wünschen ist.

---

[1] Vgl. die schöne teilweise allerdings zu optimistische Ausführung von
Lange über den „Kampf um die bevorzugte Stellung" in dem Buche über
die Arbeiterfrage (2) S. 55 ff. Er bezweifelt mit Recht, daß das Gesetz der
„natürlichen Züchtung" (der natural selection) je dahin wirken werde, den
bevorzugten Klassen ein so stetig wachsendes Übergewicht zu geben, daß da=
durch eine völlige Spaltung in eine höhere und niedere Rasse als Resultat
der Differenzierung hervortreten müßte.

Wenn der platonische Staat — um mit Stahl zu reden [1]) — die innere Harmonie, die er erftrebt, nur dadurch herftellen kann, daß er zugleich als ein Reich der Freiheit befteht, wenn „die Schönheit feines Baues nicht bloß wie die Natur da ift, fondern von Wollenden, für fie Begeifterten in jedem Augenblicke gleichfam aufs Neue gefchaffen wird“,[2]) — fo erfcheint feine Verwirklichung von dem genannten Gefichtspunkte aus von vornherein unmöglich.

Wenn dies Plato verkennt, fo liegt das an den falfchen Schluß= folgerungen, die er aus der Auffaffung des Staates als eines Or= ganismus gezogen hat. So fruchtbar fich die Parallele in Einer Hinficht erwiefen hat, der Glaube, daß fich in einer einigermaßen entwickelten Gefellfchaft ein ähnliches Ineinandergreifen und Zu= fammenwachfen der Individuen zu einem abfolut einheitlichen, von Einem Zentrum aus regulierten Ganzen erreichen laffe, wie im natür= lichen Organismus, beruht nichts deftoweniger auf einer Illufion. Er verkennt die fundamentalen Unterfchiede in den Entwicklungsprin= zipien der gefellfchaftlichen Gebilde einerfeits und der phyfifchen Organismen andererfeits.

Indem Plato die Vollendung des Staates darin erblickt, daß in ihm alles Leben und alle Bewegung ebenfo von einem Zentral= organ ausgeht, wie im Organismus, fetzt er fich in Widerfpruch zu der Thatfache, daß das, was im Naturleben den Höhepunkt der Entwicklung darftellt, auf fozialem Gebiete gerade der roheften und primitivften Stufe eigen ift. Die geformte organifche Sub= ftanz ift in ihrer niederften Erfcheinungsform, wie allerdings Plato noch nicht ahnen konnte, ein Klumpen Protoplasma, das in feinen Teilen in keiner Weife differenziert ift und deffen Leben ausfchließ= lich in diefen Teilen, nicht in einem einheitlichen Lebenszentrum beruht. Je höher entwickelt und leiftungsfähiger dagegen der phy= fifche Organismus ift, je mehr er fich aus differenzierten, durch die Verrichtung verfchiedener Funktionen fich gegenfeitig ergänzenden Or=

---

[1]) A. a. O. S. 16.
[2]) Stahl ebd.

ganen zusammensetzt, umsomehr entwickelt sich ein Teil, der allein der
Sitz der Empfindung, das Zentrum des Lebens des Ganzen ist.
— Durchaus verschieden gestaltet sich der Verlauf bei den sozialen
Gebilden. Je mehr sich hier bei der fortschreitenden Arbeitsteilung
die einzelnen Teile differenzieren, umsomehr strebt hier auch die
besondere Individualität derselben zur selbständigen Geltung zu
kommen, desto mehr tritt die Tendenz hervor, den Einfluß, den das
Ganze durch Autorität und Herkommen auf das Einzelleben aus=
übt, abzuschwächen. Während dort das Endergebnis eine immer
stärkere Konzentration alles Lebens in Einem Organ ist, ist es hier
eine mehr oder minder weitgehende Verselbständigung der einzelnen
Teile.[1] Und ganz folgerichtig stellt sich daher auf der Höhe der
Entwicklung die Forderung ein, daß es eine Sphäre des Indivi=
duums geben müsse, die nur ihm eignet, einen Kreis geistiger und
sittlicher Bethätigung, vor welchem der Staat mit seinem Zwange
Halt macht, die er anerkennt und schützt, aber nicht mehr inhalt=
lich bestimmt. Eine Forderung, die keine „naturrechtliche“, sondern
recht eigentlich ein Erzeugnis der Kultur und des Kulturstaates ist.

Nun setzt sich ja allerdings die platonische Anschauungsweise
mit ihrer Predigt von der Rückkehr zur Natur und zum Natur=
recht in einen gewissen Gegensatz zu den Fortschritten der Kultur,
deren Resultat dieses Verhältnis zwischen Staat und Individuum
ist. Im „Naturzustand“ zeigen die sozialen Gebilde in der That
die Organisation, welche Plato erstrebt. Der kommunistische So=
zialverband der Urzeit hat ein einheitliches Zentrum, von dem alles
Leben ausgeht, das mit unumschränkter Autorität das Ganze be=
herrscht. Allein wie kann dann noch von einer Gestaltung des
„besten“ Staates nach der Analogie des physischen Organismus
die Rede sein, wenn eben das, was auf dem Gebiete der organischen
Natur sich als ein Fortschritt erweist, auf sozialem Gebiete nur als
ein gewaltiger Rückschritt denkbar ist?

---

[1] Vgl. die schöne Darlegung dieses Prozesses bei Brentano: Die Volks=
wirtschaft und ihre konkreten Grundbedingungen. Zeitschr. für Sozial= u.
Wirtschaftsgesch. I, 98.

Auch ergäbe sich ja bei solcher Rückkehr zu der primitiven
Organisationsform der sozialen Gebilde sofort ein neuer Widerspruch! Dieselben haben nämlich auf dieser Stufe mit den untersten
Entwicklungsphasen physischer Organismen das gemein, daß sie in
ihren Teilen in keiner Weise differenziert sind, daß — abgesehen
von der Arbeitsteilung zwischen Mann und Weib — alle ihre
Glieder genau dieselben Funktionen verrichten. Die besondere wirtschaftliche, rechtliche, moralische Individualität der einzelnen Teile
des sozialen Ganzen existiert auf einer so niedrigen Stufe des wirtschaftlichen und gesellschaftlichen Lebens noch nicht.[1]) Allein gerade
in diesem Punkt, in dem sich die Entwicklungsgeschichte der sozialen
Organismen wirklich mit der der physischen nahe berührt, versagt
bei dem platonischen Staat die Analogie durchaus. Dieser Staat
setzt ja gerade die möglichste Vervollkommnung der Arbeitsteilung
und die stärkste Differenzierung seiner Glieder voraus. Die rechtliche, geistige und moralische Individualität von Einzelnen, wie
von ganzen Klassen erscheint in hohem Grade entwickelt. Es soll
sich hier also mit der niedersten Organisationsform der sozialen
Gebilde, der denkbar stärksten Konzentration, dasjenige vereinigen,
was beim physischen, wie beim sozialen Organismus am Ende der
Entwicklung steht: die möglichste Differenzierung der Teile.. Daß
diese Verknüpfung von Anfang und Ende einen verhängnisvollen
Widerspruch enthalten würde, daß im sozialen Organismus die
Differenzierung gerade eine mächtige Tendenz in entgegengesetzter
Richtung in sich schließt, die Individuen mit einem unwiderstehi-
lichen Drang nach selbständiger Bewegung und selbständiger Bethätigung erfüllt, das bleibt bei Plato vollkommen unbeachtet.

Nun hat ja allerdings auf einzelnen Gebieten gerade der
Fortschritt der Kulturentwicklung zu der genannten Kombination
von äußerster Differenzierung und strengster Konzentration geführt.
Infolge der Errungenschaften der industriellen Erfindsamkeit hat sich
auf volkswirtschaftlichem Gebiete eine Technik der Menschenzusammen-

---

[1]) Vgl. Brentano a. a. O. S. 99.

fassung herausgebildet, welche große Massen von Individuen zu
bloßen Triebrädern im Gefüge eines streng einheitlichen, von Einem
Zentrum aus regulierten Organismus gemacht hat. Allein einer=
seits gravitiert doch der technische Fortschritt glücklicherweise nicht
ausschließlich nach dieser Richtung hin, da die Kultur auch wieder
neue Mittel für die individuelle Thätigkeit schafft und vielfach ge=
rade das Individuum zu großen, früher der Gesamtheit vorbehal=
tenen Leistungen befähigt, andererseits ist es nur zu bekannt, welche
Disharmonien in das moderne Kulturleben gerade durch jene den
individualistischen Grundtendenzen desselben so schroff widersprechende
Konzentration hineingetragen worden sind: Dissonanzen, die recht
deutlich beweisen, daß eine Verallgemeinerung des zentralistischen
Organisationsprinzips eben in den innersten seelischen Triebkräften,
in den Bedürfnissen und Anschauungen des Kulturmenschen eine
unüberwindliche Schranke finden würde, daß sie jedenfalls nichts
weniger als die soziale Harmonie und den sozialen Frieden zu
schaffen vermöchte.

Was uns die thatsächliche Entwicklung der Kultur und des
Völkerlebens lehrt, enthält nun aber noch einen weiteren Wider=
spruch gegen die Normen, nach denen sich die Rechtsordnung des
Vernunftstaates gestalten soll. Wir sahen, daß es neben der Idee
einer machtvollen Vertretung des Staatsgedankens und des Sozial=
prinzips ganz besonders die Idee der Arbeitsteilung ist, aus welcher
Plato die Notwendigkeit einer unbedingten Trennung aller poli=
tischen und aller wirtschaftlichen Thätigkeit gefolgert hat. Auch
diese Folgerung beruht auf der Überspannung eines an sich ja
durchaus berechtigten Grundgedankens.

So sehr bei fortschreitender Kultur mit der zunehmenden
Kompliziertheit der Verhältnisse im staatlichen Leben diejenigen Auf=
gaben das Übergewicht erhalten, bei denen die technische Kenntnis
der Sache entscheidet und nicht die Volksüberzeugung, so sehr man
also gerade mit Plato von den politischen Einrichtungen eine Bürg=
schaft dafür verlangen muß, daß in allen solchen Fragen in Regie=
rung und Verwaltung nur Sachverständige die letzte Entscheidung

fällen, nicht minder bedeutsam tritt doch gerade auf der Höhe der
Kultur das Bedürfnis und das Streben hervor, den für die Volks-
wohlfahrt gefährlichen Konsequenzen einer übermäßigen Arbeitsteilung entgegenzutreten. Und dieses Streben bricht sich Bahn
selbst auf die Gefahr hin, daß Fortschritte der Arbeitsteilung wieder
rückgängig gemacht werden müssen.

Während z. B. Plato um des Prinzipes der Arbeitsteilung
willen die rein berufsmäßige Organisation der Wehrverfassung vor-
schlägt, hat dagegen die Neuzeit den entschiedensten Rückschritt in
der Arbeitsteilung gemacht, indem sie zu dem Prinzip der allgemeinen Wehrpflicht zurückkehrte, in der Erkenntnis sowohl ihrer
militärischen Bedeutung, wie ihres Wertes für die Erhaltung der
physischen und moralischen Gesundheit des Volkes. — Plato verlangt im Interesse der Arbeitsteilung die ausschließliche politische
Herrschaft der Sachkenntnis, die Neuzeit setzt neben die Minister
und ihre Räte d. h. neben die Techniker und Fachleute ein Ab-
geordnetenhaus, d. h. zum großen Teile Laien. Plato will, daß
der Schuster nichts als Schuster, der Landwirt nur Landwirt und
nicht auch Richter sei u. s. w., die Neuzeit setzt auf allen Gebieten
durch die Ausdehnung der lokalen Selbstverwaltung und der Ge-
schworenenjustiz, durch unbezahlte Ehrenämter, durch Einführung von
Vertretungen neben den Beamten in Gemeinde und Staat die
Laien neben die Techniker. Und sie begeht alle diese Sünden gegen
die Arbeitsteilung, weil die Teilnahme am öffentlichen Leben ein
Gegengewicht gegen die sittliche und geistige Verkümmerung von Individuen und Klassen bildet, weil sie im Interesse einer allseitigeren
Erziehung der Nation und eines größeren Gleichgewichtes der Kräfte
unentbehrlich ist.[1]

Das hat bereits der größte Geschichtschreiber der Antike klar
ausgesprochen, indem er es seinen Perikles als einen Ruhmestitel
des damaligen Athens verkünden läßt, daß hier ein und dieselben

---

[1] Vgl. die schöne Ausführung Schmollers: Grundfragen S. 127.
Dazu „Über das Wesen der Arbeitsteilung a. a. O. S. 65.

Männer die Verwaltung öffentlicher Ämter mit privatwirtschaftlicher Thätigkeit vereinigten und auch das arbeitende Volk ein hinläng= liches Verständnis für öffentliche Dinge besitze.[1]) Allerdings wird hier das Bestehende von dem Redner der Demokratie idealisiert und in starker Überschätzung der Regierungsfähigkeit und der politischen Bildung der Massenmehrheit die Autonomie der Gesellschaft ebenso einseitig verherrlicht, wie die philosophischen Gegner der Demokratie das entgegengesetzte Prinzip überspannt haben, allein die Ueber= treibung thut der allgemeinen Idee, die der perikleischen Auffassung zu grunde liegt, keinen Abbruch.   Dem in der menschlichen Natur selbst liegenden Bildungstriebe, wie den Lebensbedingungen des Kulturstaates widerspricht es in gleicher Weise, wenn das Denken und Fühlen des Einzelnen durch die einseitige Thätigkeit in seinem besonderen Lebensberuf vollkommen absorbiert und so mehr oder minder unempfänglich wird für alles, was jenseits der eigenen Lebens= und Interessensphäre liegt.   Die Bildungsgegensätze, die dadurch entstehen, enthalten womöglich eine noch schlimmere soziale Gefahr, als die Gegensätze des Besitzes.   Sie durch möglichste Hebung der Intelligenz und politischen Bildung der unteren Klassen zu mildern, ist eine Hauptaufgabe aller sozialen Reform. —

Zu der rücksichtslosen Konsequenz, mit der Plato bei der Or= ganisation der Staatsgewalt den Grundsatz der Arbeitsteilung zur Geltung bringt, steht in eigentümlichem Widerspruch das indivi= duelle Lebensideal, welches er für diejenigen aufstellt, denen er die Staatsgewalt anvertraut wissen will.   Dieses Ideal des voll= kommen harmonisch ausgebildeten, körperlich und geistig vollendeten Menschen, das der philosophische Staatsmann Platos in seiner Person verwirklicht, beruht auf einer Verkennung der Schranken, in welche eben die Notwendigkeit der Arbeitsteilung das schwache und kurzlebige Menschenwesen gebannt hält.   Indem Plato in dem Ideal seines Staatsmannes die intensivste Kraft spekulativen Denkens

---

[1]) Thukydides II, 40: ἔνι τε τοῖς αὐτοῖς οἰκείων ἅμα καὶ πολιτικῶν ἐπιμέλεια καὶ ἑτέροις πρὸς ἔργα τετραμμένοις τὰ πολιτικὰ μὴ ἐνδεῶς γνῶναι.

mit der Fülle des Fachwissens und praktischer Erfahrung vereinigt
denkt, häuft er auf Eine Person, was durch spezialisierte Ausbil=
dung der Kräfte in sehr verschiedenartigen Lebensberufen als das
Höchste erreicht werden kann. In der Person des philosophischen
Staatsmannes soll das Unmögliche möglich werden, in ihr sich
eine Summierung von Kräften verkörpern, die nur in unseren Ge=
danken vollziehbar ist. Dazu die psychologische Unwahrscheinlichkeit,
daß sich in denselben Persönlichkeiten öfters gerade die entgegen=
gesetztesten Gaben vereinigen werden: Das Talent zur angenblick=
lichen und doch zugleich vollständigen Würdigung der Gegenwart,
zum ununterbrochenen „Pulsfühlen der Zeit", das den Staatsmann
macht, und das so wesentlich verschiedene Talent der rein abstrakten
Spekulation![1])

Nun ist freilich die Inkonsequenz, der wir hier bei dem
eifrigen Verteidiger der Arbeitsteilung begegnen, psychologisch voll=
kommen begreiflich! Plato mußte diese Inkonsequenz begehen, wenn
er nicht von vorneherein auf die Verwirklichung seines Staatsideals
verzichten wollte. Soll die Intelligenz und Leistungsfähigkeit einer
Regierung all das aufwiegen, was Wissen und Urteilskraft aller
Übrigen etwa zur Lösung ihrer Aufgaben beitragen könnte, dann
muß man in der That von dem Einen oder den Wenigen, welche
diese Regierung darstellen, nichts geringeres verlangen, als daß sie
das Unmögliche möglich machen.

Man sieht, wie auf den abstrakten Höhen der begriffsmäßigen
Konstruktion, die alles auf möglichst einfache Prinzipien zurückführen
will, selbst bei einem sonst durch scharfe und feinsinnige Beobachtung
des Menschenlebens und seiner Schwächen ausgezeichneten Denker
das Gefühl für die Unvollkommenheit alles Irdischen völlig verloren
gehen kann. Die der Wirklichkeit gegenüber so oft bekundete Schärfe
des Urteils versagt der Möglichkeit gegenüber gänzlich und macht

---

[1]) Vgl. die von Roscher (Grundlagen der Nationalökonomie § 25)
hervorgehobene Thatsache, daß gerade die genialsten Staatsmänner — wie
Pitt von sich äußerte — weit mehr instinktmäßig ihren Weg zu fühlen, als
ihn mit einer Klarheit, die ihn für andere beschreiben könnte, zu sehen pflegen.

der reinen Phantaſtik Platz. Wenn aber das Regentenideal Platos
ein Phantom iſt, wenn es nie ein Regierungsſyſtem geben wird,
deſſen leitenden Mittelpunkt eine „alles umfaſſende" Vernunft bildet,[1]
dann iſt auch das geſamte harmoniſche Lebensbild des Idealſtaates
eine Utopie. Wenn niemals eine Regierung im Stande ſein wird,
den ganzen unendlich komplizierten Organismus der Geſellſchaft von
Einer Stelle aus ſo zu leiten, daß innerhalb desſelben jedes einzelne
Glied völlig zu ſeinem Rechte kommt, daß mit dem Intereſſe der
Geſammtheit zugleich jedes berechtigte Intereſſe und Bedürfnis der
Einzelnen befriedigt wird, dann iſt auch das ideale Verhältnis
zwiſchen Regierenden und Regierten, wie es Plato durch die wahre
Staatskunſt verwirklicht denkt, eine Illuſion. Die zahlreichen In=
dividuen, welche ſich durch die rechtlich allmächtige, aber gegenüber
der Größe der ihr geſtellten Aufgabe ewig unzulängliche und irrtums=
fähige Regierung verhindert ſehen würden, ihre Individualität ſo
zur Geltung zu bringen, ſich ſo zu entwickeln und auszuleben, wie
ſie es nach ihren perſönlichen Anlagen und Kräften beanſpruchen
könnten, alle die, welche bei der Unmöglichkeit der freien Berufs=
wahl durch ſolche Verkennung gewaltſam in eine falſche Berufs=
und Lebensrichtung hineingezwungen würden, ſie wären ebenſoviele
beredte Zeugen gegen den Anſpruch des platoniſchen Staates, ein
Reich vollkommener Gerechtigkeit, wahrer Freiheit und Gleichheit zu
ſein. In dem Momente, wo man mit der Verwirklichung dieſes
Staates Ernſt machen wollte, würden auch die Kräfte wirkſam
werden, welche ſeine beſten Intentionen in ihr Gegenteil verkehren
würden, ſein Gerechtigkeitsideal in drückend empfundene Ungerechtig=
keit, ſein Freiheits= und Gleichheitsprinzip in Zwang und Ver=
gewaltigung. Statt eines lebendigen Organismus, der er nach der
Abſicht ſeines Urhebers ſein ſollte, hätten wir das ſeelenloſe Räder=
werk einer Maſchine vor uns. Das politiſche Gebilde, welches als

---

[1] Der νοῦς, der ἐπὶ πᾶν ὁρᾷ καὶ βλέπει, wie es Leg. 875d von
der Einſicht des wahren Staatsmanns heißt. Vgl. Πολ. 301d: ἐθέλειν καὶ
δυνατὸν εἶναι μετ' ἀρετῆς καὶ ἐπιστήμης ἄρχοντα τὰ δίκαια καὶ ὅσια
διανέμειν ὀρθῶς πᾶσιν.

bloßes Musterbild im Lichte idealer Verklärung strahlt, würde — in
den Staub des Irdischen herabgezogen — in der That zu jenem
Zerrbilde werden, welches die moderne Kritik aus dem platonischen
Staat gemacht hat, indem sie ihn nicht darnach beurteilte, wie er im
Geiste seines Schöpfers lebte, sondern nach der Mißgestalt, welche
ihm das wirkliche Leben geben würde.

Übrigens ist nicht bloß die Regierung, die alles sieht und
alles kann, das Erzeugnis eines ideologischen Dogmatismus, sondern
auch das Verhalten, welches Plato ihr gegenüber von dem Regierten erwartet. Welche Verkennung der Menschennatur, zu glauben,
daß, wenn nur der wahre Herrscher in der Welt erschiene, alle
Herzen ihm zufliegen würden,[1] daß in diesem Falle die individuellen Ideen des Einzelnen über das Gerechte hinreichen würden,
die Gemüter zu diesen Idealvorstellungen zu bekehren und uralte
Institutionen durch Gebilde der abstrakten Vernunft zu ersetzen,
trotz der dabei unvermeidlichen Verletzung zahlloser berechtigter Interessen und tiefgewurzelter Anschauungen und Lebensgewohnheiten,
an denen nun einmal die ungeheure Mehrheit mit Leidenschaft zu
hängen pflegt! Als ob die alten Menschen von heute unter veränderten Lebensbedingungen notwendig auch neue Menschen werden
müßten! Es ist derselbe vulgäre Fehler, der bei den meisten Utopisten wiederkehrt, daß sie den Menschen nach dem beurteilen, was
sie selbst in gleicher Lage empfinden und thun würden.

Allerdings hofft Plato einen Wandel in den Motiven menschlichen Handelns gleichzeitig von der überzeugenden Macht der Belehrung,
welche von den philosophischen Begründern des neuen Gemeinwesens ausgehen soll. Allein auch diese Hoffnung ist eine rein
utopische. Sie beruht auf der Theorie von dem wohlverstandenen
Interesse des Individuums, sowie auf der platonischen Überschätzung
von Erziehung und Belehrung, die zu den Atavismen aus der Aufklärungsepoche, aus der Sophistenzeit gehört, ein Erbe, an dem das
platonische Denken reicher ist, als man sich gewöhnlich vergegenwärtigt.

---

[1] Πολ. 301 d.

Zwar hat sich gerade die Lehre vom wohlverstandenen In=
teresse bis auf den heutigen Tag behauptet, von den ja auch der
Aufklärung entsprungenen Katechismen der französischen Revolution
durch die Schule Benthams hindurch bis zu dem System des ge=
sellschaftlichen Utilitarismus, welches in Jherings „Zweck im Recht"
zur Darstellung kommt. Wie für Plato beruht auch für Jhering
die politische Bildung des Individuums wesentlich auf dem „richtigen
Verständnis der eigenen Interessen", sowie auf der Erkenntnis, daß
„das eigene Wohlergehen bedingt ist durch das des Ganzen, und daß
man, indem man letzteres fördert, zugleich sein eigenes Interesse
fördert", daß „die gemeinsamen Interessen zugleich die des Einzelnen
sind."[1] — Allein man wird trotz dieser bedeutsamen Nachfolge nicht
sagen können, daß es gelungen ist, die Einwände gegen die theoretische
Richtigkeit und praktische Anwendbarkeit der Lehre zum Schweigen
zu bringen. Wer das Verhältnis zwischen Individuum und Staat
auf eine so einfache Formel zurückführen zu können glaubt, wird
vor allem die Schwierigkeit, den Einzelnen für den Staat zu ge=
winnen und zum sozialen Handeln zu erziehen, sehr leicht unter=
schätzen. Dies zeigt sich schon bei Plato. Er gibt sich der Täuschung
hin, daß die einfache und klare Formel, in der er selbst die Lösung
der Disharmonie zwischen individuellem und staatlichem Wollen ge=
funden zu haben glaubt, auch für alle Anderen oder wenigstens die
Mehrzahl faßbar und für ihr Handeln bestimmend sein werde.
Als ob es so leicht wäre, sein eigenes Bestes oder gar das der
Gesamtheit zu erkennen! Als ob sich überhaupt ein Standpunkt
objektiver Beurteilung finden ließe für das, was der Wohlfahrt des
Einzelnen, dem „wohlverstandenen" Interesse entspricht!

Wenn es aber keinen solchen absoluten Maßstab gibt, wie
ist da zu erwarten, daß sich der Einzelne bei der Entscheidung
einer idealphilosophischen Ethik beruhigen werde, die sein wahres
Interesse besser zu verstehen behauptet, als er selbst? Wie läßt sich

---

[1] S. diesen Satz von der Koinzidenz des öffentlichen und privaten
Interesses, der unmittelbar aus Plato entnommen sein könnte a. a. O. I, 549,
dazu 553.

z. B. der Satz von der Koinzidenz des Glückes und der Sittlichkeit,
welcher die Hauptgrundlage der platoniſchen Sozialphiloſophie bildet,
für das individuelle Bewußtſein beweiſen? Der berechnende Egoismus des Klugen und Starken wird immer Mittel kennen oder zu
kennen glauben, welche ihm eine unſittliche Ausbeutung Anderer geſtatten, ohne daß ſein individuelles Glücksgefühl darunter leidet
oder gar dem Gefühl des Elends Platz macht. Schon Viele haben
in ſolchem Glück ein hohes Alter erreicht, ohne daß es ihnen irgendwie zum Bewußtſein gekommen wäre, daß der Geſamtertrag ihres
Lebens an Glück durch ein wahrhaft ſittliches und ſoziales Verhalten
weſentlich geſteigert worden wäre. Wer will ihnen beweiſen, daß
ſie ihr Intereſſe nicht wohl verſtänden? Wer will dem Egoiſten,
der die beglückende Rückwirkung der Mitfreude und der Opfer-
willigkeit, der liebevollen Hingebung an die Mitmenſchen und an
die großen Intereſſen der Geſamtheit gar nicht kennt, dasjenige
Maß von Wohlbefinden mit Erfolg abſtreiten, welches er thatſächlich
zu beſitzen behauptet? Was will ihm gegenüber eine Aufforderung
zu angeblich Beſſerem, wenn er erklärt, er ſei nun einmal ſo be-
ſcheiden, daß er ſich mit dem „geringeren" Glücksgrad begnüge?[1]
Was der Einzelne als Glück fühlt, iſt eben viel zu verſchiedenartig,
als daß es durch ein abſolutes Prinzip regulierbar wäre. Wie naiv
iſt vollends der Glaube, die Menſchen ſelbſt davon überzeugen zu
können, daß für ſie ſogar der Verzicht auf das Leben das Beſte
ſei, wenn es durch unheilbare Krankheit oder Gebrechlichkeit „nutz-
los" geworden, daß der Staat nur zu ihrem eigenen Glück ſie
dahinſterben läßt und die Ärzte verbannt, die ihnen etwa dies nutz-
loſe Leben zu friſten wagen!

Nicht minder problematiſch iſt die Hoffnung, daß die Idee
der Intereſſenſolidarität zwiſchen Individuum und Geſellſchaft jemals ſo allgemein und ſo intenſiv das Handeln der Einzelnen beſtimmen werde, wie es im Vernunftſtaat der Fall ſein ſoll. So

---

[1] Nach der einleuchtenden Bemerkung Schuppes gegen Jhering in
Schmollers Jahrb. 1882 1122: „Ethiſche Standpunkte. Dazu Schuppe
„Ethik" paſſim.

richtig es ist, daß das persönliche Wohlergehen in hohem Grade von der Gesamtwohlfahrt abhängt, daß das Wohlbefinden jedes Einzelnen auf mancherlei Weise mit dem Wohlbefinden Aller ver= knüpft ist, die prästabilierte Harmonie zwischen individuellem und allgemeinem Interesse, zwischen dem Wohl des Einzelnen und dem der Gesellschaft, wie sie die platonische Sozialtheorie voraussetzt, ist eine Abstraktion, welche vor dem wirklichen Leben nicht bestehen kann, obgleich auch diese Theorie seitdem vielfach wiederholt worden ist.[1]) Es ist eine Illusion, wenn noch neuerdings Herbert Spencer gemeint hat, die allgemeine Tendenz der geschichtlichen Entwicklung strebe beständig einem Zustande entgegen, in welchem „beide In= teressen, die der einzelnen Bürger und die der Gesamtheit in Eins verschmelzen und die den einen und den andern entsprechenden Gefühle zu vollkommener Übereinstimmung gelangen."[2])

Wenn Plato für die Opfer, welche der Einzelne der Gemein= schaft bringt, demselben gleichzeitig eine individuelle Lebensförderung durch den Staat in Aussicht stellt, welche die in der Hingabe an die Gemeinschaft liegende individuelle Lebensopferung mehr oder minder aufwiegt, so ignoriert er, daß diese Ausgleichung doch nur für das abstrakte Individuum gilt, während das konkrete sehr wohl einen solchen Ersatz nicht finden und ganz und gar zum Opfer fallen kann. Von einer Identität des Interesses der Gesamtheit und der Einzelnen kann eben nur insoferne die Rede sein, als man unter letzteren den Durchschnitt versteht, nicht dieses oder jenes be= stimmte Individuum. Zwischen diesem Einzelnen und der Gesamt= heit kann sehr wohl ein scharfer Interessengegensatz entstehen, eine Thatsache, die ja Plato selbst unwillkürlich anerkennt, indem er sich die bekannten Wendungen aneignet, daß das Interesse des Einzelnen

---

[1]) Ich sehe hier eine gewisse Ideenverwandtschaft selbst mit Ricardo, Adam Smith und Malthus, deren Ansichten über die prästabilierte Harmonie zwischen dem Wohl des Einzelnen und der Gesellschaft, über die Wirksamkeit des „wohlverstandenen" Selbstinteresses kaum weniger optimistisch sind, als die entsprechenden platonischen.

[2]) Thatsachen der Ethik. D. A. S. 263.

sich) dem Ganzen unterordnen müsse, daß die wahre Staatskunst nicht einseitig den Nutzen des Einzelnen, sondern das allgemeine Wohl im Auge habe, daß letzteres dem ersteren vorangehen müsse, und was dergleichen Äußerungen mehr sind, aus denen klar hervorgeht, daß die Rechnung bezüglich der Interessenharmonie eben doch nicht ohne Bruch aufgeht.

Übrigens ist auch Platos eigenes Vertrauen auf die über-zeugende Kraft der ganzen Lehre so wenig ein unbedingtes, daß er zur Stütze derselben und „um die Bürger geneigter zu machen, für den Staat und für einander Sorge zu tragen",[1]) noch ein anderes und zwar sehr bedenkliches Hilfsmittel heranziehen zu müssen glaubt, nämlich „zweckmäßige Täuschungen", wie sie ihm die Religion und der Mythus an die Hand gab.[2])

Zwar ist es an und für sich ja durchaus konsequent, wenn Plato, um von der Wahrheit seines Staatsideals zu überzeugen, zuletzt an den Glauben appelliert. Die obersten Prinzipien der Sozialphilosophie sind wie die aller Philosophie Axiome, die als solche keinen exakten wissenschaftlichen Beweis, sondern nur ein sub-jektives Fürwahrhalten zulassen. Jede Ansicht über den Zweck des Staates, über die Zwecke seiner Glieder und ihr Verhältnis zum Staatsganzen ist mehr oder minder Glaubenssache, worüber sich am wenigsten die moderne Staatswissenschaft täuschen kann.[3]) Und wenn auch Plato persönlich überzeugt war, seinen Staatsbegriff voll-kommen hinreichend begründet zu haben, so hat er doch insoferne instinktiv das Richtige gefühlt, als er die Notwendigkeit anerkannte, denselben nicht bloß der Masse, sondern womöglich auch dem Höchst-stehenden eben zugleich als einen Glaubensbegriff nahe zu bringen.

---

[1]) 415 d: ἀλλὰ καὶ τοῦτο ... εὖ ἂν ἔχοι πρὸς τὸ μᾶλλον αὐτοὺς τῆς πόλεώς τε καὶ ἀλλήλων κήδεσθαι.

[2]) 414 b: Τίς ἂν οὖν ἡμῖν, ἦν δ' ἐγώ, μηχανὴ γένοιτο τῶν ψευδῶν τῶν ἐν δέοντι γιγνομένων, ὧν δὴ νῦν ἐλέγομεν, γενναῖόν τι ἓν ψευδομένους πεῖσαι μάλιστα μὲν καὶ αὐτοὺς τοὺς ἄρχοντας, εἰ δὲ μή, τὴν ἄλλην πόλιν;

[3]) Das hat neuerdings besonders treffend hervorgehoben Dietzel: Rod-bertus II, 214.

Allein so folgerichtig das war, nichts könnte doch die innere Schwäche der Grundlagen, auf denen sich das harmonische Lebensbild des Idealstaates aufbaut, klarer darthun, als gerade diese Berufung auf die religiöse Sanktion, die ihr Urheber selbst als eine „Lüge" anerkennen muß und die er nur durch echt sophistische Argumentation zu rechtfertigen vermag.[1]) Es ist als ob Plato selber empfunden habe, wie wenig das Gefühl der „Brüderlichkeit", von dem die Volksgenossen seines Staates für einander erfüllt sein sollen, den thatsächlichen Volksinstinkten, der niederen ebenso, wie der höheren Schichten, entspricht, wenn er es für notwendig hielt, dies Gefühl durch ein Märchen hervorzurufen.

Die Erfahrungen der Neuzeit haben wahrlich zur Genüge gezeigt, daß von den drei Grundforderungen des doktrinären Demokratismus, der Freiheit, Gleichheit, Brüderlichkeit, keine weniger in dem instinktiven Bedürfnis des Volkes wurzelt, als die Idee der „Brüderlichkeit". In dem aus der Kargheit der Natur ewig neu sich gebärenden und zugleich für die Vervollkommnung des Menschengeschlechtes unentbehrlichen Wettbewerb um den Lebensbedarf, in dem furchtbaren Kampf um das Dasein, der unaufhörlich die Schwachen durch Elend, Hunger, Siechtum dahinrafft, unter solchen naturgegebenen Lebensbedingungen, welche den Kampf geradezu verewigen und immer von neuem Sieger und Besiegte schaffen, ist die Idee der allgemeinen Verbrüderung ein Phantom.

Allerdings glaubt Plato, diesen Kampf durch die Verwirklichung seiner radikalen Reformpläne auf dem Gebiete des Eigentums- und Eherechtes, durch „Beseitigung von Armut und Reichtum", wenn nicht ganz aus der Welt zu schaffen, so doch seiner gefährlichsten Wirkungen zu entkleiden. Allein so sehr wir die Energie des sittlichen Idealismus bewundern mögen, mit der diese Sozialphilosophie bemüht ist, in den Kampf der Gesellschaft den Frieden, in ihre selbstsüchtige Zerfahrenheit den Gemeinsinn und die Harmonie hineinzutragen, nicht minder augenfällig ist es, daß Platos

---

[1]) S. die ganz den Geist der Sophistik atmende Ausführung über die Zulässigkeit der Täuschung und tendenziösen Legendendichtung 382c f.

praktische Vorschläge zur Erreichung dieses Zieles ebenso utopisch und überspannt sind, wie das Ziel selbst, daß die Aufhebung von Eigentum, Ehe u. s. w. niemals jene Wandlung in dem sittlichen Empfinden und Handeln der Menschen herbeiführen würden, die Plato von ihnen erhofft hat.

Auch ist es eine Illusion zu glauben, daß auf diesem oder irgend einem anderen Wege die Gefühle, welche in dem Familien-zusammenhange wurzeln, sich jemals auf die große politische Ge-meinschaft übertragen lassen würden, und diese dadurch auf ein Maximum von Zusammenschluß und Kraft gebracht werden könne. Die weitesten Bande sind nicht immer die festesten![1]) Die stetige Beziehung zu einer großen weiten Gemeinschaft kann zwar dazu beitragen, den Einzelnen über einen engherzigen Egoismus empor-zuheben. Allein abgesehen von jenen höchsten Gebieten, auf denen die Energie der Arbeit in idealen Antrieben wurzelt, wird in der Regel das soziale Bewußtsein um so schwächer, die Gleichgültigkeit um so größer, je umfassender der soziale Kreis ist, für den und in dem sich der Einzelne zu bethätigen hat. Die menschliche Natur und die menschlichen Verhältnisse sind eben in vieler Hinsicht so angelegt, daß das Individuum, wenn seine Beziehungen eine gewisse Größe des Umfanges überschreiten, um so mehr auf sich selbst zurückgewiesen wird.[2]) Schon Aristoteles hat gegen den platonischen Idealstaat den Einwand erhoben, daß er sich selbst schwäche, indem er das starke Interesse für das Eigene und Einzelne durch das un-gleich schwächere für die Gemeinschaft ersetze. Je mehr etwas Vielen gemeinsam sei, desto weniger Sorgen mache sich darum der Einzelne. Ein platonischer Bürger, der gleichsam tausend Söhne hätte, würde sich nicht etwa um alle gleich viel, sondern um alle gleich wenig kümmern.[3]) Besser ein wirklicher Vetter jemands zu sein, als auf

---

[1]) „Human sein heißt nicht: Alle lieben, sondern: den Nächsten lieben wie sich selbst." Ziegler: Soziale Frage S. 103.

[2]) Vgl. die Beobachtungen von Simmel: Über soziale Differenzierung S. 61 ff.

[3]) Pol. II, 1, 10. 1261 b: ἥκιστα γὰρ ἐπιμελείας τυγχάνει τὸ πλεῖ-

platonische Weise sein Sohn! Die Freundschaft und Liebe würde durch eine derartige Gemeinschaft nur verwässert werden, wie ein wenig Süßigkeit unter viel Wasser gegossen wirkungslos wird.[1])

So große Fortschritte daher auch die soziale Schulung der Völker in der Zukunft noch machen mag, — und wer wollte an der Möglichkeit solchen Fortschrittes verzweifeln! — jene vollkommene und allgemeine Gefühlsgemeinschaft von Lust und Leid, die Zusammenschmelzung alles individuellen zu Einem sozialen Leben ist eine psychologische Unmöglichkeit, — wenn auch dieser Traum immer wieder von neuem geträumt werden wird.[2])

Aus alledem geht zur Genüge hervor, daß die von dem Idealstaat verheißene Koinzidenz des Individual- und des Sozialprinzipes, von Individualismus und Sozialismus eine leere Abstraktion ist und niemals zur Wirklichkeit werden wird.

Solange der erbarmungslose Mechanismus der Naturordnung unzähliges organisches Leben schafft, das nur dazu da scheint, um von anderen verbraucht und wieder vernichtet zu werden, solange wird auch der Mechanismus der Gesellschaft, der bis zu einem gewissen Grade ja ebenfalls Naturordnung ist, unzählige Menschenleben verbrauchen, die der harte Zwang der Notwendigkeit nie zur vollen Entfaltung dessen kommen läßt, was an Keimen zu einer höheren Entwicklung in ihnen liegt. Solange die Existenz einer zahlreichen dienenden und mehr oder minder hart arbeitenden Masse eine Naturnotwendigkeit ist, — und Plato erkennt dieselbe ja schon durch die Zulassung der Sklaverei an, — solange wird auch einem beträchtlichen Bruchteil des Volkes, vielleicht der Mehrheit, die

---

στον κοινόν· τῶν γὰρ ἰδίων μάλιστα φροντίζουσιν, τῶν δὲ κοινῶν ἧττον, ἢ ὅσον ἑκάστῳ ἐπιβάλλει κτλ.

[1]) II, 1, 17. 1262b.

[2]) Man vgl. z. B., was ein platonischen Anschauungen sonst so ferne stehender Schriftsteller wie Herbert Spencer in Bezug auf die Vertiefung und Erweiterung des Mitgefühls, auf die „Umprägung und Umgestaltung des Menschen und der Gesellschaft zu gegenseitigem Zusammenstimmen" in der Zukunft für möglich hält. A. a. O. S. 263 ff.

Möglichkeit einer höheren Ausbildung seiner menschlichen Fähigkeiten und Anlagen fehlen. Er wird sich in der Hauptsache damit begnügen müssen, der Minderheit bei der Ausbildung ihrer Anlagen behilflich zu sein.[1]) Die Vervollkommnung der gesellschaftlichen Organisation, die Verallgemeinerung und Vertiefung des sozialen Pflichtgefühls, welches jeden Menschen als solchen zugleich als Selbstzweck anerkennt, wird diese Opfer qualitativ und quantitativ verringern und auch die Entwicklungsfähigkeit der Massen im Ganzen, wie die Möglichkeit zum Emporkommen des Einzelnen bedeutend steigern können, aber all das hat doch gewisse in der Natur der Dinge liegende Grenzen, welche menschliche Kraft nicht zu beseitigen vermag. Es ist ein utopischer Gedanke, eine Organisation des menschlichen Arbeitslebens finden zu wollen, welche im Stande wäre, jedem Einzelnen die Entwicklung seiner Anlagen und die Stellung im Organismus des Staates und der Gesellschaft zu verbürgen, welche diesen Anlagen entspricht. Selbst die sorgfältige Überwachung der Jugend im platonischen Staate würde nicht verhindern können, daß zahlreiche Talente in der Werkstatt und hinter dem Pfluge unerkannt oder infolge mangelnder Verwendbarkeit unentwickelt beißen würden.

Plato löst die Aufgabe nicht, sondern umgeht sie, indem er eine Theorie von der Vererblichkeit der Anlagen und Talente aufstellt, die — wenn sie richtig wäre — das ganze Problem allerdings wesentlich vereinfachen würde. Er nimmt an, daß bei allen Berufsständen die Anlagen der Kinder größtenteils denen der Väter entsprechen: daß, wie der Sohn des Beamten und Soldaten, so auch der des Bauern, des Handwerkers und Handarbeiters in den meisten Fällen schon durch die anererbte Anlage wieder zum Berufe des Vaters förmlich prädestiniert, also schon durch eine von Geburt an einseitige Begabung zum Verzicht auf jede andere Stellung gezwungen sei, als die, in welche er hineingeboren.[2]) Nicht

---

[1]) Das wird man der „realistischen" Staatslehre zugeben müssen.
S. Gumplowitz: Rechtsstaat und Sozialismus S. 500.
[2]) 415 b.

die Gesellschaft ist es, die den Einzelnen zum unvollständigen Menschen herabdrückt, sondern er wird schon als solcher geboren.

Man braucht nur diese naturgegebene Thatsache dadurch dem
allgemeinen Volksbewußtsein nahe zu bringen, daß man sie in die
Form des Mythus kleidet, des Märchens von der Verschiedenartigkeit der Menschenseelen, von denen der einen Gold, der anderen
Silber, der anderen Erz und Eisen beigemischt ist,[1] — und die
öffentliche Meinung ist für den Glauben gewonnen, daß die Stellung des Einzelnen in der Gesellschaft eine naturrechtlich begründete,
ja daß sie das Werk des personifizierten Vaterlandes selbst ist, das
seine Kinder bei der Bildung aus seiner Erde so verschieden bedacht hat. Auf solche Weise ist es allerdings leicht, ein Bild der
Gesellschaft zu konstruieren, in welchem sich alles in Harmonie und
Gleichgewicht befindet! Und doch! ist etwa der Irrtum des modernen Liberalismus geringer, wenn er dasselbe ideale Ergebnis von
dem System der freien Konkurrenz erhoffte, von dem ja auch nichts
Geringeres zu erwarten sein sollte, als daß jeder Einzelne diejenige
hohe oder niedere Staffel auf der sozialen Leiter finden werde,
welche ihm gerechterweise — als verdient oder verschuldet durch
seine Individualität — gebühre?

So führt jeder Versuch, die Idee eines absolut guten Staates
in konkreter Anschauung auszuführen, immer wieder zu demselben
Resultate. Sie erweist sich — um mit Kant zu reden — als eine
transscendentale Idee, d. h. als ein Begriff, zu dem eine kongru-
ierende Wirklichkeit in der sinnlichen Welt nicht gegeben werden
kann. Was wäre auch ein Staat, der alle seine Aufgaben gelöst
hat! Er würde sich selbst aufheben, weil es in ihm für menschliches Streben keinen Inhalt und kein Problem mehr gäbe. Alles
menschliche Streben setzt die Möglichkeit eines weiteren Fortschrittes

---

[1] 415a. Eine Theorie, die allerdings nicht willkürlicher ist, als gewisse Hypothesen des modernen Sozialismus z. B. von Fourier über das
harmonische Wechselverhältnis zwischen der Summe der Berufsarten, welche
die Gesellschaft bedarf, und der Summe der einzelnen Veranlagungen, welche
die Natur in die Gesamtheit der Menschen legte.

und der Fortschritt die ewige Wandelbarkeit und Umbildungsfähigkeit aller menschlichen Dinge voraus. Der vollkommene Staat, der
nur als ein stationäres Non plus ultra gedacht werden kann,
negiert dies alles und damit seine eigene Ausführbarkeit.

Wir haben übrigens keinen Grund, auf die idealistische Sozialphilosophie Platos herabzusehen, weil sie diese einfachen Wahrheiten
verkannt hat. Der Zauber des Gedankens, der hier vorliegt, ist
ein so mächtiger, daß er bis auf den heutigen Tag die Geister
immer wieder gefangen genommen hat. Selbst unser „historisches"
Jahrhundert hat es erlebt, daß Männer, die mitten in der modernen sozialökonomischen Forschung standen, in Platos Irrtum zurückgefallen sind.

„Ich blickte vorwärts — sagt Stuart Mill — in ein zu-
künftiges Zeitalter, dessen Anschauungen und Einrichtungen so fest-
gegründet auf Vernunft und die wahren Anforderungen des Lebens
sein würden, daß sie niemals wieder gleich allen früheren und gegenwärtigen religiösen, ethischen und politischen Meinungen umgestoßen
und durch andere ersetzt werden könnten."[1] Und ähnlich äußert
sich Laveleye in dem prophetischen Ausblick am Ende seines Buches
über das Ureigentum: „Es gibt eine Ordnung der menschlichen
Dinge, welche die beste ist . . . Gott kennt sie und will sie. Der
Mensch muß sie entdecken und einführen."

Daß solche Rückfälle in platonische Anschauungen noch immer
möglich sind, steht in eigentümlichem Kontrast zu den Wandlungen,
welche das platonische Denken selbst auf diesem Gebiete erfahren
hat. Eine Sinnesänderung, die Plato bekanntlich dazu führte, wenn
auch nicht grundsätzlich, so doch thatsächlich auf die Verwirklichung
des absolut guten Staates zu verzichten, sich mit dem Ideal einer
bloß relativ besten d. h. mit den derzeitigen Daseinsbedingungen
der Menschheit vereinbaren Staats- und Gesellschaftsordnung zu
begnügen.

---

[1] Autobiographie S. 166.

Dritter Abschnitt.
Der „zweitbeste" Staat Platos.

1.
Geschichtliche und psychologische Voraussetzungen.

Wie wir sahen, war nach Platos Ansicht eine radikale Re=
form von Staat und Gesellschaft nur auf dem Wege des Absolu=
tismus zu erwarten. Trotz der vernichtenden Kritik, welche er
in der Politie an der Tyrannis geübt, ist er gleich den meisten
Doktrinären — man denke nur an Rousseau und St. Simon, an
Lassalle und Robbertus! — in gewissem Sinne Anhänger des
Cäsarismus, — vorausgesetzt, daß sich derselbe zum Träger seiner
Ideale macht.[1] „Gebt mir einen Staat, — heißt es noch in
seinem letzten Werke — der von einem absoluten Fürsten beherrscht
wird. Der Fürst aber sei in jugendlichem Alter, mit gutem Ge=
dächtnis und leichter Fassungsgabe ausgerüstet, unerschrocken und
edelgesinnt; dazu füge es ein glücklicher Zufall, daß er unter seinen
Zeitgenossen einen Mann als Berater findet, der zum Gesetzgeber
berufen ist. Dann kann man sagen: Gott hat so ziemlich alles
gethan, was er thun muß, wenn er einem Staat eine außer=
gewöhnlich glückliche Zukunft bereiten will.[2] Jedenfalls ist kaum
ein schnellerer und besserer Weg denkbar, auf dem der Staat in
den Besitz einer Verfassung gelangen könnte, welche ihm dauerndes
Glück verbürgt."[3]

Es ist gewiß kein zufälliges Zusammentreffen, daß in der=
selben Zeit, wo in der sozialpolitischen Theorie die Monarchie so
bedeutsam in den Vordergrund tritt, eben die Monarchie für die
hellenische Welt eine stetig steigende Bedeutung erhielt. Während

---

[1] Vgl. Rep. 499. Dazu oben S. 416.

[2] Leg. 710d.

[3] 710b: Ταύτην τοίνυν ἡμῖν ὁ τύραννος τὴν φύσιν ἐχέτω πρὸς
ἐκείναις ταῖς φύσεσιν, εἰ μέλλει πόλις ὡς δυνατόν ἐστι τάχιστα καὶ ἄριστα
σχήσειν πολιτείαν, ἣν λαβοῦσα εὐδαιμονέστατα διάξει. θάττων γὰρ ταύτης
καὶ ἀμείνων πολιτείας διάθεσις οὔτ' ἔστιν οὔτ' ἄν ποτε γένοιτο.

sich im Norden die Erhebung des makedonischen Königtums vorbereitete und in Hellas selbst die Tyrannis wieder ihr Haupt zu
erheben begann, war der größte Teil des hellenischen Westens
durch die gewaltige Hand des ersten Dionys zu Einem Reiche
verschmolzen worden, dessen Bestand selbst durch den Übergang
der Regierung auf einen jungen unerprobten Nachfolger nicht mehr
in Frage gestellt werden konnie. Welch eine Aussicht, wenn diese
starke Monarchie der Sehnsucht der edelsten Geister nach einer
machtvollen Darstellung des Staatsgedankens verständnisvoll ent-
gegenkam, wenn sie ihre Aufgabe im Sinne jenes sozialen Königtums erfassen lernte, wie es eben die Staatslehre des vierten Jahrhunderts als eines ihrer politischen Ideale proklamiert hat![1] Eine
Aussicht, auf deren Verwirklichung man übrigens um so mehr
hoffen durfte, als mit der Thronbesteigung des jüngeren Dionys
eine Konstellation eintrat, welche in überraschender Weise alle die
Voraussetzungen zu enthalten schien, von denen Plato selbst eine
mehr oder minder weitgehende Verwirklichung seiner Ideen erwartete.

Auf dem Throne des mächtigsten Hellenenstaates ein jugend-
licher Fürst, dessen lebhafter und empfänglicher Geist bei richtiger
Leitung einer höheren Auffassung seiner Stellung keineswegs unzugänglich schien, — ihm zur Seite einer der hervorragendsten
Staatsmänner der Zeit, Dion, der ganz von dem Geiste der Akademie erfüllt und ein Bewunderer ihres Meisters, für Plato als
der geborene Gesetzgeber erscheinen mußte, und beide, — der Fürst,
wie sein Minister — einig in dem Wunsch, den gefeierten Denker
selbst in ihre unmittelbare Nähe zu ziehen, einig auch, wie es
wenigstens den Anschein hatte, in dem Wunsch, daß in seiner Unterweisung der fürstliche Jüngling sich zum wahren Staatsmann bilde!

Ist es zu verwundern, daß Plato, als der Ruf nach Syrakus
an ihn herantrat, sich demselben nicht versagt hat? Er konnte in

---

[1] Vgl. die Bemerkungen Platos im Πολιτ. 302 und 296 f. über die
Monarchie, sowie des Aristoteles über das „wahre Königtum" als eine Schutz-
wehr gegen die Klassenherrschaft III, 5, 2. 1279a. — VIII, 8, 6. 1311a. —
VIII, 9, 19. 1315a.

dieser Einladung von seinem Standpunkte aus nur einen jener „glücklichen Zufälle" erkennen, von denen er selbst im „Staate" anerkennt, daß sie dem Philosophen die Notwendigkeit auferlegen, sich in den Dienst des Staates zu stellen, er mag wollen oder nicht.[1]

Wie weit allerdings die Hoffnungen gingen, mit denen er nach Syrakus kam, das läßt sich bei dem apogryphen Charakter unserer Überlieferung nicht mehr quellenmäßig feststellen. Zwar wird allen Ernstes berichtet, er habe vom Fürsten Land und Leute erbeten, um mit ihnen den Versuch zu einer Verwirklichung des Idealstaates selbst zu machen, und Dionys habe ihm auch die Erfüllung dieser Bitte in Aussicht gestellt.[2] Allein wenn dabei auch von der richtigen Voraussetzung ausgegangen wird, daß in dem damaligen Sizilien, wo so manche Hellenengemeinde verödet und in Trümmern lag, die Möglichkeit zu Neugründungen reichlich vorhanden war, so ist doch die Nachricht selbst allzu schlecht beglaubigt. Nur so viel wird man sicher annehmen dürfen: Plato muß mit großen Erwartungen, mit weitaussehenden Plänen gekommen sein. Denn wie hätte er sich sonst entschlossen, das beglückende Dasein im Haine der Akademie, die behagliche Stille der Schule im Kreise bewundernder Schüler aus allen Teilen der Hellenenwelt mit dem schlüpfrigen Boden und geräuschvollen Treißen eines Tyrannenhofes zu vertauschen?

Ein so großes persönliches Opfer wird nur dann verständlich, wenn er in der That überzeugt war, daß der junge Fürst seinen Idealen ein hohes Maß von Empfänglichkeit entgegenbringen werde. Was aber eine solche Überzeugung gerade bei einem Plato zu bedeuten hatte, das wird uns klar, wenn wir uns

---

[1] Rep 599 b. In dieser Beziehung hat der Vf. des siebenten pseudoplatonischen Briefes die Situation richtig beurteilt, wenn er Dion die Berufung Platos mit den Worten motivieren läßt: τίνας γὰρ καιροὺς μείζους περιμενοῦμεν τῶν νῦν παραγεγονότων θείᾳ τινὶ τύχῃ; 327 e.

[2] Diog. Laert. III, 21: Δεύτερον πρὸς νεώτερον ἧκε Διονύσιον αἰτῶν γῆν καὶ ἀνθρώπους τοὺς κατὰ τὴν πολιτείαν αὐτοῦ ζησομένους· ὁ δὲ καίπερ ὑποσχόμενος οὐκ ἐποίησεν.

ben unverwüſtlichen Optimismus vergegenwärtigen, mit dem er
bis zuletzt den Glauben an einen wahrhaft Wunder wirkenden
Einfluß machtvoller Perſönlichkeiten feſtgehalten hat.

Noch in den „Geſetzen" äußert er die Anſicht, daß das,
wovon das Schickſal aller großen ſozialen und politiſchen Um=
geſtaltungen abhängt, die ſittliche Erneuerung des Volkes, für einen
unumſchränkten Monarchen durchaus keiner beſonderen Anſtren=
gungen, ja nicht einmal ſehr langer Zeit bedürfe.[1] Wenn er nur
ſelbſt zuerſt den Weg betritt, auf den er die Bürger hinleiten
will, und durch ſeinen eigenen Vorgang in allem Thun und
Handeln das Muſter aufſtellt, indem er zugleich darauf bedacht iſt,
daß denen, die dem Beiſpiel folgen, Lob und Ehre, allen Wider=
ſtrebenden aber für jede verpönte Handlung Tadel und Schande
zu teil wird![2] Wem ſolche Überredungsmittel und ſolche Macht
zu Gebote ſtünden, dem würden die anderen Bürger in Bälde
nachfolgen.[3] Glücklich der Staat unter ſolch' vorbildlicher Herrſcher=
leitung; ſie wird für ihn die Urheberin tauſendfältigen, ja alles
denkbaren Guten,[4] ſie eröffnet den Pfad zur „beſten Verfaſſung
und den beſten Geſetzen."[5]

Dieſe Anſchauungsweiſe läßt ein helles Licht auf das Ziel
fallen, welches Plato vorſchwebte, als er den Boden Siziliens be=
trat. Auf dem Thron von Syrakus ſollte ſich ohne Zweifel die
erſehnte Jneinsbildung der politiſchen Macht mit der Philoſophie
vollziehen, der an dem ſchöpferiſchen Geiſt des Denkers herange=
bildete philoſophiſche Herrſcher alsdann die Erhebung der Geſell=

---

[1] 711 b: οὐδὲν δεῖ πόνων οὐδέ τινος παμπόλλου χρόνου τῷ τυράννῳ
μεταβαλεῖν βουληθέντι πόλεως ἤθη· πορεύεσθαι δὲ αὐτὸν δεῖ πρῶτον
ταύτῃ, ὅπηπερ ἂν ἐθελήσῃ, ἐάν τε πρὸς ἀρετῆς ἐπιτηδεύματα προτρέπεσθαι
τοὺς πολίτας ἐάν τε ἐπὶ τοὐναντίον, αὐτὸν πρῶτον πάντα ὑπογράφοντα
τῷ πράττειν, τὰ μὲν ἐπαινοῦντα καὶ τιμῶντα, τὰ δ' αὖ πρὸς ψόγον
ἄγοντα, καὶ τὸν μὴ πειθόμενον ἀτιμάζοντα καθ' ἑκάστας τῶν πράξεων.
[2] Ebd.
[3] 711 c.
[4] 711 d.
[5] 712 a.

schaft zu einer höheren Sittlichkeit, die Ausbreitung der von der Doktrin verkündeten sozial-ethischen Grundwahrheiten, die Sammlung des durch schroffe innere Gegensätze gespaltenen Volkes unter dem Zeichen der ethischen Reform in seine Hand nehmen und so die Möglichkeit gewinnen für den Ausbau einer neuen, besseren Ordnung des Staates und der Gesellschaft.[1]

Je erhabener die Aufgabe war, die hier der Monarchie zugedacht wurde, um so schmerzlicher mußte die Enttäuschung sein, wenn der Träger der Gewalt, mit welcher dem reformatorischen Eifer so Großes erreichbar schien, all diese Hoffnungen zu nichte machte.

Wie gründlich die Enttäuschung gerade bei Dionys war, ist bekannt. Es ist — bei aller zur Schau getragenen äußeren Verehrung für Plato — kaum ein schärferer Kontrast denkbar, als der, welcher zwischen den Idealen der Akademie und dem Thun und Denken des Tyrannen zu Tage trat, sowie derselbe die Zeit für gekommen hielt, sich in seiner wahren Gestalt zu zeigen. Mit erschreckender Deutlichkeit fiel hier am Tyrannenhofe gerade das ins Auge, was Plato bei dem Aufbau seines Staatsideals nur ungenügend gewürdigt hatte: die furchtbare Versuchung, welche bei der Schwäche der menschlichen Natur in dem Besitz einer unbeschränkten Gewalt liegt. — Hatte damals der Gedanke, daß nur mit Hilfe einer solchen Gewalt das ersehnte Ideal zu verwirklichen sei, jede andere Erwägung siegreich zurückgedrängt, so mußte sich jetzt unter dem Eindrucke unmittelbarster persönlicher Erfahrung die nüchterne Erwägung der Thatsache aufdrängen, daß dieselbe Gewalt, welche das Ideal schaffen kann, zugleich ihrer ganzen Stellung nach förmlich darauf angelegt erscheint, in ihrem Träger die Eigenschaften zu ertöten, deren er für seine ideale Aufgabe am meisten bedürfte.

---

[1] Auch der Verf. des genannten Briefes (328 b c und 336 b) hat — sei es auf Grund guter Überlieferung oder der angeführten Äußerungen Platos — solche Hoffnungen bei diesem angenommen.

Es liest sich wie ein elegischer Rückblick auf die bekannten
Geschicke Dionys des Zweiten und seines Verhältnisses zu Dion,
wenn es in den „Gesetzen" heißt: „Es gibt keine sterbliche Seele,
die jung und in unverantwortlicher Machtstellung stark genug wäre,
die höchste Gewalt unter den Menschen zu ertragen, ohne von Un=
vernunft ergriffen und dadurch selbst den nächsten Freunden ver=
haßt zu werden, was dann die unvermeidliche Folge hat, daß der
Herrscher in kurzer Zeit zu Grunde gerichtet und seine ganze Macht
zerstört wird. [1]

Vor allem sieht der greise Plato durch den Besitz der abso=
luten Gewalt das gefährdet, was ihm als eine der fundamentalsten
Tugenden des Bürgers erscheint, nämlich die Fähigkeit, die richtige
Stellung zu finden zu dem Interesse des Ganzen. Wenn es für
den Einzelnen an sich schon schwer genug sei, sich davon zu über=
zeugen, daß die Staatskunst nicht einseitig den Nutzen des Indivi=
duums, sondern das Wohl der Gesamtheit im Auge haben müsse,
und daß die Verwirklichung dieses Prinzipes auch seinem eigenen
Interesse am besten entspricht, so würde am wenigsten der unum=
schränkte und unverantwortliche Herrscher sich stark genug erweisen,
dieser Überzeugung Zeit seines Lebens treu zu beißen und vor
allem anderen stets das allgemeine Beste zu fördern, ihm das eigene
Sonderinteresse unter allen Umständen nachzustellen. Die Schwäche
der Menschennatur wird ihn vielmehr nur zu leicht verführen, den
Antrieben der Selbstsucht und der Begierde zu folgen, statt den
Forderungen der Gerechtigkeit; immer größere Finsternis wird sich
über seine Seele breiten, und so zuletzt äußerstes Unheil auf ihn
selbst und den ganzen Staat sich häufen.

Die Versuchungen des Absolutismus erscheinen jetzt Plato
als so überwältigende, daß dadurch sogar die Grundansicht seiner
Ethik, der Glaube an die ethische Bedeutung des Wissens und die
Unfreiwilligkeit der Sünde einigermaßen ins Wanken gerät. Er
macht jetzt das bedeutsame Zugeständnis, daß selbst von demjenigen,

---

[1] 691 c.

der auf dem Wege der „Kunst" d. h. der philosophischen Ethik und Staatslehre zur klaren Erkenntnis des naturgemäßen Verhältnisses zwischen Individuum und Staat durchgedrungen, auf die Dauer kaum ein dieser Erkenntnis entsprechendes Verhalten zu erhoffen sei, wenn ihm eine Macht zu teil werde, die keine Schranke kennt. Die Ideale, mit denen sich sein Geist erfüllt hat, (καλοὶ ἐν ψυχῇ λόγοι ἐνόντες) würden ihn nicht hindern, ihnen in allen Stücken zuwiderzuhandeln![1]) Das Gegenteil würde eine sittliche Größe voraussetzen, die äußerst selten, ja vielleicht nirgends zu finden sei.[2]) Jedenfalls wäre es als eine besondere göttliche Fügung zu betrachten, wenn einmal ein Mensch von solcher Seelenstärke geboren würde.[3])

So ist es nicht minder als die Unwissenheit, die Willensschwäche der menschlichen Natur,[4]) welche die Theorie bei ihrem Kalkül in Rechnung zu stellen hat; und Plato zögert nicht, auch hier die volle Konsequenz seines Gedankenganges zu ziehen. Ist der beste Staat nur unter der Voraussetzung zu verwirklichen, daß die größte Macht sich mit (der größten) Weisheit und Besonnenheit in ein und derselben Person vereinigt,[5]) so erscheint jetzt für Plato angesichts der thatsächlichen Lage der Dinge der Gedanke an das Eintreten dieser Möglichkeit nahezu aussichtslos. Er gibt zu, daß kein Gesetzgeber es wagen darf, der Regierung eines Staates eine

---

[1]) 875 b: ἐὰν ἄρα καὶ τὸ γνῶναί τις, ὅτι ταῦτα οὕτω πέφυκε, λάβῃ ἱκανῶς ἐν τέχνῃ, μετὰ δὲ τοῦτο ἀνυπεύθυνός τε καὶ αὐτοκράτωρ ἄρξῃ πόλεως, οὐκ ἄν ποτε δύναιτο ἐμμεῖναι τούτῳ τῷ δόγματι καὶ διαβιῶναι τὸ μὲν κοινὸν ἡγούμενον τρέφων ἐν τῇ πόλει, τὸ δὲ ἴδιον ἑπόμενον τῷ κοινῷ, ἀλλ' ἐπὶ πλεονεξίαν καὶ ἰδιοπραγίαν ἡ θνητὴ φύσις αὐτὸν ὁρμήσει ἀεί, φεύγουσα μὲν ἀλόγως τὴν λύπην, διώκουσα δὲ τὴν ἡδονήν, τοῦ δὲ δικαιοτέρου τε καὶ ἀμείνονος ἐπίπροσθεν ἄμφω τούτω προστήσεται, καὶ σκότος ἀπεργαζομένη ἐν αὑτῇ πάντων κακῶν ἐμπλήσει πρὸς τὸ τέλος αἰτήν τε καὶ τὴν πόλιν ὅλην. Vgl. 689 c.

[2]) 875 d: οὐ γάρ ἐστιν οὐδαμοῦ οὐδαμῶς, ἀλλ' ἢ κατὰ βραχύ.

[3]) 875 e.

[4]) 734 b.

[5]) 712 a.

so diskretionäre Gewalt anzuvertrauen, wie er sie für die Herrschaft der Intelligenz im Idealstaat gefordert hatte.[1]

Aber auch da, wo die furchtbare Versuchung des Allmachts= gefühles nicht in Frage kommt, urteilt er jetzt ungleich nüchterner, resignierter. Seine Hoffnungen in Beziehung auf das, was der Menschennatur überhaupt zugemutet werden darf, erscheinen außer= ordentlich herabgestimmt. Wie tief muß der greise Denker die dämonische Macht der Selbstsucht empfunden haben, „des größten den Seelen der meisten Menschen eingeborenen Uebels," wenn er schon das als einen für den menschlichen Geist schwer faßlichen Gedanken bezeichnet, daß der Staat nicht einseitig zur Förderung individueller Interessen, sondern für das Wohl der Gesamtheit da sei. Und wie schwierig vollends erscheint ihm jetzt der Versuch, den Einzelnen für den ungleich weniger einleuchtenden Gedanken zu gewinnen, daß eine prästabilierte Harmonie zwischen dem wohlver= standenen Einzelinteresse und dem der Gesamtheit bestehe, daß der Einzelne daher am besten für sich selbst sorge, wenn er zugleich für das allgemeine Wohl sorgt! —[2] Eine Überzeugung, von der doch notwendig die große Mehrzahl der Bürger lebendig er= griffen sein muß, wenn nicht die Interessengemeinschaft und Inter= essenharmonie im Sinne des Idealstaates von vorneherein ein Phantom sein soll.

Aber selbst da, wo es gelingt, den Einzelnen in vernunft= gemäßer Weise aufzuklären über das, was zu seinem eigenen Besten und dem des Staates dient, drängen sich dem greisen Plato die schwersten Bedenken und Zweifel auf. Wird der zur richtigen

---

[1] 693 b: οὐ δεῖ μεγάλας ἀρχὰς οὐδ' αὖ ἀμίκτους νομοθετεῖν.

[2] 875 a: ... φύσις ἀνθρώπων οὐδενὸς ἱκανὴ φύεται ὥστε γνῶναί τε τὰ συμφέροντα ἀνθρώποις εἰς πολιτείαν καὶ γνοῦσα τὸ βέλτιστον ἀεὶ δύνασθαί τε καὶ ἐθέλειν πράττειν. γνῶναι μὲν γὰρ πρῶτον χαλεπόν, ὅτι πολιτικῇ καὶ ἀληθεῖ τέχνῃ οὐ τὸ ἴδιον ἀλλὰ τὸ κοινὸν ἀνάγκη μέλειν, — τὸ μὲν γὰρ κοινὸν ξυνδεῖ τὸ δὲ ἴδιον διασπᾷ τὰς πόλεις, — καὶ ὅτι ξυμ- φέρει τῷ κοινῷ τε καὶ ἰδίῳ τοῖν ἀμφοῖν, ἢν τὸ κοινὸν τιθῆται καλῶς, μᾶλλον ἢ τὸ ἴδιον.

Einsicht Gelangte auch stets die Kraft und den Willen haben, seine richtige Erkenntnis im Leben zu bethätigen? Auch dieser Frage steht der Plato der Gesetze ungleich skeptischer gegenüber, als der der Politie.[1])

Kein Wunder, daß sein Glaube an die Möglichkeit einer so vollkommenen Ausgleichung des Individual= und Sozialprinzipes, wie sie der Idealstaat verwirklichen sollte, auf das tiefste erschüttert ist. Der Staat, in dem der Glaube an die Harmonie aller wahren Interessen die denkbar innigste, selbst auf Ehe und Eigentum ver= zichtende Lebensgemeinschaft erzeugt, ein solcher Staat ist jetzt für ihn in der That zur Utopie geworden, an deren Verwirklichung wenigstens in der damaligen Welt nicht zu denken war. Nur Götter und „Göttersöhne", meint er in den „Gesetzen", würden die Güter=, Frauen= und Kindergemeinschaft des besten Staates vertragen können.[2])

Durch den Verzicht auf den Kommunismus werden nun aber auch die Hoffnungen hinfällig, welche Plato auf die ethischen und sozialpolitischen Wirkungen kommunistischer Institutionen setzte. Wurde der individuelle Besitz und die Individualwirtschaft von Plato für die damalige Menschheit als unvermeidliche Grundlage der gesellschaftlichen Ordnung anerkannt, so war auch die Unmög= lichkeit zugestanden, eine ganze Gesellschaftsklasse von dem Getriebe der wirtschaftlichen Interessen vollkommen loszulösen und der Staats= idee eine so ideale und über den gesellschaftlichen Interessenkampf so völlig erhabene Vertretung zu schaffen, wie sie die Hüterklasse des besten Staates darstellte. Ein Verzicht, der dann Plato natur= gemäß zu weiteren tiefgreifenden Konsequenzen in Beziehung auf die ganze Gestaltung des staatlichen Lebens führen mußte.

Erschien es — so wie die Dinge einmal lagen — als un= abweisbare Notwendigkeit, die Verwaltung und Gesetzgebung des Staates in die Hände von Individuen zu legen, die durch ihr

---

[1]) Vgl. die zuletzt angeführte Stelle.

[2]) 739 d. Über den Sinn des Ausdrucks „Götter und Göttersöhne" s. unten.

Eigentum, sei es Grund- oder Kapitalbesitz, immerhin mit dem wirtschaftlichen Interessengetriebe verknüpft waren, so trat an die politische Theorie, wenn sie nicht von vorneherein an einer wenigstens relativ befriedigenden Verwirklichung ihrer Ziele verzweifeln wollte, eine neue wichtige Aufgabe heran.

Sie sah sich durch die Konsequenz ihres allgemeinen Standpunktes zu der Frage gedrängt: Wie läßt sich der Spielraum, den das ökonomische Selbstinteresse im Leben der zu politischen Funktionen berufenen Volkselemente einnimmt und damit die Gefährdung der ethischen Ziele der staatlichen Gemeinschaft durch die ökonomische Selbstsucht auf ein möglichst geringes Maß reduzieren?

Die Antwort darauf lautet ebenso einfach, wie radikal: Die Grundlage aller politischen Berechtigung muß derjenige Beruf werden, der den Menschen nach Platos Ansicht[1] am wenigsten an der harmonischen Ausbildung von Leib und Seele hindert, der Landbau. Die bürgerliche Gesellschaft des relativ besten Staates kann nur eine ackerbauende sein. Nachdem es einmal als unvermeidlich anerkannt war, daß alle Bürger zugleich „Haus- und Landwirte"[2] seien, so sollte der Druck der wirtschaftlichen Interessen auf den Staat wenigstens dadurch möglichst abgeschwächt werden, daß man diejenigen Gebiete, auf denen sich der wirtschaftliche Interessenkampf intensiv und extensiv am meisten geltend machte, Handel und Gewerbe, zu völliger Bedeutungslosigkeit herabdrückte, ja die ganze Handel und Gewerbe treibende Klasse außerhalb der staatlichen Gemeinschaft stellte.

Der Idealstaat hatte auch die Angehörigen dieser Klasse als Bürger anzuerkennen vermocht. Dank dem strahlenden Vorbild seiner philosophischen Regenten und dank seinen gemeinwirtschaftlichen Institutionen nach Platos Ansicht zur denkbar günstigsten Einwirkung auf das Gemütsleben aller Klassen befähigt, hatte dieser Staat auch in allen Klassen diejenige Gesinnung erzeugen zu

---

[1] S. oben S. 218.

[2] Was der beste Staat um jeden Preis hatte vermeiden wollen. S. oben S. 278.

können geglaubt, welche im Interesse eines harmonischen Zusammen=
lebens, eines wahrhaft befriedigenden Wechselverhältnisses der Stände
erforderlich schien. Er hatte keinen Beruf von der staatlichen
Gemeinschaft auszuschließen gebraucht. Anders lag die Sache,
wenn die erzieherische Kraft jenes idealen Vernunftsregimentes und
entwickelter gemeinwirtschaftlicher Institutionen in Wegfall kam.
War ohne sie bei den der sittlichen Versuchung am meisten aus=
gesetzten Elementen des Volkes auf jenen Grad von Einsicht und
Selbstzucht zu rechnen, ohne welchen die auch jetzt noch als unent=
behrlich geforderte harmonische Uebereinstimmung der Bürger über
die höchsten Ziele staatlichen Lebens von vorneherein unmöglich war?

· Plato verneint in den „Gesetzen" diese Frage unbedingt und
zieht dann eben daraus mit der ganzen rücksichtslosen Folgerichtigkeit,
die ihm eigen war, den Schluß, daß die genannten Elemente aus
der politischen Gemeinschaft mit den übrigen ausscheiden müßten.
Die Verwirklichung des schönen Traumes von einem alle Teile des
Volkes beglückenden Gemeinwesen ist in nebelhafte Ferne gerückt.
In der rauhen Wirklichkeit der bestehenden Welt erscheint ihm der
Glückszweck des Staates nur noch für diejenigen Elemente des
Volkes realisierbar, welche dazu ganz besondere Voraussetzungen
mitbringen. Der Gewerbsmann und Lohnarbeiter, den im Ideal=
staat auch die Höchststehenden wie einen Bruder lieben und als
ihren Ernährer in Ehren halten sollen, vermag nach der Ansicht
der „Gesetze" diesen Voraussetzungen nicht zu entsprechen und muß
sich in eine absolute Unterordnung unter die Zwecke jener bevor=
zugten Volkskreise fügen. Eine unüberschreitbare Scheidelinie, wie
sie der Idealstaat — abgesehen von dem Institut der Sklaverei —
nicht gekannt hatte, trennt hier auch den Freien vom Freien. Was
in der Politie scharf verurteilt und als ein Symptom des Ver=
falles des Idealstaates bezeichnet worden war, — die Herab=
drückung der wirtschaftenden Klassen in ein Beisassen= und Unter=
thanenverhältnis [1]) — wird hier wenigstens für einen Teil derselben
geradezu gefordert.

---

[1]) Rep. 547 b, wo es von den „Hütern" heißt: βιαζομένων δὲ καὶ

So sehen wir aus dem stolzen Bau eines idealen Staates
einen Stein nach dem andern herausgebrochen, bis das ganze Ge=
bäude von der Hand des Meisters selbst zertrümmert am Boden liegt.

Man begreift, wenn dem Greis, der sich zu solchem Zerstö=
rungswerk verurteilt sah, quälende Gedanken an die Nichtigkeit und
Vergeblichkeit irdischen Thuns aufsteigen, wenn er sich fragt, ob die
menschlichen Dinge überhaupt eines großen und ernsten Strebens
wert seien,[1] und von den Menschen als von „Eintagsgeschöpfen“
und von „Drahtpuppen“ spricht, von denen man nicht wisse, ob
sie von den Göttern bloß zu deren Spielzeug oder wirklich zu einem
ernsteren Zweck geschaffen worden seien.[2]

Doch war Plato nicht der Mann, um die mächtigen refor=
matorischen Impulse seines Geistes durch solche Stimmungen lähmen
zu lassen. An derselben Stelle, wo er erklärt, daß die menschlichen
Dinge eines eifrigen Strebens unwert seien, und daß dasselbe jeden=
falls nichts Beglückendes für uns habe, erkennt er an, daß ein
solches Streben gleichwohl eine Notwendigkeit sei, der wir uns nicht
entziehen dürfen.[3] Auch geht Plato in der Resignation keineswegs
soweit, daß er nun sein Staatsideal als ein für die praktische Ge=
staltung der Dinge absolut bedeutungsloses Spiel der Phantasie
einfach zu den Toten geworfen hätte. Im Gegenteil! Die Glut
seines reformatorischen Eifers ist so wenig erloschen, daß er sich
auch jetzt noch nicht genug thun kann in der begeisterten Schilde=
rung der Herrlichkeit und Glückseligkeit eines Gemeinwesens, in dem
der Einzelne nichts mehr besitzt, was ihm allein zu eigen ist, wo sogar
das, was ihm die Natur zum unmittelbarsten Besitztum verliehen,

---

ἀντιτεινόντων ἀλλήλοις, εἰς μέσον ὡμολόγησαν γῆν μὲν καὶ οἰκίας κατα-
νειμαμένους ἰδιώσασθαι, τοὺς δὲ πρὶν φυλαττομένους ὑπ' αὐτῶν ὡς ἐλευθέρους φίλους τε καὶ τροφέας δουλωσάμενοι τότε περιοίκους
τε καὶ οἰκέτας ἔχοντες αὐτοὶ πολέμου τε καὶ φυλακῆς αὐτῶν ἐπιμελεῖσθαι. Und dazu vergl. die Bestimmung der „Gesetze“ 920a: μέτοικον
εἶναι χρεὼν ἢ ξένον, ὃς ἂν μέλλῃ καπηλεύσειν.

[1] Leg. 803b.

[2] 923a, 644d.

[3] 803b: ἀναγκαῖόν γε μὴν σπουδάζειν.

durch die Einheit von Wollen und Handeln zum Gemeingut wird, wo alle Augen, Ohren und Hände nur in Gemeinschaft sehen, hören, handeln, wo alle Herzen durch ein und dasselbe zu Freud und Leid gestimmt, zu Lob und Tadel bewegt worden!¹)

Auch glaubt Plato, wie wir sahen, selbst jetzt noch an die Möglichkeit einer wahrhaft Wunder wirkenden Reformthätigkeit in dieser Richtung, wenn sich nur der gewaltige reformatorische Genius dazu finden würde. Und so sehr seine Hoffnung auf das Kommen eines solchen Erlösers gesunken ist, etwas absolut Undenkbares ist es ihm doch auch jetzt noch nicht. Durch eine außerordentliche „göttliche Fügung" könne es immerhin geschehen, daß einmal eine wahrhaft philosophische Herrschernatur in dieser Welt erscheine.²)

Wenn er daher auch an einer früheren Stelle einmal den idealen Kommunismus des Vernunftstaates und diesen Staat selbst eine Einrichtung „für Götter und Göttersöhne" nennt, so kann er denselben damit doch nicht als ein Ideal hingestellt haben, das menschlichem Streben und menschlicher Kraft für immer entrückt ist. Denn wie könnte er sonst an jene Möglichkeit überhaupt noch gedacht haben? „Götter und Göttersöhne" kann hier nur eine sprichwörtliche Wendung sein zum Ausdruck eines Ideales persön= licher Vollkommenheit, auf dessen Verwirklichung Plato zwar bei der gegenwärtigen Beschaffenheit des Menschengeschlechtes verzichtete, das er aber damit doch nicht schlechthin für unerreichbar er= klären wollte.³) Sagt er doch selbst von jenem idealen Kommunis= mus nur so viel, daß derselbe für das „jetzige" Menschengeschlecht und das „jetzt" erreichte Niveau sittlicher und geistiger Kultur zu

---

¹) 739 c f.

²) 875 c d.

³) In dieser Hinsicht stimme ich mit Steinhart (Platons Werke VII [1] 210) überein, so wenig ich dessen Ansicht teile, daß die genannte Bezeich= nung des Vernunftstaats keine stärkeren Zweifel an dessen Ausführbarkeit bekunde, als gewisse Stellen der Politeia selbst (z. B. 592 ab). Damit ist der Abstand zwischen dem optimistischen Grundzug der Politeia und der Re= signation der „Gesetze" völlig verkannt.

hohe Anforderungen stellt,[1] womit doch unzweideutig genug die Möglichkeit einer Erhöhung des Typus Mensch und einer Steigerung seiner Fähigkeit zur Befriedigung solcher Anforderungen immer noch offen gelassen wird.[2] Und es findet sich in der That in demselben Zusammenhang eine Wendung, welche die Verwirklichung jenes Kommunismus in der Zukunft ausdrücklich als eine mögliche und denkbare Eventualität behandelt.[3]

Doch sei dem wie ihm wolle, Thatsache ist jedenfalls, daß Plato grundsätzlich wenigstens an dem Staatsideal der Politie bis zuletzt festgehalten hat. Er hat zwar erkannt, daß es auf unabsehbare Zeit hinaus auf Flugsand bauen hieße, wenn man unter den bisher gegebenen Verhältnissen des menschlichen Daseins an die Aufführung jenes kühnen Baues denken wollte. Trotzdem ist ihm das Idealbild des Vernunftstaates allezeit der Leitstern geblieben, der allein den rechten Weg durch das Labyrinth der großen Probleme des Staates und der Gesellschaft zeigen kann. Der Idealstaat bleibt nach wie vor die regulierende Norm, das mustergültige Vorbild für alle Politik. Dieses Vorbild hat jeder praktische Staatsmann fest im Auge zu behalten und soweit, als es die Unvollkommenheit der menschlichen Dinge irgend zuläßt, die Wirklichkeit nach ihm zu gestalten.[4]

In diesem Sinne hat Plato noch am Ende seines Lebens

---

[1] 740 a: ἐπειδὴ τὸ τοιοῦτον μεῖζον ἢ κατὰ τὴν νῦν γένεσιν καὶ τροφὴν καὶ παίδευσιν εἴρηται.

[2] Susemihl (Genet. Entw. d. plat. Philos. II 622) glaubt allerdings, diese Auffassung sei unmöglich angesichts der Bemerkung Platos (853c), daß der Entwurf des Gesetzesstaates auch auf das Kriminalrecht eingehen müsse, weil derselbe nicht für „Heroen, für Göttersöhne, sondern für Menschen" Gesetze gebe. — Allein eine Antithese zum Vernunftstaat ist doch hier gewiß nicht beabsichtigt! Denn auch der Vernunftstaat ist keineswegs so göttergleich, daß er der Strafjustiz völlig entbehren könnte.

[3] 739c, wo es von dem Kommunismus des Idealstaates heißt: τοῦτ' οὖν εἴτε που νῦν ἔστιν εἴτ' ἔσται ποτε κτλ.

[4] 739e: διὸ δὴ παράδειγμά γε πολιτείας οὐκ ἄλλῃ χρὴ σκοπεῖν, ἀλλ' ἐχομένους ταύτης τὴν ὅ τι μάλιστα τοιαύτην ζητεῖν κατὰ δύναμιν.

in den „Gesetzen" das Bild eines „zweitbesten" Staates entworfen, der zwar den Forderungen des realen Lebens mehr angepaßt ist, aber doch andererseits diese Forderungen mit den Grundgedanken der Politie möglichst auszugleichen sucht.

2.
Die sozialökonomischen Grundlagen des Gesetzesstaates.

Den Standpunkt des greisen Plato, der an den Idealen seiner Mannesjahre zwar grundsätzlich festhält, jedoch seinen Glauben an die Umbildungsfähigkeit menschlicher Zustände bedeutend herabge- stimmt hat, könnte nichts besser charakterisieren, als die Erörterung der „Gesetze" über die Art und Weise, wie überhaupt die Umge- staltung der bestehenden Staats= und Gesellschaftsordnung im Sinne idealer Anforderungen praktisch durchführbar sei.

Wir sahen, mit welch' naivem Optimismus sich der Entwurf des Idealstaates über den Gedanken an die gewaltige sozialökono- mische Revolution hinweggesetzt hatte, die auf den Trümmern der alten Gesellschaft Raum für einen völligen Neubau schaffen sollte. Wie verhältnismäßig leicht und einfach hatte es sich Plato damals gedacht, die Einwohner eines ganzen Staates, wenn auch nur eines kleinen Stadtstaates unter ganz andere Lebens= und Wirtschaftsbe- dingungen zu versetzen und dadurch nach allen Seiten hin zugleich andere Menschen aus ihnen zu machen! [1] In den „Gesetzen" ur- teilt er über die Möglichkeit einer solchen Umwälzung weit nüch- terner. Er hat erkannt, daß es ein Gesetz der historischen Kon- tinuität im Völkerleben gibt, das es verbietet, ohne weiteres in einen Vernichtungskampf mit den bis dahin wirksamen historischen Kräften einzutreten. Er vergegenwärtigt sich jetzt sehr lebhaft die Schwierigkeiten, mit denen der Gesetzgeber zu kämpfen hat, der im Interesse einer wünschenswerten Ausgleichung der Besitzverhältnisse sich genötigt sieht, tiefer in die bestehende Eigentumsordnung ein- zugreifen. Sobald es jemand wagen würde, „an so etwas auch

---

[1] S. oben S. 419.

nur zu rühren", würde ihm von allen Seiten der Vorwurf ins
Gesicht geschleudert werden, daß er an Dingen rüttle, die unantast=
bar seien. Wollte er vollends zur unbedingt notwendigen Neu=
regulierung des Grundeigentums und Kassierung von Schulden
schreiten, so werde er unter der Wucht der allgemeinen Verwün=
schungen in eine sehr bedenkliche Lage geraten.[1]

Ja Plato geht soweit, angesichts dieses unausbleiblichen hef=
tigen Widerstandes auf ein rasches und radikales Vorgehen in der
Frage der sozialen Reform überhaupt zu verzichten. Eine umfassen=
dere Reform der Gesellschaft sei zwar nicht möglich, ohne den Streit
um Landaufteilung und Schuldenerlaß anzufachen, doch dürfe kein
Staat wagen, es auf diesen „furchtbaren und gefährlichen Kampf"
ankommen zu lassen.[2] Auch die Emanzipation des weiblichen Ge=
schlechts, ohne welche sich Plato eine radikale Gesellschaftsreform
nicht denken kann, würde auf unüberwindliche Schwierigkeiten stoßen.
„Gewohnt in Verborgenheit und Dunkel zu leben", würden die
Frauen selber dem, der sie „mit Gewalt ans Licht ziehen wollte",
allen erdenklichen Widerstand entgegensetzen und gewiß in diesem
Kampfe Sieger bleiben.[3]

Der Staat, welcher die realen Verhältnisse würdigt, muß sich
daher, wenn nicht mit frommen Wünschen, so doch jedenfalls mit
einem sehr allmählichen und behutsamen Fortschritt begnügen, bei
dem man in langer Zeit nur um ein Geringes vorwärts kommt. Und
auch so hängt das Gelingen noch von besonders günstigen Um=
ständen ab. Es muß nämlich diejenige Gesellschaftsklasse, auf deren
Kosten allein die soziale Reform möglich ist, und welche derselben
Opfer zu bringen hat, es müssen vor allem die Besitzenden für die
Sache des sozialen Fortschritts gewonnen sein. Nur dann, sagt

---

[1] 684e.

[2] Vgl. die Bemerkung über die γῆς καὶ χρεῶν ἀποκοπῆς καὶ νομῆς
πέρι δεινὴν καὶ ἐπικίνδυνον ἔρις ... ἣν νομοθετεῖσθαι ἀναγκασθείη
πόλει τῶν ἀρχαίων οὔτε ἐᾶν οἷόν τε ἀκίνητον οὔτ' αὖ κινεῖν δυνατόν
ἐστί τινα τρόπον 736d.

[3] 781c.

Plato, wird die Reform Erfolg haben, wenn diejenigen sich zum Träger derselben machen, welche selbst viel Grundbesitz oder viele Schuldner haben und zugleich bereit sind, mit dem Armen groß= herzig zu teilen, d. h. Schulden zu erlassen und Ackerland abzu= treten.[1] Und eine solche Opferfähigkeit ist wiederum nicht denkbar ohne eine Wandlung der sittlichen Anschauungen über das, was im Verhältnis der verschiedenen sozialen Klassen das Rechte, „das Gerechte" sei. Jeder große Fortschritt in der Gestaltung des Wirt= schaftslebens wird stets zugleich ein Sieg sittlicher Ideen sein müssen, das Ergebnis eines geläuterten Sittlichkeits= und Gerechtigkeitsge= fühles, durch welches allein der Widerstand des geborenen Gegners aller Reform, des wirtschaftlichen Egoismus, gebrochen werden kann.[2] An Stelle der keine Grenzen kennenden Gewinnsucht muß das Freiwillig=sich=genügen=lassen an einem gewissen Mittelmaß von Gütern treten, die Überzeugung, daß nicht jede Verminderung des Besitzes Verarmung bedeutet, wohl aber jede Zunahme der Unersättlichkeit.[3] Erst wo diese Gesinnung sich eingebürgert hat, kann man sagen, daß ein wirklich guter Anfang zur Rettung des Staates gemacht ist, daß das feste und sichere Fundament gelegt ist, auf dem sich ein Neubau von Staat und Gesellschaft aufführen läßt.[4] Wo dagegen der moralische Fortschritt ausbleibt, da ist jede weitere sozialpolitische Reformarbeit eine mehr oder minder vergebliche.[5]

---

[1] ib.: ἡ δὲ (sc. μετάβασις) τῶν κινούντων ἀεὶ κεκτημένων μὲν αὖ τῶν γῆν ἄφθονον ὑπάρχει, κεκτημένων δὲ καὶ ὀφειλέτας αὑτοῖς πολλούς, ἐθελόντων τε τούτων πῃ τοῖς ἀπορουμένοις δι' ἐπιείκειαν κοινωνεῖν, τὰ μὲν ἀφιέντας, τὰ δὲ νεμομένους.

[2] 737a: εἰρήσθω δὴ νῦν, ὅτι διὰ τοῦ μὴ φιλοχρηματεῖν μετὰ δίκης, ἄλλη δ' οὐκ ἔστιν οὔτ' εὐρεῖα οὔτε στενὴ τῆς τοιαύτης μηχανῆς διαφυγή. καὶ τοῦτο μὲν οἷον ἔρμα πόλεως ἡμῖν κείσθω τὰ νῦν.

[3] 736e: ... ἀμῇ γέ πῃ τῆς μετριότητος ἐχομένους καὶ πενίαν ἡγου= μένους εἶναι μὴ τὸ τὴν οὐσίαν ἐλάττω ποιεῖν ἀλλὰ τὸ τὴν ἀπληστίαν πλείω.

[4] 736e: σωτηρίας τε γὰρ ἀρχὴ μεγίστη πόλεως αὕτη γίγνεται καὶ ἐπὶ ταύτης οἷον κρηπῖδος μονίμου ἐποικοδομεῖν δυνατόν, ὄντινα ἂν ὕστερον ἐποικοδομῇ τις κόσμον πολιτικὸν προσήκοντα τῇ τοιαύτῃ καταστάσει.

[5] 737a: ταύτης δὲ σαφῶς οὔσης τῆς μεταβάσεως οὐκ εὔπορος ἡ μετὰ ταῦτα πολιτικὴ πρᾶξις οὐδεμιᾷ γίγνοιτ' ἂν πόλει.

Kann man die Machtlosigkeit einer Gesetzgebung, die fremd und unvermittelt einem Volk oder einer Zeit aufgezwungen wird, unumwundener anerkennen? Kann man entschiedener die Notwendigkeit betonen, überall an das Bestehende anzuknüpfen, es Schritt für Schritt umzubilden, zu reformieren und zu bessern?

Von einer gewaltsamen revolutionären Umwälzung, von einer „dramatischen Lösung", wie sie die Politie zur Ausführung des Staatsideals vorgeschlagen, kann unter solchen Umständen keine Rede mehr sein. Und wenn auch Plato nicht darauf verzichtet, der Welt noch ein zweites Mal das Musterbild eines Staates vor Augen zu stellen, — der Gedanke, auch nur diesen zweitbesten Staat ohne weiteres auf dem Boden der gegebenen Zustände verwirklichen zu können, fällt für ihn von vorneherein weg.

Nun ist aber freilich Plato noch immer viel zu sehr Idealist und Doktrinär, um sich mit der völlig unsicheren Möglichkeit zu begnügen, daß die Nation auf jenem langsamen, für die Ungeduld des Reformeifers allzu langsamen Wege der Evolution in ideale Zustände hineinwachsen werde. Er will nicht umsonst der harten Wirklichkeit Konzessionen gemacht haben, er will wenigstens für die relativ vollkommenen Zustände, die ihm in dieser unvollkommenen Wirklichkeit noch erreichbar erscheinen, die Möglichkeit einer rascheren und leichteren Verwirklichung gewinnen.

Das führt ihn auf einen Weg, der seitdem von dem Sozialismus theoretisch und praktisch immer wieder von neuem betreten worden ist. Wenn nämlich die Zukunftsbilder einer glücklicheren Gemeinschaft keinen genügenden Widerhall in der Gesellschaft finden, wenn sich dieselbe nicht durch einen plötzlichen Umsturz zu einer solchen Gemeinschaft umwandeln läßt, so soll der Welt gezeigt werden, was ferne von dem materiellen und sittlichen Elend der bestehenden Gesellschaft auf dem Wege des freiwilligen Experiments ein Verein von Männern zu leisten vermag, die für das große Werk der sozialen Erlösung gewonnen und zu den nötigen Opfern bereit sind. Wie in der Neuzeit Cabet ferne von der Verderbnis der gealterten europäischen Kultur sein Ikarien ins Werk zu setzen suchte, wie Hertzkas „Freiland" im Innern des dunklen Erdteils erstehen soll, so denkt sich Plato den zweitbesten Staat in Gestalt einer Kolonie verwirklicht, die ferne von dem großen Getriebe des hellenischen Verkehrslebens an einer für die Zwecke dieses Staates besonders günstig gelegenen und ausgestatteten Erdenstelle begründet werden soll.

Plato sieht sich durch diesen Ausweg mit einem Schlag von all' den Hindernissen befreit, welche sich im Rahmen des Bestehenden seinen Idealen entgegenstellten. Der Gesetzgeber, der sich außerhalb dieses Rahmens befindet, entgeht eben damit „jenem heftigsten aller Vorwürfe" und den furchtbaren Gefahren jener Kämpfe, welche die Erschütterung einer festeingewurzelten Eigentumsordnung entfesseln würde. Er steht auf neuem Boden, wo ihn kein ererbtes Recht und Gesetz behindert. Eine ähnliche glückliche Lage, wie die, in welcher sich die Gründer und Gesetzgeber der peloponnesischen Dorerstaaten, „die Kolonien der Herakliden", befunden hätten, als sie ihr Gemeinwesen auf der Grundlage weitgehender Besitzesgleichheit einrichteten.[1]

Freilich taucht dafür eine Schwierigkeit auf, welche nach Platos Ansicht im bestehenden Staat in diesem Grade nicht vorhanden ist, nämlich die Frage: Wie sind von der Kolonistengemeinde alle Elemente fern zu halten, welchen die für den Neubau der Gesellschaft unentbehrlichen sittlichen und geistigen Eigenschaften fehlen? Der Gesetzgeber des bestehenden Staates habe genügende Anhaltspunkte, um eine „Säuberung" vorzunehmen. Er kenne die schlimmsten Elemente, welche sich als unheilbar erwiesen, und könne sie durch Verbannung und Todesstrafe beseitigen. Er kenne insbeson-

---

[1] 736 c: τόδε δὲ μὴ λανθανέτω γιγνόμενον ἡμᾶς εὐτύχημα, ὅτι καθάπερ εἴπομεν τὴν τῶν Ἡρακλειδῶν ἀποικίαν εὐτυχεῖν, ὡς γῆς καὶ χρεῶν ἀποκοπῆς καὶ νομῆς πέρι δεινὴν καὶ ἐπικύνδινον ἔριν ἐξέφυγεν. — 684 d: Οὐκ ἦν τοῖς νομοθέταις ἡ μεγίστη τῶν μέμψεων, ἰσότητα αὐτοῖς τινα κατασκευάζουσι τῆς οὐσίας, ἥπερ ἐν ἄλλαις νομοθετουμέναις πόλεσι πολλαῖς γίγνεται, ἐάν τις ζητῇ γῆς τε κτῆσιν κινεῖν καὶ χρεῶν διάλυσιν, ὁρῶν ὡς οὐκ ἂν δύναιτο ἄνευ τούτων γενέσθαι ποτὲ τὸ ἴσον ἱκανῶς.

dere den Pöbel, der sich allezeit bereit erwiesen, seinen Führern
zum Kampfe gegen die Besitzenden zu folgen, und entferne ihn „als
eine im Staat ausgebrochene Krankheit" auf möglichst milde Weise
durch eine systematische Organisation der Auswanderung.[1]) Eine
Säuberung, die um so gründlicher sein werde, je größer die Macht
des Gesetzgebers ist, am gründlichsten, wenn er zugleich absoluter
Fürst ist.

Anders der Leiter des Unternehmens, welches Plato im Auge
hat. Er ist kein allmächtiger Despot und hat es andererseits mit
Elementen zu thun, welche sich schwer übersehen lassen, weil sie aus
verschiedenen Teilen der hellenischen Welt zusammengebracht sind.
Die junge Kolonie wird mit einem See verglichen, in welchem
Quellen und Gießbäche von allen Seiten her zusammenströmen. Es
bedarf ganz besonderer Aufmerksamkeit, den „Zusammenfluß des
Wassers so rein als möglich zu erhalten."[2]) Ja eine wirklich befriedigende Antwort lasse sich auf die Frage, wie denn die Reinigung am besten gelingen werde, a priori überhaupt nicht geben.

Trotzdem zweifelt Plato nicht, — und darin ist er wieder
ganz Optimist und Doktrinär, — daß die Schwierigkeiten und Gefahren, welche in der Zusammensetzung des für sein Experiment zur
Verfügung stehenden Menschenmateriales liegen, von der Praxis
schon überwunden werden würden. Er schneidet alle weiteren Einwände durch einen Machtspruch ab, indem er sich darauf beruft,
daß es sich für ihn ja zunächst nur um die litterarische Darstellung
des Experiments, nicht um dessen praktische Ausführung handle!
Er ladet den Leser ein, vorläufig mit ihm anzunehmen, die Bürgerschaft der neuen Kolonie sei bereits zusammengebracht und zugleich
die Säuberung derselben von allen unlauteren Elementen nach
Wunsch gelungen. Die schlecht gearteten Individuen unter den
sich Meldenden seien nach einer genügend langen und strengen
Prüfung bestimmt worden zurückzubleiben, tugendhafte Leute aber

---

[1]) 735 d f.
[2]) 736 b.

nach Kräften durch wohlwollendes Entgegenkommen für die Be=
teiligung gewonnen.[1])

Wie sich Plato diese Prüfung denkt, wird nicht gesagt. Immer=
hin liegt schon in der bloßen Forderung, daß jedem derartigen
Unternehmen eine sorgfältige moralische Auslese vorangehen müsse,
ein gewisser Vorzug der platonischen Auffassung vor der so mancher
anderen Sozialisten. Man vergleiche z. B. wie leicht der Schöpfer
von „Freiland" über das ganze Problem hinweggeht! Eines schönen
Tages läßt er durch die Presse zweier Weltteile verkünden, daß
sich eine Anzahl von Männern aus allen Teilen der zivilisierten
Welt zu dem Werke vereinigt hätten, einen praktischen Versuch zur
Lösung des sozialen Problems ins Werk zu setzen. Eine völlig ge=
nügende Bürgschaft für die Qualifikation ihrer Mitglieder findet
diese internationale Gesellschaft in deren Glauben an die Segnungen
des geplanten Gemeinwesens und ihrer opferfreudigen Begeisterung.
Dieselben leben in dem echt platonischen Gedanken, einen Staat
zu gründen, der „Armut und Elend an der Wurzel fassen, und
mit diesen zugleich auch all jenen Jammer und die Reihe von Lastern
vernichten wird, die als Folgeübel des Elends anzusehen sind."
Und sie haben diese Überzeugung nicht bloß in Worten, sondern in
ihrer Handlungsweise zum Ausdruck gebracht, indem sie — jeder
nach seinen Kräften — zur Verwirklichung des gemeinsamen Zieles
beigesteuert. „Diese Wohlhabenden und Reichen, — sagt der Grün=
der der Gesellschaft und legt darauf ganz besonderen Nachdruck —,
die zum Teil mit vielen tausenden von Pfunden an unserer Kasse
erschienen, sie sind uns bis auf geringe Ausnahmen nicht bloß als
Helfer, sondern zugleich als Hilfesuchende beigetreten; sie wollen
das neue Gemeinwesen nicht bloß für ihre darbenden Mitbrüder,
sondern zugleich für sich selbst gründen. Und daraus mehr als aus
allem Anderem schöpfen wir die felsenfeste Überzeugung von dem
Gelingen unseres Werkes."[2])

Plato teilt diese Hoffnung nicht. Er verlangt von dem Ge=

---

[1]) Ebd.

[2]) Hertzka: Freiland S. 6.

noffen feiner idealen Kolonie ftärkere Bürgfchaften als den Glauben
an das verheißene Glück und die Leiftung der materiellen Opfer,
die fie um diefes Glückes willen bringen. Während die Verwirk=
lichung von Freiland gefichert ift, wenn die Mitgliederlifte der inter=
nationalen Gefellfchaft eine genügende Anzahl von Beiträgen auf=
weift, ift dies bei Platos Kolonie erft dann der Fall, wenn es un=
zweifelhaft feftfteht, daß deren Mitglieder einen genügenden Fond
von fittlichen Kräften mitbringen. Auch fucht Plato noch eine
weitere Bürgfchaft darin, daß feine Koloniften in ihren Rechtsan=
fchauungen, ihren fittlichen und religiöfen Ideen von vorneherein
ein gewiffes einheitliches Gepräge zeigen; er will fie vorwiegend
aus Ländern dorifchen Stammes, aus Kreta und dem Peloponnes
genommen wiffen,[1]) wo er in Staat und Gefellfchaft bereits fo manches
verwirklicht fand, was fich mit feinen eigenen Idealen berührte.

Aber nicht nur das Volkstum, welches zum Träger diefer
Ideale berufen wird, muß ganz beftimmten Vorausfetzungen ent=
fprechen, fondern auch die äußeren, phyfifchen Bedingungen, unter
denen der neue Staat ins Dafein treten foll, müffen ganz befonders
günftige fein. Sorgfältig werden die Einflüffe erwogen, welche die
Verhältniffe der äußeren Natur auf Volksgeift und Volksgemüt
ausüben. Wenn man neuerdings gefordert hat, daß die Wiffen=
fchaft der Politik auf die Naturgefchichte des Volkes im Zufammen=
hang mit dem Lande zu begründen fei, fo erfcheint hier Plato als
einer der Erften, welche diefer Forderung gerecht zu werden fuchten.
Seine Erörterungen über das Ineinanderwirken der phyfifchen und
moralifchen Welt, über den Kaufalzufammenhang zwifchen Landes=
und Volksnatur berühren fich unmittelbar mit den Ergebniffen der
damaligen Naturwiffenfchaft, wie fie in den hochbedeutfamen Unter=
fuchungen des Hippokrates über die pfychologifch=phyfiologifchen Ein=
wirkungen von Boden, Klima u. f. w. vorlagen.

Ganz im Geifte des großen Arztes von Kos nimmt Plato
einen Zufammenhang zwifchen der Landesnatur und der größeren

---

[1]) 708 a.

ober geringeren sittlichen und intellektuellen Tüchtigkeit des Volkes an.
Er hebt die einzelnen physikalischen Verhältnisse hervor, die nach
seiner Ansicht nicht bloß auf den Körper, sondern auch auf das
Seelenleben einen guten oder schlimmen Einfluß auszuüben vermögen: Das System der Luftströmungen, die Temperatur der Atmosphäre, die Beschaffenheit des Wassers und der Nahrung,[1]) und
er fordert daher auch von dem Staatsmann und Gesetzgeber eine
sorgfältige Erwägung aller in Betracht kommenden Naturfaktoren
und geographischen Verhältnisse, die seine Bemühungen um die sittliche und geistige Hebung der Völker ebensosehr erleichtern, wie
erschweren können.[2])

Von diesem Gesichtspunkt aus erscheint als eine der wichtigsten Vorfragen die richtige Ortswahl. Plato nimmt an, daß
auch diese Frage befriedigend gelöst sei. Er weist auf einen herren-
losen Landstrich im Innern der Insel Kreta hin,[3]) wo sich alle die
geographischen Voraussetzungen finden sollen, die für das Gedeihen
des geplanten Gemeinwesens notwendig seien.

Der Platz für die Stadtgründung ist 80 Stadien (zwei geo-
graphische Meilen) von der Meeresküste entfernt. Eine nach Platos
Anschauung sehr günstige Lage! Denn der Staat nach seinem
Herzen kann ja nur ein Agrikulturstaat sein, in dem Handel und
Gewerbe zu möglichster Bedeutungslosigkeit herabgedrückt sind.[4])
Dieser Staat flieht daher die Nachbarschaft des Meeres, weil sie
die Bürger mit Handelsgeist und krämerischer Gewinnsucht erfülle,
den Volkscharakter trügerisch und unzuverlässig mache und so die
Bürger im Verkehr unter sich, wie mit anderen Menschen der Treue

---

[1]) 747 d.

[2]) Ebd. Vgl. meine „Hellenischen Anschauungen über den Zusammenhang zwischen Natur und Geschichte" S. 59 ff.

[3]) Nach Plato war die in Aussicht genommene Gegend einst von
thessalischen Magneten bewohnt gewesen, dann aber — seit deren Auswanderung nach Asien — unbesiedelt und wüste liegen geblieben. Daher bezeichnet er die neue Anlage wiederholt als „Stadt der Magneten". 704 c, 860 d.

[4]) S. oben S. 218.

und dem Wohlwollen entfremde.[1]) Auch ist hier gar kein besonderes Bedürfnis nach Seeverkehr und überseeischem Handel vorhanden. Denn das Land bringt fast alle notwendigen Erzeugnisse
selbst hervor, es bedarf keiner nennenswerten Einfuhr, andererseits
ist infolge seines gebirgigen Charakters diese Ergiebigkeit keine so
große, daß sie zu einem lebhaften Ausfuhrhandel Veranlassung geben
könnte. Überhaupt ist eine maritime und kommerzielle Entwicklung
außerordentlich dadurch erschwert, daß das Material für den Schiffs-
bau so gut wie völlig fehlt. Alle die Hölzer, welche derselbe bedarf, die Tanne, die Fichte, die Föhre, die Cypresse, die Platane,
sind entweder in ungenügender Zahl oder in ungenügender Größe
vorhanden. Angesichts dieser „glücklichen" Naturverhältnisse ist auch
nicht an eine starke Entwicklung der Geldwirtschaft zu denken. Mit
dem auswärtigen Handel kommt die größte Gefahr für die Volksmoral, die Überschwemmung des Landes mit Gold- oder Silbergeld
von vorneherein in Wegfall.[2])

So kann denn mit gutem Vertrauen auf die Zukunft die
Einrichtung des neuen Gemeinwesens in Angriff genommen werden.
Möglichst in der Mitte des ganzen Gebietes erhebt sich von einer
kreisrunden Ringmauer umgeben die Landesburg mit dem Heiligtum der Schutzgötter des Staates, der Hestia, des Zeus und der
Athene. Radial von diesem Zentrum aus wird das anschließende
Stadtgebiet in zwölf Quartiere eingeteilt und dementsprechend das
ganze platte Land in zwölf Flurbezirke, und zwar sind die Flurbezirke ihrer Größe nach ungleich, d. h. breiter oder schmäler, indem die mit gutem Boden einen kleineren Umfang bekommen, die
weniger ergiebigen einen größeren. Durch eine weitere Unterabtei-
lung wird dann — der Zahl der Bürger entsprechend — die gesamte Landesmark nach demselben Prinzip unter genauer Beobachtung der Bodenbeschaffenheit in 5040 ungleich große, aber dem
Ertrag nach gleiche Grundstücke zerlegt, und von diesen wieder jedes

---

[1]) 705 a.
[2]) 705 b f.

in zwei Teile.[1]) Je zwei dieser Teilstücke werden zu Einem Los vereinigt, welches den Landanteil des einzelnen Bürgers repräsentiert und zwar in der Weise, daß immer ein in der Nähe der Stadt gelegenes Stück mit einem ferner liegenden kombiniert wird.[2]) Die Zuweisung dieser zweigeteilten Hufen an die Bürger erfolgt durch das Los, so daß die denkbar vollkommenste Gleichheit alles Grund=besitzes hergestellt ist. Aber auch das bewegliche Vermögen, das die Kolonisten mitbringen, soll mit dem Gleichheitsprinzip einiger=maßen in Einklang gebracht werden. Es wird öffentlich aufgezeich=net und dann möglichst gleichmäßig unter die zwölf Abteilungen verteilt, in welche die Bürgerschaft — entsprechend den zwölf Be=zirken des Landes — gegliedert ist.[3]) Endlich erhält jeder Bürger zwei Häuser, eines in der Stadt und eines auf dem platten Lande.[4])

Wie das ganze Land seinen Mittelpunkt in der Stadt findet, so jeder der zwölf Bezirke in dem Marktflecken, der in seiner ganzen baulichen Einrichtung ein Abbild der Stadt im kleinen ist. Er hat einen Marktplatz mit den Heiligtümern der Stadtgötter und der besonderen Schutzgottheiten des Bezirkes, zu deren Festen die Be=wohner desselben sich hier zu versammeln pflegen; er ist Stützpunkt der Landesverteidigung und zugleich Wirtschaftszentrum, indem hier als Beisaßen und Fremde die Gewerbetreibenden zusammenwohnen, deren die Landwirte der Umgegend bedürfen.[5]) Was die übrige

---

[1]) Die Zahl 5040 ist mit Rücksicht auf die komplizierten Teilungen gewählt. Da sie durch alle einfachen Zahlen bis 10 und dann wieder durch 12 ohne Bruch teilbar ist, so bietet sie eine bequeme Grundlage für die Flurteilung, wie für die politische und militärische Gliederung des Volkes. 737 e.

[2]) 745 d.

[3]) ib.: νείμασθαι δὲ δεῖ καὶ τοὺς ἄνδρας δώδεκα μέρη, τὴν τῆς ἄλλης οὐσίαν εἰς ἴσα ὅ τι μάλιστα τὰ δώδεκα μέρη συνταξάμενον, ἀπο-γραφῆς πάντων γενομένης. Diese Ausgleichung ist allerdings nur eine annähernde. (vgl. 745 a.) Der reichere Kolonist muß sich mit einem gewissen Maximum begnügen, damit für den ärmeren ein Minimalbesitz zur Verfü-gung stehe.

[4]) 745 e. cf. 775 e. Die Höfe auf dem platten Lande sind insbesondere für die erwachsenen Söhne und Erben der Hufner bestimmt.

[5]) 848 e.

gewerbliche Bevölkerung betrifft, so bewohnt sie das Weichbild der
Stadt in eigenen Vororten, die sich — je einem der zwölf Stadt=
quartiere entsprechend — rings um die Stadt herumziehen, so daß
die in der Stadt wohnenden Bürger von der gewerbetreibenden
Bevölkerung räumlich vollkommen getrennt sind.

Diese räumliche Trennung soll auch eine wirtschaftliche und
Klassenscheidung sein. Denn der Vollbürger hat keinen anderen
Beruf, als die Pflege der politischen Tugend. „Die allgemeine
Ordnung des Staates herzustellen und zu erhalten ist eine Kunst,
welche den Bürger vollständig in Anspruch nimmt, viel Übung und
mannigfache Kenntnisse erfordert und sich nicht als Nebenwerk be=
treiben läßt.[1]) — Wer es zum Hauptwerk seines Lebens macht,
seine Leibes= und Seelenkräfte zur Vollkommenheit zu bringen, findet
zweimal soviel, ja noch weit mehr zu thun, als derjenige, dem das
Streben nach dem pythischen oder olympischen Sieg zu allen andern
Geschäften des Lebens keine Zeit übrig läßt.[2]) Daher ist den Bür=
gern jeder Betrieb von Handel und Gewerbe auf das strengste unter=
sagt. Die wirtschaftliche Grundlage ihrer Existenz ist einzig und allein
der — von unfreien Landarbeitern bestellte — Grundbesitz, der für den
mäßigen Unterhalt einer Familie ausreicht. Auch erhält der Grund=
besitz eine soziale Organisation, welche alles sorgfältig fernehält, was
das Eindringen merkantiler Spekulation und einseitig kapitalistischer
Tendenzen begünstigen, was überhaupt die einmal festgesetzte Ord=
nung stören könnte.

Wenn auch auf den gemeinwirtschaftlichen Betrieb des Acker=
baues als auf ein unausführbares Ideal verzichtet wird, so soll
doch der Gedanke strenge festgehalten werden, daß aller Grund und
Boden als Gemeingut des ganzen Staates zu betrachten ist, daß
daher der Besitz, welcher dem Einzelnen durchs Los zugefallen, dem=
selben nur ein Nutzungsrecht gewährt.[3]) Der Boden, den er be=

---

[1]) 846d.

[2]) 807c.

[3]) 739e: νεμέσϑων δ’ οὖν τοιᾷδε διανοίᾳ πως, ὡς ἄρα δεῖ τὸν

bant, ist des Vaterlandes Erde, die er noch sorgfältiger hegen und pflegen muß, als Kinder ihre Mutter.[1]) Eine Auffassung, die ihren rechtlichen Ausdruck darin findet, daß jede Veräußerung, jeder Kauf oder Verkauf von Grund und Boden unbedingt ausgeschlossen ist.[2]) Der Landanteil jedes Bürgers ist für alle Folgezeit in den heiligen Tempelkatastern auf cypressenen Tafeln verzeichnet,[3]) er kann als ein unteilbares und unveränderliches Ganze von dem Vater stets nur auf einen einzigen Sohn, beziehungsweise Adoptivsohn über-gehen, der in allen Stücken, in den Verpflichtungen gegen Haus und Staat, gegen Götter und Menschen, Rechtsnachfolger des Vaters ist.[4]) So soll die Zahl von 5040 Hufen als ebensovieler Besitzes-einheiten stets unverrückt aufrecht erhalten werden.

Plato verhehlt sich nicht, daß das seine großen Schwierig-keiten haben werde, und er denkt auch auf mancherlei Mittel, den-selben zu begegnen. Die Söhne, die auf der väterlichen Hufe keine Versorgung finden, sollen von anderen Bürgern adoptiert werden, die keine männliche Nachkommenschaft haben und zwar von solchen, „denen sie der Vater am liebsten gibt und die sie am liebsten nehmen".[5]) Wenn sich das aber auf dem Wege der Freiwilligkeit nicht erreichen läßt, oder wenn ein Bürger eine zu große Zahl von Söhnen hat oder von Töchtern, die er nicht alle verheiraten kann, so soll die Staatsgewalt die nötigen Maßregeln ergreifen. Ihre Sache ist es überhaupt, mit allen Mitteln der Übervölkerung vor-

---

λαχόντα τὴν λῆξιν ταύτην νομίζειν μὲν κοινὴν αὐτὴν τῆς πόλεως ξυμπάσης κτλ.

[1]) ib.: πατρίδος δὲ οὔσης τῆς χώρας θεραπεύειν αὐτὴν δεῖ μειζόνως ἢ μητέρα παῖδας.

[2]) 741 b. Der Bürger soll bedenken, daß sein Land den Göttern ge-heiligt ist (τῆς γῆς ἱερᾶς οὔσης τῶν πάντων θεῶν) und daß Priester und Priesterinnen unter Darbringung von nicht weniger als drei Opfern im Gebete erfleht haben, es möge den Käufer oder Verkäufer des Landloses die verdiente Strafe treffen.

[3]) 741 c.

[4]) 740 b.

[5]) 740 c. Die Adoption erfolgt κατὰ χάριν μάλιστα.

zubeugen, wie sie auch in dem umgekehrten Falle mit ihrer Für=
sorge eintritt, wenn der Nachwuchs der Bevölkerung nicht genügen
sollte, die Bürgerschaft vollzählig zu erhalten. Unter den „zahl=
reichen" Mitteln, welche „allzu reichliche Zeugung" hemmen, oder,
wenn nötig, zur Aufziehung von Kindern ermuntern sollen, nennt
Plato öffentliche Auszeichnungen bezw. Ehrenstrafen, Ermahnungen
und Zurechtweisungen der jüngeren Männer von seiten der älteren,[1]
und, wenn all dies versagt, im Falle dauernden Übergewichtes der
Sterblichkeit über die Geburtsziffer Aufnahme von Fremden bis
zur Herstellung der normalen Bürgerzahl,[2] im Falle der Über=
völkerung dagegen eine staatlich organisierte Auswanderung, bei der
allerdings von Plato vorausgesetzt werden muß, daß es keines
Zwanges bedürfen werde, um diejenigen, welche der Regierung für
die Teilnahme an einer Koloniegründung geeignet erscheinen wür=
den, zum Verzicht auf die Heimat zu bestimmen.[3] Um so größer
ist der Zwang, der — allerdings in Übereinstimmung mit den be=
stehenden Rechtsanschauungen — dem weiblichen Geschlecht auf=
erlegt wird. Der nach dieser Anschauung den Verwandten zu=
stehende Rechtsanspruch auf die Hand von Erbtöchtern, über welche
der Vater nicht letztwillig verfügt hat, wird auch im platonischen
Staate anerkannt, nur wird dieses Recht im sozialpolitischen Inter=
esse dahin modifiziert, daß derjenige Verwandte den Vorzug erhält,
der noch nicht im Besitz eines Landloses ist.[4]

Dank dieser Agrar= und Bevölkerungspolitik kann es unter
den Bürgern weder landlose Proletarier, noch Latifundienbesitzer
geben. Nur Eine Möglichkeit sozialer und ökonomischer Ungleich=
heit bleibt auch hier: die des mobilen Kapitalbesitzes. Sie ganz
zu beseitigen, ist bei der privatwirtschaftlichen Organisation der

---

[1] 740 d.

[2] 741 e.

[3] 740 e. Auf die gewaltsamen Mittel, welche die Bevölkerungspolitik
des Idealstaates zur Anwendung bringt (vergl. oben S. 293), kommt hier
Plato nicht mehr zurück.

[4] 924 e.

agrarischen Betriebe und bei der Institution des Privateigentums unbenkbar. So soll wenigstens durch Aufstellung eines Minimal= oder Maximalbesitzes der Entstehung größerer Gegensätze vorgebeugt werden, und zwar soll als kleinstes Maß beweglichen Vermögens, deffen Verringerung nicht zuläffig ist, der Wert einer Hufe, — eines vollen Losanteiles, — angenommen werden, als Maximum das Vierfache diefes Betrages.[1]) Was jemand darüber erwirbt, soll bei schwerer Strafe dem Staat und seinen Göttern dargebracht werden. Eine Vorschrift, mit deren Durchführung eine der höchsten Behörden betraut ist, welche sorgfältige Aufzeichnungen über das bewegliche Vermögen der Bürger zu führen und so eine gleich strenge Kontrole über dasselbe zu üben hat, wie über das Grundeigentum.[2])

Auch darin erscheint die Stellung des mobilen Kapitals den Rechtverhältniffen des Grundbesitzes möglichst angenähert, daß der Einzelne nur ein stark beschränktes Verfügungsrecht über seine be= wegliche Habe besitzt. Bezeichnend ist die Begründung, mit welcher Plato die in dieser Hinsicht für letztwillige Verfügungen aufgestell= ten Vorschriften einleitet.

„Freunde, läßt er den Gesetzgeber zu den Sterbenden fagen, es ist schwer für Euch, Eure Verhältniffe und noch schwerer — um mit der Pythia zu reden — Euch selbst zu erkennen. Daher er= kläre denn ich Euch, der ich Euer Gesetzgeber bin, daß nicht ein= mal Ihr selbst Euer Eigen seid und noch weniger diese Eure Habe, sondern daß dieselbe Eurem ganzen Geschlechte ge= hört, sowohl dem, das vor Euch war, als dem, das nach Euch kommen wird, ja noch mehr, daß dieses ganze Geschlecht samt seinem Vermögen dem Staate gehört.[3]) Wenn dem

---

1) 744 d: ἔστω δὴ πενίας μὲν ὅρος ἡ τοῦ κλήρου τιμή, ὃν δεῖ μένειν καὶ ὃν ἄρχων οὐδεὶς οὐδενὶ ποτὲ περιόψεται ἐλάττω γιγνόμενον.

2) 745 a.

3) 923 a: ἔγωγ’ οὖν νομοθέτης ὢν οὔθ’ ὑμᾶς ὑμῶν αὐτῶν εἶναι τίθημι οὔτε τὴν οὐσίαν ταύτην, ξύμπαντος δὲ τοῦ γένους ὑμῶν τοῦ τε ἔμπροσθεν καὶ τοῦ ἔπειτα ἐσομένου, καὶ ἔτι μᾶλλον τῆς πόλεως εἶναι τό τε γένος πᾶν καὶ τὴν οὐσίαν. Vgl. 877 d: οὐδεὶς οἶκος τῶν

nun aber so ist, so werde ich es nicht gutwillig zugeben, daß Euch jemand, während Euer Geist von Krankheit und Alter erschüttert ist, mit Schmeicheleien umschleicht und Euch zu Anordnungen be= schwatzt, welche dem gemeinen Besten widersprechen. Vielmehr werde ich im Hinblick auf dieses gemeine Beste, auf das Wohl Eures ganzen Geschlechtes, wie des ganzen Staates Euch durch Gesetze beschränken, indem ich mit vollem Rechte den Vorteil des Einzelnen geringer anschlage, als den der Gesamtheit.[1]) Darum möget Ihr in Frieden und Wohlwollen gegen uns den Weg gehen, den Ihr jetzt nach der Ordnung der menschlichen Natur betretet und Euch darauf verlassen, daß wir für alles, was Euch gehört, nach besten Kräften sorgen werden."

Nach solchem „freundlich ermahnenden" Eingang verfügt das Gesetz: Der Erblasser hat das Recht, denjenigen seiner Söhne, welchen er für den würdigsten erachtet, zum Erben der Hufe und des gesamten dazu gehörigen Inventars einzusetzen. Hat er noch andere Söhne, die nach dem Gesetz möglicherweise in eine Kolonie ausgesandt werden könnten, so kann er das übrige Vermögen nach Belieben unter sie verteilen. Dasselbe gilt für unverlobte Töchter. Dagegen dürfen Söhne, die bereits ein Haus haben (als Erben der väterlichen Hufe oder als Adoptivsöhne von Hufenbesitzern), nichts von diesem Vermögen erhalten, ebensowenig Töchter, die bereits verlobt sind. — Letzteres entsprechend dem Gesetz, das hier gleich miterwähnt sei, daß in diesem Staat niemand eine Mitgift nehmen oder geben darf,[2]) damit nicht „Übermut bei den Weibern und sklavische Kriecherei um des Geldes willen bei den Männern ent=

τετταράκοντα καὶ πεντακισχιλίων τοῦ ἐνοικοῦντος ἐστὶν οὐδὲ ξύμπαντος τοῦ γένους οὕτως ὡς τῆς πόλεως δημόσιός τε καὶ ἴδιος. δεῖ δὴ τήν γε πόλιν τοὺς αὑτῆς οἴκους ὡς ὁσιωτάτους τε καὶ εὐτυχεστάτους κεκτῆσθαι κατὰ δύναμιν.

[1]) 923b: ὅ τι δὲ τῇ πόλει τε ἄριστον πάσῃ καὶ γένει, πρὸς πᾶν τοῦτο βλέπων νομοθετήσω, τὸ ἑνὸς ἑκάστου κατατιθεὶς ἐν μοίραις ἐλάττοσι δικαίως.

[2]) 742 c.

stehe."¹) — Ebenso sollen diejenigen Söhne oder Töchter, welche
nach der Abfassung des Testamentes durch Adoption bezw. Heirat
ihre Versorgung gefunden haben, das ihnen vermachte mobile Kapital
an den Haupterben abtreten. Hat der Erblasser nur Töchter, so
soll er nach freier Wahl einer derselben einen Gatten bestimmen,
der natürlich noch keine Hufe besitzen darf, und denselben als Erben
der Hufe an Sohnes Statt einsetzen. Falls eine solche Willens=
erklärung fehlt und unverheiratete Töchter vorhanden sind, bestimmt
die Vormundschaftsbehörde für die Erbtochter einen Mann und
zwar womöglich den nächsten Verwandten des Erblassers, dem dann
das Erblos zugeteilt wird. Macht endlich jemand ein Testament,
der völlig kinderlos ist, so soll er nur über den zehnten Teil des
zum väterlichen Grundbesitz hinzuerworbenen Vermögens frei ver=
fügen können; alles übrige hat er demjenigen zu hinterlassen, den
er dem Gesetz gemäß adoptieren und zum Erben der Hufe bestellen
muß, damit er sich so an ihm in ungeschmälerter Achtung einen
dankbaren Sohn erhalte.²)

Aber selbst in dieser umfassenden, überall den individuellen
Willen den Zwecken der Gemeinschaft unterwerfenden Regelung des
Vermögensrechtes sieht Plato noch keine genügende Bürgschaft für
die volle Verwirklichung dieser Zwecke. Er verbindet damit jenes
noch ungleich tiefer eingreifende, jede kapitalistische Entwicklung der
Volkswirtschaft im Keime erstickende System staatlicher Wirtschafts=
politik, welches wir bei der Darstellung der antikapitalistischen Ge=
samtanschauung Platos bereits in seinen Grundzügen kennen gelernt
haben.³) Der Staat läßt nicht zu, daß Silbers= oder Goldesreich=
tum einen festen Wohnsitz in ihm erhalte;⁴) er duldet daher im

---

¹) 774 d. Ausgenommen ist nur die Ausstattung in Kleidern u. s. w.
im Werte von 50, 100, 150, 200 Drachmen (ca. 120 M.) je nach der
Censusklasse.

²) 923 c—924 a.

³) S. oben S. 218 ff.

⁴) 801 b: . . . οὔτε ἀργυροῦν δεῖ πλοῦτον οὔτε χρυσοῦν ἐν πόλει
ἱδρυμένον ἐνοικεῖν.

inländischen Verkehr nur eine Landesmünze von unedlem Metall, die außerhalb seiner Grenzen keine Gültigkeit hat. Hellenisches Kourant, Gold= und Silbergeld besitzt nur der Staat, der dasselbe für seinen nicht ganz zu vermeidenden Verkehr mit dem Ausland nicht entbehren kann. Der Privatmann, der ins Ausland reist, was er übrigens nur mit Erlaubnis der Regierung thun darf, muß sich solches Geld an der Staatskasse einwechseln. Ebenso hat er alles, was er aus dem Ausland zurückbringt, an derselben Kasse wieder in Landesmünze umzutauschen.[1]) Was den Gebrauch dieser letzteren betrifft, so ist auch er ein außerordentlich beschränkter. Sie dient fast nur als Tauschmittel und Wertmaßstab. Das eigentliche Geld= und Kreditgeschäft ist in der bereits früher geschilderten Weise durch die Unklagbarkeit von zinsbaren Darlehen, durch das Ver= bot des Zinsnehmens überhaupt unmöglich gemacht.[2])

Übrigens würde dasselbe für den Bürger von vorneherein nicht in Betracht kommen. Der Bürger hat sich durchaus mit dem Ertrage des Landbaues zu begnügen. Eben deshalb ist ihm ja auch jede Beteiligung an Handelsgeschäften, an gewerblicher und Hand= werksthätigkeit und sei es auch nur mittelbar durch seine Sklaven unter Androhung schwerer Strafen untersagt.[3])

Selbst in der Verwertung des Ertrages seiner Grundstücke sind ihm enge Grenzen gesteckt. Zunächst ist die Ernährung fast der ganzen bürgerlichen Bevölkerung Sache des Staates. In öffent= lichen Speisehäusern vereinigen sich die Bürger und — infolge der grundsätzlichen Gleichstellung des weiblichen Geschlechtes — auch die Bürgerinnen mit ihren Kindern alltäglich zu gemeinsamen Mahl=

---

[1]) 742 b.

[2]) 742 c. S. oben S. 226 f.

[3]) 846 d: ... ἐπιχώριος μηδεὶς ἔστω τῶν περὶ τὰ δημιουργικὰ τεχνήματα διαπονούντων, μηδὲ οἰκέτης ἀνδρὸς ἐπιχωρίου. Vgl. 741 c und die Strafbestimmung 919 d: Wer irgend ein Gewerbe treibt, das ins Gebiet des Kleinhandels einschlägt, macht sich „der Beschimpfung seines Ge= schlechtes" schuldig und wird zu einem Jahr Gefängnis verurteilt. Hilft das nicht und wird er rückfällig, so wird die Gefängnisstrafe verdoppelt und so in jedem weiteren Falle!

zeiten, zu denen nach dem Vorbild des kretischen Syssitieninstitutes alle Bürger einen Teil der Erträge ihrer Landwirtschaft zu steuern haben.[1]) Aber auch in der Verfügung über das, was dem Einzelnen nach dieser Abgabe übrig bleibt, ist er durch den Staat vielfach gebunden.

Handelt es sich doch hier um ein Gebiet der Volkswirtschaft, welches bereits der bestehende Staat vor allen anderen zum Gegenstand staatlicher Bevormundung und Leitung gemacht hatte. Die ganze Situation der Stadtstaatwirtschaft mit ihrem beschränkten Produktionsgebiet, die außerordentliche Größe der Gefahren, die hier Schwierigkeiten in der Versorgung mit den unentbehrlichen Lebensmitteln für den Bestand des Staates selbst enthielten, hatte auch in den fortgeschrittensten Gemeinwesen zu einem System staatlicher Regulative geführt, welches durch Gesetze gegen Aufkauf und Kornwucher, durch Ausfuhrverbote, Stapelrechte u. s. w. den Nahrungsmittelverkehr im Interesse der Gesamtheit künstlich zu regeln suchte.[2])

Der platonische Idealstaat, der alle Voraussetzungen der Stadtstaatwirtschaft herübernimmt und die Schwierigkeiten derselben durch möglichste Isolierung gegenüber der Außenwelt noch vermehrt, ist natürlich genötigt, auch dieses staatliche Bevormundungssystem nach allen Seiten hin auszubauen und zu verschärfen.

Die Grundlage seiner Agrarpolitik ist das unbedingte Verbot jeder Ausfuhr von landwirtschaftlichen Erzeugnissen, sowie die volle Öffentlichkeit der Ernteerträge und Vorräte, ihr Ziel, die letzteren stets in richtigem Verhältnis zum augenblicklichen und künftigen Bedarf zu erhalten. Es soll nicht zu wenig und nichts zu teuer auf den Markt kommen. Zu dem Zweck haben alle Bürger den gesamten Jahresertrag ihrer Landwirtschaft in zwölf Teile zu teilen und jedes Zwölftel wieder in drei verhältnismäßige Teile nach einem Maßstab, der durch das Zahlenverhältnis von Bürgern, Unfreien und Beisassen bestimmt wird.[3]) Der letztere Teil wird wie eine

---

[1]) 780 b ff.
[2]) Vgl. Böckh. Staatshaushaltung der Athener I². 103 ff.
[3]) 847 e.

Art Lieferung aufgefaßt, welche die Landwirte in festgeregelter Weise gegen Entgelt der gewerblichen Bevölkerung zu leisten haben. Keiner darf etwa in spekulativer Absicht Vorräte länger zurückhalten oder eher veräußern, oder in anderen Quantitäten oder anderswo — etwa an Aufkäufer — verkaufen, als der Staat vorschreibt. Vielmehr soll jeder Bürger in monatlichen Zwischenräumen den zwölften Teil der zum Verkauf an die Beisassen bestimmten Vorräte durch eigens dazu bestimmte Mittelspersonen — nichtbürgerlichen Standes — auf den „Fremdenmarkt" bringen lassen, damit das gewohnte Angebot niemals willkürlich gestört, die Größe und der Preis der zu Markte gebrachten Vorräte möglichst vor Schwankungen bewahrt bleibe.[1] Was vollends die für den eigenen Bedarf der bürgerlichen und ackerbauenden Bevölkerung vorbehaltenen Erzeugnisse der Landwirtschaft betrifft, so soll hier jede Vermittlung durch den Zwischenhandel, wie er für die Beisassen und Fremden — allerdings nur in der Form der „Höckerei" — ausdrücklich zugelassen wird, in Wegfall kommen. Der Landwirt soll von diesem Teil seiner Erzeugnisse immer nur wieder an den Landwirt d. h. der Bürger an den Bürger verkaufen.[2]

Die Wirksamkeit dieser Gesetzgebung reicht nun aber natürlich noch weiter über den Kreis des Bürgertums hinaus. Auch in der Handel und Gewerbe treibenden Klasse sollen spekulative und kapitalistische Tendenzen keinen Nährboden finden. Die für den Insassen ebenso, wie für den Bürger geltenden Bestimmungen über Geld- und Kreditverkehr stecken dem Erwerbstrieb auch dieser Klasse von vornherein die engsten Grenzen.

Sie hat ja ohnehin keine Zukunft in einem Staat, der als

---

[1] 849 b. Am ersten Monatstag ist Kornmarkt, wo sich jeder Beisasse und Fremde auf einen Monat mit Brotfrucht zu versorgen hat; am zehnten Markt für alle flüssigen Erzeugnisse, am zwanzigsten Viehmarkt, immer für die gleiche Zeit. An dem letzten Markttag sollen auch alle Nebenprodukte der Landwirtschaft zum Verkauf kommen, wie Felle und sonstige Bekleidungsstoffe, Geflechte, Filzwaren u. s. w.

[2] 849 c.

reiner Agrikulturstaat sich noch etwas darauf zugute thut, daß er — dank seinen unentwickelten volkswirtschaftlichen Verhältnissen — „nicht halb so viel Gesetze" braucht, wie die meisten anderen Staaten, insbesondere „fast kein Gesetz über Seewesen, über Groß= und Klein= handel, über Gasthäuser, über Zölle[1]) und Bergwerke, über Darlehen und Wucher", — in einem Staat, der „das alles ruhig von der Hand weisen kann, weil er es nur mit Ackerbauern, Hirten, Bienen= züchtern und solchen zu thun hat, welche jenen die nötigen Hilfs= mittel und Werkzeuge besorgen."[2])

Die ganze Thätigkeit von Handel und Gewerbe hat sich eben darauf zu beschränken, einer ackerbauenden Bevölkerung die unent= behrlichsten Handwerkserzeugnisse und sonstigen Bedarfsgegenstände zu liefern. Eine Grenze, die dadurch noch enger gezogen wird, daß der Staat sorgfältig darauf bedacht ist, die Lebensbedürfnisse der herrschenden Klasse auf einem möglichst bescheidenen Niveau zu er= halten, und daher von vornherein überhaupt nur solche Gewerbe zuläßt, welche „notwendige" Bedürfnisse befriedigen.[3])

Der ganze ohnehin im allerengsten Rahmen sich bewegende Ein= und Ausfuhrverkehr steht unter schärfster staatlicher Kontrolle, welche nur das ins Land läßt, was nun einmal nicht entbehrt werden kann, und andererseits jede Ausfuhr der im Innern ver= wendbaren Erzeugnisse des Landes unmöglich macht.[4])

Und nicht genug, daß der Kreis der Objekte, an denen sich der geschäftliche Unternehmungsgeist bethätigen könnte, ein überaus enger ist, auch innerhalb der ihm thatsächlich zugestandenen Sphäre ist Gewerbe und Handelsverkehr in hohem Grade gebunden.

Abgesehen von den ohnehin schon schwer genug auf ihm lasten= den Normen über Geld= und Kreditwesen sieht sich dieser ganze Verkehr einem System staatlicher Regulative unterworfen, welches den Handel= und Gewerbetreibenden auf Schritt und Tritt daran

---

[1]) Es gibt in diesem Staat weder Einfuhr= noch Ausfuhrzölle 847 b.
[2]) 842 d.
[3]) 920 b.
[4]) 847 b ff.

erinnert, daß er nichts als ein wirtschaftlicher Funktionär im Dienste des Landes sein soll,[1] daß er sich daher jeder spekulativen Aus= beutung seines Berufes, jedes Gedankens der „Bereicherung" ent= schlagen und mit dem „mäßigen" Ertrag seiner Arbeit zufrieden sein muß, den der Staat als zuläffig anerkennt.[2])

Um alle Überteuerung und Übervorteilung zu verhindern, werden die Preise sämtlicher Waren nach dem Rate der Sachver= ständigen von den staatlichen Behörden festgesetzt.[3]) Dieselben haben zugleich sorgfältig darüber zu wachen, daß der Kapitalismus und und die kapitalistische Spekulation, welche aus dem Hauptnahrungs= zweig des Landes, aus der Agrikultur, verbannt find, nicht auf anderen Gebieten der Volkswirtschaft emporkomme. Wie es keinen Großgrundbesitz geben soll, so auch keine kapitalistischen Großunter= nehmungen, die zur Konzentrierung bedeutender Kapitalien im Handel und Gewerbe führen könnten. Die Kleinbetriebe sollen erhalten beißen, aller Handel möglichst nur Kleinhandel ($\varkappa\alpha\pi\eta\lambda\varepsilon\iota\alpha$), alle Industrie nur Handwerk sein. Die kaufmännische Vermittlung soil möglichst ausgeschlossen und zu dem Zweck von Staatswegen auf eine systematische Beschränkung der Zahl der im Zwischenhandel beschäftigten Individuen und Gewerbe hingearbeitet werden.[4]) Was insbesondere die Handwerke betrifft, so soll die von der kapitalistischen Spekulation der Zeit so energisch ausgebeutete Möglichkeit, durch Beschäftigung zahlreicher in verschiedenen Techniken ausgebildeter Sklaven gleichzeitig mehrere Gewerbebetriebe in der Hand eines Unternehmers zu konzentrieren, völlig beseitigt werden. Jeder soll nur das Gewerbe treiben, das er selbst erlernt hat, und nicht etwa aus der Thätigkeit zahlreicher Sklaven, die er für sich in anderen Handwerken beschäftigt, größere Einkünfte beziehen, als aus dem

---

[1]) 920 e. Vgl. oben S. 224 f. 254 f.

[2]) 847 d. Hier kommen die S. 224 f. besprochenen Grundanschauungen Platos über die Beseitigung des spekulativen Charakters des Handels zum prägnanten Ausdruck.

[3]) 847 b, 920 c.

[4]) 919 c.

Gewerbe, das er selber versteht.[1]) Eine Bestimmung, die zwar durch das auch hier strenge durchgeführte Prinzip der Arbeitsteilung gefordert ist, die aber unverkennbar — wie ja die von Plato gewünschte Arbeitsteilung selbst — ein Kampfmittel gegen das Kapital und die kapitalistische Betriebsweise bildet.

Sollte es aber trotz all' dieser Schranken einem Handel oder oder Gewerbe treibenden Beisassen gelingen, sein Vermögen über das Durchschnittsmaß dessen zu steigern, was der grundangesessene Bürger besitzt, so ist seines Bleibens nicht länger im Lande! Während für den Bürger der vierfache Wert einer Landhufe als Maximum des Erwerbes festgesetzt ist, wird dem Beisassen nur das Doppelte dieses Wertes, also die Hälfte des für den Bürger erreichbaren Kapitalbesitzes gestattet.[2]) Alle Beisassen, deren Vermögen die Schatzung der dritten von den vier Zensusklassen der Bürgerschaft übersteigt, sollen binnen Monatsfrist von dem Tage an, wo dieser Vermögenszuwachs eintritt, mit ihrer ganzen Habe das Land verlassen, und es soll den Behörden nicht gestattet sein, ihnen die Erlaubnis zu längerem Bleiben zu gewähren! Wer sich dem zu entziehen sucht, soll mit dem Tode bestraft und sein Vermögen für den Staatsschatz eingezogen werden![3]) — Übrigens ist dem Vermögenserwerb der Beisassen schon dadurch eine absolute Grenze ge-

---

[1]) 846 e: μηδεὶς χαλκεύων ἅμα τεκταινέσθω, μηδ᾽ αὖ τεκταινόμενος χαλκευόντων ἄλλων ἐπιμελείσθω μᾶλλον ἢ τῆς αὑτοῦ τέχνης, πρόφασιν ἔχων, ὡς πολλῶν οἰκετῶν ἐπιμελούμενος ἑαυτῷ δημιουργούντων εἰκότως μᾶλλον ἐπιμελεῖται ἐκείνων διὰ τὸ τὴν πρόσοδον ἐκεῖθεν αὑτῷ πλείω γίγνεσθαι τῆς αὑτοῦ τέχνης, ἀλλ᾽ εἰς μίαν ἕκαστος τέχνην ἐν πόλει κεκτημένος ἀπὸ ταύτης ἅμα καὶ τὸ ζῆν κτάσθω.

[2]) Dasselbe gilt für den Freigelassenen, nur daß dieser insofern einer noch größeren Beschränkung unterliegt, als er auf keinen Fall reicher werden darf, als sein Herr, und alles, was er mehr erwirbt, an diesen abliefern mnß. 915 a.

[3]) 915 b: ἐὰν δὲ τῷ ἀπελευθερωθέντι ἢ καὶ τῶν ἄλλων τῳ ξένων οὐσία πλείων γίγνηται τοῦ τρίτου μεγέθει τιμήματος ᾗ ἂν τοῦτο ἡμέρᾳ γένηται, τριάκοντα ἡμερῶν ἀπὸ ταύτης τῆς ἡμέρας λαβὼν ἄπιτω τὰ ἑαυτοῦ καὶ μηδεμία τῆς μονῆς παραίτησις ἔτι τούτῳ παρ᾽ ἀρχόντων γιγνέσθω.

steckt, daß dieselben überhaupt nicht zu immerwährendem Aufenthalt
und Gewerbebetrieb zugelassen werden.   Keiner darf länger als
zwanzig Jahre — vom Tage seiner Einschreibung an — im Lande
beißen; ist diese Zeit um, so hat er mit seinem Hab und Gut
von dannen zu ziehen!   Nur ausnahmsweise wird auf Grund her=
vorragender Verdienste um das Land von Rat und Volksversamm=
lung ein Aufschub oder die Erlaubnis zum Bleiben auf Lebenszeit
bewilligt.   Gleiches gilt für die Söhne der Beisassen, bei denen
das vollendete fünfzehnte Lebensjahr als Anfangstermin angenommen
wird, sowie für die Freigelassenen.[1]

Eine weitere Konsequenz der antikapitalistischen Handels= und
Gewerbepolitik des Gesetzesstaates ist die unbedingte Öffentlichkeit
des geschäftlichen Lebens.   Wenn dieser Staat schon die ungleich
durchsichtigeren Vermögensverhältnisse der grundbesitzenden Klasse
einer systematischen Kontrolle unterwerfen zu müssen glaubte, wie viel
mehr mußte er auf einer beständigen Offenlegung des gewerblichen
Lebens bestehen, dessen wirtschaftlicher Ertrag ohne das volle Licht
der Publizität sich aller Beurteilung entzieht!   Ohne die Publizität des
Geschäftsbetriebes hätte ja nichts den Geschäftsmann verhindern können,
den Gewinnertrag seines Gewerbes, und mochte sich derselbe ver=
doppeln, verdrei= oder verzehnfachen, so zu verschleiern und zu ver=
heimlichen, daß die Vorschriften über das zulässige Maximum des
gewerblichen Kapitalbesitzes mehr oder minder illusorisch geworden
wären.   Wie daher der Staat durch Grundkataster und fortlaufende
Aufzeichnungen über den gesamten beweglichen und unbeweglichen
Besitz der Bürgerschaft unterrichtet ist, so scheut er auch vor der
schwierigeren, aber von seinem Standpunkte aus unabweisbaren
Aufgabe nicht zurück, durch analoge Aufzeichnungen über Vermögen
und Erwerb der Beisassen den Ertrag von Handel und Gewerbe,
das Quantum des Verdienstes jedes Einzelnen, die Zu= oder Ab=
nahme seines Vermögens allezeit evident zu erhalten.[2]

---

[1] 850 b c, 915 b.   In letzterem Falle tritt auch noch die Erlaubnis
des Freilassers hinzu.

[2] 850 a: τὸ δὲ ὠνηθὲν ἢ πραθὲν ὅσῳ πλέον ἂν ᾖ ἢ καὶ πλέονος ἢ

Diese amtliche Statistik ist hier zu einer Vollkommenheit ausgebildet gedacht, daß niemand die Art und Weise, wie er seine Arbeitskraft und sein Kapital verwendet, geheimhalten kann, daß alle geschäftlichen Unternehmungen und die Höhe der dabei erzielten Erträgnisse bis ins Einzelne hinein den staatlichen Gewalten klar vor Augen liegen. Es ist in der denkbar vollkommensten Weise dafür gesorgt, daß Niemand sich für seine Person den Konsequenzen jener großen allgemeinen Prinzipien zu entziehen vermag, auf denen sich der Staat aufbaut. —

Daß ein solcher Staat auch außerordentliche Mittel anwenden wird, um Ehrlichkeit und Solidität im Warenverkehr, im Handel und Wandel zu fördern, ist von vornherein zu erwarten, und es wird uns in der That eine Anzahl von Bestimmungen aus dem Polizeirecht, insbesondere aus der Marktordnung[1]) des Gesetzesstaates mitgeteilt, die durchaus im Geiste des bisher entwickelten Systems gehalten sind. Es wird da vorgeschrieben, daß aller Kauf und Verkauf auf dem Markte und an den für die einzelnen Warengattungen angewiesenen Stellen stattfinde und zwar in der Weise, daß die Ware sofort von dem Käufer in Empfang genommen und baar bezahlt wird.[2]) Wer außerhalb des Marktes oder auf Borg verkauft, thut dies auf eigene Gefahr, denn das Gesetz gewährt ihm kein Klagerecht gegen den Käufer.[3]) Da ferner die obrigkeitlichen Warentaxen nur eine Maximalgrenze festsetzen, innerhalb deren dem Verkäufer für die Preisbestimmung immerhin ein gewisser Spielraum bleibt, so werden die Mißstände, die sich daraus im Verkehr ergeben könnten, durch die Vorschrift bekämpft, daß alle Preise

---

κατὰ τὸν νόμον, ὃς εἴρηκε πόσου προσγενομένου καὶ ἀπογενομένου δεῖ μηδέτερα τούτων ποιεῖν, ἀναγραφήτω τότ' ἤδη παρὰ τοῖς νομοφύλαξι τὸ πλέον, ἐξαλειφέσθω δὲ τὸ ἐναντίον . τὰ αὐτὰ δὲ καὶ περὶ μετοίκων ἔστω τῆς ἀναγραφῆς πέρι τῆς οὐσίας.

[1]) Dieselbe ist auf eine Säule vor dem Amtshause der Marktaufseher eingegraben. 917 e.

[2]) 915 d, vgl. 849 d.

[3]) 915 e. Eine Ausnahme bilden die auf Bestellung gelieferten Arbeiten. S. unten.

wenigſtens feſte ſein ſollen. Niemand ſoll doppelte Preiſe führen. Wenn er daher das, was er für ſeine Waaren einmal gefordert hat, nicht erhalten kann, ſoll er dieſelben lieber wieder mit nach Hauſe nehmen, als an dem betreffenden Tage die Preiſe ändern.[1]) Ebenſo ſind alle Mittel der Reklame ſtrenge verpönt: Kein Ver= käufer ſoll ſeine Waaren anpreiſen oder gar ihre Güte mit einem Schwur beteuern.[2])

Wer ſich gegen dieſe Vorſchrift vergeht, kann von jedem — über dreißig Jahre alten — Bürger, der die eibliche Anpreiſung vernommen, körperlich gezüchtigt werden! Ja, es iſt dies ſogar die Pflicht des Bürgers, deren Verſäumnis er mit der öffentlichen Rüge büßt, daß er „das Geſetz verraten.“[3]) Wer vollends im Waren= verkauf betrügt, z. B. verfälſchte Waren verkauft, ſoll nicht nur derſelben verluſtig gehen, ſondern auch für jede Drachme des ge= forderten Preiſes vom Herold auf öffentlichem Markt einen Geißel= hieß erhalten, nachdem vorher der Grund der Beſtrafung von dem= ſelben öffentlich verkündet werden.[4])

Harte Strafe trifft auch den Kontraktbruch. Der Lohn= handwerker,[5]) der Arbeiter, der die ausbedungene Arbeit nicht leiſtet, der Gewerbsmann, der die beſtellte Ware böswilliger Weiſe nicht zur verabredeten Zeit liefert, hat dem Beſteller nicht nur den vollen Wert der Arbeitsleiſtung oder der Ware zu entrichten, ſondern ſie überdies in der vorher ausbedungenen Zeit unentgeltlich zu liefern.[6]) Andererſeits ſoll auch der Beſteller, der für geleiſtete Arbeit nicht zur beſtimmten Zeit den verſprochenen Lohn oder Preis zahlt, den doppelten Betrag desſelben ſchuldig ſein, und wenn er die Zahlung über ein Jahr anſtehen läßt, ſoll er überdies monatlich

---

[1]) 917b.
[2]) 917c.
[3]) Ebd.
[4]) 917d.
[5]) Das Handwerk iſt für dieſe ganze Auffaſſungsweiſe offenbar mehr Lohnhandwerk als Waren verkaufendes Handwerk.
[6]) 921b.

von jeder Drachme einen Obolus (1/6) also jährlich 200% als Zins bezahlen, trotz des sonst geltenden Grundsatzes der Zinslosigkeit aller Schuldkapitalien.[1]

Auch die Religion wird angerufen, um die Zwecke dieser Ge=setzgebung zu erreichen. Es wird ein großer Nachdruck darauf ge=legt, daß das Gewerbe unter der Obhut der Götter steht, des Hephästus und der Athene, in welchen besonders die Metalltechnik und die Gewebeindustrie ihre Patrone verehrt. Sie erscheinen ge=wissermaßen als die Ahnherren aller Gewerke, und daher die einzelnen Gewerksgenossen naturgemäß bestrebt, ihnen durch gesetzwidrige Handlungen keine Schande zu machen.[2]

3.
Die Lebensordnung des Bürgerstandes.

Wie Plato auf dem gesamten Gebiete der materiellen Interessen und des wirtschaftlichen Daseins dem individuellen Leben und Streben seine Bahnen vorschreibt und seine Ziele setzt, so soll auch auf allen anderen Lebensgebieten, welche für die Erreichung der Staatszwecke irgend in Betracht kommen, der einzelne Bürger der beständigen Zucht und Leitung des Staates unterworfen sein. Gegenüber dem individualistischen Freiheitsprinzip der Demokratie mit seiner einseitigen Betonung „der Freiheit des individuellen Denkens und Handelns"[3] wird hier ebenso einseitig das Ordnungs=prinzip bis in seine äußersten Konsequenzen zur Geltung gebracht. Was Perikles in der Lobrede auf die Demokratie als einen ihrer größten Vorzüge gepriesen, daß sie unbeschadet der Gesetzlichkeit und Sittlichkeit der Bürger alle „lästige" staatliche Einmischung in das Privatleben und den Privatverkehr unterlassen könne,[4] das wird

---

[1] 921 c.

[2] 920 e: οἷς (δημιουργοῖς) δὴ περὶ τὰ τοιαῦτα οὐ πρέπον ἂν εἴη ψεύδεσθαι, θεοὺς προγόνους αὐτῶν αἰδουμένους.

[3] liberty of individual thought and action, liberty and diversity of individual life, wie der moderne Geschichtschreiber der hellenischen Demo=kratie dies ihr Prinzip bezeichnet.

[4] Thukydides II, 37.

hier ohne weiteres als eine Illusion bezeichnet. Wenn man der
Ansicht sei, daß das Gesetz das Verhalten der Einzelnen nur so=
weit zu regeln habe, als Fragen des öffentlichen Rechtes und des
sozialen Zusammenlebens in Betracht kämen, daß es dagegen für
das Privatleben „nicht einmal der aller bringendsten Gesetze bedürfe“,
so sei das ein Irrtum. Das Gesetz könne nie darauf rechnen,
daß der Einzelne in seinem politischen und sozialen Verhalten allen
Anforderungen gerecht werden würde, wenn es nicht gleichzeitig
auch das Leben des Individuums einer systematischen Ordnung
unterwerfe, welche Niemandem gestattet, „seine Tage nach Belieben
zu verbringen“.[1]

Darin liegt nach Platos Ansicht kein ungerechtfertigter Zwang
— auch der Gesetzesstaat soll ja ein wahrhaft freier Staat sein[2]
— vielmehr ist nur so der Anspruch Aller auf die Erreichung des
höchstmöglichen Glückes durch den Staat realisierbar.[3] Sollen sie
durch den Staat glücklich werden, so müssen sie, da die Vorbedin=
gung alles Glückes die Tugend ist, sich auch vom Staate zur Sittlichkeit
erziehen lassen.[4] Daher erscheint auch die Hoffnung berechtigt, daß der
Einzelne in richtiger Erkenntnis der Notwendigkeit und des Segens
solcher Regelung des individuellen Lebens dem Gesetze willig gehorchen
und dabei als Privatmann, wie als Bürger sich glücklich
fühlen wird.[5] Das Gesetz selbst sucht diese richtige Erkenntnis auf alle

---

[1] 780a: ὅστις δὴ διανοεῖται πόλεσιν ἀποφαίνεσθαι νόμους, πῇ τὰ
δημόσια καὶ κοινὰ αὐτοὺς χρὴ ζῆν πράττοντας, τῶν δὲ ἰδίων ὅσον ἀνάγκη
μηδὲ οἴεται δεῖν, ἐξουσίαν δὲ ἑκάστοις εἶναι τὴν ἡμέραν ζῆν ὅπως ἂν
ἐθέλῃ, καὶ μὴ πάντα διὰ τάξεως δεῖν γίγνεσθαι, προέμενος δὲ τὰ
ἴδια ἀνομοθέτητα ἡγεῖται τά γε κοινὰ καὶ δημόσια ἐθελήσειν αὐτοὺς ζῆν
διὰ νόμων, οὐκ ὀρθῶς διανοεῖται.

[2] 693b: πόλιν ἐλευθέραν τε εἶναι δεῖ. Vgl. 719—723 und
857e. Die Gesetze sind für Freie!

[3] Vgl. die Proklamierung des Glücksprinzips als Grundmotiv der
Gesetzgebung 742de und 743c. Ἡμῖν δὲ ἡ τῶν νόμων ὑπόθεσις ἐνταῦθα
ἔβλεπεν, ὅπως ὡς εὐδαιμονέστατοι ἔσονται καὶ ὅ τι μάλιστα ἀλλήλοις
φίλοι (οἱ πολῖται).

[4] 742de.

[5] 790b: τὰ τῶν δεσποτῶν τε καὶ ἐλευθέρων ἐν ταῖς πόλεσιν ἤθη

Weise zu fördern, indem es in der liebevollen und verständigen
Art eines Vaters oder einer Mutter zu den Bürgern spricht, nicht
im Tone eines Despoten, der schlechtweg drohende Befehle gibt,
die er einfach an der Mauer anschlagen läßt, ohne irgend etwas
dazu zu thun, um ihnen gütlich Eingang zu schaffen.[1] In Platos
Staat wirkt die Gesetzgebung selbst aufklärend und erziehend, indem
den Gesetzen eine Einleitung vorausgeschickt wird, welche durch
ausführliche Darlegung der Motive von Gebot und Verbot Geist
und Gemüt empfänglich und willig macht.[2]

Überhaupt verbreitet sich die Gesetzgebung, wie sie Plato im
Auge hat, über vieles, „was mehr auf Belehrung und Ermahnung
hinausläuft, als wirklichen Gesetzen ähnlich sieht.“ — Es kommen
eben im Privatleben und im Innern des Hauses viele an sich ge-
ringfügige Dinge vor, für welche sich kein Gesetz mit Strafandrohung
geben läßt, welche aber bei völligem Gehenlassen in den Sitten
der Bürger leicht Abweichungen von dem allgemeinen Geist der
Gesetzgebung erzeugen können. Hier, wo der Zwang versagt, aber
auch „völliges Schweigen unmöglich ist“, muß der Gesetzgeber
wenigstens durch Lehre und Ermahnung der Volkssitte die Richtung
zu geben suchen, welche seinen Intentionen entspricht.[3]

Die Einwirkung des Staates auf das Einzelleben beginnt
bereits lange vor der Geburt. Im Interesse der staatlichen Gemeinschaft, wie der künftigen Bürger selbst wird mit allen Mitteln
darauf hingearbeitet, daß möglichst solche Ehen geschlossen werden,
welche die Erzeugung einer physisch und geistig tüchtigen Nachkommenschaft verbürgen. Da dieser Zweck der Ehe leicht dadurch

---

τάχ' ἂν ἀκούσαντα εἰς σύννοιαν ἀφίκοιτ' ἂν τὴν ὀρθήν, ὅτι χωρὶς τῆς
ἰδίας διοικήσεως ἐν ταῖς πόλεσιν ὀρθῆς γιγνομένης μάτην ἂν τὰ κοινά
τις οἴοιτο ἕξειν τινὰ βεβαιότητα θέσεως νόμων, καὶ ταῦτα ἐννοῶν αὐτὸς
νόμοις ἂν τοῖς νῦν ῥηθεῖσι χρῷτο, καὶ χρώμενος εὖ τήν τε οἰκίαν καὶ
πόλιν ἅμα τὴν αἑτοῦ διοικῶν εὐδαιμονοῖ.

[1] 859a.
[2] 720a. 722b. 857e.
[3] 788a f.

gefährdet wird, daß in Folge ungenügender gegenseitiger Bekannt=
schaft der eine Ehegatte über die Eigenschaften des anderen in
einer Täuschung befangen ist, so soll der heranwachsenden Jugend
vor allem Gelegenheit gegeben werden „zu schauen und geschaut
zu werden." Zahlreiche religiöse Feste, die zugleich dazu dienen,
daß die Bürger mit einander näher bekannt und befreundet wer=
den,¹) öffentliche Spiele, bei denen Jünglinge und Mädchen in
Reigentänzen auftreten, erleichtern es dem jungen Bürger „ein
Mädchen nach seinem Sinn zu finden, von dem er sich für die
Erzeugung und gemeinschaftliche Auferziehung von Kindern Gutes
verspricht."²)

Bevor er aber wählt, kommt ihm wiederum die staatliche
Fürsorge zur Hilfe, indem er durch die Einleitung in das Ehe=
recht systematisch darüber belehrt wird, wie er eine geeignete Ge=
fährtin zu suchen habe. — „Mein Sohn", sagt das Gesetz „du
mußt eine Ehe schließen, welche auf den Beifall verständiger Leute
rechnen darf; und diese werden dir raten, der Verbindung mit
einer ärmeren Familie nicht aus dem Wege zu gehen, ja unter
übrigens gleichen Verhältnissen gerade einer solchen Verbindung stets
der Verschwägerung mit dem Reichtum den Vorzug zu geben.
Das wird sowohl dem Staate, wie den betreffenden Familien selbst
zum Heile gereichen. Denn es liegt im Sinne der Gleichheit und
Mäßigung und damit auch der Tugend." — Ferner ist im Interesse
einer harmonischen psychischen Konstitution der Kinder auch auf eine
richtige Mischung der Temperamente zu sehen, indem möglichst die
entgegengesetzten Charaktere den Ehebund schließen. Überhaupt hat
der leitende Gedanke bei der Eheschließung der zu sein, daß Jeder
die für den Staat erfprießlichste, nicht die ihm selbst am meisten
zusagende Wahl treffe.³)

Wieweit freilich der Einzelne diesen Direktiven folgen will,

---

¹) 738c.
²) 771e. 772d.
³) 773b: καὶ κατὰ παντὸς εἷς ἔστω μῦθος γάμου· τὸν γὰρ τῇ πόλει
δεῖ συμφέροντα μνηστεύειν γάμον ἕκαστον, οὐ τὸν ἥδιστον αὑτῷ.

liegt in seiner Hand. Denn „es würde nicht bloß lächerlich sein, sondern auch bei Vielen nur Unwillen erregen, wenn das Gesetz ausdrücklich vorschreiben wollte, daß die Vermögenderen und Mächtigeren nicht wieder die Töchter von ihresgleichen freien, oder daß Männer von leidenschaftlichem Naturell sich nur nach Frauen von ruhiger Gemütsart und ruhigere Männer nur nach lebhaften Frauen umsehen dürfen."[1]

Wo dagegen die Regelung durch den Staat keine Schwierigkeit zu haben scheint, da tritt sie auch ein. Dies gilt zunächst für die Zeit der Eheschließung. Die in die Ehe Tretenden solln einerseits eine gewisse Reife erlangt haben, andererseits aber auch nicht zu alt sein. Der Staat gestattet daher keinem Bürger die Ehe vor dem 25. Lebensjahre[2] und läßt ebensowenig zu, daß die Ehe später, als mit 35 Jahren geschlossen wird.[3]

Was das eheliche Leben selbst betrifft, so verzichtet zwar der Staat so lange, als der Durchschnittsstand der allgemeinen Volks-

---

[1] 773 bc.

[2] 772 d vgl. 785 b, wo allerdings im Widerspruch damit das 30.—35. Jahr als Zeit für die Eheschließung festgesetzt wird. Für das Mädchen wird hier das 16.—20. Jahr, an einer anderen Stelle (833 d) das 18.—20. bestimmt. Ja es findet sich sogar völlig abweichend davon im Erbtöchterrecht die Bestimmung, daß die Angemessenheit des Alters zum Heiraten von dem Richter beurteilt werden soll, der zu dem Zweck die Jünglinge ganz nackt, die Mädchen bis zum Nabel entblößt besichtigen darf. (925 a). Eine Vorschrift, die übrigens in den geschichtlichen Rechten des Altertums nicht ohne Analogie ist.

Es kann sich hier nur darum handeln, diese Widersprüche zu konstatieren. Inwieweit sie auf Plato selbst und die Unfertigkeit seines Werkes oder auf Interpolation zurückzuführen sind, läßt sich nicht entscheiden. Überhaupt können Fragen, wie die der Komposition der „Gesetze" in einer Geschichte des Sozialismus nicht erörtert werden.

[3] Es soll übrigens damit zugleich die Ehelosigkeit bekämpft werden. Empfindliche, jährlich sich wiederholende Geldstrafen treffen jeden, der nach seinem 35. Jahre noch nicht verheirathet ist. „Er soll nicht glauben, das ledige Leben bringe ihm Ersparnis und Bequemlichkeit. 721 b f. Die an den Tempelschatz der Hera zu zahlenden Strafgelder betragen 30, 60, 70, 100 Drachmen je nach der Steuerklasse. 774 a.

sittlichkeit ein befriedigender ist, auf ein unmittelbares Eingreifen; er „läßt die Sache stillschweigend auf sich beruhen und gibt kein Gesetz darüber." Nur Belehrungen, „wie sie Kinder zu zeugen haben," werden den jungen Eheleuten zu teil. Zeigen sich aber infolge dieses Gewährenlassens Mißstände und fruchten die Beleh= rungen nichts, so scheut er auch nicht vor der weitgehendsten Be= vormundung zurück. Die Ehe wird dann unter strenge öffentliche Kontrolle gestellt, die vor allem darauf zu sehen hat, daß ihr Zweck auch wirklich erreicht wird. Diese Kontrolle liegt in der Hand von Matronen, die von der Regierung als „Aufseherinnen über die Ehen" (κύριαι τῶν γάμων) bestellt sind.[1]) Dieselben versam= meln sich alltäglich im Heiligtum der Geburtsgöttin, der Eileithyia (Juno Lucina), um sich gegenseitig Mitteilung zu machen, wenn eine von ihnen „einen Ehemann oder eine Ehefrau in den zur Zeugung bestimmten Jahren entdeckt hat, die ihr Augenmerk auf etwas anderes richten, als auf das, was ihnen unter hochzeitlichen Opfern und heiligen Handlungen geboten wurde." Um das zu verhüten, der „Unerfahrenheit und etwaigen Fehltritten der jungen Eheleute zu steuern", haben die Aufseherinnen das Recht und die Pflicht, dieselben in ihrer Wohnung zu besuchen und durch gütliches Zureden oder durch Drohungen auf den rechten Weg zu führen. Gelingt ihnen das nicht, so wenden sie sich an die oberste Regierungs= behörde, die sogenannten Gesetzesbewahrer; und wenn auch diese nichts erreichen, erfolgt Anklage vor dem Volksgericht, die im Falle der Verurteilung zur Aberkennung gewisser bürgerlicher Ehrenrechte führt.[2]) Eine Strafe, die da, wo offenkundiger, zum öffentlichen

---

[1]) 794 b.

[2]) Der schuldige Mann darf sich an keiner Hochzeit und keinen Opfer= festen beteiligen, welche zur Feier der Geburt von Kindern stattfinden; und wenn er es dennoch thut, kann ihn jeder körperlich züchtigen! Dasselbe Verbot trifft die schuldige Frau, die außerdem auch an keinem Festaufzug der Frauen oder sonstigen Auszeichnungen ihres Geschlechtes mehr teilnehmen darf. 784 d. Ist die Konkubine eine Sklavin, so wird sie samt ihrem Kinde ins Ausland verschickt. 930 e. Am liebsten würde freilich Plato jeden, auch den geheimen Ehebruch strafrechtlich verfolgen. 844 d.

Ärgernis gewordener Konkubinat oder widernatürliche Laster vorliegen, zu völliger Ehrloserklärung gesteigert werden kann.[1]

Diese Beaufsichtigung der Ehe dauert zehn Jahre, worauf diejenigen, welche kinderlos geblieben sind, geschieden werden![2] Aber auch damit ist das Einmischungsrecht des Staates nicht erschöpft. Der Wittwer z. B., der Söhne und Töchter hat, muß es sich gefallen lassen, daß ihn das Gesetz zwar nicht zwingt, aber ihm doch bringend empfiehlt, seinen Kindern keine Stiefmutter zu geben. Ist er dagegen kinderlos, so wird er geradezu genötigt, sich wieder zu verehelichen, „bis er für sein Haus und den Staat eine hinlängliche Anzahl von Kindern gezeugt hat," d. h. mindestens einen Knaben und ein Mädchen. Stirbt der Mann mit Hinterlassung dieser Kinderzahl, so soll die Mutter verpflichtet sein, Wittwe zu bleiben und ihre Kinder aufzuziehen. Nur wenn sie noch zu jung ist, um ohne Gefahr für ihre Tugend ehelos leben zu können, sollen die Angehörigen in gemeinschaftlicher Beratung mit den Aufseherinnen der Ehen „mit ihr verfahren, wie es ihnen am besten scheint". Dasselbe hat „zum Zweck der erforderlichen Kindererzeugung" zu geschehen für den Fall, daß die Ehe kinderlos war.[3]

Natürlich tritt die staatliche Fürsorge, die sich bereits der ungeborenen Generation angenommen, nach der Geburt in erhöhtem Maße ein. Wenn auch der Gesetzgeber, „um nicht zum Gelächter zu werden" darauf verzichtet, das häusliche Leben durch gesetzliche Vorschriften über das Verhalten der Mütter, die Pflege der Neugeborenen u. s. w. zu meistern und auf Schritt und Tritt mit Strafen zu bedrohen,[4] so sorgt er doch durch systematische öffentliche Belehrung und Aufklärung über die rationellste leibliche und psychische Behandlung der Kinder dafür, daß sich in dieser Hinsicht vernünftige freiwillig befolgte Sitten herausbilden.[5]

---

[1] 841e.

[2] 784b.

[3] 930b ff.

[4] 788a. 790a.

[5] Plato verschmäht es nicht, selbst solche Anweisungen zu geben. 789d ff.

Auch tritt der häuslichen Erziehung so bald als nur immer
möglich die öffentliche zur Seite. Eine Öffentlichkeit, die zugleich
von Anfang an eine besondere Steigerung dadurch erhält, daß —
ähnlich wie in Sparta — alle Bürger zur Mitwirkung an der
Jugenderziehung berufen werden, indem jeder nicht nur berechtigt,
sondern sogar bei eigener schwerer Verantwortung verpflichtet ist,
Vergehen der Kinder auf der Stelle durch körperliche Züchtigung
zu ahnden.

Das erste Stadium des staatlichen Erziehungssystems bildet
der Kindergarten. Vom vollendeten dritten bis zum vollendeten
sechsten Jahre haben sich die Kinder jedes Gemeindebezirkes, Knaben
und Mädchen, in Begleitung ihrer Wärterinnen alltäglich bei den
Gotteshäusern auf gemeinsamen Spielplätzen zu versammeln, welche
unter der sorgfältigen Obhut öffentlicher Aufseherinnen stehen.[1]
Mit dem sechsten Jahre beginnt dann der systematische Unterricht
in den beiden Hauptzweigen der Jugendbildung: Gymnastik und
Musik, und zwar für beide Geschlechter getrennt, obgleich Plato
auch hier daran festhält, daß das weibliche Geschlecht an der Bil=
dung und Beschäftigung des männlichen möglichst Anteil haben
soll[2] und daher auch die Mädchen, die sich irgend dazu anlassen,
im Reiten, Bogen=, Speer=, Schleuderschießen, in jeder Art von
Waffentanz und Kampfspiel unterrichtet werden sollen,[3] damit die
Kraft des Staates sich verdopple. — Die Schulen sind durchweg
Staatsschulen, die Lehrer vom Staat besoldet und der Besuch für
Alle ein obligatorischer. Denn, „da die Kinder mehr dem Staate
als ihren Eltern angehören", darf sie der Staat zwingen, sich
möglichst diejenige Bildung anzueignen, die er für notwendig hält,
und kann es nicht etwa dem Vater freistellen, seine Kinder die

---

[1] 794b.

[2] 805c: τὸ δ' ἡμέτερον διακέλευμα ἐν τούτοις οὐκ ἀποσβήσεται τὸ
μὴ οὐ λέγειν, ὡς δεῖ παιδείας τε καὶ τῶν ἄλλων ὅ τι μάλιστα κοινωνεῖν
τὸ θῆλυ γένος ἡμῖν τῷ τῶν ἀρρένων γένει.

[3] 794d. Sehr bezeichnend ist dabei der Hinweis auf das Beispiel
gewisser Naturvölker, wie der Sauromaten 804e.

Schule besuchen zu lassen oder nicht und sie so ohne die hier mit-
geteilte Bildung aufwachsen zu lassen.[1]

Was den Inhalt dieser Bildung selbst betrifft, so geben zunächst die Spiele und die den Leibesübungen gewidmeten Kurse
Gelegenheit, die Kinder mit den nötigsten Zahlen- und Raumver-
hältnissen spielend vertraut zu machen. Erst im zehnten Jahre
beginnt der systematische Unterricht im Lesen und Schreiben (den
sogen. γράμματα) und im Auswendiglernen von geeigneten Lese-
stücken in Poesie und Prosa.[2] Daran reiht sich dann vom 13.
bis 16. Jahre die im engeren Sinn musische Unterweisung in
Zitherspiel und Gesang, und — wahrscheinlich in derselben Zeit —
die Orchestik, die durch die Verbindung mit Poesie und Musik in
der chorischen Lyrik zugleich zu einem wertvollen ethischen Erziehungs-
mittel wird.[3] Weitere Gegenstände des Unterrichtes sind Arithmetik,
Geometrie und Astronomie, welch' letztere Disziplinen allerdings
nur von den Begabtesten in besonderen Kursen eingehender betrieben
werden, während sich die große Mehrheit mit den für das praktische Leben unentbehrlichen Elementen begnügt.[4]

Den wichtigsten Lehrstoff aber bilden die Schriften des Gesetzgebers selbst, die — „nicht ohne einen Anhauch göttlicher Begeisterung" geschaffen[5] — den sichersten Prüfstein für die Beurteilung
aller Fragen des Lebens darbieten.[6] Denn diese Schriften enthalten nicht bloß Gesetzgebung im eigentlichen Sinne des Wortes,

---

[1] Vgl. die berühmte Formulierung des Prinzips der allgemeinen
Schulpflicht 804 d: ἐν δὲ τούτοις πᾶσι διδασκάλους ἑκάστων πεπεισμένους
μισθοῖς οἰκοῦντας ξένους [δεῖ?] διδάσκειν τε πάντα ὅσα πρὸς τὸν πόλεμόν
ἐστι μαθήματα τοὺς φοιτῶντας ὅσα τε πρὸς μουσικήν, οὐχ ὃν μὲν ἂν
ὁ πατὴρ βούληται, φοιτῶντα, ὃν δ' ἂν μή, ἐῶντα τὰς παιδείας, ἀλλὰ
τὸ λεγόμενον πάντ' ἄνδρα καὶ παῖδα κατὰ τὸ δυνατόν, ὡς τῆς πόλεως
μᾶλλον ἤ τῶν γεννητόρων ὄντας, παιδευτέον ἐξ ἀνάγκης.

[2] 809 e—812 b.

[3] 795 d f., 812 b—813 a. 814 d f.

[4] 817 e ff.

[5] 811 c.

[6] 957 d.

sondern zugleich eine ganze Ethik, indem der Gesetzgeber „alles, was er für löblich oder tadelnswert hält — wenn auch nicht in der Form gesetzlicher Bestimmungen — mit in seine Gesetze ver= webt, auf daß es der gute Bürger nicht minder treu beobachte als das, was das Gesetz unter Androhung von Strafe befiehlt." [1] Hier wird dem heranwachsenden Knaben und Jüngling ausführlich dar= gelegt, „wie man sich gegen Verwandte und Freunde, Mitbürger und Fremde zu verhalten habe, um sich so nach der Anleitung des Gesetzes das eigene Leben möglichst erfreulich und schön zu gestalten." [2] Insbesondere sind es die in poetischer Prosa abge= faßten [3] ethischen Einleitungen in die Gesetze, welche diese Beleh= rung enthalten und welche daher die Schüler bei diesem Unterricht in der Gesetzeskunde vor allem ihrem Gedächtnis einzuprägen haben.

Die Grundnorm dieses von Staats wegen aufgestellten Systems der Ethik ist wie in der Politie die Lehre von der Koinzidenz der Tugend und Glückseligkeit, von deren Wahrheit der Gesetzgeber „mit allen Mitteln durch Gewöhnung, Lobsprüche und Gründe überzeugen soll." Dabei wird, ebenfalls wie in der Politie, die Bemerkung hinzugefügt, daß selbst dann, wenn dieser ethische Satz nicht richtig wäre, der Gesetzgeber an ihm festhalten müßte und „sich wohl erkühnen dürfe, zur Beförderung der Tugend gegenüber den Jünglingen eine Lüge auszusprechen. Denn er könnte schwer= lich eine ersinnen, welche nützlicher als diese wäre und mehr als sie zu bewirken vermöchte, daß man nicht gezwungen, sondern frei= willig das Rechte thut." [4] Plato erinnert dabei an die Kadmos= sage, die trotz ihrer Unwahrscheinlichkeit Glauben gefunden habe.

---

[1] 823 a.

[2] 718 a: — τὸν ἑαυτοῦ βίον φαιδρυνάμενον κατὰ νόμον κοσμεῖν κτλ.

[3] Es wird von ihnen in ähnlichen Ausdrücken gesprochen, wie von Hymnen und anderen Gesängen oder von Zaubersprüchen. Die „Überredung" durch das Gesetz ist ein ἐπᾴδειν 773 d. Vgl. 854 c: ταῦτα ἡμῶν ᾀδόντων προοίμια τοῖς πάντα ταῦτα ἐπινοοῦσιν κτλ. — 903 b: ἐπῳδῶν γε μὴν προσδεῖσθαί μοι δοκεῖ μύθων ἔτι τινῶν.

[4] 673 d.

„Der beste Beweis dafür, daß es dem Gesetzgeber schon gelingen
werde, die Gemüter der Jugend von allem zu überzeugen,
was er will!"[1]

Wie lange dieser Unterricht dauert, wird nicht bemerkt.
Aber in gewissem Sinne kann man sagen, daß die musische Erziehung der Bürger, wie die Erziehung überhaupt, niemals gänzlich aufhört.[2] Der Gesetzgeber „soll jedes nur erdenkliche Mittel
ausfindig zu machen suchen, das in irgend einer Art dazu dient,
daß die ganze Bürgergemeinde über das vom Gesetzgeber Gehörte
ihr ganzes Leben hindurch in Lied, Sage und Rede stets dieselbe
Sprache führe." Insbesondere dienen die allezeit mit Lust gesungenen Lieder dazu, daß sich gegenseitig „Alt und Jung, Freier
und Sklave, Mann und Weib, kurz das ganze Volk dem ganzen
Volk ohn' Unterlaß die besprochenen Grundsätze gleichsam wie
Zauberformeln in den verschiedenartigsten Variationen sozusagen
einfingt."[3]

Die ganze Bürgerschaft, Jung und Alt, wird in Chöre eingeteilt, deren Gesänge alle sittlichen Grundsätze, besonders die
„Hauptlehre", daß das angenehmste und das sittliche Leben nach
dem Ausspruch der Götter ein und dasselbe sei, den Bürgern schon
von zarter Kindheit an einsingen und gewissermaßen einzaubern
sollen.[4] Den Musen geweiht ist der Reigen der Knaben, der „mit
allem Eifer jene Lehren der ganzen Bürgerschaft vorzusingen hat;"
ihm folgt der Chor der Jünglinge, welcher Apoll zum Zeugen für
die Wahrheit des Vorgetragenen aufrufen und ihn anflehen soll,
daß er sie gnädig mit dem festen Glauben an diese Wahrheit erfüllen möge; und die Vollendung der ganzen Einrichtung stellt der
dionysische Chor dar, der aus den reifen Männern von 30—60
Jahren besteht und nur für diesen engeren Kreis, nicht für das
ganze Volk bestimmt ist.

[1] 663 e.
[2] 631 e.
[3] 665 c.
[4] 664 b.

Was die Greiſe betrifft, die ſich nicht mehr am Geſange be=
teiligen können, ſo ſollen ſie wenigſtens als „Sagenerzähler" am
Werke der Belehrung und Mahnung mitwirken. Sie ſind das
berufene Organ für jene Form der Pädagogik, welche die Prin=
zipien der Ethik im Gewande der Legende, der aus grauer Vorzeit
ſtammenden Überlieferung mitteilt, die als ſolche geradezu auf
göttlichen Urſprung zurückgeführt werden kann. [1]

Mit der Ausbildung von Geiſt und Gemüt geht Hand in
Hand die körperliche Schulung, der gymnaſtiſche Unterricht im
weiteſten Sinn, der mit dem 17. und 18. Jahre zugleich ein mehr
militäriſches Gepräge erhält. Mit dem 20. beginnt der eigentliche
Heerdienſt, der den Bürger während der ganzen Dauer der Dienſt=
pflicht bis zum 60. Lebensjahre in Anſpruch nimmt. Jeden Monat
finden mindeſtens einmal größere militäriſche Übungen und Feld=
manöver ſtatt, zu welchen die Bürger ſämtlich oder in einzelnen
Abteilungen einberufen werden. Denn wenn der Staat auch grund=
ſätzlich ein Staat des Friedens iſt, ſo iſt er doch eben um der
Erhaltung dieſes koſtbaren Gutes willen genötigt, ſeine Wehrkraft
auf das äußerſte anzuſpannen und ſie in der denkbar vollkommenſten
Weiſe auszubilden. [2]

Daher wird auch das weibliche Geſchlecht bis zu einem ge=
wiſſen Grad an den Übungen beteiligt und für den Krieg vor=
gebildet. Es gilt für ſchimpflich, wenn die Frauen vor dem an=
ſtürmenden Feind gleich zu den Altären und Tempeln flüchten,
feiger als das ſchwächſte Tier, das ſtets für ſeine Jungen zu käm=
pfen und zu ſterben bereit iſt. [3]

---

[1] 664 d: τοὺς δὲ μετὰ ταῦτα — οὐ γὰρ ἔτι δυνατοὶ φέρειν ᾠδάς —
μυθολόγους περὶ τῶν αὐτῶν ἠθῶν διὰ θείας φήμης καταλελεῖφθαι.

[2] 785 b. 829 a f.

[3] 814 a. Allerdings iſt dieſe Verpflichtung des weiblichen Geſchlechtes
— im Unterſchied vom Idealſtaat — nur eine ſubſidiäre. Sie tritt nur
in Ausnahmefällen ein, wenn z. B. die geſamte wehrfähige Bürgerſchaft ins
Feld rücken muß und zur Bewachung der Stadt nicht die nötigen Kräfte
vorhanden ſind. 813 e ff.

Von Interesse ist die Art und Weise, wie Plato diese An=
näherung der weiblichen Erziehung an die des männlichen Geschlechtes
motiviert. Das weibliche Geschlecht soll nicht die Sklavin des
Mannes sein, wie etwa bei den Thrakern und anderen kulturlosen
Völkern, bei denen die ganze Last des Ackerbaues und der Vieh=
zucht auf dem Weibe ruht. Es soll auch nicht auf das Haus=
regiment, auf Webstuhl und Wollarbeit beschränkt werden, wie bei
den Athenern. Selbst die freiere spartanische Sitte bleibt hinter
den höchsten Anforderungen zurück, so sehr es zu billigen ist, daß
sie die Mädchen an musischen und gymnastischen Übungen beteiligt,
das Weib von der Wollarbeit befreit und es in würdiger Thätig=
keit zur Genossin des Mannes macht, die am Dienste der Götter,
der Verwaltung des Hauses und der Erziehung der Kinder „man
darf wohl sagen, den halben Anteil hat.“ Es fehlt dem Weibe
selbst in Sparta noch vieles: Es hat nicht gelernt, wenn der Staat
in Gefahr ist, für Vaterland und Kinder zu kämpfen, in Gemein=
schaft mit den Männern gleich den Amazonen Bogen und Wurf=
geschoß kunstgerecht zu handhaben, noch auch Schild und Speer
nach dem Muster seiner Göttin zu ergreifen. Sauromatische Frauen
würden im Vergleich mit Spartanerinnen in der Stunde der Gefahr
wie Männer gegen Weiber erscheinen. Auch werden die Frauen
dadurch, daß der Staat im seltsamen Widerspruch mit seiner Für=
sorge für das männliche Geschlecht auf die gesetzliche Regelung
ihrer Lebensweise verzichtet, zu Aufwand und Zügellosigkeit ver=
führt. Dem Staate aber entgeht so die Hälfte des Glückes, welches
ihm zu teil würde, wenn die Bildung und die Thätigkeit des
weiblichen Geschlechtes der des Mannes möglichst gleichkäme.[1]

Die Äußerung über die Notwendigkeit einer staatlichen Regelung
der weiblichen Lebensweise führt uns über Erziehung und Unterricht
hinaus zum Leben des erwachsenen Bürgers, das – wie wir bereits
an dem Eherecht gesehen — ebenfalls einer systematischen Über=
wachung durch den Staat und die Öffentlichkeit unterliegen soll.[2]

---

[1] 805 c ff.
[2] Vgl. 631 e.

Die bedeutsame Thätigkeit, welche der Staat feinen Bürgern durch die Befreiung von wirtschaftlichen Sorgen und regelmäßiger wirtschaftlicher Arbeit ermöglicht und von ihnen fordert, setzt eine beständige Übung des Körpers und ein stetiges Fortschreiten in „Tugend" und Wissen voraus. Sie haben stets dessen eingedenk zu sein, daß sie „zur Arbeit geboren" sind.[1]) Der ganze Tag und die ganze Nacht — meint Plato — würde kaum ausreichen, um in der Erfüllung dieses Lebensberufes zur Vollendung und zu einem völlig befriedigenden Ziele zu gelangen.[2])

Daher muß das ganze Leben der Bürger einer strengen Ord= nung unterworfen werden, welche sie anweist, wie sie „die ganze Zeit — fast von einem Sonnenaufgang zum andern — tagtäglich verwenden" sollen.[3]) Zwar soll sich dabei der Gesetzgeber nicht auf eine kleinliche Regelung des Details einlassen, z. B. keine Verfügung darüber treffen, „wie weit etwa der Bürger, der un= abläffig und mit aller Sorgfalt für das Wohl des Staates zu wachen hat, seine nächtliche Ruhe verkürzen" müsse.[4]) Aber er legt doch einen Schimpf darauf, wenn etwa ein Bürger die ganze Nacht schlafend zubringen und sich nicht vor allem Hausgesinde stets als der Erste beim Aufstehen zeigen wollte, oder wenn die Hausfrau sich von ihren Dienerinnen wecken lassen wollte, statt selbst alle anderen zu wecken:[5]) Ein Schimpf, dessen zwingende Gewalt in diesem Staat gegenüber dem Einzelnen kaum schwächer

---

[1]) ἐπὶ τὸ πονεῖν γεγονότες. 779a.

[2]) 807a ff.

[3]) 807d: οὕτω δὴ τούτων πεφυκότων τάξιν δεῖ γίγνεσθαι πᾶσι τοῖς ἐλευθέροις τῆς διατριβῆς περὶ τὸν χρόνον ἅπαντα, σχεδὸν ἀρξάμενον ἐξ ἕω μέχρι τῆς ἑτέρας ἀεὶ ξυνεχῶς ἕω τε καὶ ἡλίου ἀνατολῆς.

[4]) 807e: πολλὰ μὲν οὖν καὶ πυκνὰ καὶ σμικρὰ λέγων ἄν τις νομο= θέτης ἀσχήμων φαίνοιτο περὶ τῶν κατ᾽ οἰκίαν διοικήσεων, τά τε ἄλλα καὶ ὅσα νύκτωρ ἀϋπνίας πέρι πρέπει τοῖς μέλλουσι διὰ τέλους φυλάξειν πᾶσαν πόλιν ἀκριβῶς.

[5]) Wenn, wie Plato vorschreibt, die Kinder schon mit dem Morgen= grauen zur Schule sollen (808c), so müssen auch die Erwachsenen frühzeitig an die Arbeit gehen.

wäre, als wenn an Stelle der durch den Gesetzgeber geheiligten Sitte das Gesetz selbst treten würde. Das „ganze Haus“, die Kinder, ja sogar Sklaven und Sklavinnen werden gegen die Zuwiderhandelnden zum Richter aufgerufen. Die engste Umgebung des Bürgers muß der Gemeinschaft behülflich sein, die Zucht der Gesinnung zu schaffen, die den Einzelnen ihrem Willen unbedingt unterwirft.[1]

Mit der ganzen Autorität des positiven Gesetzes vollends wird jene Öffentlichkeit des Lebens erzwungen, wie sie durch die Ausdehnung der Speisegenossenschaften auf Kinder und Frauen erreicht werden soll. Dieses tägliche Zusammensein ist für alle Bürger, für Mann und Weib, für Alt und Jung eine ununterbrochene soziale Schulung zur Pflege des Gemeinsinnes, zur Bekämpfung der Selbstsucht, überhaupt aller gesellschafts- und gleichheitswidrigen Instinkte, von Unmäßigkeit, Üppigkeit und Verschwendung.

Unterstützt wird diese Tendenz des Syssitienwesens durch eine strenge Luxusgesetzgebung. So wenig fröhliche Lust und heiterer Genuß in diesem Staate verpönt sein soll, der Staat behält sich doch vor, auch hier dem individuellen Belieben gewisse Schranken zu setzen. Über den Weingenuß z. B. enthält das Gesetz weitläufige Vorschriften. Er ist dem Soldaten im Felde, dem Beamten während seines Amtsjahres, dem Richter auf die Dauer seiner Funktionen schlechterdings verboten, ebenso Jedem, der in einer wichtigen Angelegenheit an einer beratenden Versammlung teilzunehmen hat. Ja bei Tage soll überhaupt Jedermann des Weines sich enthalten, wenn er ihn nicht zur Stärkung in Krankheit oder für Leibesübungen bedarf. Um diese Einschränkung des Weinkonsums zu erzwingen, setzt der Staat, wie der Produktion aller anderen Landeserzeugnisse, so auch dem Weinbau eine festbestimmte Grenze, er läßt nur den kleinsten Teil des Kulturbodens mit Reben bepflanzen.[2]

---

[1] 807 e.

[2] 674 c: ὥστε κατὰ τὸν λόγον τοῦτον οὐδ' ἀμπελώνων ἂν πολλῶν

34*

Hieher gehören auch die Bestimmungen über Hochzeiten und Begräbnisse. Bei ersteren sollen nur fünf Freunde des Bräutigams und fünf Freundinnen der Braut, sowie beiderseits ebensoviele Verwandte zugelassen werden. Der Aufwand, der dabei gemacht wird, soll bei der ersten Zensusklasse den Betrag einer Mine, bei der zweiten den einer halben Mine u. s. f. in absteigender Linie nicht überschreiten. Zuwiderhandelnde werden bestraft als solche, die „der Gesetze der hochzeitlichen Musen unkundig sind".[1] — Bei den Begräbnissen fungiert geradezu ein Vertreter des Staates, der von den Verwandten des Verstorbenen aus der Reihe der sogenannten Gesetzesbewahrer gewählt wird und welcher dafür verantwortlich ist, daß die ganze Leichenfeier in „maßvoller und löblicher" Weise vor sich geht. Dabei soll der gesamte Aufwand für ein Leichenbegängnis je nach der Zensusklasse nicht mehr als 5, bezw. 3, 2 und 1 Mine betragen. Der Grabhügel soll nicht höher aufgeworfen werden, als es fünf Männer in fünf Tagen vermögen, und der Grabstein soll nur so groß sein, als Raum nötig ist für ein kurzes

---

δέοι οὐδ᾽ ᾗτινι πόλει, τακτὰ δὲ τά τ᾽ ἄλλα ἂν εἴη γεωργήματα καὶ πᾶσα ἡ δίαιτα, καὶ δὴ τά γε περὶ οἶνον σχεδὸν ἁπάντων ἐμμετρότατα καὶ ὀλίγιστα γίγνοιτ᾽ ἄν. — Ich kann mich nicht entschließen, diese Ausführung über den Wein und die Rebenkultur Plato abzusprechen und dem Redaktor zuzuschreiben, wie es Bruns thut. (Platos „Gesetze" vor und nach ihrer Herausgabe durch Philipp von Opus S. 51.) Dagegen verzichte ich allerdings darauf, die sich durchaus widersprechenden, auf verschiedene Entwürfe beziehungsweise fremde Zusätze zurückzuführenden Satzungen über die Trinkvereine im ersten Buch und über den dionysischen Chor im zweiten (besonders 649a f. und 666a f.) für die Charakteristik des Gesetzesstaates zu verwerten. Einerseits handelt es sich hier um Fragen, von denen wir nicht wissen, wie sich Plato selbst ihre endgültige Lösung gedacht hat, andererseits enthalten sie kein neues charakteristisches Moment für die Geschichte des Sozialismus.

[1] 775a. Daran schließen sich Ermahnungen zur Mäßigkeit im Interesse der künftigen Generation, Vorschriften über Wohnsitz und Haushalt des jungen Paares, der von dem der Eltern und Verwandten getrennt sein soll. Eine Isolierung, von der Plato zugleich eine Steigerung der Verwandtenliebe erwartet. 776a.

Epigramm auf den Verstorbenen, das nicht mehr als vier Hexa=
meter enthalten darf.[1])

Wie schon aus dieser letzteren Bestimmung hervorgeht, er=
streckt sich die „sorgsame Aufsicht des Staates über jedes Lebens=
alter"[2]) nicht bloß auf die äußere materielle Seite des Lebens.
Alles, was auf das Gemüt zu wirken vermag, alle redenden und
bildenden Künste sollen sich vom Staate die Richtung vorschreiben
lassen, welche seinen Zwecken am besten zu entsprechen scheint.

Gleich bei der Begründung des Staates wird eine Kommis=
sion eingesetzt, — bestehend aus Männern über fünfzig Jahren, —
welche die bereits vorhandene poetische und musikalische Litteratur
einer strengen Sichtung unterwirft und alles den Prinzipien des
neuen Gemeinwesens Widerstreitende von demselben unbedingt aus=
schließt. Genügen die zugelassenen Dichter= und Tonwerke nicht,
um alle Anforderungen der musischen und choreutischen Erziehung,
sowie des Kultus zu befriedigen, so zieht die Kommission tüchtige
Musiker und Dichter hinzu, welche genau nach den Intentionen des
Gesetzgebers und unter möglichstem Verzicht auf eigene Neigungen
die nötigen Texte und Melodien zu liefern haben. Alles was dem
großen Haufen zusagt und den Sinnen schmeichelt, ist aus der hier
geduldeten Kunst unbedingt verbannt; nur mit der „maßvollen und
wohlgeregelten" Muse soll der Bürger Verkehr pflegen, mag sie auch
dem Ungebildeten frostig und reizlos erscheinen.[3])

---

[1]) 959 de. — Man soll sich nicht zu übermäßigem Aufwand durch
den Gedanken verführen lassen, daß „die Fleischmasse, die da begraben wird,
ein Anverwandter sei, sondern Jedermann soll denken, daß sein Sohn oder
Bruder oder wen er sonst mit Schmerzen zu bestatten scheint, in Wahrheit
vielmehr dahin gegangen ist, um sein Schicksal zu vollenden. Das was
jedem von uns sein Dasein verleiht und was er wirklich ist, das unsterbliche
Wesen, das Seele heißt, wandert zu den Göttern, um dort Rechenschaft ab=
zulegen, wobei ihm Niemand helfen kann. Der Dienst, den der Mensch dem
Toden erweist, gilt nur einem Schatten, einem Nichts. 959a ff. — Weitere
vielfach an das attische Recht sich anschließende Beschränkungen s. 960a.

[2]) 959 e.

[3]) 802a ff.

Nachdem so die „festen Typen" für alle Poesie und Kunst aufgestellt sind, tritt an die Stelle der außerordentlichen Kommission eine ständige Zensurbehörde, welche dafür zu sorgen hat, daß sich auch in Zukunft alles poetische und künstlerische Schaffen in den vorgezeichneten Bahnen bewege. Der Gesetzgeber kann dem Dichter keine Freiheit gewähren, weil derselbe kein genügendes Urteil darüber hat, was er dem Staate für Schaden bringen kann. „Wenn der Dichter auf dem Dreifuß der Muse sitzt, ist er nicht mehr bei vollem nüchternen Bewußtsein und läßt wie ein Quell ungehemmt hervorsprudeln, was da hervorsprudeln mag!"[1])

Das Hauptaugenmerk dieser Zensur ist darauf gerichtet, daß niemand in Wort oder Schrift von den ethischen Grundwahrheiten abweiche, auf die der Staat seine Existenz gründet. Der Dichter hat von seiner Darstellung alles ferne zu halten, was nicht vom Staate als gesetzlich und gerecht, als schön und gut anerkannt ist. Auch für die rein poetische Darstellung ist das Dogma von der Koinzidenz der Tugend und Glückseligkeit, des Gerechten und Nütz- lichen unbedingt Regel und Richtschnur. „So ziemlich die härteste Strafe trifft jeden, der es wagt, die Ansicht zu äußern, daß es Menschen geben könne, die ein unsittliches und doch dabei angeneh- mes Leben führen, oder daß das Gerechte nicht auch zugleich das Nützliche und Gewinnbringendste sei."[2]) Um solche moralische Ver- irrungen schon im Keime zu ersticken, müssen alle dichterischen Er- zeugnisse vor ihrer Veröffentlichung erst die Billigung der Zensur- behörde erlangt haben. Nicht einmal privatim dürfen sie vorher irgend jemand mitgeteilt werden.[3])

Überaus bezeichnend ist die Motivierung dieser Zensur, wie sie Plato in der Form einer Ansprache an den dramatischen Dichter gibt: „Wir selbst, — sagt der Gesetzgeber zu dem Fremdling, der um Erlaubnis zur Aufführung seiner Dramen bittet, — wir selbst sind Dichter eines Dramas, welches, soweit wir vermögen, das schönste und geeist werden soll. Unsere ganze staatliche Ordnung besteht ja in der Nachahmung des schönsten und besten Lebens, und eine solche soll eben nach unseren Begriffen das wahrhafte Drama sein. So sind wir denn beide Dichter in dem gleichen Fach und Ihr habt uns als Nebenbuhler in der Kunst und als Mitbewerber um den Preis des schönsten Dramas anzusehen, zu dessen Vollendung, wie wir hoffen, ihrer Natur nach allein die richtige Gesetzgebung ge= eignet ist. Wähnet daher nicht, daß es Euch jemals so ohne weiteres gestattet werden wird, Eure Schaubühne auf unserem Markte auf= zuschlagen und Eure Schauspieler, die mit ihren schönen Stimmen die unsrige übertönen würden, zu Knaben und Weibern und zum ganzen Volke reden und über dieselben Einrichtungen nicht die gleichen Ansichten, wie wir, verkünden zu lassen, sondern meistens gerade das Gegenteil. Denn wir und der ganze Staat müßten ja gänz= lich von Sinnen sein, wenn wir Euch dies alles gestatten und nicht vielmehr zuvor durch die Behörde prüfen ließen, ob ihr Schickliches gedacht habt und was sich ziemt, öffentlich vorgetragen zu werden. Darum, Ihr Söhne der schmeichelnden Musen, werden wir erst Eure Gesänge neben den unsrigen[1] den Häuptern unseres Staates zur Prüfung vorlegen und erst, wenn diese finden, daß die Eneren gleiche oder bessere Grundsätze enthalten, Euch einen Chor (zur Aufführung) bewilligen, im entgegengesetzten Falle aber nicht."[2]

Was hier über die Zensur der Tragödie gesagt wird, gilt natürlich in noch höherem Grade für die Komödie, die zudem einer ganz besonderen Beschränkung dadurch unterliegt, daß das Gesetz keinem Dichter oder Künstler gestattet, „sich in Wort oder Bild über einen Bürger lustig zu machen".[3]

Ähnliche strenge Normen gelten ferner für die musikalische

---

[1] D. h. den Gesetzen, die wegen ihrer poetisch=rhetorischen Redeweise mit Dichtungen verglichen werden.

[2] 817a f.

[3] 935e. Eine Ausnahme bilden nur die 829b f. erwähnten Fälle, wo das Spottlied im Dienste der Staatspädagogik offiziell zur Anwen= dung kommt.

Produktion ¹) und für die bildende Kunst. Wie jene alles zu ver=
meiden hat, was nur den Sinnen schmeichelt, so ist aus der bilden=
den Kunst alles verbannt, was nur dem Prunke dient oder allzu
großen Aufwand an Mühe und Kosten erfordert. Gold und Silber
ist auch in der Plastik unbedingt verpönt, ebenso alle Erzeugnisse
der Webekunst, an denen ein Weib länger als einen Monat zu
arbeiten hätte. Auch sollen — abgesehen vom Kriegsschmuck —
alle Gewede ungefärbt, einfach weiß sein, — die den Göttern an=
genehmste Farbe. — In Beziehung auf die Malerei wird wenig=
stens soviel bemerkt, daß die schönsten Geschenke für die Götter
solche Bilder sind, welche ein Maler an Einem Tag vollendet hat. (!)
Dazu kommen Verbote, welchen die verschiedenartigsten Motive zu
Grunde liegen. So soll Elfenbein nicht für die Plastik verwandt wer=
den, weil es von einem toten Leibe stamme, und daher auch nicht
für ein reines Weihgeschenk verwertbar sei. Eisen und Erz ist aus=
geschlossen, weil es für den Gebrauch des Krieges dient. Nur an
Holz und Stein hat der Bildhauer seine Kunst zu bethätigen. ²)

Allerdings gelten die meisten dieser Bestimmungen zunächst
nur für Kunstwerke, die in Tempel geweiht sind. Allein es wird
am Schlusse ausdrücklich hinzugefügt, daß „nach dem Vorbilde dieser
Weihgeschenke alles andere zu gestalten sei". ³)

Was die Musik betrifft, so wird die bloße Instrumentalmusik,
das Lied ohne Wort verpönt als eine „Gaukelei und Abirrung von
den Musen". Flöten= und Zitherspiel soll nur zur Begleitung des
Gesanges und Tanzes dienen, wie auch der letztere nur in Ver=
bindung mit jenem zugelassen wird. ⁴) Ohne die Verbindung mit
dem gesungenen Wort würde das, was die Tonkunst an ethischem
Inhalt zum Ausdruck bringen soll, den Hörern nicht zum klaren
Bewußtsein kommen.

Daß die „festen Typen", an welche so alle Kunstübung ge=

---

¹) 802e: ἀναγκαῖον δὴ καὶ τούτων τὰ σχήματά γε νομοθετεῖν.
²) 955a ff.
³) 956b: καὶ τἄλλα ἔστω κατὰ τὰ τοιαῦτα ἀναθήματα μεμιμημένα.
⁴) 669b.

bunden sein soll, notwendig zu einer völligen Stagnation alles künstlerischen Schaffens führen müßten, kümmert Plato nicht. Im Gegenteil! Es liegt ja geradezu in der Natur des Idealstaates, daß er eine eigentliche Entwicklung ausschließt; und so ist es nur konsequent,[1] wenn Plato in seinem doktrinären Eifer soweit geht, Ägypten als das Musterbeispiel ausgezeichneter Staatsklugheit zu rühmen, weil es weder Malern, noch Bildhauern, noch Musikern gestatte, „irgend welche Neuerungen zu machen und irgend etwas von den hergebrachten vaterländischen Sitten Abweichendes zu er-finden," so daß Gemälde und Statuen von heute ganz denen glichen, welche vor zehntausend Jahren entstanden seien![2]

Doch was will selbst das bedeuten gegen die Vergewaltigung der Geistesfreiheit, welche sich als die letzte und äußerste Konsequenz dieses Sozialismus herausstellt?

Wie wir sahen, war sich Plato sehr wohl dessen bewußt, daß, um mit Schopenhauer zu reden, Moral predigen leicht, Moral begründen schwer ist. Insbesondere hat er sich keiner Täuschung darüber hingegeben, daß wieder ganz besonders schwer vor dem natürlichen menschlichen Empfinden die Prinzipien der sozialen Ethik zu begründen sind, auf denen sich sein Staats= und Gesellschafts=ideal aufbaut. Alle möglichen Mittel der Belehrung und Über=redung werden vorgeschlagen, um Verstand und Herz der Bürger für diese Grundsätze zu gewinnen und trotzdem erscheinen sie ihm zur vollen Erreichung des Zieles nicht genügend! Er sieht sich

---

[1] Das verkennt Bergk, wenn er — im Anschluß an seine Hypothese von den in den Νόμοι angeblich enthaltenen Entwürfen zweier Staatsideale — die Überwachung der Dichter nur in der (dem besten Staat nächststehenden) sogen. „δευτέρα πόλις" für denkbar hält, während in der τρίτη πολιτεία" welche sich „möglichst der allgemeinen Sitte und dem Volksbewußtsein anzu=passen" suche, für diese Paradoxie kein Raum sei. („Platos Gesetze" in den „Fünf Abhandlungen zur Gesch. der griech. Philosophie und Astronomie" S. 85). — Eine so weitgehende Anpassung an das „Volksbewußtsein", an den „freien hellenischen Geist", wie sie hier Bergk voraussetzt, wäre für Plato mit dem Verzicht auf jedes Staatsideal gleichbedeutend gewesen.

[2] 656 e.

auch hier, wie in der Politie, mit logischer Notwendigkeit dazu ge=
drängt, die Beihilfe von Vorstellungen anzurufen, deren Heran=
ziehung im Grunde genommen den Verzicht auf die Möglichkeit einer
durchschlagenden Begründung der inneren Vortrefflichkeit seiner Ideale
bedeutete. Diese Vorstellungen liegen auf dem Gebiete der Religion,
die sich ja mit Platos Sozialphilosophie insoferne enge berührt, als
auch ihre Ideale wesentlich stabiler Natur sind, sich als ewige
Wahrheiten geben. Die religiöse Sanktion ist es, deren sich der
Gesetzgeber bedient, um seinen sittlichen und politischen Vorschriften
die volle Wirksamkeit im Wollen und Handeln seiner Bürger zu
sichern. Er sucht „die Bewahrheitung seines Prinzips in der Har=
monie desselben mit dem Höchsten, was der Mensch zu erkennen
oder zu ahnen vermag. Von dem bloßen System der Gesellschaft
wendet er sich der Gottheit zu.“[1]

Der Gesetzgeber ist sich einer besonderen göttlichen Führung
und Eingebung bewußt.[2] Er könnte mit Saint Simon sagen:
„Gott ist es, der zu mir geredet hat.“ Wenn er Zustimmung
findet, ist es wesentlich Gottes Werk.[3] Alle seine Satzungen und
die Institutionen seines Staates werden zu göttlichen Ordnungen[4]
und damit jeder Verstoß gegen sie zu einer Versündigung gegen
die Götter selbst.[5] Diese göttliche Sanktion des Staatsgesetzes
wäre aber illusorisch, wenn die Bürger den Glauben daran nicht

---

[1] L. v. Stein von St. Simon: Geschichte der sozialen Bewegung in
Frankreich II, 125.

[2] 682e. 722c.

[3] 662b.

[4] 762e.

[5] 634d wird das spartanisch=kretische Gesetz gerühmt, welches „allen
jungen Leuten verbietet, den Vorzügen oder Mängeln der bestehenden Ein=
richtungen nachzuforschen, ihnen dagegen befiehlt, wie mit Einer Stimme
und aus Einem Munde einhellig zu bekennen, daß Alles als göttliche
Satzung in bester Ordnung sei;“ — Ein Gesetz, welches nur den Greisen
gestattet, an dem Bestehenden etwas auszusetzen, und auch dies nur in der
Weise, daß sie solche Bemerkungen ausschließlich in Gegenwart eines der
obersten Magistrate und von Altersgenossen machen, nie vor Jüngeren.

teilen, wenn sie der Staatsreligion innerlich ferne stehen würden. Daher fordert der Staat geradezu den Glauben an die Religions= vorstellungen, welche durch ihn als die „richtigen" anerkannt sind. Seine Bürger sollen ein stets sich erneuerndes Geschlecht von „Dienern Gottes" sein.[1] Opferfeste und heilige Chöre sollen ihr ganzes Leben lang das wichtigste Geschäft für sie sein,[2] und so sehen wir auch hier den Sozialismus dem innersten Zuge seines Wesens fol= gend zur Religion werden. Ganz ähnliche Tendenzen machen sich bemerkbar, wie in der Theokratie Fichtes, in Saint Simons Nou= veau christianisme, in Robbertus' Kombination des weltlichen „utilitären" Prinzipes mit dem religiösen, in seiner Berufung „auf den Willen des Weltgeistes". Was dieser moderne Apostel der extremen Einheitsidee als notwendige Folgerung aus dem Sozial= prinzip proklamiert, die Staatskirche neben der Staatsschule, ist be= reits von der platonischen Sozialphilosophie als unabweisbare Konsequenz ihres Sozialismus gefordert worden.

Zwar wird auch hier nicht sofort mit der ganzen Schroffheit staatlichen Zwanges vorgegangen, sondern zunächst der mildere Weg freundlicher Belehrung versucht, wenigstens soweit es sich um Indivi= duen handelt, deren jugendliches Alter noch einen Wandel der Ge= sinnung erwarten läßt. „Mit Unterdrückung alles Zornes und in aller Sanftmut" soll der jugendliche Zweifler etwa in folgendem Sinne zurechtgewiesen werden: „Mein Sohn, Du bist noch jung und der Fortschritt der Zeit wird Dich lehren, über viele Dinge ganz anders, ja geradezu entgegengesetzt zu denken, wie im Augenblick. Warte also zu, bevor Du über das Allerwichtigste aburteilst. Denn das wichtigste unter allem ist, wie der Mensch in seinem Leben zu den Göttern steht. Eines aber verhehle ich Dir nicht, worin Du mich nicht als Lügner erfinden wirst. Du bist nicht der Erste und Einzige, der am Dasein der Götter zweifelt, sondern es sind ihrer stets mehr oder weniger, die von dieser Krankheit befallen sind.

---

[1] 773 e.
[2] 803 c.

Aber keiner noch ist jung gewesen und alt geworden, der bei dieser Leugnung beharrt wäre. (!) Wenn Du also mir folgen willst, so wartest Du ab, bis Du Dir ein zuverlässiges Urteil über diese Fragen gebildet haft, und denkst zu diesem Zweck erst genau darüber nach, wie sich die Sache verhält, und ziehst auch Andere und vor allem den Gesetzgeber zu Rate. Inzwischen aber erfreche Dich nicht, wider die Götter zu freveln."[1]

So soll der Gesetzgeber sich keine Mühe verdrießen lassen, alle Gründe aufzufinden, welche geeignet erscheinen, den Einzelnen auch nur einigermaßen zu überzeugen; er muß sozusagen „alle Töne anschlagen", um den Glauben an das Dasein der Götter und an die Wahrheit alles dessen, was er von ihnen aussagt, zu stützen.[2] In den Schriften des Gesetzgebers, besonders in den Vorreden zu den Gesetzen wider die „Gottlosigkeit" findet der Bürger eingehende religionsphilosophische und theologische Erörterungen, deren fleißige Lektüre ihm „Gelegenheit zu ruhiger Prüfung gibt."[3] Er lernt da, wie der Atheismus im Materialismus wurzle, dieser aber leicht als unhaltbar nachzuweisen sei.[4] Er findet ferner eine Widerlegung der staatsgefährlichen Irrlehre, daß es zwar Götter gäbe, diese aber um die menschlichen Angelegenheiten sich nicht kümmern,[5] — sowie des nicht minder gefährlichen Wahnglaubens, daß die Götter gegen das Unrecht keineswegs unerbittlich seien, sondern sich durch Opfer und Weihegaben zu Gunsten der Schlechten bestechen ließen.[6] Er wird endlich nachdrücklich darauf aufmerksam gemacht, daß des Menschen — vermöge seiner Unsterblichkeit — in einer jenseitigen Welt ein göttliches Gericht harrt, welches dem Guten herrlichen Lohn an einem paradiesischen Wohnsitz verheißt, den Sünder aber mit der Hinabstoßung

---

[1] 888 b f.
[2] 890 d.
[3] 891 a.
[4] 893 a— 899 d.
[5] 899 d—905 d.
[6] 905 d—907 a.

in jene unterirdische Hölle bedroht, welche „unter dem Namen des Hades und anderen verwandten Bezeichnungen ein gewaltiger Schrecken der Seelen ist im Wachen, wie im Traume, im Leben, wie nach der Ablösung von dem Leibe."[1] — „Du wirst, — hört er den Gesetzgeber sagen, — dem Walten der Götter niemals entrinnen und wärest Du noch so klein und verkröchest Dich in den Tiefen der Erde oder erhöbest Dich noch so hoch und schwängest Dich in den Himmel empor, Du wirst doch die verdiente Strafe erleiden müssen.[2].

Wie nun aber, wenn die theologische Argumentation des Gesetzgebers die überzeugende Kraft nicht bewährt, die er sich optimistisch genug von ihr verspricht? Wenn ein Anaxagoras, Empedokles oder Demokrit aufträte und Ansichten über die Natur der Himmelskörper, über die streng mechanische Gesetzmäßigkeit der Naturprozesse, über das Wesen der in der Natur wirkenden Kräfte aussspräche, welche jener Argumentation die stärksten Stützen entziehen würden und daher von dem Gesetzgeber ausdrücklich zurückgewiesen sind?[3] Wenn ein Protagoras dessen Beweise für das Dasein der Götter für nicht beweisend erklärt, wenn ein Aristoteles käme und behauptete, es mit dem Begriff von einem vollkommenen Leben nicht vereinbaren zu können, daß Gott — die reine Intelligenz — seine Thätigkeit über sich selbst hinaus auf die Welt richte; — wenn er seine Lehre vertreten sollte, daß alle besondere Gestaltung der Dinge sich nach den ihnen innewohnenden Gesetzen vollziehe und daher von einer überlegenen sittlichen Weltordnung und einer Vorsehung nicht die Rede sein könne? — Oder aber, wenn ein neuer Religionslehrer aufträte und dem Staatsdogma von dem unversöhnlichen „Rechtsbrauch" der Götter die Lehre entgegen halten würde, daß die Gottheit auch gegen den Sünder nicht unerbittlich sei? — Oder wenn der Verkünder einer rein menschlichen Ethik die Wirksamkeit der von dem Gesetzgeber zur Bändi-

[1] 904 c f.
[2] 905 a.
[3] Vgl. z. B. die Polemik 886 c f. und 889 b f.

gung gefahrbrohender Naturinstinkte für unentbehrlich angesehenen
religiösen Zuchtmittel dadurch gefährdet würde, daß er die Vor=
stellungen über Paradies und Hölle für Ausgeburten der religiösen
Phantasie erklärt?

Für sie alle ohne Unterschied, — selbst für Platos größten
Schüler — wäre in diesem Staate kein Raum! Wenn sich jemand
nicht auf gütlichem Wege von dem Dasein der Götter überzeugen
läßt und trotz aller Belehrung sich nicht dazu verstehen will, „die=
selben sich gerade so zu denken und vorzustellen, wie das Gesetz
es ihm gebietet,"[1]) so setzt er sich all den schlimmen Folgen aus,
mit welchen die harte Strafjustiz des Gesetzesstaates den Wider=
stand gegen das Gesetz bedroht. Die Gefahren, welche schon die
im bestehenden Staat geltenden Gesetze gegen „Asebie" für die Geistes=
freiheit enthielten, man erinnere sich nur an Anaxagoras, Prota=
goras, Sokrates, Aristoteles u. A.,[2]) — sie würden in diesem
Idealstaat in gewaltig verstärktem Maße wiederkehren. Nicht bloß
der frivole Spötter, welcher die Religion verächtlich macht, sondern
auch der ernste Denker, der bloß Ansichten äußert und verbreitet,
welche den Dogmen der Staatsreligion widerstreiten, wird wie ein
Verbrecher verfolgt.[3]) Alle, die solche Äußerungen hören, sind durch
das Gesetz zur Anzeige verpflichtet, welche eine öffentliche Anklage
vor dem Gerichtshof für Religionsfrevel nach sich zieht.[4]) Wird
der Angeklagte verurteilt, so wird er selbst in dem letzteren Falle,
„wenn er etwa nur — wie Plato sich ausdrückt — aus Unverstand
und nicht aus Bosheit des Herzens und Charakters dergestalt ge=
fallen ist", auf nicht weniger als fünf Jahre in das „Besserungs=

---

[1]) 890 b: ... εἰ μὴ φήσουσιν εἶναι θεοὺς καὶ διανοηθήσονται
δοξάζοντες τοιούτους οἵους φησὶν ὁ νόμος.

[2]) Vgl. Meier=Schömann: Der attische Prozeß (2) S. 370, wo aller=
dings mit Recht das wesentlich politische Motiv dieser Religions=Prozesse
betont wird.

[3]) Und das, obwohl Plato unbefangen genug ist, anzuerkennen, daß
auch der, welcher nicht an Götter glaube, eine natürliche Rechtschaffenheit
des Charakters besitzen könne! 908 b.

[4]) 907 d.

haus" (σωφρονιστήριον) eingeschlossen. Während dieser Zeit darf Niemand mit ihm verkehren, ausgenommen jene auf der Höhe philo=sophischer Bildung stehenden Männer, welche zugleich Mitglieder der höchsten staatlichen Körperschaft, des sogenannten nächtlichen Rates sind, und die durch Wissen und Autorität am meisten befähigt er=scheinen, ihn zu „bekehren und seine Seele zu retten."[1] Nach Ab=lauf der Haftzeit soll er, „wenn er Hoffnung gibt, daß er zur Vernunft gekommen sei, auch wieder unter den Vernünftigen wohnen. Wenn aber die Bekehrungsversuche fehlschlagen, soll ihm von neuem der Prozeß gemacht und die Todesstrafe über ihn verhängt werden (!!)

Doch nicht bloß der Unglaube, sondern auch das, was die Staatsreligion als Aberglaube brandmarkt, wird kriminell verfolgt: Zauberei aller Art, Totenbeschwörung, die sogenannte Magie der Gebete und Opfer u. dgl. m. Hier tritt an Stelle der Besserungs=anstalt — zumal wenn Betrug im Spiele ist — das Straf= oder Zuchthaus,[2] welches — in der ödesten und wildesten Gegend des Landes gelegen — „schon durch seinen Namen den schimpflichen Charakter bezeichnen und einen heiligen Schauder einflößen soll."[3]

Endlich wird, um diesen und anderen Verirrungen des reli=giösen Lebens von vorneherein vorzubeugen und die Entstehung von Privatreligionen neben der Staatsreligion zu verhindern, jeder andere Kult außer den öffentlichen verboten. Niemand darf in seinem Hause besondere Heiligtümer oder Privatkapellen haben, Niemand feierliche Opfer und Gebete anders als öffentlich und im Beisein der Priester verrichten.[4] Drängt das religiöse Bedürfnis den Einzelnen zur Stiftung neuer Kulte oder Heiligtümer, so sollen jene in die öffentlichen Tempel verpflanzt, diese zu öffentlichen

---

[1] ἐπὶ νουθετήσει τε καὶ τῇ τῆς ψυχῆς σωτηρίᾳ ὁμιλοῦντες heißt es von ihnen mit einer schon ganz an das Christentum erinnernden Termino=logie. 909 a.

[2] 909 b.

[3] 908 a.

[4] 909 d.

Heiligtümern erhoben werden, falls ihre Zulassung keinen Bedenken unterliegt.[1])

Allerdings räumt der Staat der von ihm anerkannten Religion dieses Monopol nur unter der Voraussetzung ein, daß sie selbst ihm und seinen Zwecken unbedingt dienstbar bleibt. Er nimmt die Rechtgläubigkeit nicht darum unter die Polizeiverordnungen auf, um sich unter das Joch des Priestertums zu beugen. So ausgeprägt hierarchisch der ganze Gedankengang dieses Sozialismus ist, von einer Priesterherrschaft will er nichts wissen. Die Priester finden hier keinen Boden für die „dünkelvolle Haltung", die Plato an ihnen so scharf verurteilt;[2]) sie sollen nur einfache Diener des Staates sein und werden daher durch das Los aus der Zahl aller Bürger auf ihren Posten berufen, um denselben — in der Regel wenigstens — nach Jahresfrist wieder zu verlassen.[3])

Daß ein Staat, der das ganze äußere und innere Leben des Volkes einer derartigen Bevormundung unterwirft, in dem, um mit Plato zu reden, „womöglich nichts ohne Aufsicht bleiben soll",[4]) zugleich das lebhafteste Interesse daran hat, die Wirkungen seines Erziehungs- und Bevormundungssystems nicht durch unkontrollierbare Einflüsse von außen gefährden zu lassen, liegt auf der Hand. Daher bildet den logischen Abschluß des ganzen Systems eine scharfe Überwachung des Reise- und Fremdenverkehres, welche durch eine weitgehende Beschränkung der Freizügigkeit jede „Vermengung der Sitten", jedes Eindringen unliebsamer Neuerungen aus der Fremde zu verhüten sucht.[5])

Vor dem vierzigsten Lebensjahre soll überhaupt kein Bürger außer Landes gehen dürfen und auch dann nur im öffentlichen Auftrag oder im öffentlichen Interesse. Man reist entweder als

---

[1]) 910 c f.

[2]) Pol. 290 c.

[3]) 759 d. In dieser Beziehung berührt sich die Praxis des Gesetzesstaates enge mit der des demokratischen Athens.

[4]) 760 a: ἀφρούρητον δὲ δὴ μηδὲν εἰς δύναμιν ἔστω.

[5]) 949 e.

Herold, als Gesandter oder als Festabgeordneter zu den vier großen Nationalspielen, oder man sucht durch das Studium der in anderen Staaten bestehenden Verhältnisse und durch die persönliche Bekanntschaft mit hervorragenden Geistern des Auslandes seine Kenntnisse und Erfahrungen zu vermehren, um dann desto erfolgreicher an der Vervollkommnung des eigenen Staates mitwirken zu können: denn man erhält so einerseits die Möglichkeit, das vereinzelte Gute, das die Fremde bietet, sich anzueignen, andererseits fehlt es dann nie · an Männern, welche die Jugend aus eigenen Anschauungen zu belehren vermögen, daß im großen und ganzen die Institutionen aller anderen Staaten schlechter sind, als die heimischen.

Die Festgesandten werden aus der Zahl der körperlich und geistig tüchtigsten Männer von der Regierung ausgewählt. Wer als „Beobachter“ von Land und Leuten ($\vartheta\epsilon\omega\varrho\acute{o}\varsigma$) reisen will, hat dazu die obrigkeitliche Erlaubnis nötig, die ihm erteilt wird, wenn er mindestens fünfzig und nicht über sechzig Jahre alt ist und durch hervorragende bürgerliche und militärische Tugenden genügende Garantieen dafür bietet, daß er einerseits seine Mitbürger im Auslande würdig vertreten, andererseits gegen korrumpierende fremde Einflüsse unzugänglich sein wird.

Ist ein solcher Beobachter heimgekehrt, so hat er sich sofort in die „zur obersten Aufsicht über die Gesetze“ bestehende Ratsversammlung zu begeben, welche wir als den sogenannten nächtlichen Rat noch kennen lernen werden.[1]) Hier hat er förmlich Rechenschaft abzulegen und seine Erfahrungen über Gesetzgebung, Erziehung und Jugendbildung mitzuteilen. Ist der Eindruck des Berichtes auf die Versammlung ein günstiger, erscheint ihr der Heimgekehrte an Einsicht und Tugend gewachsen, so werden demselben öffentliche Ehren zu teil. Zeigt sich aber, daß er im Ausland „verdorben“ wurde, so wird er von aller Teilnahme am öffentlichen Leben ausgeschlossen. Er hat in äußerster Zurückgezogenheit zu leben und sich sorgfältig vor jeder Äußerung oder Handlung zu

---

[1]) S. u. S. 557 f.

hüten, die ihn in den Verdacht bringen könnte, auf Neuerungen
in Gesetzgebung und Erziehung zu sinnen. Fügt er sich diesem
Zwange nicht, so soll er mit dem Tode bestraft werden (!)

Was den Verkehr mit Fremden im eigenen Lande betrifft,
so werden vier Arten von Reisenden zugelassen. Erstlich die regelmäßig jeden Sommer wiederkehrenden Handelsleute, die „gleich den
Zugvögeln über das Meer geflogen kommen" und, nachdem sie ihre
Geschäfte erledigt, das Land wieder verlassen. Sie werden von
der Polizeibehörde in öffentlichen außerhalb der Stadt gelegenen
Gebäuden untergebracht und einer sorgfältigen Überwachung unterworfen. Dann diejenigen, welche zur Teilname an Festdarstel-
lungen und musischen Aufführungen kommen. Sie sollen für die
Zeit dieser Aufführungen gastfreundliche Aufnahme in den zu den
Tempeln gehörigen Herbergen finden, wo Priester und Tempeldiener
für ihre Bewirtung zu sorgen haben. Ferner die Gesandten fremder
Staaten, welche Gäste des Staates sind. Sie sollen bei keinem
andern Bürger Wohnung nehmen, als bei den Strategen, Reiter-
obersten und Hauptleuten, welche ihr Amt ohnehin in nähere Berührung mit dem Ausland bringt.[2] Endlich — die seltenste Art
— Fremde, die zur Bereicherung ihres Wissens in ähnlicher Absicht
reisen, wie die „Beobachter" des Gesetzesstaates, und welche für
die ernsten Absichten ihrer Reise dem Staate schon durch ihr höheres
Alter eine gewisse Bürgschaft gewähren. Sie finden uneingeladen
gastfreie Aufnahme bei dem Vorstande des Erziehungswesens oder
denjenigen allseitig erprobten und eine der wichtigsten Vertrauens-
stellungen im Staate[3] einnehmenden Bürgern, welchen seiner Zeit
von der gesamten Bürgerschaft der höchste Tugendpreis, die Be-
kränzung mit dem Lorbeer zuerkannt worden war.[4] Durch diese

---

[1] 949 e—952 d.

[2] Sie haben die Aufsicht über die Ein- und Ausfuhr von Kriegs-
material. 847 c.

[3] Als sogen. Euthynen, vor denen die Beamten Rechenschaft für ihre
Amtsführung abzulegen haben. S. u.

[4] 952 d—953 d.

Regelung des Verkehres hofft der Gesetzesstaat die rechte Mitte ge=
funden zu haben zwischen der Freizügigkeit in Staaten wie Athen
und der rigorosen Art der Absperrung, wie sie von Ägyptern und
Spartanern gehandhabt werde. Er will sich nicht durch die „Ver=
bannung der Fremden von seinen Tischen und Altären" oder durch
die verhaßte Praxis der Fremdenaustreibungen in den üblen Ruf
einer rohen und ungeselligen Gesinnung bei der Mitwelt bringen,
auf deren Achtung er den höchsten Wert legt.[1]

4.
Die Verfassung.

Wie wir sahen, enthielt der Verzicht Platos auf die im
philosophischen Staatsmann verkörperte Vernunftherrschaft zugleich
den Verzicht auf eine der Gesellschaft absolut selbständig gegenüber=
stehende Regierungsgewalt. Diese ideale Selbständigkeit würde eine
Machtfülle in sich schließen, welche in der Hand minder hoch=
stehender Geister eine allzugroße Gefahr des Mißbrauches enthielte.
Andererseits erschien die unter diesen Umständen unabweisliche Ver=
stärkung des Einflusses der Gesellschaft auf die Staatsgewalt oder
vielmehr des Einflusses der in der Gesellschaft herrschenden Klasse
weniger bedenklich in einem Staatswesen, in welchem, wie im Ge=
setzesstaat, diese Klasse dem Interessenkampf des Erwerbslebens
möglichst entrückt war, wo eine das ganze Leben ergreifende und
beherrschende staatliche Schulung und Disziplinierung alle Bürger
ausschließlich für den Dienst des Staates erzog, die Mitarbeit an
der Verwirklichung des Staatsgedankens recht eigentlich zu ihrer
Lebensaufgabe machte.

Angesichts dieser systematischen Anpassung aller Bürger an
den spezifisch politischen Beruf, die im Grunde einen jeden der=
selben zum staatlichen Funktionär erhob, glaubte Plato sich den
Zuständen der Wirklichkeit soweit nähern zu dürfen, daß der Volks=
gemeinde ein Anteil an der gesetzgebenden und richterlichen Gewalt

---

[1] 950b. 953e.

und durch das Recht der Beamtenwahl auch ein Einfluß auf die
Exekutive eingeräumt wird. Die veränderte Auffassung der Menschen
und Dinge und die Rücksicht auf die Verhältnisse des Stadtstaates
läßt ihm jetzt diese Zugeständnisse im Interesse der „Freiheit" un-
abweislich erscheinen.

Freilich werden gleichzeitig auch im Interesse der Ordnung
und des inneren Friedens [1]) starke Schutzwehren gegen den Mißbrauch dieser Freiheit aufgerichtet. Seine gesetzgebende Gewalt
teilt das Volk mit allen im Staate überhaupt vorhandenen Autoritäten. Kein bestehendes Gesetz kann abgeändert werden, wenn
neben dem Volke nicht auch alle anderen öffentlichen Körperschaften,
alle in diesem Staate so überaus zahlreichen Behörden, auch die
geistlichen, d. h. „alle Drakel" ihre Zustimmung geben.[2]) Ja in
all' den Fällen, wo es sich nur um die Ausfüllung von Lücken
in der Gesetzgebung und um solche Neuerungen handelt, welche
keine Änderung des bestehenden Rechtes enthalten, liegt die legis-
lative Gewalt ganz in den Händen der Magistratur.[3])

Was die richterliche Gewalt betrifft, so steht über den rein-
demokratischen durch das Los bestellten Bezirksgerichten in Zivilpro-
zessen als oberste Appellinstanz ein Gerichtshof (das κοινὸν δικαστήριον), der alljährlich auf Grund eines überaus sorgfältigen
Wahlverfahrens von den Mitgliedern aller Behörden aus ihrer
eigenen Mitte ernannt wird.[4]) In Staats- und Kriminalprozessen
sind zwar für eine Reihe von Fällen Volksgerichte zugelassen, aber
gerade für die wichtigsten und schwierigsten sind magistratische Ge-
richte zuständig, insbesondere der höchste Staatsgerichtshof, der aus
jenen „auserlesenen" Richtern des κοινὸν δικαστήριον mit Zu-
ziehung der sogenannten Gesetzesbewahrer gebildet wird.[5]) Auch
gibt es von den Gerichten keine Appellation an das Volk. Von

---

[1]) 744 bc.
[2]) 772 c.
[3]) 772 a.
[4]) 767 c.
[5]) 855 c. Über letztere f. u. S. 554.

einem Teile derselben kann unter Umständen sogar die Todesstrafe verhängt und zum Vollzuge gebracht werden. — Plato geht eben nur so weit, als ihm unbedingt nötig erscheint, um in dem Volke das Bewußtsein lebendig zu erhalten, daß es von der „Gewalt mitzurichten" nicht ausgeschlossen ist, weil es sich sonst dem gefähr=lichen Glauben hingeben könnte, vom Staate überhaupt ausge=schlossen zu sein.[1])

Auch dem wichtigsten Rechte der Volksgemeinde, dem Wahl=rechte, wird eine Gestalt gegeben, welche den demokratischen Cha=rakter wesentlich modifiziert, obgleich schon die Wähler eine Elite darstellen, welche in ihrer eigenen Intelligenz und moralischen Tüch=tigkeit weitgehende Bürgschaften für eine richtige Wahl geben. Das Wahlverfahren ist für die verschiedenen öffentlichen Körperschaften und Behörden ein verschiedenes. Entweder wird die Bedeutung des allgemeinen Stimmrechtes durch künstliche Kombinationen mit dem System der indirekten Wahl und sonstige Komplizierung des Wahlmodus abgeschwächt; oder es wird dasselbe gar mit dem Sy=stem der Klassenwahl verbunden, das passive Wahlrecht und die aktive Wahlpflicht in eigentümlicher Weise nach den vier Zensus=klassen beschränkt; oder es wird von vornherein die Besetzung zahl=reicher Beamtenstellen in die Hände der Behörden gelegt. Endlich wird jeder Gewählte einer Prüfung, einer Dokimasie, unterworfen, welche sich nicht bloß, wie in der Demokratie, auf seine äußeren Verhältnisse, sondern wesentlich auch auf seine persönliche Tüchtig=keit richtet und so jederzeit die Handhabe zur Korrektur der Wahl bietet.[2])

---

[1]) 768b: ὁ γὰρ ἀκοινώνητος ὢν ἐξουσίας τοῦ συνδικάζειν ἡγεῖται τὸ παράπαν τῆς πόλεως οὐ μέτοχος εἶναι.

[2]) Ein großes Gewicht legt Plato auch darauf, daß in seinem Staate sich die Bürger untereinander genau kennen und schon darum in der Lage sind, den rechten Mann an den gebührenden Platz zu stellen. 738e: . . . μεῖζον οὐδὲν πόλει ἀγαθὸν ἢ γνωρίμους αὐτοὺς αὑτοῖς εἶναι. ὅπου γὰρ μὴ φῶς ἀλλήλοις ἐστὶν ἀλλήλων ἐν τοῖς τρόποις ἄλλα σκότος, οὔτ' ἄν τιμῆς τῆς ἀξίας οὔτ' ἀρχῶν οὔτε δίκης ποτέ τις ἂν τῆς προσηκούσης

Selbſt der „Rat", der ähnlich dem Rate der Fünfhundert
in Athen die ganze Volksgemeinde repräſentiert und wahrſcheinlich,
wie dieſer, die oberſte Finanzbehörde iſt, geht aus einem Wahl=
verfahren hervor, welches eine weſentliche Beſchränkung des gleichen
Stimmrechtes bedeutet. Auf die 360 Ratsſitze haben nämlich nicht
alle Bürger gleichen Anſpruch. Die Verteilung der Ratsſtellen
erfolgt vielmehr nach dem Klaſſenſyſtem, indem jeder der vier
Cenſusklaſſen dieſelbe Anzahl (90) eingeräumt wird, trotz der
naturgemäß geringeren Zahl der höheren Klaſſen. Die Wahl ſelbſt
erfolgt in der Weiſe, daß zunächſt für jede der vier Klaſſen eine
Kandidatenliſte aufgeſtellt wird. Dies geſchieht durch Volksabſtim=
mung, doch ſo, daß nur die Mitglieder der zwei erſten Klaſſen bei
Strafe verpflichtet werden, an den Wahlen teilzunehmen, während
die der dritten nur die Kandidaten der drei erſten, die der vierten
Klaſſe nur die aus den zwei erſten Klaſſen mitzuwählen brauchen.
Aus dieſer Kandidatenliſte werden ſodann durch eine allgemeine
Wahl, an der alle Bürger ohne Unterſchied teilnehmen müſſen,
für jede Klaſſe 180 Männer bezeichnet, von denen die eine Hälfte
durchs Loos[1]) ausgeſchieden wird, die andere nach beſtandener Prü=
fung zum Eintritt in den Rat berechtigt iſt.[2])

Das ſonſt durchweg feſtgehaltene Prinzip, daß die Wahl eine
öffentliche Funktion und daher das Wahlrecht zugleich die Wahl=
pflicht in ſich ſchließt, wird übrigens auch in einem anderen Falle
modifiziert, wo es ſich um Sachverſtändigenwahlen handelt. So
ſollen zur Teilnahme an den Wahlen der Ordner der muſiſchen
Wettkämpfe nur die Kunſtverſtändigen verpflichtet ſein.[3])

ὀρθῶς τυγχάνοι· δεῖ δὴ πάντα ἄνδρα ἓν πρὸς ἓν τοῦτο σπεύδειν ἐν πάσαις
πόλεσιν, ὅπως μήτε αὐτὸς κίβδηλός ποτε φανεῖται ὁτῳοῦν, ἁπλοῦς δὲ καὶ
ἀληθὴς ἀεί, μήτε ἄλλος τοιοῦτος ὢν αὐτὸν διαπατήσει.

[1]) Um auch dem Prinzip der „quantitativen" Gleichheit einigen Ein=
fluß zu geſtatten.

[2]) 756 c. Die Gewählten verteilen ſich, wie in Athen, in 12 Aus=
ſchüſſe, von denen jeder einen Monat hindurch die laufenden Geſchäfte beſorgt.

[3]) 765 a.

Wo eine solche Unterscheidung zwischen den Wählern nicht möglich ist, soll wenigstens die wiederholte Sichtung der zu Wäh= lenden eine gewisse Bürgschaft gewähren. So ist z. B. bei der Wahl der sogenannten Gesetzesbewahrer, einer der wichtigsten und einflußreichsten Regierungsbehörden, das Wahlverfahren ein äußerst verwickeltes. Es ist, wie allerdings jede Beamtenwahl, mit beson= derer Heiligkeit umgeben: Wahllokal ist der Tempel des höchsten Gottes. Die Stimmtafeln werden vom Altare entnommen und wieder daselbst abgegeben, die Wähler aber durch einen heiligen Eid verpflichtet, nur nach bestem Wissen und Gewissen ihre Stimme abzugeben.[1] Die Wahl selbst ist insofern eine öffentliche, als jeder Wähler auf der Stimmtafel neben dem Namen des Kandidaten seinen eigenen anzugeben hat, und gleichzeitig jedem Wähler das Recht eingeräumt wird, diejenigen Tafeln, mit deren Inhalt er nicht einverstanden ist, einfach wegzunehmen und mindestens dreißig Tage auf dem Markte auszustellen! Eine Art Mißtrauensvotum gegen den Kandidaten und seinen Wähler, welches zu erneuter Prüfung des zu Wählenden auffordert. Dann werden von der Behörde die Täfelchen mit den Namen derjenigen dreihundert Bürger, welche die meisten Stimmen erhielten, ebenfalls der ganzen Bürgerschaft zur Ansicht vorgelegt und dieselbe zu einer neuen Wahl aus diesen dreihundert berufen. Die Namen der hundert Bürger, welche aus dieser engeren Wahl als die Meistgewählten hervorgehen, werden in derselben Weise publiziert, worauf in einem dritten Wahlakt aus diesen hundert Erlesenen die definitive Wahl der 37 Mitglieder der genannten Behörde erfolgt.[2]

Eine ähnliche Sichtung der Kandidaten findet statt bei der Wahl der sogenannten Euthynen, vor welchen alle Beamten nach

---

[1] Was allerdings für die Wahlen überhaupt gilt. 948 e.

[2] 753 b f. Aristoteles bezeichnet als Konsequenz dieser Einrichtung der nochmaligen Wahl aus den durch Vorwahl Bezeichneten, daß, wenn auch nur eine mäßige Anzahl von Bürgern zusammenhielte, immer nach deren Willen gewählt werden würde. (Pol. II, 3, 12. 1266 a.) Sollte Plato selbst etwas derartiges beabsichtigt haben?

Ablauf ihrer Amtszeit Rechenschaft abzulegen haben, und welche daher Männer von ganz hervorragender sittlicher Tüchtigkeit fein müssen.[1])

Alljährlich nach der Sommersonnenwende versammelt sich die Bürgerschaft in dem Haine des Helios und Apollo, und jeder Bürger „nennt hier dem Gott" drei Männer — nicht unter 50 Jahren — die er in jeder Beziehung für die Ausgezeichnetsten hält. Von den also Vorgeschlagenen werden diejenigen, welche die meisten Stimmen erhielten, bis zur Hälfte der Gesamtzahl einer neuen Wahl unterworfen, aus der nur drei als die definitiv Gewählten hervorgehen.[2]) Natürlich trägt auch diese Wahl dasselbe religiöse Gepräge, wie die vorhin beschriebene, worauf ja schon der Wahlort und die charakteristische Bezeichnung des Wahlaktes hinweist.

Wird doch in anderen Fällen die Entscheidung geradezu der Gottheit selbst anheimgegeben! So werden die „Exegeten der Kultussatzungen" zwar gewählt, dann aber aus den Gewählten — zum Teil wenigstens — eine Auslese durch das delphische Orakel vorgenommen.[3])

Bei anderen Ämtern, wie z. B· allen militärischen, ist das Wahlrecht beschränkt durch ein Vorschlagsrecht der Behörden. Bei der Wahl der höchsten Offiziere und Militärbeamten hat die mit der stärksten Exekutivgewalt bekleidete Behörde der Gesetzesbewahrer ein Vorschlagsrecht, während in Bezug auf die Unterbefehlshaber die Vorgesetzten selbst ein Vorschlags= ja zum Teil Ernennungs=

---

[1]) Über die Bedeutung dieser Institution vgl. die für die Gesamtauffassung Platos charakteristische Stelle 945 d: ἂν μὲν γὰρ οἱ τοὺς ἄρχοντας ἐξευθύνοντες βελτίους ὦσιν ἐκείνων, καὶ τοῦτ' ἐν δίκῃ τε καὶ ἀμέμπτως, ἡ πᾶσα οὕτω θάλλει τε καὶ εὐδαιμονεῖ χώρα καὶ πόλις· ἐὰν δ' ἄλλως τὰ περὶ τὰς εὐθύνας τῶν ἀρχόντων γίγνηται, τότε λυθείσης τῆς τὰ πάντα πολιτεύματα ξυνεχούσης εἰς ἓν δίκης ταύτῃ πᾶσα ἀρχὴ διεσπάσθη χωρὶς ἑτέρα ἀπ' ἄλλης, καὶ οὐκ εἰς ταὐτὸν ἔτι νεύουσαι, πολλὰς ἐκ μιᾶς τὴν πόλιν ποιοῦσαι, στάσεων ἐμπλήσασαι ταχὺ διώλεσαν.

[2]) 946 a.
[3]) 759 d.
[4]) 755 b f.

recht besitzen.[1]) Überhaupt werden die Unterbeamten in der Regel von den oberen Behörden selbst ernannt, so die Gehilfen der mit der Polizeigewalt auf dem platten Lande betrauten Agronomen von diesen selbst,[1]) die weiblichen Aufsichtsbeamten über die Ehen von den Gesetzesbewahrern u. s. w.[2])

Doch sind es auch sehr hohe Ämter, bei denen die Volks= wahl ausgeschlossen ist. Das von Plato als das weitaus wichtigste der höchsten Staatsämter bezeichnete Amt des Unterrichtsministers, des „Vorstehers des Erziehungswesens", sowie die Richterstellen an dem hohen Staatsgerichtshof der „auserlesenen Richter" werden von einem Wahlkörper besetzt, der nur aus Beamten besteht.[3])

So ist Plato unerschöpflich in der Erfindung immer neuer Sicherungsmaßregeln gegen den Demokratismus des allgemeinen Stimmrechtes. Er muß in dem der damaligen Wirklichkeit zu= gewendeten Gesetzesstaat diesem Demokratismus erhebliche Zugeständ= nisse machen; um so mehr ist er bemüht, Mittel und Wege zu zeigen, wie trotzdem der Staat Organe erhalten kann, welche eine Aristokratie der Intelligenz und Tugend darstellen. Er beschränkt daher den Einfluß der Wähler noch weiter dadurch, daß er für die höheren Ämter eine höhere allgemeine und spezifische Fachbildung fordert. Wie zum Aufzug andere Wolle genommen werde, als zum Einschlag, so müsse auch zwischen denen, welche hohe obrigkeitliche Würden im Staate bekleiden sollen, und denen, welche nur in ge= ringem Maße die Probe ihrer Erziehung zu bestehen haben, ein wesentlicher Unterschied stattfinden.[4])

Eine Hauptbürgschaft für die Tüchtigkeit von Regierung und Verwaltung sieht Plato ferner auch hier in der möglichsten Steige= rung der Autorität der Magistratur, in einer möglichst starken

---

[1]) 760 b.

[2]) 794 b.

[3]) 765 d f. 767 c. f. Im ersteren Falle ist selbst der Rat und seine Prytanen vom Wahlrecht ausgeschlossen. 766 b.

[4]) 735 a. Das Nähere über diese Bildung der höheren Beamten f. unten.

Amtsgewalt. Zu diesem Zweck wird für gewisse Beamte ein reiferes Alter vorgeschrieben, für die Gesetzesbewahrer z. B. und den Chef des Unterrichtswesens das fünfzigste Lebensjahr.[1] Es wird allem Anscheine nach die längere Bekleidung desselben Amtes durch die einmal bewährten Männer begünstigt, — bei den eben genannten Beamten erscheint eine Amtsdauer von zehn bis zwanzig Jahren offenbar als nicht ungewöhnlich, — oder es wird von vorneherein eine längere Amtsdauer gesetzlich vorgeschrieben, so bei dem Vorsteher des Erziehungswesens fünf Jahre,[2] bei den Mitgliedern des hohen Gerichtshofes der Euthynen geradezu Lebenslänglichkeit.[3] Demselben Zwecke dient die Fülle von Gewalten, welche in den Händen der Magistrate vereinigt wird. Die Justizgewalt, die er einem Teile derselben einräumt, vergleicht Plato geradezu mit königlichen Machtbefugnissen.[1]

Vergegenwärtigen wir uns nur die imponierende Machtstellung, welche die von Plato als die eigentlichen Regenten des Staates, als ἄρχοντες schlechthin bezeichneten Gesetzesbewahrer einnehmen! Ihr amtlicher Einfluß erstreckt sich fast auf sämtliche Gebiete des Lebens. Sie haben in allen oben angedeuteten Fällen gesetzgeberische Gewalt, sie bilden — zusammen mit den auserlesenen Richtern — den höchsten Staatsgerichtshof in Kapitalsachen, haben auch sonst bedeutsame richterliche Befugnisse z. B. bei Vergehungen religiöser Art,[5] sowie die wichtige Jurisdiktion über einen Teil der Beamten, insbesondere die bedeutendsten richterlichen Beamten.[6] Sie haben

---

[1] 755 a.

[2] 766 b.

[3] Die Euthynen fungieren solange, als sie dem in sie gesetzten Vertrauen entsprechen. 946 c.

[4] 761 e.

[5] 910 c.

[6] 767 a. Z. B. über die auserlesenen Richter und über die Euthynen 948 a; über die letzteren allerdings nur in Verbindung mit den auserlesenen Richtern und den übrigen Euthynen. — Auch bei anderen Gerichten sind sie wenigstens beteiligt, so z. B. am Ehescheidungsgericht. 929 e.

durch ihr Vorschlagsrecht bei den Strategenwahlen einen starken
Einfluß selbst auf die militärische Gewalt und durch ein ganz all=
gemeines Recht der Oberaufsicht[1]) auf das Beamtentum überhaupt.
Sie greifen endlich mit ihrer ausgedehnten polizeilichen Gewalt nach
allen Seiten hin in die Verwaltung ein. In ihrer Hand liegt die
amtliche Statistik über die gesamten Vermögensverhältnisse der
Bürger und Beisassen[2]) und im Zusammenhange damit die Für=
sorge für die Aufrechterhaltung der Gesetze über den unverrückbaren
Bestand der Landlose und der Bürgerzahl.[3]) Eben damit hängt
noch zusammen ihr Oberaufsichtsrecht über das eheliche Leben der
Bürger, das Recht zur Ernennung der Eheaufseherinnen, die Für=
sorge für die Erbtöchter, überhaupt die Obervormundschaft[4]) und
sonstige Befugnisse auf dem Gebiete des Familienrechtes.[5]) Der=
selben Behörde steht ferner die Handhabung der Luxusgesetze zu,[6])
sowie die Fürsorge für die Durchführung der Aus= und Einfuhr=
gesetze.[7]) Sie ist aber auch zugleich die litterarisch=musische Zensur=
behörde, überhaupt mit der Ausführung aller Gesetze über die
musische Kunst betraut,[8]) sie gibt oder verweigert endlich die Er=
laubnis zu Reisen ins Ausland.[9])

So werden geflissentlich gesetzgeberische, richterliche, exekutive
Gewalten in bunter Fülle auf ein und dieselbe Regierungsbehörde
gehäuft. Die Allgewalt des alles menschliche Leben und Streben
feiner Bevormundung unterwerfenden Staates soll sich, soweit es
ohne die Gefahr des Absolutismus möglich ist, in der Magistratur
wiederspiegeln. Wenn auch auf demokratischer Grundlage erwachsen,

---

[1]) 762 e.
[2]) 754 d.
[3]) 740 d, 877 d, 929 c, 930 e.
[4]) 926 e.
[5]) 929 d, 932 b f.
[6]) 775 b, 959 d.
[7]) 847 c f.
[8]) 799 b.   Hier in Verbindung mit den Priestern.   801 d, 810 c, 829 d
[9]) 951 a.

ſoll dieſelbe doch die Einheitlichkeit, Feſtigkeit und Autorität mon=
archiſchen Regimentes nicht vermiſſen laſſen.[1])

Auch der glänzende Nimbus äußerer Ehren fehlt der Magi=
ſtratur nicht. Dasjenige Amt, deſſen Übertragung zugleich die
Zuerkennung des höchſten Preiſes für Bürgertugend vorausſetzt,
die Mitgliedſchaft des hohen Rechenſchaftsrates der Euthynen ge=
währt wenigſtens im Tode Anſpruch auf wahrhaft fürſtliche Ehren,
welche den Gefeierten weit über das Maß gewöhnlicher Sterblicher
hinausheben. In weiße prieſterliche Gewänder gehüllt, werden die
verſtorbenen Euthynen aufgebahrt allem Volke zur Schau. Knaben=
und Mädchenchöre umſtehen die Bahre, den ganzen Tag über in
Wechſelgeſängen den Toten ſelig preiſend. Mit Anbruch des nächſten
Tages findet das feierliche Leichenbegängnis ſtatt: Voran die ganze
waffenfähige Bürgerſchaft zu Fuß und zu Roß in voller Waffen=
rüſtung, dann die Bahre von hundert Jünglingen getragen und ge=
leitet von Knaben, die das Nationallied (τὸ πάτριον μέλος) ſingen,
dann Jungfrauen und Matronen, endlich alle Prieſter und Prieſter=
innen. Die Beiſetzung erfolgt in einem Hain in Steinſärgen und
in ſteinernen wie für die Ewigkeit gedauten Grabgewölben, über
welche ein Hügel aufgeſchüttet wird, — an die alten Königsgräber
erinnernd! — Endlich wird das Andenken der hier Beſtatteten all=
jährlich durch muſiſche und gymniſche Wettkämpfe verherrlicht, gleich
dem der Heroen.[2])

Aber Plato geht noch weiter! Trotz der materiell und ideell
ſo bedeutſamen Ausſtattung der Amtsgewalt ſucht er der Magi=
ſtratur noch einen ganz beſonderen Rückhalt zu ſchaffen in einer
Inſtitution, deren Bedeutung er ſich zunächſt allerdings mehr als
eine ideale denkt, in welcher er aber die ſtärkſte Bürgſchaft für
die allſeitige und dauernde Verwirklichung ſeines Staatsgedankens
erblickt.

---

[1]) Die Verfaſſung des Geſetzesſtaates ſoll die Mitte halten zwiſchen
Monarchie und Demokratie. 756 e.

[2]) 947 b ff. Dieſe Ehren reichen faſt an die hinan, welche den philo=
ſophiſchen Regenten des Vernunftſtaates zu teil werden. Rep. 540 b.

Diese Einrichtung besteht in einem Staatsrat, der — aus der geistigen Elite der Bürgerschaft zusammengesetzt und durch die Befugnis der Selbstergänzung völlig unabhängig — recht eigentlich dazu berufen ist, die Repräsentation des Staatsgedankens κατ' ἐξοχήν darzustellen, wo es gilt, durch die in ihm verkörperte Einsicht in Wesen und Ziele des Staates auf die öffentliche Meinung aufklärend zu wirken, durch seinen Einfluß alle Glieder des Staates, Regierende und Regierte auf dem rechtem Wege zum „gemeinsamen Ziele aller Gesetze"[1]) zu erhalten. Erst durch diesen Erhaltungsrat, den νυκτερινός σύλλογος, wie er nach der Zeit seiner Sitzungen genannt wird, erscheint der Bestand des Staates gesichert, weil der Staat in ihm unter allen Umstände ein Organ besitzt, welches den Zweck desselben (den σκοπός πολιτικός) lebendig erfaßt hat, die dem Staate immanente Vernunft in sich verkörpert.[2]) Die „nächtliche Versammlung" besteht aus einem festen Kern lebenslänglicher Mitglieder: nämlich all' denen, welche den Preis der Tugend erhielten, d. h. den Mitgliedern des Rechenschaftsrates, allen, welche das Unterrichts= und Erziehungswesen geleitet, sowie denjenigen Bürgern, welche mit Erfolg politische Studien im Ausland gemacht und nach sorgfältiger Prüfung von der Versammlung würdig erfunden worden, ihr für immer anzugehören. Dazu kommen, um den nächtlichen Rat in stetiger Fühlung mit den maßgebenden Behörden zu erhalten, die zehn ältesten Gesetzesbewahrer und der jeweilige Vorstand des Unterrichtswesens.[3]) Allgemeine Voraussetzung der Aufnahme ist der Besitz einer höheren wissenschaftlichen, insbesondere philosophischen Bildung,[4]) die Zurücklegung eines längeren genau vorgeschriebenen Studienganges,[5]) welcher „ein wahrhaftes Wissen von allen wichtigen Dingen" gewähren soll.[6])

---

[1]) Der ἀρετή. 963a.
[2]) 632c, 961c ff. 965a.
[3]) 951c, 961a.
[4]) 966b, 968a f.
[5]) Über den allerdings nähere Bestimmungen erst für die definitive Begründung des Staates vorbehalten werden. 968d.
[6]) 966b.

Die allnächtlich von Sonnenuntergang bis -Aufgang auf der
Burg tagende Versammlung dieser erlesenen Männer kann alle
Fragen staatlicher Gesetzgebung und Verwaltung zum Gegenstand
ihrer Beratung und Beschlußfassung machen und so für die prak=
tische Entscheidung derselben durch die zuständigen öffentlichen Ge=
walten wenigstens ein sehr gewichtiges Präjudiz schaffen.[1] Ferner
soll die Fülle des Wissens, welche in dieser Versammlung konzen=
triert ist, für die Heranziehung jüngerer Staatsmänner verwertet
und damit die Versammlung zu einer hohen Schule gemacht werden,
welche eben jene vorhin genannte höhere Bildung vermittelt.[2] Zu
dem Zweck ist jedes Mitglied berechtigt, besonders begabte und tüch=
tige jüngere Bürger im Alter von 30 bis 40 Jahren in die Ver=
sammlung einzuführen. Dieselben erhalten hier nicht nur Gelegen=
heit, zu lernen, sondern auch Proben ihres Könnens abzulegen, die
ihnen, wenn sie der Versammlung genügend erscheinen, eine wert=
volle Anwartschaft für die Zukunft gibt. Denn diese Anerkennung
der höchsten Autoritäten ist dazu bestimmt, die Blicke der gesamten
Bürgerschaft auf sie zu lenken,[3] sie derselben als die geeignetsten
Kandidaten für alle höheren Ämter zu empfehlen. Eine Empfeh=
lung, deren zwingender Gewalt sich die Bürgerschaft kaum entziehen
kann. Denn hier werden ihr von der höchsten und ehrwürdigsten
Autorität im Staate diejenigen bezeichnet, durch welche der Staat
selbst wohlberaten sein würde,[4] weil sie dank ihrem gewonnenen
Wissen „klar über alles sehen, was die Gesetze angeht,"[5] — wäh=
rend diejenigen, welche nicht durch diese Schule gegangen sind oder
die genannte Approbation nicht erhalten haben, damit als solche
charakterisiert erscheinen, welche dieser Klarheit mehr oder minder
entbehren,[6] durch welche daher der Staat schlecht beraten sein würde.

---

[1] 952a f.
[2] 951d.
[3] 952b.
[4] 962b.
[5] 952a.
[6] ebd.

Wird der Bürger, der öffentlich wählt und durch einen Eid
verpflichtet iſt, nur die „Beſten" zu wählen, gegen dieſe von einer
unantaſtbaren Autorität eben als die Beſten Gekennzeichneten zu
ſtimmen oder ſie zu übergehen wagen? Gerade bei den wichtigſten
Ämtern iſt dies übrigens auch rechtlich unmöglich. Zum Geſetzes=
bewahrer z. B. und zum Mitglied des Oberrechenſchaftshofes kann
von vorneherein überhaupt nur derjenige gewählt werden, welcher
ſich ein höheres Wiſſen erworben, alſo durch die Schule der
nächtlichen Verſammlung gegangen iſt und deren Approbation er=
halten hat.[1]

Aber auch damit iſt die Bedeutung des nächtlichen Rates
noch keineswegs erſchöpft. Plato behält ſich vor, denſelben noch
mit ganz beſonderen Vollmachten auszuſtatten, wenn er nur erſt
nach Wunſch konſtituiert ſein würde.[2] Worin dieſe Machtſteigerung
beſtehen ſoll, wird allerdings nicht geſagt. Aber über ihre allge=
meine Tendenz kann kein Zweifel ſein. Wenn irgendwo, ſo trifft
hier die Behauptung des Ariſtoteles zu, daß der Geſetzesſtaat all=
gemach wieder in den Verfaſſungsplan des Vernunftſtaates einlenke.[3]
Das abſolute Philoſophenregiment iſt für ihn unerreichbar, ſo ſucht
er wenigſtens einen Erſatz, der dieſem Ideale möglichſt nahe kommt.

Der nächtliche Rat ſoll für den ſtaatlichen Organismus wenig=
ſtens annähernd die Bedeutung gewinnen, wie ſie der denkende
Kopf für den menſchlichen Körper beſitzt. Er ſoll es ermöglichen,
daß im Zentrum des Staatskörpers ebenſo wie im individuellen
Organismus Ein Wille, d. h. ein in all ſeinen Äußerungen auf

---

[1] 966 c. Wer dies höhere Wiſſen nicht hat, iſt nicht geeignet für
ein Regierungsamt, ſondern nur für ſubalterne Stellen. (968 a.) Die Stelle
632 c ſteht damit nicht in Widerſpruch, beſtätigt vielmehr die hier aufgeſtellte
Forderung, indem ſie alle Beamten (denn dieſe ſind hier unter den „Hütern
der Geſetze" offenbar gemeint, nicht bloß die Geſetzesbewahrer) in zwei Kate=
gorien einteilt, ſolche, welche im Beſitze der Erkenntnis, und ſolche, welche
bloß in dem der „wahren Vorſtellung" ſind.

[2] 968 c.

[3] Pol. II, 3, 2. 1265a: καὶ ταύτην βουλόμενος κοινοτέραν ποιεῖν
ταῖς πόλεσι κατὰ μικρὸν περιάγει πάλιν εἰς τὴν ἑτέραν πολιτείαν.

Einen obersten Zweck gerichteter einheitlicher Wille vorhanden sei,[1]) der — wenn auch nicht allmächtig, wie im Vernunftstaat — so doch einen über das ganze politische und soziale Leben sich erstreckenden Einfluß zu üben vermag.

Gegenüber der Vielheit der individuellen Willen, welche nun einmal durch die Zulassung des allgemeinen Stimmrechtes und der Ämterwahl als Machtfaktor im staatlichen Leben anerkannt war, soll der nächtliche Rat die Einheit des Staates vertreten. Er hat die Aufgabe, dahin zu wirken, daß auch die Magistratur sich dauernd auf den staatlichen Boden stelle und in ihrem öffentlichen Thun nur als Organ der Allgemeinheit fühle. Er soll ferner eine technisch möglichst vollkommene Durchführung der staatlichen Aufgaben von seiten der Magistratur verbürgen, indem er der qualifizierten berufsmäßigen Arbeit die ihr gebührende Stellung in Verwaltung und Regierung verschafft; und er soll damit endlich zugleich für die möglichst weitgehende Verwirklichung des Gerechtigkeits- und Gleichheitsprinzipes Gewähr leisten, welches dem geistig und sittlich Höherstehenden auch höhere Ehre zuerkennt.[2]) Kurz der nächtlich Rat ist dazu bestimmt, das ideale Zentrum des ganzen staatlichen Organismus, das für den Sozialismus unentbehrliche Zentralorgan zu werden,[3]) und die Rechte, welche Plato für ihn in Aussicht nimmt,

---

[1]) 962d: ... καὶ δεῖ δὴ τοῦτον (τὸν σύλλογον) πᾶσαν ἀρετὴν ἔχειν· ἧς ἄρχει τὸ μὴ πλανᾶσθαι πρὸς πολλὰ στοχαζόμενον, ἀλλ' εἰς ἓν βλέποντα πρὸς τοῦτο ἀεὶ τὰ πάντα οἷον βέλη ἀφιέναι. Vgl. 963a über den Einen Zweck aller Gesetzgebung: πρὸς γὰρ ἓν ἔφαμεν δεῖν ἀεὶ πάνθ' ἡμῖν τὰ τῶν νόμων βλέποντ' εἶναι, τοῦτο δ' ἀρετήν που ξυνεχωροῦμεν πάνυ ὀρθῶς λέγεσθαι. Dazu 630c, 631a f.

[2]) 757d über das Gleichheitsprinzip. Vgl. dazu mit spezieller Beziehung auf die Beamten 715c: ὃς δ' ἂν τοῖς τεθεῖσι νόμοις εὐπειθέστατός τ' ᾖ καὶ νικᾷ ταύτην τὴν νίκην ἐν τῇ πόλει, τούτῳ φαμὲν καὶ τὴν τῶν θεσμῶν (nach Orelli st. θεῶν) ὑπηρεσίαν δοτέον εἶναι τὴν μεγίστην τῷ πρώτῳ καὶ δευτέραν τῷ τὰ δεύτερα κρατοῦντι, καὶ κατὰ λόγον οὕτω τοῖς ἐφεξῆς τὰ μετὰ ταῦθ' ἕκαστα ἀποδοτέον εἶναι.

[3]) Dieser Einheit bedarf der Gesetzesstaat gegenüber der Vielheit der Magistratur unbedingt. Es ist daher schon aus diesem Grunde unzulässig, mit Bruns (S. 220) anzunehmen, daß die Bestimmungen XII 960b über

können daher nur einen Ausbau der Verfassung im zentralistischen Sinne bedeuten.

Plato deutet das selbst in dem Bilde an, in welchem er den ganzen Rat mit dem menschlichen Haupte, die greisen Mitglieder der Versammlung mit dem νοῦς und die jüngeren mit dem Sehvermögen vergleicht. Die durch Energie und Schärfe der Beobachtung ausgezeichneten jüngeren Genossen sollen „gleichsam auf der Höhe des Hauptes (gleichsam wie die Augen des Staates) rings umher den ganzen Staat beobachten und was sie so wahrgenommen, ihrem Gedächtnisse einprägen, um so von Allem, was im Staate vorgeht, den älteren Mitgliedern Kunde zu geben." Diese erwägen als der νοῦς, was die Augen gesehen, und nachdem sie mit den Jüngeren zu Rate gegangen und ihre Beschlüsse gefaßt, dringen sie dieselben durch jene zur Ausführung und erhalten so den ganzen Staat." Es wird also ein Recht der Versammlung zu Eingriffen in die Exekutive anerkannt, durch welches sie eine Stellung über allen Behörden erhält.[1]

Durch all das wird die „götterähnliche Versammlung" (ὁ θεῖος ξύλλογος) geradezu zum „Anker des Staates".[2] „Ihrer Obhut kann man getrost den Staat übergeben und es wird sich dann in Wahrheit vollenden, was eben noch wie ein Traum erschien."[3] Mit dieser Verheißung endet der Entwurf des zweitbesten Staates.[4]

---

den νυκτερινός σύλλογος ein Bruchstück eines älteren Entwurfes sei, welcher dem Staate der Politie noch näher stand, als der Hauptbestandteil der „Νόμοι". Bei der im Text vertretenen Auffassung, die allerdings von der üblichen (z. B. von Zeller S. 967 ff.) wesentlich abweicht, fallen übrigens auch die Widersprüche weg, welche Bruns zwischen den verschiedenen Bestimmungen über den nächtlichen Rat findet.

[1] 964 e.

[2] ἄγκυρα πάσης τῆς πόλεως. 961 c.

[3] 969 b.

[4] Der Vollständigkeit halber sei zum Schlusse noch darauf hingewiesen, daß die „Gesetze" Platos auch das Straf-, Privat- und Prozeßrecht in einer für den Juristen vielfach sehr interessanten Weise behandeln, worauf wir hier nicht näher eingehen können.

5.
Zur Beurteilung des Gesetzesstaates.

Wir sahen, daß — nach der richtigen Beobachtung des Ari=
stoteles — der Entwurf des zweitbesten Staates unwillkürlich wieder
in die Bahnen der Politeia einlenkt. Es wird uns das nicht Wunder
nehmen, wenn wir uns die Gesamtanschauung vergegenwärtigen,
aus der heraus dieses Staatsideal als ein Ganzes gedacht ist.

Zunächst finden wir die naturrechtliche Metaphysik der Poli=
teia auch hier wieder. Der alles beherrschende Maßstab ist hier
wie dort die rein vernunftmäßige Erkenntnis und das Ziel des
Erkennens eine möglichst „natürliche“, d. h. eben vernunftgemäße
Ordnung des menschlichen Zusammenlebens.[1] Daher auch ein
ganz ähnlicher Absolutismus der Lösungen, wie in der Politie.
Selbst auf die Gefahr hin, den Anschein zu erwecken, „als ob er
Träume erzähle oder einen Staat und seine Bürger gleichsam aus
Wachs formen wollte“,[2] hält Plato auch hier daran fest, daß es
sich bei der Konstruktion eines idealen Musterbildes einzig und
allein um die Erreichung der höchstmöglichen „Schönheit“ und
Wahrheit handle.[3] Alles kommt ihm hier wie dort auf die innere
Wahrheit, d. h. auf die Übereinstimmung mit den dem Musterbilde
zu Grunde liegenden Ideen an, auf die logische Folgerichtigkeit des
ganzen Gedankenbaues, die „ein in allen Stücken in sich selbst
harmonisch zusammenstimmendes“ und darum schönes Ganze er=
gibt.[4] Erst dann, wenn so das Ideal die Gestalt eines vollen=
deten Kunstwerkes gewonnen, „wenn der Gesetzgeber seinen Entwurf

---

[1] $\varkappa\alpha\tau\grave{\alpha}$ $\tau\grave{o}\nu$ $\tau\varrho\acute{o}\pi o\nu$ $\tau\widetilde{\eta}\varsigma$ $\varphi\acute{v}\sigma\epsilon\omega\varsigma$ $\delta\iota\alpha\beta\iota\acute{\omega}\sigma o\nu\tau\alpha\iota$ heißt es von
den Bürgern des Gesetzesstaates 804a. Vgl. 690c.

[2] 746a. Vgl. 969b.

[3] 746b: $\grave{\alpha}\lambda\lambda\grave{\alpha}$ $\gamma\grave{\alpha}\varrho$ $\grave{\epsilon}\nu$ $\grave{\epsilon}\varkappa\acute{\alpha}\sigma\tau o\iota\varsigma$ $\tau\widetilde{\omega}\nu$ $\mu\epsilon\lambda\lambda\acute{o}\nu\tau\omega\nu$ $\acute{\epsilon}\sigma\epsilon\sigma\vartheta\alpha\iota$ $\delta\iota\varkappa\alpha\iota\acute{o}\tau\alpha\tau o\nu$
$o\check{\iota}\mu\alpha\iota$ $\tau\acute{o}\delta\epsilon$ $\epsilon\check{\iota}\nu\alpha\iota$, $\tau\grave{o}\nu$ $\tau\grave{o}$ $\pi\alpha\varrho\acute{\alpha}\delta\epsilon\iota\gamma\mu\alpha$ $\delta\epsilon\iota\varkappa\nu\acute{v}\nu\tau\alpha$, $o\check{\iota}o\nu$ $\delta\epsilon\widetilde{\iota}$ $\tau\grave{o}$ $\grave{\epsilon}\pi\iota\chi\epsilon\iota\varrho o\acute{v}$-
$\mu\epsilon\nu o\nu$ $\gamma\acute{\iota}\gamma\nu\epsilon\sigma\vartheta\alpha\iota$, $\mu\eta\delta\grave{\epsilon}\nu$ $\grave{\alpha}\pi o\lambda\epsilon\acute{\iota}\pi\epsilon\iota\nu$ $\tau\widetilde{\omega}\nu$ $\varkappa\alpha\lambda\lambda\acute{\iota}\sigma\tau\omega\nu$ $\tau\epsilon$ $\varkappa\alpha\grave{\iota}$ $\grave{\alpha}\lambda\eta\vartheta\epsilon\sigma\tau\acute{\alpha}\tau\omega\nu$.
Vgl. 712a.

[4] 746c: $\tau\grave{o}$ $\gamma\grave{\alpha}\varrho$ $\grave{o}\mu o\lambda o\gamma o\acute{v}\mu\epsilon\nu o\nu$ $\alpha\grave{v}\tau\grave{o}$ $\alpha\grave{v}\tau\widetilde{\omega}$ $\delta\epsilon\widetilde{\iota}$ $\pi o\upsilon$ $\pi\alpha\nu\tau\alpha\chi\widetilde{\eta}$
$\grave{\alpha}\pi\epsilon\varrho\gamma\acute{\alpha}\zeta\epsilon\sigma\vartheta\alpha\iota$ $\varkappa\alpha\grave{\iota}$ $\tau\grave{o}\nu$ $\tau o\widetilde{v}$ $\varphi\alpha\upsilon\lambda o\tau\acute{\alpha}\tau o\upsilon$ $\delta\eta\mu\iota o\upsilon\varrho\gamma\grave{o}\nu$ $\acute{\alpha}\xi\iota o\nu$ $\grave{\epsilon}\sigma\acute{o}\mu\epsilon\nu o\nu$ $\lambda\acute{o}\gamma o\upsilon$.

ruhig zu Ende geführt hat," kann und soll die Frage der Ausführung erwogen werden.[1]

Aber auch sonst zeigt sich zwischen Vernunft- und Gesetzesstaat eine enge Verwandtschaft. Wenn auch der zweitbeste Staat darauf verzichtet, die letzten und äußersten Konsequenzen des platonischen Sozialismus zu ziehen, an den grundlegenden Gedanken selbst wird doch zum Teil wenigstens entschieden festgehalten. Die Idee des großen Menschen in der individuellen Form des Volkes kehrt auch hier wieder. Auch hier wird der Staat als ein sozialer Organismus konstruiert, in den die Individuen als schlechthin abhängige Organe, als unbedingt unterthänige Funktionäre und Werkzeuge des Gesamtzweckes sich einzugliedern haben, in dem Bewußtsein, daß sie mehr dem Staate angehören, als sich selbst. Die Pflicht ist auch hier der soziale Primärbegriff, nicht das Recht der Individuen; und die Erziehung zur Sittlichkeit ist die erste und oberste Aufgabe, welche ein wahrhaft guter Staat zu lösen hat.

Eben darum verspricht aber derselbe Staat andererseits, zugleich dem wahren und bleibenden Interesse der Einzelnen gerecht zu werden, sie glücklich und zufrieden zu machen. Als Erziehungsanstalt zur Tugend[2] erhebt auch er den Anspruch, den Weg zur allgemeinen Glückseligkeit zu zeigen.[3] Auch er verheißt dem Bürger: Laß dich vom Gesetz zum Guten leiten und du wirst das angenehmste und glücklichste Leben führen.[4] Die Lehre von der Koinzidenz der Tugend und Glückseligkeit, in der so viele Illusionen

---

[1] 746c: τὸν νομοθέτην δ' ἐᾶσαι τέλος ἐπιθεῖναι τῇ βουλήσει, γενομένου δὲ τούτου, τότ' ἤδη κοινῇ μετ' ἐκείνου σκοπεῖν, ὅ τί τε ξυμφέρει τῶν εἰρημένων καὶ τί πρόσαντες εἴρηται τῆς νομοθεσίας.

[2] 708d: ἀλλ' ὄντως ἐστὶ νομοθεσία καὶ πόλεων οἰκισμοὶ πάντων τελεώτατον πρὸς ἀρετὴν ἀνδρῶν. 963a: πρὸς γὰρ ἓν ἔφαμεν δεῖν ἀεὶ πάνθ' ἡμῖν τὰ τῶν νόμων βλέποντ' εἶναι, τοῦτο δ' ἀρετήν που ξυνεχωροῦμεν πάνυ ὀρθῶς λέγεσθαι

[3] Seine Institutionen haben den Zweck, den Bürgern den Erwerb von „beiderlei Gütern", den menschlichen und göttlichen, zu ermöglichen. 631d. Dazu 742de, 743c. S. oben S. 518.

[4] 790b. 864a.

der Politie wurzeln, ist auch hier ohne weiteres zu Grunde gelegt und zum Staatsdogma erklärt.[1] Auf ihr vor allem beruht auch hier die Hoffnung des „Gesetzgebers", das Individuum für seine Staatsidee gewinnen und zu dem gewünschten sozial-ethischen Ver=halten bestimmen zu können.[2] Auch hier besteht jene Harmonie zwischen dem wohlverstandenen Selbstinteresse und dem der Gesamt=heit, welche mit dem Glücke des Ganzen zugleich das der einzelnen Glieder verbürgt.[3] Und wenn auch nicht die vollendete Einheit des Vernunftstaates erreicht wird, so sind doch auch hier die Individuen mit ihrem gesamten Dasein in den Lebensprozeß des sozialen Ganzen verflochten. Sie vermögen sich in eine Form des Sozialismus hineinzuleben, von der Plato selbst gesagt hat, daß sie in Bezug auf die Verwirklichung der Einheitsidee die nächste Stelle unmittelbar nach dem Vernunftstaat einnimmt.[4] Ein Ergebnis, das anderer=seits wieder eine so ideale Verwirklichung der verteilenden Gerechtig=keit voraussetzt,[5] wie sie eben nur im Vernunftstaat übertroffen werden kann. Es soll auf diese Weise ein Zustand erreicht werden, in welchem „die ganze Gemeinde im gleichen Genusse der gleichen Freuden stets unverändert dieselbe bleibt und alle Bürger in mög=lichster Gleichheit ein gutes und glückseliges Leben führen."[6] Und

---

[1] 660e: τοὺς ποιητὰς ἀναγκάζετε λέγειν, ὡς ὁ μὲν ἀγαθὸς ἀνὴρ σώφρων ὢν καὶ δίκαιος εὐδαίμων ἐστὶ καὶ μακάριος, ἐάν τε μέγας καὶ ἰσχυρὸς ἐάν τε σμικρὸς καὶ ἀσθενὴς ᾖ, καὶ ἐὰν πλουτῇ καὶ μή· ἐὰν δὲ ἄρα πλουτῇ μὲν Κινύρα τε καὶ Μίδα μᾶλλον, ᾖ δὲ ἄδικος, ἄθλιός τ' ἐστὶ καὶ ἀνιαρῶς ζῇ. 742e: σχεδὸν μὲν γὰρ εὐδαίμονας ἅμα καὶ ἀγαθοὺς ἀνάγκη γίγνεσθαι. S. oben S. 518.

[2] 663b: οὐκοῦν ὁ μὲν μὴ χωρίζων λόγος ἡδύ τε καὶ δίκαιον καὶ ἀγαθόν τε καὶ καλὸν πιθανός γ', εἰ μηδὲν ἕτερον, πρὸς τό τινα ἐθέλειν ζῆν τὸν ὅσιον καὶ δίκαιον βίον, ὥστε νομοθέτῃ γε αἴσχιστος λόγων καὶ ἐναντιώτατος, ὃς ἂν μὴ φῇ ταῦτα οὕτως ἔχειν· οὐδεὶς γὰρ ἂν ἑκὼν ἐθέλοι πείθεσθαι πράττειν τοῦτο, ὅτῳ μὴ τὸ χαίρειν τοῦ λυπεῖσθαι πλέον ἕπεται.

[3] 875b. 790b.

[4] 739e. Vgl. 942c.

[5] 945d.

[6] 816c.

so darf denn der Gesetzesstaat mit Recht von sich sagen, daß er, wenn er wirklich ins Leben treten sollte, die engste Annäherung an das selige Dasein im Staate der „Unsterblichkeit" zur Folge haben würde.[1]

Man sieht, der Abstand zwischen Ideal und Wirklichkeit ist auch hier noch ein unendlich großer, und der Gedanke einer Realisierung dieses Staatsideals fast ebenso utopisch, wie es der Traum vom Vernunftstaat gewesen. Es bedarf, um diesen Gedanken zu fassen, in der That der ganzen „göttlichen Begeisterung", mit der auch bei minder hochgestecktem Ziele die ideale Bedeutsamkeit seiner Aufgabe die Seele des Verfassers erfüllt.[2]

Freilich muß er selbst zugeben, daß unter dem mächtigen Anhauch dieser göttlichen Begeisterung seine ganze Darstellung einer Dichtung ähnlich geworden sei![3] Ja er bezeichnet sich geradezu als den Dichter eines Dramas.[4] Und wenn er auf die Hoffnung, daß diese Dichtung jemals Wahrheit werde, nicht verzichten will, ja eine solche Hoffnung wiederholt ausspricht,"[5] — die Grundstimmung, in der der Verzicht auf den Vernunftstaat und die Idee eines nur relativ besten Staates selbst wurzelt, ist doch eine zu nachhaltige, als daß sie alle Bedenken und Zweifel zum Schweigen bringen ließe.

So gibt Plato ohne weiteres zu, daß wenigstens einzelne seiner Ideen die Probe auf ihre Ausführbarkeit möglicherweise nicht bestehen würden. Ja wenn er sich vergegenwärtigt, was er

---

[1] 739e: ἣν δὲ νῦν ἡμεῖς ἐπικεχειρήκαμεν, εἴη τε ἂν γενομένη πως ἀθανασίας ἐγγύτατα καὶ ἡ μία δευτέρως.

[2] 811c: νῦν γὰρ ἀποβλέψας πρὸς τοὺς λόγους, οὓς ἐξ ἕω μέχρι δεῦρο δὴ διεληλύθαμεν ἡμεῖς, ὡς μὲν ἐμοὶ φαινόμεθα, οὐκ ἄνευ τινὸς ἐπιπνοίας θεῶν, ἔδοξαν δ' οὖν μοι παντάπασι ποιήσει τινὶ προσομοίως εἰρῆσθαι. Vgl. 934c, wo die dem Vf. verliehene Gabe der Gesetzgebung als ein Geschenk von Göttern und Göttersöhnen bezeichnet wird: ὅπως ἂν ἡμῖν παρείχωσι θεοὶ καὶ θεῶν παῖδες νομοθετεῖν.

[3] S. die Anmerk. 2 angeführte Stelle.

[4] 817a.

[5] 752a. 859c.

doch auch jetzt noch für Anforderungen an die Bürger eines idealen
Gemeinwesens stellen muß, wenn er am Schluſſe ſeiner Ausführungen
über die grundlegenden Inſtitutionen des zweitbeſten Staates noch
einmal all ſeine Vorſchläge im Zuſammenhange überblickt: die von
der Wiege bis zur Bahre alles individuelle Leben beherrſchende
und regelnde ſozialiſtiſche Lebensgemeinſchaft, die Beſchränkungen
des Erwerbes, den Verzicht auf das Gold, die künſtliche Grund-
beſitzverteilung, die Zwangspolitik in Beziehung auf das eheliche
Leben und ſo vieles Andere, was ihn — wie geſagt — ſelbſt
gleich einem Traume anmutet, — ſo muß er ſich geradezu geſtehen, daß auf ein Zuſammentreffen ſo günſtiger Umſtände, wie
ſie die vollſtändige Verwirklichung ſeines Entwurfes vorausſetzen
würde, wohl kaum jemals zu hoffen ſei.[1] Er iſt darauf gefaßt,
daß man bei der Ausführung das eine oder andere Stück werde
fallen laſſen müſſen,[2] und daß ſo das Endergebnis möglicherweiſe
nur ein Muſterſtaat dritten Ranges ſein könnte.[3] Das ganze
Projekt erſcheint ihm wohl als ein verwegenes Wageſtück,[4] deſſen
Gelingen genau ebenſo Glücksſache ſei, wie ein Wurf im Würfel-
ſpiel![5] Ja die ganze Erörterung wird wiederholt ſelbſt als ein
Spiel, wenn auch als „verſtändiges“ Spiel hingeſtellt, als edler

---

[1] 745e: ἐννοεῖν δὲ ἡμᾶς τὸ τοιόνδ᾽ ἐστὶ χρεὼν ἐκ παντὸς τρόπου,
ὡς τὰ νῦν εἰρημένα πάντα οὐκ ἄν ποτε εἰς τοιούτους καιροὺς ξυμπέσοι,
ὥστε ξυμβῆναι κατὰ λόγον οὕτω ξύμπαντα γενόμενα ἄνδρας τε, οἱ μὴ
δυσχερανοῦσι τὴν τοιαύτην ξυνοικίαν, ἀλλ᾽ ὑπομενοῦσι χρήματά τε ἔχοντες
τακτὰ καὶ μέτρια διὰ βίου παντὸς καὶ παίδων γενέσεις ἃς εἰρήκαμεν
ἑκάστοις, καὶ χρυσοῦ στερόμενοι καὶ ἑτέρων ὧν δῆλος ὁ νομοθέτης προσ-
τάξων ἐστὶν ἐκ τούτων τῶν νῦν εἰρημένον, ἔτι δὲ χώρας τε καὶ ἄστεος,
ὡς εἴρηκε, μεσότητάς τε καὶ ἐν κύκλῳ οἰκήσεις, πάντη σχεδὸν οἷον ὀνεί-
ρατα λέγων ἢ πλάττων καθάπερ ἐκ κηροῦ τινὰ πόλιν καὶ πολίτας.

[2] 746c: ᾧ δὲ ἀδύνατόν τι ξυμβαίνει τούτων γίγνεσθαι, τοῦτο μὲν
αὐτὸ ἐκκλίνειν καὶ μὴ πράττειν, ὅ τι δὲ τούτου τῶν λοιπῶν ἐγγύτατά
ἐστι καὶ ξυγγενέστατον ἔφυ τῶν προσηκόντων πράττειν, τοῦτ᾽ αὐτὸ δια-
μηχανᾶσθαι ὅπως ἂν γίγνηται. Vgl. 805b.

[3] 739a.

[4] S. den Vergleich mit einem höchſt gewagten Zug im Brettſpiel ebd.

[5] 968e: τὸ λεγόμενον, ὦ φίλοι, ἐν κοινῷ καὶ μέσῳ ἔοικεν ἡμῖν

Zeitvertreib, welcher über die Trübsal des Greisenalters hin=
weghilft. [1])

Wenn wir uns diese beiden Grundstimmungen vergegenwär=
tigen, die sich durch den gesamten Entwurf hindurchziehen, auf der
einen Seite den heiligen Eifer „göttlicher Begeisterung", der ganz
in der Idee der radikalen Weltverbesserung aufgeht und die er=
sehnten Ideale um jeden Preis verwirklicht sehen möchte, auf der
anderen das geschärfte Gefühl des Alters für die in in der Schwäche
der Menschennatur und in den Reibungswiderständen des Lebens
selbst liegenden Schwierigkeiten der Ausführung, so wird uns eine
weitere Eigentümlichkeit des Gesetzesstaates verständlich, die derselbe
allerdings mit manchen anderen sozialistischen Systemen teilt: näm=
lich der Widerspruch zwischen der proklamierten Freiheitsidee und
der Unterwerfung des ganzen individuellen Daseins unter eine bis
ins äußerste Detail durchgeführte staatliche Bevormundung.

Der Bürger des Gesetzesstaates soll sich als ein freier Mann
fühlen; die pädagogisch = didaktische Tendenz der gesamten Gesetz=
gebung ist darauf berechnet, daß die ideale sittliche Ordnung, welche
hier verwirklicht werden soll, möglichst von innen heraus, aus der
Harmonie der Einzelwillen, aus der innerlichen Einheit der Gesin=
nung der Bürger erblühe, daß die freie Selbstbestimmung den
äußern Zwang des Gesetzes thatsächlich überflüssig mache. Trotz=
dem und trotz der naiven Zuversicht auf die unwiderstehlich über=
zeugende Kraft des Gesetzeswortes fehlt doch der rechte Glaube an
die Möglichkeit einer solchen Freiheit. Obwohl jeder Einzelne weiß,
daß er in einem Staate lebt, der ihm sein individuelles Glück, sein
geistiges und materielles Wohlbefinden, wie kein anderer verbürgt,
bedarf doch dieser Staat eines gewaltigen Beamtenheeres, einer in

---

κεῖσθαι, καὶ εἴπερ κινδυνεύειν περὶ τῆς πολιτείας ἐθέλομεν ξυμπάσης, ἢ
τρὶς ἕξ, φασίν, ἢ τρεῖς κύβους βάλλοντας, ταῦτα ποιητέον.

[1]) 685 a: ἀλλὰ μὴν δεῖ γε ἡμᾶς τοῦτο ἐν τῷ νῦν σκοποῦντας καὶ
ἐξετάζοντας περὶ νόμων, παίζοντας παιδιὰν πρεσβυτικὴν σώφρονα διελθεῖν
τὴν ὁδὸν ἀλύπως, ὡς ἔφαμεν ἡνίκα ἠρχόμεθα πορεύεσθαι. Vgl. 688 b.
690 d. 769 a.

die persönlichsten Beziehungen einbringende Kontrolle, um des ge-
setzestreuen Verhaltens seiner Bürger sicher zu sein! Das Individuum wird in eine straff zentralistische Zucht genommen, welche
der Freiheit der eigenen Entschließung die allerengsten Grenzen
steckt. Dem Worte des Gesetzgebers, dessen Idealismus bei aller
zur Schau getragenen „Sanftmut" etwas Starres, Hartes und
Herrschsüchtiges hat, kommt ein raffiniert ausgedachtes System
mechanischen Zwanges zu Hilfe, welches die Individuen mit unwiderstehlicher Gewalt zusammenschmiedet, ihr persönliches, wie ihr
Familienleben, ihr Denken und Forschen, wie ihr künstlerisches
und religiöses Empfinden, kurz ihr gesamtes äußeres und inneres
Sein inhaltlich zu bestimmen und in die von dem Gesetzgeber gewünschte Richtung hinein zu zwingen sucht. Der ausgeprägt hier-
archische Zug des Denkens, den der extreme Sozialismus seitdem nie
wieder verleugnet hat, tritt uns hier in ganz besonders charakteristi-
scher Form entgegen. Und ein solches Leben soll für den Kulturmenschen noch lebenswert, ja die Quelle des höchsten persönlichen
Glückes sein!

Derselbe Mann, der individualistisch genug empfindet, um
offen zuzugeben, daß, „wenn Alles nach Vorschriften geschehen
sollte, das Leben, das ohnehin schon schwer genug, völlig unerträglich würde", derselbe Mann erscheint von einem unüberwindlichen
Mißtrauen gegen jede Befreiung des Individuums von der Zwangsgewalt äußerer Normen beseelt. „Alles, was im Staate nach fester
Ordnung und Satzung geschieht, bringt allen möglichen Segen, aber
das gar nicht oder ungenügend Geordnete bringt meist einen Teil
dieses Wohlgeordneten wieder in Verwirrung".[1] Als ob nicht
gerade durch die äußerliche statutarische Regelung von Dingen,
welche durchaus nur aus dem guten Willen der Einzelnen hervorgehen können, das ideale Ziel der ganzen Gesetzgebung in Frage
gestellt würde! In der engen Sphäre, welche dieser platonische

---

[1] 780 d: πᾶν μὲν γάρ, ὅ τί περ ἂν τάξεως καὶ νόμου μετέχον ἐν
πόλει γίγνηται, πάντα ἀγαθὰ ἀπεργάζεται, τῶν δὲ ἀτάκτων ἢ τῶν κακῶς
ταχθέντων λύει τὰ πολλὰ τῶν εὖ τεταγμένων ἄλλα ἕτερα.

Sozialstaat von solcher Regelung frei läßt, würde die geistige Spannkraft und Regsamkeit des Individuums, deren gerade dieser Staat zu seiner Erhaltung so notwendig bedürfte, systematisch ge=lähmt und untergraben; unter dem Zwange der Regulative, der ihn auf Schritt und Tritt begleitet, würde der Einzelne schwerlich zu jener Selbständigkeit des Charakters und Geistes gelangen, ohne welche die von Plato selbst gewünschte wahrhaft freie Selbstbe=stimmung überhaupt nicht möglich ist.

Es ist ein verhängnisvoller — freilich bis auf den heutigen Tag immer und immer wiederkehrender Irrtum —, zu glauben, daß bei der Lösung sozialer Aufgaben die private Initiative mög=lichst auszuschließen und durch Rechtsnormen und gesetzgeberische Technik zu ersetzen sei; ein Prinzip, das folgerichtig durchgeführt, die öffentlichen Institutionen zu einem geistlosen Mechanismus machen würde, der beständig der Direktion der Werkmeister bedürfte.

Gerade das Umgekehrte des genannten platonischen Satzes ist richtig! Nicht diejenige Organisation des Staates ist die idealste, welche das kunstreichste System der Regulative ausgebildet hat, sondern in welcher — unbeschadet der Lebensinteressen der Gesamtheit — der Zwang aus den menschlichen Beziehungen mög=lichst hat entfernt werden können. Je mehr die spontane Thätig=keit der Einzelnen oder der kleineren Kreise eine befriedigende Lösung der staatlichen und gesellschaftlichen Aufgaben erwarten läßt, um so besser! „Jede Minderung der spontanen Thätigkeit des Einzelnen ist Kraftverlust unter dem Gesichtspunkte der Gesamtheit und Ver=lust an Freude und eigentümlicher Bildung für den Einzelnen."[1]

Freilich ist gerade diese individuelle Bildung, die Mannig=faltigkeit individuellen Denkens und Empfindens ein Gegenstand des Mißtrauens für den sozialistischen Doktrinär, weil sie die Unter=werfung der Geister unter seine mit dem Anspruch auf alleinige Wahrheit verkündeten Satzungen in höchstem Grade erschwert, eine stete Quelle von Konflikten zwischen der starren Autorität dieser

---

[1] Paulsen: Ethik S. 845.

absoluten Normen und dem Bewußtsein des Einzelnen werden muß.
Um solchen Konflikten schon im Entstehen vorzubeugen und die für
die Aufrechterhaltung des Systems unentbehrliche „Einheitlichkeit"
der Gesinnung zu erzielen, sieht sich dieser Sozialismus zu der
verhängnisvollen Konsequenz gedrängt, gerade in diejenigen Gebiete
des menschlichen Daseins regulierend einzugreifen, welche durchaus
individualisiert und persönlicher Natur sind, und deren Wert ganz
wesentlich auf ihrer Individualisierung beruht, — die aber eben
deshalb auch der Überwachung und Beeinflussung durch Gesetz und
Polizei am wenigsten zugänglich sind: Die Gebiete geistigen Schaf=
fens, moralischen und religiösen Empfindens, der Sitten und Lebens=
gewohnheiten des Hauses u. s. w.

Daß hier die geringste Überspannung staatlichen Zwanges
wahrhaft verderblich und zerstörend wirken kann, daß das einseitige
Ordnungsprinzip, von welchem Plato ausgeht, nichts weniger als
geeignet ist, die erträumte Harmonie zwischen Staat und Indivi=
duum zu schaffen, das wird im Eifer der radikalen Weltverbesserung
vollkommen verkannt. Was soll man vollends zu der ungeheuer=
lichen Verirrung sagen, Metaphysik, Glauben, Forschung zur Staats=
sache machen zu wollen? Nichts könnte die Kulturwidrigkeit des
doktrinären Sozialismus drastischer beleuchten, als diese Seite des
platonischen Staatsideals. Das ist in der That die letzte Konse=
quenz, zu welcher der einseitig sozialistische Staat notwendig ge=
langen muß: die Knebelung aller Geistesfreiheit. Daß der moderne
Sozialismus dies leugnet, ist nur ein Zeichen seiner Unklarheit
oder Unwahrhaftigkeit. Die unerbittliche Logik und unbestechliche
Wahrheitsliebe des antiken Denkers läßt hier keine Illusion auf=
kommen.

Um so größer ist freilich die Illusion, in der er selbst sich
befindet. Er sieht nicht, daß sich in dieser Frage der extreme
Sozialismus in einem ewigen Zirkel bewegt. Der einseitig sozia=
listische Staat kann, ohne seinen eigenen Bestand zu gefährden,
unmöglich Freiheit des Denkens und Glaubens gewähren; seine
innerste Natur treibt ihn dazu, auch das geistig=persönliche Leben

mit den Mitteln der allmächtigen Staatsgewalt zu regeln und zu beherrschen. Und doch lehrt andererseits die Geschichte auf tausend Blättern, daß dieses Bemühen ein erfolgloses sein muß, weil es mit den Lebensbedürfnissen des Kulturmenschen in einem unversöhnlichen Widerspruch steht.

Günstiger liegt die Sache für den platonischen Standpunkt auf volkswirtschaftlichem Gebiete. Im wirtschaftlichen Verkehr, in der wirtschaftlichen Produktion handelt es sich nicht entfernt in dem Grade, wie auf geistig=ethischem Gebiete um die Bethätigung des individuellen und persönlichen Lebens, sondern — in weitem Umfange wenigstes — um gleichartige und unpersönliche Thätigkeit. Wirtschaftliche Handlungen, wirtschaftliche Leistungen sind daher in ungleich größerem Umfang kontrollierbar und erzwingbar, als Meinungen, Überzeugungen und Lebensgewohnheiten, und demnach auch die Bedenken gegen staatliche Regulierung weit geringer.

Freilich ist hier eben deshalb die Versuchung zu einer übermäßigen Ausdehnung der Staatssphäre und der staatlichen Bevormundung eine besonders große. Und in der That ist auch Plato dieser Versuchung erlegen. Sein Ordnungsprinzip, welches „womöglich nichts ohne Aufsicht" lassen möchte, ist selbst in seiner Anwendung auf das volkswirtschaftliche Gebiet eine großartige Verirrung. So recht er mit seiner Forderung hat, daß die Vernunft auch diese Dinge übersehen und beherrschen, sie nicht einfach dem blinden Zufall überlassen soll, so verkehrt ist es, daß er Zwang und Regulative, die ohne Schädigung der individuellen Energie doch immer mehr nur als Ausnahme und Nachhilfe eintreten können, auch hier zur Regel erhebt und an die Stelle eines lebendigen Organismus eine Maschine, einen von einer Stelle aus zu lenkenden Mechanismus setzt.

Die Art und Weise, wie im Gesetzesstaate alle sozialökonomischen Probleme von Staatswegen und von oben her gelöst werden, die planmäßig zentralisierte Staatsleitung von Produktion, Konsumtion und Verkehr, welche über die gesamte Volkswirtschaft wie über eine große Hauswirtschaft schaltet, die rücksichtslose Unterwer=

fung aller Individualwirtschaften unter ein System allgemeiner
Normen, die nicht aus den Bedürfnissen der lebendigen Wirklichkeit,
sondern aus den Abstraktionen einer absoluten Doktrin erwachsen
sind, die abschreckenden polizeistaatlichen Mittel, mit denen diese
ganze Politik der Zentralisation und Nivellierung ins Werk gesetzt
wird, — all das kann doch gewiß nicht als ein wünschenswertes
Ziel erscheinen, ganz abgesehen davon, daß nicht einmal die Mög=
lichkeit der Durchführung erwiesen ist.

Es genügt doch nicht, wenn der Gesetzgeber auf dem Papier
den Anteil bestimmt, der nach seinen theoretischen Überzeugungen
den Grundbesitzern, Kaufleuten, Handwerkern u. s. w. am Volks=
vermögen und =Einkommen gebührt! Er muß auch zeigen, wie der
Apparat beschaffen sein und fungieren soll, der die systematische
Regulierung aller Besitz= und Einkommensverhältnisse zu verwirk=
lichen hat.

Darauf erwartet man vergeblich eine befriedigende Antwort.
Plato begnügt sich, die Wahlen zu der betreffenden Behörde mit
gewissen Kautelen zu umgeben und dieselbe mit weitgehenden Macht=
befugnissen auszustatten. Als ob damit eine hinlängliche Bürg=
schaft für die genügende Durchführung der ihr gestellten unendlich
schwierigen Aufgabe gegeben wäre! Nicht einmal dafür ist der
Nachweis erbracht, wie es möglich sein soll, in einem Wirtschafts=
system, in welchem dem Haupthebel aller wirtschaftlichen Kraft=
äußerung, dem individuellen Interesse ein so unendlich bescheidener
Spielraum zu seiner Bethätigung übrig bleibt, auch nur den
ungestörten Fortgang und eine genügende Leistungsfähigkeit des
Produktions= und Verkehrsprozesses zu erhalten. Solche Fragen
lassen sich eben nicht so einfach bei Seite schieben, wie dies hier
geschehen ist, — wenigstens dann nicht, wenn man Vorschläge für
das praktische Leben machen will. Und darauf verzichtet ja Plato
keineswegs, obwohl er die Frage der Ausführbarkeit als eine sekun=
däre behandelt.

Die hier geschilderte Gesetzgebung würde schon darum Gefahr
laufen, ein toter Buchstabe zu bleiben oder in unlösbare Wider=

sprüche mit den thatsächlichen Verhältnissen zu geraten, weil sie in
unerträglicher Weise schematisiert und generalisiert. In das ideale
Schema seines Systems gebannt kennt Plato die Rücksichten nicht,
welche der Gesetzgeber auf die Mannigfaltigkeit der Daseinsbedin=
gungen menschlicher Wirtschaft, auf die Vielgestaltigkeit der Be=
ziehungen zwischen den wirtschaftlichen Interessenkreisen zu nehmen
hat. Er sieht nicht, daß jede Wirtschaftspolitik um so erfolgreicher
sein wird, je mehr sie individualisiert, um so wirkungsloser, je mehr
sie verallgemeinert.

Man vergegenwärtige sich nur das Agrarrecht des Gesetzes=
staates, auf welchem der soziale Aufbau des ganzen Staatskörpers
beruht! Dasselbe ist offenbar das Ergebnis einer Reaktion gegen
die Zustände, wie sie sich in Platos Zeit im Zusammenhange mit
der Mobilisierung des Grundeigentums, der Bodenzersplitterung
und der Aufsaugung des Grundbesitzes durch das Geldkapital her=
ausgebildet hatten. Das Urteil, das sich Plato auf Grund dieser
lokalen Beobachtungen über die Erfordernisse einer rationellen Agrar=
politik gebildet hatte, wird echt doktrinär ohne weiteres zur Höhe
einer allgemein gültigen Wahrheit erhoben. Das Kennzeichen einer
gesunden Agrarverfassung kann von diesem Standpunkte aus nur
die strengste Gebundenheit sein: Absolute Unteilbarkeit und Unver=
äußerlichkeit des Grundbesitzes, sowie ein die ungeteilte Vererbung
und den wirtschaftlichen Bestand der Anwesen sicherndes Zwangs=
erbenrecht. Damit soll die Panacee für die Heilung, beziehungs=
weise Verhütung der schlimmsten sozialen Krankheitserscheinungen
gefunden sein! Daß die Stabilisierung einer gewissen Größe der
Landgüter nur unter der Voraussetzung eines ganz bestimmten genau
und gleichförmig festgehaltenen Betriebes richtig sein kann, daß
eine schematische Festsetzung dieser Größe durch die Gesetzgebung
niemals den Verschiedenheiten von Boden, Klima und Anbauver=
hältnissen genügend Rechnung tragen könnte, daß nicht der Gesetz=
geber, sondern nur der Landwirt selbst am besten weiß, wie groß
sein Gut sein muß, um der Volkswirtschaft die besten Dienste zu
leisten — kurz, daß die ganze Frage der Freiheit und Gebunden=

heit des Grundeigentums überhaupt nur bedingt, d. h. nur für
beſtimmte Gegenden und mit Rückſicht auf die gegebenen Wirt=
ſchafts= und Kulturverhältniſſe beantwortet werden kann,[1]) das
kommt Plato nicht zum Bewußtſein.

Obgleich die Volkswirtſchaft eines Staates, der in ſeiner
Iſolierung „ſich ſelbſt genügen" muß, notwendig alle Formen der
landwirtſchaftlichen Produktion, Viehzucht, Ackerbau und garten=
mäßige Kulturen umfaßt und daher ſchon durch das Produktions=
intereſſe auf eine Individualiſierung des Wirtſchaftsrechtes hinge=
wieſen iſt, wird doch die ganze Agrarpolitik des Geſetzesſtaates auf
rein doktrinären Erwägungen und Schlagworten aufgebaut; und
darnach wird das ganze agrariſche Wirtſchafts= und Verkehrsleben
ohne Rückſicht auf die Verſchiedenartigkeit der Exiſtenzbedingungen
in ſtreng uniformer Weiſe geregelt, eine ſtarre Unbeweglichkeit der
einmal gegebenen Beſitzverhältniſſe erzwungen. Ebenſowenig wer=
den die ſchwerwiegenden ſozialpolitiſchen, privat= und volkswirt=
ſchaftlichen Momente gewürdigt, welche auf dem Gebiete des Er=
werbsrechtes einer doktrinären Gleichheitsmacherei entgegenſtehen.
Die Mißſtände, welche die allgemeine und ausſchließliche Durch=
führung der Individualſucceſſion (des Anerbenrechtes) unvermeid=
lich zur Folge haben würde, ſcheinen für den platoniſchen Sozial=
ſtaat nicht vorhanden zu ſein. Über die Schwierigkeiten z. B.,
welche im Anerbenrecht die Geſtaltung der Abfindungsnormen
macht, hilft er ſich mit einer ganz ſchablonenhaften Regelung der
Frage hinweg. Der in der Natur dieſes Rechtsinſtitutes liegende
Intereſſengegenſatz zwiſchen Anerben und Geſchwiſtern kommt hier
ſo wenig zum Bewußtſein, der Gemeinſinn und die Überzeugung
von der Notwendigkeit des Inſtitutes iſt eine ſo ſtarke, daß zu
Gunſten des Anerben die Erbanteile der Geſchwiſter auf ein ganz
kümmerliches Maß herabgedrückt werden können, ohne den Fami=
lienfrieden und die ſoziale Harmonie irgendwie zu ſtören! Ja der

---

[1]) Vgl. die ſchönen Ausführungen von Buchenberger: Agrarweſen und
Agrarpolitik I, 431 ff.

leichtherzige Optimismus mit dem der Gesetzgeber hier der Ent=
wicklung der Dinge entgegensieht, versteigt sich sogar zu der naiven
Erwartung, daß die durch die Geschlossenheit des Grundbesitzes
immer wieder von neuem notwendig werdende Abstoßung eines
Teiles der nachwachsenden Generation sich ohne jeden Zwang werde
bewerkstelligen lassen, daß die Enterbten in die Entfernung von
der heimatlichen Erde sich allezeit freiwillig fügen würden! Welchen
Wert Rechtsnormen haben, welche nur unter solchen utopischen
Voraussetzungen realisierbar sind, bedarf keiner Ausführung. Hier
gewinnt man in der That den Eindruck, als handle es sich um
ein Spiel mit Wachsfiguren, nicht um Menschen, die von Leiden=
schaften und Interessen bewegt sind.

Und was für das Agrarwesen gilt, trifft auch für alle an=
deren Gebiete der Wirtschaftspolitik zu: Überall derselbe Geist der
Schablone und der Schematisierung, welche den Dingen und Men=
schen, wie sie nun einmal in Wirklichkeit sind, fortwährend Gewalt
anthut, und daher in der Praxis fast durchweg an unüberwind=
lichen technischen und psychologischen Schwierigkeiten scheitern würde.
Die ideale Republik Magnesia würde ihrem „Gesetzgeber" wahrschein=
lich dasselbe Schicksal bereitet haben, welches Cabet, der Erfinder,
Gesetzgeber und Patriarch Ikariens erfuhr, der nach endlosen Strei=
tigkeiten und allgemeiner Enttäuschung von seinen Ikariern ver=
trieben, von seinen Freunden verlassen in Armut und Einsamkeit
gestorben ist! — So zeigt schon dieser erste Entwurf einer ein=
seitig sozialistischen Organisation der Volkswirtschaft die Unfähigkeit
des extremen Sozialismus, mit seinen einfachen logischen Formen
der sozialen Probleme wirklich Herr zu werden. Ein Mißerfolg,
der uns übrigens nicht abhalten darf, die großen und fruchtbaren
Gedanken anzuerkennen, die doch auch hier keineswegs fehlen.

Man hat im Hinblick auf den „geschlossenen Handelstaat"
von Fichte gesagt, derselbe sei der Erste gewesen, der die Moral
in die Nationalökonomie einführte.[1]) In Wirklichkeit ist dies das

---

[1]) Schmoller: Zur Gesch. u. Lit. der Staatsw. 77. Manches von dem,

Verdienst des platonischen Staates, der gewiß nicht mit geringerer
Energie als der Sozialstaat Fichtes, das hohe Ziel verfolgt, daß
auch in allen ökonomischen Beziehungen immer mehr Recht und
Billigkeit, Vertrauen und reelle Offenheit an die Stelle von Täu=
schung, Betrug und Schwindel trete.

Auch darin ist Plato ein Vorläufer Fichtes, daß er in den
Grundzügen seines ökonomischen Systems Aufgaben zeichnet, die in
der That als das wahre Ideal einer richtigen Ökonomie des Güter=
lebens anzuerkennen sind. Wenn die Wirtschaftspolitik des Ge=
setzesstaates ihr Augenmerk vor allem darauf richtet, daß die Be=
völkerung nach den verschiedenen Erwerbszweigen richtig verteilt sei
und daß die Ökonomie des Gattungslebens im Gleichgewicht mit
der wirtschaftlichen Existenzmöglichkeit bleibe, so erscheint sie von
einer richtigen Einsicht in die Grundbedingungen einer gesunden
Volkswirtschaft geleitet. Ebenso ist ihr Bestreben, eine allzu große
Ungleichheit des Besitzes zu verhüten, an und für sich ein durch=
aus berechtigtes. Wenn auch das gegenseitige Verhältnis der
Stände in diesem Staate keineswegs idealen Anforderungen ent=
spricht und die Lage der gewerbetreibenden Klasse z. B. eine ge=
radezu unhaltbare und unerträgliche ist, darin liegt doch ein zu=
kunftsreicher Gedanke, daß in einem gesunden Gemeinwesen die
Bedingungen für die Existenz und das Gedeihen eines zahlreichen
befriedigten, sittlich und politisch tüchtigen Mittelstandes vorhanden
sein müssen, — als der besten Schutzwehr gegen das Entstehen
einer Übermacht · der Extreme, gegen Mammonismus und Paupe=
rismus, Oligarchie und Ochlokratie und gegen die Tyrannis. Ein
Gedanke, der durch die klassischen Ausführungen der aristotelischen
Politik über die soziale Mission des Mittelstandes zum Gemeingut
der politischen Wissenschaften geworden ist.[1]) Mit Recht wird
ferner in dem Gesetzesstaat der größte Wert darauf gelegt, daß der

---

was hier von Fichte gesagt wird, gilt wörtlich auch von Plato und ist daher
auch im Text zum Teil wörtlich wiederholt worden.

[1]) Man vergißt gewöhnlich, daß Aristoteles auch hier platonische Ideen
weiter ausführt.

Gang der wirtschaftlichen Entwicklung ein möglichst sicherer sei, daß der Verkehrsprozeß sich möglichst regelmäßig und gleichmäßig gestalte, Wert- und Preisschwankungen und sonstige Hab und Gut des Einzelnen gefährdende Störungen immer seltener werden, daß endlich durch dies Alles ein möglichst hoher Grad von Sicherheit des Besitzes und der Existenz der Einzelnen erreicht werde. Das sind in der That wahre Aufgaben der wirtschaftlichen Thätigkeit jedes Volkes und Staates.

Worin Plato irrt, das sind — ähnlich wie bei Fichte, — die Mittel der Ausführung; und häufig besteht sein Irrtum nur darin, daß er unter dem Banne seines einseitigen Ordnungsprinzipes eine Aufgabe für den Staat in Anspruch nimmt, welche dieser nicht von sich aus lösen kann, sondern nur die Gesellschaft von dem Einzelnen aus, und wobei Staat und Recht höchstens mittelbare Beihilfe gewähren können.

Ja selbst die Mittel, welche Plato zur Herstellung gesunder sozialökonomischer Verhältnisse empfiehlt, sind wenigstens teilweise und unter der Voraussetzung, daß sie eben nur bedingte Geltung beanspruchen können, in hohem Grade beherzigenswert. Und ebenso verdienen die allgemeinen Gesichtspunkte, in denen diese Vorschläge ihren Rechtfertigungsgrund finden, die größte Beachtung.

Ein Agrarrecht z. B., welches die ungeteilte Erhaltung der Heimstätten im Erbweg sichert, kann unter Umständen sehr wohl durch das Bedürfnis der Produktion und im Interesse der Gesamtwohlfahrt des Volkes gefordert sein. Und daß in diesem Falle der Staat berufen ist, mit seiner Zwangsgewalt einzugreifen, daß es eine Illusion wäre, sich auf einen freiwillig richtigen Eigentumsgebrauch zu verlassen, das hat die Geschichte zur Genüge gezeigt.

Von wahrhaft vorbildlicher Bedeutung ist es, wie die Gesetzgebung des platonischen Gesetzesstaates den Grund und Boden als das Wertvollste proklamiert, was ein Volk sein Eigen nennt, wie sie den innigen Zusammenhang zwischen Bodenbesitz und Bodenwirtschaft einerseits und den wichtigsten Lebensinteressen des Volkes

andererseits erkennt und mit rücksichtsloser Energie das Recht des
Staates geltend macht, dahin zu wirken, daß der Grundbesitz im
Einklang mit den Bedürfnissen der Gesamtheit genützt und bewirt=
schaftet werde. So wenig man sich mit dem Monopole der Voll=
bürger auf die Grundrente und mit dem Lose befreunden
kann, welches den Bebauern des Bodens auferlegt wird, so sym=
pathisch berührt es, daß das öffentliche Rechtsbewußtsein des Ge=
setzesstaates dieses Renteneinkommen nur in der Voraussetzung an=
erkennt, daß es von seinen Empfängern als die Grundlage für
eine dem öffentlichen Wohle gewidmete rastlose Thätigkeit, für die
Übernahme wichtiger öffentlicher Funktionen benützt wird, daß sie
nicht faule Drohnen, sondern Männer der strengsten Arbeit und
Pflichterfüllung sind.

Nicht minder vorbildlich ist die Art und Weise, wie aus
diesen Grundanschauungen heraus alles Privateigentum zugleich
unter den öffentlich rechtlichen Gesichtspunkt gestellt wird, wie
insbesondere das Grundeigentum nirgends als ein bloß privatrecht=
liches, sondern als ein sozialrechtliches Institut aufgefaßt und be=
handelt wird. Während die rein individualistischen Privatrechts=
systeme Inhalt und Umfang des Privateigentums einseitig durch
den individuellen Willen des Eigentümers bestimmen werden lassen
und durch die unvermeidlichen Ausnahmen, in denen sie das staat=
liche Eingreifen „im öffentlichen Interesse" zulassen müssen, eine
Art Kriegszustand zwischen öffentlichem und Privatrecht herbeiführen,
wird hier der Privateigentumsordnung ein Rechtsprinzip zu Grunde
gelegt, welches die dem Privateigentum zustehenden Rechte von
vorneherein so umgrenzt, wie es dem Bedürfnis der Gemein=
schaft entspricht.

Es ist von höchstem Interesse, zu sehen, wie auch hier die
Neuzeit da, wo sie mit einer sozialrechtlichen Gestaltung des Privat=
eigentums wirklich Ernst macht, ganz von selbst den bereits von
Plato vorgezeichneten Weg beschritten hat. Wenn in Platos Sozial=
staat der Bürger sich stets vor Augen hält, daß er in seinem Grund
und Boden ein „gemeinschaftliches Gut des ganzen Staates" be=

wirtschaftet, so hat auch Justus Möser das Recht des staatlichen
Eingreifens in die Bodenbesitzverteilung mit den ganz platonischen
Worten motiviert: „Die Erde ist des Staates". Und die modernen
Bestrebungen, an die Stelle des absoluten Privateigentumsrechtes
und der üblichen römisch-rechtlichen Bestimmung desselben ein wahrhaft soziales Recht zu setzen, haben zur Aufstellung eines Eigentumsbegriffes geführt, nach welchem das (Ober-)Eigentum an
Grund und Boden dem Gemeinwesen (Staat, Gemeinde u. s. w.)
zustehen soll, dem Individuum dagegen nur ein abgeleitetes (allerdings vererbliches und veräußerliches) Recht. Ein Eigentumsbegriff, nach welchem das Individuum nicht mehr Recht hat,
als ihm eben verliehen ist. Mit einem solchem Recht hofft man
eine feste Grundlage zu gewinnen, von der aus Bodenwucher und
Überschuldung des Grundbesitzes wirksamer zu bekämpfen wäre,
während dies da, wo man an dem römisch-rechtlichen Eigentumsbegriff in feiner Anwendung auf Grund und Boden festhält, ohne
Willkür und innere Widersprüche nicht möglich ist.

Es ist nicht Sache des Historikers, diese Konstruktion des
Bodeneigentums als Erblehens auf ihre Haltbarkeit hin zu beurteilen. Die zu Grunde liegende allgemeine Idee aber wird er
ganz und voll anerkennen müssen, weil sie sich als eine unabweisbare Forderung des geschichtlichen Lebens selbst herausgestellt hat,
daß wir nämlich einen Eigentumsbegriff brauchen, welcher die
Eventualität von gesetzlichen Beschränkungen der Verfügungsbefug-
nisse des Eigentümers und selbst von Verpflichtungen zu einem
Thun, welche dem letzteren hinsichtlich der Benützung seines Eigentums auferlegt werden können, mit in sich aufnimmt.[1] Dieser
Forderung wird sich ein wahrhaft nationales und volkstümliches
Recht auf die Dauer nimmermehr entziehen können, so sehr auch
ein einseitiger Individualismus und Formalismus sich dagegen
sträuben mag. Es würde einen verhängnisvollen Rückschritt zu

---

[1] In dieser Beziehung stimme ich überein mit A. Wagner: Grundlegung (2) 580 und Pfizer: Soziales Recht (Allgem. Ztg. 1893 Beil. 55).

einer bereits vom Hellenentum überwundenen Rechtsauffassung bedeuten, wenn die Kodifikation des usus modernus Pandectarum,
die man dem deutschen Volke als bürgerliches Gesetzbuch darzubieten
beabsichtigt, wirkliches Recht würde!

Eine andere Idee von ungeheurer Tragweite ist das Prinzip
der Öffentlichkeit des Geschäftslebens, das eines der wichtigsten Hilfsmittel der Wirtschaftspolitik des Gesetzesstaates bildet.
So wenig an die extreme Durchführung dieses Prinzipes im Sinne
Platos zu denken ist, darüber kann doch Zweifel bestehen, daß
derselbe hier mit genialer Intuition einen Gedanken erfaßt hat,
dem noch eine große Zukunft bevorsteht. Schon ist Vieles und
Hochbedeutsames in dieser Richtung geschehen. Der moderne Staat
fordert unbedingte Publizität für die Banken und Aktiengesellschaften,
öffentliche Hypothekenbücher, offene über die Kreditbasis des Kaufmanns orientierende Handelsregister. Kurszettel und Dividenden-
berichte haben nicht bloß über die Betriebe, die sich der Form der
Aktiengesellschaft bedienen, sondern auch über alle verwandten Betriebe und über den Ertragreichtum von Handel und Industrie
überhaupt ein so ungeahntes Licht verbreitet, daß das Bedürfnis
der Gesellschaft, genau und gut über das Thun und Treiben ihrer
einzelnen Mitglieder unterrichtet zu sein, in hohem Grade gewachsen
ist. Wir haben erkannt, daß die Möglichkeit, die besitzenden und
namentlich die gewerbetreibenden Klassen ihrer vollen Leistungsfähigkeit entsprechend zu Opfern für soziale Reformen, zu staatlichen
und sozialen Leistungen heranzuziehen, wesentlich davon abhängt,
wieweit wir in der Offenlegung des gewerblichen Lebens fortzu-
schreiten vermögen. Auch der moderne Staat arbeitet an der stetigen Vervollkommnung einer amtlichen Statistik, welche unsere
Einsicht in die Verhältnisse der Produktion, der Besitzes- und Einkommensverteilung stetig erweitert und vertieft und so ein immer
wirksameres Hilfsmittel staatlicher Wohlfahrtspolitik werden wird.

All das muß man sich vergegenwärtigen, wenn man das hier
geschilderte Gesellschaftsideal in seiner vollen geschichtlichen Bedeutung erkennen will. So vielfach die von Plato gewiesenen Wege

in Irrsal und Abgründe führen, immer gelangt man doch auch wieder auf lichte Höhen und zu Ausblicken, die „voll sind von Zukunft".

Vierter Abschnitt.

Das Fragment des aristotelischen Staatsideals.

Wie wir sahen, hatte die platonische Sozialphilosophie auf die Verwirklichung der letzten und äußersten Konsequenzen der sozialistisch-organischen Auffassung von Staat und Gesellschaft zwar so gut wie verzichtet, dieselbe aber doch grundsätzlich als das Ideal festgehalten, zu welchem die Idee der Gemeinschaft mit logischer Notwendigkeit hindrängt. Bei Aristoteles wird der thatsächliche Verzicht zu einem prinzipiellen.

Obgleich auch er die Beurteilung der staatlichen Gebilde nach der Analogie physischer Organismen vollkommen billigt,[1] ist er doch nicht gewillt, diesen Vergleich mit Plato bis zu der Schlußfolgerung zu treiben, daß die durch die Konzentration alles Lebens in Einem Organ erzeugte Einheitlichkeit des physischen Organismus zugleich als das Prototyp für die idealste Form staatlicher Gemeinschaft zu betrachten sei. Für Aristoteles ist es von vornherein eine naturwidrige Überspannung des Gemeinschaftsprinzips, wenn Plato eine derartige Vereinheitlichung des sozialen Organismus für möglich oder auch nur für begehrenswert hält.

Aristoteles weist darauf hin, daß der Staat seiner Natur nach aus einer Vielheit besteht,[2] die nur in gewissen Beziehungen zur Einheit werden kann und soll,[3] weil sie aus Elementen zusammengesetzt ist, die unter sich verschieden sind; eine Verschieden

---

[1] S. oben S. 165.

[2] Pol. I, 2, 4. 1261a: πλῆθος γάρ τι τὴν φύσιν ἐστὶν ἡ πόλις, γινομένη τε μία μᾶλλον οἰκία μὲν ἐκ πόλεως, ἄνθρωπος δ' ἐξ οἰκίας ἔσται.

[3] II, 2, 96. 1263b.

[4] I, 2, 4. 1261a: οὐ μόνον δὲ ἐκ πλειόνων ἀνθρώπων ἐστὶν ἡ πόλις ἀλλὰ καὶ ἐξ εἴδει διαφερόντων· οὐ γὰρ γίνεται πόλις ἐξ ὁμοίων.

heit, welche die von Plato erträumte Einheitlichkeit des Fühlens, Denkens und Wollens unmöglich macht.

Wenn Plato die soziale Harmonie (συμφωνία) seines Ideal= staates mit dem Zusammenklang der Töne vergleicht, so meint Aristoteles, eine Einheitlichkeit, wie die platonische, würde die Sym= phonie zur Monotonie, die rythmische Komposition zu einem ein= zigen Takt umwandeln[1]), d. h. statt des harmonischen Zusammen= wirkens individuell verschiedener und gerade dank dieser Verschieden= heit nach gegenseitiger Ergänzung strebender lebendiger Kräfte, würde eine rein mechanische Einförmigkeit, eine leblose Monotonie ent= stehen, während doch die Harmonie nicht darin besteht, daß immer derselbe Ton, sondern im Einklang viele Töne angeschlagen werden.

Vortrefflich hat diese aristotelische Anschauung Montesquieu formuliert: „Was man die Einheit eines Staatskörpers nennt, — sagt er in der Schrift von den Ursachen der Größe und des Ver= falles der Römer,[2]) — ist etwas sehr Zweideutiges. Die wahre Gestalt derselben ist eine Einheit der Harmonie, welche schafft, daß alle Teile, wie entgegengesetzt sie uns erscheinen mögen, zu= sammenwirken zum allgemeinen Wohl der Gesellschaft, wie in der Musik Dissonanzen sich auflösen in der Harmonie des Hauptakkords. Es ist damit, wie mit den Teilen des Universums, die ewig ver= knüpft sind durch die Aktion der einen und die Reaktion der anderen."

Wenn aber die individuelle Verschiedenheit der einzelnen Persönlichkeiten, aus denen die Gesellschaft sich zusammensetzt, eine Einheitlichkeit verbietet, in der — um mit Robbertus[3]) zu reden — alles individuelle Leben zu sozialem Leben zusammenschmilzt

---

[1]) II, 2, 9b. 1263b: ὥσπερ κἂν εἴ τις τὴν συμφωνίαν ποιήσειεν ὁμοφωνίαν ἢ τὸν ῥυθμὸν βάσιν μίαν.

[2]) c. 9.

[3]) Der bekanntlich die platonische Idee des μακράνθρωπος am schärf= sten formuliert hat, allerdings unter gleichzeitiger Übertragung des Begriffes vom Staat auf die Gattung. Vgl. Dietzel S. 45.

und die Gesellschaft personifiziert ist zu Einem Willen, Einer Ein=
sicht, Einer Gewalt — das Analogon des Menschen", — so ver=
bietet dieselbe Artverschiedenheit nach der Ansicht des Aristoteles
auch die mechanische Nivellierung, welche der platonische Soziali3=
mus durch die Aufhebung des Individualeigentums und der Einzel=
ehe herbeizuführen sucht, um jene Einheitlichkeit auf die höchste
Ausbildungsstufe zu erheben. Die Bedürfnisse der einzelnen Indi=
viduen und die Arten des Genusses, in denen es Befriedigung
findet, sind überaus verschieden; und nicht minder ungleich sind
die Leistungen und die Ansprüche, die der Einzelne eben auf Grund
dieser Ungleichartigkeit der Arbeitsleistung zu stellen berechtigt ist.[1]
Eine Schwierigkeit, die auf Grundlage der Gütergemeinschaft nie=
mals gelöst werden kann, ganz abgesehen davon, daß gerade die
Gemeinschaft hier leicht zu einer Quelle von Entzweiungen werden
kann, zu denen bei Individualwirtschaft und Individualbesitz kein
Anlaß ist.[2]

Auch insofern wird die Gütergemeinschaft dem Individuum
nicht gerecht, als „die von der Natur einem Zeden eingepflanzte"
und eben darum berechtigte Liebe zu sich selbst das Verlangen nach
Erwerb und Besitz persönlichen Eigentums naturgemäß in sich
schließt. Die Abschaffung des Privateigentums würde den Menschen
des „unsäglichen Genusses" berauben, den es für ihn hat, irgend
etwas sein Eigen nennen zu können.[3] Er würde überhaupt so
vieler und so großer Güter verlustig gehen, daß es für ihn gerade=
zu unmöglich sein würde, das Leben in einem solchen Zustande
zu ertragen.[4]

---

[1] II, 2, 2. 1263 a.

[2] Ebd. 3. Communio est mater discordiarium! Hobbes: De
cive I, 6.

[3] II, 2, 6. 1263 a. ἡδονή ἀμύϑητος!

[4] II, 2, 9. 1263 b: ἔτι δὲ δίκαιον μὴ μόνον λέγειν ὅσων στερήσον-
ται κακῶν κοινωνήσαντες, ἀλλὰ καὶ ὅσων ἀγαϑῶν · φαίνεται δ'εἶναι
πάμπαν ἀδύνατος ὁ βίος. Wie Gierke angesichts dieser Ausführungen (a.
a. O. S. 12) behaupten kann, daß Aristoteles seine ausführliche Polemik gegen

Mit der gleichen Entschiedenheit, mit der hier auf sozial=
ökonomischem Gebiet vom Standpunkt des Individuums aus der
Überspannung des sozialistischen Gedankens entgegengetreten wird,
kommt das individualistische Moment zur Geltung bei der Haupt=
und Grundfrage aller staatlichen Organisation, der Frage nach
dem Träger und der Ausübung der Souveränität.

Vom Standpunkt des Ganzen aus, im Interesse der Ein=
heitlichkeit des Staates und einer technisch möglichst vollkommenen
Staatsthätigkeit ist es jedenfalls besser, wenn „immer dieselben
herrschen“, als wenn die Träger der Amtsgewalt beständig wechseln.
Aristoteles gibt dies ausdrücklich zu.[1] Trotzdem läßt er in seinem
„besten Staat“ alle Bürger in regelmäßigem Wechsel zur Regie=
rung und zu den Ämtern berufen werden. Und welches ist das
Motiv? Ein entschieden individualistisches!

Unter den Vollbürgern des aristotelischen Idealstaates besteht
in sozialökonomischer, wie in sittlich=intellektueller Hinsicht ein hohes
Maß von Gleichheit. Darin schließt sich derselbe durchaus dem
platonischen Gesetzesstaat an. Wie in diesem, so ist auch in ihm
Bürger nur derjenige, welcher die volle Muse zur Entwickelung
all' feiner Anlagen und zu hingebender politischer Thätigkeit besitzt,
während die Bebauer des Bodens Leibeigene oder Hintersassen
von ungriechischer Herkunft sind[2] und ebenso, wie auch die handel=
und gewerbetreibenden Klassen vom Bürgerrecht ausgeschlossen
bleiben.[3] Alle Bürger erfreuen sich der gleich gesicherten und
ausreichenden wirtschaftlichen Existenz, indem Jeder einen gleich

---

die Frauen=, Güter= und Kindergemeinschaft durchweg nur auf das wahre
Wesen und die wohlverstandenen Interessen des Ganzen stütze, nirgends
aber das Recht der Persönlichkeit dagegen ins Treffen führe, ist mir unbegreiflich.

[1] II, 1, 6. 1261a.

[2] IV, 8, 5. 1329a f. 9.

[3] Ebd. Die wirtschaftliche Arbeit geht ganz in dem Streben nach
den Mitteln des Lebens auf, sie ermöglicht nicht das höhere Leben selbst,
welches der führen muß, der das Leben des Staates mitleben will. Vgl.
Bradley: Die Staatslehre des Aristoteles. D. bearb. von Imelmann
S. 44 ff.

großen Anteil am Grund und Boden des Landes besitzt.¹) Alle
haben das gleiche Ziel und den gleichen Beruf: die Ausbildung
zu höchster sittlicher und geistiger Tüchtigkeit, zu welcher der Staat
ihnen in seinem für Alle gemeinsamen Erziehungs- und Unterrichts-
system die gleiche Möglichkeit gewährt.²)

Die durchschnittliche Gleichwertigkeit nun der Individuen als
Menschen und Bürger, welche der beste Staat auf diese Weise zu
erzielen hofft, wird bei Aristoteles zum Ausgangspunkt für die
Behandlung des ganzen Verfassungsproblems. Nicht einseitig aus
dem Recht und dem Interesse des Ganzen leitet er bei der Konstruktion der Verfassung des besten Staates seine Deduktionen ab;
er geht vielmehr aus von der angedeuteten Gleichwertigkeit der
Individuen und ihrem daraus abgeleiteten Anspruch auf die gleiche
Beteiligung Aller an der Herrschaft.

Wo alle Bürger in wesentlichen Stücken von gleicher Beschaffenheit erscheinen, wie es im besten Staate in Beziehung auf
allgemeine Bürgertugend der Fall ist, da fordert die Gerechtigkeit,
kraft deren Gleichen Gleiches zu teil werden muß,³) daß Alle ohne
Unterschied an der Herrschaft Anteil erhalten, mag dies nun für
die Ausübung derselben ein Vorzug oder ein Nachteil sein.⁴)

Nicht minder bezeichnend für die individualistische Tendenz

---

¹) Nach demselben Prinzip, wie im platonischen Gesetzesstaat, besitzt
Jeder ein Grundstück in der Nähe der Stadt und eines nach der Landes-
grenze zu. IV, 9, 7 b. 1330a.

²) Über diese vom 7.—21. Lebensjahre dauernde staatliche Erziehung
s. weiter unten.

³) III, 5, 8. 1280 a: οἷον δοκεῖ ἴσον τὸ δίκαιον εἶναι καὶ ἔστιν,
ἀλλ' οὐ πᾶσιν ἀλλὰ τοῖς ἴσοις·

⁴) II, 1, 6. 1261a: δῆλον ὡς τοὺς αὐτοὺς ἀεὶ βέλτιον ἄρχειν εἰ
δυνατόν · ἐν οἷς δὲ μὴ δυνατὸν διὰ τὸ τὴν φύσιν ἴσους εἶναι πάντας, ἅμα
δὴ καὶ δίκαιον, εἴτ' ἀγαθὸν εἴτε φαῦλον τῷ ἄρχειν, πάντας αὐτοῦ μετέχειν κτλ. Auch das wird von Gierke völlig ignoriert, wenn er meint, daß
im aristotelischen Staat überall lediglich von der Gemeinschaft aus und
um der Gemeinschaft willen das individuelle Recht zugeteilt und bemessen
wird. (A. a. O. S. 18.)

dieser Organisation ist der Hinweis darauf, daß die genannte
Gleichheitsidee zugleich der allgemeinen Anschauungsweise ent=
spreche.[1) In dieser Hinsicht besteht zwischen dem Verfassungs=
prinzip des besten Staates und dem der Oligarchie, wie der Demo=
kratie kein Unterschied. Und es wird ausdrücklich anerkannt, daß
eben durch dies Prinzip auch die letzteren Staatsformen „sich der
wahren Gerechtigkeit nähern". Wenn ihnen das nur bis zu einem
gewissen Grade gelingt und sie nicht die ganze und volle Gerechtig=
keit erfassen,[2)] so liegt dies nur daran, daß die Vertreter der
Oligarchie wie der Demokratie sich über das, was die Einzelnen
gleich · oder ungleich macht, in einer Täuschung befinden. Jene
glauben, wenn gewisse Individuen in Einer Hinsicht ungleich seien,
nämlich an Besitz, so seien sie damit überhaupt schon ungleich, —
die Demokraten dagegen, wenn dieselben in Einem Punkte gleich
seien, nämlich in Beziehung auf persönliche Freiheit, so seien sie
damit schon überhaupt gleich. Der beste Staat dagegen hat den
richtigen Maßstab gefunden für das, was die Gleichheit oder Un=
gleichheit der Menschen ausmacht, auf die es bei Verteilung der
Rechte und Güter im Staate ankommt.[4)] In dieser richtigen Be=
stimmung des Inhalts des Gleichheitsprinzips, nicht in Beziehung
auf den grundsätzlichen Ausgangspunkt selbst unterscheidet er sich
von den unvollkommenen Staatsordnungen der Wirklichkeit.

Allerdings werden mit Rücksicht auf den Staatszweck im
besten Staat die Ämter, überhaupt öffentliche Funktionen, nicht

---

[1)] III, 7, 1. 1282b: δοκεῖ δὲ πᾶσιν ἴσον τ τὸ δίκαιον εἶναι καὶ
μέχρι γέ τινος ὁμολογοῦσι τοῖς κατὰ φιλοσοφίαν λόγοις, ἐν οἷς διώρισται
περὶ τῶν ἠθικῶν (τί γὰρ καὶ τισὶ τὸ δίκαιον, καὶ δεῖν τοῖς ἴσοις ἴσον
εἶναι φασίν).

[2)] III, 5, 8. 1280a: ληπτέον δὲ πρῶτον τίνας ὅρους λέγουσι τῆς,
ὀλιγαρχίας καὶ δημοκρατίας, καὶ τί τὸ δίκαιον τό τε ὀλιγαρχικὸν καὶ δη-
μοκρατικόν· πάντες γὰρ ἅπτονται δικαίου τινός, ἀλλὰ μέχρι τινὸς προέρ-
χονται καὶ λέγουσιν οὐ πᾶν τὸ κυρίως δίκαιον.

[3)] III, 5, 9. 1280a.

[4)] III, 7, 1. 1282b: ποίων δ' ἰσότης ἐστὶ καὶ ποίων ἀνισότης, δεῖ
μὴ λανθάνειν. ἔχει γὰρ τοῦτ' ἀπορίαν καὶ φιλοσοφίαν πολιτικήν.

Allen ohne Unterſchied, ſondern erſt den Männern im reiferen
Lebensalter zugänglich, welches dem Staate eine größere Bürgſchaft
für Wiſſen und Können gewährt,[1] allein gerade darin liegt auch
wieder nur eine Verwirklichung des Gleichheitsprinzips, welches
eben jedem das ihm Gebührende gewährt und daher die durch
den Altersunterſchied bedingte Verſchiedenheit der Leiſtungsfähigkeit
notwendig mit berückſichtigen muß. Auch iſt dieſe Scheidung eine
naturrechtlich begründete. Denn ſie entſpricht dem von der
Natur ſelbſt geſchaffenen Gegenſatz zwiſchen zwei Generationen, von
denen es der älteren geziemt, zu befehlen, der jüngeren zu gehorchen.
Daher empfindet es auch Niemand als eine Rechtsverletzung, um
ſeiner Jugend willen gehorchen zu müſſen, zumal, wenn er weiß,
daß er ſelbſt einſt den Ehrenvorzug, zu befehlen, erhalten wird,
ſobald er das geeignete Alter erreicht hat.[2] Und das iſt eben
im beſten Staate der Fall. Denn das Gleichheitsprinzip iſt hier
ſo ſtrenge durchgeführt, daß die durch ihr Alter zum Amt Be=
fähigten und inſofern einander Gleichen ſtets einander weichen
müſſen, d. h. daß kein Amt dauernd in derſelben Hand bleibt,
ſondern bald dieſem, bald jenem Bürger zugänglich wird. „Alle
haben in gleicher Weiſe Anteil am abwechſelnden Herrſchen und
Beherrſchtwerden."[3]

---

[1] IV, 8, 4. 1229a. Erſt nach Ablauf des dienſtpflichtigen Lebens=
alters, alſo wohl erſt mit dem 50. Lebensjahre erlangt der Bürger Zutritt
zur Volksverſammlung, zum Geſchwornengericht, die Fähigkeit zur Bekleidung
eines Amtes. Dem höchſten Alter bleibt die Sorge für den Kultus vorbe=
halten. Da der Geiſt ebenſo altert, wie der Körper (II, 6, 17. 1271a), ſo
können die Greiſe ſo wenig wie dem μέρος ὁπλιτικόν, dem μέρος βουλευτι-
κόν mehr angehören. Sie finden als Prieſter einen angemeſſenen „Ruhe=
poſten" (ἀνάπαυσιν). IV, 8, 6. 1329a.

[2] IV, 13, 3 f. 1332b: λείπεται τοίνυν τοῖς αὐτοῖς μὲν ἀμφοτέροις
ἀποδιδόναι τὴν πολιτείαν ταύτην, μὴ ἅμα δέ, ἀλλ' ὥσπερ πέφυκεν, ἡ
μὲν δύναμις ἐν νεωτέροις, ἡ δὲ φρόνησις ἐν πρεσβυτέροις ἐστίν· οὐκοῦν
οὕτως ἀμφοῖν νενεμῆσθαι συμφέρει καὶ δίκαιον· ἔχει γὰρ αὕτη ἡ διαίρεσις
τὸ κατ' ὀξίαν.

[3] II, 1, 6. 1261b: οἱ μὲν γὰρ ἄρχουσιν οἳ δ' ἄρχονται [κατὰ μέρος]
ὥσπερ ἂν ἄλλοι γενόμενοι, καὶ τὸν αὐτὸν δὴ τρόπον ἀρχόντων ἕτεροι

Mit der Anerkennung des Gleichheitsprinzipes ist übrigens nur ein Teil der Ansprüche befriedigt, welche vom Standpunkte des Individuums aus an den Staat gestellt werden. An derselben Stelle, wo Aristoteles die Naturgewalt betont, welche die Menschen instinktiv in die staatliche Gemeinschaft hineinzwingt, fügt er die bedeutsamen — noch keineswegs hinlänglich gewürdigten — Worte hinzu: „Damit soll jedoch nicht gesagt sein, daß nicht auch der gemeinsame Nutzen sie zusammenführt, insofern ja auf jeden Einzelnen ein Anteil an der Vervollkommnung und Glückseligkeit des Daseins kommt, (welches eben nur im Staate erreichbar ist.) Vielmehr ist dies gerade das eigentliche Ziel, welches sie alle in Gemeinschaft und jeder Einzelne (in der staatlichen Vereinigung) verfolgen."[1] Das Streben nach Glück, nach Lust im weitesten Sinne des Wortes ist für Aristoteles ein alles durchdringender Naturtrieb. „Ganz augenscheinlich flieht die Natur das Schmerzhafte und begehrt das Angenehme."[2] — Das Mittel aber zur idealsten Befriedigung dieses Strebens nach dem „εὖ ζῆν" ist die Verfassung des besten Staates.[3]

ἑτέρας ἄρχουσιν ἀρχάς. — IV, 13, 2. 1332b: διὰ πολλὰς αἰτίας ἀναγκαῖον πάντας ὁμοίως κοινωνεῖν τοῦ κατὰ μέρος ἄρχειν καὶ ἄρχεσθαι. τό τε γὰρ ἴσον [καὶ τὸ δίκαιον nach Susem. Ergänzung] ταὐτὸν τοῖς ὁμοίοις καὶ χαλεπὸν μένειν τὴν πολιτείαν τὴν συνεστηκυῖαν παρὰ τὸ δίκαιον. Vgl. III, 4, 6. 1279a: διὸ καὶ τὰς πολιτικὰς ἀρχάς, ὅταν ᾖ κατ' ἰσότητα τῶν πολιτῶν συνεστηκυῖα καὶ καθ' ὁμοιότητα, κατὰ μέρος ἀξιοῦσιν ἄρχειν, πρότερον μὲν, ᾗ πέφυκεν, ἀξιοῦντες ἐν μέρει λειτουργεῖν καὶ σκοπεῖν τινα πάλιν τὸ αὑτοῦ ἀγαθόν, ὥσπερ πρότερον αὐτὸς ἄρχων ἐσκόπει τὸ ἐκείνου συμφέρον.

[1] III, 4, 3. 1278b: οὐ μὴν ἀλλὰ καὶ τὸ κοινῇ συμφέρον συνάγει, καθ' ὅσον ἐπιβάλλει μέρος ἑκάστῳ τοῦ ζῆν καλῶς; μάλιστα μὲν οὖν τοῦτ' ἐστὶ τέλος, καὶ κοινῇ πᾶσι καὶ χωρίς.

[2] Nic. Eth. 1157b 16. Mit Recht bemerkt dazu Euden (Aristoteles Urteile über die Menschen. Archiv f. G. der Phil. III 546), daß uns von Aristoteles nirgends zugemutet werde, auf dieses Streben zu verzichten.

[3] Pol. IV, 12, 2. 1331b: ὅτι μὲν οὖν τοῦ τε εὖ ζῆν καὶ τῆς εὐδαιμονίας ἐφίενται πάντες, φανερόν, ἀλλὰ τούτων τοῖς μὲν ἐξουσία τυγχάνειν, τοῖς δέ οὔ, διά τινα φύσιν ἢ τύχην ..., οἵ δ' εὐθὺς οὐκ ὀρθῶς

Kann das individuelle Interesse klarer zum Ausdruck gebracht werden? Der Trieb des Individuums nach Erhaltung und Glückseligkeit ist es, dessen Befriedigung durch den Staat als das Ziel der Natur selbst erscheint. Derselbe Trieb, der die niedrigeren Formen menschlicher Gemeinschaft, Familie und Gemeinde erzeugt hat, führt die Menschen zu einem umfassenden staatlichen Verband zusammen, weil erst der Staat die möglichst vollkommene Erreichung ihrer Lebenszwecke verbürgt.[1] Daher erscheinen auch diejenigen staatlichen Institutionen, welche den Wohlfahrtszweck befriedigen, als gerecht, diejenigen, welche ihm widersprechen, als ungerecht.

Das Verlangen nach Glückseligkeit, „die ja das höchste Gut ist," beherrscht so sehr alles Leben und Streben der Menschen im Staat, daß man geradezu sagen kann: In ihm ist die letzte Ursache davon zu suchen, daß es verschiedene Formen von Staat und von Staatsverfassung gibt. „Denn indem die Menschen auf verschiedene Weise und mit verschiedenen Mitteln jenem Zwecke nachjagen, rufen sie dadurch auch eine Verschiedenheit der Lebensrichtungen und der Staatsverfassungen hervor."[2] Das Kriterium des besten Staates aber wird demgemäß darin bestehen, daß er seine Bürger auf den richtigen Pfad zum Glücke führt und so eben das erreicht, was die anderen mehr oder minder vergeblich erstreben. Wie die wahre Gleichheit, so verwirklicht er auch das wahre Glück.

ζητοῦσι τὴν εὐδαιμονίαν, ἐξουσίας ὑπαρχούσης. ἐπεὶ δὲ τὸ προχείμενόν ἐστι τὴν ἀρίστην πολιτείαν ἰδεῖν, αὕτη δ' ἐστὶ καθ' ἣν ἄριστ' ἂν πολιτεύοιτο πόλις, ἄριστα δ' ἂν πολιτεύοιτο καθ' ἣν εὐδαιμονεῖν μάλιστα ἐνδέχεται τὴν πόλιν· δῆλον ὅτι τὴν εὐδαιμονίαν δεῖ τί ἐστι, μὴ λανθάνειν.

[1] III 5, 14. 1281b: πόλις δὴ ἡ γενῶν καὶ κωμῶν κοινωνία ζωῆς τελείας καὶ αὐτάρκους <χάριν>· τοῦτο δ' ἐστίν, ὡς φαμέν, τὸ ζῆν εὐδαιμόνως καὶ καλῶς. Vgl. IV, 7, 2b. 1328a: ἡ δὲ πόλις κοινωνία τίς ἐστι τῶν ὁμοίων, ἕνεκεν δὲ ζωῆς τῆς ἐνδεχομένης ἀρίστης.

[2] IV, 7, 3. 1328a: ἐπεὶ δ' ἐστὶν εὐδαιμονία τὸ ἄριστον, αὕτη δὲ ἀρετῆς ἐνέργεια καὶ χρῆσίς τις τέλειος, συμβέβηκε δὲ οὕτως, ὥστε τοὺς μὲν ἐνδέχεσθαι μετέχειν αὐτῆς τοὺς δὲ μικρὸν ἢ μηδέν, δῆλον ὡς τοῦτ' αἴτιον τῷ γίνεσθαι πόλεως εἴδη καὶ διαφορὰς καὶ πολιτείας πλείους· ἄλλον γὰρ τρόπον καὶ δι' ἄλλων ἕκαστοι τοῦτο θηρεύοντες τούς τε βίους ἑτέρους ποιοῦνται καὶ τὰς πολιτείας.

In ihm ist es in der That „mit jedem Einzelnen aufs Beste be=
stellt, führt ein Jeder ein glückliches Leben."[1]

Ja dieser individualistische Ideengang wird von Aristoteles
so weit verfolgt, daß da, wo eine weitgehende Gleichheit zwischen
den einzelnen Bürgern besteht, — wie in der Vollbürgerschaft des
besten Staates, — ein Recht auf möglichst gleichmäßige Befrie=
digung ihres Glücksstrebens anerkannt wird. Das äußere materielle
Substrat eines glücklichen Daseins, der Besitz, ist unter sie gleich
verteilt, nicht bloß, weil es im Interesse der Erhaltung des Staates
ist,[2] sondern ebensosehr deshalb, weil es die Gleichheit und da=
mit die Gerechtigkeit so erfordert.[3] „Die Glieder der staatlichen
Gemeinschaft verdienen entweder gar nicht den Namen von Staats=
bürgern oder aber sie müssen auch alle den Mitgenuß an den
Vorteilen derselben haben."[4]

Trifft auf diese Anschauung nicht in gewissem Sinne eben
das zu, was man neuerdings als spezifisches Kennzeichen eines
individualistischen Kommunismus hingestellt hat?[5] Verlangt nicht
Aristoteles ebenso wie dieser Kommunismus, daß der Staat für
die Individuen Ursache eines bestimmten Lebensinhaltes werde,
ein Gemeingut, an dessen realen Nutzungen alle Individuen einen

---

[1] IV, 2, 3. 1324 a: ὅτι μὲν οὖν ἀναγκαῖον εἶναι πολιτείαν ἀρίστην
ταύτην καθ' ἣν τάξιν κἂν ὁστισοῦν ἄριστα πράττοι καὶ ζῇ μακαρίως,
φανερόν ἐστιν. Vgl. II, 1, 1. 1260 b: ἐπεὶ προαιρούμεθα θεωρῆσαι περὶ
τῆς κοινωνίας τῆς πολιτικῆς, τίς κρατίστη πασῶν τοῖς δυναμένοις ζῆν
ὅτι μάλιστα κατ' εὐχήν κτλ. — IV, 1, 1. 1328 a: ἄριστα γὰρ πράττειν προσήκει τοὺς ἄριστα πολιτευομένους ἐκ τῶν ὑπαρχόντων αὐτοῖς, ἐὰν
μή τι γίνεται παράλογον.

[2] Wegen der größeren Einmütigkeit gegen auswärtige Feinde.

[3] IV, 9, 8. 1330 a: τό τε γὰρ ἴσον οὕτως ἔχει καὶ τὸ δίκαιον καὶ
τὸ πρὸς τοὺς ἀστυγείτονας πολέμους ὁμονοητικώτερον κτλ.

[4] III, 5, Ib. 1279 a: ἢ γὰρ οὐ πολίτας φατέον εἶναι τοὺς μετέχον-
τας, ἢ δεῖ κοινωνεῖν τοῦ συμφέροντος.

[5] Dietzel a. a. O. S. 9 ff. In dieser Auffassung lag sogar die Ver=
suchung zu einer übermäßigen Betonung des individualistischen Moments. Das
beweist recht drastisch die Ethik des Aristotelikers Eudemos. Vgl. z. B. VIII,
10, 1242.

gleichen Anteil haben sollen, ein gleiches Mittel für Alle zur möglichst gleichen Befriedigung der Interessen Aller? Wird nicht auch
hier aus der Gleichwertigkeit der Individuen direkt ein Anspruch
auf ein bonheur commun gefolgert? Daß der Kreis der Individuen, für welche diese letztere Deduktion gilt, ein beschränkter ist,
weil die im besten Staate erstrebte Glückseligkeit von vorneherein
nur für die Bürger desselben erreichbar erscheint, macht doch für
die prinzipielle Auffassung keinen Unterschied. Die ganze Schlußfolgerung ist darum nicht minder individualistisch. Und ebensowenig verliert sie diesen Charakter dadurch, daß das Glücksziel
hier ein hohes und ideales und ein wesentlich anderes ist, als der
vulgäre Hedonismus, um den es sich bei jenem Kommunismus
handelt.

Insofern besteht allerdings ein bedeutsamer Unterschied, als
Aristoteles natürlich sehr weit von der einseitigen und ausschließlichen Deduktion aus dem Individualinteresse entfernt ist, wie sie
die eben nur im Individualismus wurzelnde Anschauungsweise
jenes modernen Kommunismus kennzeichnet. Mit der Deduktion
aus dem Einzelinteresse geht überall diejenige aus dem Sozial-
interesse Hand in Hand.

Wenn der Staat den Anspruch des Individuums auf die
Befriedigung seines Gleichheits- und Glücksstrebens anerkennt, so
thut er dies nicht allein deswegen, weil er damit eben dem Einzelnen
gerecht wird, sondern zugleich im Interesse des Ganzen, weil diese
Gerechtigkeit gegenüber dem Einzelnen zugleich „ein Gut für den
Staat und dem Gemeinwohle förderlich" ist.[1] Der Staat selbst
„will möglichst aus gleichen oder ähnlichen Gliedern bestehen",[2]
er will eine Herrschaft über Freie und möglichst Gleiche sein.[3]

---

[1] III, 7, 1. 1282b: ἔστι δέ πολιτικὸν ἀγαθὸν τὸ δίκαιον, τοῦτο
δ' ἐστὶ τὸ κοινῇ συμφέρον.

[2] S. die Erörterung über den Mittelstand VI, 9, 6. 1295b.

[3] I, 2, 21b. 1255b: ἡ δὲ πολιτικὴ (ἀρχή) ἐλευθέρων καὶ ἴσων ἀρχή.
Vgl. IV, 7, 2b. 1328: ἡ δὲ πόλις κοινωνία τίς ἐστι τῶν ὁμοίων, ἕνεκεν
δὲ ζωῆς τῆς ἐνδεχομένης ἀρίστης.

Denn nur zwischen solchen ist jene „Befreundung" möglich, welche
die Grundlage jeder wahren Gemeinschaft und insbesondere der
„vollendetsten und höchsten" der staatlichen Gemeinschaft ist.[1]

Wenn ferner der beste Staat allen Bürgern das gleiche Recht
der Mitbestimmung gewährt, so thut er dies nur, indem er ihnen
zugleich Pflichten auferlegt. Er weiß, daß hier „Jeder die ihm
gestellte Aufgabe gut erfüllen wird," weil im besten Staate jeder
Einzelne mit der individuellen Tüchtigkeit zugleich die des guten
Bürgers verbindet, der die Fähigkeit und den Willen hat, sich
regieren zu lassen und zu regieren zum Zwecke eines Lebens in
geistiger und sittlicher Tüchtigkeit.[2] Auch fühlen sich hier die
Einzelnen nirgends in einem Gegensatz zum Ganzen, sondern stets
als lebendige Glieder der Gemeinschaft. Alle Erziehung ist darauf
gerichtet, dieses Gemeinschaftgefühl zu entwickeln, damit der Staat
— unbeschadet seiner natürlichen Vielheit — in sich Eins werde.[3]
Und wenn es auch zur Herstellung dieser Gemeinschaft und Einheit
nicht des Kommunismus bedarf, so wird doch bei den Bürgern
des besten Staates eine so vollkommene „Ausgleichung der Be=
gierden"[4], eine so intensive soziale Gesinnung vorausgesetzt, daß
Keiner mehr sein und mehr haben will, als der Andere,[5] daß
aller Besitz — wenn auch Privateigentum — so doch „durch den
Nießbrauch zum Gemeingut" gemacht wird.[6] Sogar das Grund=

---

[1] VI, 9, 5. 1295b heißt es von den „entarteten" Staaten: ὥσϑ' οἱ
μὲν ἄρχειν οὐκ ἐπίστανται ἀλλ' ἄρχεσϑαι δουλικὴν ἀρχήν, οἳ δ' ἄρχεσϑαι
μὲν οὐδεμίᾳ ἀρχῇ, ἄρχειν δὲ δεσποτικὴν ἀρχήν. γίνεται οὖν δούλων καὶ
δεσποτῶν πόλις, ἀλλ' οὐκ ἐλευϑέρων, καὶ τῶν μὲν φϑονούντων τῶν δὲ
καταφρονούντων· ἃ πλεῖστον ἀπέχει φιλίας καὶ κοινωνίας πολιτικῆς· ἡ
γὰρ κοινωνία φιλικόν. Vgl. I, 1. 1. 1252a. I, 1, 8. 1252b.
[2] III, 7, 9. 1284a: ὁ δυνάμενος καὶ προαιρούμενος ἄρχεσϑαι καὶ
ἄρχειν πρὸς τὸν βίον τὸν κατ' ἀρετήν Vgl. III, 12, 1. 1288a. III, 2,
3. 1276b.
[3] II, 2, 10. 1263b. S. oben S. 177 Anmerk. 1.
[4] II. 4, 5b. 1266b.
[5] II, 4, 12. 1267b.
[6] II, 2, 5. 1263a. S. oben S. 55.

prinzip der sozialen Ethik Platos, daß der Bürger selber „nicht
sich, sondern dem Staate gehört", wird, wie wir sahen, von
Aristoteles wörtlich wiederholt.[1]) Und ebenso wird aus der An=
schauung, daß die Stellung des Einzelnen im Staate die eines
Gliedes im Organismus ist, hier wie dort der Schluß gezogen,
daß „die richtige Fürsorge für den Einzelnen (als Glied des
Staates) immer nur diejenige ist, welche dabei die für das Ganze
im Auge hat."[2])

Allerdings meint dies Aristoteles ebensowenig wie Plato in
dem Sinne, daß das Individuum sich nur noch als Organ des
Staatsinteresses fühlen und gänzlich aufhören soll, sich selbst Zweck
zu sein. Für eine Staatsauffassung, die in der Anerkennung des
Individualinteresses so weit geht, wie die aristotelische, kann eben
der Einzelne unmöglich nur um eines Ganzen willen da sein, welches
ohne Rücksicht auf Wohl und Wehe des Individuums seiner eigenen
Vollendung zustrebt. Wenn daher hier auch die Gemeinschaft den
Einzelnen als dienendes Organ in Pflicht nimmt, so geschieht dies
nicht, weil für sie allein die Gesellschaft Zweck, das Individuum
nur Mittel, das soziale Ganze Alles, das Individuum nichts ist,
vielmehr darf jeder Bürger des besten Staates überzeugt sein, daß
er, indem er den Zwecken des Ganzen dient, zugleich die eigenen
Lebensziele am besten fördert.

Genau so, wie im platonischen Staat löst sich im besten
Staate des Aristoteles der Gegensatz von Individualismus und
Sozialismus in einer höheren Einheit auf, in der Koinzidenz des
Individual= und des Sozialinteresses. Der Endzweck der staat=
lichen Gemeinschaft, — die Glückseligkeit, welche in der vollendeten
Bethätigung geistiger und sittlicher Tüchtigkeit besteht, — ist hier
wirklich ein und der nämliche, wie der des individuellen Daseins.[3])

---

[1]) S. oben S. 165.
[2]) V, 1, 2. 1337a: ἡ δ' ἐπιμέλεια πέφυκεν ἑκάστου μορίου βλέπειν
πρὸς τὴν τοῦ ὅλου ἐπιμέλειαν.
[3]) IV, 15, 16. 1334a: ἐπεὶ δὲ τὸ αὐτὸ τέλος εἶναι φαίνεται καὶ

Pöhlmann, Gesch. des antiken Kommunismus u. Sozialismus. I.   38

Daher ist das, was für den Staat das Beste ist, zugleich auch das Beste für den Einzelnen und umgekehrt (ταὐτὰ γὰρ ἄριστα καὶ ἰδίᾳ καὶ κοινῇ).[1] Und wenn es, wie im vollkommenen Staat, dem Gesetzgeber gelingt, diese Überzeugung den Seelen der Menschen einzuflößen,[2] kann sich der Einzelne kein anderes Ziel stecken, als die Gesamtheit. Das „Interesse Aller" (intérêt de tous, der πάντες ὡς ἕκαστος!) findet hier ebenso seine Befriedigung, wie das Interesse der Gemeinschaft als solcher (intérêt général, der πάντες ὁμοίως!). „Es ist undenkbar, daß das Ganze glückselig sei, wenn nicht von Allen oder doch den Meisten oder bestimmten Teilen[3] das Gleiche gilt. Denn mit der Glückseligkeit ist es nicht, wie mit der geraden Zahl: diese kann recht wohl dem Ganzen zukommen, während keiner von den Teilen eine solche ausmacht, aber bei der Glückseligkeit ist so etwas unmöglich."[4] — Wenn daher „die beste Verfassung diejenige ist, durch welche der Staat am glücklichsten wird,[5] so ist diese Glückseligkeit zugleich diejenige aller Bürger.[6]

Man sieht, so entschieden Aristoteles das Recht der Gemeinschaft und die Pflicht des Individuums ihr gegenüber zur Geltung

κοινῇ καὶ ἰδίᾳ τοῖς ἀνθρώποις, καὶ τὸν αὐτὸν ὅρον ἀναγκαῖον εἶναι τῷ τε ἀρίστῳ ἀνδρὶ καὶ τῇ ἀρίστῃ πολιτείᾳ κτλ.

[1]) IV, 13, 13. 1333b. Vgl. Nic. Eth. I, 2, 1094b7: ... ταὐτόν ἐστιν (sc. τὸ ἀγαθόν) ἑνὶ καὶ πόλει.

[2]) τὸν νομοθέτην — fährt Aristoteles an der eben gen. Stelle der Politik fort — ἐμποιεῖν δεῖ ταῦτα ταῖς ψυχαῖς τῶν ἀνθρώπων. Ganz wie Plato!

[3]) D. h. den für den Staat überhaupt als konstitutive Elemente in Betracht kommenden Teilen, wie es die Vollbürger des besten Staates sind, die allein als „wahrhafte" Teile des Staates gelten. Nur sie allein können ja der Glückseligkeit teilhaftig werden, welche der Zweck des Staates ist.

[4]) II, 2, 16. 1264b: ἀδύνατον δὲ εὐδαιμονεῖν ὅλην (τὴν πόλιν) μὴ τῶν πλείστων ἢ πάντων μερῶν ἢ τινῶν ἐχόντων τὴν εὐδαιμονίαν.

[5]) IV, 8, 2. 1328b: αὕτη (sc. ἡ ἀρίστη πολιτεία) ἐστὶ καθ᾽ ἣν ἡ πόλις ἂν εἴη μάλιστ᾽ εὐδαίμων.

[6]) IV, 8, 5. 1329a: εὐδαίμονα δὲ πόλιν οὐκ εἰς μέρος τι βλέψαντες δεῖ λέγειν αὐτῆς, ἀλλ᾽ εἰς πάντας τοὺς πολίτας.

bringt, ein Sozialismus in dem Sinne, wie ihn der moderne Er=
finder des Wortes im Auge hatte, d. h. ein Sozialismus, welcher
das Individuum der Gemeinschaft opfert und zwar grundsätzlich
opfert,[1]) wird auch von dem aristotelischen Staat nicht beabsichtigt.
Allerdings unterwirft auch er seine Bürger einer mehr oder minder
komplizierten Ordnung, welche die Freiheit des Einzelnen aufs
Äußerste einschränkt und ihm die weitgehendsten Pflichten auferlegt.
Allein es geschieht das nicht bloß um der Entfaltung und Vollen=
dung des sozialen Ganzen willen, sondern eben so sehr darum,
weil diese Ordnung ein besseres, sicherer funktionierendes Mittel
sein soll, um dem naturrechtlich begründeten Interesse des Indivi=
duums an der Vervollkommnung und dem Glücke des eigenen
Daseins zu seinem Rechte zu verhelfen, als die Freiheit der beste=
henden Gesellschaftsordnung.　Der Zwang, der an dem Einzelnen
geübt wird, rechtfertigt sich auch hier vor dem individuellen Be=
wußtsein damit, daß er sich zugleich als der Weg zum Glück, zum
„möglichst wünschenswerten" Leben darstellt.[2])

　　Wie freilich eine politische Gemeinschaft möglich sein soll,
in welcher das Interesse der Einzelnen mit dem des Ganzen regel=
mäßig zusammenfällt, dafür kann von der aristotelischen Sozial=
philosophie ebensowenig ein Beweis erbracht werden, wie von Plato.
Es sind dieselben unerwiesenen und unbeweisbaren Axiome, die=
selben Illusionen, auf denen die aprioristische Konstruktion der ab=
strakten Gesellschaft hier wie dort beruht.　Die aristotelischen Aus=
führungen bestätigen nur die schon bei der Darstellung des plato=
nischen Staatsideals gemachte Beobachtung, daß im Rahmen der

---

　　[1]) Une organisation politique dans laquelle l' individu serait
sacrifié à cette entité, qu' on nomme la société. Vgl. das Zitat bei
Dietzel: Rodbertus II, 31.

　　[2]) Vgl. VIII, 7, 22. 1310 a über das falsche Prinzip der Demokratie,
die Freiheit und Gleichheit darin zu suchen, daß jeder thun kann, was ihm
beliebt. ὥστε ζῇ ἐν ταῖς τοιαύταις δημοκρατίαις ἕκαστος, ὡς βούλεται,
καὶ εἰς ὃ χρῄζων, ὥς φησιν Εὐριπίδης· τοῦτο δ' ἐστὶ φαῦλον· οὐ γὰρ
δεῖ οἴεσθαι, δουλείαν εἶναι τὸ ζῆν πρὸς τὴν πολιτείαν, ἀλλὰ
σωτηρίαν.

genannten Lehre jeder theoretisch bedeutsame Fortschritt von vorneherein ausgeschlossen ist.

Wie enge sich die aristotelische Staatstheorie in den sozialen
Grundprinzipien an Plato anschließt, zeigt recht deutlich die Art
und Weise, wie sich Aristoteles seinen besten Staat im Einzelnen
gestaltet denkt.

Auch hier erhält die staatliche Gemeinschaft, die κοινωνία
πολιτική, eine Organisation, in welcher die persönliche Freiheit
der Einzelnen durch die Gesamtheit genau ebenso verschlungen wird,
wie im platonischen Staat. Der Staat wird auch hier das oberste
kausale Agens zur Gestaltung des Lebensinhaltes der Individuen,
indem er mit seiner Allgewalt ihr gesamtes Dasein in feste, obrig=
keitlich vorgezeichnete Bahnen einzwängt. Die auf der Grundlage
des individualistischen Gleichheitsprinzipes beruhende Regierungs=
gewalt wird in durchaus sozialistischem Sinne gehandhabt. Ja
der Geist des Polizeistaates tritt uns hier in mancher Beziehung
noch abstoßender entgegen als bei Plato.

Auch im aristotelischen Staat ist die gesamte Volkswirtschaft
einer zentralisierten Staatsleitung unterworfen; sie soll durch eine
systematische Regelung des Umlaufes und der Verteilung der Güter
zu einer in sich möglichst einheitlichen, d. h. von Einem Willen
gelenkten Wirtschaft werden.

Wie sich freilich Aristoteles diese Organisation der Volkswirt=
schaft vorgestellt hat, wie er sich seine bereits ausführlich besprochene
antikapitalistische Wirtschaftstheorie[1]) in die Praxis umgesetzt dachte,
darüber erfahren wir nur sehr wenig, sei es, daß Aristoteles selbst
nicht mehr dazu kam, das Wirtschaftssystem seines besten Staates
darzulegen, sei es, daß uns die betreffende Partie der Politik ver=
loren gegangen ist. Immerhin genügt jedoch das Wenige, was
wir erfahren, um die angedeutete enge Verwandschaft des aristo=
telischen und platonischen Sozialismus klar zu erkennen.

Ganz platonisch sind die Vorschläge zur Beschränkung des

---

[1]) S. oben S. 228 ff.

internationalen Handelsverkehrs,[1]) die Forderung einer strengen Fremdenpolizei, d. h. von Gesetzen gegen die Freizügigkeit, „durch welche man bestimmt, welche Personen beiderseits mit einander verkehren dürfen und welche nicht,"[2]) endlich die Vorschläge zur Herstellung der Gütergleichheit unter den Bürgern[3]) und des gemeinsamen Haushaltes der Speisegenossenschaften, bei denen Aristoteles das gemeinwirtschaftliche Prinzip sogar noch strenger durchgeführt wissen will, als Plato, indem er die Syssitien nicht, wie dieser, auf Beiträge der einzelnen Bürger basiert, sondern von vornherein einen großen Teil des Grund und Bodens als Gemeingut erklärt wissen will, um aus dem Ertrag desselben die Kosten der Syssitien zu bestreiten.[4]) Nur darin ist er minder radikal als Plato, daß er auf die Beteiligung des weiblichen Geschlechtes verzichtet.

Was die Stellung zum mobilen Kapital betrifft, so findet sich darüber in der uns erhaltenen Darstellung des Idealstaates nichts, als die bekannte Forderung, daß aller Besitz dadurch gewisser-

---

[1]) IV, 5, 5. 1327b. S. oben S. 230. In der allgemeinen Beurteilung des auswärtigen Handels weicht Aristoteles allerdings von Plato etwas ab. Er will nicht die schroffe Abschließung insbesondere gegen den Seeverkehr wie Plato. Vgl. die Erörterung über die geographischen Voraussetzungen des besten Staates IV, 5, 1 ff. 1327a.

[2]) IV, 5, 5. 1327b, wo zur Erleichterung dieser polizeilichen Maßregeln die Trennung von Stadt und Hafen verlangt wird. ἐπεὶ δὲ καὶ νῦν ὁρῶμεν πολλαῖς ὑπάρχοντα χώραις καὶ πόλεσιν ἐπίνεια καὶ λιμένας εὐφυῶς κείμενα πρὸς τὴν πόλιν, ὥστε μήτε νέμειν αὐτὸ τὸ ἄστυ μήτε πόρρω λίαν, ἀλλὰ κρατεῖσθαι τείχεσι καὶ τοιούτοις ἄλλοις ἐρύμασι, φανερὸν ὡς εἰ μὲν ἀγαθόν τι συμβαίνει γίνεσθαι διὰ τῆς κοινωνίας αὐτῶν, ὑπάρξει τῇ πόλει τοῦτο τὸ ἀγαθόν, εἰ δέ τι βλαβερόν, φυλάξασθαι ῥᾴδιον τοῖς νόμοις φράζοντας καὶ διορίζοντας τίνας οὐ δεῖ καὶ τίνας ἐπιμίσγεσθαι δεῖ πρὸς ἀλλήλους.

[3]) Die wie bei Plato durch. Unteilbarkeit und Unveräußerlichkeit der Landlose aufrecht erhalten wird. S. die Bemerkung über Lykurg II, 6, 10. 1270a.

[4]) Er beruft sich dabei auf das Vorbild Kretas, dessen Syssitienorganisation er wegen ihres gemeinwirtschaftlichen Charakters der spartanischen weit vorzieht. II, 6, 21. 1271a. IV, 9, 7[b]. 1330b. S. oben S. 69 ff. 77.

maßen ein gemeinsamer werden müsse, daß man sich desselben wie
unter Freunden bedient. Wie sehr jedoch Aristoteles auch hier ein
systematisches Eingreifen der Staatsgewalt für notwendig hielt,
zeigt die Kritik der Vorgänger, welche er der Ausführung seines
eigenen Staatsideals vorausschickt.

An der Stelle, wo er über die Gütergleichheit im Idealstaate
des Phaleas spricht, macht er es demselben zum Vorwurf, daß er
sich auf die Ausgleichung des Grundbesitzes beschränkt und das gesamte bewegliche Kapital, den Besitz an Sklaven, Vieh, Geld,
Hausrat u. s. w. bei seiner Reform außer Acht gelassen habe.
Aristoteles meint, entweder lasse man Alles gehen, wie es will, oder
man muß — (wenn man nämlich wirklich einen durchgreifenden
Erfolg erzielen will) — auch in Beziehung auf das bewegliche
Kapital nach einer gleichen Verteilung oder wenigstens nach einem
fest bestimmten mittleren Maße streben.[1]) Damit wird eine sozialistische Regelung der Verhältnisse des mobilen Besitzes, wie sie
Plato im Gesetzesstaate im Auge hatte, grundsätzlich als berechtigt
anerkannt, wenn wir auch nicht wissen, welche Konsequenzen Aristoteles aus dieser prinzipiellen Anerkennung für den sozialen Aufbau seines eigenen Idealstaates gezogen hat.

Daß er aber vor den äußersten und letzten Konsequenzen des
einmal angenommenen Standpunktes nicht zurückschreckte, das sehen
wir an der Art und Weise, wie er die Gleichheit und Stabilität
der Eigentumsverhältnisse in seinem Staate aufrecht erhalten wissen
will. Er geht wie Plato von dem Gedanken aus, daß diese Stabilität des Besitzes als ihr Korrelat notwendig auch eine solche
der Bevölkerung fordert. Würde die Zahl der Bürger jemals
die für alle Zeit fixierte Zahl der Familiengrundstücke überschreiten,
so würden bei der Unteilbarkeit derselben die Überzähligen in eine
Notlage geraten und ein besitzloses Proletariat entstehen,[2]) während
doch im besten Staate kein Bürger des notwendigen Lebensunter-

---

[1]) II, 4, 12b. 1267a: ἢ πάντων οὖν τούτων ἰσότητα ζητητέον ἢ
τάξιν τινὰ μετρίαν, ἢ πάντα ἐατέον.

[2]) II, 3, 6. 1265b.

haltes entbehren, jeder ein Recht auf Existenz haben soll.[1]) Die
unvermeidliche Folge würde Aufruhr und Verbrechen sein;[2]) jeden=
falls wäre unter solchen Umständen das ganze System einer staat=
lich geregelten und gebundenen Grundeigentumsordnung nicht auf=
recht zu erhalten, es müßte unvermeidlich der Auflösung anheim
fallen.[3])

Mit welchen Mitteln läßt sich nun aber verhüten, daß ein
solches Mißverhältnis zwischen den durch das Wirtschaftsrecht ge=
schaffenen Lebensbedingungen und der Bevölkerungszahl entstehe?
Plato hatte geglaubt, durch moralische Einwirkung auf die Einzelnen
und durch systematische Regelung der Auswanderung die Bevölkerungs=
zunahme des Gesetzesstaates genügend in Schranken halten zu können.
Er hatte aber damit freilich auch zugegeben, daß auf diesem Wege
eine radikale Verhütung jeder, auch temporären Übervölkerung nicht
möglich sei, daß man sich damit zufrieden geben müsse, derselben,
wenn sie einmal eingetreten, mit einem sicher wirkenden Mittel be=
gegnen zu können, wie er es eben in der Kolonialpolitik zu besitzen
glaubte.   Seinem großen Schüler erscheint dieser Standpunkt unge=
nügend und zwar so sehr, daß er die platonische Lösung der ganzen
Frage nicht scharf genug verurteilen kann und schroff bis zur Un=
gerechtigkeit im Eifer des Widerspruches dieselbe fälschlich so charak=
terisiert, als hätte sich Plato hier mit dem Prinzip des absoluten
Gehenlassens begnügt und die Illusion gehegt, daß „die Sache sich
schon von selbst genügend ausgleichen werde."[4])

Hinter dem, was Aristoteles fordert, bleiben die platonischen
Vorschläge freilich weit zurück! Aristoteles spricht es mit dürren
Worten aus, daß eine staatliche Regelung der Vermögens= und
Einkommensverteilung, wie er und Plato sie im Auge hatte, nur
unter der Voraussetzung durchführbar ist, daß der Staat auch die

---

[1]) IV, 9, 6. 1330a: οὔτε (φαμὲν δεῖν) ἀπορεῖν οὐδένα τῶν πολιτῶν τροφῆς.

[2]) II, 3, 7. 1265b.

[3]) II, 4, 3. 1266b.

[4]) II, 3, 6. 1265a.

Freiheit der Volksvermehrung aufhebt, d. h. „jedem Bürger vor=
schreibt, nicht mehr als eine bestimmte Anzahl von Kindern zu er=
zeugen."[1] — „Wer für die Größe des Einzelbesitzes ein bestimm=
tes Maß aufstellen will, der muß auch die Größe der zulässigen
Kinderzahl gesetzlich festlegen;"[2] und Aristoteles zögert nicht die
unabweisbare, furchtbare Konsequenz dieses logisch unanfechtbaren
Satzes zu ziehen! Eingriffe von empörender Härte und Inhuma=
nität, die allerdings in den thatsächlichen Lebensgewohnheiten der
antiken Welt ihr Vorbild fanden, und die ja zum Teil auch von
Plato im Vernunftstaat zugelassen worden waren, sie werden hier
ohne Weiteres als berechtigt, ja wie etwas Selbstverständliches an=
erkannt. Findet eine Empfängnis statt, durch welche die für den
Einzelnen zulässige Normalzahl von Kindern überschritten zu werden
droht, so wird die Abtreibung der Leibesfrucht durch das Gesetz
vorgeschrieben.[3] Auch die Aussetzung wird nicht gänzlich zurück=
gewiesen. Nur „Gewohnheit und Sitte", also nicht das Gesetz
verbietet es, zur Beschränkung der Kinderzahl Neugeborene aus=
zusetzen; und bei körperlicher Untauglichkeit wird die Aussetzung
geradezu gefordert.[4]

Wie das freilich im Einzelnen praktisch durchführbar ist, wie
ein System der Ueberwachung möglich sein soll, das die Verwirk=

---

[1] II, 3, 7. 1265b.

[2] II, 4, 3. 1266b: δεῖ δὲ μηδὲ τοῦτο λανθάνειν τοὺς οὕτω νομο-
θετοῦντας, ὃ λανθάνει νῦν, ὅτι τὸ τῆς οὐσίας τάττοντας πλῆθος προσήκει
καὶ τῶν τέκνων τὸ πλῆθος τάττειν· ἐὰν γὰρ ὑπεραίρῃ τῆς οὐσίας τὸ
γεθος ὁ τῶν τέκνων ἀριθμός, ἀνάγκη τόν γε νόμον λύεσθαι, καὶ χωρὶς
τῆς λύσεως φαῦλον τὸ πολλοὺς ἐκ πλουσίων γίνεσθαι πένητας· ἔργον γὰρ
μὴ νεωτεροποιοὺς εἶναι τοὺς τοιούτους.

[3] Dieselbe soll allerdings noch vor dem vierten Monat erfolgen, bevor
das Kind „Empfindung und Leben" hat. IV, 14, 10. 1355b.

[4] Ebd. — Aristoteles geht soweit, daß er sogar die Frage über die
Zulässigkeit oder Verwerflichkeit der Päderastie als eines Hilfsmittels der
Bevölkerungspolitik, „damit die Männer sich mehr von den Frauen ferne
halten", vorläufig wenigstens als eine offene behandelt und einer späteren
ausführlichen Besprechung vorbehält (die uns nicht erhalten ist). II, 7, 5. 1272a.

lichung dieser Forderung verbürgt, darüber hören wir nichts. Ein Machtwort genügt, — darin ist der Schüler ebenso doktrinär wie der Lehrer, — um die schwierigsten Probleme mit Einem Schlag zu erledigen.

Nur Eine Frage wird wenigstens berührt, woher nämlich der Maßstab für die Aufstellung eines Normaletats der Bevölkerung zu entnehmen sei. Es werden statistische Erhebungen vorgeschlagen über das Verhältntnis zwischen Geburten und Todesfällen, zwischen kinderreichen und kinderlosen Familien und nach dem sich ergebenden Durchschnitt soll das Maß der zulässigen Kinderzeugung berechnet werden.[1]) Allein so fruchtbar der Gedanke an sich wäre, sozialpolitische Maßregeln auf systematische Massenbeobachtungen zu begründen, in der Form, in der er hier auftritt, ist er ebensowenig ausgereift, wie die anderen Vorschläge. Sein Urheber hat sich offenbar von den technischen Einzelheiten des statistischen Problems, von dem höchst zweifelhaften Wert der etwa gefundenen mathematischen Formeln und den Schwierigkeiten ihrer Anwendung auf das praktische Leben eine klare Vorstellung nicht gebildet. Jedenfalls würde ein Staat, der nach diesem Rezept eine Regelung der Bevölkerungsbewegung ins Werk setzen wollte, sehr bald zu der Erkenntnis kommen, daß es von vorneherein unmöglich ist, Verhältnisse, die von so vielen und so veränderlichen Faktoren abhängen, in einer einfachen mathematischen Formel zusammenzufassen, die Wachstumstendenzen oder die Wachstumsfähigkeiten einer Bevölkerung und darnach das Maß der zulässigen Volksvermehrung mathematisch zu bestimmen.

Um so mehr wird man jedoch auf der anderen Seite die Unbefangenheit anerkennen, mit der Aristoteles zugibt, daß das Wirtschaftssystem seines Sozialstaates einen viel engeren Bevölkerungsspielraum haben würde, als die Eigentumsordnung der bestehenden Gesellschaft, daß in ihm das Schreckgespenst der Übervölkerung nicht verschwinden werde, wie es der moderne Sozialis-

---

[1]) II, 3, 7. 1265 b.

muß von seiner Verteilungsordnung erhofft, sondern sich gerade erst recht fühlbar machen werde. Aristoteles denkt auch insofern nüchterner, wie der letztere, als er in seiner neuen Geſellſchaft keineswegs eine so völlige Umwandlung der physiſch-ſinnlichen und geiſtig-ſittlichen Natur des Menſchen erhofft, daß man alles der moraliſchen Selbſtbeſchränkung anheim stellen könnte. Das Wirt=ſchafts= und Verteilungsſyſtem ſeines Idealſtaates wäre in der That nicht aufrecht zu erhalten ohne adminiſtrative Hemmungs=mittel der Volksvermehrung, ohne Repreſſion und Zwang. Daß der ariſtotelische Sozialismus dies offen anerkennt, daß er ſich nicht vor der Gefahr verſchließt, sondern rückſichtslos die letzten Konſequenzen seines Standpunktes zieht, das iſt ein Verdienſt. Freilich zeigen gerade die bevölkerungspolitiſchen Konſequenzen des ariſtotelischen Geſellſchaftsideales, wie unhaltbar dieses Ideal selbſt iſt.

Daß ſich mit dieser Kontrolle der Kindererzeugung im beſten Staate auch weitgehende Beſchränkungen der Eheſchließung ver=binden würden, wäre von vorneherein zu erwarten, auch wenn es nicht der uns erhaltene Text ausdrücklich bezeugte. Das Grund=prinzip des im platonischen Geſetzesstaat geltenden Eherechtes wird als durchaus berechtigt anerkannt und die wichtigſte Konſequenz deſſelben ohne weiteres angenommen. Der Staat hat dafür zu sorgen, „daß die Leiber der jungen Bürger nach seinem Wunsch und Willen ausfallen",[1] und beſchränkt daher den (fruchtbaren) Geſchlechtsverkehr auf dasjenige Lebensalter, welches die beſte Bürg=ſchaft für einen phyſiſch und geiſtig tüchtigen Nachwuchs gewährt. Das Weib darf nicht vor dem achtzehnten, der Mann nicht vor dem siebenunddreißigſten Jahre in die Ehe treten.[2] Andererseits darf die Kindererzeugung nicht über die Zeit hinaus fortgeſetzt werden, in welcher „der Geist ſeine höchſte Entwicklungsstufe er=reicht." Wer das vier= oder fünfundfünfzigſte Lebensjahr über=

---

[1] IV, 13, 2. 1335a: ἔτι δ', ὅθεν ἀρχόμενοι δεῦρο μετέβημεν, ὅπως τὰ σώματα τῶν γεννωμένων ὑπάρχῃ πρὸς τὴν τοῦ νομοθέτου βούλησιν

[2] IV, 14, 6. 1335a.

schritten hat, „muß darauf verzichten, Kinder zu zeugen, welche wirklich das Licht der Welt erblicken sollen;"[1] mit anderen Worten es tritt auch hier der Zwang zur Vernichtung des werdenden Lebens ein! Endlich ist den Ehegatten — zumal während der zur Kinderzeugung bestimmten Zeit — jeder außereheliche Geschlechtsverkehr bei Androhung schwerer Strafe untersagt.[2]

Selbst in die individuellsten Lebensgewohnheiten bringt der Gesetzgeber ein, wenn es gilt, seinen Zweck zu erreichen. Um z. B. die Frauen, „denen die Ehre der Schwangerschaft zu Teil geworden", daran zu verhindern, daß sie sich einer trägen, für die Leibesfrucht schädlichen Ruhe hingeben, schreibt ihnen das Gesetz direkt vor, daß sie täglich einen Gang zu den Heiligtümern der Götter machen und denselben ihre Verehrung darbringen sollen![3] Eine Ausdehnung des staatlichen Zwanges, die sogar noch das von Plato gewollte Maß überschreitet.

Wie sich freilich diese durchaus anti-individualistische Gesetzgebung, die in letzter Instanz nur aus dem Interesse der Gemeinschaft begründet werden kann, in den Rahmen einer Auffassung fügen soll, welche auch den Wünschen und Bedürfnissen des Individuums gerecht werden will, das ist schwer zu sagen. Was Aristoteles beibringt, um die Vorteile seiner Vorschläge für den Einzelnen zu erweisen[4] und so auch hier die Lehre von der Koin-

---

[1] ἀφεῖσθαι δεῖ τῆς εἰς τὸ φανερὸν γεννήσεος. IV, 14, 11. 1335 b.

[2] Ebd. 12 b.

[3] Ebd. 9.

[4] Es soll im Interesse des Individuums selbst liegen, wenn der Staat durch gesetzliche Vorschriften dafür sorgt, daß zwischen Mann und Weib in Beziehung auf das zeugungsfähige Alter ein richtiges Verhältnis besteht. Denn es würde dadurch all der eheliche Zwist vermieden, der entstehen müsse, wenn im Verlauf der Ehe ein Zeitpunkt eintritt, wo der eine Teil noch zeugungsfähig ist, der andere nicht. Ferner würde eine allzu große und eine allzu geringe Altersdifferenz zwischen Eltern und Kindern unmöglich, und dadurch einerseits verhütet, daß die Eltern im Alter die Unterstützung der Kinder, die Kinder diejenige der Eltern entbehren müssen, andererseits, daß die Ehrfurcht vor den Eltern leidet oder Zwistigkeiten über das Ver-

zidenz des Gemeinschaftsinteresses und des wohlverstandenen In=
teresses der Individuen zu retten, erscheint doch recht unzulänglich
und jedenfalls nicht entfernt ausreichend, die letzteren mit einem
solchen Zwangssystem innerlich zu versöhnen. Immerhin wird hier
doch wenigstens ein Versuch gemacht, das Sozialrecht des besten
Staates zugleich auch vor dem individuellen Bewußtsein zu recht=
fertigen. Ein Versuch, der bei der einzigen in unserem Text der
Politik noch behandelten Frage nicht wiederholt wird.

Diese Frage betrifft die Erziehung der Bürger des besten
Staates, die wichtigste Aufgabe, welche es nach dem Urteile des
Aristoteles für den Staat überhaupt geben kann. Ihre Lösung
wird durchweg aus dem Gesichtspunkt des Staates, aus dem Be=
dürfnis des sozialen Ganzen zu begründen versucht. Das Organi=
sationsprinzip und die Organisationsform des sozialen Ganzen, die
„Verfassung",[1] fordert unbedingt eine ihr genau entsprechende
Form der Erziehung.[2] Denn nur wenn dem eigentümlichen Geiste
der Verfassung auch der Charakter der Bürgerschaft entspricht,
trägt sie in sich die Gewähr der Dauer. Die besten Gesetze hel=
fen nichts, wenn die Jugend nicht im Sinne und im Geiste der
Verfassung auferzogen ist. Sie in solchem Geiste zu erziehen, ist
daher das wichtigste und wirksamste Mittel zur Erhaltung der
ganzen staatlichen Ordnung.[3]

Diese Erziehung muß für alle Staatsbürger ein und dieselbe
sein. Denn der Zweck der staatlichen Verbindung ist für Alle ein
und derselbe (Allen gemeinsam). Die Erziehung muß daher auch
eine gemeinsame und Sache des Staates sein. Was gemeinsame

---

mögen entstehen. Endlich würde das Verbot, in zu jugendlichem Alter eine
Ehe zu schließen, für die Gesundheit des Mannes wie des Weibes von größtem
Vorteil sein. IV, 13, 1^b f. 1334b.

[1] Aristoteles versteht unter πολιτεία nicht bloß die Regierungsform,
sondern auch die ganze sozialökonomische Rechtsordnung auf der sie beruht.

[2] V, 1, 1. 1337a: δεῖ γὰρ πρὸς ἑκάστην (sc. πολιτείαν) παιδεύεσθαι.

[3] VIII, 7, 20. 1310a: μέγιστον δὲ πάντων τῶν εἰρημένων πρὸς
τὸ διαμένειν τὰς πολιτείας, οὗ νῦν ὀλιγωροῦσι πάντες, τὸ παιδεύεσθαι
πρὸς τὰς πολιτείας.

Angelegenheit Aller ist, das muß auch gemeinsam betrieben werden. Es kann unmöglich so, wie es in den meisten Staaten der Fall ist, jedem Einzelnen überlassen bleiben, für seine Kinder in dieser Hinsicht selbst zu sorgen und sie auf eigene Hand erziehen zu lassen, wie es ihm gut dünkt.[1]) Das Recht der Gemeinschaft aber auf solche staatliche Regelung des gesamten Erziehungswesens unterliegt keinem Zweifel. Es beruht auf der Anschauung, daß Jeder ein Glied des Staates ist, daß daher kein Bürger nur sich selbst, sondern Alle dem Staate angehören und für Jeden der Satz gilt, nach welchem die richtige Sorge für das einzelne Glied eben immer nur diejenige sein kann, welche dabei zugleich das Ganze im Auge hat.[2])

Wie bei diesem Alles umfassenden und Alles regelnden Erziehungssystem auch das Individuum zu seinem Rechte kommt, darauf erhält man keine Antwort. Freilich ist für den Bürger des besten Staates die Frage bereits beantwortet, ja sie existiert im Grunde für ihn gar nicht. Er weiß, daß das, was dem Ganzen frommt, zugleich auch für ihn das Beste ist, daß die Durchführung des Gemeinschaftsprinzips in der Erziehung eben nur der naturgemäße Ausdruck dieser Identität der Interessen und Ziele ist. Und so kann das Bewußtsein einer Unterdrückung seiner Persönlichkeit und seiner individuellen Wünsche in ihm gar nicht aufkommen, wenn er nur sein Interesse richtig versteht.

Was die Einzelheiten dieses staatlichen Erziehungssystemes betrifft, so macht sich dasselbe für den Bürger schon im zarten Kindesalter fühlbar. Wenn auch nicht, wie in den Kindergärten Platos die öffentliche Erziehung bereits mit dem dritten Lebensjahre beginnt, sondern wie in Sparta erst mit dem siebenten, so

---

[1]) V, 1, 2ᵇ. 1337 a: ἐπεὶ δ' ἓν τὸ τέλος τῇ πόλει πάσῃ, φανερὸν ὅτι καὶ τὴν παιδείαν μίαν καὶ τὴν αὐτὴν ἀναγκαῖον εἶναι πάντων καὶ ταύτης τὴν ἐπιμέλειαν εἶναι κοινὴν καὶ μὴ κατ' ἰδίαν, ὃν τρόπον ἕκαστος νῦν ἐπιμελεῖται τῶν αὑτοῦ τέκνων ἰδίᾳ τε καὶ μάθησιν ἰδίαν, ἣν ἂν δόξῃ, διδάσκων. δεῖ γὰρ τῶν κοινῶν κοινὴν ποιεῖσθαι καὶ τὴν ἄσκησιν.

[2]) Ebd. 2. S. oben S. 593.

wird doch die häusliche Erziehung einer strengen staatlichen Auf=
sicht unterworfen, welche sorgfältig darüber wacht, daß den Kin=
dern dieses Alters eine zweckentsprechende Beschäftigung zu Teil
werde, und daß ihnen alles ferne bleibe, was sie in moralischer
Hinsicht schädigen könnte.[1] Vom siebenten bis einundzwanzigsten
Jahre nimmt dann der Staat selbst die Jugend in seine Schule.
Er bestimmt, was Gegenstand des Unterrichtes zu sein hat (Gym=
nastik, Grammatik, Musik, Zeichenkunst), was als unvereinbar mit
dem Ziele der Staatsschule: der Erziehung zum vollendeten Bür=
gertum, grundsätzlich auszuschließen ist. Er schreibt genau vor, in
welchem Sinn und Geist die einzelnen Studien zu betreiben sind,
damit sie die gewünschte ethische Wirkung haben können.[2]

Aber auch damit ist die erzieherische Thätigkeit des Staates
nicht beendigt. Er will ebenso, wie der platonische Staat, den
Bürger nicht nur auf den richtigen Pfad führen, sondern ihn auch
fernerhin auf demselben erhalten. Er schreibt daher ganz im Geiste
Platos jedem Lebensalter, auch den Erwachsenen, bestimmte Nor=
men der Lebensführung durch das Gesetz vor.[3] Die Erziehung
des Einzelnen durch den Staat hat als sittliche Leitung durch das
ganze Leben fortzudauern, und eine eigene Behörde ist zu dem
Zwecke eingesetzt, um darüber zu wachen, „daß Niemand eine der

---

[1] IV, 15, 4 ff. 1336a. Die oben erwähnte Kontrolle ist Sache der
sogen. Knabenaufseher, welchen nach spartanischem Vorbild die Sittenpolizei
über die ganze männliche Jugend und deren Erziehung obliegt. Vgl. ebd.
6ᵇ. 1336b. -- Was diese Sittenpolizei über die reifere Jugend betrifft, so
gehört hierher das Verbot, junge Leute vor ihrer Aufnahme in die Syssitien
(vor dem 17. Jahre?) an dem Vortrage von Jamben und der Aufführung
von Komödien als Zuhörer oder Zuschauer teilnehmen zu lassen. Ebd. 9.

[2] Vgl. die ganz platonisch gedachten Beschränkungen des Musikbetriebes
in Bezug auf die Zulässigkeit oder Verwerflichkeit gewisser Instrumente und
Tonarten V, 6, 4 ff. 1341a f. Dazu 2, 1. 1337b über die Ausschließung
„handwerksmäßiger" Kenntnisse und Fertigkeiten.

[3] Ethik X, 10. 1180a 1: οὐχ ἱκανὸν δ᾽ ἴσως νέους ὄντας τροφῆς
καὶ ἐπιμελείας τυχεῖν ὀρθῆς, ἀλλ᾽ ἐπειδὴ καὶ ἀνδρωθέντας δεῖ ἐπιτηδεύειν
αὐτὰ καὶ ἐθίζεσθαι, καὶ περὶ ταῦτα δεοίμεθ᾽ ἂν νόμων, καὶ ὅλως δὴ περὶ
πάντα τὸν βίον.

staatlichen Ordnung zum Schaden gereichende Lebensweise führe."[1]) Freilich gehört auch diese Frage zu den vielen Anderen, welche in unserer fragmentarischen Darstellung nicht mehr zur Erörterung kommen.[2])

Dieser fragmentarische Charakter der Überlieferung ist nmso= mehr zu bedauern, als gerade einige der wichtigsten Punkte, so z. B. die Frage nach der Ausführbarkeit des Staatsideals, die Frage nach der Regelung von Produktion und Verkehr, nach den für die Erwerbsstände geltenden Rechtsnormen unbeantwortet bleiben.

Angesichts der früher geschilderten Anschauungen des Aristo= teles über Handel und Geldverkehr,[3]) angesichts der im Entwurfe des Idealstaates mit besonderer Entschiedenheit betonten Ansicht, daß im Interesse einfacher und maßvoller Sitte die Produktion und der Volksreichtum gewisse Grenzen nicht überschreiten dürfe,[4]) wird

---

[1]) Diese Forderung findet sich zwar nicht in der Darstellung des besten Staates selbst, aber sie wird unter den Maßregeln aufgeführt, welche Ari= stoteles als Lebensbedingung jeder Verfassung erklärt. VIII, 7, 8. 1308b: ἐπεὶ δὲ καὶ διὰ τοὺς ἰδίους βίους νεωτερίζουσιν, δεῖ ἐμποιεῖν ἀρχήν τινα τὴν ἐποψομένην τοὺς ζῶντας ἀσυμφόρως πρὸς τὴν πολιτείαν, ἐν μὲν δημοκρατίᾳ πρὸς τὴν δημοκρατίαν, ἐν δὲ ὀλιγαρχίᾳ πρὸς τὴν ὀλιγαρχίαν, ὁμοίως δὲ καὶ τῶν ἄλλων πολιτειῶν ἑκάστῃ.

[2]) Daß auch im besten Staate des Aristoteles diese Regelung des Lebens der Erwachsenen sehr weit gegangen wäre, zeigen gelegentliche Bemerkungen im erhaltenen Teile des Entwurfes selbst und an anderen Stellen der Politik. Z. B. die Forderung staatlicher Aufsicht über die Frauen II, 5, 6. 1269b, die Anerkennung von Luxusgesetzen und Mäßigkeitsvorschriften II, 7, 5. 1272a, die Beschränkung des Singens und Musizierens Erwachsener V, 4, 7. 1339b, die Anordnung besonderer musikalischer Aufführungen für die Bürger einer= seits und für Handwerker, Lohnarbeiter u. s. w. andererseits. (Der wahrhaft freie Mann wird nur Musik im höheren Stile hören, die mehr auf das Sinn= liche gerichtete Musik, in der die Masse ihre Erholung sucht, ist für ihn ver= pönt.) V, 7, 7. 1342a. — Vgl. auch die gelegentlichen Äußerungen IV, 11 6. 1331b. — IV, 15, 7. 1336b.

[3]) S. oben S. 228.

[4]) IV, 5, 1. 1326b. Nähere Ausführungen über diese Frage werden einer späteren Erörterung über Besitz und Volkseigentum vorbehalten, die wir leider in unserem Texte nicht mehr besitzen.

man ja im allgemeinen nicht darüber zweifelhaft sein können, daß
die Lage der wirtschaftenden Klassen im aristotelischen Idealstaat
eine ganz ähnliche gewesen wäre, wie im Gesetzesstaate Platos.
Allein es wäre doch von hohem Interesse, wenn wir die Erörte=
rung, die er selbst wiederholt über diese Dinge in Aussicht gestellt
hat,[1]) noch besäßen. Sie würde uns sicherlich manche Züge bieten,
die wir bei dem Vorgänger nicht finden.

So hat Aristoteles — unter Hinweis auf eine spätere aus=
führliche Behandlung der Frage — ganz gelegentlich die Bemerkung
gemacht, daß der beste Staat allen Hörigen und Sklaven als Lohn
für gutes Verhalten die Freiheit in Aussicht stellt.[2]) Schon aus
dieser bedeutsamen, — wie gesagt, — ganz gelegentlich hingewor=
fenen reformatorischen Idee, einer Idee, die — in ihren Konse=
quenzen durchdacht — gewiß von größter Tragweite erscheint, können
wir den Schluß ziehen, daß der aristotelische Staat auch für die
anderen wirtschaftenden Klassen in sozialreformatorischer Hinsicht
nicht unfruchtbar bleiben sollte, trotz der untergeordneten Stellung,
die er ihnen anweist. Und eben darauf führt uns noch eine andere
Erwägung!

Aristoteles nennt einmal unter den Mitteln, durch welche eine
fortgeschrittene Demokratie sich am besten aufrechterhalten lasse, die
Begründung eines dauernden Wohlstandes der großen Masse des
Volkes;[3]) und er schlägt zur Erreichung dieses Zieles überaus weit=
gehende und tiefeingreifende, ja geradezu utopische Maßregeln vor.
Wenn es nach Lassalle der Staat sein soll, der mit seiner Kapital=
macht den Besitzlosen in ihrem Ringen nach wirtschaftlicher Selb=
ständigkeit zu Hilfe kommt, wenn nach Louis Blanc der Staat der
Banquier der Armen sein soll, so ist es etwas ganz Ähnliches, in
gewissem Sinne nur noch Radikaleres, was Aristoteles von dem
demokratischen Staatsmann verlangt, daß er nämlich die Überschüsse

---

[1]) IV, 9, 9. 1330a und die eben genannte Stelle.
[2]) IV, 9, 9. 1330a.
[3]) VII, 3, 4. 1320a: ἀλλὰ δεῖ τὸν ἀληθινῶς δημοτικὸν ὁρᾶν ὅπως
τὸ πλῆθος μὴ λίαν ἄπορον ᾖ.

der Staatseinkünfte verwende, um möglichst vielen Besitzlosen die
Mittel zum Erwerb eines Gütchens oder wenigstens zur Begrün=
dung eines Kramhandels, zur Übernahme einer kleinen Feldpachtung
zu gewähren.¹) Eine Politik, zu deren Unterstützung er weiterhin
die Besitzenden auffordert, die noch übrige Masse der Unbemittelten
„unter sich zu verteilen" und Jedem durch Überlassung eines kleinen
Betriebskapitals den Anreiz und die Möglichkeit zu selbständiger
wirtschaftlicher Thätigkeit zu geben!²) Endlich wird auf das Bei=
spiel der besitzenden Klasse Tarents verwiesen, die durch die Be=
teiligung der Armen an der Nutznießung ihrer Güter die letzteren
gewissermaßen zu einem Gemeingut mache.³)

Nun hat allerdings Aristoteles — wie bereits angedeutet —
diese Vorschläge in dem Teile seines Werkes gemacht, der von
den Lebensbedingungen der radikalen Demokratie handelt, und es
wäre daher durchaus unberechtigt, aus dem hier von ihm einge=
nommenen Standpunkt ohne weiteres darauf schließen zu wollen,
wie er sich zu der genannten Frage im besten Staate gestellt haben
würde, der ja von dem Volksstaat durch eine weite Kluft getrennt
ist und derartiger Maßregeln zu seiner Erhaltung überhaupt nicht
bedürfte. Allein ganz ohne Fingerzeig läßt uns die Ausführung
des Aristoteles doch nicht! Es werden nämlich jene Forderungen
keineswegs ausschließlich als solche hingestellt, denen sich die be=
sitzenden Klassen im Volksstaat eben nur aus politischer Klugheit
und in ihrem wohlverstandenen Interesse fügen müssen, um sich
vor den noch weitergehenden Gelüsten des souveränen Pöbels zu
schützen; die Opfer, die von ihnen verlangt werden, erscheinen nicht

---

¹) Ebd.: . . . τὰ μὲν ἀπὸ τῶν προσόδων γινόμενα συναθροίζαντας
ἀθρόα χρὴ διανέμειν τοῖς ἀπόροις, μάλιστα μὲν εἴ τις δύναται τοσοῦτον
συναθροίζειν ὅσον εἰς γῃδίου κτῆσιν, εἰ δὲ μή, πρὸς ἀφορμὴν ἐμπορίας
καὶ γεωργίας, καὶ εἰ μὴ πᾶσι δυνατόν, ἀλλὰ κατὰ φυλὰς ἤ τ μέρος ἕτερον
ἐν μέρει διανέμειν.

²) Ebd. 5: χαριέντων δ' ἐστὶ καὶ νοῦν ἐχόντων γνωρίμων καὶ δια-
λαμβάνοντας τοὺς ἀπόρους ἀφορμὰς διδόντας τρέπειν ἐπ' ἐργασίας.

³) Ebd. und dazu oben S. 55.

bloß als ein auf dem Boden der Demokratie unvermeidliches Übel,
sie werden vielmehr von Aristoteles zugleich als der Ausfluß einer
edlen „liebreichen" Gesinnung, als etwas Schönes und Nach=
ahmenswertes hingestellt.[1]) Und wir haben ja gesehen, daß
von einem in sozialer Hinsicht so konservativ gesinnten Mann, wie
Isokrates ganz ähnliche Ideen angeregt worden sind.[2])

Kann Aristoteles bei dieser Auffassung das sozialreformato=
rische Interesse des besten Staates bloß auf die herrschende Klasse
beschränkt haben? Gewiß nicht! Wir dürfen annehmen, daß wir
ihm auch hier auf den Wegen Platos begegnen würden, ob frei=
lich auf minder utopischen, das wird man angesichts des opti=
mistischen Doktrinarismus, der die genannten Ratschläge für die
Demokratie kennzeichnet, billig bezweifeln dürfen.

Viertes Kapitel.
Der soziale Weltstaat des Stifters der Stoa.

Aus der Reihe der Staatsideale, von denen uns nichts als
der Titel oder einzelne völlig ungenügende Notizen erhalten sind,[3])

------

[5]) χαριέντων ἐστί! — καλῶς δ᾽ ἔχει μιμεῖσθαι καὶ τὴν τῶν
Ταραντίνων ἀρχήν κτλ. heißt es an der genannten Stelle.

[5]) S. oben S. 56 und 141.

[4]) Aristoteles (II, 4, 1. 1266 a) erwähnt eine ganze Litteratur der Art,
von der er im allgemeinen bemerkt, daß sie zwar Reformen in Bezug auf die
Verteilung des Besitzes enthält, aber keine so radikalen Neuerungen, wie die
beiden platonischen Staatsideale, Frauen= und Kindergemeinschaft u. s. w.
Eine Äußerung, die allerdings schon nicht mehr für das Staatsideal Zenos
zutrifft. — εἰσὶ δέ τινες πολιτεῖαι καὶ ἄλλαι, αἳ μὲν φιλοσόφων καὶ
ἰδιωτῶν αἳ δὲ πολιτικῶν, πᾶσαι δὲ τῶν καθεστηκυιῶν καὶ καθ᾽ ἃς πολι-
τεύονται νῦν ἐγγύτερόν εἰσι τούτων ἀμφοτέρων . οὐδεὶς γὰρ οὔτε τὴν
περὶ τὰ τέκνα κοινόνητα καὶ τὰς γυναῖκας ἄλλος κεκαινοτόμηκεν, οὔτε
περὶ τὰ συσσίτια τῶν γυναικῶν, ἀλλ᾽ ἀπὸ τῶν ἀναγκαίων ἄρχονται
μᾶλλον . δοκεῖ γὰρ τισι τὸ περὶ τὰς οὐσίας εἶναι μέγιστον τετάχθαι καλῶς.

erhebt sich der „vielbewunderte"[1]) Sozialstaat des Stifters der Stoa, über den wir wenigstens so viel wissen, daß wir ihn in die Kette sozialphilosophischer Gedankensysteme als ein neues bedeutsames Glied einfügen können.

Allerdings scheint auch hier in Beziehung auf den prinzipiellen Kern der Theorie ein Fortschritt über die platonisch-aristotelische Sozialphilosophie hinaus nicht vorzuliegen. Wenigstens berührt sich nach der Ansicht Plutarchs der Staat Zenos in seinen Grundprinzipien unmittelbar mit dem Sozialismus des lykurgischen Sparta und dem Idealstaate Platos. Auch Zeno soll ausgehend von der Koinzidenz der Tugend und Glückseligkeit die Sittlichkeit als Staatszweck aufgestellt und damit zugleich das platonische Einheits- und Gemeinschaftsprinzip verbunden haben. Die πολιτείας ὑπόθεσις sei hier wie dort dieselbe.[2])

Man könnte vielleicht fragen, ob wir berechtigt sind, auf dieses Zeugnis hin die dogmengeschichtliche Stellung der Staats- und Sozialtheorie Zenos zu bestimmen. Plutarch war gewiß nicht der Mann dazu, sozialphilosophische Theorien auf die ihnen zu Grunde liegenden Ideen methodisch zu prüfen, ihren ethischen Kern mit kritischer Schärfe zu erfassen; und es fragt sich, ob er bei seiner Gleichstellung Platos und Zenos mehr die leitenden und treibenden Ideen des Systems im Auge hat oder die praktischen Ziele, in denen sich Zeno mit Plato insoferne nahe berührt, als auch er vor Forderungen, wie der Beseitigung des Geldes, der Frauen- und Kindergemeinschaft nicht zurückscheut.[3])

---

[1]) ἡ πολὺ θαυμαζομένη πολιτεία τοῦ Ζήνονος. Plutarch De Alex. fort. I, 6.

[2]) Lykurg 31: (Λυκοῦργος) ὥσπερ ἑνὸς ἀνδρὸς βίῳ καὶ πόλεως ὅλης νομίζων εὐδαιμονίαν ἀπ' ἀρετῆς ἐγγίγνεσθαι καὶ ὁμονοίας τῆς πρὸς αὐτήν, πρὸς τοῦτο συνέταξε καὶ συνήρμοσεν, ὅπως ἐλευθέριοι καὶ αὐτάρκεις γενόμενοι καὶ σωφρονοῦντες ἐπὶ πλεῖστον χρόνον διατελῶσι. ταύτην καὶ Πλάτων ἔλαβε τῆς πολιτείας ὑπόθεσιν καὶ Διογένης καὶ Ζήνων καὶ πάντες ὅσοι τι περὶ τούτων ἐπιχειρήσαντες εἰπεῖν ἐπαινοῦνται

[3]) Freilich wissen wir nicht, welche Gestalt diese Forderungen bei Zeno annahmen. Wenn nach Diogen. Laert. (VII, 132) im Staate Zenos, wie in

Doch spricht allerdings das, was wir sonst von der Sozial=
philosophie der Stoa wissen, im wesentlichen für die Auffassung
Plutarchs. Gerade die Gemeinschaftsidee wird hier mit beson=
derer Entschiedenheit betont. Das Gesetz der Natur, welches zu=
gleich das der Vernunft und daher für alle vernunftbegabten Wesen
ein und dasselbe ist, verbindet dieselben zu einer idealen Einheit,
indem es ihnen allen dieselben sittlichen Ziele steckt. Jeder Ein=
zelne hat sich daher als Teil eines großen, innerlich zusammen=
gehörigen Ganzen, als Glied einer Gemeinschaft zu fühlen. Der
Trieb nach Gemeinschaft ist allen Vernunftwesen geradezu einge=
boren, sie ist ein Gebot der Natur.

Die anti=individualistische Tendenz dieser Auffassung liegt
klar zu Tage. Schon der absolute „Kanon" des Natur= und
Vernunftgesetzes, welches die Grundlage dieser Gemeinschaft bildet,
fordert unbedingte Unterwerfung alles individuellen Wollens und
Denkens. Es wird von Chrysippus definiert als „der König über
göttliche und menschliche Dinge, der Fürst und Herrscher über
Rühmliches und Verwerfliches, die Richtschnur für Gerecht und
Ungerecht, der Gebieter über Thun und Lassen der von der Natur
zur staatlichen Gemeinschaft geschaffenen Wesen."[2] Eine Begriffs=

---

dem des Chrysippus dieselbe Frauengemeinschaft verwirklicht werden sollte,
wie im platonischen Staate, und wenn diese Gemeinschaft zugleich eine der=
artige sein sollte, ὥστε τὸν ἐντυχόντα τῇ ἐντυχούσῃ χρῆσθαι, so liegt das
Verkehrte dieses Berichtes auf der Hand. Sein Vf. gehört zu denen, von
welchen Lucian (Fugitiv. 18) spricht als den οὐκ εἰδότες ὅπως ὁ ἱερὸς
ἐκεῖνος (d. h. Plato) ἠξίου κοινὰς ἡγεῖσθαι τὰς γυναῖκας. Entweder trat
hier Zeno in die Fußstapfen Platos, dann kann er nicht in der genannten
Weise die freie Liebe gepredigt haben, oder er that das Letztere, dann ist sein
Standpunkt hier ein anderer als der platonische.

[1] Seneca ep. 95, 32: membra sumus corporis magni . natura nos
cognatos edidit.

[2] Fr. 2 Dig. De legg. 1, 3: ὁ νόμος πάντων ἐστὶ βασιλεὺς θείων
τε καὶ ἀνθρωπίνων πραγμάτων· δεῖ δὲ αὐτὸν προστάτην τε εἶναι τῶν
καλῶν καὶ τῶν αἰσχρῶν καὶ ἄρχοντα καὶ ἡγεμόνα, καὶ κατὰ τοῦτο κανόνα
τε εἶναι δικαίων καὶ ἀδίκων καὶ τῶν φύσει πολιτικῶν ζῴων προστακτικὸν
μὲν ὧν ποιητέον ἀπαγορευτικὸν δὲ ὧν οὐ ποιητέον.

beftimmung, deren Bedeutung der römifche Staatsabfolutismus
fehr wohl erkannte, als er fie für feine Kodifikation des Rechtes
verwandte. Allerdings ift es ein tendenziöfer Mißbrauch, wenn
hier der ftoifche Begriff des „Gefetzes" ohne Weiteres auf das
pofitive Recht des einzelnen gefchichtlichen Staates übertragen und
für diefes genau diefelbe Allgewalt in Anfpruch genommen wird,
wie für jenes, obgleich doch gerade jenes „ewige Gefetz" der Stoa
das Individuum unter Umftänden geradezu zur Auflehnung gegen
das Gefetz des beftehenden Staates berechtigt. Allein für die
prinzipielle Auffaffung kommt das nicht in Betracht. Im
„beften" Staate, in welchem das Vernunftrecht eben wirklich an=
erkanntes Recht geworden, ift es in der That der abfolute Be=
herrfcher alles individuellen Lebens und Strebens. Hier gibt es
nirgends einen Gegenfatz des Willens der Einzelnen gegen den der
Gemeinfchaft.

Natürlich gewinnt nun aber auch die Gemeinfchaft felbft
von diefem Standpunkt aus eine ganz befondere Bedeutung für
das Leben der Einzelnen. Das Recht der Gefellfchaft, die Pflicht
des Individuums ihr gegenüber wird mit aller Entfchiedenheit
feinen perfönlichen Intereffen und Anfprüchen vorangeftellt. Der
Einzelne erfcheint auch hier ganz wefentlich zugleich um der Anderen
und um des Ganzen willen da,[1] wird betrachtet als dienendes
Organ[2] des fozialen Organismus. Er kann nicht für fich leben,
ohne für andere zu leben;[3] und der „Weife" ift daher für die

---

[1] Cicero De fin. III, 19 (64): mundum autem censent regi numine
deorum eumque esse quasi communem urbem et civitatem hominum et
deorum, et unumquemque nostrum ejus mundi esse partem, ex quo
illud natura consequi, ut communem utilitatem nostrae anteponamus. —
III, 20 (67): praeclare enim Chrysippus, cetera nata esse hominum causa
et deorum, eos autem communitatis et societatis suae etc. Vgl. Mark
Aurel IX. 23.

[2] Ein organifches Glied (ein μέλος, nicht bloß ein μέρος) an dem
gemeinfamen Leibe des gefellfchaftlichen Ganzen. Mark. Aurel. II, 1. VII, 13.

[3] Seneca 47, 3: alteri vivas oportet, si vis tibi vivere haec
societas . . . nos homines hominibus miscet etc.

Stoa „niemals Privatmann".[1]) Er fühlt ſich ſo ſehr als ein orga=
niſches Glied des auf möglichſte Vervollkommnung[2]) gerichteten
Lebensprozeſſes der Gattung, daß er es als eine unabweisbare
Pflicht anerkennt, „auch für die kommenden Geſchlechter um ihrer
ſelbſt willen Sorge zu tragen;" eine Forderung, die ſich ja aus
der organiſchen Staats= und Geſellſchaftstheorie von ſelbſt ergibt.[3])
Ebenſo iſt es durchaus im Geiſte dieſer Theorie, wenn — in faſt
wörtlichem Anſchluß an die ſoziale Ethik des Ariſtoteles — die
Gerechtigkeit als die weſentlich auf die Gemeinſchaft bezügliche
Tugend formuliert wird, wenn ſie und die Menſchenliebe als die
grundlegenden ſozialen Tugenden hingeſtellt werden, welche „die
menſchliche Geſellſchaft zuſammenhalten."[4])

Man wird wohl annehmen dürfen, daß dieſe die ganze Schule
beherrſchenden Anſchauungen bereits dem Staatsideale des Stifters
der Stoa zu Grunde lagen. Zwar ſoll Zeno bei der Abfaſſung
ſeiner Politie noch halb im Lager des Cynismus geſtanden ſein,[5])
ſo daß man wohl zunächſt an eine mehr individualiſtiſche Färbung
ſeiner Lehre denken könnte. Allein es entſpricht doch ganz dem
angedeuteten Ideengang der ſtoiſchen Sozialphiloſophie, wenn es
bei Zeno von der bürgerlichen Geſellſchaft heißt, daß ſie im Ideal=
ſtaat ein durchaus „einheitliches" Leben führt, einen Kosmos dar=
ſtellt, wie eine friedlich zuſammenweidende Herde, daß es der Eros
iſt, welcher dieſe Gemeinſchaft mit zuſammenhält.[6])

---

[1]) Vgl. den ſtoiſchen Spruch bei Cic. Tusc. IV, 23 (51): nunquam
privatum esse sapientem.

[2]) Die Entſcheidung der Frage, ob ſich der Weiſe am Leben des be=
ſtehenden Staates beteiligen ſoll, iſt davon abhängig, ob in demſelben ein
Fortſchritt zur Vollkommenheit wahrzunehmen iſt. Stob. Ecl. II, 186.

[3]) Der Gipfel der Verruchtheit iſt für die Stoa das après nous le
déluge, das $\dot{\epsilon}\mu o\tilde{v}$ $\vartheta a\nu\acute{o}\nu\tau o\varsigma$ $\gamma a\tilde{\iota}a$ $\mu\iota\chi\vartheta\acute{\eta}\tau\omega$ $\pi\nu\varrho\acute{\iota}$ des extremen Individualis=
mus. S. Cicero De fin. III, 19 (64).

[4]) Cic. De off. I, 7, 20.

[5]) Diog. Laert. VII, 4.

[6]) S. die oben S. 116 Anmerk. 1 u. 2 angeführten Stellen des Plu=
tarch und Athenäus.

Man sieht, all das führt uns prinzipiell kaum über die ältere Sozialphilosophie hinaus, es ist dieselbe Überspannung des Gemeinschaftsprinzips, die uns hier wie dort entgegentritt. Wenn wir trotzdem den Idealstaat Zenos als eine neue und bedeutsame Erscheinung bezeichnet haben, so liegt das daran, daß hier der Sozialismus eine ganz andere geschichtliche Stellung erhält, als bisher.

Der platonisch-aristotelische Idealstaat hält sich durchaus innerhalb der Schranken nationaler Absonderung. Er will in mehr oder minder strenger Abgeschlossenheit der eigenen Vollendung leben. Mag jenseits seiner Grenzen „der Krieg Aller gegen Alle" die Signatur des menschlichen Daseins bilden, wenn nur er selbst in seinem Inneren vom Kampf zum Frieden gekommen ist und dadurch zugleich die Kraft gewonnen hat, in den auch ihm nicht erspart bleibenden Kämpfen mit der feindlichen Außenwelt seine Existenz zu behaupten.

Das konnte nicht das letzte Ideal und Ziel einer Epoche bleiben, in welcher sich jener gewaltige Vereinigungsprozeß der damaligen Kulturmenschheit vollzog, der eben in der Zeit Zenos — mit der Verschmelzung von Orient und Occident beginnend — im römischen Weltstaat endete. Zeno, dessen Wiege auf einem Boden gestanden, in welchem sich hellenisches und orientalisches Volkstum auf das Engste berührte, Zeno, der vielleicht selbst seiner Abstammung nach zweien Racen angehörte, war recht eigentlich dazu berufen, die Schranken zu durchbrechen, welche das Einheits- und Gemeinschaftsprinzip der antiken Sozialphilosophie bis dahin sich selbst gesteckt hatte.[1]) Zwar hat er den Gedanken des Weltbürgertums an sich bereits vom Cynismus überkommen, allein das Hauptinteresse ist bei dem letzteren doch offenbar ein ganz einseitig individualistisches, nämlich das Bestreben des Philosophen, die Fesseln der bestehenden gesellschaftlichen und staatlichen Ordnungen abzu-

---

[1]) Auf diese Differenz wird sich wohl in erster Linie beziehen, was Plutarch von Zeno sagt: ἀντέγραψε . . . πρὸς τὴν Πλάτωνος πολιτείαν. De Stoicorum rep. 8, 2.

streifen, für das Individuum eine größere Freiheit der Bewegung,
die Möglichkeit zum schrankenlosen Ausleben seiner Eigenart zu
gewinnen. Eine Tendenz, die ja auch im Stoicismus keineswegs
fehlt, — ist doch dessen Interesse an der Heranbildung der Einzel-
persönlichkeit zu dem Ideale des Weisen ein ausgeprägt individualistisches, — die aber doch von Anfang an sich mit der Gemeinschaftsidee verbindet, mit der Idee eines sozialen Kosmos, dessen
Wesen eben die Ordnung und Gebundenheit ist.

Indem Zeno den gesellschaftlichen Organismus seines Idealstaates als Kosmos bezeichnet, gibt er dem rein negativen und
individualistischen Ideal des Cynismus einen positiven und zugleich
ausgeprägt sozialistischen Inhalt. Er will die Sonderungen durch
die kommunalen, politischen, nationalen Schranken, die Verschiedenheiten in Recht und Verfassung nicht bloß darum beseitigen, die
Menschen nicht bloß darum zu Bürgern Eines Staates machen,
weil die volle Entfaltung der Persönlichkeit im Sinne des stoischen
Ideals durch die Sprengung jener engeren Verbände begünstigt
würde, sondern es ist ihm dabei gleichzeitig ebensosehr darum zu
thun, sie alle einer höheren objektiven Lebensordnung zu unterwerfen
und durch die aus der Unterordnung unter „Ein Gesetz" hervor-
gehende Willensgemeinschaft zu einer sozialen Lebensgemeinschaft,
alles individuelle zu sozialem Leben zu verschmelzen. Das Gemeinschaftsprinzip ist es, welches hier in dem Einheitsstaat der Gattung
seinen höchsten Ausdruck findet. Die κοινωνία der älteren Staatsideale soll sich zu einer allseitigen Gemeinschaft des ganzen Menschengeschlechtes erweitern, der Eine Menschheitsstaat zugleich der Sozialstaat der Zukunft sein. Und innerhalb dieser Gemeinschaft soll
sich hinwiederum die absolute Einheitlichkeit alles sozialen Lebens
verwirklichen, dank dem Alles beherrschenden und Alles umfassenden
Walten des Gesetzes der Vernunft, welches nicht zuläßt, daß die
Entwickelung des sozialen Ganzen durch individuelle Willkür gestört werde.

---

[1] Plutarch De Alex. fort. I, 6.

Alles das erinnert an Ideen, wie sie uns im modernen Sozialismus in dem Gottesreich Fichtes, in der association universelle Saint Simons und in dem sozialen Weltstaat von Rodbertus entgegentreten, in welchem die Menschheit zum Gipfelpunkt ihres Daseins emporsteigen soll, indem sie zu einer immer innigeren Verschmelzung der Individuen mit dem Lebensprozeß der Gattung fortschreitet. Freilich mit dem Unterschied, daß die „Eine Gesellschaft" dieses modernen Sozialismus als eine streng organisierte Gemeinschaft gedacht ist, während das Zukunftsideal der Stoa zurückweist auf staatslose Zustände und völlig in Eins zusammenfließt mit der Vorstellung jenes idealen Naturzustandes, für den es keines anderen als des natürlichen Rechtes bedarf. Denn dieses natürliche Recht ist im Einklang mit den Gesetzen der Natur, wie mit denen der Vernunft, welche das Weltganze beherrscht und seinen Lauf bestimmt. Die Herrschaft des Naturrechtes ist daher identisch mit der des ethischen Gesetzes, wie des Vernunftgesetzes, das eben kein anderes sein kann, als dasjenige, welches in der Natur der Dinge selbst liegt. Daher gibt es in diesem Zustand der harmonischen Übereinstimmung des Lebens der Gesellschaft mit der allgemeinen Weltordnung keinen Gegensatz gegen das Sittengesetz, keine Kriminalität. Der beste Staat — sagt Zeno — hat keine Gerichtshöfe. Das als erkanntes Naturgesetz in den Gemütern lebendig gewordene Gesetz der Vernunft wirkt als allgewaltiges organisierendes Prinzip, unter dessen Herrschaft sich alles individuelle Leben zu einem sich selbst ordnenden Kosmos harmonisch zusammenschließt, widerstrebende Tendenzen von vorneherein nicht aufkommen können.

Eine reine Phantasmagorie, durch welche das ganze Staats-

---

¹) Dabei bleibt freilich der Widerspruch ungelöst, daß auch in diesem idealen Staate „Weise" und Thoren sich ebenso gegenüberstehen, wie in der Wirklichkeit, und daß die Forderung, alle Menschen als Mitbürger gelten zu lassen, am Ende wieder dahin modifiziert wird: Nur die „Weisen" könnten im eigentlichen und wahren Sinne als Freie und Bürger anerkannt werden. Diog. Laert. VII, 33.

ideal auf das Innerliche und Unsinnliche gestellt wird; was ja
noch weiterhin seinen Ausdruck darin findet, daß in diesem Staat,
wie das Recht keiner Gerichtshöfe, so der Gottesdienst keiner Tempel,
die Erziehung keiner Gymnasien, der Verkehr keines Tauschmittels
bedürfen soll.[1] Es verflüchtet sich hier alles ins Unbestimmte und
Nebelhafte. Der spekulative doktrinäre Geist des extremen Sozialismus hat mit der Idee des sozialen Menschheitsstaates einen
Höhepunkt erklommen, auf dem sich die Wirklichkeit und die Bedingungen realer Gestaltung der Ideen seinen Blicken völlig entzogen haben. Das utopische Element im Sozialismus, sein unwiderstehlicher Drang, sich in unermeßliche Perspektiven zu verlieren, hat den denkbar reinsten Ausdruck gefunden.

---

[1] Diog. Laert. ebd. S. oben S. 115.

Lightning Source UK Ltd.
Milton Keynes UK
UKHW020245090119

334943UK00007B/1072/P